U0856155

中国策划家年鉴

2009—2010

总编 大林

上海大学出版社

图书在版编目(CIP)数据

中国策划家年鉴:2009~2010/大林总编.—上海:上海大学出版社,2010.10

ISBN 978-7-81118-654-3

Ⅰ.①中… Ⅱ.①大… Ⅲ.①商业—策划—中国—年鉴 Ⅳ.①F722.1-54

中国版本图书馆 CIP 数据核字(2010)第 138745 号

责任编辑 李 旭
封面设计 施羲雯 岳瑞君
技术编辑 金 鑫

中国策划家年鉴:2009~2010
大 林 总编
上海大学出版社出版发行
(上海市上大路 99 号 邮政编码 200444)
(http://www.shangdapress.com 发行热线 66135110)
出版人:姚铁军
*
上海豪富制版有限公司排版
上海叶大印务发展有限公司印刷 各地新华书店经销
开本:889×1194 1/16 印张:32.75 字数:838 千字
2010 年 10 月第 1 版 2010 年 10 月第 1 次印刷
印数:1—1 600 册
ISBN 978-7-81118-654-3/F·077 定价:180.00 元

中国策划家年鉴

（2009—2010）

编辑委员会

目 录

序 篇

绪 论

年 报

大事记

文 库

文　论

100 个中国实力派策划家

排行榜

序 篇

序　一

策划家，是一群永远走在路上的人

□叶茂中

策划家到底是干什么的?

策划家，就是那些不断创造需求和欲望，并且不断满足需求和欲望的“疯子”；

策划家凭借着想象力，洞察力和创造力，不断地从没有“市”的地方“造市”，从没有“路”的地方“拓路”。

真正的高手，从来不会纸上谈兵，他们更信任用脚走出来的策略，尤其，对于当下的中国市场，招无定数，变化莫测的才是市场的真相。任何固化的定律和商规，对于变化中的市场都随时可能成为教训和代价，唯有踏踏实实地走进市场，把鞋底走穿，把脑筋放在开水里煮得软烂，才有可能洞悉真相。

只有了解战争的真相，才能远离战争的残酷；随着中国市场的不断成熟，初级市场逐渐消失，消费者的需求被最大化的满足，中国市场呈现出多元化的细分趋势；被动的跟随，只会落后挨打；主动进攻，才有可能赢得胜利。正合奇胜，凭借的不仅仅是财力，物力，人力的堆砌，更是想象力和创造力的先赢定则。

今天的策划家，可能是艺术家，科学家，军事家，教育家……各种身份的复合体，但策划家绝对不是天才，因为天才只能留在天上，而策划家必须脚踏实地地获取成功。策划家的最大的成功就是帮助别人取得“巨大”的成功，商业最大的魅力在于内在巨变之后的外在表现和高额的利润收获；对于策划家而言，最高荣誉从来不是那些高贵的头衔，而是被人极度需求和依赖的感觉，每天看着客户销售数字像神话一样几何剧变才是策划家最好的荣耀和享受。

策划家，是一群永远走在路上的人，套用一句我们为红金龙做的广告词“思想有多远，我们就能走多远”，面对不断变化的世界，吾辈尚需努力，永远奋斗在路上。

序　二

作为智库的北京俱乐部

□百脑会

21 世纪中国扬眉吐气,中国的国力强了,在世界的地位高了。中国国力强大表现在许多方面,例如我们有足够的粮食储备、石油储备、外汇储备与黄金储备,然而真正令国力升级的还是智慧储备,也就是说中国需要有一个强大无比的国家智库。不错,2009 年,中国国际经济交流中心作为中国最高智库出现了。但是,这远远不够,中国需要有来自民间力量的范围更广、数量更多的国民智库。

我们北京俱乐部、《中国策划家年鉴》,就是为这国民智库摇旗呐喊、擂鼓助威的马前卒。

何谓智库? 那些身份独立、研究策略、协助决策的群英所组成的人才库、思想库就可称为智库。智库的含义自然包括"思想无禁区"。策划家就是这样的人,是智库的建造者之一。策划家首先必须是智者、学者,而后才能称为策划家。策划家还应该具备科学家、军事家、资本家的气质。只有这样,中国的国民智库才有希望。

智库储备是国家软实力中的硬实力。据《2008 年全球智库报告》,中国受到国际认可的智库研究机构只有 74 家,不足美国 1777 家的零头。其实,中国的智库研究机构不是少而是多,在北京除了有中国科学院、中国社科院、国务院发展研究中心、国家发展改革委员会、中央党校、国务院各部委的科学院和研究院、高等院校、研究院所,还有民间的调查机构、咨询机构、策划公司,都可以视为国家智库的一部分。此外,各省市也都有一些相应的智库研究机构。智库这么多,问题是很难得到国际社会的承认。中国的智库机构不仅多而且庞大,一个中国社会科学院就有四千多名全职人员,而美国的智库机构虽然多,但机构人员很精悍。英国也是这样,国家的智库人员才有一千来人,全欧洲的智库人员也不到五千人。中国以外的全球智库人员加起来还不足十万人,这个数字远远低于中国智库人员的总数。

一个智库的标准是专业水平、独立性与影响力,显然中国的智库很少也很难达到这样的标准,但中国一直在努力。今年由中国国际经济交流中心在北京举办的全球智库峰会便是一个明证。

伴随着中国改革开放的发展,策划家们也走过了三十年创意、创建、创业的道路,他们作为学者、专家、顾问服务于社会,也作为参谋、军师、幕僚服务于企业。在资源相对匮乏、经济迅猛发展、社会日益进步的年代中,策划家们为城市发展、农村建设、科教兴国发挥了主力军作用,在品牌中国、质量生存、企业改制的进程中充当了排头兵,在广告兴起、市场营销、文化产业的发展中成为了中流砥柱。

作为中国智库的组成群体之一,中国策划家有 3 个困惑。

第一就是国家为什么始终不批准一个单纯叫策划的公司,而总是要求在"策划"二字的前面必须冠以"企业""广告""文化"一类限制语,要叫成"企业策划公司""广告策划公司""文化策划公司"等等。这是对策划人起码的不尊重,连个名字也不给。工商局的这种做法并非源自某个权威的国家规定，而只是因为有一个自定的理由："工商企业的命名没有这样的类型。"与之相关的做法还有一个，那就是国家始终没有批准一个"策划协会"，或是"策划家协会"，而只允许在一国家级协会之下附属一个"某某策划专业委员会"。这样一来，策划人、策划家就无法"自立门户"，自成一类。他们只能是到香港去到境外去注册一家国际机构来发展自己的事业。不过，这正好给了策划家一个巨大的空间，让他们成为"匹夫有责"的天下人。

第二，就是国家何以要重文化产业而轻策划产业？其实策划产业比文化产业更加重要。所谓文化产业只是把一些既成行业归归类，把其他本已存在的产值划到自己的名下。例如出版业，有没有文化产业叫法之前出版业就已然存在。而策划就不一样了。在此之前策划并不存在，一旦诞生，它创意思想、创造业绩、规避风险、整合资源，成为社会财富的创造者。

第三，策划业为什么至今不能很好地与国际社会对接呢？在西方，象中国这样的策划服务被称为咨询服务，属于软科学范畴；在日本在港台，则被称为企划，这倒只是用字的不同。因为类别区分不一致，策划服务的范畴、方法、对象也就不一样，这是阻滞中国策划业快速发展的一个大问题。

策划是一个内涵丰富的概念，它与许多相关学科交叉，例如软科学、咨询、决策、广告、公关、新闻、管理、营销、企划。这么下来，策划究竟是什么就不难理解了。但是，这么说来策划好象没有了自己，这也是不行的。任何学科都有一个本体，策划就应该有自己的本体论、方法论。就好象电影就是电影，我们不能把电影说成是文学、戏剧、音乐、美术、表演的联合体。电影有电影语言、电影手法、电影表现，不是其他门类的艺术可以企及的。

前面提到，策划家应该具备科学家、军事家和资本家的气质。现在，让我们来看看这三类专家是怎样形成的。

首先看看科学家。科学家是以发现自然界的新事物、新规律而成名，并非以能将其发现运用到实体领域而著称。基于这个区别，伟大的发明家与智慧的工程师都未能被列入到科学家的名册。科学家有一个共性，那就是他们都很有天赋，当然也有后天努力而成的。绝大多数的科学家都不是出身贫寒，他们有着优越的生活条件，令他们从小就有兴趣也有时间去捕捉昆虫、注视天穹、琢磨世界，之后才和所有的人一样去接受教育、发展事业，长此以往的含辛茹苦才成为科学家。科学家是以"大胆设想、小心求证"来从事其科学研究工作的。在科学家中，尤其是那些从事语言行为、社会现象、公共事业、国家发展、民族事务、国际交流方面的专家的气质、个性、精神，正是策划家自身修炼所要追求的。

在策划家里面，注重科学方法、讲究实际成效的大有人在。王志刚是学哲学的，主张身体力行，成事在天而谋事在人；张大旗玩语言，讲表现，却不忘把定位放在第一位……

再来看看军事家吧。军事家是那些具有雄才胆略、英雄气概的人，他们不怕牺牲更不怕挫折，勇往直前、坚持到底从来是他们的品格。军事家和策划家相比有着很多的共性，像乔治·华盛顿"在战争中不输比打赢更重要"的军事辩证法，像马歇尔和艾森豪威尔总是在远离战争的后方运筹帷幄，对军事行动和军队组织的问题进行决断使战争得以胜利，这些做法都是值得策划家去仿效的。军事家的根本气质，就是在战略上重视敌人、在战术上藐视敌人，最终在战场上战胜敌人。

策划家陈放就是军事科学院培养出来的，他讲创意、重策略，特别重视"制空权"；卞洪登主张"首都东扩、全球出击"，不仅将策划做到全世界，把生意也做到了全世界。

最后来看看资本家。资本家也就是我们今天所说的富豪。数不清的排行榜把富豪们捧为了今天社会的标杆。他们依靠自己过人的聪明或是绝无仅有的机会成为了富豪。财富与成功的大门，在一个机会平等的社会，对所有人来说都是敞开着的。这一直以来就是美国社会的中心思想。美国梦的意思,就是说任何一个有才干、愿奋斗的人来到美国,都能通过劳作和拼搏过上舒适惬意的生活,或许还能成为富翁。美国创造了一个新的贵族社会,不是头衔而是财富。在美国,财富成为衡量一个人成功的标准。在这一点上,美国有甚于任何一个国家。我有一个在美国医学教育界的朋友,他在南伊诺伊大学医学院工作。他在国内充其量也就是普通高校的一名教授而已。来到美国后,鉴于他在医学微生物、免疫学以及细胞生物学方面卓有成就,因此每年可以获得联邦政府给予的200万美金的课题费。如此一来,他在这一学科就形成了绝对权威,成为这个领域的首席科学家。这就叫美国。究竟是拼搏成就了事业、事业带来了财富,还是财富铺平了道路、道路撒满了鲜花呢?在这中间起关键作用的是钱。不是为了追求这笔钱,他完全可以不去美国;正是因为去了美国,他才得到了这笔钱,而他那份天赋,他那种拼搏,原本在哪里都是存在的。策划家不是富豪,但我们为富豪服务,为想成为富豪的人服务,因此我们要懂得富豪。他们是一批富有创造力的个体,具有改变自身生活状况和促进国家发展进程的能力。策划家也如此。策划家叶茂中在上海有庄园,卞洪登在海外有矿山……

在香港回归之前撒切尔夫人说过,不要担心中国,中国几十年、一百年都出不了什么思想。就冲着她这一句话,我们策划家也要努力,努力打破这一妄言。我们不但要建设好自己的国家,我们还要到境外去传播中国策划,传播东方文明,为全世界服务,挣外国人的钱。

《2009年中国策划家年鉴》,记录了100个策划家的所作所为。这本年鉴表明,至少有100种不同的方法可以在中国发展事业,创造财富。这100个策划家给读者留下了一个挑战,今天的机遇是什么?拿什么来建立新的100之门?显然,不可能所有的财富都来自土地、资源、出产,也不仅是来自信息、模式与品牌。在策划家的眼中,“一切皆有可能”,一定会有新的发展资源和财富资源出现。

人们之所以对这类百名业界名人排行榜感兴趣,是因为做什么都要有个标准,都要有个说头。拿100个策划家来说事,这本身就是一件事,人们可以对名单里该有谁不该有谁、谁该放前谁该置后津津乐道,成为茶余饭后的谈资。10年前,笔者出版过一本《影响中国策划业的21个人》,首版就卖了6万册,至今还没有哪本策划读物超出过这个数。这说明读者关注的是策划群体而不只是个人,不少商家也是通过对这本书记载的21个人进行比较找到了各自需要的专家、顾问、幕僚。

人们可曾记得世界上曾出现过一个罗马俱乐部,那是一个举世公认的智库。智库叫做俱乐部由来已久。我们也叫“北京俱乐部”。北京俱乐部不限于北京,也不限于中国。《新周刊》对中国智库有过这样一句寄语——“希望中国策划家继续在边缘化生存、商业化运作、专业化发展的道路上走好”。我们中国策划家更要形成一体,为国家的繁荣富强贡献智慧。我们要改变过去那种单打独斗的状态,要成为一个策划大家庭,要改变过去那种靠策划收费、当顾问收钱的的运营模式,我们还要摆脱技法单一的尴尬局面。所有这一切,北京俱乐部都有所部署,有所考虑。

最后,让我们以两句名人之言与中国策划家们共勉:

> 智者创造的机会比他得到的机会要多!
>
> ——培根
>
> 已经创造出来的东西比起有待创造的东西来说是微不足道的!
>
> ——雨果

前　　言

策划人物　物竞天择

□大　林

策划伴随着市场经济发展走过了三十年,它在市场营销、企业发展、城市运营、国际事务等诸多方面起着重要的作用。策划作为一种方式,一种机制,已经被市场经济充分运用,目前正在向非盈利机构、事业性单位充分渗透,成为社会科学不可或缺的一门学问。三十年来关于策划的学说在不断的演变,运用的领域也在不断地扩大。从整体上说,它经历了三个阶段,这三个阶段是企划说、谋略学、整合论。

一、兴起于南方的企划说

二十世纪八十年代初,企划从港澳传入广东,一时期广东各企业公司纷纷成立企划部,专门应对市场营销所出现的问题,在全国率先出现广告策划、营销策划、市场策划的词眼,随着改革开放前沿所出现的新鲜事物,策划大行其道,象杂志改名、电视选美、主题公园、蓝印户口很多新奇的名字无不是策划所催生。企划一词究其源头是从日本流入台湾,台湾传至香港,香港影响广东。

二、风行于全国的谋略学

二十世纪九十年代初,走过了十个年头的企划说已经传遍中华大地,当企划被北京、上海大都市所接受的同时,这个词语逐渐变成了包含中国深厚文化底蕴的谋略学。一大批文化人、艺术家、社会学者都成为了策划人,他们从中国五千年文化中吸取营养,把策划谋略学解释得头头是道,运用得无所不在,策划更大层面地伴随改革开放急转之下得到了充分的运用。象贺岁电影、大学排行、医疗改革、科教兴国许多文化现象乃至国家大事无不有策划的参入。再之后,谋略一词又演变成战略、策略全面介入城市发展、政府决策与社会各领域。

三、发端于业内的整合论

二十一世纪初,中国策划走过了二十个年头在全民经商,人人懂策划的今天,策划家们一方面进行着策划更深层的研究与探索;一方面提出了发现说与统筹术,也就是说当商机潜伏、资源遍地的时候,只要悉心发现与用心谋划可以使事情变得很简单。象文化产业的提出就是发现影视、动漫、出版、IT 诸多行业投入小产出大,只要稍加整合就可以形成整体之和大于整体之加的效益,这便是整合论。

《中国策划家年鉴》是由《中国策划年鉴》发展而来,如果说《中国策划年鉴》所记录的是中国策划业内的历史纪录的话,那么《中国策划家年鉴》却是捕捉了发生在经济建设、社会发展各领域的人、事、物,我们站在策划家的角度更多地感悟到,今天的策划已经发展到策划家个人魅力影响事物,物换星移、物竞天择的地位,它既不是企划说的单一性,不再是谋略学的纯理论,也不是发现说之后的整合论,策划就是策划,它有着应变的规律性,神奇的场效应,当策划不能适应事物发展的时候它自然就不成其为策划,当策划顺应事物发展的时候它就显示出顺理成章、循序渐进,也就是我们所说的物竞天择。

《中国策划家年鉴》由三大板块组成,它们是大事记、思想库、排行榜。

一、500 天大事记

2010 版《中国策划家年鉴》记录自 2009 年 1 月 1 日到 2009 年 12 月 31 日发生在中国大地所有与策划关联的人、事、物。大事记按日期排列,每天人、事、物各选一条。大事记作为本年鉴的主体至为重要。大事记以事为主、言简意明,不作解释、不称之最、不介绍人物、言论,以保证年鉴其他版块独立成篇。

[**入选范例**]

2009 年 6 月 10 日中国文化遗产日纪念邮集,以 420 元应市,一周内涨至 1200 元一册。

——策划人:赵有财

2009 年 11 月 11 日亚太营销论坛在韩国隆重召开,360 名韩外著名企业营销工作者与会。

——策划人:马志骞

2009 年 12 月 8 日第六届中国"诸葛亮"策划奖在上海颁奖。36 名策划家获得殊荣。

——策划人:梁　铭

二、100 人思想库

中国策划 30 年,策划人犹如冰河世纪后的群山,是最早迎接生命与希望的陆地。策划家作为先行者,在不同程度上带动着商界、影响着中国。策划人群中有专家、学者、教授、记者、作家、制片;老板、老总、总监等,角色纷繁、异彩纷呈,《中国策划家年鉴》以人为本,以不同的文体为大家立传。

文言体

《史记》为"史家之绝唱,无韵之离骚"。21 世纪的今天,各种写作手法层出不穷:意识流、零度写作、魔幻主义、玄幻主义、超现实主义等等,但太史公的笔法依然魅力不减,《中国策划家年鉴》不可照搬"本纪"、"世家",一是鉴于"后人评说",二则所收录的策划人正值盛年,就此下定论尚早。故均以"列传"名之。

自传体

最了解自己的人就是自己,虽不能说自传是最精彩的人物传记,但可以肯定的说它是最准确、最可信的人物传。如《甘地自传》、《邱吉尔自传》、《林语堂自传》等,这些著作无疑是作者们所处生活时代的信史。策划人能为自己写传记,确也难能可贵,因为策划人常常日理万机、繁忙倥偬。然而自传并非一定为本人亲躬,如末代皇帝溥仪自传《我的前半生》是和老舍先生共同创作。年鉴中的不少传记便是编辑部同仁与策划家合作而成。

记录体

语录、访谈、三段式(人物小传、年表、佳例)、报告文学等,都属于记录体。记录体做人物传最为常见,《新京报》、《中国经营报》等多家报纸都有记录性人物传专栏,央视有访谈类节目《人物》、《大家》、《面对面》、《艺术人生》等,从不同角度、不同层次、不同立场为被采访人物立传。

思想文库注重的是策划家们的思想构成以及他们如何将思想运用于社会实践的不凡纪录。

该文库第一辑共 10 种,由文库发起人——大林、豫人二人策划,上海大学出版社出版,文库出版目的是系统总结 30 年来中国策划家们的策划理念和策划思想,梳理案例,提升观念,引领未来中国未来策划业发展。文库第一辑的选人标准是出道早、思想深、案例多、名声佳、能宽容的第一代策划家。文库各卷单独成册,排名没有先后。出版社在征求多方意见,综合评估的基础上,

第一辑,已由上海大学出版社出版(责任编辑:李旭),入选者为:王志纲、孔繁任、陈放、张大旗、何学林、陈国庆、舒明武、陈纪平、晏滔、大林;

第二辑,李贵夫、马彦文、廖灿、刘金彪、张合军、李晓东、北冰、达文、王新文、缪南等,都在积极的撰稿之中;

第三辑,亦在积极策划、筹备之中。

三、36 个排行榜

《中国策划家年鉴》是中国策划界的扛鼎之作,详尽记录中国策划风云史、风云人物;全面汇集中国策划界各学派学术观点、理论著述;细致总结各流派实践工作、经典案例。年鉴内容翔实、形式庄重,秉承策划行业的传统,以审慎的笔触记录正在发生的事件;《中国策划家年鉴》彰显策划精英的智慧,以博大的胸怀容纳百家争鸣的声音;《中国策划家年鉴》张扬策划新锐的个性,每年公布《中国策划家排行榜》以独特的视角、可信的排行榜服务于全行业。

《中国策划家年鉴》排行榜由 36 个榜单组成,皆为龙章凤姿。

例:北 冰 湖南版的"北大纵横" 在中部城市把咨询做得风生水起。

——选自于人物排行榜

例:第三届中国国际青年艺术周论坛执行主席由林军与本鉴总编大林联合出任。

——选自于事件排行榜

例:《大学生创意创业》成为 2010 年 5 月份王府井书店畅销版图书。

——选自于物件排行榜

《中国策划家年鉴》出版是一件全新的公益事业,它将策划这个涉猎广泛且具有前瞻性的行业信息汇集于一体,有利于智慧人才与策划资源的集结,以形成更好的社会产业链效应。

《中国策划家年鉴》既是学术刊物也是工具书,更可以作为策划管理专业的高级管理教材,也可以成为中国策划家、企业家、社会学家相互沟通与连接各界的"语桥"。

中国策划家年鉴在为整个社会策划服务的同时也给自己做了三个自身策划,那就是《中国策划家年鉴》是:

中国第一部权威出版的全景式策划史实与策划发展的典籍;

中国第一回全面记录策划人物思想与创意创新的鸿篇巨制;

中国第一次为营销、策划、咨询、软科学各业态作史记、写传奇。

中华文化之歌

——建国六十周年全国策划家特别献礼

□陈汉东

博大精深，　源远流长，　道德文章，　万古流芳。
万紫千红，　百花齐放，　兼收并蓄，　博采众长。
承前启后，　一脉相传，　继往开来，　光辉灿烂。
自强不息，　奋发向上，　厚德载物，　方正贤良。
以和为贵，　礼仪之邦，　求同存异，　欢聚一堂。
与人为善，　爱人以德，　见义勇为，　助人为乐。
推己及人，　真心诚意，　内外兼修，　表里如一。
明荣知耻，　见利思义，　尊师重教，　见贤思齐。
敬老慈幼，　知书识礼，　中庸之道，　天人合一。
血脉相连，　和衷共济，　安危与共，　唇齿相依。
富贵不淫，　贫贱不移，　威武不屈，　浩然之气。
敏而好学，　身体力行，　推陈出新，　与时俱进。
天下兴旺，　匹夫有责，　群策群力，　同心同德。
求真务实，　持之以恒，　言信行果，　有志竟成。
和而不同，　择善而从，　天下为公，　世界大同。

绪　论

针 学

资策通鉴

——将智业从昨天派往明天

□晏　滔

鉴于往史,资于策道。

策划,智弦上的舞蹈,从而思想也很好看。

现代"弦理论"认为,不存在粒子,只有弦在空间运动。就像琴弦的振动一样,一个音乐家通过调谐六弦便可创造出无数美妙的音乐。在自然界中,一切相互作用的性质都以弦的不同振动来决定。电子是以某种方式振动的弦,夸克又是以另一种方式振动的弦。在社会经济领域,一切让思想变得好看的事物便是策划家在智弦上的舞蹈。

《中国策划家年鉴》留住的记忆,是那些在策划中诗意行走的智者。今夜星辰灿烂,我们将智业"从昨天派往明天"(俄罗斯诗人杜金的句子)。

走进经济学的殿堂,人们不禁生出高山仰止的感慨,年轻的学子或许会感到英雄气短。英雄无觅,许多人在这个美轮美奂的殿堂里做着一名工匠,付出自己毕生的辛勤努力,哪怕只是为了完成经济殿堂窗棂上的一朵雕花都会为此自豪一生。

然而,不经意间,经济学工匠向窗外望去,发现在更高的山冈上,已经矗立起一座更加富丽堂皇的现代智业神殿的脚手架。人们的选择在于:是继续在经济学殿堂里雕梁画栋,还是到新世纪智业的工地上添砖加瓦?

其实,早在1955年,爱德华·波纳斯就在他的一本名为《策划同意》的著作中首先提出了策划这一概念,经济学的现代化就在"策划"这一媒介剂中发酵。

新世纪的经济学更多地从纸上谈兵转变为研究真实世界中的现象。企业家精神和策划人对现实世界的敏锐感觉已经成为经济大厦构建的核心所在。由于智业在现代经济中的普世存在,博弈论将几乎全面地改写经济学,宏观经济学变得更加动态化;政治经济分析尝试用耗散理论而非经济学的逻辑,使其对复杂的政策决策过程有一个清晰的把握;经济学的各个分支将以策划的名义而枝枝相覆、叶叶相通;生态伦理学的讨论也重新植入经济学。

经济学是济世之学,它必将回归于现实。重大现实问题的研究更有可能借策划而做出突破性的创新。策划家不再是原来意义上的智者、谋士,而是一位积极的劳动者,他与沸腾的时代一齐前进。现代策划可以看作是思想与经济的再结合。落实到操作层面,也就是由策划家和企业家联袂决定的营销模式和创新产业。策划是对经济的分环勾连,社会责任,顾客关系,效益效果,媒体传播,生产消费,公关权谋,活动主题,人力资本,生态环保……每一对概念都包含着一种特定的看待世界的方式。这些看待世界的方式不是从静观和玄思而来,而是从大规模的实践中来,它们是人类与这个世界打交道的结果与体现,是沉淀在抽象的策划系统中艺术的生活意味。

思想因策划而好看起来,一个时代的经济,体现了当代的生活方式,可靠地映射出那个时代的文化品格和美学追求。道在日常中,策划势必会和同时代的生活发生深广的联系;策划师带着艺术家的灵气和科学家的敏感,进入到这种联系中。策划的作用,在于让社会构建出鲜明的风格。生活无时无刻不在形式化中分化出新的意义,但是,同样是做经济却有索然无味和妙趣横生之分;有粗俗不堪和风度翩翩之别。策划家是妙趣横生者,把生活的形式带向极致。一个时代确立起它最鲜明的形象,少不了策划家的舞蹈。

刘益东在《智业革命》一书中预言:"将临的第三次科学革命,是头脑型科学活动平台的创建与运行,既智业革命、科学社会化和智权知识社会的创建。"

我们生活在"智业经济"时代。智业即智慧产业,也是当代经济的主导产业。智业的竞争与创新,是当代经济的中心主题。

《中国策划家年鉴》的使命就是要构建一个以策划家标识的智库平台。

一、历史坐标下的现代策划业梳理

中国当代策划业态的历史起点从什么时候开始萌生?

周培玉在第三届中国策划大会上所作的,题为《中国策划正在焕发第二次青春》的主旨演讲中是这样描述的:

1984 年,《人民日报》的那篇著名报道,一石激起千层浪,由此迅速形成了"点子热"。一时间,"点子"成了中国市场上最紧缺的一种资源。

古老的策划智慧与轰轰烈烈的改革开放事业相碰撞,不但产生了一批道破天机、导引潮流的策划专家、点子大王,而且催生了一个全新的事业,这就是年轻的中国策划业。

如果我们把 1984 年至 1999 年叫做新时期中国策划业的第一个阶段,那么,从它发展、兴盛到衰落来看,前后大约是 15 年时间。这 15 年,中国策划第一次从幕后走到了前台。

2007 年,以中国商业联合会、中国企业文化促进会主办的中国策划评价活动为轴心的众多策划机构,提出了总结"中国策划 20 年"的主题。其中,对中国策划业的历史起点作了描述:

2007 年是中国策划 20 年。中国策划二十年是从 1987 年,国务院发展研究中心成立全国第一家经济发展咨询公司开始,历经二十年风雨,伴随着中国八十年代改革开放,向现在自主创新转变的政治轨迹,伴随着中国入世后大陆市场只占世界市场五分之一,五分之四全在国外的经济轨迹,伴随着中国从纯体力到三分之一智力、半智力,到三分之二智力转变的智业历史轨迹,而迅速、蓬勃、持续、健康地发展,从萌芽到壮大,从点子到概念到多元思维,策划人从寥若星辰到群星灿烂,策划机构从单打独斗到合纵连横,从单一策划到形成智力产业,都说明中国策划二十年是奋进的二十年,发展的二十年,是中国策划人创造了奇迹的二十年!

中国管理研究院智业产业研究所的严凡高于 2009 年完成了"中国咨询业 30 年大事记"初稿,力邀同业共同补充修订。其基本观点如下:

十一届三中全会后,中国科学技术协会可以说是中国咨询业的发祥地和拓荒者,率先进行咨询服务活动。胡耀邦同志在科协二大讲话中提出,科协要开发智力资源,之后,全国又成立了"中国智力开发工作者协会"。随着中国改革开放的深入,咨询业又开始涉足企业管理。

1978 年 12 月,中国共产党中央委员会召开了第十一届三中全会,作出了"经济改革"和"对外开放"的重要决定。此次会议对中国政治、经济、文化的影响深远,中国经济开始恢复并腾飞,直接促进了中国智业产业的萌芽和发展成长。

1979 年,中国科学技术协会和其他一些研究机构以考察的方式对国内的经济和部分企业进行了带有咨询性质的研究指导。

1980 年 8 月,国务院领导在中国科学技术协会《关于组织专家赴安徽考察的情况报告》的批示中指出:"科技咨询服务工作很重要,是科技部门走上社会化的一种形式,应不断总结经验,所需经费及报酬应逐步由聘请、委托单位负责，采取合同制办法，这方面也要逐步摸索出经验。”受国务院领导批示影响，中国科协在安徽考察结束后成立了中国科技协会科技咨询服务部。

1980 年成为中国当代智业产业“元年”。

《中国策划家年鉴》的观点：

我们认为，中国当代策划业与改革开放 30 年同行。这一观点已在 2008 年，大林总编、晏滔执行主编的系列策划学高校教材的“总序”中阐明了。

中国当代策划业到底从什么时侯算起，我们认为应从中国改革开放算起，也就应从 1978 年十一届三中全会以后算起。因为，它是中国一个新的时代开始，是从传统的自然经济走向开放的市场经济的标志年。策划是市场经济的产物，也是改革开放的产物。

策划业是咨询大行业的灵魂，是伴随着市场不断发育和成长而兴起的智慧产业，是全球经济一体化，知识经济与信息时代的社会分工需要。这意味着中国企业从过去拍脑袋的决策思维模式正式转向借助“外脑”进行科学决策的新思维方式。作为“外脑”的职业策划人，现正处于“外脑革命”的催长发育期。随着国际对中国智慧购买力的增强、中国企业竞争对策划咨询需求的增强、中国第二代资本拥有者对策划依赖程度的增强，中国策划业的高速发展，为策划人带来了前所未有的发展良机。

在岁月的坐标上，如何定格属于自己应有的位置，建构在时间坐标之上的策划史？我们永远不能改变历史的这种时间属性，必须按照历史的时间进程来描述策划。《中国策划家年鉴》用三个时间标记来诠释中国当代智业的历史坐标意义，以及智业在这一历史坐标下的成就、困惑和使命。

从改革开放之初至今的中国智业，其发展历程大致可分为三个阶段：

1. 自发阶段：二十世纪 70 年代末 ~90 年代初期，也可称“点子时代”。

2. 自觉阶段：二十世纪 90 年代中后期至 2006 年，也可称“策划人时代”。

3. 学科建设和职业化阶段：2006 年以来，也可称“智库时代”。

“点子时代”以《何阳的点子》为标识；

“策划人时代”以王力的《恩波智业》为发端；

“智库时代”以成熟期的“北大纵横”为先行代表。

当然，在当代策划史的发展道路中还有许多意义和影响力都更为重大的里程碑事件，他们大多成为“中国形象”的符号印记。我们可以徐徐地拉开这部年鉴的幕布，去细细地观赏那些好看的思想的舞蹈。

二、智弦上的舞蹈

现代著名美学家苏珊·朗格说：“艺术家表现的决不是他自己的情感，而是整个人类的感情”。策划人的表现力正是以整体探索、整体品察、整体把握为背景，将哲理与情感融为一体的艺术；正是在更清醒的理性和更深沉的情感上观照了人类整体，而成为一种更高层次的科学艺术。舞蹈经常被不假思索地形容为“语言”，那么我们该如何“阅读”和理解策划的语言？

策划的语言，思想的瑜伽。

当人们保持沉默的时候，他们的思想和情感并没有沉睡，许多情况下反而迸发得更多，流动得更快。这些思想情感的流露，在舞蹈是由人的身体符号外泄而出的，当这一无声的符号世界被艺术夸张或变形以后，舞蹈的符号世界便五彩斑斓地跳动起来；在策划是由思想创意外泄而出的，当创意被注意力扑捉以后，思想的瑜伽不仅久远，而且幽深，社会将其还原为可以读懂的经济生态。

2009 年 6 月,何阳自宁夏石嘴山监狱出狱。十年已过,江湖还是他的江湖吗?点子时代已在十年前落幕,何阳却从来未言谢幕。时代将如何把昨日的何阳派往明天?

每一段历程都伴随着策划人内心世界的震荡。现实生活中的成功与失败改变着策划人对自己与现实世界关系的认识,也改变着策划人对自身的评价与期望。

当年何阳的影响是巨大的,意义也是深远的。1992 年 7 月,《中国青年报》头版头条登出独家新闻《何阳卖主意,赚钱 40 万》。这条消息的导语格外引人注目:“思想、策划、主意也能卖钱”。靠点子,靠动脑筋就能让“思想、策划、主意”卖出钱来,针对当时特定的社会现实来说,无疑是一种非常具有积极意义的进步。何阳的四十万给国人带来了什么呢?其实归根结底就是带来了观念的冲击——智慧、主意、想法应该而且可以值钱的观念。何阳当年点遍大江南北,叱咤长城内外,也显示了那个时代对创意的渴求。作为一种参照系,我们从何阳一张当年与牛根生的合影,照片中牛根生抱着一张“优秀学员”的奖状,可以解读那个时代的这种渴求——无数企业主都在为经营瓶颈找寻策划的解决之道。受《何阳的点子》一书的带动,当时在河南人民出版社任职的李旭(豫人)在《河南日报》开设个人“点子”专栏,并策划了一套“点子文库”由河南人民出版社出版,先后推出了《绝妙点子大观》(豫人主编,1994)、《犹太人点子大全》(贺雄飞主编,1995)、《广告点子库》(豫人主编,1996)、《创意风暴——舒明武商战策划》(舒明武著,1996)、《智利天下——李旭的点子》(豫人著,1996)等十几种“点子”类图书,并推出了“豫人策划”的牌子。当时全国各地类似的“点子”图书曾盛行一时。李旭也是靠着自己的一个在选题上的“点子”,在毛泽东诞辰 100 周年之际,策划了风靡一时的全国十大畅销书《容斋随笔——毛泽东生前要读的最后一本书》,狂销上百万册。他后来便也走出“点子”,专门从事起畅销书的策划来了。他把一个个选题“点子”变成一本本受读者欢迎的实物图书,如在 2006 年中国殷墟被评为世界文化遗产之际策划“中国书标”《中国殷墟》、在 2006 年国家取消农业税之际策划由中央电视台播出的大型纪录片《皇粮国税》、在 2007 年中国人民解放军建军 80 周年之际策划国家百种重点图书《中国人民解放军军事文化遗产》、在 2010 年中印建交 60 周年之际策划《思考印度》以及和大林先生一起策划出版“中国策划家思想文库”等等。无形的“点子”以其特有的方式变成了现实中的有形产品。

对二十世纪八九十年代开始创业的企业家来说,王力也是一个不可或缺的人物。他的商业策划案例已成为一个时代的印记,他 15 年前写的《恩波智业》曾深刻影响了一代创业者。

如果说,《何阳的点子》给国人演绎了一个智慧值钱的“神话”,那么,《恩波智业》则仿佛是告诉了人们一个入口:如何进入这个“神话”世界的入口。《恩波智业》的出版,无论王力本人还是策划批评人,都非常关注地提到了“智业”这个术语的使用。从“点子”到“智业”,无疑是一次升华。王力所谓的“智业”其实就是决策咨询业,是通过特殊的市场行为、特殊的运作方式、特殊的组织形式物化钱学森所倡导的“大成智慧学”的“未来产业”。

在解读王力的“舞蹈”语言中,牛根生又成了伴舞者。2009 年 9 月,王力的新作《生根者牛》出版,在该书中,王力以与牛根生的交往为主线,从一个侧面展示了牛根生与蒙牛的成功,也指出了整个乳业为何会集体深陷三聚氰胺事件。王力坦言,写《生根者牛》就是想“庖丁解牛”,用身边鲜活个案解析创业者“如何才能从成功走向成熟”。写《生根者牛》,虽与牛相关,也与奶相关,但最终既非一味救牛,也非一味救奶,既非完全就人,也非完全就事,如果真想通了“不谋全局者不足以谋一域,不谋万世者不足以谋一时”这句话,也许就真正成熟了。

假如说当初王力所著《恩波智业》深刻影响了中国第一批成功的创业者,那么《生根者牛》这本书将启迪创业者从成功走向成熟。王力完成了一项从昨天派往明天的任务。

1995 年 12 月，几乎是无声无息地，孔繁任出版了他的《一个企划人的独白》。向世人告白：人们所津津乐道的“点子”，尤其是指向产品改造的“点子”，其实，都能够在创造学的坐标体系里找到使之产生的方法和规律。

更早在 1983 年 6 月，当中国首届创造学理论研究年会在广西南宁召开的时候，孔繁任如同许多前往赴会的代表一样，是带着论文去的。当年孔繁任从南宁返回杭州，就邀约了同道，凭着满腔的热情，凭着对创造学研究应用天地的理解，风雨兼程地办起了杭州创造学研究会。那曾经是一个非常红火的群众研究团体，当时也吸引了不少社会名流和专家学者从各个应用的方位和层面来研究创造的规律与方法。

“点子”从技术研究开发行为到市场交换行为的这个变化是深刻而复杂的，它所牵涉的因素要庞杂得多，它在更大更丰富的层面上受到各种环境因素的制约。这个时候，进入市场交换的“点子”，就被放到了供需互动评价这非常苛刻的天平上了。

1994 年底，《光明日报》、《中国经济时报》、《经济日报》、《经济参考》、《中华工商时报》、《中国税务报》等六家报纸，几乎在同一段时间里，相继刊登了孔繁任与范海坚的署名文章《点子，在市场的天平上》，由“点子，让我欢喜让我忧”、“点子由谁而出”、“点子为谁而出”、“企业不能盲目”几个部分组成。通篇展开的思考与论述，都基于一个十分严峻的现实，那就是在市场的天平上，点子失去了重量。

1994 年底，首届点子交易大会在北京军事博物馆拉开了序幕。然而，1994 年 12 月 13 日《人民日报》记者署名文章，却报道出了点子在交易大会上所遭受的冷落——“沸沸扬扬的点子交易大会，吸引了近 200 位点子卖主，谁想买点子的仅有三四人，最后还未成交一笔生意……”

智慧入市值得庆幸，但点子不等于策划，策划是充满智慧灵光的科学。

孔繁任的舞蹈，已经是在扮演“点子时代”的终结者了。

三、策划人时代

“思想像闪电划破漆黑的长空，照亮人们的思维世界。能为人们指明一下道路，且能自成体系。近则为一系列看似没有关联的事物和现象找到内在的联系和规律，远则为自己所处的时代作一种概括和总结，找到一些可以把握的东西。工作室便是这种努力的结果。什么是知识分子，有的老板不屑地说，不就是写字的吗？不，王志纲工作室改写了这种说法，让这个苍白无力的词有了一种新的含义。”

策划工作室的普遍建立，是“策划人时代”一个象征，如大林的移动工作室、严忠明的项目策划事务所等，潘石屹的 SOHO 仿佛就是为这个时代创想的。作为策划发展的产物或者说是最初形态，策划工作室不单单是某领域的策划团体，也是品牌的象征。他们都拥有自己的固定粉丝和固定策划模式。比方说叶茂中工作室，广告界很容易联想到与狼共舞的独特形象。

1990 年至 1992 年间，从台湾和香港舶来的“卖楼花”理念，可以说是房地产策划的滥觞起因。如何赋予土地以文化意义，才是房地产策划的发端，而这一里程碑是以著名策划家王志纲成功策划顺德碧桂园作为标志的。此前，房地产策划正处于孕育时期，未真正引入策划的理念。1993 年 6 月，顺德碧桂园因王志刚的加入而使房地产策划在项目开发中起到了关键作用，开创了房地产策划实践成功的先河，王志纲因而成了房地产策划的开山祖师。王志纲秉持“名牌的背后是文化”的理念给碧桂园项目赋予“给你一个五星级的家”的全新生活方式，并整合和调动了强大的新闻资源将这一思想传播出去。特别是推出“可怕的顺德人”的系列悬念广告，使碧桂园在人们的心目中瞬间变成了“成功人士的家园”。

此后,人文关怀在古老的中国大地的楼群中复兴;其间,人们可以找到一系列终极的建筑符号和风格,这种风格必与民族复兴的伟大母题相匹配。王志纲正是这种风格探索的始作俑者、先行者。没有人能够臆测这种探索的终极形态,这是一个超越房地产策划的视角,但无疑,这正是这一代文化人所肩负的使命,一种历史的使命。

1996 年介绍王志纲策划经历的《谋事在人——王志纲策划实录》一书推出后,在社会上引起巨大反响,销量逾百万,并成为行业教材。1998 年推出的《王志纲工作室策划文库》——《谋事在人》、《成事在天》、《策划旋风》和《行成于思》。既有微观案例剖析,又有宏观走势把握,同时展现了智慧思维的根源。2002 年 3 月主持编著《财智时代——王志纲的观点》、《财智双赢》和《大盘时代——中国泛地产革命》,再次成为畅销书,并成为许多房地产企业和智业从业人员的教材。

"当尘埃落定、社会完成重大转型后,回头看看,就会发现还是思想最值钱,观念最值钱,理论体系最值钱,方法论最值钱,这些无形的东西才是最值钱的。"

2006 年元旦,《找魂——王志纲工作室战略策划 10 年实录》出版了,十年中,王志纲工作室矢志为建立商业智库而努力。《找魂》全方位展示了一幅破解中国社会经济进程中诸多策划问题的清明上河图;刻画了一部极具中国特色的战略咨询的孕育和发展史;展现了具有东方智慧的中国式战略策划的精髓。《找魂》也预示着一个策划人独舞的时代的终结。策划人也在反观内心"找魂"的时候,集体无意识地从昨天奔赴明天的"智库时代"。

四、思想采购

今天,我们回顾"策划人时代",那是个需要策划巨人也产生了策划巨人的时代。当我们用"巨人"去比拟这个时代的策划家时,在本质上,这个"巨人"是用以指代这样的一批策划家,既海量的"思想采购者"。这一时期的策划史在本质上可以说是概念借鉴史。

关于"思想采购"的策划新思维,是严忠明在他的著作《概念地产与思想采购》中第一个明确提出来的。严忠明总结了地产经营在中国的最新动向,结合自己的案例对概念地产的操作模式进行了分析论述。重要的是跳出房地产领域,反思中国策划业的困境,阐述了自己的策划新思维。

然而,早在 1993 年 1 月,艾丰就以他"思考的笔"出版了《中介论——为改革辩护》一书,可以认为是"思想采购"的哲学基础。艾丰是属于这个时代的划桨人,2007 年 12 月 29 日,由中国新闻文化促进会和全国最知名的两所新闻学院:中国人民大学新闻学院、复旦大学新闻学院,共同主办的"一个记者能走多远——艾丰意义和媒体人责任"研讨会在北京召开。艾丰是这个时代具有策划人精神的记者。

今天,"思想采购"这一策划思维已被策划人广泛借鉴使用。这种策划主张不是一味追求创新,其背景首先是最恰当地为企业解决真问题。

"操练常规思维,是为了理解真正的创新思维;把握标准动作,是为了创造卓异的自选动作;领悟策划智慧,是为了使自己成为能给未来定位的人。"

——严忠明"策划人之墙"铭文

"策划人之墙"铭文或许也可算是"策划人时代"的一个表征,在"思想采购"的语境中,一代策划社群已经图画麟阁。

《谁的生意被策划照亮》,叶茂中,一个时常袭击广告人视听的名字。

1995 年,他的第一本书《广告人手记》写成。在叶茂中十多年的营销策划生涯中,他"采购"

的精神原型主要是用以促进销售为目的广告元素。北京广播学院新闻传播学院院长丁俊杰认为:叶茂中非常重视广告的销售力。他对生活的领悟力很强,创意大多来自对生活的提炼,所以能引发消费者的共鸣,从而产生购买的欲望。在叶茂中的案例报告集中,也清晰记录着策划实施后销售额大幅上升的事实:

"这种品牌形象的提升更直接促进了雪津啤酒的市场销售。2001 年雪津产销量约 30 万吨,2002 上半年雪津产销量就达到 20.6 万吨。到年底这个数字变成了 43 万吨。……被福建媒体称之为'雪津现象'"。

只有认清广告这把双刃剑的特性,我们才能真正理解叶茂中。很多企业家把广告策划人当成了救火队,问题成堆了才找他解决问题。叶茂中曾经非常感叹:"你说我前生是不是专门给人解决问题的?但是就算强势的广告策划为你杀出了一条血路,剩下的战争还是要你自己去打"。

从某种角度来看,当广告公司的任务只是制作供大众媒体传播的广告,广告人只是广告人;当广告公司的核心是"创意人"的时候,意味着思想采购的生发;而当广告公司成为企业与消费者、品牌与消费者之间有效沟通的承担者,广告人从"创意人"转向"策划人"的时候,智业的成长就不可逆转。叶茂中作为一个成功的广告人,得到的最多批评,就是他策略的短期性。而营销策略的短期性,恰恰就是大众电视广告时代的特点。其实,"叶茂中"更像是这个时代的某种符号,大众广告时代在他身上留下了过重的印记。今天,新媒体文明趋势已经出现端倪,当越来越多的人把看电视广告当成一种"跳台"的理由,当深度细分成为趋势,这个时代的终结可能已遥遥在望。

叶茂中不仅仅是一个坚定的实践者,也是思想的探索者。叶茂中喜欢狼,因为狼是唯一一种在高速奔跑中还在思考的动物,而叶茂中也善于在前进中思考。

全球化,是思想采购的外向;象征语,则是思想采购的内向。

语言是家园,有了语词才有世界的出场。海德格尔说:"凡无词处,一无所存"。策划向语言深处的原型采购生命力,"象征"用最简洁的形式储存着人类惊心动魄的历史。

1997 年,张大旗出版了专著《出卖天机—张大旗策划纪实》;2004 年,与人合著的《细节时代》出版;2006 年,《玩语言》出版。语言不是什么人都可以玩的。商业的广告语言更不是什么人都可以玩的。真的语言,诗的语言,出在一个丰富的精神世界里,出在一个温暖的心智田野里———这种境界在《玩语言》一书中表现得淋漓尽致。

有评论说:"大旗是语言近卫军,是一位游走的语言侠士,常救困顿者于危难;大旗是一位行吟诗人,常领失语的团队引吭高歌;他为之调音的企业之琴数以百计,他为之启开茅塞的听众数以千计"。

大旗为商业写诗,把语言从日常的遮蔽中拯救出来,于是外在的广告语言与内在的心智,浑然与经济融于一体。

玩语词也成了这一时代的策划人的"开场白"。

五、学习的革命

作为一个行业,策划在中国兴起刚刚进入而立之年。对一个行业来说,30 年实在是微不足道,但中国策划业经历的 30 年不是普普通通的 30 年,她是中国历史上最具革命性、最富创新力的 30 年,赶上这样一个千年不遇的历史大发展时期,不想长大都很困难,所以华夏大地上到处涌现出一不留神就做大了的企业和发大了的老板。这一历史背景中,策划人和企业家是在一个频繁互动的平台上,共同改造他们的学习的。

如果说,中国策划的第一个15年是一个自觉时期,更多地表现为个性化和无组织化,那么,经过上世纪90年代末前的痛苦的反思,中国策划业少了一些躁动而多了几分成熟。进入本世纪以来短短几年时间,策划业正在悄悄地发生变化,这种变化是令人欣喜的,是质的变化。

在这一期间,《学习的革命》出版,可以说是“策划人时代”的一个隐喻。

大多传媒对《学习的革命》的策划“谜底”不知晓,而被批评界认为是一种新闻报道策划的“异化”,既一种“炒作”,是一起对形式范畴的把握脱离了报道客体的制约,以与报道内容不相称的形式夸大事物的某些细节的典型事件。这一事件夸大了事实的某些因素,掩盖事实的另一些因素,企图获得轰动的社会效果,这就成了“小题大作”、哗众取宠的“新闻炒作”。

的确,《学习的革命》的策划有意“遮蔽”了“事实的另一些因素”。1998年底,科利华软件集团策划推销一千万册《学习的革命》一书,以巨额的广告投入,令一些媒介卷入了一场“新闻炒作”之中。许多报台“不假思索”地报道科利华集团的宏伟计划:投资1亿元和上海三联书店合作出版《学习的革命》,在12月12日起的100天内,实现1000万册的销量。科利华集团为推销这本书如何投放广告,如何制作巨大的图书模型,如何开通网上站点,以及每天的售书数量等等,都成为一些媒介争相追逐的报道热点,巨幅的照片、巨大的标题、显赫的版位、连续的追踪……科利华和《学习的革命》一时间家喻户晓,成了企业与策划人联手制造的一个出版神话。

有传媒人说:“在另一种意义上,《学习的革命》的确是新闻界一本极好的教科书,它促使我们在尘埃落定之后,反省自己的得失,以使我们在越演越烈的商业炒作和日趋激烈的新闻竞争中,不致于迷失方向。”但事实说明,整个媒介和批评界在策划思想面前集体“迷失”了方向。

本来,只是一本由两位外国人所编写的关于改变学习观念的书籍,只是一本不仅在国外就很畅销,由三联引进到国内后卖的也不错的很多好书中的一本,与作软件的科利华并没有关系,但只是由于宋朝弟突然想推广这本书,不仅引发了一场全社会甚为关注的“学习的革命”活动,而且科利华也成了这场活动真正的主角。我们可以说科利华成就了“学习的革命”,不仅使这本关于学习的“黄皮书”短短几个月的时间卖出几百万册,而且使学习变为一种很时尚的热点。这场活动也彻底改变了科利华,它使科利华得到了除上市之外真正意义上的策划go public。

《学习的革命》在很多时候一直是笼罩科利华的一个不肯褪色的谜团,没有“学习的革命”科利华很可能是另外一种样子,另一种路程。“学习的革命”对于科利华的发展是一种策划性跳跃。“学习的革命”广告语中谢晋那句话“读这本书,可以帮助我们改变孩子一生”,同样也可以套用为,读这本书,可以帮助我们理解科利华。对一富有想象力和出人意料的策划本身就是一件超乎商业运作的事件,去追究和科利华是否真把《学习的革命》卖到了1000万册以及科利华是否因此赚了多少钱,都没有触及问题的要害。

“等闲识得东风面”,八千里路云和月,科利华“绕道”十万八千里就只为一本书吗?《学习的革命》从何时起打开了“书名号”变成了“双引号”?

科利华发起的这场“学习的革命”以其鲜明的时代主题引起了社会各界的高度关注和广泛参与。首先是在教育界、学术界引起了巨大的震动,著名学者杨东平认为,“学习的革命”这一激动人心的崭新口号的提出其实是世纪末全社会日益高涨的教育改革呼声中高亢的一阙。人类文明正处在一个新的转折点上,教育从来没有像今天这样成为一个人最基本的生存能力,“学习的革命”绝不仅仅是一本书或一句新潮的口号,在人类文明整体的演进中,我们每个人都是这场变革的一部分。而在今天,学习就是生活本身,人类必须用生命去学习!

《学习的革命》一直被社会各界心服口服地推为是国内上世纪末最具影响力的策划,因为这一策划不论是对大势的把握,还是社会公众心理的判断,以及对新世纪观念变革情结的了解都定在了临界点上,是一个耐人琢磨的系统工程式的精巧策划。科利华人曾这样解释这个现象:实际上"学习的革命"对于科利华来讲绝不局限于策划的高明，而是一种使命感的力量，不论是千年的交汇、网络时代的来临以及许多社会问题的解决，都将会使人们突然转而向教育寻求答案。社会转折时期的发展实际是"教育和灾难之间进行的一场赛跑"。

知识经济不是经济本身，不是知识本身，而是运用知识释放能量的经济，于是商业界、经济界又赋予学习的革命为"策划的革命"。"学习的革命"绝不仅仅是科利华和策划人所能够策划的世纪末的盛典。学习的革命是人类更深层次的一种变革需求，从这个意义上讲，"学习的革命"是全社会乃至全人类在面临世纪之交时的一次选择和觉醒。而这个选择正好遭遇了激情的科利华和激情的策划人。

从 1998 年 12 月到 1999 年 3 月，全国就有超过 2000 多次的媒体文章报道过《学习的革命》。这些知名的，不知名的报纸杂志，为什么会炒同样一件事呢？这已不再是批评界所认为的"异化"和"炒作"，更为重要的是"学习的革命"改变了我们一度的惯性思维。科利华人作过一个比喻，崔健在"一无所有"之后又出版了几张专辑，但我们更欣赏的还是"一无所有"，就象很多经典作品为什么能永远流传一样，是因为其存在着深刻的社会价值。在最初的时间之内，"学习的革命"是一首流行歌曲，但从今天来看历史，"学习的革命"已属于时代的旋律。学习的革命更象是一首诗，一首藏在人心里很久但自己不知道该怎么歌唱的诗。一旦引爆，则一发而不可收拾。

"学习的革命"是"策划人时代"的一个隐喻。

六、智 业 革 命

一些点子曾经闪烁，在市场的天平上，一些规则又促进它的消亡；一些专业策划人在创意中应运而生，然而在知识管理的有序化进程中，策划大师时代又行将结束，或者说已经结束了。中国盛行大师，是我们民族那种如诗如画的造神能力对策划史的背书，同时也证明了以社会角色"独舞"的软弱以及在制度上的缺失。从"点子大王"，到"策划大师"，最后回归于制度经济背景下的智慧产业，这三个阶段应该是策划业变革的历史必然。

中国经济的深刻转型，大大提高了策划人的认知水平。整合智力资源、提升策划内涵、创新策划业态、促进策划学科体系建设和制度完善，这是新时代的要求也是策划人的共识。从只注重个人品牌，开始注重组织团队建设。中国策划大会持续的成功举办已经揭开了这一进程的序幕。

策划大会成为中国策划发展的助推力。1996 年广西《金田》首先推出的"中国十大策划人"，是将中国策划人推向社会的标志性事件。中国策划大会最初的评选由民间行为逐步上升为行业协会。一批有识之士开始更多的关注为策划业进行策划，典型的有两大组织，一个是中国生产力学会策划专家委员会，自 2000 年起，每二年举办一次中国策划大会，就是向社会公开展示策划界的创新成果、推动行业进步。这种具有社会影响力的活动不但凝聚了高端策划社群，而且也吸引了大批创新企业的参与，真正实现了策划界与企业界的互动，增进了双方的合作和了解?。

2000 年 6 月 29 日第一届策划大会在北京举行；2004 年 6 月 26，第二届中国策划大会召开，并设立了中国策划最高奖，张瑞敏、牛根生等榜上有名，同时首次推出中国策划金钥匙奖；2004 年 12 月 15，中国首届咨询业大会在北京召开，这次盛会在我国咨询业发展史上留下重重的一笔；2005 年 12 月 28，由中国经济报刊协会、中国企业文化促进会、中国太平洋学会、中国中小商业企业协会四个国家一级协会，联合发起"第三届中国策划大会暨著名策划评选"活动，最高策划奖为"感动中国十大创新策划人物"。首次结合国家商务部批复的国家行业标准《商务策划评价规范》（试行稿），从而结束了中国策划评选无标准的局面；2008 年 1 月 12 日，中国策划评价活动揭晓发布暨商务策划高峰论坛开幕式在北京人民大会堂隆重拉开帷幕。北大纵横管理咨询公司为本次活动提供了智力支持,并且在一年一度的对机构、项目、案例和个人的策划评价活动中,北大纵横等十家公司荣获"中国策划20年十大策划机构"奖。

另一个是世界商务策划师联合会(WBSA)中国总部,自1999年起,学术性引入WBSA的商务策划知识体系,经过三年的本土化改造、商业模式的试点,于2002年与国家人事部全国人才流动中心共同在全国范围内开展商务策划师培训认证事务,特别是商务策划师培训全面进入高校,使商务策划成了当代学子的"第五项修炼"。中国生产力学会的"中国策划大会"和WBSA的"商务策划师培训认证",是中国策划"智业时代"前传的一个里程碑。

由于策划在各行各业的广泛应用,策划的学科建设终于被提到议事日程上来。1999年12月,全国人大常委会委员长李鹏为中国策划业题词:"促进策划事业发展,切实搞好人才培养工作"。2001年9月,由田长广主持,南京三江学院策划学系正式成立并招收第一届策划学专科学生。2002年6月18日,人事部全国人才流动中心决定与商务策划师培训认证总部共同在全国范围内开展商务策划师认证培训工作,拉开了中国策划行业人才建设序幕。2005年7月,人事部全国人才流动中心成立商务策划师资质评价管理办公室,正式发布《商务策划师资质评价标准》,并在"中国国家人才网"建立专门的商务策划高级人才库。2006年3月,经教育部批准,第一个商务策划管理本科专业在重庆工商大学商务策划学院正式设置。2006年4月,教育部公布"商务策划管理"进入高考新增专业。

从现实情况来看,中国策划成为一门学科是时代的要求,是知识经济发展的选择,它密切关系到社会创新机制的建立,以及管理、咨询、决策等软科学能否进一步繁荣,智慧产业能否构建为中国软实力的组成部分等一系列重大问题。可以这样说,中国策划未来的发展,学科建设是根本大计。

以2006年为坐标的前后几年,有三股合力在推进策划学科的建立。第一种力量来自策划界,许多策划专家潜心研究,特别重视策划理论对于各种成功案例的总结和提炼。一些出版物沉淀了他们的经典成果,如苏姗2002年出版的《现代策划学》、大林2006年创刊《中国策划年鉴》、周培玉2006年出版的《商务策划管理教程》、廖灿2006年出版的《金牌策划》、王志纲2007年出版的《大盘时代》、晏滔2008年出版的《东方策划学》、雷鸣雏2008年出版的《顶尖策划》等系列著作,有的注重理论研究,有的注重实战提炼,在社会上都有广泛的反响。他们所做的主要工作就是通过中西结合、本土改造,最终希望能够建立具有中国特色的策划知识体系。中国人完全有条件、有能力建设一门崭新的策划学科,中国策划博大精深,全世界难以望其项背。中国策划智慧不但是全世界思想库的重要组成部分,也正在为现代策划学奠定哲学基础。

第二种力量来自智业联盟的最初的呼声。这一里程碑是以陈放为代表的"中国蓝十字工程"即"企业病诊断工程"。它是通过对企业经营环境、发展战略、管理制度、广告传播、品牌运营、营销推广、危机处理、企业文化、人力资源开发等各个环节已经存在或潜在的企业风险和毛病进行有效诊断,并提出创意策划解决思路,从而帮助企业整改实施的智业集成。中国蓝十字工程会集多个意见领袖的智慧,搭建起中国初具影响力的企业病诊断基地,为中国企业家提供一流的深度诊断、交流学习、信息共享、全面提升的综合平台,是国内咨询界第一个"智业联盟"。

第三种力量来自教育的主战场——高等院校。最近几年,社会各界对策划人才的需求量陡然增大,由于这类人才社会存量较少,严重供不应求,高级策划人才更是成了紧缺资源,针对这样一个潜在的巨大市场,一些高校高瞻远瞩,纷纷介入策划人才培训领域,据不完全统计,目前,全国开设策划系或策划专业的高等院校近60所,其中既有全国重点高校,也有各类民办高校。许多高校开始采用策划人编写教材,并普遍借鉴策划界的理论研究和实战成果。策划进入高校意义非同寻常,她标志着策划已经成为一门技术专业,策划学科受到了普遍重视。策划专业在高等院校的传播和普及,极大地改变了社会对策划业的认知和印象,从而有力地推动策划事业向纵深发展。

七、合 纵 连 横

合纵连横,中国智业产业化的成长之路。

合纵连横是策划业生存之道,合纵连横是策划业体系化运作的必然要求,所谓“合纵”,就是减少群策机构数目,形成一个大的咨询集团。所谓“连横”,是指在不同智业类别之间实行资源的紧密组合,迅速形成一个比较大的知识库,从而取得超现状的发展。

中国崛起与提升“文化软实力”是对策划需求激增和智业增长的原动力,也来自于经济增长与重大事件的推动以及新媒体的挑战。传统的策划资源禀赋决定了它相对于决策主体的“参谋”地位,亦即在市场化运营中的“寄生性”。然而在今天的时代,文化越来越成为民族凝聚力和创造力的重要源泉,策划已成为国家历史和民族文化盛典不可分割的组成部分。“策划先行”的大战略时代已经到来。

策划业早期成长的核心盈利模式几乎是一种“寄生”在广告产业中的业态,策划业的成长与国力的增长密切相关,重大事件是传媒产业的“盛宴”,同时也是策划的“盛宴”,历史数据显示,大型国际盛会的举行将使举办国当年广告收入大幅增长,而作为向世界各国展示其社会、经济、文化等各方面发展成就的历史性契机,奥运会、世博会对发展中国家广告支出增长的影响程度要显著大于发达国家,一般性智业的收入也随之增加。区域经济的“合纵连横”,大型行业的“合纵连横”,大型攻关课题的“合纵连横”,激励了策划业从“寄生性”业态向主流产业的转型,智业的“合纵连横”正在成为这一过程的战略机制。历史正按着自己的逻辑发生着质的变化,合纵连横是竞争发展到一定阶段时的必然策略。“合纵连横”即通过结盟形成一个完整的体系,在这个功能完整的体系内,形成某种具有循环意义上的业务关系链。通过这种战略联盟使每个成员之间业务上相互帮助、市场上共同维护、信息上更加开放、信誉上更加诚信。联盟将为每个成员单位创造一个良好的外部发展环境和公共关系平台,真正意义上的民间智库的形成已呼之欲出。

王璞,是这一过程中的智业坐标人物。十年磨一剑,王璞把北大纵横打造成了中国管理咨询的豪门企业,他自己也成了一位用名字书写中国管理咨询历史的纵横家。把自己的生命奉献给一个行业,这确实是一个梦想的实现。北大纵横目前已是国内管理咨询的知名品牌,或许在下一个十年,能成为国际管理咨询界的第一梯队,这就是王璞对一个梦想的执著和追求。

北大纵横,一个集聚了有“英雄气”“书卷气”和“江湖气”的智慧社群并与之神交的智业平台。实际上北大纵横的独立合伙人机制是最被人津津乐道的,很多人都在探寻和研究北大纵横,它如何由过去一个传统有限责任公司到现在的以公司为形式而以合伙人为体制的创新模式。关于其中的奥秘曾被中国企业家杂志、中国经营报、21世纪经济报道、中国改革报、中中央电视台、北京电视台、湖南电视台等上百家媒体多次深度报道。

北大纵横的使命就是为中国企业的成长提供时效性的解决方案,进而成为推动中国企业成长的一种重要力量。正是由于在这方面的贡献,王璞曾荣获全国劳动模范、北京市首届优秀青年企业家、北京五四青年奖章、2002中国经济贡献年度封面人物和2004中国人力资源年度人物奖等多项荣誉称号。? 作为中国著名管理专家,凭借十年专注管理咨询业,为数百家优秀企业服务的深厚功底,当选中国人力资源专家库评委暨首批专家,被中国证监会深交所培训中心聘为上市公司董事长培训班战略讲师。

北大纵横是“智库时代”发端的标志性里程碑。

八、百 脑 会

京城荟萃无数大腕,但不知栖居何所,名角无觅。

天街遍布王府爵堂,而那种家国同构,已成遗迹。

紫禁万千畿辅会馆,旧时的文化物种,不复存活。

在现代社会及文化情境的土壤中,一个俱乐部的黄金时代已经来临,然而在中国的文化中仍凝结为一个特殊的词语——会馆。这个词语在东方的语境中蕴含着太多的意义和价值观念,也因此遮蔽了许多俱乐部的玄机。从民众各社群的娱乐文化,到当今"贵族"的庙堂文化,到文人的书斋文化和智者的"钓鱼台",一直到创意阶层的审美情趣,经济与思想的许多诉求,俱乐部是多层面、多维度的符号集合体。

在京城生机勃勃的俱乐部丛林中,对那些被遮蔽的玄机我们可以用"文化之茧"来形容新时代的"会馆",这个"茧"是怎样绕结的呢? 百脑会——北京策划家俱乐部给你打开问号。

自汉代朱买臣一文揭开会馆雏形的渊源,2000 年的影响至深,西方泊来的俱乐部在这张庞大的茧网上潜沉为一种社会背景。一种在西方视为显学的物事,在东方却门罗道道"机关",曲径通幽处,禅房花木深。"私家菜"本是"食尚大玩家",却庭院深锁;"帽子皇后"本是"健康天使",却只有权贵知晓;"创意兄弟联盟"虽代表一个阶层,南锣鼓巷的三轮车夫恐怕也不知如何为你引路;"晋商博物馆"是新博物馆学的娇子,作为商业文化的信息库,那些雕镂的梦想,只能静静的躺着……

京城无处不飞花,许多发生在俱乐部中的语录,公众只能通过媒体知晓,何时能身临其境? 还在 70 年代,中国改革开放之前,前苏联的瓦·瓦·查尔科夫写了一本书,名叫《二百家俱乐部》。说的不是真实意义上的俱乐部而是在国际范围内进行活动的垄断组织的结构和演变。一个隐喻,或许可以反过来增进我们对俱乐部当下现状的理解。我们还要期待多久,俱乐部才能从它们的茧网中脱颖而出,敞开胸怀来拥抱多姿的民生? 我们还要期待多久,才能让公众熟知俱乐部的路由、街道和门牌号?

或许对于众多高雅俱乐部是"书声不敌市声喧,恨少蓬蒿且闭门"。但对于公众各阶层日益高涨的俱乐部生存方式,则是"康衢偕舞蹈,宫商一片,白雪阳春"。任何一种文化的出现、延续、扩展,都有其深层的功能缘故。百脑会——北京策划家俱乐部给我们揭示了"智库时代"前传中,策划界的生态和玄机。

百脑会,全球化思想采购联盟

百脑会,智谷中的思想实验室

100 位企业家首脑和 100 位经济前沿智者共舞会碰撞出怎样的火花? Club 已经成为一种社会关系之上的生活方式。也许,在长安俱乐部一次简短的午茶中,影响中国某行业的一件大事就发生了,这种情景有谁知道?

智者在此垂钓,智慧 + 弦 + 舞蹈,想到用"舞蹈"一词来为智慧的交锋点题,缘于 Club Fusion 的出现。在北京工体北路甲 8 号,一次不经意之间的遭遇,一个怀旧的跳舞派对空间,驻场 DJ 的电音献艺,来自世界各地不同肤色的 Dancer,超级 vj 和你一起狂欢、助兴,那些来自欧美最时髦电音 DJ 丰富我们的视听,那曾经带给我们无数快乐夜晚的 HOUSE,TRANCE(出神、恍惚)音乐让人 High 到最高点。于是引发丰富的联想:百脑会虽没有视听的饕餮,但却不乏思想刀锋上的剑舞,是那种精灵诗意的田园上的舞蹈。

社会关系管理者已经成为俱乐部首脑的代名词,Club 是一个新进入的网络人在没有接触点的时候第一个寻找的与自己相近的社群,网络间 IT 服务的“SaaS 博士”对百脑会的关注说明了这一点。Club 在影响 CEO 的十大生活方式中已位列第一,Club 的受众越来越多地被网络所映射,Club 的 Club——百脑会于是应运而生。

戊子季夏,咨询界的意见领袖董锦武加入了百脑会,他提出:“消费者提供消费内容”应该是策划家俱乐部经营模式的核心内涵。戊子初冬的一个傍晚,市场学会的马志骞先生风尘仆仆地刚从日本东京返回北京,对百脑会的创建人大林和晏滔说起“松下塾”一类日本时新的经济思想学社。这是一类“智者 Club”,消费者教育的营销观点就是在这样的“教塾”中被提出的。不久,要成为中国企业界的“哈佛大学”的海尔大学加入了百脑会。一所物超所值的商务策划俱乐部是社群和社会关系的商业价值载体。百脑会,从商业起步,从社会关系管理(Secial? Relationship? Management)入手,对策划进行价值再生,是百脑会的一个长远话题。

智在公司。2008 年 11 月 27 日,第六届中国企业竞争年会在北京中国大饭店召开,主题是:“前行中国——彰显不确定年代的竞争力”。于会期间,给人以深刻感染力的一个东西,就是“智在公司”;给人最深切思考的是:应对“金融海啸”,国家启动 4 万亿的博弈,对于实体经济可能我们能明确它的使用方向,然而面对以智业为主导的虚拟经济该如何分得一杯羹呢?从一份午餐中的汉堡包,我们可以用著名的“巨无霸”指数,计算出购买力平价汇率。但是,从一项策划服务中,我们难以找到可供衡量的指数体系。作为文化创意产业中的一个组成部分,我们对策划的本质尚不明晰,我们如何能在这场伟大的博弈中掌握资本的意志?!(百脑会投资老“玩”童王建五的博士论文《易货授信,创造价值》就揭示一种智在公司的策划内涵)百脑会无疑是智业黎明天际的一座航标灯。

百脑会有一段时间以北京晋商博物馆为主场,4 万多件曾经汇通天下的晋商票号文物,或许可以诠释某种历史记忆深处的渴望。在挂云轩,那些价值亿万计的艺术珍品就在智者笑谈的座旁,或许百脑会成员感觉到犹如置身在艺术银行,而他们自身难道不就是一座智慧的银行吗?

Club 文章大,坛中日月长。百脑会是 Club,但更像是“戏台”,戏,源于表演艺术,陈设故事。百脑会的剧情,是编纂者在思想传达中担任某种角色,这些编纂者自己就是百脑会成员,所以既是演员也是编剧,还是导演。百脑会给策划事项更多历史戏份和社会责任。智者之舞,一种永不满足的创新姿态(百脑会成员,卡巴拉学家莱特曼博士的回答:创造者只创造了一样东西:愿望),是百脑集聚的脑电波的载波。

百脑会,是 OFFICE 精英的风格界面,是思想的搜索引擎;是品牌领袖的 MBA,是意见领袖的大师时空;是谋略纵横家的等高线总平图;是先锋理念的“贷款银行”(百脑会成员,农民出生的企业家王国宇说:累积人脉存折);是版权产业的私密会所;是闪客成果开放的交流平台;是开发设计者的主题社区;还是策划家的教塾。

百脑会,为企业黄金点子提供货栈;为社会大型活动的导演们提供梦工厂;为学习者提供最好的拓展实训部落;为媒体群豪提供绝佳的聊天室;为社会提供黎明的新闻;为探索者提供远足的生态圈。

百脑会,可以是创新观点发布的平台;可以是思想消费者的温馨的家;可以是内容提供者的故事会(百脑会成员,策划界的“慧能”龚崎现说:故事是个畅销的好产品);可以是创意社群的聚餐盛宴;可以是 Club 程序语言的汇编主机;可以是 DIY 和“素体”的手工坊;可以是对世界想象的“预警”飞机;可以让人们有一份天涯若比邻的深深感怀。

百脑会,让我们在创意银行的保险柜里体验“流动性”的魔力(百脑会著名策划家韩颐和在谈及“体脑倒挂”时说:其实啊,人与动物的区别,不在于“腿”、“下身”和“嘴”,而实实在在区别于“脑”——在于脑子里产出的无穷的智慧!!!);在通向未来世界深远而蜿蜒的隧道里寻找记忆和新知;以“排行榜”的外在形式,诠释 Club 社群无限丰富的形象魅力。

百脑会,传统策划的颠覆者,通过持续获得内生性增长源泉,创造创意阶层;CEO 不再是老板,联盟体成员才是老板,他们用创新推动所有组织要素;

他们把策划业版图看作生态系统(百脑会著名策划家陈放说:近十几年的创意业绩与钱学森的大系统思想的指导密不可分!是钱老教会了我如何系统策划、纵横创意……),而不是分散的群落。

百脑会,产生一个清晰的特别权益,这种权益是通过人脉和人文构筑的价值链产生的。人和人之间的“六档距离”是一出戏演绎的观念,也是科学考察得出的结论。百脑会的本质即策划人的本质的呈现,人的本质是社会关系和自然关系的总和。百脑会为创意社群构筑一个全球化的关系平台。

九、品 味 细 节

王立达、张大旗、金国政合著的《细节时代》和汪中求写的《细节决定成败》是近年来的两部畅销书,引发了社会上有关“细节管理的热潮”,在中国人浮躁的穴位上扎了一颗银针。这两部论著已成为机制策划理论重要的批评文本。“细节”绝非这个时代的新语。但这个时代无疑是细节成长的时代。

老子说:“图难于其易,为大于其细”。这个时代太多“图难为大”的事业等待我们去创造。但是,正如《智囊》所言:“缝祸于渺,迎祥于独”,但人们往往容易忽视细节,这种外在表现上的忽视,并非表示人们不重视细节,而是表现在人们对细节的认识层面上。细节因其微小而形成巨大的集合体,机会的苗头来得倏忽且似乎无时不在。因而细节绝非是“小”,相反“细节”是真正的“大”,这种“大”又表现为一种混沌,对混沌的认识成为对细节把握的切入点。

“网络化”成为全球化从各个领域对我们生存的这个星球的人文版图进行格式化的开始,使细节确实可以用来享受。“给出细节就是给出享受,获得细节,就是获得享受”(《细节时代》)。泰戈尔在诗中描绘:“天空没有翅膀的痕迹,但鸟儿已飞过。”细节从何给出?选择是一种权力,但是太多的选择并不意味着自由,过于丰富的选择形成一种压力、使人们的情趣下降,人们对细节的忽视就是起因于选择的无限。哈佛教授 Frances Frei 说“做市场的总是希望更多元的产品和服务,而做运营的却总是希望更少。”更多的选择造成更多的细节。一架飞机有几十万个铆钉,而每一次断裂都发生在这些细小的铆孔处。如何给出细节?细节就藏在混沌深处,只有“分形”是细节“涌现”的通道。“细节是一种生命现象,是生命的精神智慧的外在体现,是生命的精神智慧在一个极小空间、极短时间里的外在体现。”(《细节时代》)

细节会成长,是这种生命现象最好的自我诠释。美国“次贷”这只蝴蝶,舞蹈着人民币的渐次升值,从某个侧面反映出中国是真正拥抱了世界这一伟大事实。我们是否意识到细节所投射于瞬间与特定空间中人类的精神与智慧。然而细节已如鸿雁飞过,之前我们是否准备了或获得了细节来给未来去享受?

然而,我们有必要澄清近年来一直误导咨询界的一个所谓“细节决定成败”的观点。张大旗和王立达提出“细节时代”是正确的论说,在系统思考方法中细节的确十分重要,复杂性理论也指出了与初始条件敏感性相关联的“蝴蝶效应”,这个时代细节也无疑是文化的巢穴。但是“细节决定成败”的提法是个伪科学(这并不影响《细节决定成败》出版策划的巨大成功),现在甚嚣尘上的热闹过后,说者和听者大概都可以心平气和地重新看待了。

其实,无论是“细节成败论”还是“战略制胜论”都不能作为一个命题,在立论上就缺乏哲学思考。首先，在管理实体中就只有“战略”和“细节”这二元结构吗？其次，“战略”或“细节”的价值与“成败”具有主观上的决定论关系吗？三是“战略”或“细节”单一方面都能导致成功或失败吗？“细节”或“战略”与成败如果是决定论的关系，那么如何评价怎样才是正确或错误地对待“细节”或“战略”？对于复杂系统的认知，人的理性是有限的，许多事实都表明，在细节或战略选择上，时常我们认为是错误的方向却导致了成功，更多的时候是我们认为正确的方法却导致了失败。细节或战略，成功与失败就像硬币的两面，企业做抉择时在行为上几乎就是在掷硬币，成与败至多是五五开，而现实中失败绝对大于成功，是因为更多的结构因素导致选择的失败。人们俗话所说的“失败是成功之母”其意义就在于经过无数失败的磨砺才能最终取得一次成功。如果大家一致认为“成功学”是这么回事，那么细节或战略的决定论就无从界说。

一个不争的事实是：战略与细节共存于一个管理实体中，而且远不是管理结构的全部。战略与细节之间还隔着庞大的管理网络部分，企业的“任督二脉”都不是细节和战略，它的能力分支系统是一个由任务、资金、人力、流程和制度、文化、时空组成的“神经系统”。如果战略是大脑和心脏，细节是神经末梢和毛细血管。只有当战略与细节通过能力分支系统衔接一致后两者的价值才能实现，才有可能导致最终对成败的评价。细节是在战略规划的指挥和控制下，通过组织能力分支系统与作为整体的企业和和外在环境的重复循环发生作用后才产生管理的能量。

战略是科学编制的策略矩阵，它只是一个构想，而由战略规划生发的能力分支体系的完善和构建，才是治理结构中的重要部分。管理实体中，存在的“战略决策能力体系”、“组织能力分支体系”和“细节执行能力体系”组成三者之间相互依存，不可割裂的整体。于是可以断言不是细节或战略决定成败，而是整体意志决定成败。

战略的价值在于确定方向目标及其实现的设想与预期；细节的价值是体现管理能量的快慢强弱和与外部环境接触的边际意义。从价值链上来看，细节的价值是由战略决定的，壮士断腕或刮骨序毒这种形式上对细节的破坏时常正是在战略上确保成功的要求。

战略的价值是由细节来实现的，一个强大的体操运动员，一次小小的细节把握上的失误也会错失“金牌”，但许多时候小小的瑕疵也并不影响英雄的完美。细节是可以品位的，细节是美妙的，细节是十分重要的，但它并不决定成败，因为细节的对与错是整体各部分行为的总合，而且这种行为是在与外部作用时的反射。对于一个开放的系统，战略是不能对细节实现完全控制的。一个关闭所有“错误”的系统一定是一个不能创新的系统，拒绝细节“错误”也就拒绝了生命。

没有战略的细节当然是卑微无用的，而没有自由度和多元化细节的战略也是没有生命力的。细节是战略在时空上的变现，战略和细节是企业生命的两种体征，它们与治理结构一起构成一个企业实体。即使战略细节都很正确，但你在整体上不够强大，依然会败给对手，这是一个企业的生存状态和生存水平所决定的。所以企业迅速赶在竞争对手之前强大起来才是决定成败的关键，或者企业开辟一个没有竞争的“蓝海”那么永远不会失败。

关于“细节”的研究，与智业共生，是策划业无法绕过的话题

十、坎普策划

“坎普”是极难定义的，你要沉思它，用直觉感受它，像老子的道；一旦你这样做，你会发觉无论什么时候谈论到审美或哲学或几乎任何事情，你都想用这个词。

——《夜晚的世界》

“坎普”（Camp）可以解释策划中的文化巢穴。李玉刚的表演，举手投足之间比女人更有女人味，中国的昆剧、京剧、路头戏、傩、说书是典型的坎普源泉，京剧是当今“老外”最易于理解的

中国式坎普的白眉。"坎普",大众文化时代的一种吸引眼球的夸张风格。坎普就是依靠道德情感与审美情感之间的一种张力来获得感染力。

桑塔格的《Notes on Camp》是一篇出色的札记。Camp(坎普)不是桑塔格的创造,但是,今天谈起当代的文化史,人们都会自动地将坎普与桑塔格的名字联系起来。坎普把世界看作审美现象的一种方式。这种方式,不是就美感而言,而是就运用技巧、风格化的程度而言。坎普的实质在于对技巧和夸张的热爱,坎普拒绝过度的阐释。桑塔格说:"像汽车和重工业的废气污染城市空气一样,意义阐释的散发物也在毒害我们的感受力。"过度的阐释,将导致一个鬼魅般的意义的影子世界。反对阐释,就是使词语复归物本身。正如大旗"玩语言"不在于阐释而在于"表现";晏滔"说东方"是由"意"复归于"象";策划是坎普的"会所"。

我们所见的那些中国历史上的坎普,比如竹林七贤(嵇康)、陶渊明的《遣子诗》、西昆体、狂禅行为等等也在策划逻辑中找到栖息地。坎普,是天真的,它可以包容一切,当代动漫、新媒体演绎了它,"大闹天宫"是一个经典,QQ上的"偷菜"是坎普策划标新立异的胜利。张艺谋的"英雄"、"三枪拍案惊奇"影视策划是坎普的,金庸武侠那种成人童话是坎普的,北大学生集体看《大话西游》,对着画面齐喊熟悉的对白,是最有代表性的"坎普"行为。坎普有赖于天真,坎普显露天真,它也腐蚀天真。坎普坚持在审美层面上体验世界,它体现了"风格"对"内容"、"美学"对"道德"的胜利。当范蠡挎着西施,怀揣计然七策去做他的陶朱公时,他体验了这种胜利。吕不韦将珠宝商身份和朝官结合时也体验了这种胜利,老子对孔子说的"澡雪精神",是揣摩着这种胜利。

坎普是一个身穿由三百万片羽毛织成的上装四处游荡的女人,坎普是华丽的、夸张的、戏剧化的、充满激情的、匪夷所思的。策划的谋篇就是那一根根坎普的羽毛。"每个人都为梦想而策划","学习的革命"的坎普羽毛是"认真";王志刚房地产策划的坎普羽毛是"找魂";莱特曼的智慧坎普羽毛是"卡巴拉"。

传统作家娴熟于直面实际需要,博客则解决读者对"第二人生"的想像与享受需求,是真正的坎普,前者是实际的帽子,后者是看似无用的羽毛。坎普是博客的"原罪",坎普植根于博客的灵魂深处。《Surface》时装杂志认为:"是杂志而非模特先穿上了令人兴奋的服装"。网络上是博客而非农人先找到了那片"第二人生"的菜地。我们如何理解网页里"偷菜"的坎普?从物和人中感知坎普,就是去理解其角色扮演的状态。它是生活隐喻在感受力中最远的延伸。网络策划中的那一根坎普羽毛到哪里捡拾?消费者生产消费品,这是网络"菜地"与"花园"里耕耘者的号子。

Why you buy me?我是坎普策划!

坎普的实质在于其对非自然之物(策划)的热爱:对技巧和夸张的热爱。谈论坎普策划,或许就是出卖坎普策划。如果能为这种出卖提供辩解的理由的话,那么可以说,出卖它,是为了有利于它所提供的那种启迪,或有利于它所解决的那种感受力中的尖锐冲突。要命名一种感受力、勾画其特征、描述其历史,就必须具备一种对策划趣味的深刻体验。

桑塔格说:"智慧其实也是一种趣味:思想方面的趣味。"

坎普策划通常将一种东西转化为另一种东西:"2012"的"中国造"方舟,还会是圣经中的诺亚方舟吗?关雷的工作室被制作成了名副其实的敦煌岩洞,人工废墟之上的798是坎普趣味的,"新天地"是将石库门重新塑造的坎普制品,遮蔽内容的坎普透镜提供了某种重要的策划信息。坎普策划在引号中看待一切事物,于是一本《学习的革命》从而成为"学习的革命"。

广告策划是戏剧性获得了坎普的特别青睐。其创造者的志向,即由策划人去完成需要整整一代人、整整一种文化的功夫才能完成的事。广告的坎普策划是尝试去做非同寻常之事。"生活因找到而快乐”,张纪中的“前世今生”篇,陈凯歌的“阿虎”篇,冯小刚的“跪族”篇是前无古人的坎普“三家村”。雅虎于是也成了坎普情趣的搜索引擎。广告对“品牌”的赞美,被理解成一种持续作用的顾客价值——使品牌成了一个没有契约的物权标记。对商品与服务的这种“衣装”,是展示坎普感受力的那种体验经济的一个关键因素,它有助于解释这一事实,即策划被看作是坎普珍品的生产线。

人们已不可能不触及一个时代的感受力或趣味,而奢谈能把握这个时代的思想和行为,在体验经济时代感受力或趣味已渗透于这些思想或行为中。策划史是能够向我们描述一个时代的感受力的历史研究。

十一、面 向 对 象

面向对象的方法(OO 方法 Object-Oriented Method),是一种把面向对象的思想应用于策划分析。可以用文本表达,也可以为懂得程序设计的工程师用于软件开发过程中。它是指导开发活动的系统方法,是建立在“对象”概念基础上的方法论,是新媒体时代策划哲学通向策划科学的桥梁。

对象是可数据化和容许的操作组成的“封装体”,与客观实体有直接对应关系。

一个对象“类”定义了具有相似性质的一组对象。而“继承性”是对具有层次关系的类的属性和操作进行共享的一种方式。所谓面向对象就是以对象为中心,以“类”和“继承”为构造机制,来认识、理解、刻画客观世界和设计、构建相应的文本方案或软件系统。

1. 面向对象方法的由来与发展

OO 方法起源于面向对象的编程语言(简称为 OOPL)。50 年代后期,在用 FORTRAN 语言编写大型程序时,常出现变量名在程序不同部分发生冲突的问题。鉴于此,ALGOL 语言的设计者在 ALGOL60 中采用了以“Begin……End”为标识的程序块,使块内变量名是局部的,以避免它们与程序中块外的同名变量相冲突。这是编程语言中首次提供“封装”(保护)的尝试。此后程序块结构广泛用于高级语言如 Pascal 、C 之中。

60 年代中后期,Simula 语言在 ALGOL 基础上研制开发,它将 ALGOL 的块结构概念向前发展一步,提出了“对象”的概念,并使用了“类”,也支持类的“继承”。70 年代,Smalltalk 语言诞生,它取 Simula 的类为核心概念,于 1980 年推出商品化的高级语言,它在系统设计中强调对象概念的统一,引入对象、对象类、方法、实例等概念和术语,采用动态联编和单继承机制。从 80 年代起,由于客观需求的推动,技术界进行了大量的理论研究和实践探索,不同类型的面向对象语言(如:Object-c、c + + 、Java、Object-Pascal 等)逐步地发展和建立起较完整的 OO 方法的概念理论体系和实用的软件系统。

正是通过 Smalltalk80 的研制与推广应用,使人们注意到 OO 方法所具有的模块化、信息封装与隐蔽、抽象性、继承性、多样性等独特之处,这些优异特性为研制大型软件、提高软件可靠性、可重用性、可扩充性和可维护性提供了有效的手段和途径。同时信息技术的发展又反哺和丰富传统策划的观念与方法,在策划实践中数字建模、矩阵等的运用日益增多。

80 年代以来,人们将“面向对象”的基本概念和运行机制运用到各个领域,获得了一系列相应领域的“面向对象”的技术。面向对象方法已被广泛应用于程序设计语言、形式定义、设计方法学、操作系统、分布式系统、人工智能、实时系统、数据库、人机接口、计算机体系结构以及并发工程、综合集成工程等,在许多领域的应用都得到了很大的发展。1986 年在美国举行了首届“面向对象编程、系统、语言和应用(OOPSLA 86)”国际会议,使面向对象受到世人瞩目,其后每年都举行一次,标志着 OO 方法的研究已普及到全世界。

2. 面向对象的基本概念与特征

用计算机解决问题需要用程序设计语言对问题求解加以描述(即编程),本质上,软件是问题求解的一种表述形式。显然,假如软件能直接表现人求解问题的思维路径(即求解问题的方法),那么非编程人员也能从中得到启示,“面向对象”的机能念和机制恰好可以使得按照人们通常的思维方式来建立问题域的模型,设计出尽可能自然地表现求解方法的软件。

“对象”,是需要研究的任何事物。从一本书到一家图书馆,单的整数到整数列庞大的数据库、极其复杂的自动化工厂、航天飞机都可看作对象,它不仅能表示有形的实体,也能表示无形的(抽象的)规则、计划或事件。对象由数据(描述事物的属性)和作用于数据的操作(体现事物的行为)构成一个独立整体。

在策划人看来,对象是一个意义群;

在程序设计者看来,对象是一个程序模块;

在用户来看,对象为他们提供所希望的行为。

“类”,是对象的模板。即类是对一组有相同机制对象的定义,一个类所包含的方法和数据描述一组对象的共同属性和行为。类是在对象之上的“抽象”,对象则是类的具体,是类的实例。类可有其子类,也可有其它类,形成类层次结构。

“消息”,是对象之间进行通信的一种规格说明。一般它由三部分组成:接收消息的对象、消息名及实际“变元”。

“封装”,是一种信息隐蔽技术,它体现于类的说明,是对象的重要特性。封装使数据和加工该数据的方法(函数)封装为一个整体,以实现独立性很强的模块,使得用户只能见到对象的外特性(对象能接受哪些消息,具有那些处理能力),而对象的内特性(保存内部状态的私有数据和实现加工能力的算法)对用户是隐蔽的。封装的目的在于消除对象的设计者和对象的使用者之间的信息不对称,使用者不必知晓行为实现的细节,只须用设计者提供的消息来访问该对象。在非程序化的传统策划中,执行文本也是经策划人“封装”过的。

“继承性”,继承性是子类自动共享父类之间数据和方法的机制。它由类的派生功能体现。一个类直接继承其它类的全部描述,同时可修改和扩充。继承具有传递性。继承分为单继承(一个子类只有一父类)和多重继承(一个类有多个父类)。类的对象是各自封闭的,如果没继承性机制,则类对象中数据、方法就会出现大量重复。继承不仅支持系统的可重用性,而且还促进系统的可扩充性。

“多态性”,对象根据所接收的消息而做出动作。同一消息为不同的对象接受时可产生完全不同的行动,这种现象称为多态性。利用多态性,用户可发送一个通用的信息,而将所有的实现细节都留给接受消息的对象自行决定,如是,同一消息即可调用不同的方法。例如:Print 消息被发送给一份图表时调用的打印方法与将同样的 Print 消息发送给一份正文文件而调用的打印方法会完全不同。多态性的实现受到继承性的支持,利用类继承的层次关系,把具有通用功能的协议存放在类层次中尽可能高的地方,而将实现这一功能的不同方法置于较低层次,这样,在这些低层次上生成的对象就能给通用消息以不同的响应。

3. 面向对象的新方法论、新范型、新技术

OO 方法的作用和意义决不只局限于编程技术,是策划和信息系统开发的新方法论;是正在兴起的策划新技术——面向对象技术。

“范型”,具体指的是程序设计的体裁,正如文学上有小说、诗歌、散文等体裁,程序设计体裁是用程序设计语言表达各种概念和各种结构的一套设施。目前,程设范型分为:过程式程设范型、函数式程设范型,此外还有进程式程设范型、事件程设范型和类型系统程设范型。每一程设范型都有多种程序设计语言支持(如:FORTRAN、PASCAL、C 均体现过程式程设范型,用来进行面向过程的程序设计),而某些语言兼备多种范型(如:Lisp 属过程与函数混合范型,C + + 则是进程与面向对象混合范型的语言)。

“面向对象方法论”,遵循一般的认知方法学的基本概念(即有关演绎——从一般到特殊和归纳——从特殊到一般的完整理论和方法体系)而建立面向对象方法的基础。

面向对象方法学要点之一:认为客观世界是由各种“对象”所组成的,任何事物都是对象,每一个对象都有自己的运动规律和内部状态,每一个对象都属于某个对象“类”,都是该对象类的一个元素。复杂的对象可以是由相对比较简单的各种对象以某种方式而构成的。不同对象的组合及相互作用就构成了我们要研究、分析和构造的客观系统。

面向对象方法学要点之二:是通过类比,发现对象间的相似性,即对象间的共同属性,这就是构成对象类的依据。在“父类”、“子类”的概念构成对象类的层次关系时,若不加特殊说明,则处在下一层次上的对象可自然地继承位于上一层次上的对象的属性。

面向对象方法学要点之三:认为对已分成类的各个对象,可以通过定义一组“方法”来说明该对象的功能,即允许作用于该对象上的各种操作。对象间的相互联系是通过传递“消息”来完成的,消息就是通知对象去完成一个允许作用于该对象的操作,至于该对象将如何完成这个操作的细节,则是封装在相应的对象类的定义中的,细节对于外界是隐蔽的。

由于 OO 方法具有很强的类的概念,因此它就能很自然地直观地模拟人类认识客观世界的方式,亦即模拟人类在认知进程中的由一般到特殊的演绎功能或由特殊到一般的归纳功能,类的概念既反映出对象的本质属性,又提供了实现对象共享机制的理论根据。

当我们遵照面向对象方法学的思想进行软件系统开发时,首先要进行面向对象的分析(OOA——Object Oriented Analysis),其任务是了解问题域所涉及的对象、对象间的关系和作用(即操作),然后构造问题的对象模型,力争该模型能真实地反映出所要解决的“实质问题”。在这一过程中,抽象是最本质、最重要的方法。针对不同的问题性质选择不同的抽象层次,过简或过繁都会影响到对问题的本质属性的了解和解决。因而,对“本体”的研究分析成为必由之路。其次就是进行面向对象的设计(OOD——Object Oriented Design),即设计软件的对象模型。根据所应用的面向对象软件开发环境的功能强弱不等,在对问题的对象模型的分析基础上,可能要对它进行一定的改造,但应以最少改变原问题域的对象模型为原则。然后就在软件系统内设设计各个对象、对象间的关系(如层次关系、继承关系等)、对象间的通信方式(如消息模式)等。最后阶段是面向对象的实现(OOI—Object Oriented Zmplementation),即指软件功能的编码实现,它包括:每个对象的内部功能的实现;确立对象哪一些处理能力应在哪些类中进行描述;确定并实现系统的界面、输出的形式及其它控制机理等,总之是实现在 OOD 阶段所规定的各个对象所应完成的任务。

近年来,除了面向对象的程序设计以外,OO 方法已发展应用到整个信息系统领域和一些新兴的工业领域,包括:用户界面(特别是图形用户界面——GUI)、应用集成平台、面向对象数据库(OODB)、分布式系统、网络管理结构、人工智能领域以及并发工程、综合集成工程等。人工智能是和计算机密切相关的新领域,在很多方面已经采用面向对象技术,如知识的表示,专家系统的建造、用户界面等。人工智能的软件通常规模较大,用面向对象技术有可能更好地设计并维护这类程序。上世纪末形成的并发工程,其概念要点是在产品开发初期(即方案设计阶段)就把结构、工艺、加工、装配、测试、使用、市场等问题同期并行地启动运行,其实现必须有两个基本条件:一是专家群体,二是共享并管理产品信息(将 CAD、CAE、CIN 紧密结合在一起)。显然,这需要面向对象技术的支持。目前,一些公司采用并发工程组织产品的开发,已取得显著效益:波音公司用以开发巨型 777 运输机,比开发 767 节省了一年半时间;日本把并发工程用于新型号的汽车生产,和美国相比只用一半的时间。产业界认为它们今后的生存要依靠并发工程,而面向对象技术是促进并发工程发展的重要支持。综合集成工程是开发大型开放式复杂统的新的工程概念,和并发工程相似,专家群体的组织和共享信息,是支持这一新工程概念的两大支柱。由于开放式大系统包含人的智能活动,建立数学模型非常困难,而 OO 方法能够比较自然地刻划现实世界,容易达到问题空间和程序空间的一致,能够在多种层次上支持复杂系统层次模型的建立,是研究综合集成工程的重要工具。

十二、云 端 策 划

如果你标称是“网格”…那么,它不是云。

如果你需要向用户提供一摞的说明书…那么,它不是云。

如果你没有提供应用程序接口…那么,它不是云。

如果需要你重新构架你的系统…那么,它不是云。

如果你不能在 10 分钟之间部署或撤销服务器…那么,它不是云。

如果你知道你所使用的机器的具体位置…那么,它不是云。

如果你需要咨询顾问来帮助你…那么,它不是云。

如果你需要事先准备好图灵的数目清单…那么,它不是云。

如果你只能运行一种操作系统…那么,它不是云。

如果你需要安装软件才能进入云端…那么,它也不是云!

除却巫山不是云。云,一株可以遍历的、复杂的信息之树。

芒德勃罗说:“山不是锥,云不是球”。

计算工程师手搭凉棚眺望机器系统之上的网络云深处,信手涂画了一朵云,于是“云”渐渐成为一个 IT 策划界的词语。

“云”具有极大的不确定性,克雷斯纳姆蒂认为:只有存在极大的不确定性的时候,人们对生命和生活的欣赏才会有深度和创造性,更为重要的是每时每刻我们都有机会经历心理上的死亡——放弃各种偏见、机械刻板的习惯、孤僻的观念,于是创造性的自组织的感知度变得可能。

人类迄今为止运用了两种语言,一种是人类社会信息交流的自然语言,另一种是计算机系统中的程序语言。而现代科学发现在复杂的“云”中隐藏着某种计算本质,某种更高级的语言规则,我们将其称为“宇宙语言”。若都将其翻译成二进制序例,科学试验发现前两者的信息长程远低于“宇宙语言”。

易曰:“散之在理,则有万殊;统之在道,则无二致。”

云容万殊,算可一统。在隶属频率稳定性规律起作用的网络空间,一个模糊集的计算是“云”的“落影”。一朵云,可以落成一个模糊集;一个模糊集却并非只由唯一的云来落成。

云计算为 IT 策划界提供了变革前提,正深刻影响着整个 IT 产业和人类社会。计算能力是衡量一个国家国力和科学研究能力的指标,这一点现在还没有被国人充分认识到。一个国家和地区的计算能力现在已经成为一种重要的战略资源,不亚于石油和其他战略物资的重要性。云计算将普通的服务器或者个人计算机连接起来以获得超级计算机的功能,但是成本更低。云计算模式必将大大提高人类的科学计算和商业计算能力,使得国民经济竞争力大大提升。美国和欧洲有许多社会分布的分布式计算系统,他们动员和使用这些社会计算能力进行人类基因组的研究、天文学问题研究、地震和气象问题研究、数学难题研究以及其他的科学问题研究。而我们准备好了么?

Nick Carr 在 2006 年说:“Web 2.0 就是数字化的佃农租种地主的土地。”Kim Stanley Robinson 在“Green Mars”中有个精辟论述:“历史的浪潮比我们做得还要快。”结果,创新者被抛在后面,我们曾经改变的世界拿着我们的创意隐匿于“云”中,向着我们意想不到的方向跑了。“云计算”让佃农的镰刀斧头终于鸟枪换炮举起了打土豪分田地的旗帜。正如“72 个城镇组成了洛杉矶”,沧海桑田,在云中,“城乡二元结构”的消除,比现实社会来得快得多。两年前的佃农,今天已然是“云城市”中的贵族。

云计算不但抹平了企业规模所导致的优劣差距,而且极有可能让优劣之势易主。当今世界上最强大最具革新意义的技术已不再为大型企业所独有。云计算让每个普通人都能以极低的成本接触到顶尖的 IT 技术。面对海量数据、分布异构,云计算的聚合和整合力量正在产生。一个热度很高的“云”。在多种技术混合中演进。Amazon、Google、IBM、微软和 Yahoo 等大公司是最早的云端飞行者。云计算领域的众多成功公司还包括 Salesforce、Facebook、Youtube、Myspace 等。2007 年 10 月,Google 与 IBM 开始在美国大学校园,包括卡内基美隆大学、麻省理工学院、史丹佛大学、加州大学柏克莱分校及马里兰大学等,推广云计算的计划,这项计划希望能降低分布式计算技术在学术研究方面的成本,学生则可以透过网络开发各项以大规模计算为基础的研究计划。? 2008 年 8 月 3 日,美国专利商标局网站信息显示,戴尔正在申请“云计算”(Cloud Computing)商标,此举旨在加强对这一未来可能重塑技术架构的术语的话语权。Google 以发表学术论文的形式公开其云计算三大法宝:GFS、MapReduce 和 BigTable,并在美国、中国等高校开设如何进行云计算编程的课程。IBM 在 2007 年 11 月推出了“改变游戏规则”的“蓝云”计算平台,使来自全球的应用可以访问分布式的大型服务器池。IBM 正在与 17 个欧洲组织合作开展云计算项目。欧盟提供了 1.7 亿欧元做为部分资金。该计划名为 RESERVOIR,以“无障碍的资源和服务虚拟化”为口号。2008 年 8 月,IBM 宣布将投资约 4 亿美元用于其设在北卡罗来纳州和日本东京的云计算数据中心改造。IBM 计划在 2009 年在 10 个国家投资 3 亿美元建 13 个云计算中心。微软紧跟云计算步伐,于 2008 年 10 月推出了 Windows Azure(蓝天)操作系统,是继 Windows 取代 DOS 之后,微软的又一次颠覆性转型,让 Windows 真正由 PC 延伸到“蓝天”上。“蓝天”的底层是微软全球基础服务系统,由遍布全球的第四代数据中心构成。

2008 年 5 月 10 日,IBM 在中国无锡太湖新城科教产业园建立的中国第一个云计算中心投入运营。2008 年 6 月 24 日,IBM 在北京 IBM 中国创新中心成立了第二家中国的云计算中心;2008 年 11 月 28 日,广东电子工业研究院与东莞松山湖科技产业园管委会签约,将在东莞松山湖投资 2 亿元建立云计算平台;2008 年 12 月 30 日,阿里巴巴集团旗下子公司阿里软件与江苏省南京市政府正式签订了 2009 年战略合作框架协议,计划于 2009 年初在南京建立国内首个“电子商务云计算中心”;世纪互联推出了 CloudEx 产品线,包括完整的互联网主机服务,基于在线存储虚拟化的“CloudEx Storage Service”,供个人及企业进行互联网云端备份的数据保全服务等等系列互联网云计算服务;中国移动研究院已经完成了云计算中心试验,认为云计算和互联网的移动化是未来发展方向。中国企业创造的“云安全”概念,在国际云计算领域独树一帜。云安全的策略构想是:使用者越多,每个使用者就越安全。云安全的发展像一阵风,趋势科技现在每天阻断的病毒感染最高达1000万次。

云安全的核心思想,与刘鹏早在2003年就提出的反垃圾邮件网格非常接近。刘鹏当时认为,垃圾邮件泛滥而无法用技术手段很好地自动过滤,是因为所依赖的人工智能方法不是成熟技术。垃圾邮件的最大的特征是:它会将相同的内容发送给数以百万计的接收者。为此,可以建立一个分布式统计和学习平台,以大规模用户的协同计算来过滤垃圾邮件:首先,用户安装客户端,为收到的每一封邮件计算出一个唯一的“指纹”,通过比对“指纹”可以统计相似邮件的副本数,当副本数达到一定数量,就可以判定邮件是垃圾邮件;其次,由于互联网上多台计算机比一台计算机掌握的信息更多,因而可以采用分布式贝叶斯学习算法,在成百上千的客户端机器上实现协同学习过程,收集、分析并共享最新的信息。反垃圾邮件网格体现了真正的网格思想,每个加入系统的用户既是服务的对象,也是完成分布式统计功能的一个信息节点,随着系统规模的不断扩大,系统过滤垃圾邮件的准确性也会随之提高。反垃圾邮件网格就是利用分布互联网里的千百万台主机的协同工作,来构建一道拦截垃圾邮件的“天网”。反垃圾邮件网格思想提出后,被IEEE Cluster 2003国际会议选为杰出网格项目在香港作了现场演示,在2004年网格计算国际研讨会上作了专题报告和现场演示,引起较为广泛的关注,受到了中国最大邮件服务提供商网易的重视。既然垃圾邮件可以如此处理,病毒亦然,这与云安全的思想十分接近了。

2008年11月25日,中国电子学会专门成立了云计算专家委员会,聘任中国工程院院士李德毅为主任委员,聘任IBM大中华区首席技术总裁叶天正、中国电子科技集团公司第十五研究所所长刘爱民、中国工程院院士张尧学、Google全球副总裁/中国区总裁李开复、中国工程院院士倪光南、中国移动通信研究院院长黄晓庆六位专家为副主任委员,聘任国内外30多位知名专家学者为专家委员会委员。2009年5月22日,中国电子学会在北京中国大饭店隆重举办首届中国云计算大会。

通过对文本进行群体标注会如何?云计算超出了图灵机计算!

因此一个新理念诞生了,大众既是软件的使用者,也是软件的开发者;既是服务的消费者,也是服务的提供者。图灵没有考虑过这样的群体智能产生的模式。“云”哲学已被策划界广泛认同。谢眺诗云:“合杳与云齐,隐沦既已托”,李白更有千古绝唱:“众鸟高飞尽,孤云独去闲。相看两不厌,只有敬亭山”。人们都喜欢云,远观有形,近观无边,千姿百态,漂移不定,有时如朵朵棉花,有时一泻千里,或淡或浓。图灵隐沦于网络云间,相看两不厌的只有群体智能所产生的模式。

地球上有很多的水库,网络也有水库,就是数据中心,水会蒸发,搜索引擎就是蒸发器,蒸发形成的就是服务的发布。服务可以聚合,而且聚合的大小与云朵一样千姿百态,但是有用户需求的时候,又落到地面上成为水。曾经沧海难为水,所以,云雨之间生态演化不可或缺的是网上社群。云计算是调节它的信息资源相互服务的一个不可或缺的语言。

人工生命之父克里斯·兰顿说:“生命的本质在于物质的组织形式,而不在于物质的自身”。同样,信息资源网络的本质在于信息资源之间的组织形式,而不在于承载信息的图灵机自身。云计算将导致软件工程的重大变革,突破图灵机模型的束缚:不在于单台图灵机上的软件,而在于网络上软件之间相互作用。因此而引发对计算机CPU、操作系统、交互这三者关系的再认识。软件的网络化性质比单台图灵机上软件单元的性质更强烈地影响着网络软件的整体行为和特性,于是版本的概念消失了。永远在用的软件开发模式淡化了软件产品的生命周期,生命现象出现了,新的语言随之诞生,服务商可以无数次在线更新软件,涌现发生了,虚拟社区终于回归自然之道!

目前,太多的定义和太多的解释,使云计算在策划界成为“皇帝的新衣”,迫切需要业界的合理布局。在虚拟计算之外是变粒度和粗粒度计算:云滴在不同粒度上提供服务,云滴的弥散性——雾;云滴的聚合——云团;对服务资源不同层次的管理和动态扩大,从不同的粒度上对"云"所提供的服务资源进行处理,形成面向不同社区用户、不同使用目的、表现形态各异的云滴和云。WEB 服务聚合,分布在网络中的 WEB 服务是云计算中的一个个"云滴"。再就是不确定性计算:不确定性有随机性、模糊性。我们通过搜索引擎,同一个云计算关键字,我们有几千个几万个搜索结果,这就是搜索结果的不确定性。而后是软计算。本质上是定型定量转换计算。包括自然语言理解:词计算、语义计算、文本计算、语音计算等;语构、语义、语境理解;图形图像理解;流媒体理解。当然,这也仅是目前人们所认识云计算的冰山一角。

我们听云端有百灵在歌唱:

Markus Klems 说:云计算囊括了开发、负载平衡、商业模式及架构、是软件业的未来模式(Software 10.0);Reuven Cohen 认为:云计算让用户脱离技术与部署上的复杂性而获得应用;Jeff Kaplan 则以为:人们会依此实现虚拟化并重造 IT 应用;Douglas Gourlay 指出:云计算是一个大的宏图,就是让用户透过 Internet 访问技术服务;Praising Gaw 评价:云计算就是新的 Web2.0,一种既有技术上的市场涌现,最终将改变人们的思想;Damon Edwards 说:然而不必如此复杂,只有三种服务是基于"云"的,SaaS,PaaS 和云计算平台;或如 Brian de Haaff 认为的:云计算就是 SaaS 的升华;Ben Kepes 则直截了当说:云模式的初衷就是让硬件层的消费对象按需计算,在虚拟的环境中实现配制,部署和服务; Kirill Sheynkman 肯定道:事实上,基于自动化管理,你可以实时改变;Omar Sultan 评论:服务请求的资源来自"云",而不是有形的实体。云就是可以自我维护和管理的虚拟资源;Kevin Hartig 说:云是一个庞大的资源池,按需购买;云是虚拟化的;云可以象自来水电、煤气那样计费;Jan Pritzker 也赞同:云计算是用户友好的网格计算。其实,云计算的意思就是外包的,用多少买多少的,各取所需的,一些来自 Internet 的东西。IT 策划要想讨论围绕着云计算这个概念的问题,我们需要在一个历史背景中进行。目前,还有一大堆问题会阻止多数公司将他们的核心业务放到"云"中,云计算还需要不断完善。未来,工程师将越来越多的计算能力集中到数据中心,而云计算将更强大。策划的愿景就是希望将软件本身被虚拟或躲藏在系统或专业人员的背后,或者说"云"的背后。

在"云端"策划,使信息产业面临重新洗牌,软件产业结构面临调整,软件开发的组织方式面临改变,软件频繁地被重用和重组,大众普遍参与形成群体智慧,网络环境下泛在的计算将成为重要趋势。云计算将创生一个"智慧星球",云计算不是一个具体的技术,而是"智慧星球"需要的计算语言或计算模式。在云计算理念中,"云"和"端"都会具备很强的计算能力,云和端的关系发生本质的变化。

我们在云端上高歌:云计算的时代已经来临。

十三、社 会 企 业

公民的道德力量撬动思想。

当博诺在为促进最富裕国家免除最贫穷国家的大量债务而斡旋的时候;当尤努斯创意建成了专门面向穷人的银行;当马塔伊以一己之力让肯尼亚多出了 3 千万棵树之后;我们应该承认,社会企业家确实有可能给现在这个世界带来变化。再如专门解决印度女性问题的妈妈热线;更有温州市忠义集团董事长姜忠义,把自己 1.5 亿元的资产交由职业经理人管理,自己出人意料地去地另一家更大的企业——强强集团做党委书记,专职从事党建工作;一个个社会企业家的故事具有了打动人心的力量。一大群社会企业家,他们活跃在各地以有组织的形式去解决政府难以解决的社会问题。人们的目光开始集中在如何为社会企业家们提供服务,如何通过策划提供尽可能多的方法和途径,告诉人们怎样行动才能真正为世界带来变化,让许许多多普通的个人投入到改变世界的洪流中去。社会企业策划已然撬动思想,越来越多的企业家参与到人类的事业当中来,并且让人们相信,只要你动一下,世界就会改变一点点。

企业家,现代社会之魂。

在人本主义和人文精神的最高境界下,以天下为己任,具备完整高尚的人格,对社会有所建树、有所贡献,站在历史的高度总揽全局,推动一个企业乃至一个行业发展的人,才能称之为一个优秀的企业家。企业家应该是创造的精灵,永不满足,永远进取,组合资源,化腐朽为神奇。创造性思维的训练,是企业家的必修课。思维方式包括批判的、逆向的、立体的、多维的、发散的、多层面的、易位的。创造者不死,独特者永存! 从社会经济中的"企业家制度安排"的视域,我们应该给予怎样的策划关怀?

一个个有血有肉有灵的企业家个体的公益行动更具人性价值和榜样作用,一个华丽转身,企业家或许就是一名出色的社会工作者,或用他们的财富,或用他们的能力,或用他们的智慧参与回馈社会。更有远见的企业不仅落实公益,更进一步把公益的价值融入企业的价值与策略,成为区隔特质的一部份。具有社会责任意识的企业,才能永续经营;社会责任不是锦上添花,而是我们经营策略不可或缺的重要部份。

在这样的理念下,商业世界的领袖们越来越多地从商业的角度出发,去关注那些与企业息息相关的社会问题。对社会问题的长期关注,可能会从根本上重新定义"公司"的根本目的。而来自公民部门的领袖们,更多地是从社会问题本身出发,越来越多地将企业管理技能运用于社会目标的实现。他们通常具有更强大的道德力量。在经济和社会发展都面临重重压力的今天,这两股力量同样重要,他们都属于"社会企业家"。并且,可以预见,在不久的将来,看似陌路的两股力量将越来越迫切地寻求相互合作、相互借鉴。于是,越来越多的策划走近为大众利益服务的商业模式创新之中。

社会企业是一种旨在建设一个为大众利益服务的世界的商业模式。社会企业家是行为榜样,是传统模式的挑战者,也是引导变革的领导者,他们将可持续性融入到社会中。社会企业家的每一个为改变社会付出的行动都闪烁着策划思想的光辉,而策划家自身往往就是一个社会企业家。如果每个人都有社会企业家的意识,每个人都成为参与改变的人,那么需要怎样的策划组织去为之服务?

十年前,学术界根本不存在社会企业家的概念。现在,它已经在欧洲、亚洲、澳大利亚和南美、北美的商学院内取得进展。在美国,斯坦福大学成立了社会革新系,很多常青藤会员的高校也开设这些课程。还有巴黎 ESSEC 商学院、巴塞罗那 IESE 商学院和英国牛津大学商学院。在中国,社会企业家的概念近几年也正在逐渐走进人们的视线。更多的企业公民在思考如何建立起为社会效益和人民大众的利益服务的可持续商业。新一代的有远见的社会企业家,正在致力于构建具有商业切实可行性而不是依赖于捐款的社会企业,建立专业的衡量标准来保证其独立。那些运用工商策划与创新技能来解决社会问题的社会企业家群体正在崛起。

第一代社会企业家大多是些大学教师,他们发出的呼声以理论为主;

第二代则是那些白手起家、活跃在现场的中年实干家;

而现在,第三代社会企业家开始崭露头角。他们大多出身名校,毕业后则都曾在著名企业中工作,有过一段全力追求商业利益的经历,但若干年后忽然开始关注社会问题,从而结束了此前的职业生涯,转而成为"社会企业家"。他们确信从事社会企业才是自己的生活方式。当今世界的公司组织正在进入新的范式,那些社会企业专业的学生,虽然还没有确实的就业方向,但凭着创业者的激情，一毕业就一个个跃入社会的海洋中，开始了社会企业家的生涯。于是策划社会性的活动成为他们生活的本质内容。

2007年被称为中国的“社会企业家”元年，这一年《如何改变世界——社会企业家与新思想的威力》中译本的出版和尤努斯获得诺贝尔和平奖而让“穷人银行”的案例广为传播，这和中国在持续三十年的经济高速发展中的企业的社会责任感缺失形成对比。中国在呼唤“社会企业家”。长期以来，要解决诸如贫穷、教育、养老、环保……等棘手问题都必须依赖政府的福利措施，与社会广泛存在的需求比起来是杯水车薪。在中国，即使是最富盛名的慈善组织，如“红十字会”和“希望工程”，都必须依靠社会捐款而缺乏自我发展机制，人们普遍印象里的公益组织就是必须通过“等、靠、要”生存的“半行政化”机构。但是，“社会企业家”概念的引进打破了固定的思维模式——为社会创造价值的方式可有多种——国家福利不是唯一的途径。“社会企业家”的概念让人心潮澎湃，正是因为他们象经营一个企业一样，以可持续的方式帮助那些最需要帮助的人。“社会企业家”找到了一种可以不断扩大的“授人以渔”的方法，并且确保不会随着规模的扩大而改变初衷。

所谓社会企业家，即是用商业的眼光看待社会问题，用商业的规则去解决社会问题。与慈善团体不同，社会企业家关注的是如何解决问题，而慈善团体则是如何改进问题。企业发展到一定规模之后，企业家手中的财富，一定意义上是以企业家个人名义管理的社会财富。中国正处于社会转轨期，涌现大量社会矛盾。解决这些矛盾，大量的社会事业要有人办，其中稀缺的就是那些用办企业的经营之道来办公益慈善事业的人才。热心公益的情怀和策划能力、经营之道相结合，是一个人成为“社会企业家”的根基。

今天，创新的企业家社会正在中国形成，企业家是当代社会最稀缺的资源之一，满足社会目标的社会企业家则更为稀缺。站在新的历史起点上，加快构建企业家社会掀起企业二次创业热潮已成为当前践行科学发展观与社会和谐发展的迫切需要。企业的二次创业，是构建企业家社会，学习和传扬企业家精神，在全社会形成尊重企业家的良好氛围，使企业家勇于承担社会责任的二次创业。企业家也是社会工作者，我们可以把政府比做社会的大脑、企业比做血液、民间组织比做骨肉，只有大脑、血液、骨肉三个部分一起良性运作，共同对社会的进步和社会发展承担起自己的责任，才能使社会整个肌体保持健康的运转和成长。企业必须主动承担起“企业公民”的责任，而企业家也要更多地扮演社会工作者的角色，承担起对社会各方的责任和义务，这是我们在发展过程中必须时刻考虑的问题。工商企业主动地全方位融入社会，企业也从个人创业型转化为公众型企业，承担起来越来越多的社会责任。

经济学家高希均教授说，一个令人尊敬的企业家得攀登二座山，事业雄心刺激他攀越“企业利润”的前山，公民良心则指引他攀越“社会责任’的后山，成为真正的社会企业家。

构建企业家社会，首先要在全社会学习和传扬企业家精神。企业家精神是我们所处时代的最坚韧、最丰厚的精神之一。我们要学习和传扬企业家的开放创新精神。创新是在开放基础上的创新，开放是企业家精神的前提，创新是企业家精神的灵魂。我们要学习企业家的宽广眼界和开放胸怀。企业家的胸怀就是一扇窗，更是一个企业的战略、人格化、价值观问题，企业家有多大的胸怀，想做多大的事业，就会制定相应的战略措施，企业家的价值观就是企业的人格，为了大多数人利益、为了时代使命而发展的企业，其价值观是社会化的、利他的。创新是企业家的标志。一个成熟的企业家能够发现一般人难以发现的机会，运用一般人难以运用的资源，找到一般人难以想像的办法。包括引入新的产品，提供产品的新质量，实行新的管理模式，采用新的生产方法，开辟新的市场等，也就是产品创新、技术创新、市场创新、组织形式创新等。构建企业家社会，就是要呼唤更多的商业企业家向社会企业家的转换。

德鲁克在《创新与企业家精神》一书中指出:“任何有勇气面对决策的人,都能够通过学习成为一名企业家,并表现出企业家精神。”现代策划业的本质任务就是促进这种学习。

一个纯粹的商业策划业态正在退出历史舞台,我们需要的是作为社会企业家的策划家。在智业时代,组织是社会的基本构成单元,管理者、策划人以及企业家是构成组织生命体的主要角色,而管理、创新以及企业家精神,恰如组织生命体的神经指令和新陈代谢等系统,既是组织一种平常、稳定和持续的活动,也是赋予生命体自我意识和自我更新的元素。社会企业家将是现在与未来文明社会的旗手与护卫者。

每一个社会企业家必须回答这样的问题:

(1) 我想解决的社会问题是什么?

(2) 我的解决方案是什么?

(3) 解决方案的可行性如何? 原创性如何? 持续性如何? 影响力如何?

问题的解决,除了有理想的激情在引路,更多的是现实的谋划:究竟我们在多大程度上理解现实? 现实是什么? 只有亲历策划的过程,当我再看到无数被践行的案例的时候,我们才会更加热血沸腾。

作为社会企业家的策划人,往往能够超越正统观念去看待事物,所有的革新都需要这种能与过去分离的能力。他们的主要作用之一就是充当社会的炼丹术士:以超越常规,打破行业界限的配置方法,将人们的想法、经验、技能和资源组合在一起,去创造新的社会合成物。正如从事幼儿保护工作的印度社会企业家比利莫利亚所说,如果医院与警方不合作的话,那么为流浪儿童开设紧急电话服务是没有什么意义的。强大的道德推动力是社会企业家得以形成的基石。否则,我们很难找到一般企业家和社会企业家的本质区别。因为他们都以同样的方式思考问题,都会问一些同样的问题,但区别就在于:这个企业家是梦想建立国内最大的软件公司,还是希望让所有的孩子都能免费接种疫苗?

作为社会企业家的策划人,他们为公益事业的运作方式带来根本性变革。社会企业家不像商业企业家那样仅把眼光与抱负局限到营利性质的风险企业中,而是把社会作为一项风险事业来加以经营管理。社会企业家的目标是通过对社会实施“企业家管理”,推动社会向着既定的方向前进。社会企业家追求社会回报率,而商业企业家追求的却只是利润或经济的回报率。社会企业家用企业家的方式来进行解决社会问题的风险运作。与一般的社会活动家不同,社会企业家主要采用的是企业家管理方式,利用市场机制与经济理性范式为手段达到社会发展与变革的目标;而社会活动家却更多的依靠政治或社会手段。因此,同样关注社会,但是否采用“企业家管理”方式是二者之间的根本区别。社会企业家把经济理性所追求的效率仅仅看作一种达到目的的手段,而不是目的本身,最终的目的是社会事业的发展与前进。

作为社会企业家的策划人,从事于一个为社会企业家持续地创新、适用和学习的服务过程。社会企业家开拓新的领域、发展新的模式和采用新的方法。如熊彼特所说,创新形式多样。然而所不同的是,熊彼特的创新指生产或经济领域的创新,而社会企业家的创新却是为社会的变革与发展服务。社会企业家积极寻求对落后、消极的社会游戏规则进行改造的方法,发明或发现新的、积极的规则以实现自身的使命与抱负。这种进行创新的意愿是一个持续地探索、学习和改进的过程。同时,对于创新带来的不确定性和失败的风险,社会企业家具有高度的耐受性,因为他们更关注社会价值的创造。社会企业家认为社会价值创造才是最终目的,而创造经济价值只不过是达到这一目的的手段而已。因此,利润或消费者满足并不是衡量价值创造的尺度,应当以社会结果作为最终判定标准。社会企业家追求长期的社会回报率。

作为社会企业家的策划人,敏锐捕捉及追求新的机会来服务于社会这一使命。机会是社会企业家概念的一个重要内容。社会企业家的一个独特品质就是当别人看到问题的时候，他们看到的是机会。社会企业家善于捕捉一切有利的机会并利用这些机会为实现既定的社会发展目标而努力。他们不是简单地被社会需求的知觉或同情心所驱动，而是看到了如何实现社会进步的愿景，并坚定地加以实施。他们探索一切获取资源的途径，从慈善捐助到商业盈利模式。他们不受活动领域的规范和传统所羁绊。他们计算风险并对下滑的业绩进行管理，从而减少失败带来的损失。他们了解其利益相关方的风险承受能力，并据此将风险分散给那些准备更为充分的人。社会企业的社会目标就是策划的对象和途径，在此企业家精神与策划家精神合二而一。

年　报

《中国策划家年鉴》年报
策划，智慧的力量

□潘岩铭

策划家伴随着跌宕起伏的金融经济危机走过了这两年，本年鉴以记实文笔记述了非常岁月策划人的感人故事，成为知识界关注经济大潮起伏的榜样，不平凡的经历告诉人们：记忆是可贵的，而价值连城的是策划，她与经济的互动，在国庆60周年之后勾起盛大的集体回忆。

一、策划迎迎头痛击金融危机

(一)策划家为企业解围

2008年，汶川大地震发生的同时，美国次贷危机的海啸首先冲入广东和东南沿海，一时期内，广东各小企业小公司纷纷关门倒闭，而后逐渐波及到内地。2008年，我国GDP的增长速度由2007年的13%，一下子降到了9%，2008年第四季度降为6.8%，2009年一季度降为6.1%，我国经济遭遇了极大的困难。专门应对市场营销问题的各地策划家们，为着反击全球金融经济危机，针对当时出现的新情况、新问题，从经济大局着眼，大胆构思，周密策划，变危机为转机，提出了很多独特有效的方案。策划家出手快、出拳重，为国家宏观经济调控，为民营企业走出困境发挥了巨大作用。

策划家马志骞于2010年，组织了“长三角中小企业《核心竞争力》专题巡讲”为中小企业走出困境，增强竞争力出谋划策。

(二)致信温总理为国分忧

2009年春节期间，以为“民族富强而谋略”为己任的策划家何学林致信温总理，提出“不用花4万亿资金，用智慧和谋略就可以转危为机，在这场世界性金融危机中轻松实现‘大国洗牌、中国崛起’”。为国家应对危机出谋划策，他提出：

1. 开展经济危机中的科学发展观全民大讨论；
2. 教育培训、咨询策划、文化创意、电子商务逆势上扬；
3. 企业修炼内功，学会营销策划；
4. 在鸟巢举办企业家策划报告会；
5. 举行策划中国万里行；
6. 创建策划大学；
7. 国务院增设策划部；
8. 收购美国的世界500强企业和国际著名金融机构；
9. 承包英国伦敦奥运会。

(三)创新商业模式拉动内需

2009年,策划家陈荣彪策划的以“优粤诚－广东名优产品(重庆)直营中心”为载体的创新商业模式在“拉内需”中所发挥的作用,以及将广东提出的“广东产品中国行”战略通过这一创新商业模式得以落地生根,为广东商品扩大内销提供了新的平台,同时也配合重庆市打造“西部商贸高地”战略的需要,其在“粤渝经贸合作”中所起到的作用,得到两地领导的充分肯定。

1. 激发社会责任感

他认为必须要把投资者、经营者,策划者的社会责任感激发出来,大家共同与时俱进。

“优粤诚”从2009年7月开始立项、8月进行论证、策划到进入操作阶段,短短的几个月就实现了从传统单纯的商业模式向革命性创新商业模式的华丽转身。

2. 普通商业行为的策略性转变

一方面使该“直营中心”顺理成章地进入政府的视线范围内。另一方面通过政府的渠道和媒体的有效传播,让“直营中心”成为广(广州)渝(重庆)两地企业在全球金融危机中成功突围的案例之一。

3. 普通的商业模式作策略性的改变

以“厂价直营、批零结合、展贸合一、专业推广”为手段,对传统的商业模式与利益关系进行革命性的创新,用“统一管理、统一进货、统一收费”的管理方式,有效地对生产企业、销售商、消费者给以最低成本的控制与利益保护。

4. 策略表现

关于命名:“优粤诚”商号,“优”,顾名思义,优质、名优的含义,突显“直营中心”内销售的均为名优、质优产品。“粤”,广东省的简称,是充满活力、时尚、领导潮流的地方,也表示经营的名优产品均为久负盛名的“广货”。“诚”,诚信、可靠,与“城”同音,突出“厂价直营、批零结合、展贸合一、专业推广”的经营理念与“商城”的诚信服务原则。

“优粤”,除了直译为广东的名优产品外,还与“优越”同音,带出“直营中心”经营特性的优越感、对传统商业模式创新的超越性之含义。“优粤诚”这个商号的创意命名,就是“广东名优产品(重庆)直营中心”的经营范围、经营理念、经营模式三者的高度浓缩,展现出诚信经营、物美价优的强大生命力。

(四)关注民生问题,促进大学生创业

2009年,走过了六十个年头的共和国已经屹立在东方大地,当被北京、上海等大都市所掀起的房价疯长同时,房价这个词语变成了包含中国民生问题底线的风向标。一大批房地产商、经济学家、社会学者都成为了策划人,他们从美国房贷泡沫中吸取“营养”,把房地产策划解释得头头是道,运用得无所不至,策划在更大层面的房地产改革中得到了充分的运用。如何让无所不能的房地产策划参与到政府抑制房价的决策中,成为社会各界关注的焦点。

1. 为保障性住房建设出谋划策

保障性住房建设是国家倡导的利国利民的大事,但保障性住房建设工作在落实中总是困难重重,利国利民难利每家每户。一直以来策划家就保障性住房的建设质量、资料审核、购房按揭等问题做了大量策划,促进了保障性住房建设发展落实的步伐。

策划家陈国庆与他的团队全身心投入房地产建设。

(1)严把建设关,确保入住群众舒心

为充分体现政府对经济适用住房和廉租住房入住群众的人文关怀,策划家建言政府要紧紧

围绕提升入住群众幸福指数这一目标，把住房保障工作作为一号惠民工程来抓。

(2)政府要让利，让群众满意

为确保符合条件的中低收入家庭能买得起经济适用住房，策划家建言政府采取措施，让利于民。

一是召开经济适用住房销售价格听证会，公开经济适用住房的价格构成因素，听取社会各界的建议；

二是经济适用住房建设用地，采取行政划拨，减免各种行政性收费和服务性收费；

三是加强建筑成本的管理，层层把关，千方百计降低成本，减轻老百姓负担。

2. 高标准建设，让群众称心

策划家建言，要公开"两房"建设规划、建设方案，广泛征求社会各界意见；公开项目招投标，择优选择施工队伍。在与施工单位签订工程施工合同时，就明确提出"造价不高，标准不低，质量优良，居住舒适"的原则。

3. 严把审核关，确保社会各界安心

策划家建言，在经济适用住房销售和廉租住房配租方面，要坚持"个人如实申请、社区群众评议、房管部门管理、政府严格审核、逐级张榜公示、分类摇号排序、社会公开监督、违规操作必纠"和"三级审核、三榜公示"的原则。通过采取"入户调查、张榜公示、三榜定案、有报必查"的方式，层层严格审核把关。

4. 关注青年创业，提出创意创业

策划家陈放于2009年3月应邀与团中央策划青年创业工程；

策划家张合军主导策划的天津市首个专为高校大学生量身打造的创业基地——"青果园"大学生创意创业基地，于2009年，落户天津西青区凌奥创意产业园区。该园区由西青区凌奥集团与天津创意策划研究会合力打造。目前正与南开大学创业园区合议，建立南开大学创业实训基地。

"青果园"大学生创意创业园区与南开大学、天津大学、师范大学、工业大学、科技大学、商业大学等高校合作，根据高校大学生的特点和需求，出台了一系列创业优惠政策：协助安排大学生的基本生活；解决小额贷款，作为创业基金；提供高科技数字化楼宇管理、一卡通自主管理消费、高水准电脑系统和网络操作平台等便利条件，让来到园区的大学生安心创业。入园创业者将在园区企业和管理者的培训引导下，经过一年的实践，被孵化为一名准创业者乃至创业者。

凌奥创意产业园区将努力为"青果园"大学生创业园搭建了四大平台：公共技术服务平台，即三维动画、影视特效、动漫制作等高端设备在内的软件技术支持平台；创意产业网络信息平台，旨在服务园区企业、实时更新入住园区企业动态、产品研发进展及成果展示、搭建网络交流空间；产品展示交易平台，将企业及其带有艺术创新和文化附加值的产品发布、展示出来，使之实现产业化生产，衍生出经济产值。

（本文引自：中国创业就业网，原链接地址：http://www.55178.cn/2009/0430/9126.html）

二、寻找经济发展与文化遗产保护的平衡点

（一）文化遗产保护策划

1. 无底价拍卖

2010年5月22日，2010中国文化遗产保护与传承高峰论坛召开，温州博古斋董事长陈纪平应邀作为协办单位参会，并作为与会嘉宾发表题目为《文物保护是历史赋予我们这一代不可推

卸的责任》的演讲。陈纪平倾其所有,收藏和保护了一大批沉睡于民间的艺术瑰宝,这一批珍宝,不仅填补了历史的空白,也让世人对中国的历史文化有了重新的认识。陈纪平希望通过博古仁和这个平台,使更多的珍宝得到它应得到的保护,也使民众的鉴赏能力有一个质的飞跃。他采取的方法是:凡被列入历史文物名录的艺术品不列入博古仁和拍卖行列。其目的是为了使更多的沉睡于民间的艺术精品重放光芒,得到足够的保护和重视。他刻意为民众营造一个完全无负担的拍卖环境,进入博古仁和进行竞拍,宣传费、保管费、保险费等一切费用全免,是博古仁和完全站在客户角度而专门制订的规则。

2. 北京晋商博物馆

策划家白帆为中国首座商人博物馆——北京晋商博物馆,做"2009 通惠河畔晋商文化季"大型活动的执行策划。

(二)广告媒体策划

广告策划一直是策划业的一支劲旅,而广告媒体策划又是广告策划的重中之重,是我们尤其要特别关注的大事。

1. 卫视广告经营状况

根据 CTR 媒介智讯的监测,2010 年前 2 个月国内 30 家省级卫视 19:00 - 21:30 时段的广告投放刊例花费整体涨幅为 29.9%,若与 CTR 媒介智讯年初时统计的省级卫视 30 秒广告刊例价 26% 的平均增幅(19:00 - 21:00 时段)进行对比,卫视在头 2 个月的广告经营状况与 2009 年同期基本持平。

2. 户外媒体地位的变化

整个亚太地区的户外媒体,在全球份额非常高,主要是由中国、日本组成。在全球主要国家的户外媒体看,2008、2009 年和 2010 年,只有中国市场保持强劲的增长,其他几个主要市场,像美国、日本、德国等都呈现下滑态势。实际上整个中国户外媒体在全球占据很重要的位置。

中国户外媒体结构和美国户外媒体有所区别,美国户外大牌占据 38.7% 的广告份额,而中国户外大牌仅占到 30% 左右,视频类新媒体所占比例比较大,已经占到中国户外广告份额的 22%。根据 CTR 统计,2009 年公交移动电视广告总量增长 41%,户外 LCD 增长 17%。从大环境讲,中国户外媒体的发展和地位比其他媒体形态走得更远一些。

3. 三网合一新局面

在 2009 年汶川地震一周年之际,在多方策划下,新华社首次进行了 12 小时大型电视、网络、手机直播,首次实现文字、图片、视频稿件在同一界面编发,首次直接签发供电视、网站、手机、户外屏幕使用的多媒体融合稿件……。2009 年 7 月 31 日,科技部、国家广电总局和上海市人民政府共同签署了中国下一代广播电视网(NGB)建设示范合作协议,标志着中国下一代广播电视网进入实质性推进阶段。中国移动多媒体广播用户到 2009 年年底,达到 1 000 万,2010 年底,将会达到 5000 万。

4. 2010 的媒体展望与创新

2010 年中国途中媒体的发展将进入"瓶颈年",而回归到整体经营竞争、媒体质量、市场布局等基础建设比拼的素质年。无论是营销策略方案,还是技术层面,都将最终实现受众价值的整合。

因此,2010 年的三句真言是:

一、打造激情文化。因为做任何事都需要有激情。

二、推行职业管理。弱化官本位,体现职业理想。

三、升级品牌集群。通过高科技的手段,使品牌集群更具竞争力。特别是综艺节目,在节目里加入高科技含量的技术,比如,唱歌类节目,就加入了声纹识别系统和音乐打分系统,《谁笑到最后》栏目就有笑脸识别系统来为节目设置一些高科技的悬念点,也让节目更具竞争力,无法克隆。

总之,2010 年新旧媒体的竞争会越演越烈,传统媒体仍然具有自己强大的优势,比如新闻的现场直播、高清晰的画面、电视剧的播出和综艺节目的独家性,是新媒体不完全具备的。传统媒体可以融合新媒体,诸如《我爱记歌词》栏目就大量地运用了网络互动、网民点评、博主做评委等多种形式。传统的媒体仍然会有完全的信心,但是在发展过程中,怎样学习和借助新媒体良好的互动手段,是传统媒体策划需要认真考虑的。

(三)产业文化策划

1. 创意产业区域化建设

产业文化由产业文明长时间不断累积而成,而不同产业、区域、居民、风俗等因素,均对形成地方特色的产业文化有所影响。

策划家张合军在 2009 年依托天津市发改委,发起成立了天津市创意产业协会,被推举为秘书长,他做的第一件事就是承办了天津首届创意活动周暨“京津沪渝”四直辖市创意产业联席会,会议成功地举办被与会代表称之为“机制、体制上的创意”,2010 年上海作为第二届四直辖市创意产业联席会的举办地标志着中国创意产业区域化建设从天津开始延伸。

2. 产业文化发展

产业文化需要将产业与文化综合起来,各地一年一度举行的民俗文化庆典,将传统商业活动以民俗活动形式体现,会对商业活动产生影响,并使居民经济生活改善,传统文化也有机会传播。没有文化内涵的产业无法长久经营下去,因此,必须从文化层面去推动产业发展,使产业特点彰显出来,提升产业发展的生命力。而就产品而言,文化上的感性消费能带来精神上的快乐,文化内涵成为产品中的重要组成部分,将文化内涵转化为产品的外在表现形式,进一步创造文化价值认同,提高附加值。

以酒店为例,酒店过去是旅游与商务人员的下榻之处,现在作为产业发展它的内涵、外延有了根本性的改变,首先,酒店是城市的客厅,什么新闻发布会、城市论坛络绎不绝;之二,酒店是民众的大家庭,举凡亲友聚会、婚丧喜庆,甚至棋牌娱乐都去了酒店;之三,则是酒店成了新产品试销地、广告集散地、公司会聚地。

(四)旅游策划

1. 旅游养生

策划家刘金彪2010 年的策划行动——寰球同此凉热,策划启动了“三亚市、伊春市生态旅游养生基地国际联盟”项目。

2010 年 1 月 3 日,国务院发布《关于推进海南国际旅游岛建设发展的若干意见》,明确将海南发展成为国际旅游岛上升为国家战略,三亚市则在海南国际旅游岛建设中扮演着重要角色。

三亚市拥有世界一流的滨海旅游资源,聚集着“阳光、海水、沙滩、气候、森林、动物、温泉、岩洞、风情、田园”等十大风景资源,全年日照时间长达2400 小时以上,是空气质量仅次于哈瓦那的世界第二优质空气输出地以及国内人均拥有热带林及海滩面积最大的地区。同时,度假村与度假酒店群落在三亚已形成了规模,成为众望所归的休闲度假游胜地,

北纬 47 度的伊春,是全世界森林覆盖率最高的城市,森林覆盖率达 82.2%,珍稀名贵树种

达110余种,60多种珍稀动物和260多种鸟类栖息在大森林之中;受平原与森林交错的气候影响,小兴安岭降雪量大,雪质洁净,雪期长,林海雪原景观奇特;虽然没有海洋,但水系发达,700余条大小河流遍布山林之中,特别是漂流河段、冷泉、湖区、沼泽、湿地、潭地、悬瀑和暗河均有丰富分布;冬季,林中冰雪与山脉、河流等交织形成了独特的森林雾淞奇观,可谓气势宏大。此策划的成功,将提升我国生态旅游养生基地的国际地位。

2. 旅游型养老

策划家达文,从大旅游的概念出发,提出了将旅游充盈养老生活的主张,策划了创建"旅游型养老"的艺术山庄大胆构想,深度关注老年人精神需求,为走出当前"空巢家庭"的养老困境、减轻社会养老压力、缓解社会养老院严重不足的矛盾、开创中国养老新局面设计了综合解决方案,同时也为大学生创业、素养修炼和旅游地文化建设提供了创新思路,受到有关方面高度重视。

3. 旅游规划设计

(1) 策划家殷海雄拥有旅游营销利器他与他的团队每年服务有上百家旅游景点和企业;

(2) 策划家余高红主张旅游规划和策划应以核心技术为基础,强调策划与规划设计的连贯性与落地性。2010年完成天下第一台——湖北章华台旅游景区概念性规划、2010年完成河南二帝陵旅游景区概念性规划、完成沧州南大港湿地公园旅游开发总体规划及控制性详细规划。

(3) 策划家晏滔于2009年2月完成太姥山旅游景区"中华福坛"规划设计;2009年5月完成东营市海红港旅游规划设计;2010年6月 完成"印象齐都"文化产业园规划设计。

4. 商务旅游策划

(1) 策划家张大旗为上海福人集团策划的 别有洞天,成为上海购买红木家具的首选地;

(2) 策划家张路策划"我到美国上大学"将观光与留学在一起,活跃了旅美市场;

5. 特色旅游策划

(1) 2009年4月11日至4月18日,由王世铭策划,中华海峡两岸文化观光产业发展协会主办的"纪念妈祖诞辰1049周年名优特产品美食节",在福建莆田湄洲妈祖祖庙牌坊前的小广场热闹开锣。

(2) 策划家陈放

2009年4月给河南嵩山风景管委会作报告;并第二次考察河南神垕古镇,提出系列创意;

5月为内蒙古突泉县做旅游策划;6月为山西广灵县做城市及旅游策划;8月为内蒙镶黄旗做城市旅游策划;并为江苏洪泽湖旅游及中华水典策划;10月为陕西商南县做旅游策划。2010年,考察嘉兴市,畅谈红色旅游。

(3) 策划家李春林策划五星红旗在白宫上空升起

北京时间2009年9月20日晚10时(美国当地时间20日上午10时),美国白宫南广场前的公共草坪上升起了中美两国国旗,这是五星红旗首次由民间人士组织在白宫前升起,上千名旅美华人华侨以这种方式庆祝新中国成立60周年。

升旗仪式后,中国驻美大使周文重与当地华人华侨一同展示了李春林从天安门国旗护卫队拿过来的巨大五星红旗。

这面曾飘扬在天安门广场的国旗立即吸引了大批华人华侨与其合影留念。在升旗现场,华人华侨一边高唱《义勇军进行曲》,一边动情地落泪。中国驻美大使周文重在国旗上庄严的签上了自己的名字,世界各大媒体争先报道了这一新闻。人民日报、新华社、中央电视台、中央人民广播电台等都以重要的形式加以报道。

三、策划家成就回顾

(一)幕僚与现代咨询客

在中国古代有由长官自主配置僚属的制度,通常称为“辟除制”,这些僚属到了清代被称为“师爷”,他们应时而生、趁势而起,搅动大局,往往成为推动历史演进的真正幕后巨手。因其隐于幕后,又神通广大,极富神秘色彩。在幕僚中,人们所赞赏的是一种高贵的文化品性,即传统文化传承。到了晚清这一传统又与现代精神熔铸而成的新人格。让这些幕僚身上既有传统士人的宏毅、执着的风范,又有现代的共和、民主与自由的理想追求。

到了现代,企业在领袖人物的能力和权威基础之上,还要建立一套有效的管理决策机制。企业家周围一般都会出现一些“幕僚”,还会有一些就是资深策划家的“亲政”服务,他们掌握必要的公司信息,具有较高的专业水准,对业务有见地,为公司重要的管理和决策提供有价值的意见。有的企业靠这种机制保证了管理的专业化和决策的科学化,避免个人决策的失误。

策划家张大旗先生2009年出任上海福人集团的幕僚。这是他服务的第21家大型公司。

还有许多幕僚式的策划家,你可以在本年鉴中看到他们的身影。

企业策划家顾根华主管建龙钢铁控股有限公司的信息化与自动化工作,为投资近2亿元的与信息化、自动化相关的项目负责。

他认为优秀幕僚应具备的特质有:

第一,沟通能力强;

第二,学习能力强、知识面广;

第三,抗压能力强;

第四,安于幕僚,甘当绿叶;

第五,要有所担当。

作为自由职业者的独立幕僚,必须掌握企业的业务发展战略。企业在制定战略规划前,必须深刻理解企业战略目标、经营模式,了解公司未来发展愿景及各阶段战略目标,了解公司未来采取的竞争战略,了解公司目前采取的经营模式及未来改造目标;

(二)策划家策划策划家

2010年,策划家大林、李旭策划、编辑、出版了“中国策划家思想文库”,这是国内第一部权威的集策划家思想大成的巨作。已经出版的有大林著《大林俱乐部主张》,舒明武著《舒明武新心相印》,陈纪平著《陈纪平藏什么》,张大旗著《张大旗语言点化》,晏滔主《晏滔玩文化》,陈放著《陈放创意天下》等。

策划家大林执编的本年度《中国策划家年鉴》刊登了100位实力派策划家的事迹,有肖像、小传、年表、语录、案例、文论、图表、评点等突出策划家的特色,成为市场经济领域了解和学习策划家的鲜活范例和榜样。

四、中国策划站起来

(一)整体策划

1. 编写小康年鉴

中国策划走过了三十个年头,策划家们一方面进行着企业策划等实用层次的研究与探索;

2009年12月，以策划家晏滔为执行主编的《中国小康年鉴》创刊卷出版发行。《中国小康年鉴》是我国第一部全景式的小康发展典籍，第一回全面纪录小康建设思想与创意发展的鸿篇巨制，是反映我国全面建设小康社会进程的综合性史料和大型工具书。这也标志着我国策划家们不再仅仅跟着企业家的意向诉求跑，而要悉心策划可以更全面、准确、客观、真实地反映民意，发现、提出解决全局性问题的策划案，这便是新时期策划家的重大使命。

2. 区域经济策划

策划家刘斌夫以构建成渝城市群及成渝经济圈、构筑中国经济第四增长极、推进大四川区域经济社会发展、扩大西部对外开放为实例，对重庆、四川及成都的资源条件、区位优势、生态环境、经济基础、人文积淀、地缘经济与地缘人文地位等诸多发展要素予以深度解析，对重庆、成都两大中心城市空间布局、功能分区、规模扩张、品牌铸造、文化建树、经济崛起、管理营运和破解城乡二元结构进行独特构思，对重庆市、新四川及大成都优化经济结构、转变增长方式和集聚西部特色产业集群提出独到见解，并总结发表了专著《策划重庆策划四川：构筑中国经济第四增长极》。

(二)营销策划

1. 思想库与培训

策划家曲云波，北京派力营销管理咨询有限公司董事长兼CEO，为近百家公司进行营销管理咨询及营销人员培训。曾撰写并发表专业文章60余篇；专业演讲和培训100余场、上万人次；与美、港、台、新等国家和地区的数个学术及专业机构数次互访和合作。

他主编的《派力营销思想库》、《派力管理思想库》和《派力营销多媒体培训课程》累计共200种，发行量达500万册。

2. 零售业对外开放研究

策划家李飞在清华大学经济管理学院中国零售研究中心任职。他的团队进行中国零售业对外开放研究。从2009年起开始出版《中国零售研究前沿系列》，内容包括中国零售业对外开放的环境、外资零售业进入中国大陆的动因、中国零售业对外开放的历程、外资零售企业进入中国大陆的业态、外资零售业进入中国大陆的区域分布等。

(三)策划教育

1. 策划专业教育

目前，中国的策划教育除了重庆商学院、北京人文大学策划学院和南京三江商学院策划系成绩比较明显外，策划教育还处在起步阶段，需要加强学科基础教学、编撰策划专业教材和指导学生实际应用策划；

2. 策划教材出版

2008到2009年，策划家大林集群针对策划专业教育中的教材缺乏，率先编写了策划专业的《全国高校营销与策划教材》，受到策划界的普遍欢迎，将对策划专业教育产生深远影响。

3. 策划界呼唤女性策划人

目前，策划界中的女策划家还寥若晨星，但是本年度年鉴已经有了女性策划人的报道，例如徐青、张菁菁在广告策划活动中开始崭露头角。我们将会看到女策划家不让须眉。

(四)大学生创意创业策划

近年来，大学生就业难问题已经开始凸显，策划家张合军等出版了《大学生创意创业》。其第一册首先以天津大学生创意创业的实践为基础，提升理论水平，指导具体工作，为在各省市自

治区进一步开展促进大学生创意创业的活动,奠定了坚实的基础

(五)东西方策划学界交流

我国策划业的形成有着深厚的东方文化基础,又受到西方咨询业的冲击与影响,在此过程中,东西方策划思想与实践不断冲撞、融合,而呈现出日新月异的繁荣景象。我们要更加自觉地学习西方策划学,努力吸取其有益于我们的成分,加强两者之间的交流。这种交流除了书本、文献的互相学习外,还要大大增加直接的人文交流。而且,不可仅仅局限在华人圈子中,要尽可能多地和广大英美策划家直接沟通。在这方面,策划家大林已经多次组织北京策划俱乐部代表团到美国访问交流,收到了百闻不如一见的好效果。

五、策划让大家富起来

1. 与企业同甘共苦

策划家何学林采取自行投资广告的做法,吧自己和客户捆绑在一起一同运作,由此他参与企业分红。其利润之大可想而知。

2. 点餐式大型报告会

策划家徐有富推出点餐式大型报告会,请名家讲演,企业家客户持卡消费,菜单式自由选课,学员各取所需、皆大欢喜。

3. 愉快的财富转移

策划家许喜林创办中国名人书画研究院专门为名画家、名书法家设立提供挥毫泼墨、切磋技艺的场所,并在研究院展示他们的画作、书法精品,于是不少企业家附庸风雅纷纷前来选购,然后馈赠给新知旧交,增进感情、加深友谊。书画家得切磋之益、挥洒之快;企业家得欣赏之乐、交友之便;社会名流也能够坐拥价值连城之宝,展卷细品、陶冶情操,更加关爱社会发展。

4. 美女资源　美不胜收

策划家李小北的新丝路模特公司,精心培育各式各样模特为各行各业服务,形成模特产业链。运营的专业水准不断提升,广告效益也水涨船高,时下签约模特络绎不绝。

5. 80后成为美女代言人

策划人诺言出版《代言人》杂志,刊登无名美女的精美照片,向各个报刊社发售,由报刊社挑选为期刊的封面人物,美女成为了期刊的代言人,《代言人》杂志又成为策划家的代言人,相得益彰。

策划家创富的方法、技巧层出不穷,蔚为大观。

六、2010年中国策划大猜想

1. 资本运作策划

中国策划家在资本运作的层面上,将有重大的突破。据称2010年9月,由策划家李晓东策划的"第一届投资年会"将要召开,在策划界的前导性和影响力是无庸置疑的。

2. 策划学应用更广泛

策划已经深入人心,越来越多的人懂得如果事前不策划,极易出现偏差。2010年,在教育体制改革的过程中,将会提出让策划学走入更广泛的领域,甚至从幼儿园的智力游戏开始,一直到大学生的人生策划、职业策划、专业策划应有尽有。我们民族5000多年的智慧,将会得到很好地

传承。以智取胜将会成为我们的工作习惯。

3. 青年策划人大量涌现。

策划家发展壮大的时代就在我们的面前。2010 年 6 月 18 日,中国策划家协会正式授权:“策划家大林全面主持协会的一切项目业务,负责本协会的项目业务发展营运、管理和决策”。

大林接手中国策划家协会工作将与策划家年鉴的出版合成一体,肯定会有新举措不断地出现。

4. 中国策划协会

2010 年,会出现在国家民政局注册的“中国策划协会”,将进一步整合策划界的力量,在那里并不论资排辈,只要你有创意、有策划都可以以个人身份参加某个专题策划组,为国出策。

(作者单位:国家图书馆)

2009 年 1 月

1 日

1 月 3 日，2009 年 1 月 1 日，经过周密策划和精心设计，“北京故事广播”开播。每一天，都会用故事启发你生活的灵感；每一天，都会用声音告诉你他人的精彩故事。

2 日

1 月 2 日，电视剧《走西口》首播。《走西口》是“中国近代史上最著名的三次人口迁徙”之一，从明朝中期至民国初年四百余年的历史长河中，无数山西人背井离乡，打通了中原腹地与蒙古草原的经济和文化通道，带动了北部地区的繁荣和发展。2009 年央视一套的开年大戏《走西口》由李福明等策划，创下央视七年来开年收视之最。

3 日

1 月 3 日，著名青年小提琴演奏家陈曦策划展示一把价值连城的斯特拉迪瓦里名琴——有着 300 年历史、价值 600 万美金的“红宝石”(Ruby)的活动，在国家大剧院艺术资料中心与“音乐之友”俱乐部举办，以促进大家对西方乐器的了解。

4 日

1 月 4 日，哈尔滨工程大学团委与哈尔滨铁路公安局联合策划并开展了“2009 年‘蓝盾’大学生青年志愿者客票调查活动”。该校 30 余名第 24 届世界大学生冬季运动会志愿者来到哈尔滨火车站，协助客票调查的民警对候车旅客手中车票来源进行调查。

5 日

1 月 5 日，温家宝总理发表《百年大计教育为本》的文章，该文站在国家战略高度，突出强调了教育工作的重要性和谋划好、制定好《国家中长期教育改革和发展规划纲要》的重大意义。对研究制定好该《纲要》，推动国家教育事业又好又快发展指明了方向，对于教育改革具体步骤的策划有重大的指导意义。

6 日

1 月 6 日，“CCTV 后奥运营销高峰论坛暨第四届体育营销经典案例颁奖盛典”隆重举行，青岛啤酒，与可口可乐、联想等一起被选入“2008 十大奥运营销经典案例”。

7 日

1 月 7 日，《中国小康年鉴》编辑委员会正式成立。策划：晏滔、王挺、大林、王卓华。

8 日

1 月 8 日，由环球活动网策划并主办的“奥马奖品牌活动盛典”隆重举行。它是一个被誉为“源自中国，影响世界”的盛典活动。国家金话筒奖获得者《乡约》栏目制片人兼主持人肖东坡荣获“奥马奖”——2008 最具影响力品牌活动人物大奖。

9 日

1 月 9 日，北京图书大厦策划的“改革开放‘30 年 300 本书’揭榜盛典暨首届中国公共阅读文化论坛”举行，为波澜壮阔的 30 年出版界、阅读界呈现了一个全景式记录。中宣部出版局副局长刘建生等出席活动并讲话。

10 日

1 月 10 日下午，由中国文学艺术界联合会策划并主办的“百花迎春——中国文学艺术界 2009 春节大联欢”在北京人民大会堂宴会厅录制。来自不同民族、不同艺术门类、不同年龄层的文艺工作者们通过本届大联欢，以不同的艺术形式，表达他们对祖国、对社会主义文艺事业的深厚感情。本届大联欢由覃志刚担任总体设计、郁钧剑担任总策划和总导演。

11 日

1 月 11 日，“世博城市之星”全国选拔主题晚会暨 2008 年度世博明星企业评选揭晓，中国移动获得综合奖“世博合作明星奖”。中国移动上海公司世博部副总经理黄黎亮荣获“世博明星个人奖”。同时，“中国 2010 年上海世博会志愿者标志、口号征集活动颁奖仪式”也在上海世博局举行。

12 日

1 月 12 日，中国—欧盟人文社会科学学术研讨会在人民大学召开。此次会议由我国教育部和欧盟联合策划主办，中国人民大学承

办。来自国内外的与会代表围绕“21世纪的挑战；中欧社会科学界的应对”的主题，就环境、国际关系、健康与社会以及多元文明等话题进行深层次的探讨。

13日

1月13日，中国移动广东公司策划出新型希望工程，该工程具有五大内涵：一是“动动拇指”短信捐赠平台让小额捐助成为常态化的慈善行为，开辟了信息化募捐新渠道；二是“青年就业创业见习基地”让毕业生积累就业经验，开拓就业新领域；三是“一毛钱创业”帮助毕业生赚取创业第一桶金，开启了网络创业新思维；四是“大手牵小手”让得到捐助的大学生把他的爱心接力下去，开创了勤工俭学新模式；五是“同步课堂”让贫困地区的孩子可以享受同样良好的教育，开发了信息化助学的新手段。

14日

1月14日，由全国“榜样公益”系列活动组委会、腾讯公益慈善基金会、《公益时报》社联合策划并主办的首届中国公益新闻年会在京举行。十届全国人大常委会副委员长、中国关心下一代工作委员会主任顾秀莲，民政部副部长窦玉沛等出席会议。在会上颁发了“2008中国年度传媒公益推动力大奖”，同时举办了“中国公益事业发展与媒体责任高峰论坛”并发布了中国年度十大公益新闻事件。

15日

1月15日，由大众科技报社和中国公众科技网共同策划并主办的年度中10大科普事件评选结果在京揭晓。“中国科协举办50周年系列纪念活动，胡锦涛总书记讲话深刻阐述科普工作重要意义”等10件科普事件当选。

16日

1月16日，由人民网策划主办举办的新闻评选活动“‘责任中国’人民网2009年年度评选颁奖仪式”在人民日报社隆重举行。现场公布了最受网友欢迎的十大嘉宾、十大责任公民、十大网评人、十大优秀博客、最受关注地方领导等一系列品评选结果，国务院参事室主任陈进玉、人民日报社副总编辑马利出席并向获奖代表颁奖。

17日

1月17日，“发现新青岛—青岛人游青岛”启动仪式暨旅游大集授牌仪式在青岛市台东三路步行街举行。

18日

1月18日，由全国妇联与11家中央主要新闻媒体联合策划并主办的第七届中国十大女杰评选活动在京揭晓。

19日

1月19日，由中国教育报、中国教育电视台联合主办，教育科学出版社协办的“2008中国教育年度新闻人物评选”结果在京揭晓，并举行隆重颁奖晚会。“抗震救灾英雄师生群体”获得2008年中国教育年度新闻人物特

别奖。

20 日

1 月 20 日，中国红河网在云南省蒙自举行开通仪式。它是国内首家开通越南语频道的网站。

21 日

1 月 21 日，2009 年军民迎新春文艺晚会《万众一心向前进》在北京中国剧院举行。胡锦涛、吴邦国、温家宝、贾庆林、李长春、习近平、李克强、贺国强、周永康等党和国家领导人与首都军民欢聚一堂，共贺新春。演出结束后，胡锦涛等走上舞台与演职人员亲切握手，祝贺演出成功。

22 日

1 月 22 日，“2009（第二届）中国公益新闻年会暨公益推动力颁奖盛典”在北京举行。2009 年度十大公益新闻事件、十大公益新闻人物及传媒公益推动力奖揭晓。

23 日

1 月 23 日，郑渊洁策划的中国首部爱心舞台音乐童话剧《月亮姐姐和嘟噜嘀嘟农场》，在北京保利剧院首演。该剧由中国红十字基金会出品，央视少儿节目主持人月亮姐姐王淏和董浩主演。其演出票房收入用于给全国农村贫困地区的小学更换新黑板。

24 日

1 月 24 日晚，台北市动物园举行熊猫馆开馆仪式，台湾五百位孤儿院儿童及清贫家庭儿童受邀提前与大熊猫见面。台湾当局领导

人马英九与中国国民党荣誉主席连战等人也应邀出席。

25 日

1 月 25 日（农历除夕），在四川地震重灾区绵阳市安置北川灾民的永兴板房区举行的“暖春北川”迎春活动上，100 多名北川儿童放飞数百个系有贺卡的彩色气球，祝福北川明天更美好。

26 日

1 月 26 日（农历正月初一），天津有关部门举办联谊活动，邀请在津外国友人共渡新春佳节，丰富多彩的民俗文化活动令外国友人感受了浓郁的津味新年。从这天开始到大年初六，扫房，贴窗花、年画，宰鸡炖肉，守岁，放鞭炮，串亲戚，逛庙会……天津人每天都有必做的“功课”。

27 日

1 月 27 日（农历大年初二），晚 8 时整，一簇簇绚烂夺目的烟花在香港维多利亚港上空绽放，将牛年的香江之夜装扮得绚丽多彩、浪漫迷人。大批市民和游客簇拥在尖沙咀、铜锣湾、湾仔、中环和半山等维多利亚港两岸多处地段，欣赏大年初二维多利亚港大型烟花汇演。

28 日

1 月 28 日，“海峡两岸名家书画邀请展”引来络绎不绝的参观者。这场书画展以“百福迎春”为主题，共展出海峡两岸众多知名人士及书画名家的 100 多幅作品，其中包括吴伯雄、江丙坤、蒋孝严、王金平等台湾政界名人的题字，以及陈奋武、释本性等书画界名家的墨宝。书画展现场人头攒动，热闹非凡。

29 日

1 月 30 日，“21 世纪年度最佳外国小说（2008）微山湖奖”在京颁奖。在本届活动中，日本作家大江健三郎的《优美的安娜贝尔·李寒彻颤栗早逝去》，英国作家拉塞尔·塞林·琼斯的《太阳来的十秒钟》和澳大利亚作家亚历克斯·米勒的《别了，那道风景》获奖。

30 日

1 月 30 日，由杰出华人指挥家邵恩将带领香港管弦乐团，与香港中乐团“唢呐掌门人”郭雅志及蜚声国际的男高音魏松，于三十日假香港文化中心音乐厅演奏一连串极富节日色彩的乐曲，为公众带来耳目一新的感觉。

31 日

1 月 31 日，以阳光、和谐、希望为策划主题的首届“成都金沙太阳节”春节在成都金沙博物馆举行。这是作为全国文化遗产标志的首届“金沙太阳节”，每天吸引上万名游客。

2009 年 2 月

1 日

2 月 1 日,国家广电总局发出《关于 2008 年国产原创电视动画片及国产动画创作人才扶持项目申请事项的通知》,对 2005 年到 2008 年四年间策划创作生产、经广电总局推荐播出的电视动画片作品和相关创作人才进行物质扶持。

2 日

2 月 2 日温家宝总理在英国剑桥大学发表题为《用发展的眼光看中国》的演讲。

3 日

2 月 3 日,国家广电总局电影局、国家广电总局电影剧本中心、夏衍电影学会发布《2009 夏衍杯电影剧本征集启事》。国家广电总局每年一度开展电影剧本征集工作,发现和培养青年编剧人才,鼓励和调动制片机构拍摄积极性,此次为第三届夏衍杯电影剧本征集活动。

4 日

2 月 4 日,由中国人大网、人民网共同策划并主办的"2009 全国人大十大新闻评选"活动,候选新闻公布。全国人大年度十大新闻评选到今年已举办六届。开展全国人大年度十大新闻评选活动,有利于人民群众进一步了解人大工作,了解人民代表大会制度。

5 日

2 月 5 日,"感动中国 2008 年度人物颁奖盛典"由中央电视台隆重播出。《感动中国》以评选出年度震撼人心、令人感动的人物为主打内容,在过去六年间,向全国观众推出了六十多位人物,他们每个人物身上都有一种让观众心灵震撼的精神力量。因此《感动中国》也被媒体誉为"中国人的年度精神史诗"。

6 日

2 月 6 日,"首届中国民间花馍艺术节"在陕西咸阳开幕。来自陕西、河南等 7 个省份的 160 名民间艺术家,将连续三天展示、推介、销售以民间花馍艺术为主要内容的 400 种民间艺术品。

7 日

2 月 7 日,"蒲公英行动"暨"中国民间乡土文化少儿美术教育研究课题"的 40 余名专家,来陕西省澄城县调研民间艺术文化资源。尧头古窑遗址(国家级文化遗产),安里乡郊丰村文化遗产展室,并现场观摩了安里乡社

火、锣鼓队表演及民间艺人现场制做陶瓷，土布、面花、剪纸等的技艺，都充分体现民间艺术文化资源价值。

8日

2月8日，以“我和祖国”为主题的全国第二届大学生艺术展演活动在南京举办。

9日

2月9日，“中国非物质文化遗产传统技艺大展”在北京农业展览馆盛大开幕。此次活动由文化部和发展改革委等14个非物质文化遗产保护工作部际联席会议成员单位及北京市人民政府共同策划并举办，全国人大常委会副委员长司马义·铁力瓦尔地、全国政协副主席白立忱出席了开幕式。

10日

2月10日，在北京王府井大街百年老字号吴裕泰茶馆举办的“老北京民俗画展”圆满闭幕。此展是漫画家李滨声和该茶馆为保护老北京胡同文化，而共同策划的。该展览从1月5日开幕以来，一直受到参观者的欢迎。

11日

2月11日，海南省琼海市策划并举行了“经典琼剧唱腔名段名家演唱会”，为琼海闹元宵增添了浓浓的文化味。十五元宵十六闹，这是琼海多年来的传统。闹元宵欣赏文化大餐是琼海元宵节的文化特色。市民喜气洋洋地观赏各种文艺节目，喜迎新春。

12日

2月12日，“2008中国绿色宝贝”投票人次已突破650万。该评选活动，旨在策划并展示一批热爱绿色事业、对生活积极乐观、对人生充满期待的美丽、自信、时尚、青春的女孩的风采。

13日

2月13日，由南宁国际会议展览有限责任公司策划并主办的“2009年南宁会展业发展论坛暨南宁国际会展中心迎新客户联谊会”在南宁国际会展中心举行。此次发展论坛的主题是“携手共进，合作共赢”。南宁市商务局的有关领导、区内知名会展专家学者、会展组织机构负责人应邀出席本次会议。

14日

2月14日，东易日盛＆港湾装饰策划的“2009国际家装流行趋势发布”会在南阳市启

幕，为广大业主奉上一场精彩绝伦的家装盛宴。众多业主云集现场，热闹非凡。用"东易日盛＆港湾装饰"的品牌实力让港湾装饰的设计魅力完美展现。

15 日

2 月 15 日，"打造中国最好的战略思想库"——王志纲工作室确立未来新目标。

16 日

2 月 16 日，由北京市东城区人民政府和中国版权保护中心联合主办的"2008CPCC 十大中国著作权人颁奖典礼暨国际版权交易中心落成仪式"在北京雍和大厦举行。新闻出版总署署长柳斌杰、副署长阎晓宏，北京市委常委、宣传部长、北京市副市长蔡赴朝等领导为中国版权保护中心版权登记大厅剪彩。

17 日

2 月 17 日，武汉市加大扶持力度，搞好策划与跟踪服务，大力打造文化创意产业基地。武汉市动漫创意企业有 40 家，从业人员 7000 多人，动画作品年制作能力达 2500 分钟，总产值突破 6 亿元。同时，武汉市推进文化创意产业园区建设，形成文化创意产业新亮点。

18 日

2 月 18 日，"一碗面里看世界"——王志纲成都闲谈"铺盖面"。

19 日

2 月 19 日，新雅乐再掀中国汉文化热。哈辉及其所创作的新雅乐，不仅仅是一种全新的音乐风格，而且成功的策划了一种中国文化符号。

20 日

2 月 20 日，晏滔策划的《中华福坛》项目通过规划设计论证。

21 日

2 月 21 日，全国人才流动中心在北京市举办市场营销与商务策划专场招聘会。

22 日

2 月 22 日，2009 年内蒙古自治区"体彩杯"青少年健美操比赛在呼和浩特市内蒙古师范大学体育馆隆重举行。此次大赛吸引了近 40 名青少年优秀选手参加。意在鼓励青少年参加体育运动，推动内蒙古体育事业的发展。

23 日

2 月 23 日，"广东省试行国民旅游休闲计划启动仪式"在广州市中山纪念堂南门广场举行。国家旅游局副局长祝善忠、广东省副省长万庆良出席启动仪式并致辞，祝善忠表示国家旅游局将一如既往支持广东在旅游业改革与发展方面的探索和创新。

24 日

2 月 24 日，"西藏民主改革 50 周年"大型展览在北京民族文化宫隆重开幕。中共中央

统战部部长杜青林主持开幕仪式，中央宣传部部长刘云山致辞并宣布展览开幕。

本次大型展览，以西藏民主改革、人民命运的变化和人权的发展为主线，突出西藏废除政教合一封建农奴制，实现百万农奴翻身解放的历史进程及其伟大意义。

25 日

2 月 25 日，策划家龚崎现发表策划随笔：《谋人重于谋事》。

26 日

2 月 26 日，策划家卞洪登发表“一都双城”提案。

27 日

2 月 27 日，“2009 新娱乐慈善群星会·09 中华慈善论坛”揭幕。“慈善公益和全民英雄”成为群星会和论坛知名明星。慈善机构、公益慈善热心人士、新闻媒体相聚上海东方电视台，共同探讨如何让全民慈善走得更远。

28 日

2 月 28 日，“第 17 届（2008 年度）新闻摄影作品评选”在河北省白沟拉开帷幕，此次大赛共设有 9 类 18 项共 50 个单项奖。本次大赛组委会共接收到 2000 多位参赛作者选送的 20000 余幅作品，在参赛作者人数、参评作品数量上都创造了“金镜头”新闻摄影评选历史之最。

2009 年 3 月

1 日

3 月 1 日，鑫泰传媒机构成功策划并举办福清慈善之夜暨爱乐团福清演唱会。鑫泰传媒表示“如果可以，我们会让爱乐团唱到 80 岁，因为他们的音乐值得被聆听！”

2 日

3 月 2 日，国务院新闻办公室发表《西藏民主改革 50 年》白皮书，回顾了西藏实行民主改革这一波澜壮阔的历史进程和广泛深刻的历史巨变。

3 日

3 月 3 日，在第十个全国“爱耳日”当晚 7 点 30 分，在国家大剧院隆重举行了以“正确使用助听器”为主题的 2009 年全国爱耳日的大型公益音乐会。本次音乐会由中国聋儿康复研究中心策划和承办，旨在普及听力障碍预防与康复知识，增强珍爱听力与爱耳、护耳的意识；唤起社会各界对听障人士的关爱，支持并推动我国听力障碍预防与康复事业持续健康发展。

4 日

3 月 4 日,10 名郑州市民创立的淘宝网店获得了共青团郑州市委颁发的网络"青年文明号"证书。这策划活动的让更多年轻人知道,网上创业是容易成功也可以成功的创业途径。

5 日

3 月 5 日,全国政协委员张抗抗、王兴东联袂做客人民网文化频道《金台会馆》,就他们在两会上的提案以及总理今天在政府报告中提到的文化问题与广大网友在线交流。

6 日

3 月 6 日,在 2009 手工 DIY 艺术节高峰论坛上,策划家陈放教授以"品牌核策划"为主题,结合自己多年来的研究成果,就品牌发展与现状、品牌分类与形象导入、品牌策划与延伸战略流程、项目开发七大原则以及核灵魂造就大品牌裂变图等内容进行了论述。

7 日

3 月 7 日,第六届浙江萧山花木节暨第四届中国(沪浙)园林绿化产业交易会在浙江(中国)花木城拉开序幕。浙江省策划的这一活动,对于扩内需、保增长、促消费,打响萧山花木"金名片",提升萧山花木产业层次将起到积极的作用。

8 日

3 月 8 日,北京大学电视研究中心、中央电视台女性节目《半边天》联合举办研讨会。此次研讨会由北京大学北大电视研究中心策划和主办,以"责任 · 女性 · 传媒"主题,以《半边天》拍摄的打工妹纪录片《繁花》为案例,邀请多方专家为此展开对话。

9 日

3 月 9 日,焦作赢嘉策划管理咨询顾问有限公司隆重开业。

10 日

3 月 10 日,策划家卞洪登提出可获利四万亿的"小产权"救市方案。

11 日

3 月 11 日,策划家王志纲《谋生》一书荣登最新一期"中国经管图书月度推荐榜"。

12 日

3 月 12 日,2009 年全国地方科协科普部长工作研讨会在山西省长治市开幕。这次研讨会旨在进一步学习贯彻胡锦涛总书记在中国科协成立 50 周年纪念大会上的讲话精神,按照中央书记处关于科协工作的指示和中国科协七届四次全委会议的工作部署,深入贯彻落实《全民科学素质行动计划纲要》，研讨部署2009年科普工作。

13日

3月13日，全国政协常委、民进中央副主席、中国文联副主席冯骥才做客人民网强国论坛，与网友共同就"人文知识分子在社会发展中的位置"这一主题进行了在线交流。

14日

3月14日，"中国最美的旅游胜地评选"活动评选的"中国最美旅游胜地排行榜"揭晓，这一策划评选活动中，新疆有4处景区—伊犁草原、喀纳斯湖、喀纳斯湖畔古村落、克孜尔千佛洞，分别获得了"中国最美的六大草原"、"中国最美的十大湖"、"中国最美的十大古镇"和"中国最美的六大石窟"的美称。

15日

3月15日，朱自清文学节开幕式暨文学名家论坛在清华大学举行。著名作家莫言以题为《我们为什么需要文学》的主题演讲为本届朱自清文学节揭幕。国家大学生文化素质教育基地与清华大学联合策划和主办的这一活动，其宗旨是追思先贤、见贤思齐、建设文学的清华并以迎接清华的百年校庆。

16日

3月16日，国务院扶贫办召开2009年第一次新闻通气会，国务院扶贫办党组成员、新闻发言人兼政策法规组组长蒋晓华就扶贫开发有关问题向媒体作了通报，并与政策法规组副组长苏国霞共同回答了记者的提问。蒋晓华分别通报了扶贫标准、扶贫开发新阶段的标志、大扶贫的概念、金融危机对贫困地区和贫困人口带来的影响和应对措施及扶贫开发与农村低保政策有效衔接等5个问题。

17日

3月17日，海南省三亚市政府与中体产业集团股份有限公司在北京国家体育总局签署项目建设合作意向书，奥林匹克国际村正式落户"国家海岸"海棠湾。这一策划项目表明，经过1年多的沟通、商议，北京奥运会后一个重要的奥林匹克遗产确定安家海南了。

18日

3月18日，2009年，中国网球公开赛第一次新闻发布会在北京国家网球中心举行。新浪网率先成为2009年中网升级后签约的第一家合作伙伴。在未来3年里，新浪以中国网球公开赛唯一指定官方网站合作伙伴的身份鼎力支持中网赛事。

19日

3月19日，【品客网】《婚礼总编导策划作品》专栏更新。

20日

3月20日，北京成立一家高级智库，3月20日召开的第一届理事会上，曾培炎当选为理事长。他以前副总理身份，以及国经中心领导层不寻常的"豪华"阵容，使得新智库备受海内外瞩目，一时有"中国最高级别智库"之称。

这个新智库是温家宝总理亲自批示成立的，整合了原来国家发改委下属的国际合作中心和对外开放咨询中心两大智库。在经济形势复杂多变的情况下，仅靠经验，靠少数人的智慧是很难作出正确决策的，必须广泛听取各方面的意见，加强决策的科学化、民主化。

21 日

3 月 21 日“第二十一届北京桃花节暨第六届世界名花展”在北京植物园开幕。此次策划活动的主题为“感受明媚春光”。北京植物园按照以“突出建国 60 周年主题,深刻挖掘文化内涵,努力把‘北京桃花节’办成文化品位高雅的文化活动”为目标,精心筹划,加强创意,突出特色。本届名花展将到 5 月 5 日闭幕。

22 日

3 月 22 日,第 33 届香港国际电影节开幕。此次由香港国际电影节协会策划主办的活动群星亮相。开幕片《新宿事件》剧组徐静蕾、范冰冰争相亮相红地毯。莫文蔚受邀出任本届电影节大使。

23 日

3 月 23 日,中兴通讯策划召开的移动互联网合作全球大会,公司与搜狐、新浪和凤凰网等签订意向,携手发动移动互联网等新兴市场。在市场调研基础上,共同开展业务创新,进行联合产品研发、孵化,共同进行全球市场推广,实现优势互补,合作共赢。

24 日

3 月 24 日,中国国际时装周(09/10 秋冬系列)在北京开幕。本届策划的时装周,有来自国内外的近 20 个知名品牌举办流行趋势发布。

25 日

3 月 25 日,己丑年黄帝故里拜祖大典广邀来自美国、英国、法国、日本、韩国等 31 个国家和港澳台地区的 1700 多名嘉宾前来参加此次活动。“三月三,拜轩辕”。拜祭轩辕黄帝,是中华民族的传统大典。2008 年,新郑黄帝拜祖祭典被列入国家级非物质文化遗产名录。

26 日

3 月 26 日,2009 年度“心系女性”—中国女性健康教育活动在中国妇女活动中心启动。全国心系系列策划活动组委会办公室副主任张帆在会上发布了 2009 年新一阶段教育活动的实施计划,面向全国 40 多个城市,并与西安杨森制药有限公司共同免费发放《女性健康知识手册》及宣传画,并开展宣传联动活动,以推动此项活动向更全面、更深入的方向发展。

27 日

3 月 27 日,“2009 年中国(杭州)西湖国际茶文化博览会”在杭州开幕。“国家级非物质文化遗产——西湖龙井茶制作技艺”在开幕式上授牌。本届策划活动历时 20 天,共安排十三个主体项目和五大系列茶文化深度体验活动及线路,从观赏茶叶炒制到品鉴茶宴,游客都可参与其中，以此吸引游客，打造“活”的旅游线路。

28 日

3 月 28 日，中华慈善总会“慈爱蓝天”环保工程的启动仪式在海南省三亚市举办。此次策划仪式上 25 个城市市长签署了《环境保护宣言》。

29 日

3 月 29 日，中国开封 2009 清明文化节新闻发布会在北京人民大会堂隆重举行。此次策划活动以“传承文明，拥抱春天”为特色。为应对金融危机的挑战，实现经济平稳较快发展提供了强大精神力量，为新中国成立 60 周年营造了文明和谐的社会环境。

30 日

3 月 30 日，“中国音乐家深圳行”在深圳正式启程。30 多位音乐家将在深圳展开为期 4 天的音乐之旅。策划活动期间，音乐家除进行音乐采风、积累素材之外，还将与深圳音乐人展开交流，为深圳音乐的发展、音乐工程的建设出谋划策。本次活动通过和国内一流的音乐家交流，有助于提高深圳本地音乐人专业素质，拓宽他们的视野，展开进一步的合作，推动深圳音乐迈上新台阶。

31 日

3 月 31 日，“北京当代十大建筑”评选活动正式启动。此次策划评选是北京建筑界的一件盛事，用与以往不同的评选手段、评选标准，把新北京的建设成果展现在世人眼前。

2009 年 4 月

1 日

4 月 1 日，“税收 · 发展 · 民生”座谈会在国家税务总局召开。国家税务总局局长肖捷等局领导出席座谈会，与来自高等院校、知名企业、商业和社会服务业以及演艺界等不同行业的专家和纳税人代表进行研讨，共同迎来第十八个全国税收宣传月。

2 日

4 月 2 日，首届“新文化”演出季在北京大学百周年纪念讲堂拉开帷幕。本次演出季由成立不久的“优戏剧工作室”策划和主办，这个年轻团队的主要成员均毕业于北京大学。“新文化”这个名称，一方面表达对“五四”运动的纪念;另一方面,也区别于社会上的商业演出。

3日

4月3日,第九届蒙牛酸酸乳音乐风云榜昨天揭晓。陈奕迅一举获得港台地区最佳男歌手、最佳专辑、最佳歌曲及跨地区的“风云大奖”四项大奖。王筝获得内地最佳女歌手、最佳专辑、最佳制作人三项大奖。

4日

4月4日,公祭轩辕黄帝大典在陕西黄陵桥山轩辕殿前广场举行。陕西省这一策划活动吸引了来自海内外八千多名中华儿女聚集在黄帝陵前,共同祭拜中华民族的“人文始祖”轩辕黄帝,缅怀我们共同先祖。

5日

4月5日,第二届“同心结华夏——两岸四地大学生魔术交流大会”在北京欢乐谷华侨城大剧院举行了盛大的颁奖典礼。来自白城师范学院的白学松、北京工商大学的李帅获得了本届大赛近景魔术比赛的金奖。这是国内最大规模的魔术盛会。

6日

4月6日,北京市旅游局在北京西站欢迎京太动车“旅游专列”的山西游客。这是北京市旅游局策划倡导的区域合作框架下首个进京旅游专列。欢迎仪式上,北京市旅游局张慧光局长向山西游客赠送北京鸟巢、水立方、国家大剧院等景点的门票。山西省旅游局也为北京市民带来“山西旅游消费券”的大票样。

7日

4月7日,由著名影星刘晓庆、歌手李宇春领衔主演的“四川依然美丽”公益广告行动之系列公益广告片第二部《重建有您》在四川成都蓝光观岭国际社区盛大启动。

此次“四川依然美丽”公益广告片由中国红十字会总会、四川省委宣传部、中国电影家协会、中国曲艺家协会、中国广告协会、中国红十字会李连杰壹基金计划、四川省红十字会联合策划发起,是为了纪念汶川地震一周年,更好的弘扬中国人民万众一心、众志成城的抗震救灾精神,支持灾区重建工作,并向全世界传递“四川依然美丽”的信息。

8日

4月8日,“2009杭州艺术博览会”开幕式隆重举行。此次由杭州市文化广电新闻出版局、杭州文化产业促进会等策划主办，浙江省文化艺术发展有限公司承办的博览会体现了“当代性、国际性、学术性、市场性”的主旨，主要以当代艺术为主，还包括了装潢艺术、影像艺术、行为艺术等内容。

9 日

4 月 9 日，第五届“中国地方政府创新奖”新闻发布会在北京举行。该奖是由中央编译局比较政治与经济研究中心、中央党校世界政党比较研究中心和北京大学中国政府创新研究中心联合策划创办。本届评选最终将评选出 10 个“中国地方政府创新奖”项目，每个项目将获得奖金人民币 5 万元。其他入围项目也将受到表彰和奖励。

10 日

4 月 10 日，“美中房地产展示交易会”在北京饭店国宴厅举办。73 个美国参展商在此举办为期 3 天的美国楼盘大展销。此次房展策划中，美国楼商则打起了“姚明牌”。

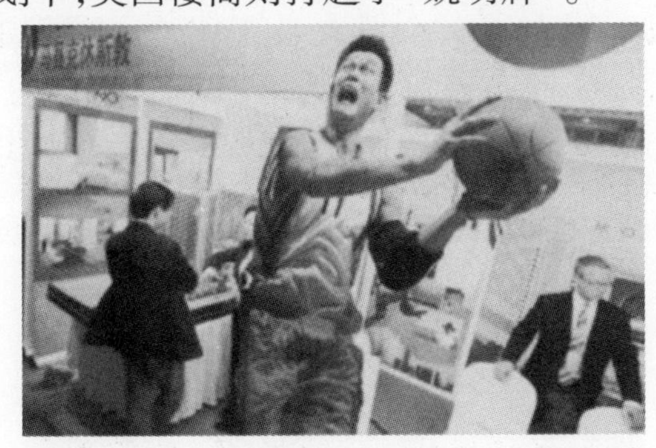

11 日

4 月 11 日，“品颐——赵莉抽象绘画作品展”在全国政协礼堂首次公开展出。此次展出其近期创作的抽象绘画作品八十余幅。

赵莉任北京规划展览馆馆长，她将中国书法艺术和戏剧中夸张的色彩与造型因素引进自己的绘画中，同时借鉴西方当代艺术中的泼彩、行动绘画的技术和观念，最终形成了自己的独特风格。

12 日

4 月 12 日，“天籁之音”胎教音乐会在北京保利剧院上演，800 多名准妈妈和准爸爸受邀来到，和未出生的宝宝们一起聆听。本届由玛丽妇婴医院策划主办的胎教音乐会演出阵容强大，特别邀请北京爱乐乐团倾情演奏，是融西洋古典音乐与中国传统音乐于一体的视听盛会。这种互动的胎教音乐会是在国际上已通过实践证明的新产科模式——音乐 + 营养的优生模式。

13 日

4 月 13 日，由策划人吴粲和西南财经大学博士后、副教授李林撰写的《策划学精要》，由人民大学出版社出版。本书有国内最新的案例支持，具有原创性、理论性、应用性。

14 日

4 月 14 日，第九届“相约北京”系列演出启动。本届活动策划以“创意欢乐分享 艺术温暖生活”为主题，包括了舞蹈、戏剧、展览和多媒体艺术等多种演出形式,其中涵盖了“庆典中国”等多种特色板块。

15 日

4 月 15 日,《中国大百科全书(第二版)》发行,该书共收条目约 6 万个,约 6000 万字,插图 3 万幅,地图约 1000 幅。全书准确性、权威性、可读性强,深入浅出、检索便捷,是一套适合大众阅读使用、服务经济社会发展的实用工具书。是深化文化体制改革、推进文化创新和发展的重要成果,是出版界向新中国成立 60 周年庆典献上的一份厚礼。

16 日

策划家陈放发表《创意是一种能量的释放》。

17 日

4 月 17 日,第二届“法国戏剧荟萃”活动在北京 9 个剧场开幕。由北京戏剧家协会及北京文化艺术活动中心策划主办的本次活动共包括 7 部戏,2 个戏剧工作坊,1 个戏剧研讨会以及 1 个诗歌朗诵会;参与该活动的中法剧社团体近 10 个,整个活动的时间跨度长达 2 个半月以上。

18 日

4 月 18 日,中国原创新漫画 · 四大名著首部作品《三国演义》在北京、上海、广州、深圳等全国二十余家书城进行同步首发仪式。主笔陈维东当日在北京图书大厦进行签名售书,并在现场与读者进行创作技法的交流与互动。此次策划项目启动至今,已先后获得新闻出版总署原创动漫作品扶持项目(2007) · 图书类第一名和文化部原创动漫扶持计划(2008) · 漫画作品类、漫画作者类两项第一名。

19 日

4 月 19 日,第 16 届北京大学生电影节短片大赛揭晓。此次大赛由北京大学生电影节、美国电影协会、中国电影版权保护协会合作策划。香港浸会大学黄佳的《圣诞好人》和北京电影学院席雪晴的《秘密通道》分别获得 DV 单元专业组最佳剧情片奖和评委会大奖;陕西西北大学令狐雪飞的《童年的木剑》获得业余组剧情片优秀奖。

20 日

4 月 20 日,“纪念沈祖棻先生百年诞辰暨学术研讨会”在浙江海盐召开。数十位来自全国各地的专家教授参加了这一活动,缅怀这位中华词坛的杰出女词人,探讨沈祖棻的学术思想。原籍浙江海盐的沈祖棻 1909 年出生在苏州一个书香门第家庭,因命运和作品的影响与宋代女词人李清照相似而被誉为“当代李清照”。

21 日

4 月 21 日,国际创意产业联盟“创意北京地图”网络平台在北京中关村科技园雍和园启动。这标志着中关村科技园在建设“国家自主创新示范区”过程中,开始在首都中心城区打造创意产业“文化核心区”。“创意北京

地图”勾勒了北京21个文化创意产业集聚区的图景，借助开放网络平台向海内外推广展示，以实现世界创意城市间的紧密链接。

22日

4月22日，第十九届全国图书交易博览会新闻发布会在山东济南举行。山东省委宣传部、省新闻出版局在会上发出通知，要求全省各级领导干部今年4月至12月带头读书学习，每位领导干部每年至少阅读3至5本图书。

23日

4月23日，“让我们在阅读中一起成长”大型公益活动在国家图书馆文津广场举办。当天启动的“阅读中国——当代文学作品（数字）推荐工程”是由国家图书馆、中国作家协会作家出版集团、教育部中国高等教育文献保障系统管理中心三方联合策划发起，由中国作协《长篇小说选刊》组织编纂，北大方正阿帕比技术有限公司承建的一项向广大读者推荐优秀文学作品的文化工程，旨在向更广阔的领域推广中国文化，并以此作为向共和国国庆六十周年的献礼。

24日

4月24日，“2009中国慈善排行榜发布仪式暨颁奖典礼”在京举行。此次入榜慈善家121位，共计捐赠18.84亿元；入榜慈善企业899家，共计捐赠117.95亿元（含物品捐赠）。江苏黄埔再生资源利用有限公司董事长陈光标荣获中国慈善排行榜政府最高奖项“最具号召力的中国慈善家”称号。

25日

4月25日，在重庆举行的重庆市第三届（全国）连环画交流拍卖会上，原价只有0.22元的《潘必正与陈妙常》连环画，拿下全场最高拍卖价：5.1万元。

26日

4月26日，“2008中国知识产权风云榜”活动在京揭晓。《国家知识产权战略纲要》颁布实施，专利法第三次修改完成等10个事件入选“2008中国知识产权年度最有影响力事件”。马化腾、冯军等10人荣获“2008中国知识产权年度最有影响力人物”。

27日

4月27日，“庆祝建国六十周年全国优秀中短篇报告文学奖”活动启动，将对建国六十年来在全国正规报刊公开发表的中短篇报告文学作品进行一次全面的回顾与检阅。邓友梅与报告文学作家梁衡、理由、周明、傅溪鹏等在新闻发布会上指出，举办中短篇报告文学奖，意在提倡短篇报告文学“文学轻骑兵”的作用，进一步扩大其社会影响。

28日

4月28日，著名专家艾丰发表系列时文：《重视绿色价值》。

29日

4月29日，中央芭蕾舞团建团50周年系列活动启动仪式在北京天桥剧场举行。这一系列纪念活动期间，除了经典剧目展演和纪念展览外，还举办了国际研讨会，并拍摄反映剧团成长历程的纪录片、编辑画册和文集等。

30日

4月30日，世博号角—2009上海之春国际音乐节管乐艺术节开幕式在上海开幕暨“中华杯”中国第三届非职业优秀行进管乐团展演在上海江湾体育场隆重开幕。让上海市民充分感受到了“城市，让生活更美好”的世

博会主题。

2009 年 5 月

1 日

5 月 1 日,2010 年上海世博会倒计时一周年暨计时牌启动仪式在北京天安门广场举行。中共中央政治局常委、全国人大常委会委员长吴邦国出席仪式。他强调,中国政府将全力以赴做好各项筹办工作,期待着与世界各国朋友一道,在异彩纷呈的世博会上,感受文化创意,体验科技进步,交流发展理念,共享文明成果,凝聚建设和谐、幸福、美好明天的智慧与力量。中共中央政治局委员、国务院副总理、上海世博会组委会主任委员王岐山,中共中央政治局委员、上海市委书记、上海世博会组委会第一副主任委员俞正声出席仪式。

2 日

5 月 2 日,"五一"小长假,拉开了新疆旅游的大幕。新疆旅游部门策划推出了形式多样的优惠措施吸引游客。在天池景区,集中展示哈萨克族民俗风情的文化旅游景点——天池哈萨克汗王宫,"五一"期间免费向中外游客开放。

3 日

5 月 3 日,台湾一年一度的文化盛事"郑成功文化节"在台南市圆满落幕。台南市策划举办此项活动,既是为了纪念郑成功的历史功绩,也是为了推介台南市的文化资产。此次赴台参加"郑成功文化节"的大陆文艺团体阵容空前,是当前两岸关系改善的又一生动佐证。

4 日

5 月 4 日,纪念五四运动 90 周年大会在北京人民大会堂举行。胡锦涛、吴邦国、温家宝、贾庆林、李长春、习近平、李克强、贺国强、周永康等党和国家领导人出席大会。中共中央政治局常委李长春在大会上讲话。大会由中共中央宣传部、教育部、共青团中央联合召开。中央和国家机关有关部门负责同志,各民主党派中央、全国工商联负责人和无党派人士代表,老同志代表,首都各界群众和青年代表等,共约 3000 人参加大会。

5 日

5 月 5 日,浙江省首个文化产业投资基金——东方星空文化基金在杭州正式启动。基金首期规模 2.5 亿元人民币。这是国内首个由传媒集团牵头策划组建的文化产业投资基金。其投资领域主要包括:培育文化传媒类骨干企业,推动跨地区行业并购;投资培育新兴文化传媒企业,探索新媒体、多媒体的融合发展;参与国内文化传媒领域的行业并购;参与国内有影响力的文化影视项目投资等。

6 日

5 月 6 日,"名家看四川,聚焦新家园"活动在成都拉开帷幕,来自全国各地的知名作家聚集成都。此项活动由中国作家协会、省委宣传部共同策划主办，四川省作协承办。中国作协党组书记、采访团团长李冰说，采访团有两个任务，一是向四川人民学习。二是给四川人民鼓劲。李冰希望作家代表团通过深入采访，创作出优秀作品，把重建家园过程中的感人事迹记录下来，给历史留下宝贵的文学财富。

7日

5月7日，“5·12”周年纪念特别单曲《风雨操场》的MV及唱片的首发式在北京市世贸天阶举行。中国青少年发展基金会和中国运动员教育基金策划举行的这一活动全部所得善款用于四川的赈灾项目“中国运动员风雨操场”中，通过为灾区学校兴建操场、添置运动器材等方式来帮助灾区学生。李宁、郭晶晶、金晶、李小鹏、林丹、刘璇、潘晓婷、杨威、杨扬、张怡宁、郑洁、邹凯等12位知名运动员共同参加了歌曲的录制。

8日

5月8日，由中国华侨经济文化基金会侨心教育慈善基金支持出版、发行的《爱在北川学子吟》义卖。《爱在北川学子吟》由怡海集团策划编撰，亲历汶川地震的北川中学师生撰写，全书16万字，翔实记录了北川中学师生在地震发生时自救、互助和脱险的真实经历。当天，北京、上海、深圳、长沙等地同时义售此书，义卖所得善款全部用于北川中学的重建工作。

同日，由上海和都江堰两地老师策划，由亲历“5·12”大地震的150名都江堰市的中小学生撰写、描绘的一本名为《美丽的花朵》特殊的画册正式发行。用绘画来表达大灾难中的所见所闻、所思所想，用艺术疗伤，这在中

小学美术教育史上还是第一次。

9日

5月9日，陕西扶风县148米的法门寺合十舍利塔落成，成为全球最高佛塔。当日世界唯一的佛指舍利在法乐中顺利安放其内，以供世人瞻礼。海内外有两万多名高僧大德、社会贤达、企业家、八方信众等人共同见证这一历史时刻。歌星王菲也参加了安奉大典并在晚上的佛光音乐会上献歌。

10日

5月10日，北京市新华书店成立60周年纪念日。60年来，北京市新华书店历经见证了首都图书发行行业的辉煌发展的历史时期，为传承历史，展现企业风采，增强企业凝聚力，有效提升企业的社会信誉度和品牌影响力。地坛书市、北京图书大厦、王府井书店、中关村图书大厦都举行了庆祝主题日活动。

11日

5月11日，“万众一心、众志成城——抗

震救灾主题展览”，在四川成都大邑县建川博物馆开展，来自四川各地的数千名群众参观了展览。这次抗震救灾主题展由中宣部、国家发改委、解放军总政治部和中共四川省委共同策划主办，中国人民革命军事博物馆、中共成都市委承办。它以全面展现抗震救灾斗争历程为主线，以弘扬伟大抗震救灾精神为主题，分为序篇、党的坚强领导、奋力援救、灾区自救以及重建家园、伟大精神等6个部分。

12 日

5月12日，纪念四川汶川特大地震一周年活动在汶川县映秀镇隆重举行。中共中央总书记、国家主席、中央军委主席胡锦涛出席纪念活动并发表重要讲话，向在地震灾害中不幸罹难的同胞们、向为夺取抗震救灾斗争重大胜利而英勇献身的烈士们表达深切思念，号召全党全军全国各族人民大力弘扬伟大抗震救灾精神，奋力夺取抗震救灾斗争全面胜利。

13 日

5月13日，108个“罗汉娃”在什邡市北京小学操场上举行了集体生日抓周活动。许多爱心人士不远千里来到策划活动现场，与宝宝们结对，拜认干爹干妈。

14 日

5月14日，“红星照我去战斗——李双江战友·师生音乐会”在国家大剧院举行。音乐会由总政宣传部、中国音乐家协会、国家大剧院策划主办。是李双江歌唱艺术50年系列活动之一。中共中央政治局委员、中央军委副主席徐才厚致信祝贺。中央军委委员、总政治部主任李继耐、解放军总部和地方有关部门领导出席音乐会。

15 日

5月15日，第五届中国(深圳)国际文化产业博览交易会在深圳会展中心隆重揭幕。国务委员刘延东、广东省委书记汪洋、全国政协副主席厉无畏以及文化部部长蔡武等领导出席开幕式。第五届文博会由中国文化部、商务部、国家广播电影电视总局、国家新闻出版总署、中国贸促会、广东省人民政府和深圳市人民政府策划主办。第五届文博会围绕“拉动中国文化产业发展”和“推动中国文化产品出口”两个核心目标，共设立博览交易、论坛、评奖、节庆活动、网上文博会、人才文博会6大板块，并设中国(深圳)设计之都创意产业园等30个分会场。与以往相比，本届文博会重点组织文化产业核心层、九大产业、创意产业和龙头文化企业参展，其场馆规模及参展机构数量均为历史之最。

16 日

5月16日，中华文化促进会第三次会员代表大会在北京召开。孙家正、许嘉璐等出席。该促进会主席高占祥作题为《弘扬中华文化，建设精神家园》的讲话。中华文化促进会是文化部主管的全国性社会组织，自1992

年创会以来，联络团结海内外文艺家、学者、企业家和文化活动家，开展了一系列具有重要影响的文化活动，如以全面整理我国历史典籍为目的的《二十四史校注》文化工程，以推动国际交流为主旨的多次“中华文化论坛”及其《甲申文化宣言》等。

17 日

5 月 17 日，我国最大的动物类专业博物馆在北京举行开馆仪式，吸引了近两千人前来参观。博物馆采用动物知识、动物标本和生态景窗三种展示方式，使观众在欣赏大自然神奇的同时，接受动物科学知识的教育。

18 日

5 月 18 日，第二届中国戏剧奖·梅花表演奖（第二十四届中国戏剧梅花奖）大赛颁奖晚会在杭州举行。在这一由中国文联、中国戏剧家协会、浙江省委宣传部、省文联策划主办的大赛上，中国文联副主席、河北省京剧院院长裴艳玲获得最高奖项梅花大奖，实现了河北梅花大奖“零”的突破。之前，全国仅有京剧名家尚长荣、越剧名家茅威涛和话剧名家宋国锋 3 人获得过梅花大奖。

19 日

5 月 19 日，“爱心包裹寄松潘　快乐‘六一’同分享”活动在安徽省合肥市屯溪路小学开展。在这一活动中，孩子们把自己精心准备的书、玩具等物品做成“爱心包裹”，邮寄给地震灾区的小朋友，和他们共同分享“六一”的快乐。

20 日

5 月 20 日，第十二届中国北京国际科技产业博览会在人民大会堂召开主题报告会，拉开了本届科博会大幕。高新技术展览会作为本届科博会的核心内容，由消费电子与信息技术展、汽车科技展等 5 个专业展览和建国 60 周年北京科技成就展、中关村自主创新成果展等 5 个综合性展览组成。

21 日

5 月 21 日，“巍巍中山魂—孙中山先生奉安八十周年纪念特展” 在台北的孙中山纪念馆开幕。由中国国民党与台北孙中山纪念馆共同策划主办的这次特展，共展出照片 160 幅、文物 60 件，其中很多重要的历史文献都是首次展出。“北上筹国是”“尽瘁棲碧云”“宇内同悼殇”“安寝紫金山”等 4 个展览单元重现了孙中山先生晚年在病痛折磨中为国家民族鞠躬尽瘁、死而后已的感人事迹和伟大情操。

22 日

5 月 22 日,首届"亚洲地区教育大学校长论坛"在香港教育学院举行。来自韩国、新加坡、菲律宾、马来西亚、泰国、印度尼西亚以及中国内地、香港等 13 个国家和地区的 30 所师范大学、教育大学的校长及教育学专家出席了本次会议。与会的校长们围绕"教育大学:重塑亚洲未来的学习型态"这一主题,对各国的师范大学、教育大学在当前时代所担当的新角色及发展方向展开研讨。

23 日

5 月 23 日,纪念汶川地震一周年高层论坛在北京人民大会堂举办。此次论坛由人民网策划发起,中国红十字会总会、中国扶贫基金会、中华慈善总会、中国青少年发展基金会、人民网联合主办。来自民政部、公益组织、学术机构、企业、媒体约 150 人参加了论坛。

此次论坛推选出了中国红十字基金会"红十字乐和家园"、中国红十字会李连杰壹基金"壹基金羌绣帮扶计划"、中华慈善总会"1+1 心联行动"、中国扶贫基金会"小额信贷项目"、中国青基会"5·12 心灵守望计划"等既符合灾区需要、又可持续发展的 22 个项目,以引导企业继续资助的方向。

24 日

5 月 24 日,"100 位为新中国成立作出突出贡献的英雄模范人物和 100 位新中国成立以来感动中国人物"评选启动。评选活动由中央宣传部、中央组织部、中央统战部、中央文献研究室、中央党史研究室、民政部、人力资源社会保障部、全国总工会、共青团中央、全国妇联、解放军总政治部等部门共同策划组织。评选活动候选人直接由群众提名产生。

25 日

5 月 25 日,第六届东亚运动会组委会在天津召开了"2013 年东亚运动会会徽、吉祥物、口号、会歌征集"新闻发布会。会上,组委会宣布了面向国内外广泛征集该届东亚运动会会徽、吉祥物、口号、会歌的方案,同时确定天津的门户网站"北方网"为"2013 年第六届东亚运动会"官方网站。

26 日

26-1

5 月 26 日,由亚太广播发展学会策划主办的"2009 亚洲媒体高峰会"在澳门举行。澳门特别行政区行政长官何厚铧、国务院新闻办公室主任王晨、亚太广播发展学会主席托伊布·穆罕默德·瓦希德和秘书长雅法德·莫塔基出席开幕式并致辞。来自 50 多个国家和地区的 400 多名媒体高层代表、政府官员出席了高峰会。与会者围绕"金融危机:媒体如何发挥作用和新媒体改变世界秩序"这一主题进行了深入讨论。

26-2

5 月 26 日,首届国际河姆渡文化节在余姚市开幕。由中华民族文化促进会、中国博物馆学会和浙江省余姚市人民政府联合策划主办的这一文化节上,来自联合国粮农组织、世界水稻研究所、中国农科院、中国水稻研究所等部门的 55 名专家学者将齐聚余姚。

27 日

5 月 27 日,"读好书,迎六一"——百种优秀少儿图书展示展销活动启动仪式今天在北京图书大厦举行。中宣部、新闻出版总署有关负责同志和各界群众参加了启动仪式。这项由新闻总署策划开展的第六次向全国青少年推荐百种优秀图书的活动,进一步引导青少年健康阅读。

28 日

5 月 28 日，中国狮子联会在京举行表彰大会，对抗震救灾等社会慈善服务项目及先进服务队和会员进行表彰。会上决定对广东“抗震救灾项目”等 10 个服务项目、对北京希望服务队等 20 个服务队、对肖兴萍等 31 名杰出会员予以表彰。同时还颁发“发展贡献奖”和“特殊贡献奖”。全国政协副主席、中国狮子联会名誉会长邓朴方出席表彰大会。

29 日

5 月 29 日，兰州大学教授汪受宽担任首席专家、多位历史学研究专家组成的学术团队，经过 8 年辛勤耕耘共同完成的国家社会科学基金重点项目成果——78 万字的《西部大开发的历史反思》由兰州大学出版社出版。这是目前历史学界在追踪西部大开发战略实施的同时，对西部开发历史进行宏观、综合、深刻总结和反思的第一部专著。

30 日

5 月 30 日，“全国城市社区文化建设交流会”在成都召开。作为文化部首次策划主办的全国社区文化交流会，会议旨在贯彻落实中办、国办《关于加强公共文化服务体系建设的若干意见》，总结推广成都市和有关省（市）推进社区文化建设的做法和经验，研究加强城市公共文化服务体系建设的政策和措施。

31 日

5 月 31 日，2009 年“六一”国际儿童节晚会《童心如歌》在中央电视台举行。中共中央政治局常委李长春与孩子们一起共庆佳节，向全国各族少年儿童致以节日问候，祝小朋友们健康成长、全面发展。全国妇联、中央文明办、国务院妇女儿童工作委员会办公室、共青团中央、教育部、文化部、中国关工委、全国少工委、中央电视台等单位联合策划举办了这台晚会，通过歌舞、情景表演、人物访谈、多媒体等多种形式交相运用，反映新中国成立以来不同历史时期少年儿童的快乐生活和美好憧憬，反映 60 年来新中国少年儿童与祖国一起成长的历程，反映全党、全社会对少年儿童的关心和爱护，歌唱伟大祖国，展望美好未来。

同日，“我的祖国 · 我的家”爱国歌曲传唱活动拉开了帷幕。此次活动由中国儿童中心、中央人民广播电台、全国各地校外教育机构共同策划开展，近百万儿童用自己的歌声为祖国母亲的生日献礼，祝福祖国的繁荣昌盛。

2009 年 6 月

1 日

6 月 1 日，“广州亚运推广大使”证书颁赠仪式暨亚运电影新闻发布会在北京钓鱼台国宾馆举行。由广州亚组委与中国电影集团公司、香港鸿森有限公司共同策划和举办。国际著名影星成龙正式成为“亚运推广大使”，助推亚运品牌影响力。

2 日

6 月 2 日,中国安阳 2009 年滑翔伞世界杯热身赛暨全国滑翔伞优秀选手赛在河南落下帷幕。本届热身赛是由安阳市政府策划承办的。

3 日

6 月 3 日,中华健康快车基金会在北京举行新闻发布会。健康快车为加强国内外眼科学术的交流,扩展内地眼科医生的视野,推动内地眼科专业与国际眼科的尽快接轨,策划创办了"健康快车培训网"。培训网以公益的形式,以丰富多彩、不断更新的内容服务于国内所有的眼科医师。

4 日

6 月 4 日,深圳市政府与美国思科公司在深圳正式签署了合作谅解备忘录。双方会在研究开发、人才培养、信息交流及采购等方面开展深入合作,思科公司加强在深圳的采购和供应链投资,合作推动下一代互联网的研发与应用。

5 日

6 月 5 日 ,"2009 第四届大学生环保漫画、插画大赛"于世界环境日正式开赛。由中国日报社、联合国环境规划署(UNEP)、世界自然基金会(WWF)、中国—欧盟生物多样性项目、中华环保基金会、中国新闻漫画研究会联合策划主办,中国新闻漫画网承办的这一赛事,目的是通过漫画的形式宣传并呼吁大家关注环保,保护我们的地球。本届大赛主题有两个,一是"生物多样性",二是"你的地球需要你:联合国际力量应对气候变化"。

6 日

6 月 6 日,2009 庆奥运周年北京自行车队驶出国门行活动举行。此次由满洲里市体育局和北京自行车运动爱好者共同策划举办的骑行活动旨在庆祝北京奥运会成功举办一周年,充分发挥中国最大陆路口岸满洲里与俄罗斯毗邻的地缘优势,加强北京、满洲里两地区体育交流合作,推动国际民间体育交流。

7 日

6 月 7 日,为期两天的"中国新闻史学会 2009 年年会暨新闻传播专题史研究学术研讨会"在南京闭幕。本次会议由中国新闻史学会策划主办,南京师范大学新闻与传播学院承办,南京大学新闻传播学院协办,来自全国高校、新闻研究机构及部分媒体的近 200 名代表参加了会议。

8 日

6 月 8 日晚,河北交响乐团大型交响音乐会《柏坡交响 · 新中国从这里走来》在国家大剧院隆重上演,拉开了"庆祝中华人民共和国成立 60 周年献礼演出"活动帷幕。中共中央政治局常委、全国政协主席贾庆林与上千名观众一起观看了开幕演出。为庆祝中华人民共和国成立 60 周年,中共中央宣传部、文化部策划主办的献礼演出集中来自全国各地的 110 余台优秀舞台剧目,在北京各大剧场和社区、院校等基层单位连续上演近 400 场。

9 日

6 月 9 日，首届国子监文化节国学论坛在孔庙和国子监博物馆隆重举行。本届论坛由安定门街道策划承办，孔庙和国子监博物馆协办。参加论坛的专家学者针对国子监地区的实际，结合孔庙、国子监的历史文化背景，紧密联系当前的国学发展状况，对国子监地区的发展献言献策，对孔庙和国子监博物馆在弘扬国学传统方面的巨大潜力进行了交流研讨。

10 日

6 月 10 日，首批“中国历史文化名街”在北京孔庙和国子监博物馆揭晓。由中国文化报、中华文化促进会等单位策划主办这一评选活动。

11 日

6 月 11 日，2009 中国高校传媒联盟年会暨中国校园文化传播论坛在北京大学举行。此次活动中，深圳大运会执行局和中国青年报签署了合作协议，拉开了“大运进校园”活动学校媒体扶助计划的序幕。

12 日

12－1

6 月 12 日晚，首届中国聂耳音乐（合唱）周开幕式晚会《前进颂》在人民大会堂举行。中共中央政治局常委李长春出席观看了演出。本届音乐（合唱）周由中国文联、云南省委省政府、中国音乐家协会联合策划主办，以聂耳音乐作品为代表，通过人民群众喜闻乐见的合唱形式，弘扬中华民族优秀文化，赞颂新中国成立 60 年来的伟大历程和辉煌成就。

12－2

6 月 12 日，“陶都风——中国宜兴陶瓷艺术展”在北京中国美术馆隆重开幕。本次展览由宜兴市人民政府和中国美术馆联合策划主办。宜兴陶艺作为国家首批非物质文化遗产，代表着陶瓷艺术的最高水平。此次陶艺展为大众奉上一场陶艺盛宴，让大家领略陶艺的博大精深，品读陶艺的文化语言，共同促进陶瓷文化的繁荣。

13 日

6 月 13 日，浙江 · 中国非物质文化遗产节在浙江杭州开幕。在这一围绕我国第四个“文化遗产日”策划的主题活动中，浙江、贵州、陕西、安徽、河北等地的文艺表演者献上了各地精彩的非物质文化遗产节目,展示了我国绚丽多姿的民族民间艺术保护成果。

14 日

6 月 14 日,经全国博士后管委会策划审核批准的,全国首家出版传媒业博士后科研工作站——安徽时代出版传媒股份公司博士后科研工作站正式挂牌。企业设立博士后工作站在出版行业还是首例。安徽出版集团及其控股的时代出版传媒公司,设立出版传媒业工程硕士培养点和项目孵化器,已联合招收培养了近 150 名工程硕士。

15 日

6 月 15 日,第四届"海峡两岸企业发展与合作论坛"在唐山开幕。来自海峡两岸 200 多位经济界、学术界人士参会,就进一步加强两岸经贸合作与交流进行深入探讨。在此次活动中,与会者就两岸共同应对金融危机、促进循环经济和资源城市可持续发展、产业对接、中小企业发展与产业结构优化、台资进入环渤海地区的机遇和选择等议题开展了研讨。

16 日

6 月 16 日,"弘扬中华文明,传承凉茶文化——《凉茶文化传播全球行》"活动启动仪式在北京钓鱼台国宾馆正式启动。由广东省食品行业协会策划主办,加多宝集团公司和广州王老吉药业股份有限公司协办,拥有国家级非物质文化遗产——凉茶秘方及专用术语的凉茶饮料生产企业共同参与的此项活动,对于推进国家级非物质文化遗产——凉茶文化内涵全球性的传承发扬,对于推动凉茶行业在世界范围内的健康发展有着极为重大的意义,全球广大消费者也将进一步加深对凉茶这一中华民族饮料文化与历史渊源的了解与支持。

17 日

6 月 17 日,第四届甘肃文化产业博览交易会,甘肃省 73 个文化产业项目共签约 22.75 亿元。其中,《大梦敦煌》剧组国内外巡演项目获得中国演出公司 3900 万元投资,杂技剧《敦煌神女》获得兰州银行 1000 万元投资,太平鼓舞和黄河水车模型项目也分获 220 万元和 260 万元投资。

18 日

6 月 18 日,《纪念告台湾同胞书 30 周年》征文活动评奖揭晓。为纪念《告台湾同胞书》发表 30 周年,国务院台湾事务办公室与人民日报、人民日报海外版、人民网共同策划举办了这次征文活动,共接收海内外邮递、特快专递和传真的稿件 300 余篇,电子邮件稿件 794 篇。评选出特别奖 1 篇、一等奖 2 篇、二等奖 3 篇、三等奖 4 篇。

19 日

19 -1

6 月 19 日,西藏民主改革 50 年大型展览在拉萨图书馆开幕。此次大型展览由国务院新闻办、中央统战部、国家民委、西藏自治区、中央档案馆和新华社联合策划主办,是新中国第一个以西藏民主改革为主题的大型展览。

19 –2

6 月 19 日，首届“国医大师”表彰暨座谈会在京举办。在人力资源和社会保障部、卫生部和国家中医药管理局联合策划举办的这一活动中，30 位从事中医临床工作的（包括民族医药）的老专家获得了“国医大师”荣誉称号。这是新中国成立以来，我国政府部门第一次在全国范围内评选国家级中医大师。

20 日

6 月 20 日下午，第五届国际道教学术研讨会暨玄天上帝宫庙交流会在武当山宾馆会议中心闭幕。此次活动共有来自世界上 16 个国家和地区的学术界的专家学者及道教界的高道大德等 320 余人参加了研讨会。会议期间，全体与会代表围绕道教的过去、现在和未来，开展学术研讨，进行学术交流。

21 日

6 月 21 日，首届中国西部旅游产业博览会在重庆落下帷幕。本届中国西部旅游产业博览会以“多彩西部”为主题，由国家旅游局和重庆市政府策划主办，西部其余 11 个省区政府协办。参展商现场签订旅游合作协议 3 万余份，签约组团人数约 150 万人；重点项目招商引资 354.978 亿元；实现银企合作资金 213.411 亿元。

22 日

6 月 22 日，大型音乐会《乐——梦中的阳光》在中央音乐学院音乐厅举办。此次由中央音乐学院及残疾人艺术团共同策划主办的大型音乐会，阵容强大，汇集了声乐、民族乐器、西洋乐器等多种类型的表演。来自北京蒲公英中学的 200 多名贫困学生在音乐会中与艺术家共度中国儿童慈善日。

23 日

6 月 23 日，由全国妇联和中国集邮总公司共同策划主办的《巾帼英雄（四）》纪念邮册首发仪式在京举行。《巾帼英雄》纪念邮册的出版发行，对于激发爱国热情，振奋民族精神，增强战胜困难的信心，凝聚全体人民的力量，同心同德推动经济社会又好又快发展，奋力开拓改革开放和社会主义现代化建设新局面，必将起到积极的引导作用和生动的教育作用。

24 日

6 月 24 日，“中国女性创业能力开发项目”在浙江大学启动，这一项目由浙江大学管理学院全球创业研究中心和牛津赛德商学院联合策划提供的。首批 100 名具备潜质的女性创业学员将获得免费的培训课程。

25 日

6 月 25 日上午，中国国防部维和中心在

北京怀柔揭牌启用。该中心是我军首个维和专业培训与国际交流机构,担负维和人才培训、维和对外交流与合作、维和理论研究等任务。

26 日

6 月 26 日,中国最具软实力城市颁奖晚会在上海举行。昆明荣获中国首届“最具软实力城市”称号。获此殊荣的还有:北京、上海、天津、重庆、南京、武汉、大连、青岛、长沙、西安、苏州、杭州、成都。“中国大陆最具软实力城市”的大型调查评选,由新华社《瞭望东方周刊》、中国市长协会、复旦大学国际公共关系研究中心联合策划推出,历时半年,采取材料申报、网络调查、入户调查等三种方式进行,是我国首次进行的一次大规模城市软实力调查活动。

27 日

6 月 27 日,“第二届中国国际青年艺术周”在北京开幕。来自北京大学、清华大学、北京师范大学、英国剑桥大学、美国新英格兰音乐学院等国内外知名大学的艺术团队和青年艺术家,纷纷登台表演。“中国国际青年艺术周”由中国对外文化交流协会和中国对外文化集团公司共同策划主办,旨在促进世界青年文化交流,推动世界青年艺术发展。

28 日

6 月 28 日,“致敬! 中国梦践行者”电视文化晚会在上海上视剧场举行。由南方周末、东方卫视、艺术人文频道联合策划主办的“梦”的晚会上,冯小刚、章子怡等“中国梦践行者”分别诠释了自己不同的“中国梦”。此电视晚会向“中国梦践行者”致敬,这些人兼具家国情怀、公民意识,通过卓绝的努力,获得了令人称羡的成功,是创造举世瞩目的中国奇迹的中国人民中的佼佼者,在中国的“敢做梦”、“能做梦”、“正圆梦”的时代,具有极大的示范性,晚会是献给南方周末二十五周年、尤其是国庆六十周年的礼赞。

29 日

6 月 29 日,第三届国际公益慈善论坛在北京拉开帷幕,论坛主题为“携手慈善、关注民生”。本届论坛由中国国际慈善基金会、中国红十字总会等 20 多家单位联合策划主办。

30 日

6 月 30 日晚,《魅力 · 中国》北京鸟巢夏季音乐会在鸟巢正式开演。6 万个座位座无

虚席，从开场歌曲《茉莉花》到压轴曲目——由宋祖英、多明戈、郎朗、周杰伦合作的《友谊地久天长》，现场高潮迭起。音乐会中设计了三大观众互动环节，在观众感受音乐的同时，为观众创造与艺术家们互动的空间，让现场六万观众同时感受与艺术家共享共乐的幸福感和参与演出的兴奋感。

2009 年 7 月

1 日

7 月 1 日，宁夏固原市庆祝建党 88 周年、建国 60 周年暨“红歌唱响六盘山”万人歌咏大会在六盘山红军长征纪念馆拉开序幕。此次由宁夏固原市策划举办的以“爱国歌曲大家唱”活动 100 首推荐歌曲为主要内容，展示了固原市民族团结、人民幸福的大好局面。

2 日

7 月 2 日，“俄语年”大型俄语知识竞赛启动仪式举办。人民网和俄新网联合承办的这一活动是 2009 年中国“俄语年”的重要活动之一，旨在进一步推进中俄语言文化交流和人文合作。活动面向中国国内学习俄语的在校生和掌握俄语的中国社会人士。

3 日

7 月 3 日，第四次全国自强模范暨扶残助残先进集体和个人表彰大会在北京举行。中共中央总书记胡锦涛，国务院总理温家宝，中共中央政治局常委李长春，国家副主席习近平，国务院副总理李克强，亲切会见并表彰了自强模范、扶残助残先进集体和个人。

4 日

7 月 4 日，第五届中国国际动漫游戏博览会在上海举行。首次举办“原创动画、游戏看片会”、“原创漫画看稿会”、“动漫人才交流会”等活动，加快产业平台建设。并首次引进红杉资本等数十家风险投资机构，与长三角地区的动漫原创团队和动漫企业进行项目对接。

5 日

7 月 5 日，在 2010 年上海世博会开幕倒计时 300 天之际，“走进世博会——中国 2010 年上海世博会暨世博会历史回顾展览”在北京首都博物馆开幕。中共中央政治局委员、国务院副总理、上海世博会组委会主任委员王岐山启动开幕式并参观展览。

6 日

7 月 6 日，中央军委在北京八一大楼隆重举行晋升上将军衔仪式。中央军委主席胡锦涛向晋升上将军衔的同志颁发命令状。这次晋升上将军衔的高级军官是：副总参谋长许其亮、总后勤部政治委员孙大发、海军司令员吴胜利。

7 日

7 月 7 日，文献纪录片《新中国日志》手机版已经正式发行。这是中央文献研究室、人民日报社、中国移动通信集团公司、上海文广新闻传媒集团，为庆祝新中国成立 60 周年共同策划制作的。这部文献纪录片通过历史镜头，真实记录了新中国发展历程中的重要事件，充分展示了中国共产党领导全国人民艰辛开拓、奋勇拼搏的伟大历程。

8 日

7 月 8 日，《共和国不会忘记·纪念新中国成立 60 周年知识青年上山下乡主题书画邀请展》在北京中国人民革命军事博物馆隆重开展。由人力资源和社会保障部、人民日报出版社、知识青年上山下乡所去的省区市人民政府等单位共同策划主办，得到了全国各地书画艺术家，特别是知青书画艺术家的热忱支持和积极响应。作品内容丰富、风格各异，充分反映出广大书画艺术家强烈的使命感和知青情结。

9 日

7 月 9 日上午，亚太地区规模最大的消费电子展——2009 中国国际消费电子博览会在青岛开幕。今年博览会策划的主题定为“全球共享中国机会”，这一活动是为了帮助全球消费电子企业，通过全球资源的整合，在经济减速时期充分利用新兴市场机会，实现共赢。

10 日

7 月 10 第七届中国宁夏银川赏石旅游节在银川文化城正式开幕，10 多个省区的 500 石收藏爱好者、赏石社团及商户参加。由银川市政府、自治区旅游局和自治区文化厅策划主办，由银川市旅游局、宁夏塞上文化城有限公司承办，除了举办奇石与收藏品展销活动以及文物鉴赏活动外，还举办非物质文化展示活动以及宁夏地方特色名优小吃展示活动等。

11 日

7 月 11 日，第五届两岸经贸文化论坛在长沙隆重开幕。中共中央政治局常委、全国政协主席贾庆林和中国国民党主席吴伯雄等海峡两岸各界人士 500 余人出席了开幕式。

贾庆林发表了题为《大力加强两岸文化教育交流建设两岸同胞共同精神家园》的演讲。

本届论坛首次以推进和深化两岸文化教育交流合作为主题，重点研讨中华文化传承与创新、推进两岸文化产业合作、拓展两岸教育交流合作等三项议题。这样的策划设计顺应了新形势下推动两岸关系和平发展的需要，反映了两岸大多数民众的共同意愿。

12 日

7 月 12 日，老北京风情街在王府井开街，再现了老北京庙会热闹的市井景象。策划汇

集了150余种老北京风味小吃,还可以欣赏京剧、曲艺、相声等节目,老北京的各种文化符号在这里营造出浓郁的民俗风情。

13日

7月13日,国台联2009年台胞青年千人夏令营北京总营开营,刚刚在全国各地结束分营活动的一千多名台胞青年汇聚北京,开始为期5天的北京行程。全国台联会长梁国扬致欢迎辞,殷切希望两岸青年进一步加强交流与合作,在促进两岸关系和平发展、在建设共同家园、造福两岸人民的光辉事业中,不断作出新的贡献。

14日

7月14日,首都大学生记者团"见证祖国六十年"大型采访活动启动。在这一由北京市委教育工委宣教处、北京高校校报研究会等联合策划主办的活动中,40位大学生记者分成四路,陆续奔赴红色老区、新农村、西部和改革前沿地区进行采访,用大学生的眼光透视伟大祖国60年来发生的巨大变化。

15日

7月15日,鲁迅文学院在北京首开"网络文学作家培训班"。29名经过遴选的网络作家将接受为期10天的专业培训,针对网络文学面临的现实题材缺失、语言缺乏锤炼等问题,由知名作家、评论家教授文学创作潮流和掌握文学创作基本理论知识。

16日

7月16日,天津市津南区人民政府在市人民政府会议楼策划举办了天津滨海文化产业示范区、海河故道公园项目宣传推介新闻发布会。

17日

7月17日晚,第10届中国呼和浩特昭君文化节在内蒙古自治区呼和浩特市开幕。本届昭君文化节策划活动的主题是"天堂草原、魅力青城"。

18日

7月18日上午,来自全国各地的100位著名书法家在广东省雷州市雷湖文化广场即席挥毫献艺,撰写百幅楹联书法作品赠送雷州市博物馆以及雷州市21个镇(街)文化站。这是中国书法家协会策划主办的"中国书法进万家"雷州行公益活动主要内容之一。

此次"中国书法进万家"公益活动主题为"文化名城、翰墨飘香",旨在坚持文艺为基层服务、为大众服务,弘扬中华传统文化,献礼建国60华诞。

19日

19-1

7月19日,"老城保护与整治——三坊七

巷国际学术研讨会”在福建会堂开幕。本次研讨会由福州市人民政府与中国城市规划学会历史文化名城规划学术委员会共同策划主办，意在通过来自世界各地，具有不同文化背景的专家们思想上的碰撞，共同探讨人类老城保护和利用的共识，讨论如何在保护复新老城的过程中，使老城中物质与非物质遗产得到更好地保护和整治，使老城焕发新的活力。

19－2

7 月 19 日，首届中国海洋论坛在珠海拉开帷幕，来自全国的专家学者和 11 个沿海省(区、市)及 5 个计划单列市的 200 多名政府官员、著名企业代表将在此共同讨论如何进一步加快推进我国海洋经济可持续发展。由国家海洋局、国家发展和改革委员会及广东省人民政府共同策划举办。

20 日

7 月 20 日，“国粹新蕾——民族艺术进校园、京剧进课堂成果汇报演出”在国家大剧院举行。这一由北京市教委、国家大剧院策划主办的活动中，来自北京 10 余所京剧进课堂试点校的 700 多名学生表演了多出京剧评剧剧目。

21 日

7 月 21 日，策划家晏滔完成东营市海红港规划。

22 日

7 月 22 日，纪念人民政协文史资料工作 50 周年座谈会在北京举行。中共中央政治局常委、全国政协主席贾庆林会前亲切会见了全体与会代表，参观了人民政协文史资料工作 50 年成果展。中共中央政治局委员、全国政协副主席王刚出席会议并讲话。

23 日

7 月 23 日，第七届中国国际数码互动娱乐展览会(ChinaJoy)在上海新国际博览中心开幕。本届展会由新闻出版总署、科学技术部、工业和信息化部、国家体育总局、中国国际贸易促进委员会、国家版权局和上海市人民政府共同策划主办，主题为“迎接挑战，互利共赢，开创全球互联网产业新局面”。展会期间还同期举办中国游戏开发者大会(CGDC)、中国游戏商务大会(CGBC)，以及中国“网游十年”纪念活动等系列活动。

24 日

7 月 24 日，由乌鲁木齐市委宣传部策划主办，水磨沟区委、水磨沟区政府、市文化局共同承办的“乌鲁木齐市 2009 年广场文化活动舞台艺术周”，在乌鲁木齐市南湖市民广场举

行。因乌鲁木齐"7·5"事件一度中断的"百日广场文化活动"重回市民身边。

25 日

7 月 25 日，京穗大学生志愿者欢聚广州，一起宣传他们策划的"大拇指"志愿行动。这一活动当天，来自北京的 2008 奥运大学生志愿者向即将投入 2010 第十六届亚运会志愿服务工作的广州志愿者介绍了 2008 奥运志愿服务的感受和经验。

26 日

7 月 26 日，2009 年北京世界魔术大会在北京开幕，全国人大常委会副委员长陈至立，全国政协副主席、中国文联主席孙家正出席开幕式。本届大会是国际魔术联盟成立 60 多年来第一次在发展中国家举办，大会由文化部、中国文联、北京市人民政府策划主办，中国杂技家协会、北京市委宣传部、北京市文化局承办。历经三年的精心筹备，有来自 66 个国家和地区的 2500 多人参加大会。

27 日

7 月 27 日，2009 中国重庆武隆第七届国际山地户外运动公开赛暨 2009 年首届"新动向"中国体育品牌模特大赛新闻发布会在国家体育总局召开。大赛口号为：我运动　我健康！此次由国家体育总局，广电总局，重庆市人民政府联合策划主办的这一活动，意在推动"健康重庆"建设。

28 日

7 月 28 日 全聚德创建 145 周年之际，隆重的净匾仪式在全聚德老墙前举行。在外颠沛流离多年的老匾又回到了前门全聚德起源店。1980 年，"全聚德"恢复老字号名称后，全聚德人辗转从故宫博物院中找回了这块老匾，一直将其珍藏于全聚德展览馆中。庆典当天，全聚德第 1.48 亿只烤鸭出炉。新版"全聚德"烤鸭纪念卡正式启用。新版纪念卡不仅可以记录烤鸭的编号，还增加了邮政明信片功能，不久之后还将启用代码查寻功能，消费者可以对每一只烤鸭追根溯源。

29 日

7 月 29 日，中国残疾人艺术团策划举办了"绽放和谐艺术之花，共庆祖国六十华诞"主题座谈会。邀请人民日报社、共青团中央、中国银行等单位的青年代表就新中国成立 60 年来残疾人文化事业的发展展开了讨论。

座谈会以中国残疾人艺术团的系列节目《我的梦》为切入点，探讨了艺术团在艺术创作、团队建设等方面取得的成就。与会代表表示，作品中展现出了丰富的民族文化和人性的力量。

30 日

7 月 30 日上午，《秦汉——罗马文明展》在中华世纪坛世界艺术馆盛大开幕。此次展览是由中国国家文物局和意大利文化遗产与艺术活动部共同策划主办,中国文物交流中心和中华世纪坛世界艺术馆承办,这次展览是呈献给新中国成立六十周年的文化盛宴,也是2010年意大利中国文化年的开幕庆典项目。

31日

7月31日,“2008—2009感动中国互联网十大事件评选”在北京盛大开幕。这是由中国网民文化节www. wangminjie. cn组委会策划主办、第一视频承办的中国网民文化节系列活动之一。此次活动意在提高中国新媒体的影响力和号召力,最大限度的为中国网民建立健康的互联网环境。

2009年8月

1日

8月1日,云南大理洱海开海节在白族渔村大理市双廊镇开幕。此次洱海开海节的策划以“赏风花雪月,品洱海渔歌”为主题,当天,渔民以鱼鹰捕鱼、鱼罩捕鱼、丝网捕鱼、手撒网捕鱼等传统捕鱼方式,再现了千帆过海、万民欢腾的生产生活画卷。

2日

8月2日,“中国现代美术奠基人系列·刘海粟大型艺术展”在北京炎黄艺术馆隆重开幕,文化部副部长王文章等出席了开幕式。此次展览是炎黄艺术馆继“徐悲鸿大型艺术展”之后策划推出的第二场“中国现代美术奠基人系列”展。

3日

8月3日,“2009全国春蕾优秀女教师培训班”京启动。参加此次由中国儿童少年基金会等单位共同策划举办培训的40位教师分别来自内蒙古、四川、广西、甘肃等8个省(区)36个市县的“春蕾学校”。

4日

8月4日,第九届中国青少年机器人竞赛在青海鸣锣开赛。本次策划的主题为“快乐成长”,来自全国29个省、自治区、直辖市,以及香港、澳门特别行政区的青少年选手带来了自己装配的机器人,也带来了自己对科学的梦想。451支代表队,1334名参赛选手和451名教练员迎来了具有竞技性、挑战性、创新性的各项赛事。

5 日

8 月 5 日，广西融水苗族自治县红水乡良陇苗寨，苗家女举行拔河比赛，庆祝“新米节”。“新米节”又叫“新禾节”，是广西融水县苗族群众预祝丰收的节日。保护传统节日就是要保护其独具特色的“形”，弘扬独具魅力的“神”，充分发掘其中的文化内涵。

6 日

8 月 6 日，“中国巨变——庆祝中华人民共和国成立 60 周年大型图片展”在香港会展中心拉开帷幕。展览由新华社亚太总分社、当代中国研究所和中国图片社共同策划主办，共精选近 400 幅珍贵图片，分民主政治、经济腾飞、农业新貌、科教兴国等十大板块共 60 个专题，以今昔对比的视觉冲击，展示新中国成立 60 年来取得的辉煌成就。

7 日

8 月 7 日，“2009 全民健身嘉年华”活动在北京国家奥林匹克体育中心正式开幕。由中国银行独家冠名赞助策划的“全民健身嘉年华”，是“全民健身日”北京主场举行的大型活动之一。活动内容涵盖了竞赛参与类、展示体验类、科学指导类、游戏互动类 4 个主题板块、32 个体育健身项目。

8 日

8 月 8 日，第一届全国老年人体育健身大会在河南省体育馆开幕，全国老年人有了属于自己的大型体育健身活动。如今老年人已成为我国全民健身的先进群体，此次策划活动正是顺应了老年人“我锻炼、我健康、我快乐、我长寿”的共同心声。

9 日

8 月 9 日晚，“记忆·情深——王昆从事革命文艺工作 70 周年师生演唱会”在北京国家大剧院举行。中共中央政治局常委、国务院总理温家宝发来贺信，中共中央政治局常委、全国政协主席贾庆林，中共中央政治局常委李长春，中共中央政治局常委、中央纪委书记贺国强观看演出。由文化部、中国文联策划主办的这次演唱会通过唱响红色经典，展现了王昆对民族声乐事业的贡献，弘扬她在艺术上坚持革命文艺传统和努力开拓的高尚品质，以进一步促进民族音乐事业的发展。

10 日

8 月 10 日，“北京市百姓宣讲团”首场报告会在北京市西城区文化中心举行。以庆祝新中国成立 60 周年为契机，北京市委宣传部、市委讲师团策划组建了北京市百姓宣讲团，用自己的事，讲 60 年来国家的发展、首都的变化。

11 日

8 月 11 日，2009“名校校长相约张江：话说产学研”论坛暨“中国高校产学研合作峰会”在中国上海浦东新区张江高科技园区举行。中国著名文化策划家屈金星先生、中华辞赋家联合会主席潘承祥先生、黄帝宝玺篆刻人李盛世先生，应邀出席了由教育部策划举办，上海市浦东新区承办的本次会议。

12 日

8 月 12 日，教育部召开新闻发布会，就《通用规范汉字表》向公众征求意见。公众可通过通过电子邮件、信函和传真等方式提出意见和建议。该公告表示，《通用规范汉字表》是《国家通用语言文字法》的配套规范，是国家文字政策的体现，关系到国家文化、教育、科技的发展及信息化建设，关系到大众的日常生活。

13 日

8 月 13 日，新疆首届“群星耀天山”群众才艺大赛在乌鲁木齐市拉开帷幕并举行少儿组比赛，总共将有 1300 余名群众“明星”在这场大赛中亮相，这是乌鲁木齐“7・5”事件后新疆策划举办的最大规模的一次群众性文化活动。

14 日

8 月 14 日，“乐舞缤纷——开国领袖・表演艺术题材外交礼品特展”在北京国家大剧院开展。这一策划展览分为魅力舞姿、戏台百味、神秘面具、鼓乐交响、琴瑟抒怀、万千风情六个单元，展品均为表演艺术题材的精品，展览共展出来自五大洲近 40 个国家的 175 件外交礼品，这些礼品主要是新中国成立以来毛泽东、刘少奇、周恩来、朱德、邓小平、江泽民等重要国家领导人外事活动中接受的礼品，流光溢彩、风格多样的外交礼品也见证并记录了中国外交事业的光辉历程。

15 日

8 月 15 日，北京周口店遗址文化节在周口店遗址博物馆开幕。此次策划活动包括模型制作、参与发掘、模型装架、化石鉴定、专家讲座等内容，旨在更好地发挥周口店遗址的科普教育基地作用，引导青少年学科学、爱科学、用科学。

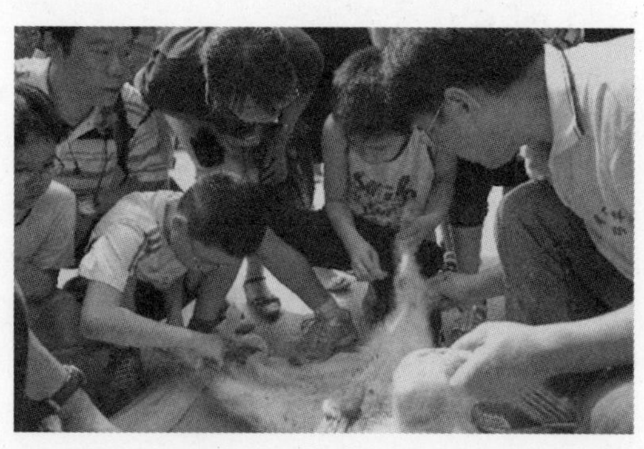

16 日

8 月 16 日，第十一届全国运动会火炬传递活动点火起跑仪式在北京人民大会堂东门外广场举行。此次策划活动以“祝福祖国，共享全运”为主题。当日，各省、自治区、直辖市及香港、澳门特别行政区都派代表参加了仪式。

17 日

8 月 17 日晚，CCTV—11《天下黄河富宁夏》主题文艺晚会在宁夏体育馆举行。2009 中国（宁夏）国际投资贸易洽谈会组委会策划主办的这一晚会，热情歌颂了宁夏回族自治区成立五十年来，特别是改革开放三十年来所取得的丰硕成果和辉煌成就，充分展示了宁夏 618 万回汉人民的良好精神风貌；同时，对 2009 年宁洽会的隆重召开表示热烈的祝贺。

18 日

8 月 18 日，来自云南楚雄彝族自治州的 3 具国宝级恐龙化石正式“入住”中国科技馆新馆，中国科技馆将利用钢架使恐龙呈现出走路、觅食或搏斗的姿势，同时将按照史前的生态环境以及云南省楚雄州禄丰县的地貌为 3 具恐龙化石建造新家。

19 日

19－1

8 月 19 日，内蒙古自治区鄂尔多斯举办那达慕会，欢迎参加亚洲艺术节的各国宾朋。作为亚洲艺术节的一项重要活动，本届活动，上千名选手参加赛马、射箭、摔跤等蒙古族传

统体育竞技比赛。

20 日

8 月 20 日，“跨越海峡的爱心——援助台湾受灾同胞赈灾晚会”在东方卫视北京演播室拉开帷幕。由上海、江苏、湖南、浙江、深圳、天津六地卫视联合策划举办的这一大型赈灾晚会，为遭受台风“莫拉克”侵袭的台湾灾区募集善款。

21 日

8 月 21 日，首都博物馆隆重策划推出了“百姓之家——城市记忆”、“千年探秘——考古与发现”、“早期中国”和“多彩中华”四大展览。

22 日

8 月 22 日，策划家陈放提出：北水南调，构建东北大运河——新大运河创意构想。

23 日

8 月 23 日，“2009 创业中国年度人物颁奖典礼”在国务院新闻办召开。此次由中国中小商业企业协会、榜样中国杂志社和中国中小企业家年会组委会等多家权威机构策划主办的活动，发布了“2008 创业中国年

度十大榜样人物”,“2009 创业中国年度十大魅力人物”等,盐城捷康三氯蔗糖制造有限公司总经理安立军和中国货仓网 CEO 黄锦辉等 60 人入围。

24 日

8 月 24 日,新建成的汶川第一小学举行公众开放日活动,在此次活动中,全面开放学校教育教学等设施设备,接受当地群众的参观和评价。

25 日

8 月 25 日,杭州西湖国际狂欢节在杭州开幕。来自中国、加拿大、土耳其、意大利、泰国、斯洛伐克等十几个国家和地区的数百位民间艺术家在开幕式上展示了代表本民族风情的歌舞节目。

26 日

8 月 26 日,是中国最具浪漫色彩的节日——七夕。当天,北京国家质量监督检验检疫总局策划举办了本单位百位离退休老人为他们的金婚纪念庄严宣誓活动,“牵手是今生的缘,相伴是今生的情!”50 年的相濡以沫,令老人们感慨万分。

27 日

8 月 27 日晚,“江山如此多娇” 大型民族音乐会在国家大剧院上演。这是由中宣部、文化部策划主办,中央民族乐团演出,为庆祝中华人民共和国成立 60 周年献上了一场视听盛宴。音乐会上,独具风韵、中西合璧的演奏方式让人们熟悉的经典曲目焕然一新,反映了当代民族音乐的创新性。

28 日

8 月 28 日,由中国伊斯兰教协会策划举办的“中国各族穆斯林喜迎新中国成立 60 周年书画艺术展”在北京民族文化宫开展。中共中央政治局委员、国务院副总理回良玉委托国家宗教事务局表示祝贺,全国政协副主席白立忱出席开幕式。展览共展出来自全国 25 个省区市的书画作品 300 余幅,包括国画、油画、经字画和书法等,作者来自回族、维吾尔族、哈萨克族、撒拉族、东乡族等民族。

29 日

8 月 29 日,“亚太区妇女论坛”在香港举行。由香港各界妇女联合协进会策划主办的这一论坛主题为“妇女在世界转变中的角色”,是香港各界妇女团体喜迎新中国成立 60 周年举办的重要活动之一。

30 日

8 月 30 日,中华之魂先锋人物颁奖盛典于在北京隆重举行。由中国经济报刊协会、中华工商时报社、影响力人物杂志社等单位联合策划主办的活动中,中国人民解放军艺术学院院长张继钢将军,原中央电视台台长杨伟光等当选为中华之魂十大功勋人物。

31 日

8 月 31 日,第二届中国 · 敦煌葡萄节、“阳光沙州杯”第十一届敦煌国际服饰模特艺术节闭幕式暨新闻发布会在敦煌市举行。敦煌市副市长王红霞发布了本次活动成果情况。由敦煌市人民政府、中国农学会葡萄分会、中国果品流通协会葡萄分会、甘肃农业大学、甘肃省服装设计师协会共同策划主办的这一活动,唱响了敦煌葡萄歌,促进旅游大发展。

2009 年 9 月

1 日

9 月 1 日,由新闻出版总署、国务院新闻办公室联合策划主办,中国图书进出口(集团)总公司承办的第六届 2009 北京国际出版论坛在京举行。中外 30 多位出版业巨头围绕金融危机下的出版策略这一主题发表演讲。首次设立的 CEO 峰会成为本届论坛最大的亮点。

2 日

2 - 1

9 月 2 日,“亚欧经典交响音乐会”在国家大剧院音乐厅举行,拉开首届亚欧文化艺术节帷幕。首届亚欧文化艺术节由文化部、外交部、国家广播电影电视总局、国家新闻出版总署和北京市人民政府联合策划主办,以“多样文化　创意共享”为主题,历时一周。

2 - 2

9 月 2 日,2009“中国图书对外推广计划”外国专家座谈会于在北京皇家大饭店举行。“中国图书对外推广计划”是 2006 年由国务院新闻办公室和新闻出版总署联合策划推动的一项工程,旨在为外国读者用自己熟悉的语言阅读关于中国的图书,了解中国提供便利,主要采取资助翻译费的形式,鼓励各国出版机构翻译出版中国主题图书。

3日

9月3日,中共中央政治局常委李长春参观了第十六届北京国际图书博览会。北京国际图书博览会是由新闻出版总署、国务院新闻办公室、教育部、科技部、文化部、北京市人民政府和中国出版工作者协会共同策划主办的大型国际性书展。此次展览共有近60个国家和地区的1800家出版发行单位参展。

4日

9月4日,由中宣部、中央文明办等十部委策划主办,中央电视台承办的全国各地"爱国歌曲大家唱"活动展演晚会在中央电视台一号演播厅举行。晚会充分展示正在全国各地广泛开展的"爱国歌曲大家唱"歌咏活动的成果,为新中国60华诞营造喜庆和谐的社会氛围。

5日

9月5日,第二十一届听障奥林匹克(夏季)运动会开幕式在台北田径场举行。由中国残疾人艺术团策划表演的经典舞蹈《千手观音》在开幕式上亮相。由邰丽华领衔的六十三名听障演员,在六名手语老师的指挥下,演绎的"千手观音"、"千手千眼"轰动全场。

6日

9月6日,第二届"善行2009—中华公益论坛暨"中华公益事业奖"颁奖典礼在北京钓鱼台国宾馆芳菲苑隆重举行。推选活动坚持"贡献度"、"影响力"、"责任心"三大标准,设立"中华公益事业功勋人物"奖和"中华公益事业功勋企业、机构"奖两大类奖项。

7日

9月7日,由中漫网发起、人民网动漫频道等国内知名动漫网站联合策划举办的"小漫画大时代:60年画的记忆——新中国成立

60 周年漫画联展”隆重启动。活动在互联网络和广大漫画作者中激起了热烈反馈，更得到了中国文明网的宣传支持。

8 日

9 月 8 日，中国·库伦首届安代文化艺术节开幕式在内蒙古通辽市库伦旗举行，艺术节由中共库伦旗委、政府策划主办，旨在通过安代文化艺术节打造库伦旗城镇品牌，通过文化建设推动经济发展，把中国安代艺术之乡、中国荞麦之乡建设成为独具特色的魅力旗县。

9 日

9 月 8 日，第十三届中国国际投资贸易洽谈会在福建厦门开幕。由中国商务部策划主办，联合国贸发会议、联合国工发组织、经济合作与发展组织、世界银行国际金融公司、世界投资促进机构协会和中国国际投资促进会协办，福建省人民政府、厦门市人民政府和商务部投资促进事务局承办的本届投洽会，以“引进来”和“走出去”为主题，突出全国性和国际性，突出投资洽谈和投资政策宣传，突出区域

经济协调发展，突出对台经贸交流。

10 日

9 月 10 日，2009“天堂草原·锡林郭勒”中华模特民族时装大赛新闻发布会在北京民族饭店举行。由锡林郭勒盟委、行署作为策划指导单位，北京四海伟业文化传媒有限公司、盟民族事务局、盟文体局、盟旅游局、盟团委、盟妇联、锡林浩特市政府共同承办了此次大赛。

11 日

9 月 11 日，甘肃省首届“创业项目”大赛新闻发布会在甘肃省政府新闻办公室举行。以“激情点燃梦想，创业成就未来”为主题的此次大赛，由甘肃省委宣传部、省人力资源和社会保障厅、省教育厅联合策划举办。旨在营造良好创业环境，培育全民创业意识，鼓励、引导和扶持城乡劳动者自主创业。

12 日

9 月 12 日，夏季达沃斯论坛在大连召开，本届论坛体现了三个创意：一是国内外媒体齐聚大连，国内外记者不仅充分报道本届达沃斯

论坛，还对大连的经济社会发展等方面进行了报道。二是大连承办的达沃斯论坛既符合国际惯例，也体现了大连特色，展现了中国文化。三是本届论坛是一场朴素节俭的盛会，注重节约高效、提高会议质量。

13 日

9 月 13 日，第 12 届全国推广普通话宣传周启动。在本届活动的策划中，各地围绕“热爱祖国语言文字，构建和谐语言生活”的主题，将开展丰富多彩的推普活动，以提升全社会语言文字规范意识和普通话应用水平。

14 日

9 月 14 日，“首届中国网民文化节庆典”在北京中央电视塔举行，此次策划活动中，中国互联网协会理事长胡启恒现场宣读了《致 3 亿中国网民一封信》，信中说道，“为网民搭建交流展示的平台，彰显积极健康的网络文化，是中国互联网协会一份深深的责任，也是创办网民文化节的根本目的。”

15 日

9 月 15 日，“百年兰大杯”全国书法大奖赛优秀作品展开幕式暨《“百年兰大杯”全国书法大奖赛作品集》首发式在兰州大学校本部图书馆前广场举行。此次策划活动旨在庆祝兰大百年华诞，喜迎新中国成立 60 周年，弘扬中华民族优秀传统文化，展示百年兰大风采。

16 日

9 月 16 日，2009（第七届）中国投资创业洽谈会新闻发布会在北京饭店隆重举行，由中国投资协会和中国城市经济学会策划主办、中国城市经济杂志社和鸿森创业（北京）会展有限公司承办的这一投资创业洽谈会，是中国目前规模最大、投资观众数量最多、招商融资效果最好的招商投资类品牌展会，为来自全国各地的投资创业者和未就业大学生群体提供详尽的投资创业信息；同时，也为海内外企业同行之间共同交流、学习创造了条件。

17 日

9 月 17 日，新闻出版总署 2009“原动力”中国动漫出版扶持计划在北京举行启动仪式。此次由电子工业出版社协办的策划活动，以“凝聚动漫资源，展示原创成就，培育本土力量”为宗旨”，推动出版单位出版更多贴近实际、贴近生活、贴近群众，富有中国文化底蕴与时代精神、承载中华优秀文化和社会主义核心价值观的动漫出版作品，推动更多原创动漫作者(团队)投身原创动漫出版事业，提高创作水平，扩大市场影响，推动动漫出版产业发展。

18 日

9 月 18 日，辽宁省暨沈阳市纪念“九·一八”撞钟鸣警仪式在沈阳“九·一八”历史博物馆举行。在“九一八”事变 78 周年，策划举办活动纪念这个特殊的日子，提醒民众勿忘国耻。

19 日

9 月 19 日，“辉煌六十年——中华人民共和国成立 60 周年成就展”在北京展览馆开展，同时，同步在央视网独家开辟网上数字展馆，并于当日举办开馆仪式。此次策划活动以毛泽东思想、邓小平理论和“三个代表”重要思想为指导，深入贯彻落实科学发展观，按照中央确定的庆祝活动基本原则，综合运用多种新媒体网上数字展览方式，进行全球化传播，直观、形象、生动地展示 60 年来取得的辉煌成就。

20 日

9 月 20 日，以“旅游产业的盛会，合作共赢的舞台”为主题的首届中国旅游产业节在天津市国际展览中心开幕。由国家旅游局和天津市人民政府共同策划主办、世界旅游组织特别支持的首届中国旅游产业节，对拉动内需、刺激消费、繁荣市场和促进中国旅游业转型升级、提升旅游产业综合素质具有强劲的推动作用。

21 日

9 月 21 日，首届减法生活绿色盛典在北京“桥”艺术中心隆重举行，这是国内第一次完全由民间发起的环保公益盛典。此项公益活动，是由著名主持人李霞联合数十家新闻媒体、数十位顶级明星、多位环保名人共同发起，中国绿化基金会和哇噻网主办，北京迪思公关承办的完全由民间策划发起的大型环保公益事业。旨在加强人们节能排减的环保意识，在全社会掀起了公益环保的热潮。

22 日

9 月 22 日，由中宣部、文化部、财政部策划主办的“国家重大历史题材美术创作工程”作品展在北京中国美术馆开幕。展出的 102 件主题性美术创作，以中央党史研究室和中国社会科学院近代史研究所的专家拟定的 100

多个选题为主题,连缀起1840年至2003年中国近现代史的历史长卷。

23日

9月23,“上海科技360°——新中国成立六十周年上海科技成就展”开幕式暨纪念画册《跨越——上海科技发展辉煌60年》首发式在上海科技馆隆重举行。本次策划的这一“科技成就展”通过图片、视频和模型向大家更加形象地展示上海科技60年的光辉历程。

24日

24-1

9月24日,“北京当代十大建筑”评选结果揭晓。国家体育场(“鸟巢”)、国家游泳中心(“水立方”)、国家体育馆等一批奥运场馆入选新的北京十大建筑。本次策划评选活动,是为了强化北京城市建设的影响力,树立北京国际大都市的良好形象,增加北京市民的荣誉感和自豪感。

24-2

9月24日策划家卞洪登发表:我凭啥不能超越《徐霞客游记》。由中国经济出版社出版的《卞侠客游记》新书,一上市就吸引了读者的眼球,并引起了人们的极大争议。

25日

9月25日,《复兴之路》大型主题展览隆重开幕。中共中央政治局常委李长春出席开幕式。本次策划的展览,通过150多件珍贵文物和980多张历史照片,真实再现了自1840年鸦片战争以来一百多年间,陷入半殖民地半封建社会深渊的中国人民在屈辱和苦难中奋起抗争,为实现民族复兴上下求索,特别是中国共产党领导各族人民争取民族独立、人民解放、国家富强、人民幸福的奋斗历程,展示了盛

世中华团结和谐的繁荣景象。

26 日

9 月 26 日，“早期中国—中华文明起源展”开幕。由国家文物局、科技部、财政部、文化部策划主办的这一展览，是对国家重大科研项目“中华文明探源工程”阶段性研究成果的一次集中展示，重点介绍了公元前 3500 年至公元前 1400 年中华文明起源与早期发展历程，展示了“中国”从萌芽到初创的发展脉络，揭示了中国早期文明对中华传统文化的深远影响，是我国第一次以展览的形式向社会公众宣传、展示中华文明的起源历程。

27 日

9 月 27 日，第二届世界儒学大会在山东曲阜孔子研究院开幕。在此次策划的大会揭晓了 2009 年“孔子文化奖”获奖名单，各国专家围绕“多元文化语境下儒学的传承与发展”、“儒学与社会经济发展”、“儒学与文学艺术创作”三个议题展开讨论，共同探讨儒学的现代价值，推进儒学国际化的研究、交流、合作。

28 日

9 月 28 日晚，党和国家领导人胡锦涛、江泽民、吴邦国、温家宝、贾庆林、李长春、习近平、李克强、贺国强、周永康，与首都各界群众一起观看大型音乐舞蹈史诗《复兴之路》，共同庆祝中华人民共和国成立 60 周年。

29 日

9 月 29 日晚，“祖国万岁——庆祝中华人民共和国成立 60 周年大型文艺晚会”在北京举行。中共中央政治局常委李长春出席观看。此次策划的晚会，通过歌曲、舞蹈、朗诵等形式，热情讴歌新中国成立 60 年来中国共产党带领中国人民创造的丰功伟绩。

30 日

9 月 30 日晚，国务院在人民大会堂举行盛大国庆招待会，热烈庆祝中华人民共和国成立 60 周年。胡锦涛、江泽民、吴邦国、温家宝、贾庆林、李长春、习近平、李克强、贺国强、周永康等党和国家领导人同 4000 余名中外人士欢聚一堂，共庆佳节。国务院总理温家宝发表了热情洋溢的讲话。

2009 年 10 月

1 日

10 月 1 日，首都各界庆祝中华人民共和国成立 60 周年大会在天安门广场隆重举行。

中央和地方新闻网站、主要商业网站都对这一盛大庆典进行了全方位、多媒体、不间断直播，吸引了海内外亿万网友的关注和参与。胡锦涛主席发表的重要讲话，引起了网民热烈反响，他们纷纷留言表示倍受鼓舞、振奋人心。

2 日

10 月 2 日，“雍正大展”开箱记者会在台北“故宫”博物院举行，此次策划的展览中还有来自北京故宫借展的雍正“为君难”印、铜胎画珐琅缠枝莲纹六孔瓶、描金彩漆包袱式纹长方盒等。此次两岸共同策划主办这一雍正文物大展，是两岸故宫博物院交流的重要成果，也是两院进一步交流的新开端。两院藏品有共同来源、有强烈的互补性，加强交流合作是双方事业发展的需要，两院未来将进一步加强合作。

3 日

10 月 3 日，早报网万人相亲活动继续在唐人文化园举行，前往参加活动的市民依然众多。还有部分市民是在看到此次策划的这项活动火爆的报道后，赶往活动现场参与活动。

4 日

10 月 4 日，由高碑店华声天桥民俗文化园策划主办的第三届“华声天桥杯”蟋蟀大赛，在北京高碑店华声天桥民俗文化园区开赛。“斗蟋蟀”在民间被形容为国粹之一，随着文化产业的深入发展，不少地区以养殖与捕捉蟋蟀和市场相结合，形成产、供、销相互依托的良好态势。一些农民和市民利用这一资源也得到了很好的经济收入。

5 日

10 月 5 日，为纪念中美建交 30 周年，美中基金会创意策划的中秋节纽约系列活动在美国纽约市林肯艺术中心；美国纽约市希尔顿大酒店举行；活动策划主题是：举杯同邀明月、携手共创和谐。活动期间正式颁发“中美友谊杰出贡献奖”。

6 日

10 月 6 日，日本高新技术博览会在幕张国际展览中心开幕。年度主题：“数字融合——描绘我们的未来图景”。组委会的口号：“迎接挑战！为改善人民生活、创建低碳社会而努力。”

7 日

10 月 7 日，由萧山区人民政府和浙江省登山协会共同策划主办的“2009 中国杭州（萧山 · 湘湖）第二届露营大会”在国家 4A 级风景区湘湖景区拉开帷幕。本次大会以“绿色户外 · 品质生活”为活动主题，以户外嘉年华的形式向市民游客推广和普及户外运动，同时宣传倡导健康、科学、时尚、休闲的生活理念，推广和普及健康的户外活动方式。

8 日

10 月 8 日，EASE 声学设计专家研讨会在北京国家大剧院新闻发布厅举办。国内外声学界人士就 EASE 声学设计的发展与现状进行研讨与交流。此次活动由国家大剧院舞台技术部策划主办、EASE（中国）声学设计与咨询有限公司协办，也是 EASE 声学设计软件自 91 年研发成功以来，第一次在中国举办这样的盛会。

9 日

10 月 9 日，世界媒体峰会在北京人民大会堂开幕，这是一次史无前例的世界传媒盛会，来自世界各地的通讯社、报刊、广播、电视、网络等各种媒体形态的 170 多家传媒机构参加了峰会。中国国家主席胡锦涛到会并致辞。

10 日

10 月 10 日上午，由国家旅游局、世界旅游记者联合会策划主办，上海市旅游局承办的“第 51 届世界旅游记者联合会（FIJET）年会”在沪开幕，上海市副市长赵雯出席并致辞。

11 日

10 月 11 日上午，第一届中华文化知识竞赛冬令营在成都正式开营。来自世界各地的第一届中华文化知识竞赛半决赛的优胜者们，面带欢欣的笑容，说着流利的中文。这次策划举行的冬令营，显示了汉语这门语言也随着中国的发展与强大日益受到世界各国的重视。

12 日

10 月 12 日，今年国庆节期间，诸多主流新闻网站都在国庆报道专题网页集体策划启用了相应的“. 中国”域名。

本次为重点新闻网站国庆专题报道开通专属“. 中国”域名的策划，是一次有益的尝试。“. 中国”域名作为在全球互联网上代表中国的中文顶级域名，具有鲜明的中华文化特性和中华民族特色，是汉字与互联网技术的融合产物。

13 日

10 月 13 日，第十七届北京种子大会暨首届种业高峰论坛在北京丰台隆重开幕。由北京市农委、北京市农业局和丰台区人民政府策划主办的本次大会，首次尝试引入了“品种权转让拍卖会”、“种业高峰论坛”等创新环节。

14 日

10 月 14 日，“环保女王”周迅在上海出任首位“世博绿色出行大使”，号召大家优先选择公共交通方式去世博园，通过购买碳信用额度来抵消出行生成的碳排放。这一策划活动更进一步促进了世博环保工作。

15 日

10 月 15 日上午，第五届中日韩文化交流论坛在扬州迎宾馆开幕。本届论坛是中韩友协、中日友协与韩日文化交流会议、韩中友协、日中友协、日本国际交流财团等日韩民间团体共同策划发起举办，旨在推动中日韩三国民间文化交流，以增进三国人民之间、特别是青少年之间的相互理解和友谊

16 日

10 月 16 日，“相约上海——2010 上海世界博览会”图片展在台北市信义新天地“香堤大道”揭开帷幕。由上海世博局和台北世界贸易中心联合策划主办的这个图片展是“两岸城市艺术节——上海文化周”的主题活动之一。

17 日

10 月 17 日，“第四届中国—欧盟投资贸易合作洽谈会”在成都世纪城国际会议展览中心隆重开幕。由中国商务部、中国贸促会、四川省人民政府策划主办，欧盟委员会、欧盟 27 个合作伙伴支持参与，成都市人民政府、四川省商务厅协办，成都高新区管委会承办的本届大会以“加强交流、真诚合作、促进共赢”为主题，首次召开一系列专业论坛，其中包括孵化器论坛、新能源论坛、德国汽车工业论坛等，使欧洽会的内容更加丰富，让中欧企业在开展合作与交流的同时，了解中欧各国的行业政策和发展前景，开拓企业的国际化视野和到“异国”发展的“软着陆”之道。

18 日

10 月 18 日，第一届中国留学人才归国创业“腾飞”奖新闻发布会在北京人民大会堂隆

重举行。“腾飞”奖活动由欧美同学会·中国留学人员联谊会和中国留学人才发展基金会策划主办,赛特赛尔文化传播公司承办。全国人大常委会副委员长韩启德副委员长亲自担任“腾飞”奖组委会名誉主席,评选活动旨在树立留学归国创业的榜样,更好的落实人才强国战略。

19 日

第五届中国·宋庄文化艺术节于 9 月 19 日至 10 月 12 日在北京宋庄文化艺术区举行。本届艺术节策划以“群落! 群落!”为主题。

20 日

10 月 20 日上午,第六届中国—东盟博览会在广西南宁国际会展中心隆重开幕。此次策划活动的主题是“中国—东盟自由贸易区与东盟一体化:合作共进”。中共中央政治局常委、国务院副总理李克强出席开幕式,

21 日

10 月 21 日,中国·清徐 2009 醋文化节暨醋业博览会在山西省展览馆举行。展示了中国醋的历史文化起源以及清徐传统醋业发展历程。醋文化与醋业发展高峰论坛也同时开幕。

22 日

10 月 22 日,“2009 中国糖果文化节、第六届中国国际甜食及休闲食品展览会”在上海展览中心开幕。德国科隆国际展览有限公司、中国食品工业协会糖果专业委员会签署战略合作协议,共同策划举办的这届展览会。

23 日

10 月 23 日下午,浙江嵊州越乡文化发展高层论坛暨北京越乡文化周新闻发布会在北京举行。这一策划活动的举办,目的在于弘扬越乡文化艺术,打造越乡文化品牌,

24 日

10 月 24 日,历经三年精心策划、筹备的经典回顾与现代思考·中国画学术系列活动在安徽省博物馆隆重开幕。这是由中国美术家协会、安徽省文化厅、安徽省文联和合肥市人民政府共同策划主办的一次高规格、高品位、公益性、地域性俱显的国家级学术活动。

25 日

10 月 25 日下午,“2009 北京 798 艺术节闭幕答谢酒会暨青年艺术家推荐展颁奖典礼”在 798 艺术中心(706 大厂房)举行。历时半年的 798 艺术节青年艺术家推荐展奖项归属当场揭晓。798 艺术节组委会策划主办的这一活动,旨在提供 798 艺术节这一平台,以

发现更多的优秀青年艺术家,彰显798艺术区的重要性与影响。

26日

10月26日,首届中国动漫艺术大展在北京中国美术馆隆重开幕。此次由文化部策划牵头,财政部、教育部、工业和信息化部、国家广电总局、新闻出版总署等十部委联合主办的本届展览,以动漫为核心,横跨美术、影视、演出等多个艺术门类,通过在美术馆展览、电视动画展播、动画电影展映、动漫舞台剧展演等系列活动,全景式、立体化地展示新中国成立以来动漫领域的精品力作。

27日

10月27日,第五届中国商务旅行论坛在上海举行。由世界最大商务旅行管理公司美国运通公司和上海旅游会展推广中心联合策划主办的本届商旅论坛,以"积极应对当今形势,重塑企业管理方案"为主题,提供行业信息及专业知识,帮助商旅项目管理的专业人员在目前的经济环境下,重新审视商旅项目的采购与管理方式。

28日

10月28日,沃尔玛(中国)投资有限公司(简称沃尔玛中国)与中国科学技术部中国21世纪议程管理中心签署《关于可持续发展竞赛的谅解备忘录》。沃尔玛和中国21世纪议程管理中心将共同策划组织举办"'沃尔玛杯'青年科技创新竞赛"。

29日

10月29日,北京朝阳旅游推介会新闻发布会在北京昆泰嘉华酒店举行。北京市朝阳区旅游局副局长马英晖在会上宣布北京朝阳旅游推介会官方网站正式开通。此次策划的推介会,是朝阳区旅游关注民生、旅游拉动消费和旅游提升城市形象,转变政府职能的举措。

30日

10月30日,中央人民广播电台第二届十佳播音员主持人评选决赛在中央台音乐厅隆重举行。

31日

10月31日至11月2日,由海南电力行业

协会和海南省贸促会联合策划主办的首届海南电力电工及电气自动化展览会暨建省办经济特区电力建设成就展，电力发展高层论坛暨新技术产品交流会于在海口会展中心隆重举行。

2009 年 11 月

1 日

2009 年 11 月 1 日，中关村物联网产业联盟成立大会暨产业发展高峰论坛在北京清华同方科技广场隆重举行。国家经信委主任朱炎，中关村管委会主任郭洪出席了大会。在此次策划活动中，中关村物联网产业联盟以打造中国物联网产业中心为目标，以应用为导向、以产业为主线、以技术为核心、以创新为动力作为联盟宗旨，力争通过三年的努力，推动建设 10 ~ 12 项标志性示范应用工程，培育 8 ~ 10 家行业龙头企业，形成一批自主知识产权产品和集成应用解决方案、国家或行业标准 5 项以上，使北京中关村成为中国物联网产业中心。

2 日

11 月 2 日—5 日，第十三届世界湖泊大会在湖北省武汉市召开。本届大会的主题是："让湖泊休养生息，全球挑战与中国创新"，来自中国及世界 45 个国家 1500 多位专家学者云集江城，共商湖泊治理保护与可持续发展大计。全国人大常委会副委员长陈至立、全国政协副主席阿不来提 · 阿不都热西提担任大会名誉主席，环境保护部部长周生贤担任大会主席。

旨在于通过大会，将我国"让湖泊休养生息"及湖北"两型"社会综合配套改革试验区建设的理念介绍给世界，对推动我国江河湖泊的保护治理以至整个环境保护工作，将发挥重要作用和影响。

3 日

11 月 3 日上午，中共中央政治局常委、国务院总理温家宝在人民大会堂向首都科技界发表了题为《让科技引领中国可持续发展》的讲话。温家宝指出，中国的现代化是人类历史上前所未有的大变革。科学技术是推动这场变革的重要动力。只要用现代科学技术武装起来，中国这艘巨轮就能产生无尽的力量，任何人都阻挡不了我们前进的步伐。中国科技一定能够支撑和引领我们伟大的祖国实现现代化宏伟目标。

4 日

11 月 4 日上午，第五届中国大运河文化节大运河保护与"申遗"高峰论坛在安徽淮北举行，全国政协副主席李兆焯；全国政协委员、国家文物局副局长张柏等领导出席了开幕式。由全国政协文史和学习委员会主办，淮北市人民政府承办的此次论坛的主题是"世界遗产视野下的中国大运河"。自 2006 年以来，全国政协通过提案、大会发言、考察调研、举办高峰论坛等多种方式持续关注大运河保护与“申遗”工作，积极建言献策，卓有成效地推进了大运河保护与“申遗”工作。

5 日

11 月 5 日，首届山东临沂市市长质量奖评选活动开始。此次由政府牵头策划的评选活动，分设“质量管理奖”和“质量贡献奖”两个奖项。“质量管理奖”授予质量管理绩效显著，产品质量（工程质量、服务质量）水平及自主创新能力、管理水平在省内同行业处于领先地位，对临沂市经济社会发展做出突出贡献的各类企业；“质量贡献奖”授予在质量领域做出突出贡献的个人。

6 日

11 月 6 日，由《富世》杂志与星尚传媒共同合作策划主办的富世年度活动暨“星尚—富世慈善夜”系列活动在九间堂盛大举行。当晚，“星尚—富世慈善时间”公益晚宴率先拉开大幕，200 余位中国成功企业家、公益慈善家和各界精英受邀出席。此次公益晚宴的主题是回归自然原生态，同时帮助青海藏区孤儿实现梦想、重返校园。该活动与国内外从事

慈善事业的官方或民间权威组织合作，以年度公益人物盛典的形式，对 10 位具有影响力的慈善公益人物进行褒扬，推动慈善公益事业发展。

7 日

11 月 7 日上午，由南安市委、市政府策划主办的“民族英雄郑成功陵园拜谒仪式”在福建省南安市水头镇覆船山上举行。近千名海内外嘉宾从世界各地走来，汇集在一起，拜谒英雄陵墓，祭奠英雄之魂。此次活动旨在，缅怀英雄，弘扬成功精神，以郑成功文化建设两岸文化交流重要基地，使郑成功文化成为两岸同胞感情的文化纽带，构筑起两岸交流合作的前沿平台。

8 日

11 月 8 日晚，中国自主创业大会闭幕式颁奖典礼在北京人民大会堂举行。十届全国人大常务副委员长蒋正华等国家有关领导出席大会并为“1979—2009 中国创业 30 年—30 位风云人物”、“2009 年十大创业新锐领袖”、“2009 年百佳创业明星”、“2009 十大创业讲师和“2009 年十佳创业家摇篮”获

奖者颁奖；还同时举行了创业暖心工程主题晚会，参会代表纷纷解囊相助、奉献自己的爱心。

9 日

11 月 9 日，2009 全球旅游度假论坛在云南迪庆香格里拉隆重举办。由云南省迪庆藏族自治州人民政府与联合国挚友理事会、国际旅游营销协会等联合策划主办的本届论坛，以“进入旅游度假新时代”为主题，宣告“一个以体验原生态自然美景和品味独特文化为特征的旅游度假新时代已经来临！”

10 日

11 月 10 日，主题为“同过雷山苗年、同游天下西江”的 2009 中国 · 雷山苗年节活动在贵州省雷山县开幕，在此次策划活动中，来自全国各地的近 3000 名苗族同胞按支系特色着装，进行巡游活动，集中展示苗族农耕、服饰、乐器、习俗等特色文化。

11 日

11 月 11 日，红牛集团策划的以自己品牌为创意主题的“U！是时候红牛了！”红牛创意视频大赛正式拉开序幕。旨在搭建一个以网络为主体的互动舞台，与广大社会各界朋友直接互动沟通，同时为企业为社会发掘一批有创意的青年才俊。

12 日

11 月 12 日，中共中央政治局委员、国务院副总理、上海世博会组委会主任委员王岐山用海宝钥匙正式启动了网上世博会。国际展览局对网上世博会给予高度评价，认为这是“世界展览历史上一次革命性的创举”。

13 日

11 月 13 日，“南社百年”纪念活动在苏州举行。百位专家学者和南社成员后裔们前来参加此次策划活动，回顾南社成立、发展的历史，交流最新研究成果，共同探求南社未来的发展方向。全国人大常委会副委员长、民革中央主席周铁农专程来到苏州参加纪念活动。

14 日

11 月 14 日，“中国因你而美丽”——《泊客中国》2009 盛典颁奖典礼在北京举行。由天津电视台卫视频道、国际频道联袂凤凰卫共同策划主办。“全国政协年纪最长的委员”沙博理（美国）、“第一个拿到北京永久居留证的美国人”寒春（美国）、“最具亲情的驻华外交官”萨法日尼（巴勒斯坦）等获此大奖。

15 日

11 月 15 日，“三角梅”讲坛在深圳音乐厅五楼小剧场举行。由深圳市民政局、市妇联、市民间组织管理局等单位直接领导，由深圳市社会组织妇女工作委员会策划主办，深商联组织实施的这一活动，以全市妇女为服务对象，通过举办各类有关“家庭教育系列”、“养生与保健”、“女性职场与理财”等内容和形式的基层培训教育，大力实施“女性素质工程”，促进妇女及妇女工作组织的文化建设，促进社会的和谐发展。

16 日

11 月 16 日，青年歌唱家刘媛媛在钓鱼台国宾馆从全国政协副主席阿不来提·阿不都热西提手中接过“影响中国·第九届中国时代十大新闻人物”的奖牌，成为中国音乐界荣获此项殊荣的第一人。刘媛媛表示，她会继续用歌声为弘扬中国精神，传播先进文化尽一点微薄之力，只有这样才能无愧于这个光荣的称号，才能无愧于这个伟大的时代。

17 日

11 月 17 日，中国水产流通与加工协会海参分会成立大会暨海参产品推介会在北京举办。海参作为目前我国重要养殖经济水产品中单一经济总量最大的养殖品种之一，在国民经济中占有重要地位。此次策划举办的推介会旨在加强海参行业自律与信息交流沟通，加强新技术、新产品的研发，有效拓展国内外市场。

18 日

11 月 18 日晚，2010 中央电视台黄金资源广告招标落幕。中央电视台 2010 年黄金资源广告招标的策划思路，体现了“整合”、“优化”、和“创新”。2010 央视黄金资源广告招标总额 109.6645 亿，比去年的 92.5627 亿增长了 17.1 亿元，增长率达 18.47%——创下了央视 16 年黄金资源广告招标会的历史新高。而《新闻联播》时段最值钱，吸金起码超过 20 亿。蒙牛以 2.039 亿中标央视电视剧特约剧场，成为 2010 年央视广告招标的的“标王”。

19 日

11 月 19 日—20 日，2009 中国国际旅游交易会在昆明国际会展中心开幕。由中国国家旅游局、云南省人民政府、中国民用航空局联合策划主办的此次旅交会，突出“人文大理，幸福家园”的宣传主题，以自然生态为本，文化历史为魂，着力打造“环洱海旅游圈、环大理旅游圈、环滇西旅游圈”。以打造世界一流、国际知名的旅游目的地为目标，扩大大理知名度和美誉度，吸引更多旅游者到大理观光、考察、休闲、度假。

20 日

11 月 20 日上午,“2009 中国版权年会”在北京开幕。在本届策划的年会上,大会组委会颁布了“2009 中国版权产业风云人物”奖和“2009 中国版权产业最具影响力企业”奖等四个奖项,韩三平、姜昆等版权届知名人士以及人民网、北大方正集团等多家国内外知名文化企业获奖。“2009 中国版权年会”开幕式以“数字环境下的版权资源开发和价值提升”为主题。

21 日

11 月 21,中国·国粹苑(国际)创意文化节暨中国国粹苑“全球艺术领袖视窗”工程在京启动。国粹苑此次策划的这一活动,旨在收藏中华国粹、汇聚全球创意,以“创意强、则中国强”为理念,通过本次文化节,率先将收藏、展览、拍卖、论坛等多种经营形式融为一体,独创全球工艺品收藏新平台,探索文化创意产业升值新模式,打造独具特色、汇通全球的“国粹艺术银行”,打造一个集文化产品博览、文化产业要素交易和文化产业信息交流于一体的综合平台,为更多的文化创意项目提供升值空间。

22 日

11 月 22 日,“阳光家园计划”启动实施仪式在北京举行。由中国残联和财政部共同策划实施的这一计划,是贯彻落实中央决策的一个重要举措,是推进公共服务均等化的阳光工程。通过中央财政投入,以资助的形式,鼓励引导各地进一步开展智力、精神扶助和举办重度残疾人托养服务工作。

23 日

11 月 23 日,太平洋保险聘请销售实战训练专家李力刚为员工实施实战培训。

24 日

11 月 24 日,台湾威宝电信“TD-SCDMA试验网启动仪式”在台北市内湖科技园区隆重举行,台湾金仁宝集团公司董事长(威宝电信董事长)许胜雄与中国移动副董事长张春江就合作策划推动 TD 产业发展等话题进行了两岸第一个 TD 视频通话。台湾 TD 试验网的开通,是海峡两岸业界共同努力的结果,TD 产业联盟作为 TD 产业的积极推动者与组织者,与威宝电信积极推动两岸 TD 产业的合作。

25 日

11 月 25 日,中国服务贸易大会数字动漫游戏洽谈会在北京国家会议中心举行。由中华人民共和国商务部策划主办、中关村手机动漫产业联盟承办的洽谈会,以实现贸易的转型升级,致力于打造一个以促进数字动漫游戏技术和内容服务为手段,增进国际国内数字动漫游戏商务贸易为目标,加强数字动漫国际服务贸易合作，以文化创意、数字动漫游戏为内容，为国内外数字动漫游戏发行商和渠道销售商提供一个洽谈、采购的全新平台。

26 日

11 月 26 日至 27 日，全国非物质文化遗产保护督查工作会议在京召开，文化部蔡武部长、周和平副部长出席会议并作重要讲话。

27 日

11 月 27 日，“2009 泉州青年创意文化节”，在泉州音乐厅广场盛大开幕。这是迄今为止泉州市规模最大的创意文化活动。清华大学中国创意文化研究中心主任李季，泉州市委相关领导等出席。本次创意文化节活动自发布以来，得到了清华大学创意文化研究中心等著名创意研究机构的积极响应。

28 日

11 月 28 日，中共独山县委、独山县人民政府在独山森林公园独山论坛会址举办了中国县域节庆纪念碑揭幕仪式。独山论坛是我国首个在“县域”范围以“节庆”为对象的常态化、公益性论坛，是我国县域节庆论坛走向产业化、规范化的里程碑。

29 日

11 月 29 日，由《LADY 格调》杂志策划主办的 2009 年影响中国女性生活十大精英人物颁奖礼在北京嘉里中心隆重举行。恒信钻石机构作为本次活动的官方赞助商，其高贵大气、独立自信，在文化艺术领域不断追求完美

的精神，也正是 HIERSUN(恒信)钻石所一贯推崇的。

30 日

11 月 30 日，策划家陈放发表：用创意钥匙打开低碳经济。

2009 年 12 月

1 日

12 月 1 日，中国电子商务协会政策法律委员会、北京大学互联网法律中心、网上交易保障中心等多家公司及行业权威机构，在北京共同策划举行了“网上交易服务格式合同示范文本”发布活动，本次的发布活动旨在通过拟定各项示范规则文本，完善网上交易的相关法规条款，以最大程度保障消费者的利益。

2 日

12 月 2 日，第六届东亚运动会会徽和吉祥物揭晓，飞腾向上的“吉祥鸟”，友谊天使“津津”、和平天使“东东”分别成为会徽和吉祥物。第六届东亚运动会的吉祥物由天津美术学院郭振山教授设计。吉祥物名为天使，又称作天津的使者，分别取名津津、东东，寓意“天津东亚”。吉祥物由象征“和平、友谊”的

天津市花月季与象征“和谐、发展”的祥云组成“友谊天使”与“和谐天使”，传递出和平、友谊与和谐、发展的运动会主题，同时也体现出人与自然和谐相处和缔造和平世界的美好愿望。

3 日

12 月 3 日，国内移动互联网领域首个“诚信商家”联盟成立在北京成立，由近 30 家移动互联网企业联合成立的“诚信商家”联盟，是由长城会策划倡导，并与支付宝公司合作成立的。联盟将为用户提供更全面的信息流和资金流服务，解决用户“不敢付款”、“不方便付款”的问题，对于移动互联网行业的发展具有深远影响。

4 日

12 月 4 日，由中华慈善总会策划主办的首届“中华慈善奖”颁奖仪式在北京人民大会堂举行。绝大多数获奖作品为 2008 年抗击四川汶川特大地震相关的稿件，是首届慈善奖的一个突出特点。

5 日

12 月 5 日，2009 东亚运动会开幕式在香港维多利亚港举行。开幕礼由曾参与北京奥运开幕及闭幕式的团队负责策划及制作，负责制作本次开幕礼的北京北奥大型文化体育活动有限公司总经理路建康表示，开幕礼突显香港独特文化的元素，利用创意概念，以维多利亚港作舞台，营造一个海上盛大场面。本届开幕式成为东亚运动会历来最开放，最多人参

与，最多观众的一次开幕式，它向东亚及世界展示了一个传统特色和现代气势相融合的香港。

6 日

12 月 6 日，永高人红动中国——2010 文化推广年全面启动，标志着永高人进入了文化永高的新时代。永高人“文化永高”的策划战略决策，不仅大大提高北京地区渠道经营和终端运营的水准，更为全国范围内的文化推广起到一种示范标杆的作用。进一步提升了对品牌文化内涵的理解和延伸，加快全国文化推广的节奏。

7 日

12 月 7 日，由国家发改委公众营养与发展中心及宋庆龄基金会共同策划主办的“第四届中国营养产业论坛”在京开幕。作为中国乳业代表，领军企业伊利获得了现场唯一的“营养健康产品创新奖”。与会专家评定：伊利赢得此奖具有典型代表意义，表明致力于营养产业持续发展的中国企业，正在从对世界知名企业的追赶和模仿中，向彻底的自主创新转变。

8 日

12 月 8 日，由人民网策划主办的“人民喜爱的艺术家”颁奖盛典暨官网启动仪式在人民日报社举行。人民网常务副总裁廖玒、文化部艺术司司长董伟、国家广播电影电视总局办公厅副主任罗建辉共同倒计时，触摸激光球，庆贺“人民喜爱的艺术家”官方网站正式启动。

9 日

12 月 9 日，邬倩倩作为公益明星羽毛球的一员参加首届中国社工年会，并成为“荣誉会员”。她以“公益明星羽毛球队”队员身份参加善行天下——2009 年度首都慈善公益日”，以实际行动支持“十元慈善”活动。

10 日

12 月 10 日，上海环球金融中心，由第一财经传媒集团主办的“中国企业社会责任榜”评选活动盛大揭晓，安利（中国）日用品有限公司由于在企业社会责任方面的卓越贡献，荣获“2009 第一财经·中国企业社会责任榜杰出企业奖”，这是安利（中国）第二次获取该奖项。由第一财经传媒集团策划主办、联合第三方认证机构挪威船级社全程参与和独立评价。第一财经传媒集团深信：社会责任不是企业的面具，而是企业存在的理由；不是企业的负担，而是长期竞争力的来源；不是外部的迫使，而内在于企业与社会间的深刻契约。

11 日

12 月 11 日，“见证人类文明·世博报道联盟”启动仪式在上海举行。“世博报道联盟”由《新闻晚报》、新华社长三角采编中心、《中国青年报》、《南方都市报》、网易等全国 50 多家媒体共同策划发起。其宗旨是充分发挥媒体的传播优势，努力打造上海世博会一流的媒体报道有效平台。

12 日

12 月 12 日下午，“2009 两岸非物质文化遗产特展”在台中创意文化园区开幕。台湾“文建会主委”盛治仁在开幕上表示，这是两岸首度精心筹划、共同推出的非物质文化遗产特展，如春雷乍鸣般展现了两岸文化资产交流层面的深度与广度。

13 日

12 月 13 日，湖北恩施利川县土家族女作家雨燕作品研讨会在北京中国作协大礼堂举行。本次研讨会由《民族文学》杂志社、中国少数民族作家协会和湖北恩施利川市政府策划主办。

14 日

12 月 14 日，中国移动“便捷服务 满意 100”服务体验周在全国 31 个省同时启动。此次策划活动是中国移动以客户为导向，紧密围绕“服务社会 服务民生”行风主题，广泛对话用户，全面提升服务质量，打造服务核心竞争力而开展的全网服务体验活动。

15 日

12 月 15 日下午,"2010 年上海世界博览会推介暨台湾馆启动发表会"在台北举行。"孔明灯"造型的台湾馆模型首度亮相。上海世博会执委会专职副主任钟燕群,台湾"外贸协会"董事长王志刚共同出席活动。推介会上,钟燕群热情邀请台湾同胞届时共襄盛举,到上海参观世博会。

16 日

12 月 16 日,由国际助残等多家组织联合策划主办的"致命脚印"大型摄影展在北京法国文化中心开幕。国际助残组织驻华代表尚维德希望通过"致命脚印"在多国的巡展,唤起民众对武器残留问题的关注,呼吁更多国家加入《禁雷公约》。

17 日

12 月 17 日,2009 CPCC 中国版权服务年会在北京举行。此次年会由国家版权局指导,中国版权保护中心策划主办,北京中关村科技园区雍和园国际版权交易中心、中华版权代理中心和中华版权代理总公司协办。新闻出版总署副署长李东东出席开幕式并发表讲话。

18 日

18 – 1

12 月 18 日,第二届奥林匹克公园冰雪嘉年华暨中国红十字会爱心活动在奥林匹克公园举行启动仪式。冰雪嘉年华是北京奥运会结束后在奥林匹克公园举办的第一次大型文化旅游活动。它充分利用奥林匹克公园的自然条件,打破北京春节庙会的传统模式,以创新的意识进行策划,面向少年儿童,将雪上娱乐项目与动漫娱乐项目相结合,创造了全新的文化旅游模式,为北京春节旅游消费市场增添了新的亮点。

19 日

19 – 1

12 月 19 日,"首届中国少数民族地区信息传播与社会发展论坛"在中国人民大学文化大厦开幕。由中国人民大学新闻学院、中国人民大学新闻与社会发展研究中心联合全国 14 家民族大学及少数民族地区相关高校共同策划主办的本次论坛主题是,"传播 · 团结 · 发展"。

20 日

12 月 20 日,由黑龙江团省委、黑龙江省青少年发展基金会共同策划主办的"爱心汇集,星光闪亮—新公民计划 · 希望工程星光行动 2009 年度分享盛会"举行。盛会汇集了近三年来参与星光行动的优秀大学生及农民工子女代表,并邀请了长期以来给予星光行动支持的南都公益基金会以及社会各界爱心人士代表,共同庆祝希望工程星光行动 2 岁生日。

21 日

12 月 21 日，国家版权局在中国人民大学明德楼策划组织召开了“《中国版权年鉴》出版座谈会”。座谈会由国家版权局版权管理司司长王自强主持。《中国版权年鉴》，既适应版权事业发展的需要，也填补了我国年鉴类工具书的一项空白。

22 日

12 月 22 日，一场个性鲜明、时尚优雅的造型秀在今日美术馆拉开帷幕，众多时尚人士将共同见证阳乾造型 2009 时尚造型秀的发布。这是阳乾本人策划举办的首场发布会，凭着对国际流行元素得心应手的驾驭能力和造型上大胆前卫的创新风格，届呈现出一系列构思精巧，匠心独具的作品。

23 日

12 月 23 日，中共中央政治局常委、全国政协主席贾庆林来到民族文化宫，观看了正在这里举办的“台湾少数民族历史文化展”。贾庆林在观看展览时说，台湾少数民族的优秀传统文化是中华文化的独特瑰宝，是中华民族的共同精神财富，也是两岸文化交流的宝贵资源，希望台湾少数民族同胞们积极投身两岸文化交流，向世人展示中华文化的多元一体以及台湾少数民族文化的绚丽多姿，使两岸的文化在交流互鉴中共同发展，在传承创新中共同进步，成为两岸关系和平发展的牢固精神纽带。

24 日

12 月 24 日，座落在山东德州的全球最大太阳能办公大楼正式启用。这座名为“日月坛微排大厦”的太阳能大楼，总建筑面积达到 7.5 万平方米，集展示、科研、办公、会议、培训、宾馆等功能于一身，采用全球首创太阳能热水供应、采暖、制冷、光伏发电等与建筑结合

技术，是目前世界上最大的集太阳能光热、光伏、建筑节能于一体的高层公共建筑。是2010年第四届世界太阳城大会的主会场。

25日

12月25日，由国家民委策划主办的“2009年民族新闻宣传优秀专题专栏颁奖典礼暨2009年中国少数民族十大新闻发布会”在京举行。国家民委副主任丹珠昂奔出席会议并讲话。他在讲话中指出，中国家民委今后加强与新闻媒体合作，共同举办主题宣传活动、合作开办专栏、合作策划宣传专题等等，努力为促进民族团结进步做出新贡献。

26日

12月26日，由人民网策划主办的“庆祝共和国六十周年·‘三农’盛典”在北京隆重举行。当天，“三农”盛典共揭幕了“十大创新乡镇带头人”、“中国十大特色名镇、名村”、“十大三农品牌企业”等九个奖项。万向集团董事局主席鲁冠球、福建冠海海运有限公司董事长林财龙、红豆集团有限公司总裁周海江等在内的10位三农人物获得中国十大最受关注惠农人物。此次活动有利于积极推进社会主义新农村建设，有利于探索以新理念、新思路、新举措解决“三农”问题。

27日

12月27日上午，由北京卫视《档案》栏目与中共党史出版社策划合作的《绝密档案背后的传奇(一)》一书，在北京各大新华书店隆重上市。当天，《档案》栏目讲述人、著名演员石凉亮相北京西单图书大厦，为读者签名售书。

28日

12月28日，第六届“昆仑润滑油奖”全国十大见义勇为好司机在人民大会堂受到表彰，中国石油天然气集团公司出资重奖获得“全国十大见义勇为好司机”和“全国见义勇为司机”称号的先进个人。“昆仑润滑油奖”全国十大见义勇为好司机评选由中华见义勇为基金会和中国石油天然气集团公司主办，中国石油润滑油公司和现代司机报社承办。

29日

12月29日，由天津正信集团策划主办，天津市百饺园投资发展有限公司与天津市创意策划研究会共同承办的“首届天津饺子文化节”正式启动，文化节新闻发布会暨启动仪式在天津百饺园宾悦店举行。本届饺子文化节以饮食文化活动为载体，深入挖掘“饺子”中所蕴含的传统饮食文化的内涵及意义。

30日

12月30日晚上，“欢乐中国行——新跨越·新梦想”大型演唱会暨海航集团与海口市公安局2010年迎新文艺晚会在海口国兴大道海南省高级体育技术学校体育场举行。此次晚会是海航集团为迎接海南国际旅游岛的诞生,为回报广大海南人民和海航集团全体干部员工而策划献上的文艺盛宴和新年贺礼。借助“欢乐中国行”的传媒平台,成功地宣传了企业的良好形象,有力地扩大了海航的知名度和美誉度。

31 日

31 -1

12 月 31 日晚《相约 2010》—2010 年中央电视台元旦晚会在广州白云国际会议中心会议广场举行。此次活动由中国中央电视台、广州市人民政府、第 16 届亚运会组织委员会策划主办。白云区每年一度的迎新年倒计时广场晚会作为上半场的节目融入其中。

31 -2

12 月 31 日,策划家龚崎现《每天都在成功——成功者管理手册》刊行。

文　库

《大林俱乐部主张》前言

"格"物至知

初识大林，是在2004年夏天，广州麓湖畔的一处咖啡屋。对一个未曾谋面远道千里而来的造访者，大林电话里约我在工作室以外会见，一时曾令我有些诧异。我印象中的麓湖总以为是广州大学的校区，因为那里人迹稀罕，成了喧嚣的广州城市的反鉴。记忆中，每次途经麓湖所见人都不多，也许广州人生活实在太匆忙了，连经过时些微一看的时间也省不下。那一趟广州之行，是向大林咨询"中华福坛"的战略策划文本，后来事件发展的结果证明那天会谈中大林的策划思路是卓有成效的，我也是在那天第一次见识了大林独特的"格"阵。回忆当时，窗外细雨绵绵，湖面披上了一层薄雾，小桥依旧玲珑，"麓湖"碑上的字迹格外苍劲，坦然地面对着世事变迁。很难想象，在广州这个大城市市区中居然有着这么一个世外桃源。那时间的心境，早在大林的电话安排时就被"格"在他的矩阵中了。

《大林俱乐部主张》是大林"思想的孩子"，其核心哲学即大林主张的"大道至简"。

《大林俱乐部主张》即将付梓，大林约我为之书序。我认为，最能反映他的策划精神的外在表现形式就是"格"阵。

所谓"大道至简"就是用一套策划逻辑来思考万事万物。人们一般只能用各专业的逻辑思考专业的事物，很少能越界思考。但这并不代表专业的逻辑就不需要了，只是"格"的策划逻辑更善于融汇贯通各学科的专业知识。

自然万物都有其衍生物，人的发展首先是繁衍自己，进而是繁衍其发展必需的工具，最久远的是我们"思想的孩子"，是通过语言和形象的繁衍而能永世长存的。策划是染色体，促进繁衍多样性的增加，于是，策划逻辑自然可以更快的衍生更多正确的推理。自然万物都有引导他们存在的本体，原初引导事物存在的是其内生的本质和规律，后天引导事物存在的是发展意识。而"策划"就是激励的机制，指示人们做对社会和世界发展更为有利的事情。

所有的"思想采购"，是"差异"在不同的"位势"上通过不同的"形象"所产生的"策划拼图"。而不同的"形象"往往会引导"差异"往不同的路径进行"拼合"，所以"形象"隐藏着巨大的势能。要实现策划创新，就必须在"差异"、"位势"和"形象"上进行"策划推索"和"思想实验"。所有策划"事件"的本质导向都是由"位势"导引的。我们可以在不同的"位势"上，增加或减少一些"形象"和"差异"，在"思想实验"中推索结果。在生活中我们已经熟悉了物理实验和社会实验，但人们很少懂得运用思想实验。大林的"格"阵就是一种思想实验的方法论。

我们的"思想意识"在"认知"上与"客观世界"的"本质"存在"迭代"现象，思想的储存如果与客观的替进在现实需求上相吻合，创新便发生了。如果把各种不同的信息比作是一条条的隧道，我们就会发现太多的信息都是不相关联的，就像是一条条平行的隧道，而万物共有的本质在策划的"格"逻辑中却可以构建所有信息相交叉的全新隧道，把原有的所有不相关的隧道全部打通。这样我们的思想就可以变得四通八达、畅通无阻，奇思妙想便奔涌而出！大林的"格"阵就是这样一种让思想与需求关联的“地道战”法,它可以轻易的打破常规,联想到很多以前根本就想不到的事物。

创新的最大障碍往往来自于我们日常惯用的以为是颠扑不破的语言逻辑。如果您想洗去木炭的黑色,又想留住这块木炭,那是不可能的。但木碳本身就是火与木作用的中间过程,再添把火会怎样?再架上一锅老汤来熬又会怎样?语言的表达本就多种多样,结果也就多种多样。我和大林移居北京后,曾共同执教于策划学院,我们把教学理解为一种“质询”。传统的教学逻辑并不是一个可以自主创造知识的过程,而是一个完全吸取他人知识的过程,毕竟抹杀创造力的教学逻辑已经随着各种与知识相关的词语渗透到了人们思想的骨髓里,只要人们想到知识相关的词语就想到会有人教,想到教又想到了学习,没有几个人可以真正洒脱的站出来说:我不需要教学。因为那样别人会认为他不需要知识!在执教中我们把教科书变成问题域,对于学生所要得到的知识,我们使用研究(包括:观察、对比、实验、分析、推索等)、咨询、查询的方法,将其简称为“研询”,也就是说,如果你想要去研究一个事物了,那么你首先要查询和咨询相关的信息,它和传统学习的区别在于:学生是有针对性和目的性的进行知识获取,不会盲目的相信咨询和查询到的东西,而是要通过获取到的资料进行再次的创造和发现,而且还可以创造出属于自己的知识!我们称这个知识传播系统为“导询”系统。而至于与各学科的关联我们用“格”来取代,这是大林发明且一以惯之的策划方法,是其策划实践向教学领域的迁移。

“格”是用来推索和发现创意的,“格”有四个面作为隔墙,就像是各个学科中定义域,将其与其他学科区隔开来;一个“格”又可以是很多“格”所组成的,这就像一个学科里有很多细小的科目一样,当“格”合在一起时有时候又可以组合成一个更大的“格”,就像几个学科组合在一起后会形成一个系统的大的横断学科,这些“格”通过一定的组合就会产生五彩斑斓的策划事物。大林策划文本中的“格”阵拼图,仿佛就像人类文明的所有科目加在一起就重现了自然万物一样。

“格”物至知。“格”是“画”,“格”阵所导引出的联想即是“策”。也就是在用“格”推索相关科目的各种规律和具体联系,而且又具备“格”集合的各种组合特性。所以,“格”可以直接引发你对创意及策划对象的思考。网络上曾经津津乐道的英国青年发明的“百万格”,以及随后这般那样的翻版格子,它们不可以“至知”,至多只是一项创意,因为那些格子禁锢事物。思想的“格”何需百万,十九道围棋的格穿越千年时空而无同局。围棋术语中的“大场”不就是以“格”的位势来论道吗?大道至简,就在于“格”理中。

在《大林 俱乐部主张》一书中我们可以读到许多经典的“一纸通”式的“格”阵。选择“格”阵这种语言系统,已经让众多策划实践者避免陷入因循的怪圈。如果一个企业生病了,那么往往就是因为这个企业的管理语言生病了;如果一个策划失效了,则一定是策划的逻辑语言失效了。

《大林 俱乐部主张》教会我们如何将纷繁的物事简化为“格”的策划逻辑,如何再由简单的“格”涌现出有生命力的丰富创意。

晏　滔

2010 年 2 月 8 日于蓉城书剑斋

《孔繁任"卖"品牌》前言

我们的使命

我们是咨询行业,以贡献商业智慧为己任。

我们专注品牌营销,但我们不是广告公司。

我们擅长于深刻洞查客户的生意,从商业模式出发,规划客户的营销与品牌。

我们有顶级广告公司的表现能力,但我们更关注品牌与营销的同步实现。

这是我们领先国内同业的独一无二的优势。

经验证明,我们的每一个成功,无不是遇到了需求与我们核心能力相匹配的客户。所以,从和客户沟通的第一刻起,我们就必须怀有实事求是的真诚。

我们了解咨询的江湖。一些同行靠自我吹嘘、过度承诺和贪天功为已有以揽取生意,我们坚决不屑于如此行经。

我们只承诺能够做到的;我们只做能够做好的。我们要勇于谦逊、甘于寂寞,甚至做个幕后人梯,因为这是咨询的宿命。

——奇正沐古(中国)咨询机构之《使命》

以上是我本人,也是机构的工作使命(尽管我使用了"宿命"这个字眼),短短 291 个字,用了近 20 年的时间写成。

这里涉及到了行业、职业与专业,客户、同行与我们。

行业:

我们所属于的行业,早期叫策划,现在叫咨询。从字面上看,前者主动一点,后者被动一些;前者有些矜持,后者显得谦虚。但从根本上讲两者大体上是一回事。

咨询,往远的说,正的可以称作古老。最古老的大概是占卜、问卦、跳大神,所以至今中国的咨询业都有算命的味道在里面。咨询,往现代看,真正的成熟与兴起应该在西方工业革命之后。除律师外,会计、医学、广告、公共关系、管理、公共决策……第三方的专业服务基本成熟于二次世界大战以后。

中国现代咨询业成型得更晚,大抵应在改革开放之后。

我是高考恢复后第一代大学生,也是最早踏入咨询行业的探求者之一。

那时候,我们不知道什么叫咨询。24 岁,我成为杭州最年轻的市科学技术协会委员,杭州创造学研究会秘书长。我知道了一些大的行业协会、学会、研究会有下属的咨询部,主要收入是专利转让、信息提供和培训。

作为秘书长,我有责任为没有政府拨款的研究会创收。于是,一群年轻人开始积极地办班,几场培训下来,焦头烂额地赚了几百块钱。后来,接触公共关系,为企业开张出谋划策,拍录像,编宣传册,联系媒体,安排发稿。我们将之称为策划。策划让我们赚到了上万元的钱。伙伴们兴奋不已:“最初我们只为爱好,没想到它可以成为营生”。

现在,咨询已经成为行业。大约在上世纪末,我们在行业中有了自己的定位:品牌营销咨询。此前,我们干过公关,做过广告,搞过培训……。什么都做的坏处在于不能聚焦,样样玩过的好处就是底气十足。

2007 年,中国咨询业营业额 700 亿元,国内生产总值 246619 亿元,咨询业占比 0.33%。世界各国咨询业的产值平均占国民生产总值的 1%,发达国家达到 2—3%。近 20 年来,世界咨询市场增长迅猛,年均增长为 12%,2007 年全球咨询市场规模达到 2000 亿美元。依据中国科技咨询协会秘书长璐羽的估计,2009 年中国咨询业营业收入将可能突破 1000 亿。

奇正沐古的咨询收入,在营销咨询领域毫无疑问地排在了前列。

职业与专业:

有了行业归属,才算有了正当的职业。

可是,职业的正当仅有行业归属是不够的。我们几乎用了十年的时间来探索职业化的路径。

职业化首先是从业自律。如,公共关系从业人员要防止对舆论的不正当操控,包括对媒介的贿赂;要防止为了私人利益和集团利益,进行损害大众利益的公共决策游说等。营销咨询不可以为客户提供破坏环境、欺骗消费者、有害社会风气的方案。管理咨询不可以为了讨好股东、管理层而损害员工的正当利益,不可以制造愚弄员工的企业文化等。会计咨询不可以教唆客户偷税漏税等。

需要指出的是,行业自律一般由行业协会制定规则、公约等,并对行业法人和从业人员进行约束。目前中国在管理咨询、营销咨询方面,行业管理约等于零,基本靠企业和个人的自觉。所以,作为一家咨询机构应该在这方面对员工进行教育和约束。我们现在能做到的是:1. 不过度承诺,只做力所能及的事;2. 不泄露客户的商业机密;3. 不提供欺骗消费者的商业方案;4. 不贪天功为己有。

职业化的第二点是资格认证。菲利普. 科特勒等在《专业服务营销》一书中指出:

“专业服务有下述特征:

- 专业服务是具备专业资格的服务者提供的、能解决问题的指导性意见,它包括为客户提供日常的工作。
- 专业服务人士都需要通过一定的资格考试,遵守本行业的传统和职业道德规范。
- 专业服务具有高度的专业化水平。
- 专业服务提供者通常都有很强的与客户面对面交际的能力,这对质量和服务的定义有很重要的作用。

遗憾的是,国内在这方面几乎没有权威的认证机构(各种“认证”满天飞,但几乎都是以盈利为目的的),所以只有靠机构自身来解决。我们在这方面花了大量的时间和功夫,除内部培训与考试外,还专程邀请美国西北大学凯洛格商学院教授,有整合营销传播之誉的唐. E. 舒尔茨教授来中国授课,整整一个月的全日制培训后,考试合格者由唐亲自签发执业资格证书。

从菲利普. 科特勒等的描述中可以看出,专业化是职业化的前提条件这一。

“我们有顶级广告公司的表现能力,但我们更关注品牌与营销的同步实现”。

这句话听起来有点不太谦虚,但实在是事出有因。奇正沐古是做营销咨询出身的,我本人在大学做兼职教授,主课是营销策划,所以在营销方面专业性够强。但我们的主营业务是品牌营销,传统中品牌开发是由国际 4A 广告主导的,毋庸讳言,他们在这方面是有经验、有系统的。2002 年,我们与美国精信(中国)整合营销传播集团全面合作,完整地补上了这一课,因此具有了“领先国内同业的独一无二的优势”。我们真的很幸运。

职业化的第三点是薪酬与角色。经过20年的努力，我们的薪酬体系基本完善并与市场接轨，员工相对稳定。角色包括内部角色与外部角色。

内部角色是指内部的专业分工，这是由成熟的作业流程决定的。这方面，我们通过引进资深职业经理人得以很好的实现。外部角色，是服务内容与方式的明确，我们是第三方服务机构，是品牌营销解决方案的提供者。这一角色不仅得到内部的确认，也得到客户的认可。

我们成熟了，尽管从幼稚走向成熟的路有点长；

我们还在努力，因为完善是一个不断进步的过程。

"真诚坦率生敬畏心，志存高远成大事业"。原本我本将这句话当作"司训"，可伙伴们把它叫做"家训"。

这让我不仅感到欣慰，而且觉得温暖。

客户：

"咨询得以成功，必须遇对客户：志存高远，心怀天下；从善如流，得策辄行。所以，咨询成功的背后是客户的大度、决断、资源和顽强的执行力"。

这段话引自拙作《摊牌》之自序。这不是说辞不是客套，而是切身感受，肺腑之言。

一个案例的成功，必须具备三个条件。

第一、事情具有成功的可能。有些事明知不可为而为之，结果只能是不了了之，或者更坏。可惜的是客户从来不为咨询师说"不"而付钱，所以"不可为而为之"，在咨询领域绝非个别现象。

第二、正确有效的方案。正确是做对，有效是资源投入与效果产出的性价比优化。这是咨询的任务，也是咨询师的功力。

第三、遇对客户。客户是给你钱的那个人，客户是事主，是结果的最后承担者。客户是上帝，用在咨询领域是最确切不过了，因为一切都是客户说了算。但我们的使命不仅仅是收回全款，更重要的是把事情做成，而且期待奇迹。

我在浙江大学给学生讲《策划通论》，专门有一个单元是讲意见管理的，其中包括共同概念的建立，事前让客户参与意见，策略锁定法则，展现实用价值法则等。但这些都是西方化的基于理性的表述，事实上，客户要比这些复杂得多，而且中国客户比西方客户更复杂。

咨询的本质就是"谋"。咨询的出品是策略、计谋，包括计谋的执行方案和工具。咨询的任务是"谋"字本身——为"某"进"言"。"某"就是客户，从这个意义上"某"是君主，咨询师是军师、参谋。

"君"有仁君、明君、庸君、暴君之分。

仁君以爱人重才之德服人，信任部下，充分授权，书中的宋江、刘备是也。明君高瞻远瞩，明辨是非，得策辄行，历史上的曹操、李世民是也。

庸君目光短浅，好歹不分，用人不淑，偏听偏信，碌碌无为，晋惠帝、宋徽宗算是典型。

暴君独断专行、杀伐无度，顺我者昌、逆我者亡，商纣夏桀、隋炀帝当为代表。当然，更多的"君"是"兼而有之"。曹操既是明主也是暴君，秦二世胡亥既是暴君也是混蛋。

我们当然希望遇到的客户是"仁君"、"明君"。

咨询师不是圣人，需要客户的宽容和鼓励。付了钱就当自己是大爷，一味挑剔和指责是得不到好东西的。这一点连请人做家具，粉砖墙的老百姓都懂。

俗话说："宁为智者谋，不为愚者决"。只有胸怀大志，从善如流，敢作敢为的客户才有成就大事的可能；优柔寡断或"多谋而寡断"如袁绍之流者，有再好的创意也是白搭。我非常同意叶茂中的那句话：好创意得不到执行，我们照样愤怒。

我也同样不喜欢“暴君”。“暴君”太自以为是，为其做咨询，顺之则有可能丧失第三方立场；逆之则可能丢了生意。其实，“暴君”们有所不知，面对专制型的老板，员工在放弃对抗管理的同时，也就选择了应付管理。应付管理就是口是心非，阳奉阴违，消极怠工。在这样的企业，就算方案通过了，也不会有什么好结果，因为执行系统不支持。更糟糕的结果是连咨询公司也加入了应付的行列。

咨询的健康成长有赖于拒绝客户的勇气和底气。做不成的事不做，做不好的客户不接，对于昏君、暴君类的客户能改善则努力之，不能改善则远而敬之。“所谓大臣者，以道事君，不可则止”(《论语．先进》)。

孔子的“道不同，不相为谋”，说的也是这个道理。

咨询的“不相为谋”，不是恃才自傲，更不是德行的优越感，而是对客户负责。

我们有幸。一路走来，关键时刻总是遇对了客户：华立集团董事长汪力成大气果断；红石梁啤酒董事长邱建生长者风范；大自然地板董事长佘学彬包容宽厚；生活家具巴洛克木业董事长刘硕真聪慧睿智；青岛啤酒全球营销总裁严旭犀利果敢……不胜枚举的优秀客户不仅给了我们生意的机会，而且给了我们在咨询道路上进步的信心与勇气。

同行与我们

所谓“先温饱而后知礼义”，各行各业都有这种情况，可发生在咨询业却特别不能容忍。先有对“点子”的责难，后有对“大师”的讨伐，有人干脆就把策划人叫做骗子。

我承认，策划界、咨询界自吹自擂的有之；“无能而邀宠者”有之；将没说成有，将错说成对的有之；将失败归咎客户，将成功贪为己有的有之。策划的江湖很不可爱。

但社会的发展，行业的成熟是有阶段性的；在同一个阶段，鱼目混杂、泥沙俱下也属正常。有名牌就有山寨，有医院就有郎中。老虎和猫都要生存；“君子”与“小人”都要混饭吃。问题的关键是要看主流，并让自己成为主流。

我以为，作为咨询从业人员，最严峻的挑战不是来自外部评价，而是内心的自我认同。

首先，是价值观的认同。

西方咨询界历来有一种自诩：对咨询师而言“报酬为了工作而不是工作为了报酬。”“服务动机的优越感”由此建立。(《有效公共关系》格伦．布鲁姆等著)。这是一种知识分子矜持的优越感，在付费咨询中，这种优越感会受到挑战。

事实上，咨询师内心的煎熬远远不止这些。

菲利普·科特勒曾经谈到，教养告诉我们，为人应该谦虚、诚实，然而为了获取业务，咨询师常常需要高调宣传自己。这对于受过良好教育的人来说，会有一种巨大的内心冲突。

在中国文化中，这种冲突就更为尖锐。

孔子说：“君子欲讷于言而敏于行。”(《论语．里仁》)。君子是要谨言慎行的。“巧言令色鲜矣仁”(《论语．学而》)，太善于言辞的人是少有德行的。

老子也说：“大辩若讷，大巧若拙”(《老子．四十五章》)，做人应该低调，有大智慧的人都是不露声色的。甚至“智慧出，有大伪”(《老子．十八章》)，太聪明的表现背后可能是阴险狡诈。

可见，能说会辩、聪明外露，与传统知识分子的价值观是相违背的，更枉论以此为己牟利了。

至于自吹自擂和骄狂，那就更要不得了。“如有周公之才之美，使骄且吝，其余不足观也已”(《论语．泰伯》)。你即便有周公的才能与完美，只要露出骄傲与吝啬，那不用看其它就知道你不是个东西了。

墨子则说：“名不可简而成，誉不可巧而立”(《墨子．修身》)

沽名钓誉历来为中国传统文化所不屑。

然而,这些为古代先哲们所鄙视和摒弃的东西,却成了当下许多咨询师、咨询机构的大肆作为,而且毫无羞耻。这对同为咨询业者的正直的知识分子来说,无疑构成了价值观方面的冲击。

现代商业是需要自我张扬的,也许,是中国人过于含蓄了。然而,有一条底线是务必格守的,那就是咨询师的价值必须通过为客户创造价值来实现。诚如管子所说:"功未成者不可以独名,事未道者不可以言名;成功而后可以独名,事道然后可以言名"(《管子. 侈靡》)。有了真正的贡献,恰当宣传自己才心安理得啊。

其次,是人格认同。

在中国文化中,咨询师很容易被看做是师爷,两者也确实有许多相同之处。

1. 报酬。师爷是不拿官方俸禄的,而是被各级官员私人聘用,约相当于咨询业的年度顾问,干不好滚蛋,干得好可以续约。

2. 关系。由于不是在编人员,师爷与雇主没有从属关系,相对平等。师爷不是幕僚,而是被称作"幕友"或"幕宾"。咨询师不拿老板的工资与奖金,不必唯老板命是从,不必受制于企业内部的等级制度。

3. 礼遇。因为是靠知识、智慧吃饭,所以得到雇主的尊重。师爷是雇主的"宾师",官员通常称师爷为"先生"或"老夫子"。老板一般称咨询师为"老师"。官员关心师爷的待遇:"时常陪饭,使令厨子不敢省减"。老板常常盛宴款待咨询师。

4. 职责。"或出谋划策,或代笔捉刀,或随吟清谈,或承宣接洽,各为其主,各持其务……"。业务涉及"司法审判、赋税征收、公文批阅、考试选材等",类似法律、财务、公关、人力资源咨询。只不过师爷咨询为官,现代咨询大部分是为企业,角度有些不同。(以上内容参见《师爷当家》,郭建著)

师爷的地位、待遇都不错,报酬也很高,应该是一个很不错的职业。可惜,师爷最终没有发展成产业。否者,今天中国的咨询业要比西方发达得多。当然,当时中国的社会形态不可能出现咨询的产业化。尽管历史上师爷为衙门出过很多力,为各级官员甚至是皇上做出过很大的贡献,但后来的名声并不好。假公济私,营私舞弊,瞒天过海,草菅人命……形象鄙劣而阴毒。钱穆先生在《中国历代政治得失》一书中认为,师爷的堕落与没有政治出路有关。以今天的观点看来,这也与缺乏行业和个人自律有关。

今天中国的咨询业者,头上多少顶着师爷们的阴影。表面被尊崇,实际被怀疑;进门喊师傅,出门骂爹娘;今天指点江山意气风发,明天顾盼自怜门庭冷落……咨询师是为了成就感而活着的动物,付出过后的被冷落,被否定,立马就会热情消退、自我否定。因此,我们需要用持续的成功来满足自己,用严格的职业操守来赢得尊重。前者需要的是功力,后者需要的是定力。奇正沐古的企业文化这样要求自己:傲气不可有,傲骨不可无;匪气不可有,霸气不可无;书生气不可有,书卷气不可无。非分之想不可有,不义之财不可取;不急不躁做事,不卑不亢做人。只有这样,才有职业的尊严,身心的快乐。

20 多年过去了,我们在咨询的道路上艰难前行。我们付出了巨大的代价,因为我们是探索者,从行业、职业到专业,从生意、生存到自我修炼,一切都是摸着石头过河。一头雾水,睁大眼睛;一脚踩空,两手撑住;一身污垢,洗干净了再来。当然,我们的收获也是巨大的,因为探索者收获的不仅仅是果实,还有先行的勇气,成长的快乐,以及使命感带来的光荣与梦想。

本书正是我们探索的记录和进步的见证。

2010 年春节于杭州西溪湿地创意产业园(《孔繁任"卖"品牌》一书自序)

《王志纲工作室哲学》前言

推索之剑

“今天的人们在越来越小的问题上知道得越来越多,而在越来越大的问题上却知道得越来越少。”

——王志纲

《王志纲工作室哲学》一书将向人们揭示家园聚落、城变与文化复兴、策划人时代的“找魂”与战略思考以及“思想采购”的方法论。本书通过策划批评人犀利的“丙方观点”,诠释王志纲工作室的哲学境界,不仅是一本严谨的理论著作,也是一部MBA教材,它是集原创性、历史性和故事性于一体的本土战略咨询实战“兵法”。它真实地记录了王志纲工作室16年来在每一个社会发展阶段的经典策划与哲学思考,是一部破解中国社会经济进程中诸多疑难杂症的“出师表”,刻画了特定时空中极具本土特色的战略咨询的孕育和发展史,并展现了东方智慧的精髓。

“剑指天下”,相信每一个渴望成功的人,都可以从书中领悟到纵横捭阖的奥妙……

思想像闪电划破漆黑的长空,照亮人们的思维世界。近则为一系列看似没有关联的事物和现象找到内在的联系和规律,远则为自己所处的时代作一种概括和总结,找到一些可以把握的东西。王志纲工作室便是这种努力的结果。

如何赋予土地以文化意义,才是房地产策划的发端,而这一里程碑是以著名策划家王志纲成功策划顺德碧桂园作为标志的。此后,人文关怀在古老的中国大地的楼群中复兴;其间,人们可以找到一系列终极的建筑符号和风格,这种风格必与民族复兴的伟大母题相匹配。王志纲正是这种风格探索的始作俑者、先行者。

没有人能够臆测这种探索的终极形态,这是一个超越房地产策划的视角,但无疑,这正是这一代文化人所肩负的使命,一种历史的使命。

1996年介绍王志纲策划经历的《谋事在人——王志纲策划实录》一书推出后,在社会上引起巨大反响,销量逾百万,并成为行业教材。1998年推出的《王志纲工作室策划文库》——《成事在天》、《策划旋风》和《行成于思》。既有微观案例剖析,又有宏观走势把握,同时展现了智慧思维的根源。2002年3月主持编著《财智时代——王志纲的观点》、《财智双赢》和《大盘时代——中国泛地产革命》,再次成为畅销书,并成为许多房地产企业和智业从业人员的教材。2006年元旦,《找魂——王志纲工作室战略策划10年实录》的出版了,从更深的层次表达了王志纲工作室的思想追求。我在撰录《王志纲工作室哲学诠释》过程中,一次次重读王志纲的这些著述,每每会联想到左思的《三都赋》:何以一时“洛阳纸贵”?

王志纲说:“当尘埃落定、社会完成重大转型后,回头看看,就会发现还是思想最值钱,观念最值钱,理论体系最值钱,方法论最值钱。”王志纲工作室改写了策划业态,并赋予新的含义。

策划工作室的普遍建立,是“策划人时代”一个象征,潘石屹的SOHO仿佛就是为这个时代创想的。作为策划发展的产物，策划工作室不单单是某领域的策划团体，也是品牌的象征。他们都拥有自己的固定粉丝和固定策划模式。《找魂》就是王志纲独特的诠释，《找魂》也预示着一个策划人独舞的时代的终结。策划人也在反观内心“找魂”的时候，集体无意识地从昨天奔赴明天的“智业时代”。

友朋问我：将房地产策划的推索归之哲学，是否求之过深了？

答曰：比之剑道则如何？

策划之道犹如剑道，越女曾言其剑道：“其道甚微而易，其意甚幽而深。凡手战之道，内实精神，外示安仪，见之似好妇，夺之似惧虎。布形候气，与神俱往。杳之若日，偏如腾兔，追形逐影，光若彷佛。呼吸往来，不及法禁。纵横逆顺，直复不闻。斯道者，一人当百，百人当万。王欲试之，其验即见。”

我将《王志纲工作室哲学》一书，额其名为“推索之剑”，其深意读者可以推敲。

晏　滔

庚寅年端午于北京书剑轩

《陈放创意天下》前言

创意播种大地

中国是谋略大国,从《孙子兵法》到毛泽东军事文选,“策划”是中华文明的传统国粹之一,就如同中医、中药、中餐、功夫一样,在市场经济大潮的今天,“策划”文化将迎来新的用武之地,焕发第二、第三次青春。

“创意”一词尽管是外来的,在全世界也尽管只有短短50年的历史,但创意风暴似乎正以雷霆万钧之势席卷全球。在中国,伴随着“创新国家”战略的实施,文化创意产业、产业创意以从未有的浪潮激荡神州,每一个人都为之而鼓舞。

或许是家庭环境的原因,笔者自小对策划、谋略文化甚感兴趣,打自80年代参加国务院、中央军委研究“2000年中国”项目起,二十多年来,大到中美苏国际战略、联合国裁军、北京申奥,神五、神六、嫦娥一号品牌开发、鸟巢商业模式策划……,小到某一个企业、产品、品牌的策划,本着“创意播种大地”、“让中国创意起来”的理念,走遍了大江南北,几乎一直处于策划实践与应用的前线。笔者十分有幸,能从事自己最感兴趣的职业,同时亦能从系统科学、非线性科学、广义化学、广义能量科学中吸取方法论养分,结合到每时每刻都在变化的市场大战中来,发现、制造、生产、弘扬……许许多多的“创意亮点”,给许许多多城市、项目进行创意植入,使其充满活力、精神,为此在下也感到无比的快乐。

感谢李旭先生及出版社领导朋友的热情关心,以这么快的方式,使此书能问世。如果没有他们的鼎力支持,可能不会在世博会前面市。也感谢各界朋友、读者能用此平台与本人互动交流、批评指正。

是为序。

创新国家,人人创意!
让创意播种大地!
让中国企业进一步创意化!
让中国创意起来!

陈放(新浪博客 http://blog. sina. com. cn/bjchenfang)
北京创意村策划机构
中国创意研究院
2010年3月31日

《陈国庆营与销》前言

国庆作为启示录

陈国庆作为一位策划家有许多可圈可点，国庆先生从事策划十几年，想到说到，说到做到，是一个言必行、行必果的人。

首先要讲讲国庆的行为果敢、敢作敢为。

98年我在北京商品经济学院策划系任主任，邀国庆先生从深圳到北京讲课，那一次，国庆得知策划家们想办一本杂志，他就在那次讲学的几天中到每一个教研室去拜访策划系的每一位老师，到学院宾馆每一个房间去拜访从全国来讲课的策划家们，他认真收集了大家对策划杂志的构想，回去没多久他居然把一本全新的《中国策划》杂志样刊寄给了我，我十分高兴地把这个好消息告诉了全国策划家，大家都很欣喜，纷纷撰稿，支持国庆的工作，《中国策划》杂志就这么平地一声雷创刊了。

十年春秋，国庆先生在深圳把中国策划研究院办得风风火火，目前的中国策划研究院在全国各行政大区都设有策划中心，在各省会城市、中心城市都设有策划分院，策划事业干得风生水起。国庆感觉到只有北京才是中国政治、经济、文化的中心，要把策划做大做强，必须把自己的中国策划研究院院本部搬到北京。2008年七八月份还听他在说这件事，国庆节前他一个电话给我，说是已经搬到了北京。院本部就设在西长安街的45号院。办事如此神速这使得我很是钦佩，这种雷厉风行的做事态度也只有国庆才有。

2009年我作为《中国策划家年鉴》的代表参加国庆先生在上海主办的第六届中国策划大会，中国策划研究院的五六百名代表聚集在上海，在会上巧遇上海大学出版社副总编李旭先生，李旭先生说想为中国的策划家们出书立传，出一套中国策划家思想文库，一语既出，国庆先生大声叫好，中国策划界太需要这样一套书了，我第一个报名参加。就这样到今天我为国庆的《群策群力》写前言的时候，另外九个策划家象王志刚、陈放、孔繁任、张大旗、陈纪平等都正在日夜赶稿为赶上2010年4月第二十届中国书市首发而夜以继日。

国庆的故事很多，远见卓识、石破惊天的事常发生在他身上。他就是这么一个酷爱策划，果断行事的策划大家。

其二是国庆的有志竟成、功成事立。作为一个为人做营销策划的人，首先要能把自己的营销与策划做好。圈内做得最具规模的算是国庆。

他把营销与策划、策划与咨询、咨询与营销结成一个回环，他的每一个接口都天衣无缝，这便是他业务蒸蒸日上的原因。他出版了一本《营销策划学》就创下了两项中华之最。一是价格最高，这本书竟然卖到了78元，就是这么一本卖得最贵的《营销策划学》最受市场欢迎，至今连续印制过八版，创造了营销策划类书籍印次最多的记录。

不仅图书如此，他把《中国策划》杂志的媒体整合营销也做得令人惊叹不已。在杂志的感召下早些年我还为这本杂志做过两本专辑，也就是我最钟情的两件事。一是为策划家们树碑立传出过一本策划家专辑;另一本是我的俱乐部营销策划专辑。他正是通过《中国策划》杂志坚持出版十数年,用这本杂志团结了全国的策划人,在服务大家的同时也把自己推到了近乎于领袖的地位。

其三是国庆可谓人中之龙,龙行虎步。在策划这个领域内做了许多基础工作,当了不少幕后英雄,对行业贡献特别大。国庆创办了《中国策划》杂志,开办了中国策划研究院,特别值得一提的是,他组织中国注册策划师资格认证工作,十多年来有六万多人在他这个体系得以认证,他与其他认证机构所不同的是注册之后他继续追踪,继续关注,用这只几万人的队伍建立起全国各大区策划中心和几十个策划分院,他整合着全国遍及34个省区的直属策划团队,为全国成百上千个企业做过企业战略策划、产品营销策划,成为了几十个省市县的政府顾问,运用城市品牌营销直接介入到城市规划与开发区建设。

若是说王志刚在中国策划界的名气之大,那么陈国庆在省市长们的心目中和千百家企业家们的眼中却是一个了不起的人物,因为国庆运用整合营销观为他们解决了很多战略和策略的问题,创造了不尽财富,成为了他们的幕僚、顾问和挚友。

让我们看看陈国庆和他的中国策划研究院的有关数字:

中国策划研究院拥有房地产策划研究中心、环境策划研究中心与各大区研究中心;

陈国庆每年有265天以上往返于各大城市之间,要出席上百个学术报告、策划讲座;

陈国庆和他的团队每年服务过的城市和企业有成百上千个,项目不计其数……

陈国庆和他的团队每年咨询策划总收入达到数千万元,项目收入不在此列。

在今天知识财富的转换不仅要策划思想,还要辅之以行为经济学,中国有千百个策划家,若是人人都能象国庆兄这样把策划作为毕生的使命,那我们就拥有千百个策划智库、脑库,就能服务成千上万的企事业,无论是文化产业的蝶变还是产业文化的展翅都指日可待。

本文题目有两种断句读法,国庆作为——启示录与国庆——作为启示录,前者说事强调的是有所作为;后者说人表彰的是国庆为人楷模给我们启示。

时不我与,与众不同。这就是陈国庆。

大林于北京中国社科院

2010年2月3日

《陈纪平藏什么》前言

文化震惊

——有眼要识金镶玉

怀抱荆山之璞，家悬灵蛇之珠，而无人得识。那种精神上的苦闷，那种面对被误读的历史需要有识者振臂高呼的期待，或许只有2500年前的楚人卞和才能理解。陈纪平真爱文物，他对收藏极为认真，他也将收藏做到了极致。他以一己之力“创造了保护民族文化遗产的奇迹”。

陈纪平收藏大系——金镶玉法驾卤薄礼器，一经披露，旋即成为近年来收藏界最火爆的文化事件，并引发多种话题，众说纷纭。其中一种声音比较嘈杂，成为主导观点，许多见惯了鱼目混珠、滥竽邀赏的文物专家、鉴赏家众口烁金：“假的”、“赝品”！以我长年在文物鉴赏圈子里的所闻所见，可以体会专家们在目击的第一时刻心中的五味杂陈。第一次品尝美肴后，要拿出美食家的评价，就好比“夹在牙缝儿里的肉屑”，品之是肉却不知何肉，只能以“人造肉”云云。

文化震惊（Culture Shock），指的就是这种人们在初次接触到另一种文化模式时所产生的思想上的混乱与心理上的压力；因为基本理念不同，而必然发生的冲突和适应的一个过程。

要不是2008北京奥运会采用“金镶玉”的“瑞”式样做奖牌，人们几乎忘却了“金镶玉”这一濒临失传的非物质文化遗产；若不是陈纪平向世人展示金镶玉的秦朝卤薄和辽代捺钵礼器，人们对“王仪卤薄”和“捺钵制度”这两种非物质文化遗产就更加不知了；两项濒于失传的非物质文化遗产集结在一批大型的“金镶玉”文物序列中，以石破惊天的仪仗穿越千年来到现代，于是文化震惊发生了。

一边是面对鉴定方的冷遇，另一边受到公众观赏的追捧，终是“藏宝“的两极，但这并不影响文化在其固有的轨道上运行。陈纪平以他的努力践行呼唤着，要以国民艺术品收藏之复兴旋转历史的机运，开拓中国文化遗产保护的新视域。

原型的钟声

“有眼不识金镶玉”是在我国民间广为流传的一句俗语，人们常用其来比喻见识浅陋、缺乏识别事物的能力。陈纪平的收藏不经意间与这一句俗语原型遭遇了。如果仔细琢磨，不难发现这个俗语颇为令人费解。

历史和文明的遗迹，彷佛是一个向导，把我们带进悠远的历史空间，摩挲一件礼器，令人遥想金碧辉煌巍峨入云的宏伟宫殿；凭借文明的碎片，我们有可能描绘历史发展的轨迹，触摸历史跳动的脉搏；于是考古学有了蓬勃生机。物质文明留下了斑斑碎片，精神呢？非物质有它的残留吗？如果有，可以进行精神的考古吗？由于我们的一些考古工作者往往割裂这两个方面，常常不能对文明的遗迹构建出完整的图画，而造成鉴赏时的误读。

“金镶玉”本来是指一种特殊的金、玉加工工艺，就是在金器上镶嵌各种美玉，这种特殊的金、玉镶嵌工艺为我国所特有,且历史悠久制作精美。《金瓶梅》第二十回:“剩下的再替我打一件,照依他大娘正面戴的金镶玉观音。”这种“金镶玉”器物原本是极易识别的,人们怎么会“有眼不识”呢?

寻根溯源,“有眼不识金镶玉”这句俗语乃是由“有眼不识荆山玉”谐音讹传而来。原型典出《韩非子·和氏》:春秋时期,楚人卞和看见一只凤凰落在荆山的一块青石上。由于当时的人们皆认为凤凰神鸟不落无宝之地。于是,卞和就认定那块青石中必有宝玉,便将它献给了楚厉王。楚厉王命玉工辨识,玉工说这只不过是一块石头。楚厉王大怒,命人砍下了卞和的左脚。楚厉王死后,楚武王继位,卞和又去献宝。楚武王又命玉工辨识,玉工仍然说那只是一块石头。于是,卞和又因为欺君之罪而失去了右脚。楚武王死后,楚文王继位。卞和抱着璞玉在楚山下痛哭,一直哭得眼中滴血。楚文王听说后,感到很奇怪,便派人去问他:“天下受刑被砍掉脚的人很多,你为什么如此悲伤?”卞和答:“我悲伤的不是被砍掉了双脚,而是美玉被当成石头、忠贞之士被当成骗子。”楚文王听后便命玉工剖开璞玉,发现里面果真是一块稀世之宝玉。后来,为了彰显卞和之名,楚文王遂将此玉琢成璧,命名为“和氏璧”。

历史典故焊接的是如此紧密,有趣的是“金镶玉”的出现也像许多发明一样,纯属偶然。“和氏璧”,冬暖夏凉,百步之内蚊蝇不近,乃价值连城的稀世珍宝。秦统一中国后,“和氏璧”被秦始皇所得。始皇令人将其雕成玉玺,镌李斯所书“受命于天,既寿永昌”八字,再雕饰五龙图案,玲珑剔透、巧夺天工,始皇自是爱不释手,视为神物。汉灭秦后,“和氏璧”落刘邦手中,将其作为传国玉玺世代相传,一直传了十二代。至西汉末年,两岁的孺子婴即位,藏玉玺于长乐宫。时逢王莽篡权,王莽欲胁迫孝元皇太后交出玉玺。太后不从,一怒之下取出玉玺摔在地上,将之摔掉一角。王莽见玉玺受损,连声叹息,忙招来能工巧匠修补,那匠人想出用黄金镶上缺角的奇招,修补后竟也愈加光彩耀目,遂美其名曰“金镶玉玺”,这便是“金镶玉”的由来。可惜,这个稀世国宝“金镶玉玺”后来几经转手,到三国时代就不知去向了。但金镶玉的制作工艺却被传承下来。

“金镶玉”的工艺就在一个“镶”字上,这种工艺精细复杂,到乾隆年间就只用在打造饰物了,自清道光以后更逐渐失传。

今天,严格意义上的“金镶玉”工艺已经失传。陈纪平所藏卤薄、捺钵是何等的宏大严整,岂是坊间轻易可以仿造的。

卤薄:皇帝的车驾、侍卫和仪仗。

捺钵:大辽四时转徙的行宫王仪。

先秦,王仪卤簿就是专供诸侯王使用的卤簿。在春秋战国时,因为周天子是名义上全国的最高统治者。诸侯王都是由周天子分封的。在分封时就会送给诸侯王一套王仪卤簿。诸侯王也以此为荣耀。显示其正统。在近期热播的《卧薪偿胆》电视剧里,吴国和越国本来是平起平坐的两个诸侯国,吴王阖闾却送给越王一套王仪卤簿,所以越人认为这是奇耻大辱。

秦始皇时期正式建立了卤薄制度,它规定皇帝出行时乘坐“金根车”(以黄金为饰的车辆),车马仪仗排列有序,少则近百辆,人员上千,这就是古戏中提到的“鸾驾”。此后,“卤薄”规模日益扩大,动用人员甚至于数千。

蔡邕《独断》中记述:“天子出,车驾次第,谓之卤簿。”汉应劭《汉官仪》解释:“天子出车驾次第谓之卤,兵卫以甲盾居外为前导,皆谓之簿,故曰卤簿。”《宋史》(卷二十三 本纪第二十三)中有记载关于北宋灭亡情况的一段文字:“凡法驾、卤薄,皇后以下车辂、卤薄,冠服、礼器、法物,大乐、教坊乐器,祭器、八宝、九鼎、圭璧,浑天仪、铜人、刻漏,古器、景灵宫供器,太清楼秘阁三馆书、天下州府图及官吏、内人、内侍、技艺、工匠、娼优,府库蓄积,为之一空。”

卤簿中各式器皿的纹式,史料记载仅有文字说明,要复原卤簿器物做到准确无误,仅纹式这一项就绝非易事,不仅对制作者提出了非常高的工艺要求,而且必须精通历史。另外,若不是在现代仿制,而是在封建朝代私制卤簿是触犯天条的。

考乾隆年间,命"金镶玉"工艺为宫廷秘制,王仪卤簿更不是民间可以望其项背,遂隐讳不彰,而经史删削之余,明清史事且有不可知,况秦汉魏辽哉。可证信者,其唯存世文物。

今天,陈纪平发篋啟轴,集所藏尊、罍、盤、盂、鬲、甑、钟、鼎,龙蟠螭结、藻起云飞、黼黻铃銮、金路玉斝、雕板绘像,为我们展示了远古的意象,缝补了考古之真空。陈纪平在收藏过程中考较史籍旁及民族工艺,撰写了许多有见地的论文。他的收藏及在收藏之上的文章为古代文献与古代实物的对比研究提供了珍贵的素材。

神册国钧

春水秋山间,柞树相隔,一对海东青相向而飞,鸿雁迷踪;麋鹿回首,虎豹咆哮,胡服骑射;契丹臣僚,汉人宣徽,中书堂帖权差,大人出给诰敕。我所见陈纪平藏"金镶玉"系列之鼓、编钟、卣、尊、簠、鼎、百宝箱、玉剑、玉璧、玉瓶等器物上的种种纹饰图案,鲜活地再现了辽代四时捺钵的历史一幕。

"久夏天难暮,一枕最幽宜";"鸠鸣骨朵,授锥专讨"。在我所见的陈纪平藏"金镶玉"玉枕和金瓜中,又透露出大辽王仗的遗迹。《风俗通》中指出赐王杖之制始于刘邦。其文曰:俗说高祖与项羽战,败于京,索间,遁丛薄中,羽追求之。时鸠正鸣其上,追者以为鸟在无人,遂得脱。及即位,异此鸟,故作鸠杖,以赐老者。以鸠鸟救刘邦之命来解释鸠杖的起源,未必可信。但西汉赐杖之制始于汉高祖,当无疑问。唐、宋、辽三朝权杖逐步演变和兵器相结合,在仪仗上有时还代表兵权、神权和王权。赤峰市敖汉旗萨力巴乡水泉墓就曾出土多棱体玉骨朵,认定为契丹贵族游猎出行时的仪仗用具。在辽代"骨朵"的使用比较多,在多处辽墓壁画中有体现,从"骨朵"在壁画中的地位看,主要功能是象征性的,是代表刑罚权,是由侍卫双手握"骨朵"举于身前的姿势。查阅《辽代耶律羽之"墓志"所记东丹国史事考》,"骨朵"还代表着兵权。耶律羽之担任中台省右平章事后不久,东丹国便出现了动荡不安的局面。但他却能处变不乱在处理好东丹国日常政务的同时,又"授锥专讨,招抚边城"。公元927年就已稳坐中台省第一把交椅,成为东丹国中"身为家宰,手执国钧"的实权人物。

在陈纪平收藏的金包瓷序列中,有数件"官"或"新官"字款的定窑礼器瓷引起我的关注。一件凤冠瓶、一件玉壶春,还有执壶、梅瓶、鬲等,器面錾刻精巧,龙凤、鹿首、灵芝、缠枝牡丹,恍若仙境。

五代时期的瓷器是处在唐代与宋代瓷业的交叉点上。其制瓷技术如原料加工、器物成型、纹饰手法等都较之唐代有了改进,并成为宋代制瓷业繁荣昌盛的起点。五代时定窑已有供官方特殊需要而烧制一种"官"或"新官"字款的瓷器。辽代制瓷业是辽代手工艺中的一个重要组成部分。辽代设窑烧造瓷器,大约始于辽神册年间,其制瓷工匠应来源于辽军进入中原进行侵扰时从中原各窑口虏获的。辽代瓷窑现已发现有七处,其主要窑口分布在:

(1)今赤峰市巴林左旗林东镇南的林东辽上京窑;

(2)今赤峰市西南的赤峰缸瓦窑,以白釉瓷器为主,胎白而微黄。应为辽代官窑;

(3)今辽阳市东太子河岸的江官屯窑,此窑是以烧造白釉粗器为主的规模较大的民窑;

(4)今北京市西郊的龙泉务窑,除烧白瓷外还烧褐釉、黑釉、豆青釉及三彩釉。

辽代陶瓷中契丹形制的器形最典型的有鸡冠壶、鸡腿瓶、长颈瓶、凤首瓶等。辽代陶瓷装饰中錾金手法最具契丹民族自己的独特风格,其间,定窑的錾花最为突出。在辽代,通过金镶玉錾,使来自中原的作为"养器"的瓷器升华为"礼器。

对于收藏鉴赏,我们应如何解读这些潜沉在文物中的密码呢?有唐以来,定窑一直受到皇室和官府的喜欢。那时候,定窑所在的定州布满了大大小小的窑场,夜以继日地燃烧着熊熊的炉火,烧制出一批批皇家贡瓷。因为工艺的局限,定瓷烧制的器物边沿上往往没有釉,而是裸露的胎骨,这就是俗称的"芒口"。为了弥补这个缺陷,就请金匠在"芒口"上包金、银或铜,这种由金属装饰的定瓷称作"金装定器"。定州,当年正处于辽宋边境,这种地理上的渊源,使得辽瓷更多地受到了定瓷的影响。辽瓷中很大一部分是仿照定窑烧造的,称为"仿定"。而"金装定器"到了辽国,给了大辽工匠们更多的灵感。

陈纪平的藏品弥散出来自遥远时空的消息,转达给我们一个个隐藏于史籍后的细节,为一个马背上的民族与中原王朝的错综复杂的关系做出了一系列的注解。

凝固的史诗

《辽史·文学传序》说:"太宗入汴,取晋图书礼器而北,然后制度渐以修举。"其实,远在更早契丹就是一个胸襟开放的民族。贞观二年(628 年),契丹首领窟哥就踏进了大唐明德殿的大门朝拜称臣。窟哥也被封为唐帝国的松漠都督,并被赐姓为李。从窟哥踏入长安城的那一刻起,唐文明就注定在契丹文化里留下了不可磨灭的痕迹。太宗耶律德光灭晋入汴,将晋方伎、百工、图籍、造象、石经、铜人、明堂刻漏、太常乐谱等悉送上京,在大量吸收中原文化中对辽代文化发生了深远的影响。草原丝绸之路的开拓,又促进辽帝国全方位的开放格局。西域诸国以及来自更远的西来的商人和使团,成群结队地来到辽上京,把大批西方的奇珍异宝进献给辽帝国皇帝。绿色的草原丝绸之路,如一条美丽的丝带,把中原文明、草原文明以及中亚、西亚文明连结在了一起。辽帝国为维护这条草原丝绸之路所做的努力,也为后来一个更强大的马背帝国——元,创造了良好的物质基础。

在陈纪平的藏品中,有一尊高达 1.06 米的金镶玉神鸟格外引人注目。它身上错落有致地镶嵌着 206 块和田羊脂白玉,造型奇异,寓意神秘,精美绝伦。大鹏金翅鸟,梵名迦楼罗,是梵天、大自在的化身,代表着智慧和勇猛。最初把佛教引入辽国的,也是辽太祖耶律阿保机。902 年 7 月,耶律阿保机于龙化州建"开教寺",请汉传高僧讲经,还把观音菩萨造像请入木叶山家庙,与祖宗们一起供奉,敬为家神。当时的西夏也是辽人心目中的佛教圣地,去夏国朝拜佛塔,是很多辽国人所向往的事情。而西夏的佛教艺术,也在潜移默化中对辽国产生着影响。在陈纪平所藏文物中,就有一尊"金镶玉"瓶,上嵌灵动的飞天;一尊凝重的"金镶玉"如舍那佛像,勾连起观者与莫高窟中那些美丽影像的联想。

在文化融合的进程中,辽国的工匠们开始把一些西域元素加入他们的作品,使之在今天看起来都觉得时尚。陈纪平"金镶玉"藏品中上有一尊女跪俑玉爵杯",那个女俑从身材的比例结构和面相特征,都明显是西亚地区的人种特征。还有一对"人面兽",也带有鲜明的波斯文明的印记。一对的"龙凤二胡"更是从西域传入契丹的乐舞礼器。

从陈氏藏品中还可以看到契丹贵族对道教的重视。辽帝国从一开始就对儒、佛、道,采取了兼容并蓄的政策。辽太祖早在神册三年(918 年),就"诏建孔子庙、佛寺、道观"。如陈纪平"金镶玉"藏品中的鹿车辂摆件,就是道教内丹学的一种术语解读。器物主人显然与道教有着某些渊源。

宋真宗景德元年(1004)十二月,"澶渊之盟"又开启了一个宋辽文化大融合的时代。开始了一段游牧民族与中原汉民族在历史上少有的"百年好和",也就是在这一时期,一大批凝聚着辽文化与汉文化结晶的精美工艺品诞生了。陈纪平的藏品证明了辽国人的金银器物的制造水平,已达到了一个我们已知的巅峰高度。博古斋中的这批“金镶玉”系列，将金属錾刻工艺运用得洋洋洒洒，在汉人已经发展的美轮美奂的瓷器、玉器上，用“金根”再造出一个铁马金戈的文明！这是契丹人为体现自己的审美情趣而留给我们的文化遗产，也是辽文化与汉文化融合的有力见证。这种文化融合不仅为当时的辽国带来了盛极一时的繁荣，也给后人留下了宝贵的考古线索。在那些礼器上装饰的图案，透露出有关辽代皇室的礼仪、制度、信仰、禁忌等等丰富的信息；而且从这些珍宝中的兵器、乐器、服饰、生活用品之间充分展现了辽王朝特有的生存方式和生活习俗，复活了一个盛大的草原王朝曾经辉煌的文明，她是一首宏大的凝固在远古遗存礼器中的史诗和天籁之音。

搜剔答案

纵观陈纪平整个藏品大系，其中蕴含着大量的自先秦至北宋的文化元素。大跨度的不同时代的造型和纹饰同时出现在一批工艺技术极为接近的器物中，以一种特有的方式提醒人们去探索和发现潜藏在它们背后的那些曾经真实存在的过去。不可否认，其间还有许多问号等待打开。

宋朝时，先秦时期的青铜器、玉器和陶器已经有大量出土，无论是官府还是民间都热衷于收藏这些古器。一门以研究和鉴赏古器物、古文字为主要内容的学问——金石学，也是在这个时代开启的。金石学，是中国考古学的前身，著名词人李清照的丈夫赵明诚，就是一位金石学家。

金石学的兴起，恰好与宋朝的右文策略相结合，逐渐渗入到了庙堂传统之中，最终使先秦的古器形制成为国家祀典的标准。宋朝初年，将《三礼图》定为朝廷礼乐制作的范本，并把《三礼图》绘在国子监讲堂的墙壁上，享有权威地位。随着越来越多的学者和金石学知识的研究和积累，士大夫中间已经出现了摒弃《三礼图》，根据古器实物来绘制新的《礼器图》的尝试。于是，在宋徽宗年间，宋朝的复古运动达到了高潮，大观元年（1107 年），宋徽宗于尚书省设置议礼局，作为推行礼制改革的专门机构，开始了一场规模空前的礼乐制作。这次改革，也源于徽宗对艺术与古器物的狂热。叶梦得《避暑录话》中记载：“宣和间，内府尚古器：士大夫家所藏三代秦汉遗物，无敢隐着，悉献于上，而好事者，复争寻求之，一器有直千缗者，利之所趋，人争搜剔山泽，发掘坟墓，无所不至。”

这种复古之风的盛行，自然对三代鼎彝之遗意给予最大规模的再造。这种仿礼器的制造风尚不可避免地影响到了民间，并在民间与其他工艺传统相结合，创造出了一批独特的仿古器物。而这些仿古礼器也被崇尚中原文化的其他民族引进，而出现在他们的庙堂和墓室之中。

当我仔细地摩挲那些器形、纹饰，观察那些璀璨夺目的金镶玉器，从中发见很多先秦、两汉、魏晋、隋唐的礼器特征，甚至有的就可以是直接的范本。不禁问天：是谁，是哪个年代制造了它们？又是怎样高超技艺的工匠能够制造它们？我将之断为辽代，亦只是权宜，许多问题尚不能解答。在这批文物所涉及的可能存在的大历史跨度中，存疑的地方正是我们的考古学和鉴定理论进步的节点。

记得早年读孔颖达《礼记》正义云：“史定墨者，凡卜必以墨画龟，”窃以为准绳。及考他鲁人的羊卜，前年再见昌乐骨刻，才知道是在灼骨后涂墨。可鉴，考古学必须走进物质与非物质双重发掘的田野！

陈纪平的“探索与发现”精神感染了我，上海大学出版社即将出版陈先生的文集，乐为之序。

晏 滔

2010 年 3 月 6 日于北京书剑斋

《何学林大策划》前言

创意领先的大策划

□何学林

大家都以为我是企业销售的大策划家，其实，我何学林与生命基因的特长和关注点更在创意上。经过多年的磨练，创意已经成为我生活中不可或缺的心理元素。离开创意我一天都不心安，只要我的思想还在活动，我就在不断地进行创意思维，涓滴细流，日积月累，汇集成创意的激流，激荡着我的心怀。在创意中深切体会到策划的所向披靡；在策划中愉悦大气地认识到创意的立意超前。我在企业策划中，坚持尽量发挥创意的探索性特点；在创意时尽量让创意最后落实到可实现可持续的策划上。

我对我国民营企业不会利用高出低进的策略来对待经济的涨落，看不清市场发展的趋势，深表无奈。正文中多有论述，这里不细说。策划家们往往不知道科学的发展已经跨越了牛顿三大定律的还原论科学阶段，走向了综合集成的复杂性科学阶段。因此，动辄以科学策划、科学决策的大帽子装扮自己，吓唬别人。还原论科学就是将整体分解为若干部分去研究，这些部分中有些无法搞清楚，就继续往下分，直到这些被分出来的部分都搞清楚了为止。这就是科学的分析方法、拆零方法。具体到策划上，就是将企业的问题层层分解，然后找出部分的解决办法，这些解决办法集合起来就是一个策划方案。策划理论中的还原论就是“细节决定一切”；而策划理论中的复杂性科学就是“战略决定一切”。策划时确实存在一些适用于还原论方法的方案，有影响的细节也不能忽视，但是，细节毕竟不能决定一切。

现代市场是由数量庞大的经济人组成的，经常表现出波动起伏的动态现象，金融市场尤其如此。你无法把市场运作还原成经济人的个人行为，即使对每个经济人的行为都非常了解，也无法预测市场变化，何时发生通货膨胀，何时发生通货紧缩，股市何时暴涨或暴跌，这类市场经济的整体特性从其微观上即每个经济人身上是看不出来的，尽管诺贝尔经济学奖每年都不会空缺，尽管我们的经济学家滔滔不绝、振振有词地发表了鸿篇巨著，2008 年世界金融危机的爆发竟然没有被他们预测到，说明从经济人层次上寻找危机成因是不可能完成的任务。因此，策划方案要解决问题就要在对微观了解的同时，更要紧紧地把握整体的复杂性。还原论已经成为科学思维的强有力的禁锢。只有超越还原论，锻造新的方法论，才可能更好地应对日益复杂化的策划事件。整体的科学策划难上加难，睿智的创意灵光却可以时时闪现。

马克思说得好：“人们自己创造自己的历史，但是他们并不是随心所欲地创造，并不是在他们自己选定的条件下创造，而是在直接碰到的、既定的从过去继承下来的条件下创造。”就是说我们必须在前人的基础上继续发展创意事业。几千年来，人们为揭示创意之谜，在不停地探索着。

南北朝的陆机说：“若夫应感之会，通塞之纪，来不可遏，去不可止”这时思如风发，言若泉涌，挥毫泼墨，妙不可言。“众里寻他千百度，蓦然回首，那人却在灯火阑珊处。”

《文心雕龙》也说：“积学以储宝，酌理以富才，研阅以穷照。”“然物有恒姿，而思无定检，或率尔造极，或精思愈疏。”

明朝的思想家李贽说的更为明确：“且夫世之真能文者，以其初非有意于文也，其胸中有如许无状可状之事，其喉间有如许欲吐而不敢吐之物，其口头又时时有许多欲语而莫可所以告语之处，蓄极积久，势不可遏。

一旦见景生情，触目兴叹，夺他人之酒杯，浇自己之垒块，诉心中之不平，感数奇于千载。”创意来源于人们知识和经验的沉积，启迪于意外客观信息的激发，得益于探新和独创智慧的闪光。所谓创意，是人脑的一种综合性思维，是思维素质、思维心理、思维形式、思维环境和思维效益的综合反映。它包括智能要素，如知识信息、创新意识、创造能力等；也包括非智能要素，如兴趣爱好、专研精神、实践能力等。创意者在最佳的心理构成和心理合力作用下，首先会获得强烈的灵感，继而使大脑中已有的感性认识和理性认识，按最优化的科学思路，灵活地借助想象、联想、直觉等因素，以渐进式和突变式两种飞跃形式，实现重新组合、匹配，这时，创意脱颖而出并得到升华。创意不能库存，它永远是鲜活的。

创意来自于客观需要，所以，创意是目的性很强的活动，在客观上有某种需要时，人们才会集中精力去设想满足这种需求的策划；而且需要越迫切，创意的自觉性就越强，注意力就越集中，创意就越容易产生。不着边际的胡思乱想不是创意，创意是有根据、有基础的，这种根据和基础就是创意者已经掌握的科学知识和新得到的相关信息。一般来说，创意者具备的相关科学知识越丰富，相关信息越多，创意产生的可能性就越大；至于这种可能性能否变成现实性，还要受到其他因素的制约。所以不能以创意是否实现为判断创意是否合理的依据，而且那些尽管没有取得最后发现和发明的创意，但在思考的方法技巧上，在某些局部的结论和见解上具有新奇独到之处的思维活动也是创意。正好比矛盾存在世间一切事物中一样创意也存在世间一切事物中。

在创意中，越来越清楚地意识到原有的传统理论和做法，以及人们的思维定势对创意的束缚。所谓思维定势，就是按照已有的思维经验和关于思维规律的知识，经过反复使用之后所形成的固定的思维路线、方式、模式、程序。它在在传统思维中，可以提高思维效率，但对创意来说却是一大障碍。因为创意就是产生新的思路、方法、程序、模式。一般来说，思维经验越多，对思维规律的认识越多的人，往往越容易形成思维定势，其思维定势也越难以打破。这就是一些有成就的科学家、企业家、政治家之所以成为保守派，不仅他们自己不能再有创意，而且还压制具有创意精神的新生力量的根本原因。由此可见思维定势是创意的大敌，不克服它，就不可能有创意能力。要进行创意必须勇于打破陈旧的框框，敢于开拓创新，走别人没有走过的路，顶住守旧势力的压迫和攻击，坚持到底才能胜利。这里首先要有勇气，要敢于破除陈旧观念，正确对待权威，不被传统和权威吓倒，其次要敢于坚持新的观点，敢于同传统观念和原有理论权威斗争，顶住旧势力的围攻。数学家祖冲之（公元 426—500 年）于 462 年编出新历法（大明历）。尽管新历法更科学准确，却遭到主管天文历法的官员戴法兴的攻击。为此，祖冲之与他进行了有理有据的坚决斗争，维护了新历法。

我自己投身策划业以来，一直苦苦追求创意，“衣带渐宽终不悔，为策划消得人憔悴。”

好了，我的创意观就讲这些，大策划因为在正文中有多处论述，请各位读者正文中领略其不同于一般策划的创意领先，先声夺人的大策划吧！

注：主要参考文献：卢明森．思维奥秘探索——思维学导引，北京农业大学出版社，1994

《张大旗语言点化》前言

策划犹需语言表现的点化

策划是什么？什么是策划？教科书上有形形色色的定义，我们大可不必拘泥于此。策划简言之就是谋划，二者丝毫无异。而谋划之事，自然是“古已有之，人皆可为”。说到这一点，不禁想起早些年有人在上海浦东第二届中国策划峰会上说过的一番话。此人其时并非调侃的说，虽然古已有之，但是，“一手交策划方案，一手收人家钱财同时给他出具发票”，中华五千年他才是第一人。对此，听者自不必太过认真。不过，这番话还是披露出这样一个事实：是改革开放以后，中国才陆续出现了一些以专事工商策划为自身职业的人。这些人被称为职业策划人。至于在其他领域也曾有过策划大手笔的那些人，因为不是以策划为业，习惯上并不将其归在策划人之列。

迄今为止，中国策划界中确实已经出现了一些有理论根基、有出色建树、有广泛影响、也有大众口碑的代表性人物。透过他们，人们能大体掌握中国策划业是如何起步、如何发展、如何日趋成熟的整个脉络，也能基本明白中国策划业究竟是怎样生存、怎样运作、怎样取胜的全套法则。

不过，也有人以为，这些代表性人物还不足以回应社会对“大师”的呼唤，不足以满足人们对“大师”的渴求。在许多人眼里，大师级的人物必定是头顶光环、著作等身、名扬四海、非普通人能随意接近的。

权且撇开这一将大师神化的观念不说，我们还得承认，中国策划业的确还要继续的呼唤大师，呼唤那种能够代表它站在国际讲坛上语惊四座的人物。这需要包括先行者在内的既已入行和正欲入行的智者高人们自身的卓越进取，更需要与国际接轨的市场经济在中国这片土地上的强力推动。

尽管这样的大师仍在社会的呼唤和期待之中，但是，在我看来，中国特色的策划并不让人自惭形秽，它自有其不同凡响之处，它也是科学的、艺术的，同样策划得很精彩、很轰动，也同样在产生着巨大的经济效益和深远的社会影响。这大概就是策划日兴、企业看重的原因所在吧。

策划可谓是一个系统工程，涉及方方面面。从根本上说，策划就是分析达到目标的多种可能性，从种种途径中寻找到切实可行并且是投入产出比最佳的途径。策划所运用的手段很多，其中最重要的当是定位分析，即为目标对象设计创造有价值的差异化特征，从而确立它在某个领域或某个分支领域中“数一数二”的位子。除了定位分析，策划还往往靠创意取胜。所谓创意，就是一种创造性的思维，它来自对事物进行观察的独特的视角。视角不同，观察所得的结果完全可能两样，正所谓“横看成岭侧成峰”。高明的策划和创意，最终可以“在大同的世界中创造出大不同”。

对于广告而言，因为它有一个至关重要的“影响目标受众”的问题，其策划和创意就不能不有赖于语言的表现。所谓表现，就是“表而现之”，换句话说是“表示出来”，它的最终形式是具象的语言表达，是白纸黑字落笔写下去的那些东西（图象画面也属于表现，本文不予讨论）。许多时候，“表现”甚至只是指望最终刻在人们心上、活在人们嘴上的那么一句话。尽管就一句话，却是万万不可小觑的。如果离开语言的艺术表现，再准确的广告诉求也无法到达目标对象那里，更无法获得预期的效果。一切都取决于“注意力”，取决于目标受众是否真正注意到了你所披露的事实。优秀的表现，正是能让“事实”引起人们“注意”的一把利器。

许多人把创意等同于我这里所说的表现。其实不然。表现跟策划、创意是同生同处然而概念不同的三个东西。一鼎三足，各为一足；三驾马车，各为一驾。大而言之，策划是宏观的，创意是局部的，表现是具象的。策划和创意都属于思维的范畴，而任何思维都需要借助一种语言才得以进行，并借助于语言将飘忽不定的东西予以“定型”并最终“脱壳而出”。策划、创意都需要独到的表现。将策划、创意这些思维范畴的东西用定型化的语言形式来“表而现之”，其重要性决不亚于策划和创意。

红色罐装王老吉令人艳羡的巨大成功，首先得益于新的策划定位——将传统的中药饮剂一改而为需求极大的清凉饮料，从而得以畅通无阻的长驱直入巨大的饮料市场和餐馆酒楼。可是，这一高明的定位如果没能找到“怕上火喝王老吉”这一精彩的语言表现，也仍然无法广为人知，无法产生满意的市场效益。

当年的感冒新药“白加黑”，问世方才半年，就占据了全国感冒类药物最大的市场份额而创出名牌。它的策划始于产品设计阶段，一盒药中配有白色和黑色两种药片，分别白天黑夜对应服用，旨在解决一般感冒药物容易致使服用者嗜睡的副作用。如此别出心裁的产品设计，创意奇特，令人叹服。可是，如果没有特征鲜明的“白加黑”的产品取名和贴切到位的“白天吃白片不瞌睡，夜晚吃黑片睡得香”的广告表现，市场业绩无疑会大打折扣。

TCL的“美之声”无绳电话的市场策划，选定“清晰”作为自己的功能定位，以此与深入人心的领导品牌“步步高”的“方便”定位叫板，不失为高明的一着。其广告语设计表现为“方便不说也知道，声音清晰最重要”，既强调了“清晰”的重要，也敲打了竞争对手的“方便”，令其定位最终得以在市场大奏其功。

“大又好”牌瓜子的定位不落人窠臼，弃“片大味好”不用，但言其“容易嗑”。如此定位可以说是另辟蹊径。“容易嗑”的定位采用了“好吃的瓜子会开花”的语言表现，既形象又别致，还朗朗上口，促使“大又好”瓜子销量一路攀升。

康富来洋参含片为了避开市场的恶性竞争，决定推出女性专用的新款产品。这种有违传统目标对象的产品开发思路可谓是别开生面。在功能定位上，它同样一反洋参产品既往的“滋补养生”说法，只是针对女性普遍的关注重心强调其“美容”的功能。而一句“不用化妆修饰，一样神采飞扬”的推广语，就将其“美容”的定位表现得淋漓尽致，让女性消费者笃信不疑。

以上这些并非精心挑选的案例，已经足以证明这样一个显而易见的道理：策划犹需语言表现的点化。再好的策划和创意，如果不配以精当的表现手法，或是最终的表现不甚出彩，都难免有落空的危险。

正因为如此，我们才忍不住一再的呼吁：出色的策划和高明的创意，万不可被一个拙劣的、平庸的或随意的表现给糟蹋了。

作为一个被尊为“广告人”或自诩为“广告人”的人，理当有几手看家的本领。广告人的看家本领究竟应该包括哪些东西，这大概也是一个见仁见智的问题，难求一统。有理论根基，有市场眼光，有洞察力，有想象力，有执行力，有预见性，灵感来得快，创意出得多，这些东西常常被视为广告人的过人之处。对一般的从业人员来说，这些东西，则被视为必修的基本功。这些东西的确都很重要，但我以为，基本功里还有一个十分重要的东西被人忽视而遗漏了。这个被人忽视而遗漏的东西就是“表现”。我坚持认为：表现，也应该成为广告人的看家本领。一旦真正掌握好了语言表现的本领，广告人就能取悦于客户，让自己受用终身。

但是,我们经常看到的却是这样一种情形:广告人只顾“玩策划、玩创意”,他们认为自己的使命就是“雕龙”,而“表现”从来就是让其手下那些只会“雕虫”的文案人员去完成的。既然文案人员只擅长于会者皆觉不难的“雕虫小技”,不过能咬文嚼字、舞文弄墨而已,自然也就只配为其副手。前者常常抱怨后者所撰拟的文案和广告语总是不能让客户特别满意,他们永远都在因为无法寻觅到优秀的文案人员而烦恼。

他们可能真的不知道,成就一名受人欣赏、为人器重的文案人员是何等的不容易,因而在中国这种人不能不说是凤毛麟角而奇货可居了。他们也可能真的不知道,只有自己在表现上能“修成正果”,才配得上他的广告人身份。他们还可能不知道,世所公认的全球顶级广告大师奥格威辞世前不久说过的那句话—“希望世人把我看作一个曾经出过大创意的广告文案人员”。我以为,奥格威以“广告文案人员”来评价自己的时候是绝对真诚的,丝毫不带自谦、自贬或戏谑的意味。奥格威最引人注目、最令人难忘的,始终都是他的“大创意的广告文案”。他在广告文案方面的出色而独到的表现,不仅让他的名字跟他的客户一起辉煌起来,并且让众多的景仰者、追随者至今也不能望其项背。

人们或许早已注意到了这样一个普遍的现象:客户往往并不很在意你所提供的洋洋洒洒的策划方案,反而特别看重可以一目了然的广告文案。客户的这种态度是不是本末倒置、主次不分呢? 我以为不是。相反,在我看来,我们所强调的策划、定位、创意、点子一类的东西,无不需要通过我们所撰写的广告文案加以再现,只有这些将直接与其目标受众见面的“终极产品”才最终决定能否说服和打动客户。所以,客户特别看重作为表现的广告文案,就不是“岂有此理”而是“自有其理”。

既不要以为客户一无所知,也不要认为自己无所不能,不要装模作样或循规蹈矩的去做那些费力不讨好的事。把一个广告策划方案写成一本书,写得面面俱到,充其量只能让客户承认你下过“苦工夫”,却未必能证明你确有“真功夫”。对此,我是深有感触。这使得我自己后来也学乖巧了:许多时候提交给广告主的所谓方案,其实不过是一组广告文案,那些定位策略和创意构思已含在其中,一看就懂,效果直现。所以,对方往往当场就能据此判断好与不好,决定用与不用。熟悉我的人说我的方案命中率比较高,这里所说的也算是我的一个诀窍吧。

我们一方面强调广告创作要“重在表现”,一方面强调广告效果要“重在传播”。许多人误以为广告发布该注重的是“到达率”,要做到人人都“看到”,而不是注重“传播率”,去追求人人都“知道”。其实,广告不必在乎人人看到,但要力求人人知道。因为,人人看到,必定是巨额的媒体投放才会产生的结果;人人知道,却可能是理想的人际传播带来的局面。而人际之间的口耳相传跟高明的创意、出色的表现是密不可分的。传播效应既来自大众媒体,也来自创意表现。优秀的广告人不屑于做人人看到的广告,因为那要花费广告主太多的钱;只在意做人人知道的广告,因为那可以节约大笔的媒体开销。

广告主也应该明白,他的广告投入无非分为两大块:一块是用以获得一个广告作品,为此他要进行市场调查、定位分析、创意研究、表现构思和具体制作;另一块则是用以投放媒体将广告发布出去。二者之间有没有一个分配上的“黄金比例”呢? 也许有吧,但是估计谁都无法准确的说出来。不过,我们不难作出这样的判断:1:1000 决不是黄金比例,1:100 也不会是黄金比例。我相信,在创意、表现、制作上哪怕增加一点点投入,在媒体投放上就一定能节省大大的开支。

广告的语言表现,除了应该具有明显的商业促销功用,我以为,它还应该具有一定的审美价值。对于真正的广告人来说,这个要求不能说是很高吧。

这就是我们的结论:策划犹需语言表现的点化,语言表现应当与策划创意并驾齐驱,掌握语言表现将让你得心应手,终身受用。

《晏滔玩文化》前言

已经发生的未来

——晏滔《晏滔玩文化》一书前言

在文化策划的过程中我常对决策者说:"在故事的最后会是新的开始。"

在策划业30年的"鎏金岁月"里,策划人在"菊刀"一样轻柔的竞争环境中,凭借强大无比的知识和信息优势过着优哉游哉的神仙日子。智业以脑力为成本,依托"思想采购"的利器,不仅创造出了美妙的收益,更是让策划人在任何经济危机前都能高枕无忧地去享受静态的工作模式所造就的奢侈。

策划人是如何让"未历之史"在今天发生的呢?策划人向"远古"和"未来"贷款的能力,他们为决策人"背书"远期支票的决断力,令人羡慕。在此,我以德鲁克的《已经发生的未来》一书的书名为隐喻,来揭示我在策划之前的那些文化考据,那些我将之称作"晏滔玩文化"的文本所内涵的策划意味。

德鲁克不止一次地提到自己的真正角色是"社会生态学者"(social ecologist),在他看来,社会生态的最终目标是帮助社会中的各类组织和机构采取行动。而作为"社会生态学者"的一个重要指标就是揭示业已发生但还没有被众多的社会组织和机构察觉到的未来变化趋势。在这些"已经发生的未来"(the future that has already happened)中蕴涵了无限的机遇。

举一个时新的预测例子:到2013年,全球将有超过7.5亿用户使用手机上网服务,手机上网市场规模有望达到380亿美元。这是全球性的市场研究与咨询机构Strategy Analytics所作的预测。380亿美元的市场是个什么概念?2008年,新浪为首的四大门户,和盛大、百度、阿里巴巴这七家中国领先的互联网公司总收入之和为37亿美元。是上面所预测的未来手机上网市场规模的十分之一。这么大的市场一定还可以容纳并诞生出更伟大的公司,策划人在"移动生活搜索"这一主题下又将为决策人描绘怎样的蓝图?

预言家所预言的每一件事情皆有发生的可能。然而,预言家有可能并未关注到已经发生的事实中的要义。文化策划人在他的"未来宣言"中则认为价值、观念和目标的转变才是最为重要的,而这些要素都只可领会而不可预言。对于策划人而言,他们更重要的工作是要把握住已经发生了的变化。在社会、经济和文化领域,他们洞察已发生的变化,并从中抽象出概念,为决策人指明机会,其关键就在于把握住"已经发生的未来",并采用一套系统的策略来观察历史成因和分析这些变化。从这个意义上说:策划人就是"社会生态学者"。德鲁克有一个奇妙的比喻:我们永远不可成为莫扎特,可是为什么我们不能象莫扎特那样去拉琴呢?!对于文化策划也是如此,在"思想采购"的原则下,一切策划为创新而蜕变化蝶。一个聪明的农夫,他总是能够预测天气与收成,他不违农时而播种,他不羡慕别人的收获,而是研究别人怎么样种植的。

策划创新是一个环形过程:在力图使现有的历史元素有效发挥作用的过程中,深入研究揭示新的知识和激发必要的洞察力。历史和未历，东方和西方，绝不是两个平行的永不交汇的世界。

《晏滔玩文化》所引述事件发生的时空，是从“原型搜剔”至“策划推索”前夕；所有故事都发生在决策人本传之前；故此，将本书所呈献的文本称为前传。“前传”在现代创作视域中，是一种对原作品的衍生作品。通常是叙述原故事发生之前所发生的故事。从前传中可以看到原作的一些事件的由来。前传作品通常会是以小说、动漫、电影、电视剧、舞台剧、游戏等创作形式呈现。影视的前传通常是在原作品成功后，对“今生”的“前世”进行演绎；文学的前传通常是为后文的情节做铺垫；动漫的前传通常以番外的形式讲述与正文不一样的故事；而“策划前传”则是文化策划的先行工程，是在策划战略形成之前对本案的形象原型进行搜剔和演绎故事，是对形象本质的策划解读。

《晏滔玩文化》留住的记忆，是我在策划中诗意行走的“书签”。策划人将智业“从昨天派往明天”。有人问，“大盘时代”之前，王志刚是如何进行“思想采购”的？又有谁不想知道，叶茂中的品牌策划成功之前，这匹“独狼”的嗅觉？更多的人热衷于话谈张艺谋奥运会开幕式策划中，“书画开卷”、“千人击缶”等创意的由来。

每一个策划人都有一种特定的看待世界的方式。这些看待世界的方式不仅是从大规模的实践中来，许多时候是策划人潜沉于文化深处的探究，是沉淀在形象的策划系统中艺术的生活意味。《晏滔玩文化》是我在项目策划之前对文化原型的“精神考古”，许多决策人更愿意将之当做文学或文史来读，许多决策人没有意识到这就是策划不可分割的组成部分，然而，让我欣慰的是他们欣然的读下去了，并在潜移默化间于他们的内心发酵了，后来的“策划本案”由此被成就了。这也就是我在《东方策划学》中所论说的“创意文学”的社会功能。

思想因策划而好看起来，一个时代的经济，体现了当代的生活方式，也可靠地映射出我们民族的文化品格和美学追求。道在日常中，道在传统中，道在对“未历之史”的把握中。策划势必会与随时代而演变的生活发生深广的联系；策划师带着艺术家的灵气和科学家的敏感，进入到这种联系中。策划的作用，在于让社会构建出鲜明的风格。生活无时无刻不在形式化中分化出新的意义，但是，同样是做经济却有索然无味和妙趣横生之分；有粗俗不堪和风度翩翩之别。策划家是妙趣横生者，把生活的形式带向极致。于是，一个时代确立起它最鲜明的形象。

《晏滔玩文化》想要传达的是：那些被公众目为神秘洞察力的策划能力，其实也很平常，它只是策划人的基本功课。它将天知、地知转译成你知、我知来启迪思想。文化策划的真正魅力并不在于技术和商业，而是营造一种全新的社会生态关系。你能读懂它的内涵，你就知道决策的方向。那些会用键盘和鼠标的猴子，就会比孙悟空还有出息。这就是文化策划让“猴子”成为“孙悟空”方法论。

于是，在策划前夜，策划人的行动指南是：直面变化，并使其成为文化表述的一部分；挖掘内涵，生动地描绘前景，并围绕这一景象制定衡量成功的各项行动准则；身体力行地推广新观念，直至这一“观念”成为“创意”；揭示变化背后所隐藏着的机遇。

前夜的睿变究竟是如何完成的，让我们翻开《晏滔玩文化》的篇什。

晏　滔

庚寅年3月于北京书剑轩

《舒明武心新相印》前言

永远！在新鲜的出发点上

□舒明武

我为什么热衷于创意策划——特别是主动性的创意策划呢？原因很多，列在头一条也是最根本的一条是：它能使我的人生之路，不断地处在新鲜的出发点上。

在新鲜的出发点上前进，有如当年秋收起义的队伍向井岗山进军，有如当年八路军东渡黄河奔赴抗日前线，有如当年那一支解放大军开进北大荒，有如我17岁离开故乡到云南边疆为国种植橡胶树……能让人充满战斗的渴望、献身的激情和青春的豪迈。

这样的情景，这样的时光，我喜欢，我爱。

另一个重要原因是，我认为，从整体上来说，从深层次上来说，中国人的创新力、创造力、独创力还远远没有被唤醒，而就我所处的时代和我个人的情形来看，最佳的就是从创意——创意策划着手，去进行"唤醒"和"启迪"、"鼓舞"的努力。

具体来说，一方面我所在的内地城市（重庆）的头脑产业市场的大气候不怎么好，企业家、商人接受智慧价值的程度有限；另一方面我所钟爱的诗、科幻、未来知识都与创意密切相关，对创意策划的孕育、滋生和成长有极大的补充作用。

我与其他创意策划人有一个明显的区别，我喜欢被动性的——即接受客户委托的创意策划，更喜欢主动性的创意策划——即没有客户委托的创意策划，换句话说，它是产生不了——至少直接产生不了商业利润的创意策划。

主动性创意策划的最大功能，不在于它的直接实用性，而在于它的思维启发性和智慧冲击波，尽管它们还有些粗糙、有些朦胧、有些天真浪漫，但它们仍然能让那些冰雪般聪明的读者——尤其是商界读者骤然间发现新的财富之源、捕获新的商战契机、领悟新的竞争妙计、爆发新的创业创新激情。

进行主动性创意策划的工作是艰苦的、曲折的、有时是孤独的，它又经常遭到"可行性不强"、"缺乏可操作性"、"想象力太过丰富了"、"有科幻小说嫌疑"之类的指责，要想用它来打开中国目前的市场，获得经营的业务，即使在今天，也并非易事。

但是，主动性创意策划的魅力亦非同凡响，它横空出世，雄视人间，独步天下，让读者一时目眩神迷，让观众刹那陷入幻境，仿佛冬天的雪原中盛开了一丛牡丹，好似荒凉的沙漠里长出了一排垂柳……它在给我个人带来巨大的、最高的幸福感的同时，也给中国新兴的头脑产业抹出了一线如梦的虹霞。

无论如何，从1993年算起，我已在这条路上行走了十七个年头了。十七载风雨中，我不断位立于新鲜的出发点上，脚下泥土清香，眼前草野花乱，远方风光壮美而神秘，之兴奋感动，端的无与伦比。或许我的人生在其他方面的成功有限，但在尽情享受"新鲜的出发点"这一点上，其命运是令人羡慕的。

此时,我想稍停一下步子,回望一下旅程中的诸多醉心之点:

——1993年底,我成功地创意策划并(与人合作)设计制作"毛泽东诞辰100周年纪念名片",全套32张,集文物、史料、收藏于一体,一出世便引起轰动,被新闻界与收藏界誉为"中国第一名片"、"人间奇迹世无二,天下收藏第一珍"……重庆电视台、《重庆日报》、北京《人民政协报》作了专题报道。《重庆晨报》1998年又作过长篇专题报道,再度引起强烈反响。

——1994年起,我就把自己定位成一个职业创意策划人——以主动性创意为主的职业创意人,我一直想把自己的创意文章写得绚丽多姿,像世界名诗名曲一样的优美动人,值得高兴(或沮丧)的是,我的文章已经多次遭遇了抄袭,也早已有人在关注和收集我的文章了。

——1997年初由河南人民出版社出版发行《创意风暴——舒明武商战策划》,该书36万字,属我个人创意理论及创意界里程碑之作,书中荟萃近百个全新创意,给了传统的商战思维方式以强烈的震撼和冲击。我陆续接到了许多读者来信来电表示赞赏和支持,有的读者发表书评称"几乎一夜未眠,36万字一口气读完,心灵受到强烈的冲击"。有的读者在来信中写道:"深为书中的奇思妙想击节赞叹,令人耳目一新,为之热血沸腾"……

同年,我还发表了《重庆振兴九大创意》(有读者在给编辑部的电话中称"一口气通读了四遍,热血沸腾")、《新重庆创意第一波》、《邓小平纪念广场创意策划》,叫好之声不绝……

——1998年1月,我在《商界》杂志上发表长篇文章"迎接创意经济时代",各地读者反响甚佳,余音绕梁。

——1999年初,担任《重庆商报》顾问,在重庆商报的创刊号上(另名)发表长达13000字)创意策划文章"第一届重庆国际汽车节",一石激起千层浪。

同年3月,我因重庆南山泉水鸡文化节的文案创意策划而获得政府首次颁发的创意重奖。

同年5月,我因"山城夜景国际灯光艺术节"的重庆旅游战略大创意受到重庆市领导的重视,市长蒲海清亲笔作了批示并特邀与会座谈。

同年12月,我的第二具原创性、独创性的创意思维成果专著《新鲜的出发点——个人创意十一章》,由广州羊城晚报出版社出版发行。有读者来电话称"从深夜读到天亮,一直到了上午仍无倦意,仍处在激动之中,并想立即实施其中的一个创意"……

——2000年初,我与中国发行量最大的商业财经杂志之一《商界》进行合作,开办中国第一家"创意商品专卖店",为直接实现创意商品化、让创意智慧更快更广地转化强劲的生产力,催生更多的社会物质财富而作出了新的尝试。创意商品专卖店开业后,商界、创业界及各类人士充满了好奇与惊喜,掏钱购买创意者为数甚众,

——2001年,我的第三部闪烁新智慧火花的《智慧光源——舒明武商企策划录》由北京中国城市财经出版社出版发行。读者来信称这是所读到的"最好的、最具有实际操作价值的一部书","我第二天运用时就产生了商业效益"。

同年,我担任了为期一年的《商界》杂志创意新空栏目的特约主持人,发表商战创意系列知识讲座和一批创意商品案例,各地读者反应良好。

——2003年5月,我创办了"舒明武创意网",这是一个以我的多领域、多层次、多类别创意为核心内容的专业化网站,是一个充满了当代中国最稀缺的高智慧.新智慧.大智慧和复合智慧的网站,问世一鸣惊人,备受各界欢迎,影响日益扩大,海外亦有读者。有个大学生曾沉浸于该网一个多月,有的读友来信称这是一个"世界上最具智慧的网站"、"无比钦佩站长的大创意、新智慧"……

——2004年8月,我历时七年研究的独家理论——"中国企业全息创新理论"基本框架完成

（这一理论于2007年全面完成），开始进入传播、推广与实践期。五年多来。舒明武已经到包括深圳在内的许多城市进行了这一理论的演讲，并以此为指南对一批企业进行了咨询策划，效果良好。有一位企业董事长在午餐时专门给我敬酒时说"有一个关于企业战略的难题，困扰我已经两个多月了，今天上午听了你讲的战略创新内容，我恍然大悟，最后下定了决心。"

——2006年，我给海信集团提出的36条创新建议，受到高度评价，周厚健总裁亲笔回信表示感谢。

同时期内，我给涪陵榨菜提出的42条创新建议，受到了业界的广泛好评和官方的致谢。

——2007年5月，我以舒明武创意工作室的名义，（与人合作）承接了闻名天下的重庆南滨路四小时经济总体策划，历经两个月的智力苦战，策划取得成功，获得了政府领导的高度评价："非常震动，丰富了思维"；"茅塞顿开，终于明白了为什么规划之前要有策划"；"站在了南滨路形象的制高点上，核心形象定位石破天惊"；"定位大气，境界很高，内容丰富，操作性很强"；"富有激情和创意.突破了四小时经济概念"；"具有很强的视觉冲击力，特别是营销广告主语——人人重庆，夜夜南滨——借势造势非常棒"；"对南滨路更有信心了，美好的未来不是空中楼阁"；"认真，在行，呕心沥血，听了很振奋，自豪"、"完全是耳目一新的感觉"……

——2008年5月14日凌晨，我进行了"为汶川灾后重建献一策——汶川大地震遗址旅游公园"的创意策划，发表后受到了多方新闻关注与各界人士佳评。它可能是关于汶川地震的全国最早进行的一个新型旅游项目策划方案。

同年10月，我又因"渝北区发展的14条创意建议"而获得了重庆市渝北区政府"良策妙计（全球）网上寻"的金点子奖。

——2009年10月1日至12月31日，我完成了第四部著作——现代大文化著作《中国软实力》的创作，这部书从中国精神创新、中国思维创新、中国观念创新、中国文化创新、中国教育创新五个方面系统描述了中国软实力的创新发展，是我个人思想、智慧和创意最新的标志性之作。

……　……

收集在《陌生领地》这部书中的创意（及策划，下同），只是我已经公开发表于报刊书籍中的和公布在"舒明武创意网"上的一部分，在我大脑的创意库存中，它更只是一小部分而已。

真正的创意是神奇的，创意过程是神奇的，创意人也是有几分神奇的，我也不知道我的头脑中怎么会潜伏蕴藏那么多异想天开、立异标新、莫名其妙的创意，而这些创意对企业界、商界人士、政界人士及各界人士有启发与激励作用、对市场竞争的升华、区域发展的加速有指点功能，则令我无比的欣慰。

我承认，我有些创意超前了，有些创意太乐观了，有的创意像预言、展望甚至科幻，可我认为这是好事，在这个所谓"快鱼吃慢鱼"的"十倍速竞争"时代，在这个连科幻都在高新科技面前有几分自卑的时代，具有超前眼光者目前在中国是少了而非多了，能够大胆地、激情地、生动形象地描绘出中国经济未来风光者也是少了而不是多了。

我相信科幻小说之父凡尔纳的名言："有一个人能够幻想出来的，必然会有另一个人把它做出来"，既然幻想都如此，何况我的那些扎根于现实的商战创意呢？事实上，我的《创意风暴》第一卷中披露的不少创意（如少女商场创意"十六岁的花季"）已经被商界人士所采用了；而那套"毛泽东纪念名片"已成绝版，各地索要者甚众，有的出价数千元仍苦于购买不到。据《商界》一位记者告诉我，南京的一位创业者运用我的一个创意，四年就发展到了7000万元的规模……每每听到这些故事时，我的心情就像儿童听到了神话一样，欢乐兴奋难抑，无以复加。

以后，在条件具备、环境可能的时候，我是想创办一所创意人学校的。真资格的、高水平的、以服务于企业与区域为目标的创意人对中国来说，数量上毕竟太少太少了，我们的现行学校教育总体上来说,与创意人(有创造性思维的人)的培养仍是背道而驰的,对此仅仅指责抱怨没有多大用处,恐怕还不如自己动手来进行培养教育。

对自己选择的这条坎坷不平的创意之路,虽然我常发感慨谓叹,信心却始终屹立不倒。因为这条路符合知识经济时代的大趋势,知识经济时代的核心是创新,而创意与创新的关系有如火苗与火焰的关系;因为这条路适应越来越激烈的市场竞争和区域发展的需要,中外企业间、区域间的斗力正向斗智转化,虽然创意不是唯一的智,却是最重要的智、最前端的智、最高级的智。

我深切希望更多的企业界人士、商界人士、政界人士、广告界人士、创意策划咨询界人士支持我、理解我、鼓励我(与我的朋友们),为我壮行,与我同行。假如说这个世界上还有救世主的话,那么,唯一的救世主就是我们自己——相互勉励、相互鼓舞、相互团结的我们自己。

最后,我要说,人的一生是短暂的,又是漫长的,只要你敢于不断忘却旧日的辉煌,告别昨天的成功,不断向新鲜的出发点——那通往充满神奇、风险、诱惑之陌生领地的出发点——迈出勇敢的第一步,你就会发现,你的生命将因此而不断有如蛇一般蜕皮,永远的光滑鲜嫩,健壮美丽……

朋友,让我们一齐出发吧,——永远!在新鲜的出发点上。

(2010.1.7 写于重庆)

文　论

首届中国十大策划人今何在

□吕红博

时至今日，中国广告已经走过了30年的历程，在这个历史进程中的每一个阶段，都会涌现出一批引领行业发展的风云人物，正是这些人物不遗余力的推动，才有了中国营销广告事业蓬勃发展的今天。

1996年，广西《金田》杂志将当时较为活跃的策划人"点子大王"何阳、策划界大姐崔秀芝、博士策划人余明阳、创意大侠秦全耀、亚细亚风暴制造者王力、南派广告策划人李光斗、落地派策划人赵强、营销策划大亨孔繁任、策划少帅叶茂中、地产策划人王志刚等10人，冠以"中国十大策划人"的荣誉称号。尽管此次评选并没有多少清晰严格的评选标准，只是当事人一夜之间排列出来的，但毕竟完成了中国广告策划界的第一次聚首，以此开始，中国广告策划界终于在世人面前有了一个较为清晰的轮廓。

12年过去了，回首这10位首届"中国十大策划人"一路走过的历程，多少有些沉浮与沧桑。

"点子时代"已经毫无疑问的成为了一段布满灰尘的历史，何阳的被抓以及后来的判刑，为这个时代画上了一个不近完美的句点。王力金盆洗手的背后，是形式的华丽远远大于内容的单薄。秦全耀依然创意不断，除了喝涂料获得了一些眼球外，前不久的姜伟郑筱萸商标事件却有点悄无声息，这多少有些点子时代遗老影子。崔秀芝大姐毫无疑问是公关策划的高手，其中远集团的案子可谓大案要案。但是公关行业却始终没有脱离广告行业的影子而独立成长起来，尽管有当年《公关小姐》电视剧的热身，有《公关第一，广告第二》的小高潮，如今，广告似在没落，但公关尚难称第一，这不能不说是一种行业性的悲哀。余明阳、赵强已经完成了由广告策划人到企业职业经理人的转变，但实践证明这样的转身并不能称得上华丽。而王志刚的转身就显得华丽的多了，从一个地产策划摇身一变俨然成为城市品牌和地域品牌的整合大家，成了省部级官员的座上宾。李光斗、孔繁任两位大家更像一个学院派的长者，个人的名望远远大于自身所经营的企业名声，经常性的在央视以及一些重大论坛上指点江山，激扬文字，依然发挥着不可低估的力量。当年的策划少帅叶茂中，已经从广告策划人上升为炙手可热的品牌整合营销大师，除了事业经营得风风火火，更是常年奔波在外，到处传授秘籍，而且出场费价格不菲。但也有犀利的目光指出"叶茂中其实不懂营销"，其很多大手笔的广告方案，往往让一些企业在短时间红得发紫，又在短时间下滑得不可阻挡。尽管如此，叶大师作为行业标杆性人物的地位至今尚没有人能够撼动。时光不居，背影远去。与早前的这些策划人相比，如今比较活跃的营销策划人如娄向鹏、刘永炬、路长全等，他们因为具备在企业一线多年的市场历练，提出的策划方案往往能够切中企业的要害，更加注重从产品、品牌到渠道、市场终端的整合性和系统性，显得更加锐利、专业和实战，从而更受中国企业界的青睐。

30年弹指一挥间，如今随着80后营销策划人的不断成长壮大，中国的营销广告界既完成了从单纯的广告策划到品牌的整合营销策划的技术转变，也完成了由"十大"到群体崛起的转变。在中国企业打造强化自身品牌的进程中，这个群体必将表现出难于估量的价值。

2009 策划观

□晏　滔

“策划观”是策划高人的创意口述,由于思想在时空中的穿透力,层出不穷的新主张总有“拨开云雾见太阳”的娇艳惊世。而当你回忆2009年,文化体验之跌宕起伏已不在语词之间。2009年,一个所有产业文化化的大时代发端了。

十年的期待,十年的准备,梦想照进现实,创业板大戏鸣锣开场,中国的纳斯达克,终于破茧而出。而策划业态也经历了复杂变迁,从当初混乱的“点子时代”来到今天的“智业时代”,走过了惊心动魄的道路。策划人在为自身所参与谋划的创业板资本市场欢呼的同时,也在深深地开始反思策划界自己的“创业板”。

文化+产业,“不是张艺谋,是『张艺谋™』”。产业文化化的一切都在这一标识性的语词中阐明了。你所了解的世界在不断丰富,在我们共同记忆、感知、经历和见证的时代,或可用“鸟巢”左近的“盘古大观”楼盘来隐喻,策划已不再是云端神龙见首不见尾,《策划观2009》为你还原“见龙在田”的文化楼宇。

一、『张艺谋™』

叶迅:《图兰朵》是什么?其中有很大一部分它是企业的,企业去延伸它的品牌。使它的品牌更人性化,使它更容易接受,也是企业去款待客户、招待媒体很好的品牌。整个大品牌的基石是《图兰朵》本身的作品,我们希望它能够变成观众所喜欢的、创新的视听盛宴,把《图兰朵》不仅打造成歌剧品牌,而是能够代表中国文化创意产业顶尖的品牌,走向世界,这是我们做这个项目的初衷和目标。

叶茂中:有时候一个人的这种发展,尤其像他这样一个品牌的发展,周边的人,尤其是周边的资本启动的推动作用,实际上把它放在马车上,他坐在那个马车上不动,但那个轮子一直在滚动,资本会推动他不断的向前,而且这种滚雪球的效应会越来越强,而且进来的资本会越来越大,过去可能别人投个几百万,几千万,后来投几个亿,我相信未来可能更大的投资还在等着张艺谋。

我们今天可能习惯把张艺谋理解为是一个人,其实更应该理解为张艺谋就是一个企业,就是一个品牌,张艺谋已经成为中国文化工业的第一品牌,具有强大的号召力。

张艺谋:实际上我们自己都是文化产品的生产商,除非这个导演他的作品是关起门来不对外的,这个画家这个诗人这个小说家,他的作品永远是关起门来,看完以后,自己看完一把火烧了它那没问题,你的作品只要拿出去进入这个流通渠道、商品渠道或者是进入大众事业,恐怕你就都是个生产商了,对吧,我说这个词的话适用于所有的人。

——CCTV《经济半小时》

二、出品人时代的来临

"我们希望鸟巢版《图兰朵》可以保持一种延续性。在力求演出成功，将这部经典之作推向全世界的同时，我们所主推的'中国公主'今后还将制成玩偶、瓷偶、卡通片、图书等不同的文化创意产品。"——叶迅

"在国庆与中秋相继来临之际，如果他们到了鸟巢，如果他们亲身经历了与10万人一起观看《图兰朵》这场堪称经典的视觉盛宴，以此形式来欢庆60年国庆和中秋佳节，我相信这将成为他们一生中永久的记忆。"——叶迅

按：照叶迅的计划，在买断鸟巢歌剧《图兰朵》的知识产权之后，这条"图兰朵之链"将向两端延展，一端是全球巡演，在鸟巢演出完毕后，《图兰朵》将进行世界巡演，目前已经基本敲定将在韩国、澳大利亚、美国、意大利、法国、德国、英国等国家上演；而另一端则是和旅游相结合的驻场演出及围绕剧中主人公"中国公主"开发衍生产品，来增加《图兰朵》的附加价值与生命延续性。

陈维亚：也许，这一版，才是真正具有历史意义的"中国制造"《图兰朵》

如何成为优秀的策划人

□王志纲

如何成为一名优秀的策划人，这应当是每一位从业者和工作室的员工都要经常思考的问题，可能很多人会就此提出许多不同的标准，仁者见仁，智者见智，而今天结合工作室十五年来的实践和经验，谈一下我个人的感受。

首先，优秀的策划人应该像一位合格的记者。对生活，要保持孩童般的兴趣与好奇，人生就是对自己感兴趣的事情不断追求，不断超越、不断攀登，从而领略沿途美景的一个过程。珠穆朗玛峰是否登顶并不重要，关键是不断攀登的过程和不懈追求的精神。只要一个人每天都像天真的孩童般充满了对世间万物的好奇和探索的欲望，他前进的动力就永远不会枯竭。

但是，还有更重要的一点，那就是在今天这样一个信息爆炸的时代，有时还不在于能不能捕捉信息，而是要怎样避免垃圾信息的干扰，获取有价值的信息和情报。记者的核心能力就是能够迅速而敏锐地捕捉、加工、整理出有用的信息，再辅以深刻的思考和洞察，从而揭示出事物的本质。

我常说，一个真正成功的记者，不是读新闻学就能造就的，他必须有哲学的头脑，经济学的眼光、史学的知识、社会学的背景，必须关注时代走势，探寻人生哲理。而记者最好的方法是站在巨人的肩膀上，“集众思，广众益”，形成新的认识，这样才有优势。而对一个优秀的策划人而言，迅速把握和重新定位客户是一种很重要的核心能力，而这就要善于迅速消化客户“内存”。这就如同站在巨人的肩膀上，用自己的网络、自己的卫星定位系统、自己的老汤锅过一遍，当你再吐出来的时候，就已经是一个全新的东西了，一个站在新的定位系统和座标上的东西了。这就好比一个村姑，经过我们一收拾，就成了巩俐、成了章子怡。

几十年来，我一直保持着一个习惯，每到一个新的地方，首先就是要买一份当地的地图，通过地图了解这个城市的身高、四肢和面貌；其次，就是买齐当天所有的报纸，通过当地的报纸认识这座城市的话题、近况和氛围；再有就是找当地的特色小吃，通过“嘴尝”解读这座城市的性格、内涵和文化。就像把这座城市当成一位新的朋友，运用工作室特有的望、闻、问、切与眼观、脚量、嘴尝、心想等手法去接触、去认识、去解读。

纵横中国，工作、生活、学习、旅游叠加在一起；吃喝住行，游山玩水，休闲娱乐皆为体验和感受。市场是用脚走出来的，市场是用嘴巴尝出来的，对我们来说——策划就是生活。在我们做好策划的同时饱览了祖国的壮丽风光，踏遍了世界的大好河山，久而久之，“朋友”满天下，“知己”遍世间，岂不快哉？

今天仍有不少同行很困惑，王志纲工作室为什么能为政府做咨询，政府为何会为他们埋单？岂知这就是我还在汲取当年做记者时宏观视野的营养。过去，在新华社专门从事宏观经济的报道，那时纵横中国，采访过不少封疆大吏。当年形成的独特思维和角度，常常吸引那些被采访者，使采访变为一种涉及更深层次的对话，而不是官样文章。后来，虽然做策划，但对中国政治经济的深刻把握并未减弱，在整个社会转到以经济建设为中心的今天，做记者的那些阅历更显示出特有的价值。

再就是，文以载道。一名优秀的策划人还要像一位合格的记者那样，不但要有良好的口才，还要有优美的文笔，记住写文章一定要大气，切忌就事论事。我常说，写大题材的作品，需要你的框架有伸缩能力，使它能够充分发挥，即使超越你的框架但很有启发性的东西也要能装得下去。千万不要削足适履，或扬东海之波以注其杯，把自己的杯子当作容器，漫出来的都不要了，最后只剩下一小杯。要有襟三江而带五湖，谁持彩练当空舞的气概，才能挥洒自如。

其次，优秀的策划人应该像一位严谨的学者，对资料要坚持史学家的严谨与冷峻。作为一名策划人，我们经常需要从全盘、全局上对一件事情进行深入地了解，这时对所有的资讯和信息一定要用严谨的、理性的甚至近乎苛刻的态度去审视、筛选和沉淀。然后，再根据掌握的情况为一个企业、一个城市提供正确的解决方案。在这个过程中，我们搜集到的信息经常是多而杂，繁而乱的，如何在多、杂、繁、乱的资讯中整理出正确有用的信息，从而理清脉络，找准命门，为客户提供正确的“解决之道”，这需要我们时刻保持着理性的思考和科学的辨析。

再者，一位渊博的学者常常是博晓古今，学贯中西，而要成为一名优秀的策划人则必须要有超强的学习能力。而学习知识有多种途径，书本只是其中一种，更重要的是在实践中阅读社会这部大书。二十年后对同一本书的感受会因阅历的不同而大相径庭，因为此时你已经带着一种对社会的深刻感悟。

有人问我，当今新知识层出不穷，你是如何进行知识更新，在工作中保持领先的？我的回答是：一是博览群书，包括书报杂志，主要是浏览；二是与老板交流，凡是能做老板的可以说都是精英，他们多年的功力与积累，都是高度浓缩的知识，这些花无数代价才获得的经验与教训都让我在极短的时间内消化吸收了，再经过双方的碰撞激荡，吐纳出来的东西又是一个极大的提高，这就是教学相长；三是我纵横中国接收到的情报，我们好比是一个中心气象台，散落在各地、各行业的客户就是我们的气象站，使我们能预先得知经济气象的变化，什么西伯利亚寒流、南海热带风暴，我们都可提前知道；四是工作室策划人员还要进行大量专业的调查研究工作，他们的成果提供给我，团队的知识智慧也是我更新知识的一个重要来源。

我常说，读万卷书，行万里路，历万端事，而在这个过程中只要你是有心人，留心处处皆学问。但是，优秀的策划人要避免成为读死书的学者，不能只是成为“知道”分子，像个书橱，只有储存功能；要做学以致用的知识分子，就像春蚕那样，吃的是桑叶吐的是丝。现在，我们每天跋涉于祖国的名山大川，穿梭在区域和城市之间为每一方水土“找魂”，这就是一个不断学习的绝好机会。中国有句古话，一方水土养一方人。它深刻地揭示了一个朴素的真理：每一个地域有每一地域特有的文化，每一个城市有每一个城市特有的个性。如何做到“近水知鱼性，隔山识鸟音”，准确解码地域文化，既是关乎项目开发成败的大事，也是对策划人知识水平和学习能力的重大考验。对于偌大一个中国，每个地域的文化底蕴更是五彩斑斓，源远流长。因此，如何吃透每一个地域板块背后的文化基因，并将其有效地整合、灌注到策划之中，是优秀策划人的必修课。而在日益激烈的市场竞争和区域竞争中，文化常常可以起到化腐朽为神奇的作用。

还有，大凡一个成熟的学者都有属于自己的理论体系，而优秀的策划人也必须要有科学的理论武器，因为这是你得出正确结论的前提。每一次客户找到工作室，就是要找我们买方向、买信心、买平台，我们常说工作室是盘旋在高空的预警飞机，为客户指明正确的战略方向，但如果我们分析的方法和得出的结论都是错误的，那么客户根据我们给予的方向走到最后，其结果也就可想而知了。如同护送唐僧前往西天取经的孙悟空，如果没有能辨别妖魔鬼怪的火眼金睛，恐怕唐僧肉早已成了妖魔鬼怪的盘中餐了。

而我们手中掌握的超级法宝，就是独特的方法论。我大学时的最大收获，就是读《资本论》，但我学习马克思的《资本论》不是当作圣经来读,而是与伟人平等地对话,学习他解剖和分析问题的手段和方法。后来当记者,对于一般记者认为无处下手的全国性选题,我自创了"三者"采访法:一是领导者——了解全局;二是学者——有深度研究;三是资深记者——掌握基层情况。通过采访并整合这三者观点,得出了一个接近于真实的中国大势轮廓。结果很短的时间内就写出了"中国走势采访录"—这篇对中央决策有重要参考价值的调查报告。在从事策划之后,当年独特的思路和方法,不仅使客户受益,许多接受过工作室训练,后来出去发展的人也从中受益,感受深刻。

这就是我常说的,策划是一门复合性的科学、交叉科学、边缘科学。它的奥妙之处就在于,将单线思维转变成复合思维,将封闭性思维转变成发散性思维,将孤立、静止的思维转变为辨证的、动态的思维、将量入为出的思维转变为量出为入的思维。它就像庖丁解牛的"手术刀",是我们克敌制胜的法宝。但也要注意,策划不是万能的,不能包治百病,而只能在客观和主观条件所允许的范围内来大显身手。策划不是神话传奇,策划家不是巫婆神汉;策划也不是太极八卦,策划家更不是风水先生;优秀的策划人是把文化和商业、知识和利润有机结合起来的人,是整合大师。这就决定了策划的成功不是靠运气,而是靠现代思维科学。策划只有建立在有效地整合多种学科,政治经济学、商业经济学、市场营销学、管理学、广告学等的基础上,才能有生命力。

优秀的策划人还要像刻苦的学者那样不但要能大胆假设,而且更要小心求证。做策划之前至少要考虑三个前提:老板判断、企业诊断、资源盘存。第一,老板判断。企业的掌门人怎样,是决定策划成败的关键。因为企业家是企业的人格化,企业是企业家的物化。任何一个好的思路、好的策划方案只有在老板领会、吃透、充分沟通并创造性实施和操作的基础上才能变为现实。第二,企业诊断。对企业从哪里来,今天处于什么状态,明天向哪里去要有个明确判断。存在决定意识,出身决定风格,对企业"来龙"的掌控,是对"去脉"设计的前提。第三,资源盘存。企业有哪些资源,除了有形资产,还要注意它有什么无形资产和隐形资源,比如公共关系、优惠政策、上级扶持等特殊优势。这对于一个优秀的策划人来说,不但要考察你的专业能力,更是在检验你的通识水平。也许别人做事强调的是点子、点子、点子,而工作室注重的则是系统、系统、系统;别人用人讲究的是专业,工作室更看重的是通才,简单概括起来就是五个"通"字:看通、想通、学通、沟通、做通。要做到"五通",就是要达到五个方面的能力:观察与分析判断能力、思考与文字表达能力、快速学习能力、沟通和整合能力、执行能力,不仅勤于思还要敏于行。强调"五通",并不是要排斥专业能力。就像盖一栋房子一样,"五通"是地基,"一专多能"是框架结构。

通过科学的方法、严谨的论证和经验的判断,结论一旦得出,我们就要掷地有声,不能有半点犹疑。我们不但要为自己的结论负责,得出结论后还要足够坚定,必须要别人知道我们的信心所在,假如连我们自己都模棱两可、不置可否,别人怎么敢调动几十亿甚至上百亿的资金,按照你的方案来操作?

《红楼梦》中讲"世事洞明皆学问,人情练达即文章",它所说的就是,在生活点点滴滴的细节里,都蕴含着智慧与学问,我们应该做个有心人,用心体察世界,细心观察生活中的学问。不仅要懂得关注,更要善于剖析,善于辨别,久而久之,形成一个优秀策划人应当具备的基本素养,包括丰富的阅历、深厚的理论、睿智的头脑、灵敏的感官、锐利的眼光、奇特的联想、悬河的口才。而当你一旦拥有了科学理性的工作态度和处事哲学后,就可达到"精神到处文章老,学问深时意气平"的境界了。

最后,优秀的策划人还应该是一个永不停歇的行者,对未来要充满探险者的挑战欲望和燃烧激情,永远渴望新的高度,永远追求无人涉足的风景。就像西天取经的孙行者那样,经过千山万水,经历千难万险,始终义无反顾、勇往直前。

不同的人追求不同的人生，有人追求平淡一生，有人甘愿残喘余生，我们却选择在不断的攀登中充分燃烧自己，纵然有可能被万丈悬崖抛下，纵然有可能被惊涛骇浪吞噬……，但我们无怨无悔。因为我所理解的幸福是一种感受，生命是一种体验。要用有限的生命体验无限的生活，就要做到尽可能不重复。人生在世，当你对某件事情感兴趣的时候，赶快竭尽全力地去做、充分地燃烧自己，去实现它。如果感到原有的活法已经不能充分释放自我，没有兴趣了，就应果断地转移阵地。经历的不断叠加，自身的不断超越，将极大地丰富你的人生。

以前，有人说很难定义我的身份。我就告诉他们，我是“三栖动物”——原来我曾是记者，相当于是地上跑的动物；后来我跳到海里，就成了海陆两栖动物；现在呢，我又跟许多省市的政府进行合作，主要研究区域与城市战略，全国各地到处跑，就等于是在天上看地下，是天上飞的动物。所以我现在是“三栖动物”，海陆空兼有。这就是一种差异化生存，因为差异创造了美，它催生着灵感之芽，培育着激情之树，浇灌着智慧之花，营养着思想之果。

今天，我们的专业色彩决定了我们永远是登山运动员，志在攀登，决不做山大王。占山为王是商业上的做法。开发出一个模具之后就不断地拷贝，不断地克隆，以扩大规模获取利润的最大化。而工作室则是攀上一座高山后，绝不留恋于眼前的风景，在广泛告知世人的同时，会去攀登更高的山，迎接新的挑战。

千百年来，多少探险家常年穿行在人迹罕至的地方，多少登山者不懈攀登，登上一座大山又去征服另一座高峰。他们选择常人从未走过的道路，目的就在于挑战自我，并在自我超越中寻找自身的价值。诚然，探索派有很大的风险，做不好就会摔跤，这也是许多人所期望看到的，就像登山一样，遭遇雪崩就会死掉，有人会因此幸灾乐祸，而探索者的追求却会长留天地之间。

策划这个行业同样也需要这种探险家和登山者的精神。因为你要解决别人解决不了的难题，你要探索前人没有走过的道路。哪怕最后由于某种原因导致策划项目的夭折或者失败，只要我们做到问心无愧，也就释然了。况且，我们的努力还可以转变成精神财富留给后人，让后人少走弯路。因此，对于一个策划人，当你感到有登不完的高山，涉不完的大河，太阳每天都是新的，说明你没有落伍；当你固步自封，徘徊不前时，不是没有学到东西，就是没有东西可学，这时你该考虑离开这个行业了。

未来，我们要打造成为中国最好的战略思想库，而作为一个思想库，思想、理论、实践缺一不可，这三者的关系是：用实践支撑理论，用理论带动实践，用思想影响社会。而这三者的有机融合与大力推进，就需要一批又一批具备记者、学者和行者三大综合素质的优秀策划人，在读万卷书、行万里路、历万端事的策划征程中不断的实践积累与理论沉淀。

大文化背景下的大策划

□李　波

文化代表了国家的尊严，中华民族的伟大复兴就是中华文化的复兴。大力推进文化创新，全面推进文化体制改革，最大限度地焕发广大文化工作者勇于创新的积极性，使全社会的文化创造活力充分释放、文化创新成果不断涌现，使当代中华文化更加多姿多彩、更具吸引力和感染力。植根于深厚的中华文化沃土，立志振奋民族精神，启发大众文化自觉，建立民族文化自信。发明“旗帜飘扬器”、“唐诗书画超级桥牌”、“颐和包装”；创作“红楼绝唱”；策划“牛群当县长”、“万德福”、“后羿射日”品牌等，韩颐和先生的诸多作品不单是风格独特的文化现象和经典策划，更多的承载了我们的国家、我们的民族面对人类新文明转型挑战的应对与民族复兴机遇的思考。当我们无法用传统文明理念归纳总结这种创新与财富的时候，便只有登高远眺，从新文明体系的高度梳理提炼其合理内核与发展逻辑。

一、人类将步入生态文明社会。新文明突出的两大特征是经济与文化的相互长入及人与自然、人与人的双重和谐，以及人的精神、物质世界的主要表达方式——文化与经济的相互融合与渗透，建立新文明思维的生态理性与和谐精神。自然资源的有限性决定了人类物质财富的有限性，人类必须从追求物质财富的单一性中解脱出来，追求精神生活的丰富，才可能实现人的全面发展。这无疑将使人类社会形态发生根本性转变。文化经济一体化催生与萌动的新产业将成为和谐社会文明的基础。文化主导下的经济增长与社会发展所确立的科学发展观与可持续发展的理念已成为全人类的共识与主流。新文明对农耕文明与工业文明不是简单的改造与提升，而是替代与创新。新兴产业将主导与统领人类社会的发展与进步，财富将遵循全新的规则进行分配，财富的拥有者与拥有方式也将发生巨大的变化。旗帜飘扬，韩颐和的第一个引起轰动效应的“旗帜飘扬器”，让红旗猎猎，无风飘扬。从亚运会主会场到香港回归政权交接现场，飘扬的旗帜、飘扬的心智，韩颐和乘风直上，引领时尚。

“颐和包装”所以被海内外媒体称之为“包装革命”，就是因为她代表了文化经济一体化发展趋势。作为新文明的包装，集中体现出文化内涵、人文色彩、生态文明、双重和谐的显著时代特征。“颐和包装”不仅极大提升了被包装物的市场价值，其本身所蕴藏的丰富的人文价值、历史积淀、民族特征等构成了极富收藏价值的“文化作品”，两者之间相互衬托、相互实证、相互诠释，融为一体。提升消费品位，融汇国粹精华，达到愉悦身心之功效，美斯妙哉！

纵观韩颐和先生的创作无不充分体验了文明转型的时代特征与历史烙印。灵气仅仅是一个触点，叩开中华博大精深的文化宝库，创造新时代新财富。韩颐和似乎浑身都是阀门，稍一触击，聪明之泉便喷涌而出！诀窍就在于他站位于文化经济相互长入的界面撬动财富。故称之为：界面自由人！

二、新文明的到来预示着人类物质财富和福利生活的更大改善，预示着人与人的关系更为自由平等，预示着人类文明的再次转型。文化对经济的引导是全方位、全过程的。工业文明极大地丰富了商品市场，尤其是大众消费品市场。面对如此丰富的商品和无限的选择机会，消费者直接购买的理由(第一购买冲动)成为其选择的主导因素。一般来说,消费者消费的决定性原因不是商品的使用价值,而是商品的附加文化价值,即消费原则。新文明开启了消费“理由”的时代。从生态文明的视角观照我们的生活与生存,我们的消费原则是:安全、健康、快乐。这是消费的基本理由及判定和谐的基本法则。但我们无从得知什么安全、什么健康、什么快乐!我们是现代社会迷途的羔羊,我们是荒漠戈壁踟蹰的探险者。

“理由”需要载体,需要传播通道,而文化不仅可以承载全部理由,还可以创造更大的市场价值,实现“快乐”增值。韩颐和从经济界面跳到文化界面,创造与挖掘文化产品的价值。扑克牌作为娱乐游戏的工具,低俗者用于赌博,高雅者博弈桥牌。韩颐和先生把唐代名诗和当代名家根据诗意所作命题书画嫁接到扑克牌上,创造出了“唐诗书画超级桥牌”的文化作品。这里,扑克牌是载体,文化是主体。试想,作为元首的馈赠礼物没有人会用“超级桥牌”去打桥牌,而主要用于收藏。收藏者不必正襟危坐捧读高头讲章,掌握指拈处,尽是美不胜收的文化经典。“超级桥牌”与众不同之处在于,它以一种在西方社会极为普通的桥牌为载体,附以中国独有的诗、书、画内涵,巧妙地把中国古典文化通俗化、然后世界化。记得西方另一位汉学家说过,为什么西方人至今还对中国传统文化抱有某种神秘感,因为它缺少直观生动的载体。“唐诗书画超级桥牌”就是这么一个打破国界和民族文化差异的载体。香港小说家金庸口占一联,称誉这副超级桥牌:“中华文化传海外,唐诗百句逐风流”。但“超级桥牌”依然保留了商品的交换价值和使用价值,可以为生产者与发明者带来利润,市场承载了文化传播的功能。文化经济一体化是全面长入互动的发展过程,具体到一个产品很难区分其经济价值和文化价值,但决非是经济的文化贴牌,或文化的经济附庸。“超级桥牌”的真正意义不仅在于寓教于乐,而在于其原作的艺术文化价值,中华民族盛唐时期的52 首绝唱,由104 位当代书画名人笔墨诠释,造就了一次又一次流光溢彩的“超级桥牌”原作巡回展。

跻身于文化经济界面将承受对冲的震荡、碾压的痛苦,赢得内心的喜悦、创造的激情。“红楼绝唱”便是振荡碾压的成果。“葬花人心恋旧情欲逢春花亦笑”十三个字,按照叠字古诗短句,便演化为七言、五言、四言和三言,共四首诗,呈现不同的意境,表达各异的情怀。看似文字游戏,却蕴含了中华民族特有的情思怅感,饱蘸作者的心血讴歌。

三、美国文化可以概括为:电影大片、薯片和芯片,其共同点是产业化。产业化思维是西方的文化内核,文化本身当然可以产业化。美国没有历史,但可以“制造历史”,西部牛仔通过电影大片的包装与重复,其文化精神、品质个性深入人心,家喻户晓。中华文化崇尚“独善其身”,作为“兼济天下”的基础和前提,立己达人。西方文化的遵纪守信思想道德是在产业分工合作过程中锻炼培养的。洋快餐横扫中国快餐市场的文化因素起主导作用,标准化、产业化抹煞个性化的同时实现产业利润的最大化。民以食为天的中华民族依靠悠久的农耕文明将厨艺烹饪发展为艺术,但却由此丧失了大众快餐市场。当“麦当劳”惊讶地发现中国的策划人韩颐和正试图把老麦的“M”颠倒过来,以“W”打头的中国快餐品牌“万德福”欣然出现!麦当劳为此准备了长达三千多页的诉状和律师团,决心打一场世纪官司,捍卫山姆大叔的文化尊严。

文化自觉的产物,文化自信的结晶,文化翻身的平民意识。西方文化对中国的立场经历了从仰视到平视再到俯视的过程,全球化是否把中国的文化和思想也一并“化”掉,这应该是全体国人乃至全球华人要警惕的。“中国威胁论”此起彼伏,不完全是西方人的鼓噪,更由于中国的文化失败主义。西方古希腊哲学的“对立产生和谐”取代孔子“和而不同”的社会和谐观,得出的必然结论就是中国的崛起一定是霸权主义的。西方文化提出的高科技概念在中国基本取代了文化概念,偷梁换柱的结果让中国在世界高新技术的竞赛冲刺中迷失自身的文化传统,特别是大量中小企业片面追求高新技术的时髦,浪费了时间,浪费了资金,浪费了文化经济一体化给予的发展机遇。韩颐和的“万德福”长矛挑战“麦当劳”风车的文化意义就在于此。万德福快餐品牌的产生,不是偶然的,是中华民族的文化觉醒与自信的重新确立。万德福的核心观念是以德为本,告诉世界中国是和谐的、内敛的、非侵略性的、主张和平共处的文化。江山代谢,沧海桑田,文明也如过眼烟云,文化之争正在兴起,所不同的是,文化经济的相互长入将成为新文明的主要特征。

四、经济建设、政治建设、文化建设、社会建设,构成了中国特色社会主义事业的总体布局。社会主义社会是全面发展、全面进步的社会。在中国特色社会主义建设中,经济建设提供物质基础,政治建设提供政治保障,文化建设提供精神动力和智力支持,社会建设提供有利的社会环境和条件。基层从政者把其相互关系简化为“文化搭台、经济唱戏”的招商引资模式。眼下全国遍布的五花八门的“节”,典故民俗几乎都变成了眼球经济或招商的噱头依据,简单链接经济建设,发展旅游。急就章的短平快贴牌,大多效果不佳。不仅贱卖了老祖宗的宝贝,而且同样短平快的经济增长模式污染了环境,浪费了资源,严重阻碍了社会经济的可持续发展。浅薄无文化,势利必伤根。成就了几个官员,损害了当地经济。GDP 维上的根源依然是官本位思维作祟。形式上的贴牌导致经济扭曲、文化错位。“牛群当县长”,名人加权力的模式,行政权力经名人效应放大,推动当地经济建设的发展。韩颐和此举着实是一把豪赌!直接把文化贴在了经济的身上。

牛群没有从政的经验,牛群是说相声的“文艺工作者”,当然,牛群是名人。牛群当县长是一个尝试,是文化影响经济的尝试。韩颐和给牛群的基本定位是做事,不是当官。“牛县长”上任是为了产生多米诺“牛牌”效应,进而产生巨大的经济和社会效益。牛群懂不懂牛经济已经不重要,牛群已经成为一种现象,是一种自上而下的势能,他带去的是新的思想、新的观念和务实的作风以及一批有高新科技的专家。归根到底,还是文化对经济的“长入”!有人估算这个策划的市场经济效益价值 3 个多亿。2001 年 1 月 16 日,蒙城县委县政府给韩颐和发来了感谢信:“你是我们的朋友,全县人民的朋友,为蒙城的发展做出了极为重要的贡献的朋友。”在韩颐和先生的所有作品中,这是一个离经济最近的案例,但依然有“贴牌”之嫌。

韩颐和依旧在创作,“界面自由人”的来回跳动给我们带来愉悦和快乐,一切都将从头开始,历史回到了一个崭新的起点上。任何盲目自信与妄自菲薄都是不益于时代进步的,文化无法替代,民族需要振兴,当这一切横亘在我们每一个人的面前的时候,需要做出的回答是:绝不退缩,与韩颐和们为伍共同前行!

唤醒企业家的梦想

□华红兵

一个企业家的梦想是什么？是赚钱，是让生活过得更安逸，还是为了一个不变的梦想……随着时间的不断推移，最初的梦想越来越模糊不清了！于是，在混沌中无论怎么挣扎也看不清我们最初的梦想。在有了一些成就之后，获得成功的同时总会有一个莫名的声音回响在你的耳边。在心灵的深处不停的激荡，反复地提醒着你要追逐的方向。

2008年一场突如其来的金融风暴袭遍全球，成为商业社会全球领域必须面对的巨大挑战。而中国成长型企业面临的将是一场空前的洗礼。但我看来，对于中小型企业甚至是微小型企业来说这确是一个迈出国门走向世界的绝好机会。

这次危机的到来，将使世界经济结构发生重大变革。世界经济由此变得更加多元化，也将给中国中小企业一个参与和制定“品牌概念”新主张的机会。也正因如此，让沉睡已久的心愿重新苏醒。

在经济全球化势不可挡的今天，国外品牌带给中国企业极大的冲击，与此同时也让企业家们对品牌的概念有了一个全新的审视和理解。创造品牌对于民族企业不再遥远，应该说是竞争教会我们如何成长！

伴随信息时代的降临，一下子拉近了全世界的距离。这也预示着中国第三产业链的迅速发展和完善。由原来劳动密集型产业急速向知识信息产业和服务咨询体系过渡。所以，今天才会有更多的企业家专程来听我的演讲，有更多机会可以同大家沟通与分享。

我认为凡是成功的企业家们都有一个共同点，他们懂得“借势”。“一度战略”的第三方战略就是提倡低成本、低费用进行企业品牌建设，而且要实现这一点，就需要把企业各个战略要素的内涵、外延重建一个新秩序，以便于找到通向第三条道路的捷径。俗话说，“医不治己”，当企业遇到苦难或陷入困境时，自己没有办法来改变现状。就需要借助他人的智慧和力量迅速做出正确的判断和调整，采取及时有效的措施来扭转局势。其实，对于所有的企业来说，应对困难的同时也是在迅速成长。

假如没有这场全球性的金融风暴，就没有这次变革，深藏在心底的夙愿也将一直沉睡不被唤醒，而我们也将持续处于现有的发展高度。因此，我现在所呼吁的不仅仅是一个深埋已久的心愿、一个不再遥远的梦想，而是寻求和探索一个实现理想追求的途径——如何做到行业第一！这也是我创办第一商学院的初衷。何谓“第一”呢？这里所指的“第一”不是专指某一个人或某一类人，而是每一个人！

“Everyone is NO. 1！”

“第一商学院”也会告诉所有人：

“Yes，you can！”

因为，这里是成就“第一”的地方！

从插位到升位 推动中国品牌快速成长

□李光斗

升位:萧条时期品牌建设的关键词

纵观经济发展史,金融危机、股灾、自然灾害……各种挑战反而会成为有些品牌脱颖而出的契机。

面对这些难题,李光斗先生给出了一个全新的答案——“升位”,冲破萧条时代的企业重围。

萧条也会为企业带来新的机会,抓住这些机会很可能改变自己在市场竞争中的地位。李光斗先生指出品牌价值是在任何环境下都需要坚持的!从积极面看,其实每一次的危机也都会是你的一次机遇。因为你的竞争对手与你一样在经历这经济不景气带来的烦恼,如果你的竞争对手在此时选择了退出策略,而你完全有可能借助此次时机将你的竞争对手打败,扩大你的市场份额。

在李光斗先生的最新品牌营销专著《升位:中国品牌革命》一书中,李光斗先生开篇即指出“升位时代已经来临”。

新的世纪无疑是中国的世纪,但当我们以大国崛起的豪情、复兴中华民族的责任感勇敢抓住品牌战——这一全球化留给中国的最后机会,我们发现一个最迫切的问题摆在我们面前——升位。

因为经济的增长带来的是整个中国社会的向上增长,经济的增长使市场环境越来越复杂,经济的增长让全球化竞争更加激烈!

面对社会要求越来越高,竞争对手不断进步的现状,因循守旧的品牌只会如逆水行舟,不进则退;或者坐吃山空,将品牌资产消耗殆尽。

托马斯曼说:“世界是平的!”

但是事实上,品牌价值的高低,决定了企业消耗相同的原材料所生产出来的价值量的高低;企业处在产业链中的位置不同,决定了企业获利能力的不同。

所以说:“世界是不平的,是有高低之分的”。欲穷千里目,则需更上一层楼;会当凌绝顶,方能一览众山小!在这个不平的世界中,只有不断向上升,方能保持领先之势!

当下的世界是个不断“升位”的世界:GDP 在升,利率在升,人民币在升……与此同时,中国的物价水平也与消费者的需求和消费水准在一起提升。消费是经济最好的折射,中国社会到处都是充满梦想、奋力向上、野心勃勃的人,中国社会正在向上迁移!而中国的品牌也迫切地需要升位。

从定位到插位,再到升位

营销界最早出现的是“定位”。即明确自己的位置,再根据清晰的定位进行策略部署。然而,瞬息万变的市场,以不变应万变的策略显然已不再灵光。当李光斗先生创造性地提出“插位"概念时,极大推动了中国本土营销管理思想的发展。他用极其通俗的表达方式,捅破了一个旧的竞争格局,在愈演愈烈的市场里"插了一脚",建立了快速超越竞争对手的品牌营销新思维。插位创造了比别人快一步的思维理念。在时间就是生产力的今天,能够成功地插位,早一天赢得你的市场地位,就已比对手胜了一筹。

那么在《插位》之后呢?李光斗先生又告诉我们:定位是区隔对手,升位是实现自我;插位是颠覆对手,升位是超越自我!

《升位》一书将"升位"概念通过讲故事的手法娓娓道来,用一个个生动的案例诠释了一个新的营销思维——持续超越自我、持续保持领先。

诚如斯言,定位理论诞生在"品牌速生"的背景下,插位理论诞生于"品牌超生"的时代,升位理论则诞生于这个"品牌新生"的年代,品牌时时刻刻需要浴火重生。

升位是一种从企业长期发展整体需求出发,在市场不断变化、竞争对手日益强大之时,通过不断地自我更新实现品牌内涵升级,并同步实现产品升级、营销升级、传播升级、管理升级,使企业品牌与时俱进、与消费者俱进、因地制宜,持续不断地向"品牌金字塔"顶端迈进的策略。

"定位"是上个世纪影响美国最深的商业观点,"插位"是快速超越竞争对手的品牌营销新思维,"升位"是让品牌价值不断提升、品牌永葆活力的制胜法宝。

定位战略,让品牌有了自己的位置;插位战略,让品牌代替了别人的位置;升位战略,让品牌时时刻刻"站的更高,看的更远"!

持续增长,唯有升位

亲历了改革开放后中国品牌发展历程李光斗先生认为中国近三十年的高速发展,为本土企业提供了跳跃式发展的良好的环境。中国品牌依托成本优势、本土优势逐渐成长强大起来。以家电、日化、食品饮料等快速消费品行业为代表的中国企业,将营销的重心放在营销创新和渠道的建设和竞争上。由于中国市场的巨大总量容积、广阔地域差别,消费层次和消费者特点的巨大差异,这种战略取得了巨大的成功。但中国为什么还没有诞生世界上最精彩的品牌?时至今日,价格战的饮鸩止渴、概念战遭遇信任危机、服务战难有深层创新、产品与营销模式的严重同质化更使企业遭遇前所未有的成长瓶颈,本土品牌建设举步维艰。品牌弱化、老化、低档已成为制约中国企业成长最大的因素。

所以在这个品牌高速成长的时代,本土企业面临一个新课题——品牌的升位。品牌的升位包括很多方面的工作,如升华企业愿景、年轻品牌形象、品牌差异化、塑造企业家形象、传播品牌故事、注入感情因素、预埋品牌扩张伏笔等等。

如软件需要随时更新一样,品牌也需要进行"升位"!升位就是要通过不断地自我更新,实现品牌从内到外的整体升级,使企业品牌与时俱进、与消费者俱进、因地制宜,持续不断地向"品牌金字塔"顶端迈进的策略。

品牌不断"升级"的过程就是品牌资产不断累积的过程,在品牌金字塔中,品牌所处的位置越靠上,品牌的势能就越大。所以,要在市场竞争中获得优势地位,唯有升位;要持续增长,唯有升位!

人生何处不升位?

从"插位"再到"升位",李光斗先生用自己近二十年的品牌营销实践总结出的颠覆对手的营销理念,已涵盖了更广义的品牌范畴,个人、企业、城市、国家都是一个品牌。

希拉里从一个带着宽边眼镜的朴素女孩脱胎换骨,成为领导美国时尚潮流的总统夫人,继而又成为美国总统候选人,其个人品牌在不同时间,不同境遇里频频升位。

呼和浩特因为有了蒙牛和伊利这两家中国乳业的龙头企业,荣膺“中国乳都”,名扬天下,实现了“产业升位”!贵阳迪庆州中甸县,从一个不为人知的偏远小城成功转型成为艺术爱好者、旅行者、摄影人追捧的“香格里拉”,城市品牌的升位改变了这个城市的经济结构。其实,品牌就像水泥,一旦凝固、定型、老化,要再改变它就会变得极其困难,及时的升位变得尤为重要了。

升位理论揭示了一个道理:

在一般的通货膨胀条件下,企业之间的竞争状态与正常状态相比并不会有太大的区别。通货膨胀有时反而会为企业创造一些绝佳的机会,某些企业抓住这些机会很可能改变自己在全球市场竞争中的地位。而在较为严重的通货膨胀条件下,大多数企业的所有经营目的可能是生存,而这个时候的经营大多数是趋于保守的。但谨记,越是非常时期,越有可能是非常机遇。战略可以保守但战术绝对不可以降格。

正是因为经历了二十余年的市场实践,李光斗先生所锤炼的营销思想受到业界人士的推崇,成为企业发展前行中必不可少的思想锦囊!

IBF 战略星图

——决定企业成败的战略平衡艺术

□梁中国

决定企业成败的战略平衡艺术

一个企业的健康成长,正如一个生命体一样,是一个完整的、系统的、多种因素集合而产生的结果;是生命体征的一种平衡作用产生的鲜活生命状态。如果其中某一要素缺失,都不能称之为一个健康的生命体。因此,我们说,健康的生命是一种平衡。同样,一个企业的健康成长并成为具有极强竞争力的成功企业,也必然是由于综合因素的平衡作用,缺失了哪一块,都会影响企业的健康发展,甚至导致企业的失败。

一个企业也像一个家庭,正如世界文豪列夫·托尔斯泰在《安娜卡列宁娜》开篇中所说:"幸福的家庭都是相似的,不幸的家庭各有各的不幸"。系统的平衡表明企业价值链的健康,健康就是一种平衡的艺术,是众多成功企业所具有的共性;不平衡、不健康则必然导致企业的失败。

中国的企业普遍缺乏系统发展战略,基本上是局部方略,也就谈不上战略平衡艺术了。中国的好企业非常少,大多数企业的所谓成功,都是在非市场化与市场化转型之际,靠抓住机会成长起来的。这些企业大多不懂什么战略,完全靠胆子大,蛮干取得了一定的成功。用现在的眼光来看,这是一群机会企业主。

由于中国市场经过 30 年的发展,企业的类型也呈现多样化,但有系统化战略的企业依然稀少,更何况还有很多企业对战略的认识存在误区,很多企业如盲人摸象,无法把握其全貌,更多的是凭感觉看到一个问题的局部,就匆忙进行操作,很多情况下是一种暂时的成功,很快就会陷入到成长的困境当中。这些企业之所以还能取得局部成功,就是由于当时市场还不成熟,只要抓住一点机会,就可以让企业生存下来,实质上看,这些企业只是在做"事",而没有立"业",更没有做百年企业的战略思想与胸怀,当然也就没有什么战略平衡的观念了。

现在大多数中国中小企业的情况是,没有做大事业的心胸与战略方法,看市场就是凭感觉,而感觉是下意识的,是缺乏系统性的,错的机率就很大。就是有些企业有点战略,也是碎片化的。

为什么我们说中国企业的战略普遍是碎片化的，就是因为我们中国的企业主要靠机会与市场敏感取得一定的市场成功，并没有在战略高度上，看到企业长远发展的愿景，更没有企业战略价值平衡系统取得较为稳固的成功，也就是可持续的成功。

试问，一个企业如果没有长远发展远景的价值平衡系统，这个企业有持续性吗？答案是否定的。只有具备了战略价值平衡系统，企业才可能有持续发展的可能，这是毫无疑问的。

当然，对战略的理解，各个层级的人理解都有不同，诚如前面所提示的一样，更多的人看到的是局部问题，而缺乏全局观念，重要的是缺乏战略价值的平衡观念。总是用一种局部的思考方式，这对企业的持续发展是极为不利的。

对于企业家来说，战略平衡是一种实现愿景的方法，这包括可以持续赢利的商业模式构建。现在，中小企业都对整个市场战略全局的把控还远远不够，特别是系统化的平衡关键因素的考量不够。

基于多年的学术研究与企业管理实战，我们发现，系统战略是企业走过生死期，向更高台阶发展必须要使用的一个重要思维工具。没有这样一个全面意义的战略工具支持，一个10亿元营业额的企业，要想做到百亿，或者一个百亿企业要做到500亿或者更高，是不可能达到目标的。对于小企业来说，他们只要考虑战略的一个因素就可以起步成长。比如商业模式，对于成长型的大中型企业，必须用一种综合因素来把控，才能完成企业战略性发展，但大部分企业只是掌握了其中一个要素而已。

企业从一个台阶迈上另一个台阶，从而实现跳跃式健康发展，是战略高度和诸多综合因素所决定的。

那么这些综合因素是什么呢？这就是我今天要介绍的“IBF战略星图”模型。

这个星图有5个因素形成相互支撑的关系。

战略选择。战略作为一种高智商的思维方式，是对全局的筹划和谋略，是基于实现企业崇高使命和愿景的航标图。战略选择的前提是搞清楚自己是谁？也就是要“认识你自己”。实际上认识自己最难，对自身了解的程度决定我们对外在世界研究的深度。“想做什么？能做什么？市场有需求吗？”这是任何企业在进行战略选择时都必须首先要考虑的。随着企业的发展和市场的变化，企业在不同阶段都需要进行“战略反思”，并根据情况进行产业升级和新的战略选择。战略选择是企业经营思想的集中体现，是实现企业使命和目标的重要途径。战略选择是一个系统工程，是企业经营的起点，也是“IBF战略星图”的第一个基点。战略选择包括：产业发展战略(定位)、市场发展战略、企业要素发展战略、资本经营战略和国际化战略等。

制度安排。“天下纷扰，必合于律吕”。联想创始人柳传志在谈到企业成功经验时说，领导者的任务主要是“定战略、搭班子、带队伍”。“搭班子”就是管理学中的组织和构架，包括治理结构等，属于制度层面。邓小平也曾说过：一个好的制度能让坏人变好，一个不好的制度能让好人变坏。从战略管理流程来说，制度安排属于战略实施阶段。一个企业制定了战略目标，执行就必然成为最重要的事情了。执行就是管理有效与有道。如何才能做到有道，就是要有制度安排，没有制度安排，再好的策略也无法变成执行力，没有执行力，战略就是一句空话，也不可能实现在经营上的成功。世界上所有的大企业都有优秀的制度管理，并以此形成了各自独特的管理风格。比如，日本企业擅长精细化管理；而德国企业则注重产品形式的创新；美国则在企业管理思想上不断进行突破性变革，成为世界商业管理的王者与领袖。制度安排主要包括：契约制度、产权制度、治理结构、组织结构、管理制度和人格化管理制度等。

文化塑造。不同文化造就不同的制度，也对企业的战略选择产生影响。企业是由领导和员工共同组成的一个经营组织。所有的战略选择和制度安排都是由人来完成的，而人都不是抽象的，是具有某种文化烙印的社会人。不同文化背景的人，决定不同的战略和制度。企业文化必须是上下一致的，每一个企业文化都有它的根基，也就是"魂"。每个企业的所有员工都遵循的共同文化价值取向。企业必须把企业的战略远景与商业图谋，深植于企业与员工的思想工作行为生活当中。实际上，是把企业制造方面的硬实力转化为员工行为上的，具有不可复制与难以超越的文化竞争力。文化是一种思想意识的宗教，是一种难以更改的行为习惯，一旦形成，很多人终其一生都无法改变，正如一个人的乡音一样，能改变者非常稀少。文化塑造包括：经营型企业文化、管理型企业文化和体制型企业文化等。

模式设计。任何企业都有商业模式，区别只是好与坏。商业模式是指企业存在的内在逻辑和赢利方法，是一个链条。商业模式能否成功，关键还是看企业能否为目标人群提供有价值的产品，并让客户获得价值倍增的服务溢价。商业模式的设计是商业策略的一个组成部分。而将商业模式实施到公司的组织结构（包括机构设置、工作流和人力资源等）及系统（包括IT架构和生产线等）中去则是商业运作的一部分。这里必须要清楚区分两个容易混淆的名词：业务建模通常指的是在操作层面上的业务流程设计；而商业模式和商业模式设计指的则是在公司战略层面上对商业逻辑的定义。完整的商业模式体系包括定位、业务系统、关键资源能力、盈利模式、自由现金流结构和企业价值六个方面。这六个方面相互影响，构成有机的商业模式体系。

品牌管理。"拥有市场比拥有工厂更为重要，而拥有市场的唯一手段是拥有占统治地位的品牌"。美国营销专家拉里·莱特表达了他对品牌的推崇。事实上，品牌是企业与消费者接触的第一个层面，也就是控制消费者的核心层面。成功的企业都在运用所有市场因素来构建卓越品牌使之获得成功。品牌管理的前提是要建立品牌管理制度，设立类似于"首席品牌官（CBO）"这样的职位，对品牌进行系统的专业化管理。品牌不仅仅作用于市场，它还是企业资产的重要组成部分和凝聚员工的精神灯塔。品牌既是品牌型企业战略平衡艺术中的基础要素，也是企业所有战略要素发展的最终结果。品牌管理包括：市场定位、品牌定位、品牌传播、品牌知识产权保护等。

"IBF战略星图"是一个五角图形，五个角分别代表：战略选择、制度安排、文化塑造、模式设计和品牌管理。其中，战略选择、制度安排和文化塑造是企业的三大基本问题，因此构成了"IBF战略星图"的三个基点。模式设计和品牌管理构成为"IBF战略星图"的两翼，表明二者对于推动企业产业升级和更有效地实现目标具有不可替代的地位。

中国的企业还都以中小企业为主，他们的战略意识还处在初级阶段；有一点品牌意识，还只是停留在商标和广告的表现上；有一点战略选择意识，也只是处在寻找消费市场的状态；有一点商业模式的构想，更多的还是处在模糊情景当中；更不要说企业文化了，有这样境界的企业更是少之又少。就是海尔，联想这样的本土大企业也才能刚刚建立起企业文化的基础，更多的企业只处在目标定位的初级阶段。所以，中国企业要发展，必须要有一种系统战略思维和战略平衡艺术。孤立地强调任何环节都是错误的，也是不负责任的，企业在经营过程中决不能"顾此失彼"。只有当我们拥有"IBF战略星图"这样一个系统化的战略思维构想时，企业才能不断发展壮大，才有可能做成国际化的大企业。

专业化，系列化，标准化，成长性，突破性是"IBF战略星图"描述给中国乃至全球成长型企业健康成长的魔法，是决定企业成败的战略平衡艺术。

对时代负责

□秦　朔

一

从高天滚滚寒流急的危机，到大地微微暖气吹的复苏，我们即将迎来新的一年，迎来新世纪的第二个十年，迎来改革开放从"而立"到"不惑"的起步之年。

这是一个伟大的时代(Great times)。世界越来越强地感受到中国的力量、中国的影响、中国的印记、中国的话语。

这又是一个艰难的时世(Hard times)。外部不确定性的增加，内部结构性矛盾的凸显，差异与分化的拉大，社会焦虑的扩散……所有这些压力，经由迅捷开放的交互传播，变成一种带有传染性的情绪，且发作周期越来越短。

每一种情绪都应当直面，都可以理解，都需要释放，每一种情绪的成因也都必须重视。但是，我们不能让情绪主导我们，主导我们的时代。情绪可以提出问题，但无法解决问题。当情绪变成一种群体无意识，一种思维模式，它会伤害我们，伤害我们中的每一个。

当我们因现实中的问题而困顿，因某些问题一时无解而感到挫败、甚至陷入失望时，"如何看待我们的时代"，就成为一个必须回答的命题。

二

历史不是某些片断的组合，而是一条绵延的长河。一经发生，"当下"就成为历史，但"当下"的含义需要在过去和未来的坐标中才能清晰辨认。放宽视野，才能在一个更大的、历史的大潮流大格局中，更真实地看到今天，看到今天的时代，看到时代的大方向。

由这样一种长程的历史观出发，不难发现，今天我们所处的时代，是三四百年来全球近代化、现代化大潮的一部分，是一两百年来中华民族独立自强、开放复兴进程的一部分。今天的中国，作为一个国家，正在她的上升期；作为一个民族，正在她的光荣期；而作为一个个体，中国人享有的生活水平、物质财富、精神成长、社会交往也远远超逾从前。以大历史的视框观察，这是一个朝阳正在升起的时代，中国正在迈向高山之巅的道路上爬一个大坡。近距离看，这个坡起伏跌宕，甚至旁边就有深深沟谷，但在大视野中，这是一个"大牛市"的上坡，只要我们自助自强而不自暴自弃，只要我们清醒地面对问题，解决问题，而不是把过多时间精力用于自我消耗，则我们必将真正抒写中国国运的黄金周期。

5000年不间断的历史让我们骄傲，但对长期封建专制下根深蒂固的影响，则需永保警惕；300年的屈辱让我们刻骨铭心，但天朝大国唯我独尊的意识，也需时时防范。在大历史的转型期，如此之大的一个国家，与世界重新对接，找到和平崛起之路，在"只有一个地球"的世界中，舒展容颜，扬眉吐气，开放包容，承担责任，这是时代的大趋势，是泱泱大国的大气象。可以预见，中国又一次为世界、为人类作出贡献，中华民族再一次大放异彩的大幕只是刚刚拉开，现在是在途中跑，而途中跑总是会不断调整，调整呼吸，调整步频，但只要坚持到底，只要不停步，不折腾，并且善于更聪明地调整，通过调整跑得更好、更稳、更持久，我们距离梦想中的未来就会越来越近。

这样一种基于大历史的观察，会让我们找到一种更豁达的世界观和价值观，我们的焦虑需要用历史的理性和理智去放松。解决问题，化解矛盾，穿越阵痛，需要勇气，需要智慧，需要克难攻坚，也需要时间。水滴石穿，是水的力量，更是时间的力量。法国历史学家托克维尔在评论中国近代史时说，如果说很多民族是被异族踏灭了他们文明的火把，那么中国人是自己踏灭了文明的火把。今天，在伟大复兴的机遇面前，我们的责任是向前看，是高举自己命运的火炬，而决不是随意放下。

三

如何看待我们的时代，需要大历史观；如何看待时代的问题，同样需要大历史观，而不是简单地从完美概念出发。

例如，对中国诸多结构性问题中的城乡收入差距拉大问题，对农民工保障问题，每当看到其中那些弱势群体命运的报道，我们的心就会披上伤痕累累的外衣，和他们一样创痛。但从大历史来看，中国农民融入城市、融入工业化的过程，恰恰是在消解而不是加剧城乡二元结构。和30年前严格分割的城乡结构相比，历史是在进步而不是退步。这个二元结构的消解过程，注定充满了摩擦和阵痛，但更应看到的是，城乡之间的交往、容纳、互动、分工、融入，在这30年间已经天翻地覆，附着在城市人和乡下人名称上的诸多身份印记其实已经开始淡化，并终将实现更高层次、更符合一体化方向的新平衡。

又如，对中国经济外向度较高、产品附加值较低的问题，从历史辩证法的角度看，在改革开放之始，中国将如何切入世界经济？高端？完全自主？拒斥？因为历史的屈辱而先做清算？我们所踏上的为世界生产廉价商品的道路，不是屈辱，而是在当时诸多条件下的合理选择，它既有助于中国展开新一轮的工业化和接踵而至的城市化，也是对外部世界的负责，是对全球消费者福利的增益。今天，只要认真地从微观走进中国经济，就会发现，中国企业的自主创新已经开始了，中国企业在全球的竞争力正日新月异地提升，源自中国的世界级企业群也不再是遥远的梦想。在开放过程中，把基础打牢后，中国企业完全有实力和能力与世界对话。

风物长宜放眼量。当亿万人民的创造积极性被充分调动和激发起来后，历史的车轮就很难停下。单就某个时点来说，孰进孰退的讨论是有意义的，但放长眼光，答案并不复杂：给定开放、平等的竞争条件，必然是先进者进，落后者退；高效者进，低效者退；能创造更多消费者剩余的进，创造较少消费者剩余的退。因此问题的关键不是去讨论所有制成分的分野，而是要创造让先进、高效、有利于消费者利益的生产力更好释放的竞争环境。

四

毫无疑问，我们的时代，矛盾在凸显，焦虑在增长，而矛盾与焦虑在很大程度上是由于，阻碍历史进步大潮流的障碍、痼疾和顽症，还在不同范围、不同程度上存在着。社会主义的宪政民主，公平正义，司法昌明，公民权利，在实践中还未能充分地落实和体现。既得利益和机会主义的固化，特权和垄断，官僚依赖型的管制，对社会成本和环境的透支，使得我们的繁荣往往脱离不了畸形的影子。人们渴望繁荣，但不是非理性、寡头化、权贵依赖型的繁荣。历史早已证明，每当这样的繁荣出现时，那种深切的、对平等和正义的呼唤就会涌动在无数人心头。从这个意义上说，繁荣不是稳定的护身符，理性的繁荣，和谐的繁荣，才是长治久安的基石。

以上述的历史观为依据，作为中国财经日报的先行者，《第一财经日报》在创办五周年之后，选择以“对时代负责”作为她迈向下一个未来的核心理念。我们希望倡导负责的态度，负责的思维，共建负责的时代。我们希望在纷繁复杂的时代中，超越中西、左右、全球与本土、国有与私有等等简单的二分法，而回到“士志于道”，回到人本、开放、理性、和谐、真善美等更具本源性的价值立场。我们希望以诚敬之心，深挚之情，探寻在今天的中国，社会主义市场经济如何能够建设得更好，作为一种深刻信仰的、充满对人民关怀的社会主义，如何与法治化的市场经济相结合、相互动。

我们倡导负责的方法论。不偏激，不极端，以学心听，以诚心记，以公心辩，以仁心说。我们的所作所为，不是为了彰显自我，而是为了发挥社会良心和信息平台的作用，是为了求解问题，探寻方法，培植信心，找到顽强坚韧的奋进力量和创新路径。

我们要做负责任的财经大报，对时代负责，对人民负责，对国家的长远发展负责。这一切落实到报道上，就是要让市场因为我们的存在更有效，让商业因为我们的存在更负责，让社会因为我们的存在更公正，让政策因为我们的存在更切实。

我们深信，在一个以“委托—代理”为基本特征的现代分工社会中，无论政党还是政府，无论企业还是媒体，也无论是哪个组织与哪个个体，坚守受托责任，发挥专业精神，忠实履行契约，都是最基本的价值选择。负责的政策和政府，负责的商业机构，负责的市场参与者，负责的公民，对自己负责，对他人负责，对利益相关者负责，中国是我们的中国，未来是我们的未来，我们不来负责，谁来负责?!

五

如果我们没有一种对于负责的自觉，我们可能会走入相互指责的年代、相互斥责的年代，在相互的诘难怀疑中，衰减我们的热情，加剧时代的阵痛。

如果我们有一种对于负责的自觉，我们就会深刻地意识到自身的限定性。正如经济学更多地是在研究需求，也就是有支付能力的需要，而社会必须体察那些没有支付能力的需要，这就是经济学的限定性。

建立负责的态度，我们也将更容易换位思考，将心比心，在更宽和更深的意义上，体悟和合之道，传递信用和信任，谦卑但不自卑，自尊而不自大，负责胜于指责，不怕歧见但更追求共识，看重奉献远重于索取。在这个多元的时代，矛盾的时代，感伤、感慨乃至愤慨，所有真实的情感都应该得到尊重，但我们更需要的可能是感动、感恩、感谢的情怀。我们呼吁社会对自己负责，但我们永远不能忘记，自己要对自己负责，自己是自己真正的主人，天道酬勤，正道光明。我们需要忧患意识，但无须把忧患变成无边的忧伤和悲戚。

开放社会中的媒体承担着巨大的责任。媒体对公众知情权的尊重和满足，将形成强大的自我冲刷力量，有助于社会自组织的更新。因此，可信赖的媒体，是社会资本的重要组成部分。

因为“探求无尽的生命力”，2004 年 11 月 15 日，《第一财经日报》诞生。因为所听到的“对时代负责”的天职般的召唤，2010 年，我们再次出发。

我们没有其他选择。5000 年的列祖列宗在问，遥远的子孙后代在问，大地和天空在问，风和绿叶在问，每一个读者在问——“在你生活的那个时代，你尽到责任了吗?”

择木而聚“尊木汇”

□张大旗

这里将不止是一个场面宏大、精品汇聚、游客如织，城市公园环境之中别墅会所式旗舰店的商品展示更令购物活动处于愉悦的开放式体验之下。各路商家得展其物，中外顾客得购其品，八方游人得娱其心。可谓各得其所，各得其乐。

上海福人是一家从事名贵木材批发的市场管理公司。十多年来，“有福之人聚福人”，市场越做越大，生意越做越火。到现在，在华东地区业内恐怕已是无人不知其名了。为了进一步提升企业形象，继续把木业产业链做强做大，福人公司领导层也一直在酝酿寻找合适的发展机会，并为此精心做了充分的准备。这个机会到了2009年下半年有了重大转机。为适应大场镇长远规划发展及2010上海世博会景观大道建设的统一需要，宝山区政府决定在福人沪太路名贵木材批发市场原址规划建设绿地公园，福人名贵木材市场整体搬迁。

搬迁是有压力的，但福人更多的是看到了商机，如果在满足政府公园规划的基础上，进行适度的非房地产性质的商业开发不是会带来各得其所的多赢局面吗？这于企业未来的发展也许是一次难得的机遇呀。沪太路大市场上百家经营户的整体搬迁其实也不算什么问题，完全可以让他们搬迁到福人公司在蕴川路的另外一家更大也更规范的新市场去，尽管搬迁难免导致个别客户的流失。真正让福人公司着急的是：怎样才能把握好这次机遇？政府所同意的“非房地产性质的商业开发”究竟开发什么为好？如何才能确保新项目的大宗投资万无一失？

福人公司做名贵木材批发市场管理已历时十余年，在经验、资源和资金诸多方面都有了相当的积累，他们早就渴望拥有一个新的业务平台，能让自己在另外的经营领域中也施展拳脚，独领风骚。为此，公司董事会展开过多次头脑风暴，提出了不乏创意的多种设想，但是终无定论，不敢贸然行事。后来，他们通过北京的知名策划人大林先生邀请了一批相关的专家到上海来出席福人新项目研讨会。出席研讨会的专家，来自多个专业领域，阵营比较强大。我也是受大林之邀出席了这次重要会议，第一次接触到福人的董事长谢艺仁先生和董事会其他成员。不曾料到，会后不久，自己会应福人之邀对其新项目作深度介入，共事策划，并且有机会在这里来对此个案做些评析。

福人公司从自身的资源条件和管理经验出发，确立了建造一个“木文化居家主题公园”的基本设想，这是很可取的，它与政府部门的“绿地公园”规划设想也相吻合。福人公司能接受专家们“加强主题公园的商业性，引入复合产业理念和实现体验型购物”的重要建议，也体现出他们有足够的商业素养和专业眼光。

于福人公司而言，他们是“择木”而为；于其策划目标而言，则是要让全国有代表性的名贵木材制品经营厂商“择木”而聚，全都聚集到它这个项目上来。于是，这让人会自然想到古人所谓“良禽择木而栖，贤臣择主而事”。促使厂商“择木而聚”，也就是福人的“招商”。做好前期策划和各种准备，及早实现成功招商，成了福人公司工作的重中之重。

招商之事,千头万绪。诸如项目定位、项目取名、项目推广口号创意、项目规划设计、项目的商业模式设计、招商政策制定等等,不一而足。这些东西都属于“软件”,其重要性有甚于项目工程的开工兴建。

在项目定位上,福人公司董事会一致认定了“全国首创名木家居复合商态体验型游购园”。“复合商态”“体验型”“游购园”这三个特色,足以为本项目确立起她在名木家居领域中“数一数二”的位子。这种游购园“能商能游”,是一种新型的名木家居展销空间,无疑在全国也属于首创,它绝非人们习见的那些专营店、大卖场、家具城所能比。按照已经确定的设计规划,它一共分为六个功能区——世界名贵木材风情园、经典家居会所体验区、特色名木艺术展馆区、木雕木艺精品万全街、名木家居文化博览馆和餐饮休闲商业服务区。在这里,将集会展、购物、博览、游赏、休闲、餐饮于一体,以名贵木制品的展示交易、文化博览、藏品拍卖、行业交流和创意设计为主要经营特色。这里将不止是一个场面宏大、精品汇聚、游客如织,城市公园环境之中别墅会所式旗舰店的商品展示更令购物活动处于愉悦的开放式体验之下。各路商家得展其物,中外顾客得购其品,八方游人得娱其心。可谓各得其所,各得其乐。

项目明确的定位于高端市场,将以高质量、高品位、高文化含量、高服务规格的特色产品来满足高消费人群,包括上海及周边城市的高收入人士和高格调的社会精英,国内外的名贵家具收藏爱好者和古玩家,名贵木制品的设计师、研究者、艺术家,装修新居、举办婚庆的新锐人群和离退休老干部。同时,作为游购园,也将热情接待慕名前来观赏的国内外游客和平时来此消闲的本地市民。

人们有理由相信,这里将是一片气象非凡的贵人宝地,对入驻厂商则注定是一片紫气频来的福人洞天,完全可望成为大上海引人瞩目的又一片“新天地”。

项目取名从一开始就为董事长和董事会全体成员所看重,经历了反复的构思和多方的征询,倾注了太多的心血。因为,他们都清楚品牌的名称是日后品牌战略中最为宝贵的部分,万不可掉以轻心。卓越的品牌虽然并非取决于品牌的名字,绝妙的名字却绝对有助于品牌的成功。为此,福人公司前前后后拟制过许多的名字,如红绿营、红与绿、天下红场、如意红场、御红场、木天木地、名木天地、名木世家等等。这些名字都各有所长,也各有不足。其中有的名字还经过了“定而又舍”的过程,原因则在于项目的定位已从当初的“红木为主”改为了后来的“广纳名木”。名字最后被确定为“尊木汇”——全称为“尊木汇家居文化体验公园”。品牌推广语最终采用了“百户千家尊木汇,五湖四海福人来”。

对于目标招商对象而言,最吸引他们的当然不会是“尊木汇”这种项目名称,他们更为关注的是尊木汇日后的“商业模式”——做生意的方法,确保他能赚到钱的那种模式。

的确,商业模式属于企业制胜市场的核心竞争力,其重要性甚至超过产品或服务。许多人或许已经知道,所有成功的商业模式,一定是因其3个构成要素都具有与众不同的一面。通过反复探索、大胆创新,福人的尊木汇也让自己特定的商业模式获得了至为宝贵的独特性。

要素1:独特的客户价值主张

充分满足高端消费群体对国内顶尖名木制品进行体验型购物的一站式需求。

要素2:独占的资源与能力

●有行业协会、红木基地联手支持,能荟萃顶尖的红木厂商和名木家居。

●各品牌以别墅会所旗舰店方式四位一体展示建筑、装潢、家具、饰品。

●新型的展销空间能提供有亲和力的消费体验,使顾客买得放心而称心。

●复合产业的关联消费可满足高档中式装修及名贵木制成品一站式采购。

●公园般怡人的特别购物环境,能博得大批高端顾客和四方游人的青睐。

●与地方政府关系良好，项目在推动地方经济的同时也将获得政策扶持。

●紧傍世博会景观大道和地铁口，并与红星美凯龙和宜家家居相聚成势。

要素3：独享的盈利方式

依托企业联盟的行业平台和总部经济的实力优势，屏蔽同行之间的价格恶性竞争，以尊木汇的品牌声誉和企业各自的高规格服务增加顶尖产品的附加值，并借助"关联营销"增添销售项目、降低经营成本，获得高端顾客一站式关联消费的丰厚回报，最终实现营销利益最大化。

商业模式之外，还有一个日常的运营手法。尊木汇制定了一整套行之有效的运营手法，包括联手造大势，合力排风险，协会做后盾，专家任顾问，媒体结联盟，广告当先锋，盛事大行销，好戏相接踵，安保五星级，能源一总统。商业经营活动常常得益于"盛事行销"。尊木汇今后的日常运营，从一开始就会有一场接一场的"大戏"与之相伴，不断制造社会新闻形成商业热点，让所有入驻厂商都成为吸引眼球的"戏中人"，经常处于大众的关注之下和热议之中，最终为尊木汇迎来不断高涨的人气。

上海福人公司尊木汇家居文化体验公园的招商即将拉开帷幕。当然，一切都有待最后的事实来说话。但是，依我的职业感觉，尊木汇既然能为它的目标对象提供如此一个新型的展销空间和独特的商业模式，凭此两大优势，它的招商前景就是完全可以让人乐观的。而且我相信，在不久的未来，尊木汇将成为中国红木文化的一座名园，载入红木文化的史册，也载入中国商业的史册，活在人们的嘴上和心中。

100 个
中国实力派策划家

中国策划家协会创办者　傲　兰

傲兰,1990年毕业于北京国际商务学院,毕业不久在工商局参加工作,在5年的工作磨练中,走向社会与企业和商业成功人士接触,使自己的思想不断有了提高。在与朋友之间的相处和熏陶下,1995年,她辞职进入商贸行业。成功策划营销双沟酒、种子酒和烟草专卖等多种行业产品。

经过几番拼搏奋斗,终于广知商道,熟练营销、深入策划。

从烟草销售,后来转向房地产开发,经过几年有关地产行业的学习与深讨,在地产行业中也成为佼佼者。

2004年,她在安徽省成立了安徽省策划中心,从此真正进入了策划家文化领域、多年来,参与过多家企业的案例研究、为企业指点迷津。例如:参加过肥西老母鸡的品鉴会、加盟会、被南城香全国连锁餐饮企业聘请;策划全国市场开发、店面选置管理等相关活动项目。

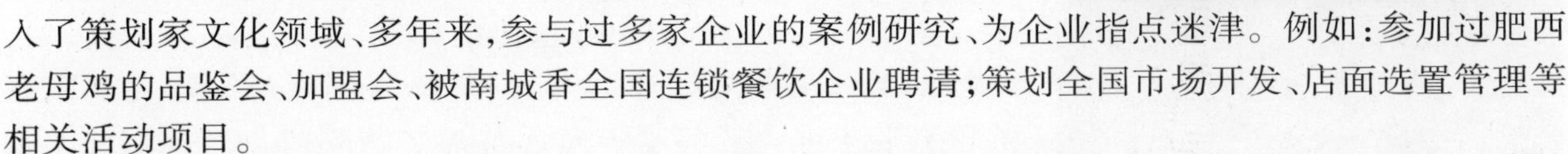

2007年,她成功全程策划在黄山举办中国第十七界李白诗歌节大型纪念活动。2008年,她与协会2位策划专家一起协助中华全国总工会和中央电视台策划《向祖国报告—庆祝五一国际劳动节》大型文艺晚会。习近平和王兆国等党和国家领导人出席观看文艺晚会。

2009年,她与安徽省策划中心协办《中国第十六届豆腐文化节》大型文艺晚会全程策划:赢得社会各界好评!

傲兰女士自创办民间策划家协会走进北京。与国际认证协会、国家人事部、人才流动中心,以及北京长安公证处进行合作。并在清华大学任全国成人培训招办主任,如今在人民日报社广告部工作。

【年鉴点评】

傲兰女士是策划界的新起之秀,她以自己的视角看待策划。成为颇具开拓的一位巾帼。在当今社会,当人们把金钱看得很重的时候,她却一反常态,将事业和友谊奉若至尊。她不讲策划派别,只重和谐友好。

晋商好旗手　白　帆

白帆，京城户籍，老醯后人。因参加“山西同乡会”，交二百元大票入内，方知乃安徽人操办，大受刺激。遂于2005年始，找到早期的乡党组织，毅然“舍职”取义，投身晋商社会活动。

2006年，他起草《京城晋商宣言》呼吁建立商会，后依次组办晋商论坛和商帮联谊会。2008年，创办首都首家晋商商会会刊《晋商之家》，2009年，与市场信息报合作成立《天下晋商》专刊部。

他曾就职于某大型国企集团新闻中心，从事报纸、杂志采编。上世纪九十年代末，跨越传统体制，在《经济消息报》社，他创办我国早期的智业对开彩报——《创新与策划导刊》，任总策划兼主编。老前辈于光远特为之题辞：“创新落实在策划中”。并语重心长地嘱咐，希望导刊办成有影响的全国智业大报，真正起到给人以智慧与谋略的作用。

他参与《中国策划大写真》电视系列片制片，《中国品牌报告周刊》副主编。其间，成立北京九州纵横企业策划有限公司，出任法人代表兼总经理。并担任“中国初级卫生保健基金会山西医疗扶贫示范基地”策划总监。

他在兼任北京京都丽人商贸有限公司策划总监期间，于2007年5月18日世界博物馆日，参与策划举办的“中国历代服饰文化工程启动暨中国历代服饰博物馆奠基仪式”，颇具反响。因策划“2007首都晋商中秋联谊会”，邀请天津晋商和浙江永嘉温商参加，为实现跨区域商会和商帮间的交流往来起到积极推动作用。

他创办“晋商杯”京城晋商“双十榜”（即各十大年度人物和企业）公益评选活动，首开企业家出资奖励企业家之先河；举办“首都晋商“中华巨龙腾飞”助奥运签名活动“后，又与《市场信息报》联手，为中国首座商人博物馆—北京晋商博物馆，做“2009通惠河畔晋商文化季”大型活动的执行策划。

【白帆语录】

因为社会有太多的缝，需要有人用策划的思维去“拼接”。主张以“不甘平庸，自有尺度”自勉自律。认为，做策划，就得练就“贼不走空道”的本领，途经实战历练，到达“满眼尽是黄金缝”之段位。

【年鉴点评】

白帆应北京晋商之家聘请，任北京山西企业商会筹备处秘书长；作为“首都晋商发展论坛”主要发起人和文案执笔，任组委会副秘书长，被誉为“幕后推手”。

南派纵横策划家　北　冰

北冰，工商管理博士、国际注册管理咨询师（CMC）、中国策划专家委员会委员、中国旅游文化专家委员会委员、湖南省旅游规划评审专家、湖南省湖湘文化研究会常务理事、湖南省市场学会常务理事、企业经营战略“五环管理模型”的创导者、湖南远景管理咨询有限公司董事长、湖南远景旅游规划设计中心董事长、湖南远景企业文化研究院院长。

早在1998年的时候，北冰先生就已经声名鹊起，因一系列成功企划案，中央电视台、北京电视台、《中国名牌时报》《东方企业家杂志》《中华周末报》《湖南日报》《湖南经济报》、湖南电视台等主流媒体予以重点报道。与此同时，畅销书《策划为王》把北冰先生和叶茂中、王志纲、余明阳、孔繁任、张大旗、崔秀芝等人一起列为中国首批资深策划人。

当同道风光无限时，北冰先生却开始低调转型。1999年他凝聚一批有“海归”背景的职业咨询师、策划师、规划师、设计师和经济学家、教授创建远景管理咨询机构。十年来，北冰先生与远景团队服务了近百家大、中型国有企业、民营企业和政府组织。在企业战略管理咨询、区域旅游规划策划等领域积累了较丰富的实际操作经验，并形成了自己的理论体系与个性文化。在湖南省具有广泛的影响力和品牌效应。在业内形成“北有北大纵横，南有湖南远景”的阵势。

站在中国咨询、策划业的风口浪尖，这是一种挑战，更是一种超越。北冰先生和他的远景团队之所以在激烈的市场竞争中存在十年，要归功于他们在此领域的不断变革与创新，更为重要的是这种创新对于北冰先生或远景团队都意味着突破、成长与进步。北冰先生在管理咨询领域的探索与创新，最重要的莫过于创立了以企业战略为导向、以企业文化为灵魂，以品牌经营为核心，以人力资源为纽带、以组织管控为保障的“企业五环管理模型”。

【北冰语录】

咨询、策划如平衡木上的舞蹈。而舞蹈的优美取决于舞者的平衡与技巧，也取决于舞者的智慧与从容。而多层面的整合、优化，锻造出咨询师、策划家的思想理念与文化价值。

平衡木上的舞者　北　冰

面对风起云涌的中国管理咨询，面对各种层出不穷的管理书籍或标新立异的理论观点，面对中国企业短暂的生命周期，北冰先生一直在思考，一个企业要做强、做大、做优，要发展、要持续，到底要解决哪几个核心问题？十年的管理咨询实践，北冰先生认为：中国企业目前普遍存在的问题是战略思想模糊、价值取向不定、产品美誉度不高、团队和谐缺失、管控模式单一。正本清源，上述问题就是严重制约企业生态经营，持续发展最本质的问题。

“企业五环管理模型”的创立，标志着远景咨询走向新的里程。这一模式的创立与实践为北冰先生及团队赢得了市场，赢得了客户，自然也收获了光荣。近年来远景咨询机构有关企业管理咨询案例,旅游规划案例多次获得“国家金杯奖”、“国家案例金奖”、多次被评选为“中国最具影响力的策划机构”、“中国策划特殊贡献奖”。北冰先生也因此荣获“中国十大卓越策划家”、、“中国十大旅游策划专家”、“中国100位策划品牌人物”、“中国改革开放三十年策划标志人物”等多项殊荣。

与此同时,北冰先生与远景团队在旅游规划领域的成就也可圈可点。中国旅游产业的各类规划与评审,从上世纪80年代以来,一直以《国家旅游规划通则》为标准,以学院派为主要规划团队,故中国的旅游规划文本几乎千篇一律,缺少创新,缺少创意,更缺管理体系与经营模式,操作性不强。特别是旅游资源怎样转化为市场产品,产品怎样上升到品牌经营几乎是整个规划中的空白。所以,中国的旅游规划多半是处在“规划规划,墙上挂挂”的尴尬局面。远景在旅游规划中始终坚持产品构建与品牌营销的高度结合,坚持规划编制与策划创意的高度结合,创造性地解决了空间布局、功能分区、产品构建、品牌定位、市场营销等系统问题,真正做到规划既具有前瞻性、引领性又可落地可操作。

北冰先生韬光养晦、十年耕耘,终成真正意义上的战略管理咨询专家、旅游规划专家,这是时代使然,也是他个人的造化。以最优美的身段站在最风光的地方,展示最优美的舞蹈,这就是舞者的全部。作为舞者的北冰先生,将在更广阔的舞台上长袖善舞、展翅成景。

【年鉴点评】

北冰先生是将咨询、策划结合得最好的咨询师、策划家,他把东方策略方法与西方理性分析融为一体,在企业战略管理与旅游规划中把策划深藏其中,可谓雅人致深,独树一帜。

建筑规划策划　曹家庚

曹家庚，高级建筑师，国家一级注册建筑师。历任于知名建筑规划设计策划企业，重点在高端休闲度假地产以及酒店项目方面进行项目包装策划、规划以及建筑设计。

主持策划设计了内蒙古鄂尔多斯孟克烛拉大型蒙元文化休闲度假区、河北西柏坡郊野旅游度假区、河北完县尧帝故里文化旅游度假区、北京大环艺术创意区、福建萩芦溪旅游生态开发区，北京万达索菲特酒店、哈尔滨香格里拉酒店二期、北京永泰建国酒店、昆明E公馆等一批大型旅游度假和高端酒店项目。

他率先提出“LC·EST”新旅游模式，实现低碳旅游方式：

一是转变现有旅游模式，倡导公共交通和混合动力汽车、电动车、自行车等低碳或无碳方式，在旅馆附近的活动尽量采取徒步行走代替乘车，二是扭转奢华浪费之风，强化清洁、方便、舒适的功能性，提升文化的品牌性。三是加强旅游智能化发展，提高运行效率，全面引进节能减排技术，降低碳消耗，最终形成全产业链的循环经济模式。为众多项目打开了成功的突破口，让游客得到更高的回报率。

西柏坡郊野旅游度假区

西柏坡位于河北省西部太行山中段东麓。郊野旅游度假区距革命圣地西柏坡30公里，地理位置优越，交通便利，度假区是当地唯一以四星级酒店为核心的会议、娱乐、旅游度假的综合休闲区。共占地1467亩，分三期开发。是吸引西柏坡和石家庄休闲度假人的好去处。

1. 充分发挥当地自然优势

该地有山有水有温泉，山色青翠、流水潺潺，丘陵草地错落有致，沟壑蜿蜒。于是，我们根据地理特点，策划一条主沟象征桃树主干，从主沟分出的两条小沟设计为树枝，各个建筑组团为一朵朵盛开的桃花。设计一条主路贯穿各个建筑组团，形成枝壮花放的景观。道路随山就势，如丝带飘展，情景交融、美不胜收，用一个意向贯穿整个园区体系。

2. 质朴不失现代感

度假区建筑尽量采取叠落的山屋形式，屋顶用片石覆盖，石色斑斓，在日光照耀下，色彩变换，野趣横生。屋顶符合山村风格，简朴大方，屋檐出挑深远，屋脊起翘，外墙壁呈现多变的几何形，毛石墙基，粗犷厚重与周围山色浑然一体。玻璃和本色木材搭配的门窗透出现代气息，而不扎眼，与中式风格融为一体。

3. 核心景区为会议、娱乐、酒店部分。从观演广场到体育活动场所、素质拓展区域、自由漫步景观带、文化会所景观、植被和坡地、自然和人文景观整合为一体多样，达到轴线串联、步移景换的效果。

4. 园区建筑与周围风景有机结合，构成了中国传统美学的意境美。实现了自然美、生活美和艺术美的高度和谐。使策划成为荡气回肠的情感体验场。

5. 动静结合、开合自如。酒店、会议等部分开放，并与私密部分截然分离。

中国个性化教育体系的先行者　曹晓峰

著名个性化教育理论和实践家、创建中国个性化教育体系的先行者国际个性化教育协会中国理事会会长
中国个性化教育研究院执行院长、研究员
中国策划师俱乐部(http://www.cbsaclub.com)理事会理事长
复旦大学国际经营技术讲习所企业管理研修组委会副主任
北京人文大学策划系客座教授
上海师范大学人力资源开发与管理研究所商务策划研究室主任
思库教育科技(上海)有限公司总裁、思库学习网CEO
项联投资咨询(上海)有限公司董事长

研究领域与专长：

致力于"个性化教育"和"商务策划"两个专业领域学科知识体系的构建与完善，以及个性化教育专业人才和商务策划人才的教育培训体系的创建与推广。创建了包括"学习能力测评"、"教育策划"、"学习管理"、"知识管理"等在内的"个性化教育"学科知识体系，并参与制定了中国个性化教育服务资质鉴定和质量保证体系认证标准、个性化教育专业技师职业资格认证标准等的制订

著作和文章：

主要著作有《策划学概论》、《商业模式策划与再造》、《循环平衡理论研究》、《普通教育学原理》、《个性化教育心理学》、《个性化教育原理与方法》、《个性化教育操作与实务》、《学习能力测评原理》、《教育策划原理与方法》、《学校经营发展策划操作与实务》、《个人学习成长策划操作与实务》、《学习管理》、《知识管理》等书籍和教材。

从事领域：商务策划、资本运作、软件与网络部分、管理咨询等方面。

【个人语录】

1. 策划不只是"点子"，光有"点子"是远远不够的，需要将创新的可行的设想系统筹划并付诸实施才有价值。

2. 策划不仅仅是"完美的策划案"，"策划案"无论多么完美，如果没有能力整合社会资源来实施只是纸上谈兵。

【年鉴点评】

人之初是有棱角的，人性原本锋利的一面，如果运用恰到好处是所向披靡的。曹晓峰就致力于保存人性的棱角，不让人性的棱角被教育所毁灭，他们倡导的个性化教育被中产以上阶级大力推崇。曹晓峰可谓"多超多强"，不仅在教育、策划方面功绩卓著，还在多个领域有着非凡建树。他所策划的电视剧《白领公寓》，采用罕见的定制模式，不得不赞叹他的匠心。

连锁白领公寓项目全程策划案

曹晓峰

策划背景(从略)

策划思路

通过建设“白领城市网站”——白领网上生活服务平台网络概念和资本扩张计划吸引投资方提供资金,通过楼盘整体承租、精装修、配置家具及生活设施、连锁经营吸引楼盘开发商提供房源,通过“白领城市网站”、“连锁白领公寓”(连锁酒店式公寓)、“白领城市俱乐部”吸引承租客户,通过“异性合租”概念制造新闻热点和形成品牌知名度。进而利用品牌、网络、渠道和终端客户资源继续进行多轮融资和市场扩张,最后实现海外上市,投资方获利退出。

案例简述:

“连锁白领公寓”项目在整个策划过程中,四个环节的策划至关重要:概念策划、融资策划、管理策划、营销策划,一环紧扣一环,前一环节的策划失误将导致下一个环节流产,从而导致整个项目流产。

1. 商业概念策划

策划目标:形成具有可行性的商业概念

核心概念:“鼠标+水泥”,即互联网与房地产结合

概念组成一:互联网概念。概念组成二:白领公寓概念

2. 资本运作策划

策划目标:推销商业概念和资本运作计划吸引投资

融资策略:通过证券公司或投资公司投小钱启动项目,然后以传统上市公司和风险投资公司作为主要融资对象实现项目推广和市场扩张,最后由证券公司运作海外上市退出。

第一期投资:1000 万人民币,主要用于成立上海白领企业发展有限公司,招募员工、启动“白领城市网站”、“连锁白领公寓”和“白领城市俱乐部”各组成部分。

第二期投资:5000 万人民币,主要用于开发“连锁白领公寓”上海楼盘以及白领城市网站和白领城市俱乐部的上海市场的宣传和推广

第三期投资:2000 万美圆合计约 1.6 亿人民币,主要用于开发“连锁白领公寓”全国楼盘以及白领城市网站和白领城市俱乐部的全国市场的宣传和推广,以及运作海外上市。

结果在在第一年内就获得 6000 万人民币的投资。

3. 市场营销策划

“异性合租”概念炒作持续时间一年,经费总投入不到 100 万,而达到了几千万甚至上亿元广告投入才可以达到的轰动效果。中央电视台、上海电视台、湖南卫视、北京电视台、珠江电视台等全国和地方几十家电视台,全国各大报纸、杂志、网站都做了深度报道和专题节目,“白领公寓”由湖南电广传媒拍摄成同名电视连续剧。实现“连锁白领公寓”火暴销售,而且打造了“白领公寓”这个品牌在全国的知名度,在上海尤其深入人心,引领了一种新的生活时尚和“异性合租”风潮。

中国创意策划集大成者　陈　放

陈放，首届中国十大策划风云人物，创意九段、中国策划人、联合国贡献奖获得者、创意技法发明人。联合国交流合作与协调委员会等机构特聘策划专家，北京2008年奥运项目策划顾问，国家商务部策划标准高级顾问，人事部策划师高级顾问，任北京创意村营销策划有限公司董事长、战略顾问等职。其科研成果获中国社科院、中央党校等奖励。曾在中国军科院、北大、国务院某机构做研究策划工作。策划成果曾被评为中国1998—2009年各项“策划经典个案”、“策划风云人物”、“荣誉奖章”，担任几十个城市的政府顾问，有近几十项营销、旅游、房地产、体育、文化、大型活动的策划成果，出版品牌、创意、策划、营销、城市旅游等相关专业著作50余本。

陈放先生与国际友人联合成立的一家股份制专业营销策划公司（原北京合德利策划公司），即现在的北京创意村营销策划有限公司。公司集市场调研、分析与评估、产品策划、营销策划、品牌策划、广告策划、公关策划、城市旅游策划与规划设计、节庆文化策划、大型活动策划、项目开发策划、企业病诊断、企业人员培训于一体的专业性智业咨询服务公司。

在不断的发展壮大中，逐步联合了众多中外智业公司及企业单位，如联合国常务理事会、联合国交流合作与协调委员会、联合国友好理事会、联合国总工会、联合国经社理事会、美国国会、北京奥运会、中国探月工程、国防科工委、国务院发展中心、清华大学、北京大学、全国妇联、国家体育总局、国际品牌标准工程组织（IBS）、（美国）科特勒营销集团、国际品牌认定委员会等机构，并在2003年联合国际相关机构组织成立了世界创意实验室、中国策划科学研究院等，同时还与国家相关部委、协会和多家优秀广告及新闻媒体机构建立了密切而广泛的合作机会。目前，公司已经在上海、黑龙江、甘肃、河北、河南、山东、山西、江苏、江西、湖南、浙江、广州、台湾等地成立了分公司及办事处。

公司拥有紧密型高级专家顾问人员500余名，其中包括各行业的国外专业研究员、中国MBA教授、企业管理、规划设计、营销策划、企业策划、品牌研究等各类专项专家。公司自成立以来，独创了超级快速创意法、核策划、反策划、非线性策划、K营销模式、IBS10000品牌标准系统近百余项一流技术和理论，归纳并创建了集理论性、实战性于一体的中国策划思想库，为几百家一流的公司进行了培训、诊断、咨询、策划，并主持策划了多项政府重大工程和几十个城市旅游文化项目。十几项创意、策划、营销战果创世界第一或破吉尼斯记录，多次策划创奥运史上第一。

【陈放语录】

不是你策划别人，就是你被策划；
你可以找策划，但策划肯定会来找你。

【陈放创意村策划大事记】

1985 年　11 月提出“一球两制”大协同战略　出席国际和平裁军会议

1986 年　参加国务院发展中心主任马洪为总负责的“2000 中国研究”总体规划

1987～1988 年

“一元钱”解决台海问题创意

“一军两制”军队建设战略创意

1991～1993 年

提出宁波—上海跨海大桥苏东坡创意

提出中国电脑节、记者节、汽车节、品牌节等创意

1993～1994 年

山西风陵渡开发区策划

西藏红景天搭载苏美航天策划 1995～1996 年

浙江会稽山度假区大禹像创意

新疆魔鬼城创意

1997 年　张家界旅游项目策划

1998 年　参加“南水北调”工程咨询

1999 年　7 月策划广东肇庆市旅游，打造天下第一鼎

2000 年　策划浙江海宁钱塘江观潮节

2001 年　策划“新北京，新奥运”国际大传播活动

2002 年　考察喀纳斯湖，提出为“湖怪”平反昭雪，恢复名誉，喀纳斯“湖怪”重出江湖

2003 年　提出“神舟五号”市场策划案

2004 年　考察云南定位，提出“西三角经济圈”创意

2005 年　创意普京总统 PK 少林寺

2006 年　给南昌城市定位提出创意，市委书记余欣荣，市长李豆罗接见并作“南昌发展主题报告”，打响红色文化创意被肯定

2007 年　“嫦娥一号”品牌开发创意

2008 年　奉化城市品牌及弥勒故里佛教文化策划

2009 年　建国 60 大庆天安门五星红旗白宫升起活动策划

2010 年　考察珠海市，提出珠海城市新名片战略

【年鉴点评】

如果说到点子就会想起何阳，那么说起创意就会立即想起陈放。陈放是师爷之乡绍兴人，与智慧有着地缘关系。年少从军，有着军人刚毅果断的作风。他凭着自己的创新影响了中国一大批市长。

他年少得志，著作等身，其中《策划学》作为一本学术著作对策划界影响深远，他的创意思想游刃有余，余韵流风，深受青年策划人喜爱。

中华文化之歌的倡导者　陈汉东

"中华成语龙"快乐人文行动总创意・总策划
中华炎黄文化研究会理事
代表作品：
《中华文化之歌》《中华成语龙》
《中华威仪颂》《中华人文颂》
《中华地理歌》《中华四字经》

《中华文化之歌》创作构想

《中华文化之歌》是由60个成语组成的一篇韵文。中华炎黄文化研究会理事陈汉东先生尝试用深入浅出、雅俗共赏的方式来表现中华民族优秀文化的核心精神，期望五湖四海同根同源、同文同宗的中华儿女通过它对中华文化的核心精神有初步了解并培养民族文化的自信心和自豪感，进而唤起中华民族的文化自觉，增强中华文化的向心力、感召力和凝聚力。相信《中华文化之歌》会引起越来越多海内外中华儿女的共鸣并得到他们的认同，成为中华文化的"同一首歌"。

创作指导思想

华夏56个民族共同创造的中华文化，是全体中国人和海外华人的精神家园、情感纽带和身份认同。

——摘自《甲申文化宣言》

弘扬中华民族优秀传统文化是一件具有深远历史意义的大事。　　——胡锦涛

弘扬中华文化，建设中华民族共有精神家园。中华文化是中华民族生生不息、团结奋进的不竭动力。要全面认识祖国传统文化，取其精华，去其糟粕，使之与当代社会相适应、与现代文明相协调，保持民族性，体现时代性。加强中华优秀文化传统教育，运用现代科技手段开发利用民族文化丰厚资源。

——摘自《党的十七大报告》

推进文化发展，基础在继承，关键在创新。不善于继承，没有创新的基础；不善于创新，缺乏继承的活力。

古今中外，闻名于世的文艺大师，脍炙人口的传世之作，无一不是善于继承、勇于创新的结果。不朽的文艺经典，往往既渗透着历史积淀的体验和哲理、又蕴含着时代孕育的理想和精神，既延续着传统艺术的特点和优势、又创造着新颖鲜活的内容和形式。

在继承的基础上创新，往往是最好的继承。

——摘自《胡锦涛总书记在中国文联第八次全国代表大会、中国作协第七次全国代表大会上的讲话》

宣传事件

2007年4月18日，在云集全球海内外中华文化专家学者的"炎黄二帝巨型塑像落成高层文化论坛"上，河南省政协主席王全书和河南省省委常委、郑州市市委书记王文超与炎黄二帝巨型塑像总策划王仁民先生一起展开中华文化的"同一首歌"——《中华文化之歌》长卷。

2008年12月15日，在实现两岸"大三通"的这一天，"'天下为公'两岸行"代表团团长张磊

教授等在国民党中央党部将中华文化的“同一首歌”——《中华文化之歌》赠给国民党主席吴伯雄先生。

2009年9月23日，在北京钓鱼台国宾馆举行的庆祝中华人民共和国60周年“人文中国 茶香世界”大型活动中，陈汉东先生与《中华品牌》杂志总策划李飞和茶艺使者们一起展开由60个成语组成的新中国60华诞特别献礼——《中华文化之歌》长卷。

中华才智人物　陈纪平

陈纪平，浙江温州人，温州博古斋，北京博古仁和文化发展有限公司、北京博古仁和拍卖有限公司董事长。因为保护民族文化遗产和举办民间收藏博览，他被誉为“民间传奇收藏家”、“中国民间收藏第一人”。并相继获得“2005 中华十大财智人物”，“2006 中国最具影响力人物”；“2007 中国企业社会责任十大杰出企业家”；“2008 中国最具创意财富人物”；“2009 中小企业十大领军人物”等称号。

多年来，陈纪平以温州博古斋为平台，凭借自己独到的鉴赏眼光、超前的收藏理念、过人的胆识和执着的敬业精神，成功地收藏和保护了数以千计的中华文明瑰宝——金镶玉，它们未曾见诸史书但却唤醒了沉睡的辉煌。年代之久，可以追溯到商周、战国等时期，其考古、美学价值非常可观，再现奢华、高贵的帝王典范，填补了中华文明历史演变发展脉落的空白点。

“博古仁和”结合了董事长陈纪平在欧洲的亲身经历以及温州博古斋的实践经验，旨在提升人们对文化遗产的保护意识和鉴赏能力，改变现有文物保护的落后状态。因此该公司的征集范围包含具有审美价值的珠宝、瓷杂、书画等各类精美的艺术品，而已经被认定的文物则不在其征集范围内。该公司不特别强调藏品的年代；不拘泥于现有的拍卖模式；最大限度的减轻参与者的负担；竭力为参与者提供一个宽松舒适的环境；尽可能让不计其数的民间珍宝在这里得到有效的流通。让众多艺术珍品在市场的检验下体现其真正的价值，避免因部分专家“一言堂”而导致的文物自毁现象，使大量散落民间亟待被认知的艺术珍品得到应有的保护，同时逐步盘活中国的民间艺术品市场。

凭借当今文化大发展大繁荣的良好契机，博古仁和拍卖有限公司希望通过这种运作模式引导更多的人深入地了解中国传统文化的博大精深，使越来越多的人参与到文化遗产保护这一利国利民的活动中来。以解放思想、开拓思路、与时俱进的精神来改变当前文物保护方面的落后局面，使大量散落在民间、不可再生的艺术瑰宝能真正有效地得到保护和弘扬。

【陈纪平语录】

进入了收藏界就像进入了一所永不毕业的大学，或许直到我死才算毕业吧……

【陈纪平大事记】

2005 年 9 月 24 日，中央电视台《鉴宝》栏目对温州博古斋藏品进行鉴宝，该斋在研讨会上展出的一件“辽代鎏金银套装定窑梅瓶”在节目中经专家团鉴定后估价为 200 万元人民币。

2006 年 1 月 18 日，在人民大会堂举行的首届全球华商领袖年会上，陈纪平被授予“2005 年全球 100 位华商品牌人物”荣誉称号。

2006 年 11 月 18 日，由全国工商联、凤凰卫视中文台、财富时报社、人物周刊杂志社、中国国际教育家协会共同主办的“中国影响力国际高峰论坛暨 2006 企业、品牌、人物评选颁奖典礼”在北京人民大会堂隆重举行。温州博古斋文化传播有限公司董事长陈纪平荣获“2006 中国最具影响力人物”奖。

2008 年 1 月，温州博古斋董事长陈纪平先生应邀参加中央电视台《鉴宝》节目，春节特别节目“第三届赛宝大会”。

2010 年 5 月 15 日—17 日，在北京人民大会堂隆重举办的“2010 中国经济高层论坛暨杰出财智人物先进事迹报告会”上，大会决议授予温州博古斋董事长陈纪平先生“2010’最具影响力财智人物”的殊荣。

2010 年 5 月 22 日，温州博古斋应邀作为协办单位参加“2010 中国文化遗产保护与传承高峰论坛”，温州博古斋董事长陈纪平作为与会嘉宾发表题目为《文物保护是历史赋予我们这一代不可推卸的责任》的演讲。

【博古仁和拍卖模式】

提到拍卖行，很多人的脑海中会出现肃穆的拍卖大厅，衣冠笔挺的拍卖师，槌声敲出的天价等…陈纪平先生带领着博古仁和怀揣着对弘扬历史文化、传承民族文化、唤醒民众保护意识的梦想来到北京。他凭借着个人的绵薄之力，倾其所有，收藏和保护一大批沉睡于民间的艺术瑰宝，这一批珍宝，不仅填补了历史的空白，也让世人对中国的历史文化有了重新的认识。在这个强大的动力支持下，陈纪平先生希望通过博古仁和这个平台，使更多的珍宝得到它应得到的保护，也使民众的鉴赏能力有一个质的飞跃。

陈先生凭借着在法国丰富的拍卖经历，结合中国国情，推出了独树一帜的拍卖模式，就是博古仁和送给艺术品市场的惊喜。第一份惊喜：尊重所有的艺术珍品。凡被列入历史文物名录的艺术品不列入博古仁和拍卖行列。其目的是为了使更多地沉睡于民间的艺术精品重放光芒，得到足够的保护和重视。第二份惊喜：无保证金束缚的轻松环境。进入博古仁和进行竞拍，宣传费、保管费、保险费等一切费用全免，是博古仁和完全站在客户角度，为民众营造一个完全无负担的拍卖环境而专门制订的规则。第三份惊喜：方便快捷的竞买手续。完全公开、公正、透明的竞拍流程，体现了真正意义上的公平交易原则。当日成交，当日付款、当日提宝是该公司对客户的承诺。

第四份惊喜：星级服务面向全体民众。走进博古仁和，每位参与者都是我们最尊贵的客人。客户在享受艺术的同时，也享受到交友的快乐、自由的空间、贵族的待遇。

【年鉴点评】

享有民间传奇收藏家之称的陈纪平运用策划方法做收藏、搞拍卖，有许多惊人举措，收藏有价值连城的瑰宝，不见其人实难相售，不见其物更难相信。

实战操盘手　陈荣彪

陈荣彪,“敦煌文化产业机构”的灵魂人物、中国策划研究院执行院长、中国策划高级研究员和经济学副研究员,荣获中国十大策划领军人物奖、中国体育文化策划杰出成就奖、改革开放30年中国策划标志人物奖、中国营销策划改革30年领军人物奖等多项殊荣。从事职业策划20年,是区域经济、区域形象、商业创新、文化产业、体育产业、品牌推广等领域里的实战型代表人物之一。

2009年,陈荣彪先生策划的以“优粤诚－广东名优产品(重庆)直营中心”为载体的创新商业模式在“保增长、促就业、拉内需”中所发挥的作用,以及将广东提出的“广东产品中国行”战略通过这一创新商业模式得以落地生根,为广东商品开拓内销提供了新的平台,同时也配合重庆市打造“西部商贸高地”战略的需要,其在“粤渝经贸合作”中所起到的作用,得到两地领导的充分肯定。

陈荣彪先生将“佛山陶瓷”整体性推向国际市场;将“中国针织名镇”张槎、“中国饮料名镇”三水西南、“始王郡、隋帝县、当今南海市”(现佛山市南海区)、“中国花山”贵州省大方县等地进行创新的商业策划:文化策划推广包括:全国龙舟之乡争霸赛、广东省第十二届运动会、佛山粤剧文化、佛山武术文化、“南番顺”旅游联盟、珠江时报、广佛都市网、全国首家数字广播的佛山电台、九江吴家大院文化创意产业特区等;企业品牌策划包括:“给你一个五星级的家”碧桂园、“缔造灵性空间”东鹏陶瓷、“金舵陶瓷”等。

1991年,陈荣彪先生积极引入台湾及国外的CIS理念。他强调任何策略、策划必须要具有一种适应市场的竞争能力。中国企业要真正创立中国名牌乃至世界名牌,需求的不仅是外在的包装,更重要的是要让企业的内在健康,让企业实行“先健康,后包装”的操作法则。致力于区域经济、区域品牌形象、文化产业、企业竞争力、企业形象、产品品牌策略与市场推广等现状的研究与实践。

【陈荣彪语录】

一个好的、与时俱进的策略与策划,是可以用极短的时间来完成庞大的系统构建的,是可以影响和改变政府的经济决策的。

模式的力量

有了“优粤诚”这个专为“广货西进”提供流通渠道、交易与结算的平台,广东企业的产品销售额就更大、更稳妥了。通过在当地“扎根”,更好地深入开拓市场。

“优粤诚”从2009年7月开始立项、8月进行论证、策划到进入操作阶段,短短的几个月就实现了从传统单纯的商业模式向革命性创新商业模式的华丽转身,成为2009年度中国在全球金融危机影响尚未褪去,国家“保增长、促就业、扩内需”政策实施推行过程中,最具创新意义、借鉴与推广意义和经济价值的创新商业模式。

策划背景

2009年,习惯了以出口贸易为主的广东企业,在当下全球金融危机影响的大背景下日子难过。因而，他们急切需要一个创新型的平台，来实现产品在内销中的快速流通。

广东省委省政府提出了“广东产品中国行”的战略措施。重庆是传统的重工业地区，日用消费品主要是靠外省供应，消费者尤其喜爱“广货”，但由于受到传统经销链过长、商业模式陈旧的限制，“广货”往往绕了一个大圈之后才到达消费者那里。另一方面，重庆提出要建成为中国西部地区物流中心和国家级物流枢纽城市。以此基础将重庆打造成“西部商贸高地、建设长江上游购物之都”。

策划思考

1. 直营平台独尊优势：“优粤诚·广东名优产品（重庆）直营中心”，是目前广东省以化妆品、民用电子产品、家用日化、服装、家纺、床上用品、家电、皮具、鞋帽、内衣、童服、轻工日用品、家居装饰品、各类小商品等为主的名优品牌产品在重庆进行直营的唯一主题中心商厦，并以此为中心，辐射整个重庆面向大西南。

2. 经营方式创新优势：“优粤诚”是实行“厂价直营、批零结合、展贸合一、专业推广”的创新商业模式来进行经营，因此可保持商品价格在市场上的竞争优势。

3. 零风险特色优势：“优粤诚”（1）统一管理、统一进货、统一收费；（2）对经销商实行“零风险”进场经营；（3）实行独立经营，第三方银行及法律公证保障的政策，让“零风险”落实到实处；（4）所有进场的重庆经营商户都必需经培训后才能上岗，确保品牌推广的完整性与销售额的最大化；（5）对消费者实施以下三点承诺：一是“优粤诚”所经营的一切产品均为品牌产品和名牌产品；二是“优粤诚”实行诚信经营，杜绝一切假货，承诺假一罚十；三是“优粤诚”实行厂价直营，一口价销售。

4. 环境现代管理优势：“优粤诚”在管理上非常注重细节，保持经营大厅恒温（20—24℃）、场内设有餐饮、银行等配套服务；

5. 实时稳健快捷互动优势：让“供”与“销”的实时性得到真正的无缝对接。

6. 互利多赢诚信优势：“优粤诚”的经营宗旨，就是以诚信为原则，以创新为手段，以整合为抓手，“批、零”价格须由厂家制定，经营商不得有擅自提价降价等不良行为和附加任何费用，从而保证产品的价格与质量，由此来取信于消费者。

【年鉴点评】

陈荣彪先生具有策划敏感与市场洞察力、实用与“快半步”的策略思想、超强的实效性营销策划能力。他因地制宜打通了“广货西进”的通路，坐地行商为佛山创立国际品牌起到了楷模作用。

借助伟人的力量　陈远征

陈远征，毛泽东特型演员、中国红太阳艺术团团长。
中影远征（北京）影视文化中心主任

国领（北京）服饰有限公司总裁
中国国际华商投资集团总裁

中国吴道子国画研究院院长
中国当代名人出版社社长
“毛体书法”艺术指导委员会主任
世界陈氏文化交流协会秘书长
毛泽东思想研究院院长

世界杰出华商报社长
中国国际华商联合会主席
世界华人联合大会秘书长
尼泊尔共和国总理特别助理
世界中华民族联合会主席。

【个人语录】

1．好的策划不仅可以改变一个企业的命运，甚至可以改变一个民族和一个国家的命运。2．毛主席，爱人民，人民的事业就是我的事业，借助伟人的力量，更要依靠人民的力量。

【年鉴点评】

作为演员的陈远征与毛泽东特型演员古月、张克瑶、唐国强一样具有很好的文化底蕴，所不同的是陈远征首先是善于经商，也钟情于文化产业，还不忘世界华人事业，看他那长长的一串任职名单就可以想象陈远征有多忙，有多能。

作为策划家的陈远征，他勤于思索，勇于开拓，既有远见卓识又能经营务实，他所从事的文化产业无不兴盛。

“十里长安街”更名为“百里长安街”提案（节选）

中国红太阳艺术团　陈远征

全国人大常委会：

十里长安街，被誉为“神州第一街”。作为首都北京一个重要的历史文化符号，被中国人民乃至世界人民永远铭记。随着北京城市的发展，长安街在不断的延伸。如今，东起通州八里庄，西至石景山，这一直线道路长度已经达到50余公里，因此，我认为，宜将“十里长安街”更名为“百里长安街”。现将我的观点和建议呈报如下：

长安街的历史已近600年，公元1406—1420年，明成祖在元大都南城墙的基础上改建成路，这是明朝都城北京总体规划的重要组成部分。因为承天门（今天安门）左、右侧各有东、西长安门，寓长治久安之意，东长安门至东直门称为东长安街，长1751米；西长安门至西直门称西长安街，长1800米。封建王朝时期此处是皇城禁区，称为“天街”，平民百姓不得涉足。这条街，与纵贯南北8公里长的御道中轴线，在天安门前正好垂直相交成准确的“十”字形坐标，从而构成了北京城街巷纵横交错的布局。1912年，国民政府拆除东、西长安门，仅留下门洞，东西长安街从此贯通，普通民众得以准许通过。1949年，我国政府辟建天安门广场时，再次修造长安街。1959年扩建天安门广场后，东西长安街拓宽后为60—100米，从而成为宽阔的十里长安街，成为国家庆典、阅兵、群众游行的重要场所。长安街可以说是中国政治、经济风云变幻的晴雨表

如果说北京是中国的心脏，那么，长安街就是心脏的主动脉。长安街，是北京重要的交通枢纽，无论白天夜晚，都是车水马龙；长安街，是重要的政治中枢，两侧有天安门城楼、天安门广场、中南海、人民大会堂等；长安街，是北京文化的中心带，沿路有国家大剧院、故宫、国家博物馆、中央电视台等重要文化设施；长安街，是北京的商业繁华区，中国国际贸易中心、东方广场、国际饭店、中国人民银行等建筑鳞次栉比，堪称中国的“建筑博览会”。

纵观历史上长安街的几次修建或扩建，都是在国泰民安之时。如今，中国变得富强了，北京变得壮丽了，“神州第一街”——长安街，也理应变得更长、更宽、更美。“十里长安街”，已经不足以显示北京城市的繁荣，不足以显示作为泱泱大国首都的气魄。事实上，随着北京城市规划的发展，长安街在不断的延伸，如今，石景山路、复兴路、复兴门外大街、复兴门内大街、西长安街、东长安街、建国门内大街、建国门外大街、建国路、京通快速路已经成为百里通衢。因此，也应将这一直线道路统一规划、设计，统称为“百里长安街”。“十里长安街”更名为“百里长安街”的意义：

一、“百”字，在《说文解字》中，寓意着成功、圆满、长久。“百”字组成的成语很多，如：百战百胜、百炼成钢、百花齐放、百业兴旺等。

二、“十里长安街”更名为“百里长安街”，将是世界上最长的一条街，同时有“愈长愈安”之寓意，更能彰显我泱泱大国物阜年丰、繁荣昌盛的豪迈气魄。

三、如同“万里长城”一样，“百里长安街”的国际知名度会大大提升，成为北京旅游、商业开发的一条金光大道。

四、2008年，奥林匹克运动会在北京举办；2009年祖国60华诞，“百里长安街”万众瞩目。

养老创新工程——“幸福源”的策划人

达文先生作为从事教育的策划人，为人低调，热烈追求却冷静思索，奋力拼搏却不事声张，勤勤恳恳地耕耘在教育、广告、营销、旅游、策划等多个领域，取得可喜的业绩。他作为最先进入广告的开拓者，与中国广告一同成长，为普及广告知识、培养广告人才、发展广告事业做出了持久不懈的努力；他主持广告研究所，为开拓广告媒体、创新广告形式、推广数字印刷，做了许多独特有效的策划，许多广告、营销、旅游活动的背后都有他策划的身影；他特别关注素质教育和素养修炼，并身体力行带领学生日日练功不辍，八十年代学电脑、九十年代上网络、新世纪玩数字，退休后不仅继续从事策划教学与书刊编审，主持策划网站建设和网校教学，还亲自编写英语世界语速读课程，设计女子艺术修炼和幼儿智慧启蒙的素质教育计划。特别是从2000年开始关注中国老龄问题以来，从调查研究入手，考察了中国老年健康教育、中国旅游市场、中国自然和历史文化遗产、中国人才市场、中国不动产与遗产法律，思索解决中国养老难题的战略和策略，在2002年就提出了让旅游充盈养老生活的主张，连续多年亲身实践，探索解决全程旅游养老生活中的吃喝玩乐和精神文化关怀，2006年设计了将度假村经营转型为“移动养生园”养老方案，2008年度更纳入了协助大学生创业的“艺术山庄”和走向世界的“通天塔”构想，终于完善了中国养老创新工程——“幸福源”一揽子解决方案。

【年鉴点评】

一举两得，三箭中的，是策划所追求的效果。达文先生以策划人与退休者的双重身份设计了一套养老方案，发表了他的养老主张，试图综合破解当前社会所面临的养老困局，可敬可喜。他将移动居家，家族聚居，居而游之，文化养生连成一线，还将盘活家庭资产、支持青年创业、开拓文化产业、建设和谐社会等一系列策划创意展现在世人面前，体现了策划无所不在、无所不能的高超思维。

养老创新工程：一种新型的养老院

达　文

养老创新工程：幸福源（幸福源是全国联动的旅游型养老园——各地艺术山庄的大联盟）。

艺术山庄—— 享受旅游的养生园

艺术山庄的口号：

“让亲情护佑养老 让养老伴随旅游 让旅游成为生活 让生活充满艺术 让艺术滋润人生”

我主张的养老新方案，基本观点和创新思维包括：

1. 居家养老 我国社会的养老基本模式还是应该采取居家养老形式。虽然今天的居家养老只是俩老相扶，但却能让老人尽可能享受自主随意的自由和舒适轻松的生活；传统的居家养老形式迎合了大多数中国人的观念和情感，还可以缓解社会养老院严重不足的矛盾。但是我们的居家养老却有三大新内涵；

2. 亲友聚居 居家养老的新内涵不仅是老俩口相扶相靠，还鼓励和实现家族亲人退休后聚居，提倡曾经有亲密旧情的老邻居、老同学、老战友、老同事退休后聚居。这种聚居不仅因为年龄梯度可以实现亲友间持续的相互照顾和自我服务，解决“空巢家庭”的生活照料问题，减轻家庭的养老成本，减轻子女的牵挂与担忧，也有助于减轻社会的养老服务压力，而且这种亲情关照将是老人健康长寿的重要条件。

3. 养老社区 聚居的养老屋可以在政府的统一规划和管理社区的安排下形成相对独立的新型的养老社区，我们把它叫做艺术山庄（而不叫做养老院），这也是我们居家养老的新内涵。养老社区的管理应该着力于营造一个独具特色的精神文化氛围，例如是中华养生之道的宣传推广和体验实施。还可以组织各类中华民俗风情等文艺表演，举办民族节庆活动，吸引外国老人前来交流同乐，交友互访。让每一个老人在养老社区生活得更加愉快顺意，内心充实，获得舒适顺心，健康快乐，有利于和谐社会建设。这样做因为需要社会提供大量文化产品和服务，就为发展文化产业开创了新的市场，也为大学生就业创业开辟了新的途径；

4. 旅游型养老 本方案的最大创意是提供“移动式”聚居养老屋并组建养老社区。我以为解决的方法是可以首先针对有房老人采取会员制度，以房屋代管或房产置换或使用重组等方式解决困难，而且采取预约登记、安排迁居来变更养老地，创造出旅游型养老模式。当然这种旅游不会是走马看花，而是民俗风情的深切感受和细腻体验。老人可以在退休后，轮换到各地的艺术山庄养老屋过着亲友聚居的居家养老生活，同时实现周游“列国”的梦想。这样旅游就变得非常节省，又盘活了家庭资产，可能让每一个老人都游遍中国；由于是“带着”房子旅游，不需要交通往返，劳累奔波，甚至可以让 85 岁的老人也轻松享受旅游生活。这正是我们居家养老的新内涵的创意——旅游型养老。

这样做对于旅游产业是一个极大的开拓，因为养老成为旅游的一种新的形态，养老居留成为旅游生活，大大扩展了人们的视野，延长了旅游的产业链，做大了旅游的“蛋糕”，旅游的产值后面可能要再加好几个“零”。

这样做对于房地产业也是一个极大的开拓，最大的特点是让风景秀美但地处偏僻的乡村成为养老社区的建设宝地，加速配套设施的建设，也能做大房地产业的“蛋糕”。

紧跟着的就是促进地域经济的综合发展和协调经济区域的平衡发展，为和谐社会的建设做出贡献。

大林 俱乐部主张

大林先生,国家级活动策划家,《中国策划家年鉴》总编,三次学历依次为美术教育、经济管理与电影编导。1995 年赴京协助国务院发展研究中心主持中华之最评选工作,并在北京电影学院研究生院学习。先后出任中央电视台广告部策划顾问、中国社会科学院研究生院大学部策划系主任诸职。

大林先生出生教育世家,从事俱乐部策划工作 28 年。其业绩已被中国社会科学院出版社《影响中国策划业 21 个人》收录。

大林先生致力俱乐部运营模式、赢利方法、产业工具的研究颇有心得,为 36 家俱乐部破茧化碟、凤凰涅磬。现任北京策划俱乐部首席,北京俱乐部百脑会首脑,旗下遍布全国的协会、学会、商会、同学会、同乡会、俱乐部逾百家。在文化产业旗帜下力主产业文化。

【俱乐部年表】

2010 年 《大林 俱乐部主张》出版 …… 上海大学出版社
2009 年 《北京俱乐部秦皇岛酒店式公寓》…… 秦皇岛半岛公寓
2008 年 组建北京俱乐部百脑会 …… 北京俱乐部百脑会
2007 年 北京奥运会门票 票务策划 …… 中体竞赛集团
2006 年 中华万福坛 福文化俱乐部募资 …… 太姥山景区
2005 年 《明日之星》海外景点推荐 …… 广东卫视
2004 年 北京房车俱乐部 车主互利 …… 北京晚报
2003 年 白领俱乐部 团购房屋汽车 …… 北京青年报
2002 年 全国第十届运动会 政府申办 …… 南京市政府
2001 年 世界华商大会开幕式 游园会 …… 中央市政府
2000 年 北京国际友好城市大会 城市结对 …… 中国人民对外友协
1999 年 中华世纪坛 开坛仪式 …… 北京市政府
1998 年 北大校友俱乐部 北大专列 …… 北大老校友协会
1997 年 《中国武术图典》 武术校长认证 …… 国家武术训练中心
1996 年 全国业余围棋手 段位制俱乐部推广 …… 中国棋类协会

【俱乐部运营】

	代　表　作	○委托/△自办	策划特色
人力	电视购房大赛与代言人	○北京电视台	以权威取信,娱乐获利
	《上海美食手册》俱乐部	△上海人民出版社	大学生实习,酒家销售
	中国策划年鉴全国工作站	△中国策划年鉴社	以采辑建站,活动生存
物力	《小康之家》邮购俱乐部	○美国美开乐公司	服装纸样带动百货邮购
	《全国大学生手册》	○第二十一届世界大运会	引导员选拔赛促销手册
	“我到北京上大学”	○全国旅行社联盟	配备北京大学生作干事
财力	崇光百货中国银行长城卡	○崇光百货公司	既作会员卡又是信用卡
	创业俱乐部 8 万会员汇储	○《创业家》杂志	杂志做担保会员可贷款
	帝维斯电视购物	○全国 87 家电视台联播	你做电视广告我买你货

私人医生俱乐部　一纸通

私人医生在欧美先是一种非常的贵族式医疗服务，如今已极为普遍。私人医生个性化服务，维系户主日常健康，医患之间十分熟悉，关系长久，不但可以照料户主及其家人的日常健康，还可以在处于危重病急时为患者向医院提供以往身体状况精准详细的信息，避免十次就医面对十个医生的混乱局面，为治疗提供便利。私人医生甚至可以安排入住权威医院、接受专家治疗，解决户主深层次的医疗保健需求。从这个意义来说，私人医生其实就是家庭的健康代理人。

私人医生俱乐部由俱乐部、家庭病床、家庭药箱三位一体组合而成。私人医生将逐步取代以往就医方式，成为未来医疗方式的主体，发展空间无限。

【概念】

一、私人医生俱乐部：将专家、医生、医大师生与各高尚职业、小康家庭结合起来，互利互惠的形成系列私人俱乐部

二、家庭病床：为慢性病患者、老人、孕妇等没有严重疾病，但有护理必要、需要心里慰藉的人群提供居家调理

三、家庭药箱：家庭药品储备，在私人医生指导或家庭病床开床下，使医院药方部分进入家庭，提高患者自疗能力

【流程】

一、私人医生俱乐部：邀请名医、专家、医科大学师生加入俱乐部，首期召集 5000 名俱乐部私人医生对应会员。与红十字会、城市医院、医药公司、保险机构合作，俱乐部本身不行医；

二、家庭病床：培训家庭病床护理人员。选择两三家医院（如综合医院、特色专业医院、康复疗养医院）、三家医学院校（医科大学、医学院、职业护理学校）建立合作机制，共设家庭病床

三、家庭药箱：编撰《家庭药箱手册》；设置家庭药箱系列产品；与医药厂商建立长期合作；采购药品，按照不同家庭的医药需求组装药箱。

【社会功能】

一、公益慈善行医：定向为烈军属、五保户、困难家庭免费赠送普通型家庭药箱，提供短时间家庭病床服务，免费医疗咨询

二、丰富医疗手段：扩宽患者就医范围，丰富现有医疗手段，打破“有病就去医院就去药店”的狭隘就医意识

三、缓解就业压力：私人医生俱乐部、家庭病床、家庭药箱可以吸纳众多应届大学生毕业生，缓解医学类大学生就业压力

【盈利方法】

一、俱乐部服务：俱乐部年费 365 元（巡诊费、医药费另计）家庭病床（30 元/天、900 元/月、10000 元/年）上门咨询服务、全省俱乐部加盟费、家庭病床、家庭药箱、医护人员培训费；入住权威医院转院费等

二、药品售卖：药箱形象广告费；300 种指定药品（高效药、中成药、常用药各 100 种），每个品种收取 30000 元指定用药费；100000 个家庭药箱，每个 200 元；药品批零赚取 50% 差价；药箱药品定期更新换代费等

三、手册广告：将《私人医生手册》、《家庭病床手册》、《家庭药箱手册》作为家庭不可或缺的医疗书籍和俱乐部成员的必读书目，按 80 元/本、240 元/套进行售卖，其数可观。手册广告亦是一笔可观收入。

注：以上加底划线者均为创收科目，数据均为概算，广告手段、赢利模式、利润生成有待策划方案。

由仕而商的创业者　邓炜霖

邓炜霖，硕士毕业，拥有纺织染整、经济管理和法律方面的专业学识。这些阅历和专业知识，对他的事业发挥着重要作用。先后任企业技术员、副科长、车间主任、厂长助理、厂长、中外合资企业董事长和集团公司领导，36岁就担任了副厅级领导职务。

1996年4月，创立深圳宏业投资控股集团有限公司，走上个人创业的艰苦历程。

邓炜霖旗下的鸿烨集团已形成深圳、江苏、江西、湖北、陕西、上海、安徽、青海及境外十个主要的投资管理片区和资产管理中心，直接控股6家子公司、间接控股7家子公司，托管深圳市宏业纺织(集团)有限公司及其控股、参股的4家子公司(包括上市公司)，创办了中国招投网，总资产25亿元，年总产值超20亿元。

【邓伟霖语录】

1. 思想的高度决定人生的高度；学习的速度决定发展的速度。

2. 宏业人认为，人具有解决问题的主观能动性，团队是企业最强大的资源。培养一支有知识、有思想、有文化、有胆识的学习型组织和创业型团队将是鸿烨取得成功的根本保证。“鹰一样的个人，狼一样的团队”，敢于亮剑。

3. 追求与合作伙伴、员工、社会结成利益共同体、和谐发展的企业价值观，致力于建设一个有文化、有思想、有实力、有诚信、有责任、有效益的现代化投资控股集团。

【年鉴点评】

学技术的做企业往往会把技术的做法用之于企业。邓炜霖用纺织方法编织资源，用染整方法团聚资产，总资产、年产值双双跃过20亿大关，印证了企业家就是策划家那句话。

创造共赢空间

在竞争严酷的现代商业社会，企业获得立足的根本是什么？多少年来，企业学者和企业战略家都在反复讨论着这个问题。

显然不是技术，科学发展日新月异，新技术即使不被克隆也会被超越；也不是资金，强中更有强中手。鸿烨致力于追求与合作伙伴、员工、社会结成利益共同体并和谐发展的企业价值观。鸿烨致力于建立员工与企业共同成长、共同发展的事业平台，为员工提供施展抱负、实现梦想、赢得财富和社会尊重的空间，让鸿烨人享受事业的成功和工作的快乐！

著名经济学家于光远说过：“国家富强靠经济，经济繁荣靠企业，企业兴旺靠管理，管理关键在于文化。”而企业文化源自“老板文化”，企业创始人或最高决策人的气质、思想、性格决定了这个企业的文化。关于鸿烨的文化，邓总有这样的看法：职业化团队必是有文化理念的团队，有灵魂、有思想的集体，是敢于亮剑、敢拼必胜的团队。

在企业文化建设中，鸿烨充分突出、也多次强调了“绩效”这一点，他们命名为“以绩效为导向的鸿烨必胜文化”。它强调：不问过程，只问结果，结果高于一切，以成败论英雄。奖罚分明，按本事来定工资，按贡献定收入，按绩效排位子。有位则有为，无为则无位。要有“勇争第一的霸气；藐视困难的豪气；敢拼必胜的志气；凝聚人心的人气”。

鸿烨使命：走出去 请进来 创造共赢空间

在深圳这片滚烫的创业热土上，鸿烨人充满激情与梦想、执着与实干的精神，创造着财富与奇迹，也义不容辞地承担起社会责任，可谓是无愧于时代。鸿烨先后在深圳、江苏、江西、湖北、陕西、上海、安徽、青海及境外十个主要的投资管理片区和资产管理中心。鸿烨与当地政府建立了良好的战略合作伙伴关系，集团高层多人受聘于当地政府的经济顾问，他们视之为荣誉，也是一种责任，积极为当地经济发展出谋划策，利用总部在深圳的地域优势和专业人才优势以及广泛的商业伙伴和商业资讯，为当地政府在沿海招商引资，牵线搭桥。

30 年前，深圳靠的是引进投资、引进技术发展，靠的是国家优惠政策发展。而现在，新特区的改革开放的新内涵就是要走出去参与全球资源与市场的竞争与合作，参与全球经济秩序与技术标准的制定，我们才能永远立于不败之地。

如今，鸿烨以及深圳其他大型企业的成功，给了全国人民对深圳的全新印象：深圳，不再是一个“暴发”型的城市，而是一个稳健、规范和追求永续成长的城市，这里生机勃勃，这里的发展动力源源不竭！

在今日中国商界，活跃着一支由仕而商的企业家精英人群。他们大多出身大型国企高层，又拥有在政府经济部门就职的背景，后在改革开放的大潮中另行创业，取得成功。

在国企时，他们获得了广阔的专业视野，扎实的行业技术知识，并形成了“团队作战”的理念；在政府经济部门工作，他们懂得从产业环境、国策动态、国民经济运行、股市动向等宏观经济范畴的高视点，来鸟瞰行业和企业，熟悉经济工作，及至独立创业，为自己的事业进行定位，他们的优势充分显露出来。

作为策划教师　董瑞祥

当了七年中学教师之后，他明白了牛顿第一定理的人生含义：在没有外力的作用下，人生也是一种静止或简单的匀速直线运动。于是他设法改变了自己的人生轨迹，创办了一个小企业，并因诚信经营，获得了一个殊荣：上海浦东川沙县“瑞祥路”以他的名字命名。他曾经游历于世界许多国家：在非洲纳米比亚丛林学校里教学生们加减乘除；在宁静的丹麦奥尔堡大学研究国际关系，并获得硕士学位；在战后科索沃夏季大学探讨世界和谐问题；在联合国等其他国际组织工作的时候，他睁大了眼睛看世界；在民办大学当教师，他发现了“曲径通幽”，当智商比他高的人们纷纷在商海里遨游时，他又回归到了从教的道路。

策划印记

他协助中国驻丹麦使馆和当地华人组织举办首批华人到达丹麦100周年纪念活动，并策划格林兰岛圣诞老人通过CCTV、凤凰卫视给全世界中国人民拜年。这是丹麦华人历史上最大的一次文化活动；

2002年9月，朱镕基总理访问丹麦，他当面交给朱总理《中国艾滋病防治建议》受到总理重视与好评；他翻译联合国出版物《拯救我们的世界》并由读者出版社出版，他先后成功组织联合国亚太经社会、国院防治艾滋病办公室和《读者》杂志社的社会公益活动；

他发现了制约北京成为“世界城市”的一个因素是缺少国际组织总部。因此写信建议国家考虑邀请位于泰国曼谷的联合国亚太经社会返迁回中国，这个建议得到了国家领导人的注意，外交部开始研究并关注此事；

他给中央电视台的一些建议被采纳，因此成为央视2000年海外嘉宾，并策划了央视2001年海外嘉宾甘肃行活动；

他写的《听故事 学策划，点燃人生智慧之火》一书被列为北京市高等教育精品教材立项项目，已经由清华大学出版社出版；

他和四位朋友成功申请到2008年北京奥运火炬手资格，同圆了奥运五环之梦；他为实现自己的社会价值而给自己做的最大的品牌策划。就是教会学生做人做事，并成为儒商，教过的学生被社会认可，是他最大的荣耀。

业余时间他也帮企业做一点公关及产品营销策划，换取一点应对基本物质生活之所需的金钱，目前，他正在考虑和杭州诺贝尔集团有限公司总裁林光清先生合作做一些事情。

【董瑞祥语录】

给学生一点外力，并引导更多的学生成为社会好公民是老师的职责。

【年鉴点评】

董瑞祥正在建议挪威诺贝尔和平委员会把2011年诺贝尔和平奖授予胡锦涛、马英九这两位对促进海峡两岸交流、推动世界和平有巨大贡献的领导人。你绝对想不到的是如此眼界高的董瑞祥会为一个学生对策划未明了之时而苦口婆心、努力再三。

北京后花园总设计师　董天佑

天佑，现任北京后花园·白虎涧风景区、北京天地行投资有限公司总设计师、中国国际传统文化基金会·天佑基金(筹)发起人、中国国际论坛联盟(筹)创办人。

荣获首届中国创意节“中国优秀创意金奖”、“中国创意十大风云人物”、“第三届世界华人企业精英”称号、“抗震救灾爱心企业家”、“中国文化创意产业策划金奖”、授予“杰出军旅华商”、“八一荣誉奖章”、“中华爱国勋章”、“爱国报国杰出企业家”、“世界明星企业家” 等荣誉。

担任世界华人企业家协会副理事长、北京养生文化创意产业协会常务理事、世界华商联合会理事、军旅华商委员会常务理事等。

2001 年，天佑发起成立北京天地行投资有限公司；2005 年成立北京后花园旅游开发有限公司，开发北京后花园·白虎涧风景区。

北京后花园携 10000 亩景区、500 奇景、通天 81 洞、18 神潭、1000 座山峰和筹建多个文化交流、休闲养生度假区，致力打造成中国国际文化交流产业基地；在中国的首都打造一个传统文化积淀深厚、文化旅游特色风格迥异，以聚集各国首脑、政要名流、知名专家、企业领袖、商界精英等社会名流互动交流、休闲养生服务为主的国际文化会所，巧妙借鉴博鳌、世博会特色，同时依托并发挥独有的资源优势，融文化、经济于一体，建造以中国、美国、加拿大、法国、德国、英国、俄罗斯、日本等国家特色文化交流展示中心。

天佑提出中国论坛基地的主张：

1. 国际文化交流和弘扬传统文化——“文化构造和谐，美德拯救世界”
2. 文化休闲产业确定为中国·战略的支柱产业之一
3. 国际传统文化交流及休闲养生市场公认的品牌项目稀缺
4. 目前市场上对传统文化休闲养生的需求

【天佑语录】

1. 志盖天下方能成天下，气盖天下方能理天下；
   学盖天下方能导天下，德盖天下方能化天下。
2. 弱者困于环境，智者利用环境。

北京后花园风景区——“中国论坛”国际文化交流产业基地(节选)

天　佑

一、概念的提出(从略)

二、国际文化交流及传统文化休闲养生市场现状(从略)

三、目标市场

我们的目标是发扬和传承世界各国的传统美德文化，提升人们精神层面，达到人文、社会和谐。

同时，北京后花园风景区成为文化休闲养生产业的标准模式，带动和影响国内乃至国际的文化养生休闲产业。打造国际化文化休闲养生基地，让人与自然和谐相处，致力于世界经济和谐稳健发展。

四、地理、历史与人文优势

1. 地理优势　地处北京上风上水的西山养生风景带内，毗邻凤凰岭、妙峰山、香山、长城等具有一定知名度的传统开发模式的风景区，完全可以凭借其优越的风景区位条件，采取与大西山地区其它风景区以联动开发、打包营销的方式，既区别于其他风景区，又以北京后花园风景区独特的国际文化交流——中国论坛的功能魅力吸引来自世界各国的需求者，必将带动本地区经济的快速发展。

2. 自然环境　北京后花园风景区有保护完好的自然风光，山谷森林和四面群山的良好植被，水光山色交相辉映，远离闹市喧嚣的乡村气息，优越的气候条件，没有污染的清新空气等旅游资源。龙泉沟及暖泉等因水质特别优异和神奇而远近闻名，每天都有三五百人从丰台、朝阳等地专程赶来背水饮用，一年四季从不间断、川流不息，多长寿老人，就是常年饮用龙泉水之故。

3. 历史文化积淀　北京后花园·白虎涧风景区地处于北京上风上水的龙脉所在，同时又是中国首都的北大门，素有“京师之枕”之美称，实为北京的灵宝之地。

五、政府和相关人士支持优势(从略)

六、美誉度优势(从略)

七、开发的功能区域划分(从略)

八、产品类型规划

可以把各国一些传统的文化、养生项目进行品牌化的引进、打造，也可以扶植高科技和传统养生相结合的新型项目，还可以给刚跨入文化交流领域及想进一步弘扬传统文化的人士提供培训基地。

九、开发建设策略

鉴于项目体量大、内容多，建议实行整体规划、分项目整体自营或出让式滚动开发、整体包装营销的策略。计划建成独具特色、魅力的“国际文化交流产业基地 · 中国论坛”。

【年鉴点评】

天佑镇守北京后花园，要将其打造成集国际文化交流、养生度假于一体又具博鳌、世博会特色文化交流的产业区——“中国论坛”，其志宏远。时下景区道路通达，自然景观、资源独特，实属宝地，需要资源嫁接整合或有志之士共同加入——让世界充满爱！中国策划家协会已欣然接受天佑邀请将后花园辟为中国策划家创作基地。

礼仪培训大师　范　智

国智美礼仪文化工作室创建人

全球礼仪十强华人讲师荣誉者

中国成人礼仪品德教育专家

世界金钥匙组织中国区顾问

中国旅游饭店史贡献人物

范智先生一直从事人体美学及舞蹈艺术的教学与研究，致力于现代礼仪学、激情服务学、公共关系学及形象塑造学教学与研究。特别是在人的CIS形象塑造学方面填补了我国的空白。先后创建了南京明星礼仪学校和上海东方礼仪学校，培养出无数崇尚礼仪事业的人才。曾任2003年世界金钥匙组织中国区金钥匙组织联盟顾问、广西南宁桂景大酒店副总经理、湖南省委国宾馆蓉园宾馆驻店总经理、广西南宁跨世纪大酒店驻店总经理、2009年中国猎头研究中心特邀高级研究员、2009年中国青少年文化学习营组委会特聘顾问。

曾荣获2007年荣获世界饭店协会颁发的金领袖勋章、2008年中国旅游饭店史贡献人物名人奖章、2009年中国人力资源教育与培训终身奖、2009年中国第三届品牌大会品牌礼仪师奖、2009年中国酒店业十大培训师荣誉证书、2009年全球礼仪十强华人讲师之一荣耀者。

为了“弘扬中华文化，发展现代礼仪”，在语言美、行为美、心灵美的教学中成绩显著；塑造优质服务形象、创建文明窗口的工作中，为全国各省市及地区的饭店、商厦、贸易、银行、保险、企业、交通、运输、物业、公安、税务、电信、邮政、医院、大专院校及企业家们进行了人的CIS形象的设计。激发了人的潜质，使受训单位的个人形象与群体形象得到了全面提高。被誉为：政治家的气质、外交家的风度、企业家的仪容、艺术家的神韵……

多年来对现代礼仪学进行了精心研究。从礼仪文化精髓到仪式行为的具体实操进行了一系列的整合。有理论性有务实性推出了细化、量化、数据化、可操作化，得到社会认可后做到了恒定化。让文字的礼仪动起来，使生活的礼仪活起来，让学习者听得懂、学得会、用得上。教材深入人心受到欢迎。全国授课受训人数达18万人次之多。还把中国当前最薄弱的礼仪学与服务学结合在一起，唤醒了服务人员做人的潜质。

2007年与国际商务职业资格论证办公室合作，培训出中国第一届礼仪培训师，2009年和教育部中国成人教育协会培训中心职业技能型人才培训机构合作，联合招生培训出持有具有国徽标志的《礼仪师》、《礼仪培训师》和《高级礼仪师》证书，成为教人做人，提高人才素质的专业人才，为提升国民素质与民族形象而服务。

【范智语录】

1. 什么都可以不做必学会做人，什么都可以不爱一定要爱国
2. 千万不要忽视礼仪，因为忽视了礼仪，您就失去了人格的魅力
3. 策划家就是思想家，创意家，历代君王打天下治江山就是做策划

十年情缘塑造艺术体育酒店(节选)

范　智

中国饭店金钥匙组织年会上有幸和广西南宁跨世纪大酒店总经理钟超艺先生相识,盛情邀请我到他酒店培训。他是中山大学最早学电脑的人士,后来在南宁做了一家四星级酒店,我是教礼仪和服务学的专家,两人结合培训和策划来个酒店硬件软件一起抓,一年一大步三年获三奖,2004年中央政府决定每年中国-东盟博览会在南宁举办,乘此从服务技能技术技巧绝活入手,硬件不足软件补,软件不足没法补;硬件不足软件补,软件不足我来补!我们不是店小二,人人都是排忧解难的最高服务师,改变了人们认为服务不能登大雅之堂的思想,同时把世界最高服务师金钥匙组织的服务理念引进到酒店里。

社会上老板把员工看成是下人,我们的理念是:老板和员工都是店主人,酒店拥有一流的员工才会有一流的客人,员工素质提高才能和VIP客人相对等。就突破程式化教材,创立了蒙眼摆台、蒙眼做床、神速翻台、意外事故应急处理等,还创编一套员工职业健美操,从此全员是高高兴兴上班,恭恭敬敬待客,欢欢喜喜干活,开开心心回家。

策划证明"服务不只是干活,服务要有文化",在东盟博览会前南宁技术比赛上获得大奖,一时间成了酒店行业中的龙头,全广西酒店业的总经理们带队前来考察络绎不绝,全国酒店同行们前来取经也是川流不息。真正跨世纪的新理念、新模式、新服务的酒店成为一朵奇葩异卉绽放在绿城之中。

酒店易主后本人又和跨世纪大酒店董事长黄冠杰先生合作打造精品艺术酒店,珍藏并展出元、明、清、近现代、当代等六十多位中国历代书画家的真迹近百幅,其中既有元代的倪瓒,明代的文征明、仇英、陆治、董其昌,也有清代的郑板桥、王铎、王时敏、王翚、吴历、恽寿平等,更有近现代的齐白石、张大千、傅抱石、徐悲鸿、朱屺瞻、启功等,如此多名家珍品汇聚一堂实属罕见,每天来自全国各地的观者如潮。

今年是10周年店庆,举办了《翰墨长锋六十年》老一辈革命家的书法展,有陈毅元帅的著名诗词"大雪压青松,青松挺且直",聂荣臻元帅的呐喊"还我山河",以及初次与社会观众见面的董必武、谢觉哉等老一辈革命家的诗词,还有郭沫若、叶圣陶等大家的墨宝;当代书法名家冯其庸、欧阳中石的作品等等。缅怀老一辈革命家的情怀,浓墨重彩的一笔真切展现了酒店浓厚的文化底蕴和服务相结合。接着在新建的姐妹楼策划成体育之家,2009年5月17日,中国"奥运之父"何振梁莅临酒店,并为酒店现场写下"十年跨越 世纪辉煌","跨世纪大酒店-体育之家"题词。策划中从设计到装潢,从环境到摆设都体现出体坛风韵。如:一进大堂就一目了然是体育之家,整个设计成"更快 更高 更强"奥运动感的氛围,餐厅包间取名也是"田径""篮球""体操""游泳"等,餐具用品也具有体坛风格;客房中陈列与摆设及墙面饰物都有运动器件与世界体坛风云人物照片等,商场货品有运动服装、健身器材、还有世界冠军们签名的球、拍、衣、衫、鞋等,中国古典音乐与奥运体坛名曲为背景音乐萦绕耳边。酒店所见所闻所触所尝全是高雅的艺术。

【年鉴点评】

范智先生姓名就是其职业的真实写照,其所从事的人体美学、激情服务学、形象塑造学别说学习,听起来就是一种美感,举凡经他培训过的无不气质风度非凡、仪容神韵叠加。

环境与住宅策划的实践者　冯伯景

山东省聊城市环境与住宅策划工作室首席策划，山东华夏策划专业委员会顾问、策划大师。

冯伯景先生1972年出生于山东省聊城市阳谷县，毕业于山东省委党校，本科学历，中共党员。大学毕业后，他便潜心研究《易经》，并对中国传统建筑理论产生了浓厚兴趣，因而接触了各种天文、地理之学。他在中国古代居住哲学体系的基础上，结合现代城市居住所面临的种种问题，研究整理出一套城市居住的布局宝典，后得名师指点，他将风水学与策划学相结合，苦心研究数载，终成正果，他是一位脚踏实地的实践者。

策划初始，冯伯景先生便始终坚持以哲学的思想，以科学的理念去感悟传统文化的核心价值，去伪存真，去粗取精，以不断的实践来完善自己的策划能力。2007年，菏泽市某房地产公司的环境布局策划，他采用“阴阳五行平衡”的方法，使该公司经营逐步走上赢利。同年，他作为工作室的首席策划，为济南市某药店进行环境布局策划，大胆采用“奇门遁甲八卦”的方法，一举将该药店的生意搞得红红火火。2008年，他率队为东营某民营企业进行了考察，以风水与策划相结合的理念，提出了合理化的建议。

2006年，冯伯景先生成立了“聊城市环境与住宅策划工作室”，他认为风水策划学是策划学的一个分支，是风水学与策划学的交叉学科与边缘学科，只有将这两种学科相融合，才会使中国的传统文化在策划学的指导下发扬光大。作为一名实践者，他严格按照风水策划的科学程序，以调查研究为基础，对每一个策划案例都当作系统的工程科学的分析，拿出令客户满意的方案。

冯伯景先生在实践中总结的具有独创性的“风水与策划”相结合的模式，推进了该学科的发展，也使众多的企业从中受益，得到了业界的高度评价。2007年他入选《齐鲁策划名家》，并成为山东华夏策划专业委员会的顾问。

“交谈增进了解，孤独创造天才，”冯伯景先生以他特有的性格，远离喧闹，潜心研究，以一颗平常的心去实践自己的奋斗目标，他认为传统的东西，要与现代的东西结合好，才有生命力；即使是一直沉迷于中国的传统文化中，即使私下里被很多人认可，并被奉为大师，冯伯景先生的这条路走得仍然比较艰难。“要被主流文化认可，的确，还有很长的路要走。”

空间布局艺术与现代策划学的融合（节选）

冯伯景

风水学说为何成为人们关注的热点与敏感话题并不仅仅是因为“科学发展观”的提倡创造了较为宽松的学术风气，笔者认为，是中国社会内部经济与文化的发展为风水热的兴起准备了条件。

现在风水热的兴起有三方面的原因：一是因为环境问题的恶化引起人们对各种“人地关系”理论学说的再审视，人们希望从传统的思想，意识和知识体系中寻求帮助和启迪，渴望得到某些有所教益的东西；二是现代社会存在着较多的心理需求，现代生活带给人们快节奏的同时也带给人们精神上的疲惫,许多人把对风水的了解作为精神生活的调节或补充;三是由于社会的包容性越来越强,文化的多样性得到越来越多的尊重,文化的选择性权利得到进一步的保障,各种民俗民间文化得到彰显。

笔者认为:面对不同的观点,能不能遵循邓小平"不争论"的英明决断,以科学的认真的态度,研究并剥离其迷信的成分,而把合理的部分作为中国优秀的传统文化来继承。破解当前的难点,只能用现代科学的风水策划模式,什么是科学的风水策划模式,它是指风水学在依托它内涵丰富,综合性和系统性很强的独特理论体系,该体系包括(整体系统原则、因地制宜原则、依山傍水原则、观形察势原则、地质检验原则、水质分析原则、坐北朝南原则、适中居中原则、顺承生气原则、改造风水原则)基础上,与科学的勘察风水策划方法相结合,该方法包括(地图俯视、实地观察、量度罗盘、寓宅外围、绘制图表、勘测坐向、放盘、飞星推测、宅命相配、善工助运)。只有坚持这些最重要的策划方法,按照科学程序进行,才能达到阴阳平衡的布局,否则就会容易遗漏重要资料而导致勘察数据的误差。

风水策划理论研究的现阶段主要成果:

1. 风水是中国3000年历史的古老空间布局艺术。"风水"字面上理解便是"风"和"水",着眼点是环境的"气"——或者叫能量,是教人如何摆放家具以增强能量流的作用,当特定环境的能量得到加强时,事情往往会变得更加美好,风水与心情、与健康是切切相关的。

2. 风水理论的根本,以生气为核心,以藏风、得水为条件,以寻求一个理想的环境为着眼点,以福荫子孙为最终目的。因此,要想使我们的生活更美好,更幸福,就应该遵循"了解自然,利用自然,改造自然,顺应自然"的风水学四大基本原则。

3. "气"是风水学的核心,"认识气,便懂得风水中的全部"。通过现代物理学的研究正在一步步接近"气"的本质,它就是超微粒子及其场。"场"是现代物理学概念,场论认为,物质存在两种形态,一种是由基本粒子以及可能更小的基本单位构成的实体,另一种是各种实体之间的场。在这里场与实体都是一种存在,是同一个事物的两个方面,二者不可分割,在一定条件下可以相互转化。这种理论与中国人所说的"聚则成形,散则化气"的见解颇为相似。

【年鉴点评】

冯伯景先生在众多的学科中选择并潜心钻研传统科学,将风水学与策划学有机结合,并合理运用到环境与住宅领域中,实属不易。他认为传统的东西,要与现代的东西结合好,才有生命力。"孤独创造天才"成就了冯伯景,正是这样的基层策划人默默无闻地工作,才逐渐被主流文化认可。

策划界野山参　龚崎现

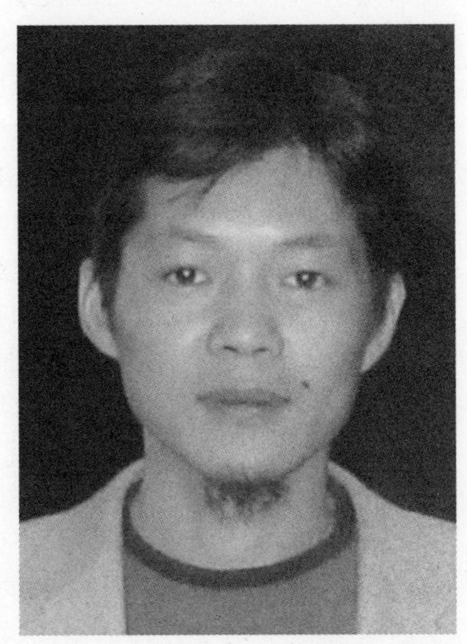

龚崎现，原名龚其献。浙江温州人。资深策划人、品牌建设专家、研究员、书法家。主攻策划，旁及平面设计、培训、书法、写作、专业市场研究、中国传统文化研究等。

现为中国品牌研究院研究员、中国温州经济研究所研究员、中国文化信息协会会员、中国艺术研究院文研中心创作委员、江苏省青年书法家协会会员、上海特地投资顾问有限公司总经理、剑客策划团队总策划、意而康集团《鞋道》杂志副总编、财富天下网高级顾问，成功者品牌系统（SBS）创建者、品牌建设系统（BES）创建者。

发表有诗歌、散文、报告文学、各种专业论文、书法等，著有诗集《远方的痛》、书法专集《水墨年华》、爱情诗专集《从秋天到秋天》、书法专集《江苏当代青年书法家龚崎现卷》、散文集《窗外有盏路灯》、平面设计专集《上帝看上的设计》、专业市场策划专集《谋市》等。

【策划案例】

◇苏北居家建材第一城：中国淮安国际商城
◇扬州北大门家居建材第一城：宝应亿丰商贸港
◇张家港第一个城市综合体：张家港东方·新天地
◇苏北汽摩配第一城：淮安国际汽车城
◇中国农贸超市领先品牌：中宏新农中心
◇镇江最大的家居建材市场：镇江亿都家居建材城
◇中国新书法第一展：全国首届新书法名家作品展暨创作研讨会
◇国际商城之春——谢东、陶虹演唱会
◇国际商城之音——世界钢琴王子理查德·克莱德曼钢琴演奏会
◇淮安市首届“国际商城杯”中国象棋大奖赛
◇意尔康《鞋道》杂志
◇《龙视觉》杂志
◇财富天下网

【策划语录】

如果策划人还像昨天一样到处献媚，时刻都可以进行自残，那策划这个行业也就离死不远了，策划人跟“送上门来的女人”没什么两样。不作贱，抬起头来做策划，以双脚代替脑袋去思考，用良心去做策划方案，策划人才能闻到春天的味道。

策划就是发生关系

在这个功利的时代，没人关心你是谁，除非你跟他有关系……

策划是干什么的?说白了策划就是发生关系,让产品跟消费者发生关系、让产品跟市场发生关系、让明星跟粉丝发生关系,没有关系就不会有成功的策划。对于人与人之间,如果我们知道“我跟他没有什么关系”这个事实,那么我们对“他”也就不会关心什么,不管“他”是死是活、是成是败,反正那都是跟“我”没有关系的事情。对某个明星你为什么那么关心?因为你跟他(或她)是有关系的,这种关系不一定是直接的关系,因为你可能一辈子也不会碰到自己崇拜的明星,你跟明星的关系是内在情感的关系。明星是造出来的,也就是说是策划出来的,专业叫做造星。通过不断的造星运动,你认知了某位跟你的情感需求有关系的明星,从此你就跟这个明星有了关系,所以你就会关心他的一切。

譬如长城跟打火机有关系吗?答案是肯定的,只要通过策划让长城跟打火机发生关系。如果是普通的打火机并不值钱,那就让打火机跟世界名牌——长城,发生关系,打火机的价值自然就可以倍增。方法有很多,譬如让打火机打上“长城旅游纪念品”字样,这样不但打火机价值马上提升,而且大大增加了打火机的销量;还譬如把打火机跟长城的烽火台联系在一起,策划模拟式的点火等活动,还可以激活长城的深厚文化基因,拉动长城的旅游消费;还可以把打火机设计成长城的样子,这从工艺上已经很容易解决,我原来在温州工艺美术研究所就设计过这个的产品,这样一来打火机的附加值马上得到倍增。

发生关系,不但是一种借势,更是一种创意,把这项工作做成一个系统就成为了策划。很多人都有很好的创意,但是一个创意只是一个点,点只有通过线连成面,才能形成核能效力,产生裂变。超女跟牛奶没有什么本质关系,但是通过策划超女跟蒙牛建立了关系,快速推动了蒙牛品牌的提升和蒙牛产品的销量。黄酒跟皇帝也没有什么直接关系,但是通过策划让黄酒跟皇帝发生了关系,使黄酒成为了皇帝喝的酒,自然黄酒的价值得到快速提升。

策划没有某些人想象的那么复杂,只要把追女孩子的劲头拿出来,每个人都是策划高手。你想想原本可以说一点关系都没有的两个人,通过“爱情”这个媒介居然成为了“关系密切”的俩口子,这不得不说是世界上最伟大的策划之一。

虽然说你和“客户”存在天然的情感需求,只要你不是太差,一般对方也不至于冷面拒绝,甚至在这样一个社会风气之下,想“发生关系”都不是什么难事,但是要建立长期的关系不“花点心思”还是不行。一言以蔽之,策划只要像追求对象一样挖空心思、像追求对象一样百折不饶,没有什么关系建立不起来的,只怕是不敢想,或者想了不敢做,做了不彻底。

借用叶茂中的话,男人对自己要狠一点。策划人,对自己更要狠一点,不然就不是你在策划别人,而是别人在策划你了。

【年鉴点评】

策划就是发生关系,话不怎么中听,却还是有些道理,发生关系说成产业关系会雅一点却又不怎么生动了。

策划最大的特点就是与众不同,关于策划你怎么看。

品牌传播专家　郭明全

郭明全，工商管理博士、高级经济师，中国传媒大学南广学院教授。

南京明屹咨询顾问公司首席顾问、南京金陵商会副会长、江苏省公关协会专家顾问、国内著名“企业文化、品牌传播、危机公关”资深专家、培训讲师。

历任新华社江苏信息社副社长、新华社《江苏内参》副总编、新华社江苏咨询策划中心总裁、《经济参考报》江苏站站长、《参考消息》江苏广告版总监、《现代快报》经理室总经理 & 苏南分社社长、《华人时刊》副总编 & 副总经理、《GOLF 共赢圈》杂志主编。

曾任职太平洋建设集团总裁助理 & 文化部长、江苏红商务俱乐部董事长、月星集团企业文化总监、苏州福纳科技文化股份公司品牌总监。为国内多家主流媒体的栏目策划、特约撰稿人及知名企业咨询顾问。

曾获 2000 年“全国最具影响力的策划人”、2005—2006 年度“中国十大品牌策划专家”、2008 年“中国十大策划专家”等称号。

公开发表文章百万字，已出版《传播力——企业传媒攻略》、《赢战危机——企业危机预控化解之道》、《媒体刀锋上的舞者》等专著。

近年来应邀为商务部、众多国内著名大学总裁班、MBA、EMBA 班及上市公司、知名企业培训、授课，深受好评。

郭明全传播策划（以南京山水大酒店为例）

一、频度与强度相结合。整个文化月活动的宣传和广告，既有量，又讲质。既有各种主题活动的广告和不间断的一般新闻报道，又有能产生“现象”关注研究的深度报道。

二、面上媒体与重点媒体合作相结合。为使宣传达到一定的高度和可控性，我们选择与“山水”历来关系很好的南京报业集团作为重点合作伙伴，共同进行了新闻报道策划。

三、现金投入与消费冲抵相结合。本着少花钱办大事的策划原则，整个广告宣传的费用 60% 以上是酒店消费抵冲，费用大为节约。

山水大酒店　全国首家赏石文化酒店（节选）

郭明全

南京山水大酒店是由江苏省地质矿产勘查局（原省地矿厅）投资兴建，坐落在南京市区景观路龙蟠中路与珠江路交汇处，于 97 年正式开业，是南京市首家通过 ISO9001 国际质量体系认证，并唯一获得 2002 年—2003 年南京市服务质量奖的三星级酒店。

□定位思考：

一、南京定位是创世界历史文化名城。因此，酒店打文化牌须符合城市精神；

二、文化是企业核心竞争力的要素。做“文化型”酒店是“山水”提升竞争力的必由选择。

三、山水大酒店隶属省地质矿产勘查局。因此,充分利用自身的资源优势,彰显个性。

由此,关于"山水"定位,我们的认识经历了三次提升:

1. 把"山水"打造成一家有文化的酒店;
2. 把"山水"打造成一家有地矿文化特色的主题型酒店;
3. 把"山水"打造成有鲜明个性的全国首家赏石文化酒店。(最终定位)

□形象再造

为了在硬件上体现酒店的新定位,高品质。"山水"再次投资2500多万元,费时三个多月对酒店重新进行了装修,围绕地矿石文化主题做足了文章:

如今,走进"山水",大厅灯光明亮,一幅硕大素雅的山水石刻壁画"山青水秀迎嘉宾",面迎宾客(目前尚没见哪家酒店有如此之大的壁画)。大厅里布满美姿美质的各种奇石和设有地矿珠宝展区,令人赏心悦目,使宾客既可鉴赏又可交易。另外,各楼层主立面都用石材做了一幅精美的地矿历史文脉画(或展示地质历史,或介绍地球科学知识),共17幅,寓意不浅。不少宾客,自上而下,一一饱览。各层过道还摆设了各种名贵高雅的奇石等,一步一景,让人留连往返,回味无穷。高档套房设计装修各不相同,墙上壁画皆为精美奇石照,就连地毯的花纹选择都似山似水,与地质文化相协调,充满幽雅娴静的气质,更彰显高贵不凡的气度。表现出以文促商,以商养文的高境界经营理念。

鉴于酒店旧址原为地矿机构,先后诞生了48位地矿院士,酒店在四楼会议区,特制了一面仿铜院士墙,不仅具有教育意义、纪念意义,而且揭示了酒店深厚的地矿文化底蕴。

□效益评价:

我们信奉"不同胜过更好"。"山水"限于原有的条件,要想超过南京的几家五星级酒店不现实。但是"山水"做到了"不同",做到了头上敢戴"全国首家"的帽子。试问南京有哪家酒店(包括五星级酒店)敢为?

【年鉴点评】

郭明全先生作为资深的品牌传播、危机公关、企业文化方面的专家,在新闻传媒及大型企业的服务经验在业内建树卓著。同时将经典案例形成教材使之广泛传播,郭明全先生在企业界的不断探索,在学术上的不断研究让他站在了更高的讲台上。

港澳自助游俱乐部人　古　远

古远(王谷元),由一介布衣知青到资深财经记者,现供职《澳门商报》任金融主编。

文革后首批考上财经大学的本科生,在北大硕士班进修并赴加拿大访学,专业实践与个人兴趣由"金融—财经—新闻,旅行—摄影"脉路转向。曾任职国有商业银行,从事金融分析和经济调研,之后成为第一批证券报纸记者,参与中国股市头十年重大事件报道。近十年来,古远酷爱环球旅行和纪实摄影,积极投身社会文化事业,活跃于内地与港澳台,成为圈内知名旅行活动策划师。

古远出生财政世家,现任《澳门商报》担任金融财经版主编。拟通过报纸传媒,联络商界达贤,推动澳门经济转型。同时利用港澳特殊平台,推进旅游俱乐部策划与营运工作。

古远借鉴大林先生20多年的俱乐部策划经验和实践,建立"港澳自助游俱乐部",并设计运营模式、赢利方法、产业工具等,希望借助北京策划俱乐部,百脑会及旗下遍布全国的协会、学会、商会、同学会、同乡会等俱乐部资源,在文化产业旗帜下,打造出新世纪的商旅休闲文化珍品。

【古远旅行年表】

2010年　澳洲—新西兰—韩国三国62天大环行;
2009年　东南亚五国35天探险之旅,坐快艇穿越菲律宾回教武装掌控的棉兰老岛;
2008年　印尼—东帝汶30天 密境探幽,在政局动荡的东帝汶见到中国维和警察;
2007年　大东北(三国)边界行,深入朝俄蒙三国腹地冒险探密;
2006年　云南怒江,临沧民族地区旅行考察;
2005年　146天行走南亚九国,在2004—05跨年度旅行途中亲历印度洋海啸,
2004年　尼泊尔政变和巴基斯坦绑架中国人等三大事件;
2003年　参与自驾团队40天穿越青藏川滇,在唐古拉山遭遇高原反应;
2001年　从多伦多到纽芬兰,在到温哥华,历时28天陆路横跨加拿大版图;

【年鉴点评】

王谷元自号古远,心高志远,挎着相机走天下,一直作为本鉴的摄影记者,提供过数百张风情万种的照片。其踏遍天下,畅游世界的精神趣味非常人所能及也。

港澳自助游俱乐部方案

王谷元

(一)资源:

本俱乐部与深圳宝安中旅建立长期战略合作伙伴关系。由宝中旅每周向俱乐部会员提供20个港澳游名额;港澳四日三夜游,(含三餐及三晚住宿)费用全免,小费及自助活动约600元自

理;本俱乐部还与澳门旅游局,娱乐场(赌场)建立游客服务关系,争取更多旅游活动资源。

(二)会员:

先在北京,上海,广州试点招募“港澳自助游俱乐部”会员。创会会员一次性会费100元(终身享用);会员还享有与其他俱乐部互换的资源(待开发);会员每年可享有至少一次免费“港澳游”;

(三)媒体:

本俱乐部与《澳门商报》,《中华摄影报》以及网络媒体建立紧密的合作关系。会员可充分运用上述媒体资源,开展商务活动或个人文化休闲创作。

(四)盈利:

目前,旅行社是按旅客数向港澳旅游局及商家提取“人头费”,本俱乐部盈利主要来源宝安中旅固定返还利润。其次是会员注册费,和其他为会员提供的增值服务费等;

(五)延伸:

由“港澳自助游俱乐部”延伸到商务旅行网络服务,策划海外环球自助旅行的线路预算;协助会员网上订国际廉价机票,青年旅舍等;组织风光或纪实摄影团到国内外经典景点采风,与此著名景点合作举办摄影大赛,推荐优秀作品在《中华摄影报》等媒体发表,同时编辑出版摄影作品图册等。

与麦当劳抢白　韩颐和

北京市自强模范、中国十大杰出策划人。中国农工民主党中央文化委员会委员、中华爱国工程联合会理事、中国电影基金会名誉理事、中国残疾人艺术团策划顾问、中国企业家世纪论坛总策划、中国诗酒文化协会策划顾问、北京名人美食保健协会荣誉会长、北京飘扬文化艺术有限公司董事长,中国信安国际投资集团信安华艺影视文化公司总经理。

部分策划案例:

1. 发明"旗帜飘扬器",引起国家主席的关注,使香港回归交接仪式上的国旗及北京奥运会的会旗"无风"飘扬。此发明令世人瞩目,国人扬眉吐气;

2. 在党和国家领导人及一百多位书画大师的帮助下,发明了"唐诗书画超级桥牌",并在外交部的协助下,将该牌作为礼物赠送给了 158 个国家元首及联合国秘书长安南,受到了海内外各界广泛赞誉;

3. 策划中国"牛哥"壮阳药,叫板美国的"伟哥",从而创造了保健品市场的销售奇迹;

4. 策划中国著名表演艺术家牛群当县长轰动海内外,为安徽蒙城创造了数亿元的经济效益;

5. 策划、注册的"万德福"和"万代福"商标惹翻了麦当劳。麦当劳为此向国家商标局第一次递交了 1000 多页,11.6 斤重的异议书,第二次递交了 2000 多页,20 多斤重的异议书,引起了海内外各界的广为关注,被媒体视为最有新闻价值的商标大战。据评估机构评估"万德福"和"万代福"商标价值已经超过 6 亿元人民币。该案例已成为某名牌大学研究生的试题;

6. 注册"后羿"商标,《后羿射日"痛击"日本"霸道"广告》一文在海内外引起了轩然大波,"后羿射日,举杯同庆"的广告语未用一分钱却被各种媒体广为传播,广告界专家评估,亿元广告费达不到"后羿"商标的传播效果。该案例已被许多名牌大学做成幻灯片向学生传授。

7. 在创建节约型社会、严禁过度包装的大背景下,韩颐和发明了极具文化内涵的"颐和包装"。中国包装界权威、环保专家及新华社等海内外媒体对此给与了极高的评价。这种适用于各种食品、用品和礼品的"颐和包装",将传统的包装从结构上作了彻底地改变,她既节省了资源、避免了污染,又提高了产品的文化内涵。韩颐和已向世界各国申报了专利,国家知识产权局于 2005 年 9 月 28 日对"颐和包装"正式授予专利权。

【韩颐和语录】

我在以前的公开演讲中说过这样一句话:"凡事不能自己玩,自己玩是玩自己,大家玩是玩大家,玩了大家成大家。"

【年鉴点评】

短板理论说一块短板会拉低水平。然而韩颐和不会,他没有短板,他专利发明、策划思维、广告运营、资本运作样样行,界面自由,无风飘扬。

注:韩颐和文论见本鉴文论篇

品牌磁场理论创始人 汉 中

资深品牌顾问,中国十大策划专家;
建国六十周年策划功勋人物;
品牌磁场理论及作业体系的创始人;
深圳市政府专家委员会专家成员;
深圳市专家工作联合会管理科学专家工作委员会专家;
国家注册高级策划师;
《商界中国商业评论》编辑指导委员成员;

复旦大学国际公关研究中心、厦门大学广告研究中心研究员;"中国(十大)最具影响力的策划机构"优势(中国)品牌智业机构总经理。

曾先后跨行业在多家大型企业,担当营销总监、副总、总经理等职务;多年的企业工作和顾问服务使其在企业品牌、营销策划、整合传播等诸多方面积累了丰富的可操作性经验,其观点与论文在《销售与市场》、《商界商业评论》、《市场导报》、《新营销》、《广告导报》、《中国广告》等国内众多权威媒体均有发表;

荣获中国策划协会"2005 中国十大策划专家"称号,策划项目获得06 年度中国策划最高荣誉"中国企业案例金杯奖"。

提供咨询、策划和培训的企业:TCL、冠生园、金龙客车、卡士奶、美格显示器、飞利浦电视、大显手机、万利达、厦华电子、康佳集团、长安铃木、力帆集团、凤凰生活、拜戈表、鲁花集团、皮尔·卡丹、红豆集团、轩帝尼、七彩马服饰、米兰登服饰、拼牌服饰、康威运动服、小猪噜噜、皮尔卡丹、七匹狼、阳光集团、火王燃具、益生堂、红常青羊胎、天竺山旅游景区、《重庆商报》、重庆旅游局、重庆武隆旅游景区、厦门旅游局、厦门海沧区、三九集团、先科集团、南方高科、豪发中国、中国移动、中国电信、中国联通等等。

【个人语录】

厚积薄发,德才兼备

【年鉴点评】

汉中,曾获建国六十周年策划功勋人物这一殊荣。他的品牌磁场理论和作业体系一经推出便有诸多企业拥趸。他作品牌磁场实际上他自身就是个品牌,坐拥万千磁场。

点子大王　何　阳

何阳先生，中国现代咨询策划业的主要研究和倡导者。北京系统工程学会策划专业委员会副理事长、北京创造学会副秘书长以及联合国工发组织的中国专家。

何阳先生依靠渊博的知识，独特的思维，创造出一个个新、奇、特的点子，先后为国内外1800多家企业的各类产品进行了咨询策划，被新闻界称为“点子大王”。

1992年9月1日，《人民日报》头版发表的“何阳卖点子，赚了40万，好点子也是紧俏商品”一稿在全国引起轰动，令无数知识分子放弃牢骚和不满，投身于市场经济，成为改革开放初期中国知识分子步入市场经济的杰出代表，从此打开了中国的智慧市场，掀起了咨询热。此后，新华社、中央电视台、《光明日报》、《经济日报》、《工人日报》、《中国青年报》《文汇报》等国内外千余家新闻媒介报道了何阳先生的传奇事迹，中央电视台春节晚会中还以何阳为背景专门编排了相声《点子公司》。

为了普及和培育中国的咨询业，应各级政府和有关部门的邀请，何阳先生先后完成了《点子大王全国百所大学报告会》《点子大王全国巡讲报告会》。从北国的全国企业之首的大庆到改革开放的前沿深圳珠海至天涯海角的海南岛，从东方的工业重镇上海到新疆的伊犁河畔到处留下了何阳先生的足迹，成为中国历史上第一个走遍全国的报告人。

在百多城市进行的演讲咨询活动中，千余场报告咨询会，场场爆满。为政府官员、企业家转换机制“换脑”，为企业实施名牌战略出谋划策，受到各地政府、企业、科学、教育等各界的欢迎。

他先后担任北京大学博士生、清华大学博士生以及人民大学MBA的授课和辅导工作，为全国十几所大学的兼职教授。

他一直是新闻媒介关注乃至争论的焦点，大家通过其报告会和咨询活动了解他本人和刚刚起步的中国咨询策划业。以便在遇到问题时得到解决问题的方法和思路，以现代的“隔行不隔理”来更新传统的“隔行如隔山”的传统观念。

改革开放30年，何阳作为咨询业的代表，被列入史册。从媒体的“改革开放30年三十人”到“影响新中国青年的十大英雄”无不有何阳的名字，人们在关注何阳的同时，也关注记住了咨询业。

【何阳语录】

现在有人不厌其烦的说出点子没有用了，不适合现在企业了。其实企业的需求永远是多方面的。何况一个公司，一个方案也不可能就几个点子，没有其他的东西。实际上对于一个非常善于出点子的策划企业，自然其他方面也不比他人差。可谓“你行的他也行，他行的你还不行”就像“鞍马王”同样是世界体操全能冠军，只不过鞍马更棒一些罢了。

点子大王何阳沉寂十年重出江湖

何阳近10年创作了千余幅书画，这是他的得意之作

中国日报网消息:2010年2月10日将决出2014年青奥会举办城市,南京申奥进入了最后的倒计时。为了给南京申奥加油,沉寂10年的点子大王何阳把南京定为重出江湖第一站,2月29日在南京图书馆新馆报告厅为南京企业家作题为:“南京与青奥共成长——企业创新之路”的演讲报告。

何阳现在北京家中的墙上,挂着用照片拼出当年在全国各地演讲的盛况。何阳,从大学化学高分子专业毕业,被分配到北京一家化工厂从事技术研究工作,收入稳定。父亲是工程师,26岁时月薪已经拿到102元,母亲是医生,收入也颇丰,外公外婆还常从台湾寄美金过来,日子过得悠闲富足。不过1988年,32岁的何阳突发感慨,辞职创业。何阳把创业的方向定在咨询策划上。他觉得自己天生就是做策划的料,在他的一本书里,何阳曾提到,自己的智商测试分数距离满分只有两分。当年何阳究竟有多红？那时刘晓庆的出场费是4万元,何阳的出场费2万元起算。听何阳报告的门票一般都是数百元,压过当时香港“四大天王”到大陆演出的票价。他是中国第一个走遍全国29个以上省市地区的巡讲人,所到之处,当地重要领导亲自接机,省级报纸头版头条提前预告,类似于“欢迎智多星何阳到我省讲课,为我省经济腾飞添砖加瓦”的标题也不鲜见。开宝马,住别墅,两万块的皮鞋眼睛都不眨就买下来了,所到之处皆是鲜花掌声。那是一个任由何阳呼风唤雨的美好时期。当年一个记者问他:“你被哪些报纸登过?”他不太高兴地回答:“你应该问,哪些报纸还没登过我?”三,何阳智商超群,借力青奥能否打响南京?

他的母亲罗咏秋女士说,何阳小时上学很不用功,每次考试却总能名列前茅,甚至让人怀疑他作弊。在著名策划人叶茂中的记忆中,何阳是一个“暴聪明”的人,“思维暴发力是我见过的人中最强的,一分钟可想出400个点子。”

来源:中国日报网 编辑:肖亭

【年鉴点评】

何阳,策划界一位传奇人物,迄今“何阳的点子”成了上世纪九十年代策划启始的印记,何阳作为历史风云人物带动过一大批知识分子走上策划不归路,经过十年磨砺的何阳宝刀不老、精神不倒。

中国论坛经济第一人　何才庆

何才庆，江苏高邮人，毕业于长春地质学院应用地球物理系。

曾任职国家地质矿产部、《光明日报》、《生活时报》及《中华读书报》。

99年创办中国企业家世纪论坛，任总策划、论坛主席至今。09年，组织举办了首届全球华人春节联欢晚会，和两位青年学者共同发出将每年农历二月初二俗称“龙抬头”的日子定为“全球华人狂欢节”的倡议书，引起全球华人的强烈反响。

何才庆先生现分别担任中国人权发展基金会特邀理事、北京奥运经济研究会常务理事、北京创新学会首席执行官、北京名人美食保健协会副会长兼秘书长、吉林大学北京校友会副会长兼秘书长等职务。

从大学、机关到媒体，从职场到创业者，何才庆先生始终坚持着自己为社会、为他人服务的信念。创办中国企业家世纪论坛使他有了更深的社会责任感和使命感，他常为并不属于论坛工作的事情奔波忙碌，包括倡议将农历二月初二定为全球华人狂欢节、建议发行推广中小企业信用卡等。何才庆先生先生说，这些事情虽然不是论坛分内的事，但是，作为龙的传人，有义务去做推广全球华人狂欢节这件事。

在十年论坛实践中发现提出“论坛经济论”、“中介三角论”、“平台对接论”三个理论观点。何才庆先生指出，互联网的本质是构筑了全球经济的“虚拟空间”，这为全球经济各种要素的重组创造了前所未有的便利，信息的高度集结，使人们有条件通过“处理”的手段实现对全球经济“要素”的掌握。网络愈发展，论坛愈发展，论坛将和网络一样无处不在。为了实现“论坛经济”，何才庆先生提出了让人耳目一新的“中介三角论”的理论，即中介方是经济活动过程中不可缺少的第三方，是连接甲、乙双方的桥梁纽带。甲方、乙方、中介方必须形成三角关系，才能够真正实现经济合作的目的。另外，何才庆先生先生认为，任何人都不可能脱离特定的平台而存在，任何经济合作都是特定平台上的人的合作，从而，平台是现代商业经济中的特别介质，是承载“经济人”的舞台，也是“经济人”对外合作的方法和工具。

一个论坛能走过十年，不是一段轻松的岁月。“论坛的追求本身就不是高高在上的。论坛希望和企业在一起，和企业家交朋友。规模不是唯一的指标。论坛不是万能的，论坛有自己的问题，也有他存在的价值，问题是发挥作用的机制是否科学和合理。”

被誉为“中国论坛经济第一人”的何才庆先生说，“论坛尚未成功，我们仍需努力！”

【何才庆语录】

“和棋是一种境界，也是一种思考。棋逢对手、将遇良才，始终是一种平等的对话。能够‘和棋’，能够最终棋逢对手，能够旗鼓相当，争取双赢，这是下棋给我的一个道理。做企业也是如此，现在做企业讲究双赢、共赢、全赢，这说明中国的传统文化主要是关于‘和’的文化。

何才庆的四大买卖(节选)

中国企业家世纪论坛走到今天,连续三年的累计投资早已超过了800万。为了支撑这个不怎么赚钱的中国企业家世纪论坛,何才庆先生先后成立了全国和棋品牌展销网店、上海和棋投资咨询公司、扬州和棋经济信息公司以及北京市典和服装有限公司。把和棋公司经营挣来的钱投到论坛上,这就是何才庆先生挣钱和花钱的独特方式。

何才庆先生至今还记得第一次论坛所碰到的困难,“当时请论坛主讲嘉宾非常困难,没有人知道中国企业家世纪论坛,也没有人能预测论坛能发展成什么样。后来请到了科利华的宋朝弟,但他也完全是从朋友支持我个人的角度来的,不是冲着论坛本身来的。而且当时我认为是可以通过出售门票来解决成本问题的,为此还在媒体上做了广告,但最后并没有多少人来。”其实困难远不止这些,“比如说我们公司账上有时根本就没有钱,经常如此。但是我不太愿意向外界透露这些,我认为现在我还能坚持下来,就说明这些困难并不可怕。”

在刚开始投资论坛的时候,何才庆先生甚至认为只需三个月就会赚到钱。他有自己的一本生意经。“我认为论坛经济有四个买卖,即通过论坛这样的平台把企业家的资源收集起来,以后再把它整合。四个方面的资源,即项目的资源、资金的资源、公司的资源、人才的资源,然后对这四个资源进行处理,处理完以后,就可以开展项目的买卖、资金的买卖、公司的买卖、人才的买卖。这是一个非常庞大的市场,也是一种不同于以往的经济运作模式,这种模式能给和棋公司带来很大的经济利益。”理论上的盈利模式并不等于实实在在的利润,这三年来,何才庆先生的论坛挣到钱了吗?对此,他没有给出确切的答案,“到目前为止,如果从经营上来讲,这只是一个逐步发展和壮大的过程,人员、工资、房租、宣传、推广等各式各样的成本由于品牌的增长,投入也越来越大,能够产生的利润基本上也都投到了论坛上。”和棋公司的主要业务就是做论坛,而论坛则是公司花钱最大的对象。为了养活论坛,和棋公司不得不从事其他商贸业务,“现在的和棋公司已经发展了五六家公司,具体来说就是论坛经济的四大买卖。”何才庆先生并不认为是和棋公司支撑着中国企业家世纪论坛,他更愿意把二者说成是一种共生的关系,“没有论坛,就不会有和棋公司,反过来说,没有和棋公司,肯定不会有论坛,因为公司是论坛的主办单位,是投资的主体。”世纪论坛可不可以说是和棋公司的广告或公关部门,何才庆先生认为不是。“事实上,论坛是和棋公司的一个重要产品,可以说是最主要的产品。”不可否认,论坛这个产品正是何才庆先生的和棋公司这几年来最大的“赚头”,这就是论坛的品牌价值,对此何才庆先生比谁心里都清楚。“和棋公司的价值,包括无形价值的增长,都是因为论坛而带来,对此前一段时间的媒体也有过报道,包括新华社认为我们论坛的无形资产在3个亿以上。”这是2002年5月的事了。

何才庆先生觉得做事就如下棋,而能下一局“和棋”则是何才庆先生心中的最高境界。

【专家点评】

借“网”搭“坛”开创中国企业论坛,是何才庆先生的一大创举。通过对项目、资金、公司和人才四大资源的整合,使之成为一盘和棋并带来经济效益和社会效益。我们希望象何才庆先生所坚信的“论坛经济”将最终与“网络经济”一样前途光明。

以大策划为己任　何学林

何学林先生，中国人民大学经济学硕士，美国内申大学博士生导师。

何学林先生从事企业实战和专业策划工作18年，本着为中华企业之崛起、民族之富强而谋略的宗旨，积极倡导策划强则企业强、企业强则中国强、中国强则世界强的理念，积极投入企业、城市、国家大型项目和社会公益事业的大策划中，在策划创意方面有着深厚的理论功底、丰富的策划经验，在中国策划界独树一帜，独创企业整体大策划品牌、城市大策划品牌和何氏营销模式品牌，影响卓著。被各传媒、大会誉为：中国创意业和策划业的开创者、第一代著名策划家、十大企业策划领军人物、城市策划第一人、策划20年十大元勋、十年最具影响力策划专家、十大策划风云人物、十大营销策划专家、十大品牌策划专家、十大旅游策划专家、互联网创意第一人、创意策划大师等。

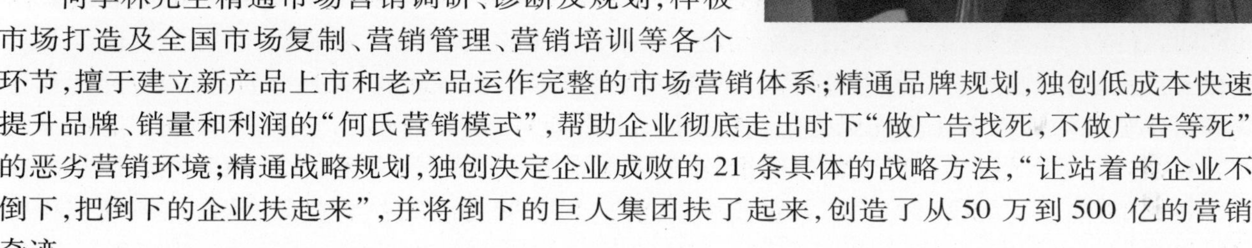

何学林先生精通市场营销调研、诊断及规划，样板市场打造及全国市场复制、营销管理、营销培训等各个环节，擅于建立新产品上市和老产品运作完整的市场营销体系；精通品牌规划，独创低成本快速提升品牌、销量和利润的“何氏营销模式”，帮助企业彻底走出时下“做广告找死，不做广告等死”的恶劣营销环境；精通战略规划，独创决定企业成败的21条具体的战略方法，“让站着的企业不倒下，把倒下的企业扶起来”，并将倒下的巨人集团扶了起来，创造了从50万到500亿的营销奇迹。

此外，何学林先生著述丰厚，出版《企业宪法》《最大商机》《成败巨人》《策划中国城市》《战略决定成败－细节主义缓期执行》《中国企业战略批判》《中国式营销兵法十三章》《中国式营销20法则》《巨人史玉柱怎样站起来－脑白金的战略与策略》《世界寻梦园大策划》等营销书籍。

策划领域遍及医药、保健品、美容、食品、服装、金融、教育、IT、旅游、房地产等领域，创造了一系列大手笔大策划。

【何学林语录】

1. 真正能在热潮中赚钱的企业和个人，不是等着到热潮之后才去追的企业，而是在热潮出现之前就把握了它们出现的趋势的企业和个人。
2. 创意是创造性智慧最集中的体现和最直接的表露，是智慧产品中最有价值的部分。
3. 反危机的策划和对成功的放大策划也是一种策划，甚至是更高明的策划。

巨人,怎样站起来

——何学林营销策划实效案例

从50万——500亿,巨人,怎样站起来——集中优势兵力打歼灭战。

巨人倒下,负债3个亿,指出“巨人,怎样站起来”,使史玉柱用借来的50万在10年内做到500亿身价,创造了礼品市场第一品牌。

“巨人”怎么了

身陷危机的巨人集团

1997年初,珠海巨人集团及其总裁史玉柱陷入困境!这一消息迅速传遍了全国各地,影响波及海外。

一、善意收购

第一次听到巨人集团陷入危机的消息,我脑子里出现的第一个反应便是:策划收购巨人集团。

二、收购后的经营策略

撇开种种医药保健品和巨人大厦,这些先不去管它,集中精力打歼灭战,销售脑黄金,以此为突破口,进入良性循环。要知道,巨人脑黄金的市场销售是不错的,鼎盛时期每月有高达几千万元的回款额,如果再创巨人昔日辉煌,几个月下来,债务便可全部清偿。

三、收购后的形象策略

为最大限度地利用巨人集团的无形资产,巨人集团这块牌子仍应当保留,甚至有必要将收购方的资产也借”巨人”这个壳来运作;从这方面来考虑,保留史玉柱的适当地位也是明智的。与此同时,还有一个重塑巨人形象的策略问题,显然不能用收购贬损巨人形象,而是要从巨人如何进行资产重组,收购方是如何看好巨人,怎样注资等方面去抬举巨人,也抬举自己,双双赢得高明高尚公众形象。在收购主体的选择上,越是不知名的企业,收购价值越大,这个道理是显而易见的,因为你是一下子踩在了巨人的肩膀上,不管你原来的知名度是大还是小,原来知名度小的企业,则意味着省下了先前的一笔广告宣传费。当然,对名牌企业的收购主体来说,也可起到相得益彰的作用。

最后还有一个不能忘记的事实是宏观经济背景已经不同。巨人是在宏观调控时期陷入困境的,而眼下又迎来了新一轮经济增长期,宏观面向好,巨人的东山再起在时间上也不会为时过晚。所以我们主张,对巨人,坚决收购。

【年鉴点评】

《成败巨人》是对成功的放大策划,从善意收购、经营策略到形象策略最大限度地利用了巨人集团无形策划。

何学林先生以大策划机构做公司名,充分体现了他以大策划为己任的宽广心怀,他有一支特别能战斗的队伍,不去到何学林大策划机构是领略不到这种感受的。

白酒营销专家　胡景松

胡景松，毕业于安徽经济管理干部学院。中原十大营销培训师、中国十大营销策划专家。

多年从事白酒及快销品市场务实营销工作，独立策划和执行过各种市场推广活动方案并取得成功，精于领导团队进行整体的市场规划和具体实施，善于量化各种销售数据进行市场管理，尤其擅长发展和管理经销商。

1984 年加盟古井集团到 2009 年从古井光荣退休。先后担任古井集团高级营销经理、北京方德智业营销咨询公司项目运营首席顾问。

胡景松先生身为白酒行业职业经理人、高级培训师，愿为相关行政或企事业单位提供管理与营销方面的策划、咨询、培训等工作。咨询培训课程涉及到多个方面，诸如沟通技巧、销售手段、餐饮管理等，也可根据客户要求另行设计课程。

根据个人营销历程，著有《我的营销历程》、《酒店营销策略探讨》。

【个人语录】

专业，无论营销还是市场，一定要比客户专业；

专注，善于量化各种销售数据；

成语，不是担心别人不信而去讲诚信；

厚德，屡创业绩，长胜以往自是厚德。

【年鉴点评】

胡景松围绕一个“酒”字，一边是卖酒卖得光荣退休；一边是办酒店办得红红火火，若是教书与编书围绕一个“书”字也象胡景松这专注、专业，定是厚德载物，物有所值。

解决之道　策划家华红兵

广州愿望星企业管理咨询有限公司创始人，实战营销54把金钥匙理论的创始人、2004年营销策划金钥匙唯一持有者、2003年金鼎奖获得者、中国·茅台镇政府首席策划顾问、首届中国国际营销节策划金奖获得者、中国策划研究院研究员、中国注册策划师资质认证培训主训讲师、中国国际营销策划院高级研究员·副院长、著名实战派营销策划专家。

华红兵立志于创新中国企业营销模式，他的营销学集理论与实践于一体，由于他观点精辟、方法独特、语言幽默，所以他在全国举办的300多场以《创新现代营销企划》为主题的营销讲座、报告会场场爆满，他的演讲改变了很多职业经理人和职业企划人的观念和命运，同时也改变了他们的职业生涯。

2002年，他应邀在清华大学首届“学习性社会“财富论坛上作了《创新现代营销企划》专题演讲，这也是中国企划界第一位走上著名高校讲坛的实战策划专家。华红兵先生的论文、案例及策划每年都是中国营销界为数不多的亮点之一，新华通讯社、《中国经营报》、《销售与市场》杂志、《商界》杂志、《糖酒快讯》、《企业研究》等国内数千家媒体争相报道。中国外经贸委主办的英文杂志《CHINABUSINESS》也把华红兵先生的策划案例大篇幅地推荐给国外读者。

华红兵先生的创新理念，如第三角度思维、营销系统论、全天候营销、反向营销等在营销专业领域引起了巨大的轰动，并将产生深远的影响。已成功发行了《全天候营销》、《反向营销》、《强势品牌与强势赢销》等营销专著，并受到业界的追捧，成为营销类畅销书。

【华红兵语录】

2001年——2002年，负责山东扳倒井集团保健品整体营销企划及督导执行，为该企业实现了年销售5个亿的销量；

2002年，服务中外合资通络药业，主持国内市场营销工作仅一年，便使该公司的营业额猛增到1.5亿，通络药业产品连续三年成为同类销量第一；

2003年，担任天津金士力集团企划总监，策划了用现代药技术创新应用的现代白酒金士力酒，成为2003年中国酒业最亮的新星，并获得2003中国营销金鼎人奖；

2004年，担任王老吉药业总策划，使王老吉产品知名度飙升最快的品牌，一句经典的广告语响彻大江南北；

2005年，担任广东雪莱特总策划，帮助企业第二年就成功上市；

2006年，担任北京移动总策划，策划了仅次于QQ的即时通信产品：飞信；

2007年，被益策(中国)学习管理机构、南方都市报、网易商业报道评为“商战名家排行榜·2006中国十大营销专家”；

2008年，对北京法优尔服饰有限公司进行深度整合，让法优尔成为职业装定制行业第一品牌，成为职业装定制专家；

2009年，担任中山市品牌研究院名誉院长

2010 年，担任广州愿望星企业管理咨询有限公司总裁。服务本土西式快餐华莱士，并创造出快餐行业第一的神话。

品牌就意味着市场占有率

今天，我们有很多企业家对市场营销都有这样一种看法，就是：市场营销以占领市场，扩大市场份额为宗旨。那么什么是品牌？品牌就意味着市场占有率。但在 21 世纪的今天，市场份额越大，企业营销就一定越好吗？我们很多企业现在面临这样的困惑，在过去十年中，企业全速去拼命掠夺市场份额，最近两三年都尝到了苦涩。小肥羊连锁之前拼命扩张，结果 2006 年整顿，砍掉 6 家总店。为什么？因为它发现连锁店扩张后单店的成活率下降了。

先做大、后做强？

世界顶级奢侈品开店非常少，因为它注重的不是市场份额，而是顾客对品牌的崇拜。奢侈品培养的是顾客忠诚度。21 世纪不是一个盲目追求市场份额的年代，追求的是对顾客的心智资源的占有。换句话说，今天并非营业额越大的企业越有竞争力。过去我们说“先做大，后做强”。现在我们发现倒下的都是大企业。我们不得不反思这样一个问题：未来的中小企业在未来的战略上，应该是基于什么样的设想？传统的营销教材，无论是管理学还是营销学，都基于一种错误的逻辑建立起来的。传统的教科书用经典的教育给予了一个完美的注解，没有人怀疑这种假设的正当性、合理性和科学性。

100 年来，世界营销史揭示了这种假设的联系：

第一，商场如战场，市场竞争是你死我活的关系，因此必须扩大份额，让竞争对手窒息。

第二，由于市场资源是有限的，所以扩大了自己的份额，就变相地压缩了竞争对手的地盘。

第三，随着市场份额的扩大，带来的是营销投入的提升，企业营销规模越大，抗风险能力越大。

第四，出于市场份额提升的需要，大份额的市场营销的开支变得不可避免，因此出现了“先做大，后做强”的战略需要。

第五，很好的现金流是获得银行支持和供应商支持的必要条件。

第六，创建品牌的目的就是提高市场占有率。

这个基本假设是否是正确的呢？军事学家克劳塞维斯对战争的定义是：“战争是使敌人服从我方的暴力行为。”这似乎验证了市场如战场的观点。但是，克劳塞维斯还说了这样一句话：除了把对方打倒之外，让对方服从我们的方法还有两个：一是对方认为胜算的可能不大；二是获胜的代价过高，对方就会和我们讲和，服从我们的标准。这就是《孙子兵法》中讲的“不战而屈人之兵”，是兵法的最高境界。

换一种方式化敌为友

中国人在和国际市场接轨的过程中，并不知道西方很多经济学家、企业家，他们更懂得战争不一定非要打倒对方，可以换一种方法让你化敌为友。

市场不再是只分敌我，而是都有可能成为合作伙伴。这个理论非常重要，它强调把竞争对手变成你的朋友，一起进行产业联盟合作。对方输，你未必赢；对方赢，也未必意味着自己输。

“果冻我要喜之郎”的广告深入到了每一个中国儿童的内心。当喜之郎成为果冻的代名词的时候，假设你是一个洋品牌、国外资金，想进入中国，你认为自己有没有能力和果冻喜之郎打仗呢？喜之郎已经占有了儿童的心智模式，你要想收拾、干掉喜之郎要花掉更大的代价。问题是有一个更好的方法可以在中国取得领先地位，可不可以同喜之郎谈控股（Holdings）、参股（Shares）呢？

高露洁在牙膏成功时,突然想推出高露洁牙刷,因为牙膏和牙刷是密切相关的。高露洁很聪明,它知道在中国占垄断地位的牙刷是三笑牙刷。它说我不做高露洁牙刷,我用资金跟三笑牙刷参股,变相地控制了这个第一品牌。

中国有一则家喻户晓的寓言《龟兔赛跑》,乌龟和兔子赛跑,第一轮最后是乌龟赢了。兔子说:“我第一轮输掉了,我腿比较长,凭什么我输? 我们再赛跑一次,这回我不打盹了。”果然这轮兔子赢了。第三轮,乌龟说:“你腿长,我怎么跑过你? 这次第三轮赛跑,我们得变变游戏规则,赛程是一半陆地,另一半要过一条河。”结果兔子跑到河边过不去,乌龟慢慢悠悠到河岸,慢慢悠悠晃过去了。第三轮乌龟赢了。到第四轮,两人都成了好朋友,乌龟说:“我们和解吧,在陆地你跑得快,你背着我;过河你过不去,我驮着你过河。”

所以市场中不再是只有敌我,也有可能是合作。

可口可乐在历史上也曾经帮助百事可乐,当百事可乐要倒下的时候,第一个伸出援助之手的不是银行,而是他最大的竞争对手可口可乐。

顾客的心智资源是企业最重要的资源

巴菲特(Warren Buffett)说,他投资的秘诀在于要区别企业的三种价值:

第一,这个企业有没有市场价值,市值评估是多少。

第二,这个企业有没有账面价值,有没有净利润、净资产。

第三,这个企业有没有内在价值。

至于什么是内在价值,巴菲特笑而不答。

什么是内在价值? 所谓内在价值就是顾客心中的价值,不是占有市场份额而是占有顾客的心,是占有顾客的心智资源。

一个企业是否真正能够占有顾客的心智资源才是最重要的。当代最有竞争力的公司不是拥有市场占有率,而是拥有顾客的心,叫顾客的忠诚度(Customer loyalty)。这一原理也就是世界奢侈品的营销原理。譬如爱玛仕 Brikin 手袋,价格从最基本的款式 5 万人民币左右开始,到豪华的珍贵皮质为 30 万左右不等。而且一只包在订购后,要 6 个月到 1 年才能取到货——每只包都是师傅们手工制作,一个皮包的完成时间为 3 个月。就算是这样,爱马仕每年的 waiting list 还是长到泛滥。

【年鉴点评】

企业家在金融危急中迈出国门,是危机给我们创造了转机,一下子拉近了我们与世界的距离。这也是企业家“借势”而行,“顺势”而为的好机会。我国的企业家,哪怕是中小型的企业家也一定要有争当第一的勇气和决心,困难促成了我们成长。

注:华红兵文论见本鉴文论篇

羊城品牌策划　黄伟平

黄伟平，视全人类都为自己的老乡，取笔名为地球老乡。又为时宜，常以玮平自谓。2008年被评为“中国十大品牌策划专家”。

中国品牌策划推广中心执行主任、北京人大策划系客座教授、中华素食协会秘书长、深圳慧光节能投资基金投资策划总顾问、广州大学策划研究所研究员。

早年常来往于粤港两地，亲历中西之交融与创新中国的发展。不过，欣喜之余，惊觉自己的学习力、创新力、执行力、策划力严重不足。

故此，曾在多个领域努力过。后遇伯乐提点，专注于策划业，才有所顿悟。并做了一些尝试：2.3亿元嘉年华娱乐项目总策划、总监；18万平方米商业地产项目总策划、总经理等。又深感中国品牌事业建设任重道远，唯有努力为之。

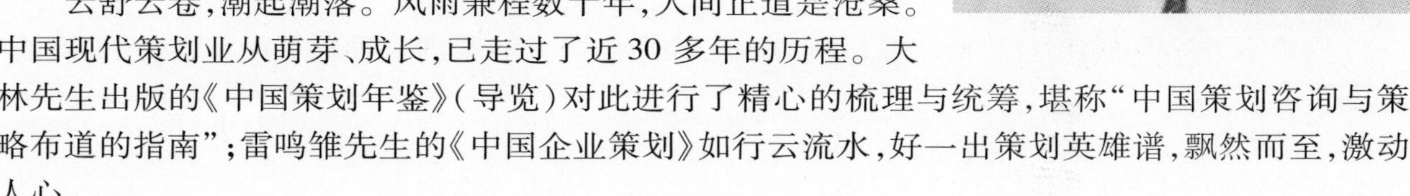

云舒云卷，潮起潮落。风雨兼程数十年，人间正道是沧桑。中国现代策划业从萌芽、成长，已走过了近30多年的历程。大林先生出版的《中国策划年鉴》（导览）对此进行了精心的梳理与统筹，堪称“中国策划咨询与策略布道的指南”；雷鸣雏先生的《中国企业策划》如行云流水，好一出策划英雄谱，飘然而至，激动人心。

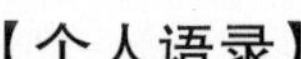

【个人语录】

策划——精慎缜密的苦思，豪情万丈的狂想

倡导——责任策划、盛宴策划

昊源商都策划（节选）

黄伟平

前言：某国际机构拟在广州天河投资20亿元人民币建一座商城，自然需要为商城命名。好的名字，往往带来财富价值的倍增。如时代广场、财富广场，这两座商业物业的租售价都较周边高出许多。命名可能只是一个小小的策划，但同样会花费不少心思。

一、名称释义：

（一）总括：一个超级、摩登、充满生机和活力，极具中心性、焦点性、标志性和神往性的魅力商业之都。

（二）分解：

1. 字义解：

（1）昊：“天地炎黄，星辰百昊，宇宙洪……华夏开始”（千字文）

天上有日，光辉普照四方；

（2）源：

万物之出处（根源），活力之本，无穷无尽；

祈望之来处(来源),财通八面,多多益善;

2. 通解:

(1) 名字较为贴近 SUPER MALL 的要求;

(2) 名字有气势,但没有傲气,且可与高盛威名相得益彰;

二、描述:

昊源商都——是集购物天堂、健身休闲乐园、文娱总汇、美味食俯、游览胜地和完善服务系统等于一体的理想都市,人间乐园。人们在这里可以优悠自在,写意人生,尽享人类亲手创造的文明财富。是千百年来,人们心中一直寻找的商态伊甸园。

选点恰到好处,商圈范围广阔,加上四通八大的交通枢纽,将会带来财源滚滚。这是地利。广州人口已达千万,还有数百万高质素消费的珠三角、港澳人群,真有财神到的感觉。这是人和。

1. 将 CRM 营销、大市场营销、国际营销、绿色营销、全员营销等有机地整合。

2. 据有关方面预测,广州的商业大买卖场以 50 个为最佳。目前对各方来说均有一半的机会,这将促成各商家惨烈竞争步伐的加快。“昊源商都”宜应先发制人,加紧兴建,铸就品牌,确立他人无可争峰的商业旗舰地位。

3. “谓有源头活水来”。活力昊源,动感之都。一个“动”字,嵌入整个营运链中,或许能高质高效,生机勃勃,把商业旗舰带向胜利之航。

【年鉴点评】

昊源策划点线面兼顾,总括简炼,分解晓畅,描述恰当。能看到一种精、气、神,悟到一种真、善、美。

旅游界的“点子王”与“不老松”　霍兆虎

霍兆虎，男、汉族、教授，1962 年毕业于河北大学外语系。历任天津市人民政府外事办公室翻译、秘书、国际旅行社总经理、天津市旅游局常务副局长、国际展览中心总裁、津利华大酒店总经理；并兼任天津市公共关系协会副主席、市旅游协会副会长等职务。现任天津市人民政府研究室调研咨询专家、市创意策划研究会会长、中国饭店协会天津培训基地暨市饭店协会资深顾问、中国旅游管理干部学院客座教授。

霍兆虎把不少人担心距离北京近，天津旅游不可能有作为的“忧”，变为“优”，创造性地提出：以北京的古（历史与文化）衬托天津的今（改革开放的新成果），以北京的静（固态的景物）映衬天津的动（人文交流），转变观念，要主动到国际市场上去搏击。为充分发挥毗邻首都北京的区位优势，自上个世纪 80 年代始，就积极推行京津一体化旅游发展战略。在整合了天津旅游资源的基础上，积极创新，迅速向国际旅游市场推出成系列的旅游新项目：即一船（国际游船）、二会（国际会、展览会）、三专业（医学、教育、法律）、四专项（民间花会、武林群英会、风筝赛会、马拉松人民友谊之跑）、五条街（商业街、食品街、金融街、古文化街、外国建筑风情街—五大道）。

霍兆虎亲自参与组织了盘山和黄崖关景区的规划和建设，解决了景区开放与保护军事设施的矛盾。为加快天津与国际接轨的步伐，陪同王光英副市长与民航总局领导“博弈“四个小时，在万里副总理的支持下，终于开通了天津通往香港的地区航班。

霍兆虎亲自组织和参与了天津市赴德国和新加坡招商引资工作，成功引进了“迅达”摩托车生产线，奏响了全国第一个“旅游搭台，经贸唱戏”的乐章。

1998 年退休后，他依然关注着城市经济和旅游事业的发展。十年后的 2008 年，他又写出了长达万字的关于《提高天津城市文化品位，加快旅游产业发展》的八条建议，受到政府研究室的关注，并报送市长参阅。在迎接建国 60 周年、改革开放 30 周年前夕，他以自己参与、引领和见证旅游业由政治到经济、由计划到市场、由事业到企业、由只管理直属企业到实行全行业管理的四个转变的亲历亲为，深切动情地写出了长篇《回顾与展望》一文，被载入《环渤海经济瞭望》建国 60 周年专刊。

他授课于南开大学、中国旅游管理干部学院，开设《旅游概论》、《饭店管理》、《如何做一名合格的总经理》等课程。在南开大学商学院 MBA 学员班上讲授《关于领导与领导力》、在乌克兰基辅大学讲授《关于中国的改革开放》等，均受到热烈欢迎。

2003 年 7 月，他赴西非访问，为总统特别讲述了天津开发区和保税区“以港兴市”的城市发展战略。自 2009 年担任天津策划研究会会长，为天津的策划事业继续发光发热。

【霍兆虎语录】

我名虎、属虎、爱虎，做事虎虎有生气，“敏思”、“敏行”、“敏言”是别人对我的概括，“勤学习、善思考、有胆识、勇实践；人为本、爱民先、从政廉、生活简。”这是我一生不变的座右铭。一个人的生命底色，是由时光和阅历熏染而成；一个人的精神境界和品行人格的升华，则要靠自砺和坚持修炼而就。

大办旅游与办大旅游

河北大学外语系高材生，丰富的阅历，强干的办事能力，敏捷的思维与头脑，强烈的事业心与爱国情，种种因素集合成就一个霍兆虎。

霍兆虎他主管天津旅游工作期间，连续五年各项经济指标均创历史最好水平，并开创了地方自主外联招徕国际客源的先河。为尽快与国际接轨，提出了“让世界了解天津，让天津走向世界”的口号，被市委和政府推认为天津市对外宣传的指导方针。同时受市政府的委托，编制了天津市旅游发展的整体规划：即“以市区为主体，以蓟县、塘沽为两翼，以自然景观与人文景观相交融，发展都市旅游”的架构，重点是做好“文化、商业、民俗”三篇文章，受到政府的嘉奖。霍兆虎的创意与策划，得到了市长的充分肯定和支持。由于指导思想明确，战略目标清晰，工作重点突出，天津旅游系统自主外联国际游客数量，连续五年排在全国前三位，从而改变了天津旅游灰头土脸的形象，为国内外旅游界同行所瞩目。

霍兆虎针对天津“古今兼蓄，中西交融”的文化底蕴特点和城市综合功能全，整体优势大，及沿海开放城市的发展机遇，首次提出了天津发展旅游的指导思想：即“旅游为开放服务，与经贸、科教、文体相结合，开展广泛的民间友好交流，”并在全国率先开展了专业专项旅游活动。

在出任国展中心和津利华大酒店总经理后，他将国展的功能定位于“世界了解天津的窗口，天津走向世界的桥梁”，每年举办国际国内大型展会40余个；并创造性地提出了适合本企业特点的“一级法人、二级公司、三级核算”的经营机制和“总量控制，条块结合，整体运作、各负其责”的管理体制，不仅使企业迅速摆脱了濒临破产的境遇，而且经济效益成倍增加。六年来，经营收益和还息能力以年均60%和59%的速度递增，进入同行业的前列；津利华大酒店亦由三星级晋升为四星级，成为全市名副其实的展览中心、会议中心、美食中心和健康娱乐中心，在全市饭店系统率先步入全国百优饭店行列，使企业的有形和无形资产得到明显提升。

在旅游界霍兆虎不仅以最富创意创新和勇于实践著称，而且具有时候的理论功底，先后在《香港文汇报》、《天津日报》、《旅游》、《企业管理》、《环渤海经济瞭望》等国内外知名报刊上发表了二十余篇有影响力的论文和指导实践的文章。

在《关于大办旅游与办大旅游的哲学思考》一文中，明确地提出“大旅游观”概念，认为“旅游是一个系统工程，它具有鲜明的“五性”：即资源的吸引性、交通的便捷性、服务的舒适性、价格的诱惑性、促销的鼓动性。“五性”是一个整体，要相互促进，协调发展，不能搞单兵突进。霍兆虎提出——旅游要为开放服务，旅游要与经贸、科教、文体相结合，对天津乃至对全国旅游事业的快速、协调、健康发展都具有重要意义。

【年鉴点评】

创意来自哪里：一半是知识，一半是灵感。知识，是人们对客观事物规律的感性和理性认知的积累和把握。灵感，则是知识与实践相碰撞，在人的头脑里产生和升华后的火花。霍兆虎能够立于旅游，而不拘于旅游，把旅游做大做活做成系统工程，正是创意与实践的结果。

中国创新传播专家　贾云峰

“中国十大杰出旅游策划人”，德安杰环球顾问集团总裁。北京大学、中国传媒大学、同济大学客座研究员。

在十余年主流媒体高层领导经历中，他建构了一门崭新的学科体系——《旅游创新传播学》。该学科旨在探讨当下全新旅游购买方式和信息搜寻方式，为旅游营销和产品设计提供创新思考方法，为旅游管理者提供可操作的营销推广战略，帮助旅游目的地、企业实现一战成名。

他是中国第一位驾车穿越世界的电视制片人，畅销书作家，作品获国务院对外宣传办公室外宣最高奖——“金桥奖”和全国省市各级奖项多个。

他对旅游传播见解独特，自成一家。拥有跨媒体管理和领导经验，有扎实的媒体理论、卓越的创意能力、丰富与深厚的媒体关系，为国内外近百个政府、旅游景区和著名企业提供创新传播的一体化解决方案。

在包括香港中文大学、清华大学、中国传媒大学、东华大学、北京大学、同济大学等30多个大学和旅游局讲授创新传播课程，取得巨大轰动和强烈反响，接受过世界各国近百家主流媒体专访。

出版图书：

《山川入划》、《你不知道的上海青浦》、《你不得不去即墨的50个理由》、《国窖演义》、《首席执行官和乡村图书馆》、《时间码》、《北欧的灿烂阳光》、《宝岛抢先玩》、《台湾现在进行时》、《我脚下的皇城》、《激情穿越炫影澳洲》、《激情穿越枫叶之国》、《水色朱家角》、《水漾淀山湖》、《水泽福泉山》、《众手浇开科普花》等。

电视作品：

中央电视台三十四集大型电视连续剧《旗舰》、电视专栏《激情穿越》、《中华少数民族人文档案》、《喜从天降》、《科学欢乐城》、《双休指南》、《相约星期五》等。

【贾云峰语录】

1. 找第一，做唯一。个性是产品的生命，策划不是单纯制造噱头，是建立在精细调研基础上的爆发。
2. 策划要一切以数据为依据，一切从市场出发。
3. 策划是寻找产品个性的过程，策划是让个性最大化、唯一化、标识化。
4. 策划要用新媒体突破，传统媒体策应。要在成熟品牌理论支持下的策划。
5. 成功策划的关键是：“让大家的需求变成我的需求，让我的需求变成大家的需求”。

【年鉴点评】

贾云峰思路新颖、视角大胆，横跨策划、出版、旅游，影视等多个领域，且在任何一个领域都能迅速崛起，独树一帜，实属不易，多年来，他亲身走遍世界，笔耕不辍更是难能可贵。他倡导“为山川立境界，为乡土传精神”，并践行自己的倡议，破书万卷，鞠躬行路，，为旅游传播寻找可遵循、可评估的标准，为我国旅游产业转型升级助力。

中国咨询业开创者　孔繁任

中国营销咨询界领军人物，中国首批十大策划人，现为奇正沐古(中国)咨询机构董事长、《销售与市场》杂志总策划。从事品牌营销咨询20余年，服务客户200余家，多为行业领导品牌。

创办有“中国营销诺贝尔奖”之誉的“中国杰出营销人金鼎奖”，任活动总策划、执行委员会主席。同时，为“菲利普·科特勒营销贡献奖”的中国授权人。为浙江财经学院教授，浙江大学、上海交通大学、华中科技大学MBA及EMBA导师。

1985年，创建奇正沐古(中国)咨询机构，为中国最早、最具规模、最专业化的国际咨询公司之一。拍摄中国第一部公关专题片，将CI与公关作为服务概念引进中国。与浙江大学合作首开“策划专业(本科)”，率先将营销咨询引入中国高等教育。2000年，与《销售与市场》杂志合作，创设中国营销最高奖“金鼎奖”；2005年，推出用品牌思维与技术，全面提升生意的“BCI”系统，被国际同行誉为“最接近商业本质，最富实效”的品牌方法论。2006年，与日本CI之父中西元男的中国公司“派司耐特”共同组建联盟，成立奇正·派司耐特(PAOSNET·SPENOR)形象创作室。2009年 机构进驻中国文化创意的制高点—西溪创意产业园。

在中国营销、管理咨询的20余年实践中，先后提出了“精细化营销”、“商业创意整合(BCI)”、“品牌方式论”等一系列独有的研究模型。成功应用于中国市场，先后为鞍山钢铁、中国联通、青岛啤酒、长城汽车、湖南卫视、绍兴旅游、奥康集团、贝因美、娃哈哈、金六福、梅花味精、白象方便面、红石梁啤酒、大自然地板、生活家巴洛克地板、重庆啤酒、玲珑轮胎、正泰集团、威龙酒业、龙工集团、皇后毛巾、红旗渠卷烟、上海故事等200多家企业提供了优质的品牌营销咨询服务，获得企业及咨询行业的认可和尊重。

出版《孔繁任“卖”品牌》、《在创意经济高地上舞蹈》、《摊牌——做品牌就是做生意》《中国营销报告》、《我说企划》、《一个企划人的独白》。

【专家点评】

作为中国咨询业开创人物，20年来，他不断创立行业新标高。2001年起，先后五次率领中国营销代表团访美，与美国营销促进会建立了长期的合作研究机制，美国最大的华文报纸《世界日报》称：孔繁任访美，为中国营销发声。同时，与全球营销学之父菲利普.科特勒博士，整合营销传播创始人，美国西北大学教授唐.E.舒尔兹等世界大师级人物建立深度合作，将世界最前沿、最先进的营销理论、方法与中国的市场实践相结合，推动中国营销事业的进步和发展。

文化产业清华人　李　季

李季，博士，清华大学文化创意研究中心执行主任、2004年美国麻省理工学院访问学者。

主要研究领域：城市文化创意产业研究；城市产业园规划与建设研究；区域文化产业规划与发展研究；创意产业投融资模式研究。

主持了海南国际旅游岛、珠海横琴岛、深圳国家文化产业示范区、联合国在中国第一个文化产业示范区等全国三十几项重大课题规划和研究。

学术社会兼职：中国文化创意产业商会副会长，中国策划协会副会长、中国文化创意产业龙腾奖评委、中国商业经济联合会应用经济学分会副会长，浙江省、广东省、甘肃省、内蒙自治区、河南省、海南等省市文化创意产业规划课题负责人。

【李季语录】

文化塑造中国灵魂，创意打造中国个性，产业强大中国实力。

【景区规划】

《对话圆明园》景区规划整体定位为一个世界性的文化地标，同时是对中国文化天人合一的梦里田园生活的写意之旅，我们采用对中国园林艺术的高度提炼的诗意化与理性的解读方式，以历史与现实、时尚与传统的对话语态构建整体空间业态，打造两岸的产业模式与规划设计思路，一个"园"——园林、(文化产业)园区、(诗意栖居)家园构建核心内容主线，将渔樵江渚的诗意画卷、亦禅亦儒的文化空间、承载历史的艺术体验三条辅线组合而成空间叙事结构。至此，我们将把800亩有限的空间作为一幅横跨两岸的现代版《姑苏胜景图》的画轴，用圆明园的丝丝细雨，编织淡烟疏雨的写意空间，达到神韵相连，"见山不是山"的空间妙境。

【年鉴点评】

李季从姓名开始，添一笔别有天地。

李季位居要职，动一下景象万千，尽管如此李季既不居功自傲，更不标榜炫耀，反而是马不停蹄，耕耘不止。

李季文章水木清华，创意别有洞天，无论演讲课堂，还是出访、论道，总是谦谦君子一个。

纪录片《对话圆明园》

——一河两岸的跨越时空之旅

【策划创意】

一个帝国百年沧桑的幻梦,一边在断山残雨、山河绵邈中梦回着中国园林艺术的极致巅峰,一边在青山画屏中续写着新时代的伟大传奇。于是,今天的人们重新出发,用800亩的蓝图勾勒出一个关于历史与现实、东方与西方、自然与生命、情感与理性的诗意田园。圆明园,是一个世世代代永不会终结的循环叙事,在每一次对话的语境与语义中,它都会沉淀出烛照红尘、饱含深意的象征!

这里有梦回圆明园的新媒介手段还原的《圆明园遗址博物馆》,这里有依托海淀区深厚文化底蕴的清华、北大学府资源的《清史研究院》;这里有亦儒亦禅的《禅修学堂》与《国学大讲堂》;这里也有中国当代顶级艺术大师工作室的《名园八贤堂》;这里有体现圆明园原生态人文景观的《垂钓长天园》(守缺园)(涤心园),这里有媲美《牡丹亭》的《秋水亭》,这里有落日楼头、他乡游子的《拍栏草堂》,也有《明清民俗文化区》和唯美精致的昆曲与京戏班子的《六朝观戏台》,这里有夜晚花灯初上的《灯光雕塑群》,也有以城市设计的《景观雕塑群》,这里同时并存着具有商业价值与配套的餐饮、休闲、酒吧为一体的《综合文化商业区》。它以中华文化的衣食住行为核心,为来自世界的宾客提供更加多样化的文化消费选择,打造一个以"圆明园文化"为业态的中国文化的智慧之旅。

整体规划采用外部感性,内部理性的叙述方式,把圆明园的规划建设与诗意栖居的生活方式融为一体,使得整个规划详略得当,气贯如虹。

这种根植于园林、园区、家园的城市生活意境其意义就是对城市生活方式的精神探索,这正是体现中华民族追求一个永恒的精神家园的智慧写照。

基于以上的领悟,我们采取以圆明园独有的园林元素作为规划与建筑的基本形式,层层渲染,用水墨画的意境呈现当代园区建设的宏大篇章,将典型的视觉符号与厚重的文化内容完美的融合,借助文化创意与现代科技的完美融合,将人们带入一个中国哲学天人合一、中华文化的大观园,形成诗情画意的产业空间,继而打造出世界一流的文化地标。

一方面,圆明园的主体身份与文化内涵本身就包含着更多的艺术价值与沧桑过往,我们在用现代的文化内核去承载其原有的中国艺术的经典,另一方面,也正是两者之间的关联与对照才能够产生更为深刻的理解与判断,承担起当代中国的责任与担当。这是古典精神的美学价值与现代人文价值的诗意栖居的完美融合。时代的变迁、历史的沧桑永远剥夺不去的是人类对美的无边界的追求!

[结束语]

圆明园,一首永恒的诗,一首味之不尽的歌……

当观众穿行于《对话圆明园》一江两岸的水墨之间,徜徉于园林之中,伴着茉莉花香的小径,惊叹后圆明园时代的奇思妙想之时,我们希望所有的众生也能脱尽尘俗之羁绊,走笔在烟雨如织的山水间,从而令世界沉浸于无穷无尽的对美的关照与体验之中,如痴如醉,无限遐思。

豫人策划　创意有品味的畅销书

【豫人其人】

豫人，国内著名出版策划人，青年学者。本名李旭。现为上海大学出版社副总编辑。1966 年出生，豫东杞人。1987 年河南大学历史学学士毕业，1990 年在东北师范大学获历史学硕士学位。1990 至 2006 年曾任河南人民出版社编辑、编辑室副主任。1993 年打出“豫人策划”品牌，提出“精神力学”概念和“豫人策划，智利天下”理念，先后被河南省委、省政府联合授予“河南省扶贫开发先进工作者”。2006 年至今，先后担任上海大学出版社大项目编辑部主任、总编辑助理兼党支部书记、副总编辑等职。

他从毛泽东终生珍爱图书的习惯中受到启发，感到了精神力量的伟大，决心用智利天下的方式，用创意出版有品位的畅销书，来参与智力改变现实的行动。

2006 年，中国农村税费改革开始，他便策划出版了《皇粮国税》，抒发自己多年扶贫助学、智力兴农的满腔情怀。他从大别山扶贫的体会中发现，扶贫的目的不能仅限于脱贫致富，还要让农民在精神生活中富裕起来。

2006 年，在殷墟被公布为世界文化遗产之前，他策划了《中国殷墟》；

2007 年，他策划了《中国人民解放军军事文化遗产》；

2008 年，他策划并编辑“中华十大历史人物丛书”，卖出了海外版权，并在故乡投资兴建“蔡邕蔡文姬纪念馆”。他想要在中国历史文化中探寻解决振兴乡村根本问题的对策。到上海工作后，他又发现上海从渔村到国际大都市的崛起，离不开近现代的知识分子，于是又编辑了国内第一套“钱伟长研究书系”，并撰写出版了《钱伟长的教育观》，普及教育兴国的理念。

2010 年策划编辑“中国策划家思想文库”，成为中国策划思想和实践集大成的鸿篇巨制。

他不仅自己勤于策划，还鼓励发现早年初出茅庐的何学林大胆发表其奇思怪想：全球人脑大联网。

【李旭语录】

拒绝平庸，智利天下。

用智慧造福天下，小至家乡和所在城市，大到祖国和世界。具体到本职出版行业，就是创意有品位的畅销书。作为一个体制内的人，我对策划的态度是：策划是做好本职工作、实现人生理想的一种极为有用的方法，但作为一种职业，那却只是退休以后要干的事。无论走到哪里，身寄何方，豫人都是我一生的名号；豫人策划，是我一生要努力打造的书业智业品牌。

【豫人策划年表】

2010 年　策划、编辑“中国策划家思想文库”10 种、国内第一部《甲骨文书法大字典》（上海大学出版社）、业余策划创建“上海崛起网”；

2009 年　出任上海大学出版社副总编辑；编辑《中国官职大辞典》；

2008 年　策划并编辑“中华十大历史人物丛书”；在河南省杞县圉镇故乡，投资兴办“蔡邕蔡文姬纪念馆”，在《汴梁晚报》发表《文姬归汉 1800 周年祭》；

2007 年　策划并编辑国家“十一五”出版规划项目“中国殷墟”丛书之《中国殷墟》,该书被评为“2007 中国书标”;参加“第十届全国高校出版社社长总编辑培训班”,获得上岗资格;撰写出版了教育部 2007 年全国教育科学重点研究课题项目《钱伟长的教育观》;

2006 年　策划出版的《皇粮国税》,被中央电视台拍成 8 集大型纪录片;策划启动国内第一套“钱伟长研究书系”出版;策划国家“十一五”出版规划项目“中国殷墟”丛书;

2004 年　策划国家“十一五”出版规划项目“行知大黄河旅游文化丛书”,编辑了书法家侯德昌的《黄河诗词隶书帖》;

2003 年　创意策划《农周刊》、《村民晚报》、《乡村文摘》、《新农商》等 4 种面向农村的办刊方案;

2002 年　被河南省委、省政府联合授予省级劳动模范,被河南人民出版社提拔为编辑处室的副手;

2001 年　发表《中国中后进乡村的根本问题与振兴对策》的省级二等奖的获奖论文;下乡 5 年,个人拿出几万元工资资助几个失学儿童从初中到大学毕业;写下约 300 多万字乡村笔记;

2000 年　被河南省国际国内公共关系协会评为“河南省十佳优秀策划人”;策划《黄埔军校名人传》(上下卷,180 万字);

1999 年　被评为出版专业副编审。时年 33 岁。

1998 年　赴河南省商城县扶贫,策划参与中国第一例村“官”竞选,被中央电视台等媒体报道;

1997 年　个人第一部著作《智利天下:李旭的点子》出版(天津人民出版社),《北京青年报》1997 年 2 月 10 日对此发表评论“《策划自我与冲撞现实——李旭〈敢对世界说我〉引出的话题》”;

1995 年　邀请香港澳门区旗区徽设计者肖红教授为“豫人策划”设计专用出版策划标志;

1993 年　策划并主编全国十大畅销书《毛泽东终生珍爱的书:容斋随笔(白话本)》;在南京《社科信息》杂志发表“我的精神力学”,倡导智利天下的精神观,统一整合中国人精神之力,得到已故中国著名哲学家、原中国哲学学会会长、北京大学哲学教授张岱年先生的亲笔题字:“精神力学”;

1990 年　东北师范大学硕士研究生毕业,求职到河南人民出版社,开始编辑出版生涯。

豫人策划:“上海崛起网”创办计划案(从略)

“豫人策划”对“上海崛起网”这一网站新媒体的基本定位是:为上海的每一个城区、每一个企业乃至每一市民,架设一个非官方的思想交流平台,探讨趋势,提供观点,创意项目,发掘经验,为上海、大上海(包括长三角地区)的崛起、大崛起,整合社会各界智力资源,提供对策交流平台。

【年鉴点评】

策划家有高手,快手之分,前者有王志纲、叶茂中,后者有陈放、晏滔。而李旭既是高手,又是快手,高手表现在《中国殷墟》、《甲骨文书法大字典》促进安阳殷商获得世界文化遗产上;快手表现在出版“中国策划家思想文库”、创办上海崛起网,担负起思想销路、策划搭桥的历史重任。

中华文化复兴践行者　李伯淳

李伯淳，人生幸福之道——改变命运学（中国式成功学）创建人、中华智慧管理体系创建人、大型公益事业“中华文化复兴系列活动”主持人、中华文化复兴研究院院长、国际天灾研究会会长、美国东西方大学北京研修院客座教授、对外经贸大学中国开放型经济研究所首席研究员、《中华文化与21世纪》主编，出版专著《中西医治病对比》、《神秘的天机》、《中华商道》、《人生幸福之道——改变命运学》等十多部。

1999年　倡导并主持“中华文华复兴系列活动”、出版《改变命运——神秘的天机》。

2000年　开始主持“从中华文化看21世纪世界系列研讨会（100个专题）”。

2001年　执笔《中华文化复兴宣言》，并联合张岱年、吕炳奎、季羡林等86名中外中华文化学者签名，该《宣言》对中华文化复兴产生了极大推动作用。

2002年　组织“人的发展与健全文化论坛”（大小活动十多次）

2003年　开始主持“创新文化系列研讨会（50次专题研讨）”。主编《中华文化与21世纪》出版。4月同傅景华预测出“非典”结束时间。

2004年　发起成立“中华文化复兴研究院”，任执行院长；2004年10月联合发表《致杨振宁教授公开信》。

2005年　整理《2005年春节联欢晚会引起的思考》一文，促使2006年春节联欢晚会传播中华文化；3月在人民大会堂主持“中华文化与和谐社会研讨会”；6月主持召开“首届中华文化与21世纪新文明国际研讨会（已开五届）”；12月主持召开“首届商界精英论道擂台”；出版《中华商道——中华智慧管理体系》。

2006年　策划为中国龙正名，农历二月二龙抬头，组织“春龙节纪念暨2006—2010复兴中华文化大行动启动仪式。”5月11日举办“超女”类节目对青少年的影响研讨会，10月21—22日主办“竞争力与社会责任国际研讨会”

2007年　开始主持“复兴中华文化研修班”。主讲“自然·社会·人道之道”。

2008年　执笔《和谐文化宣言》，邀请60多位专家联合签名。

2009年　主持“第二届如何才能使汶川悲剧不重演研讨会暨国际天灾研究会成立大会”，并出任会长；组织“首届人间佛教实践与理论探索研讨会”、“首届群测群防天灾经验交流会”

2010年　策划开拓人生幸福事业，主讲“现代人获得人生幸福必备”、策划组织呼吁“国务院成立地震工作指导组”

李伯淳先生组织并主办了近500余场专题系列讲座、研讨会。先后主办或参与主办大型国际学术研讨会十次。发起的中华文化复兴系列活动在社会上反映不小、影响至深。

【年鉴点评】

李伯淳积极投身中华文化复兴，大有毕其身于一役之气概，具体运作上他又非常细致，每一场聚会讲座他都会对当天的活动予以评价并当场颁奖，使与会者感受至深。

营销策划专家　李传国

李传国，东莞理工学院城市学院教授，东莞市合众企业营销策划有限责任公司首席管理及策划专家，公司总裁。曾就读于东北财经大学（本科）及澳门科技大学（MBA），为以后的工作及学习奠定了坚实的基础。在近三十年的工作经历中，先后出任过辽宁信息学院教师、山东南山大学国际经贸学院及工商管理学院副院长、辽宁华亨公司厂长、辽宁宏宇压力设备公司副总、美国赫茨公司市场分析主任等职务。

长期以来，受客户聘请兼任多家大型集团公司顾问。

现任中国统计教育学会会员、中国管理学会会员、中国物流学会会员。在企业战略咨询、市场研究分析、营销实战探讨等方面有着独到的见解和丰富的成果。曾为辽宁中兴公司、山东宏塔集团、广东恒茂投资公司等数十家单位进行营销策划，在市场细分和培育、渠道建设和挖掘、营销模式确立、营销团队整合等方面成效显著，为企业创造了辉煌的业绩。

多年的实践，聚集为劳动的结晶，著有财务会计学教程、经济统计学、市场营销学、电子商务概论等论著，经常作为地方电视台经济节目的嘉宾接受采访，对社会发展、企业运营、转型升级、产业结构调整等问题发表见解和主张，并在广东省企业高峰论坛上作主题发言，为企业家们献计献策。

现任北京俱乐部东莞分部（筹建）负责人、广东省快销品营销研究会（筹建）负责人。目前正在为东莞某大型投资集团投资项目进行整体策划。

2008 年被评为“广东省优秀企业培训师”。

2009 年被评为“全国十大营销策划专家”。

【李传国语录】

1. 策划成形于心智、源自于客观环境与条件的恰当分析。

2. 营销中 4P 是基本的内涵，无论现代科技带来多少新东西，只要把握信息、掌控 4P，营销的核心就问题就解决了。

3. 营销注重的是选合适的人配置于合适的岗位，同时不可忽视薪酬激励体制的配套。这两方面同样重要。

4. 策划就是整合资源，将你的利益和别人的利益放在同等重要的位置上来考量，挖掘潜力、发挥更大的效力。

5. 策划的作用在于用最少的资源博取最大的利益。

6. 策划分析需要较高的智商，而方案实施需要更多的是情商。营销策划更是如此。

7. 策划是运筹帷幄，策划不是点石成金。

8. 无论策划什么，首先要解决的是人的问题，然后才是事的问题。

【主要文章】

高校产学研教学模式研究
培养销售队伍的八要素训练法
“合众营销模式”精要解析
产业经济与经济产业
论销售渠道建设
快销品销售技巧分析
东西方文化背景下的用人之道

【重要事项】

2010 年，完成两个快销品运作项目的整体策划	东莞某投资集团公司
2009 年，后经济危机时期企业发展对策论坛	东莞企业家协会
2008 年，高效清洁系列产品全国市场营销策划	东莞乔兴商贸公司
2007 年，梦丽莎多元化发展策划	梦丽莎学校
2006 年，再生资源产业项目策划	澳门商会投资公司
2005 年，《电子商务概论》出版	武汉大学出版社
2004 年，《市场营销学》出版	东北财经大学出版社
2003 年，二手机械设备营销模式策划	辽宁宏达公司
2002 年，市场细分与销售战略调整策划	山东宏塔集团
2001 年，销售渠道建设与销售团队培养方案	锦州中兴工业公司
2000 年，《财务会计教程》	商业出版社
1998 年，《经济统计学》	商业出版社

【年鉴点评】

李传国教授是典型的实力派策划家，很符合美国商学院对教学教授的要求，即作为商学院教授必须四有：有自己的公司；有亲身的实践、有教书的著作；有影响的作为。

从材料上看李传国事不惊人却十分踏实，被评为全国十大营销策划专家一定有其道理。

中美友好使者　李春林

无愧为一个策划大师，他所策划的都是一些“尖板眼”——把天安门广场的五星红旗带到白宫前升起；把奥运火炬送到了奥巴马总统的奶奶手中，并让她在上面签下了“中非世代友好”几个字；就在总统奥巴马宣誓就职的当天，奥巴马奶奶农场的牛下了一头崽，李春林便给它命名为“奥巴马牛”……

他身为世界华人联合大会秘书长、中国策划协会副秘书长，做了如下策划：

◎五星红旗白宫上空升起

北京时间2009年9月20日晚10时(美国当地时间20日上午10时)，美国白宫南广场前的公共草坪上升起了中美两国国旗，这是五星红旗首次由民间人士组织在白宫前升起，上千名旅美华人华侨以这种方式庆祝新中国成立60周年。

升旗仪式后，中国驻美大使周文重与当地华人华侨一同展示了李春林从天安门国旗护卫队拿过来的巨大五星红旗。

这面曾飘扬在天安门广场的国旗立即吸引了大批华人华侨与其合影留念。在升旗现场，华人华侨一边高唱《义勇军进行曲》，一边动情地落泪。中国驻美大使周文重也参加了这一重要活动，并在国旗上庄严的签上了自己的名字，世界各大媒体争先报道了这一新闻。人民日报、新华社、中央电视台、中央人民广播电台等都以重要的形式加以报道。

“我专程从北京携带这面国旗漂洋过海，就是想让那些不能回国参加国庆盛典的美国华人倍感亲切和振奋。当时在场的华人华侨都很激动，不好老人潸然泪下。”

◎中非世代友好　奥运火炬将拍卖

当李春林得知新上任的美国总统奥巴马的奶奶萨拉·奥巴马，在她的家乡长期收养82个孤儿的事迹后，他借到了在北京奥运会上曾燃烧过的“祥云火炬”，又找到了中国法派集团的老总彭星，于是，中国法派集团派出了李春林为团长的代表团赴肯尼亚慰问萨拉·奥巴马的慈善机构。87岁高龄的奥巴马奶奶看到北京奥运火炬时很高兴，并在奥运祥云火炬上题词“中非世代友好”，签上了自己的名字，还与中国民间代表团合影留念。

◎“奥巴马牛”与公益活动

就在美国总统奥巴马宣誓就职的当天，他奶奶农场里的牛下了一头牛崽，李春林将奥巴马奶奶家的这头小牛命名为“奥巴马牛”。随后，又给这头小牛拍了不少图片。成立一个‘奥巴马慈善基金会’，以美国总统这样一个形象来宣传慈善事业，等他退休后，他自然会加入到这个慈善事业中来。

两步迈向顶峰

在河北秦皇岛市山海关区有一个利兴黄粉虫养殖基地，2007年养殖面积仅四百平方米。基地主人刘兴文是个残疾人，而且一家三口都是残疾人，但在经营和养殖技术上很有心计，繁育出黄粉虫的新品种。刘兴文的黄粉虫养殖当时仍处于试验阶段，常规经营主要通过卖种虫和在网上沟通的形式让客户相传。

在其朋友介绍请我到刘兴文的单位诊断策划看如何提高经营规模想想办法。我看后为其自强精神和家庭现状及专研的成果所感动，策划为其经营现状做以下思路整体改造。

策划一：成为行业的佼佼者。

我把行业的顶级技术单位：中国农业大学和中国农业科学院昆虫养殖的专家请到利兴养殖基地。专家也被刘兴文的自强和专研成果很赞赏，并从各方面给予支持，这就达到在同行业中的技术支撑是最高级别，并受到当地政府的重视和各级残联领导的支持，像顶峰迈出了第一步。

策划二：成为行业的领头羊（榜样）。

想做大就必须在行业中树立企业形象。刘兴文的的养殖基地如何受到顶级机构的支持呢？鉴于他杂交出新品种，我研究为其定位为“昆虫养殖界的袁隆平”，刘兴文的材料经报予农业部后被评为“农村十大致富带领人特殊贡献奖”，在人民大会堂受到农业部领导及相关机构的国家领导称赞，这在行业机构中占据顶峰位置，向顶峰迈出了第二步。

在技术有农科院、农业大学顶级支持，行业有农业部相关机构认可，并在中残联各级部门的支持的情况下。刘兴文被关注的视角改变了，巨变也因此开始。

2009 年由 400 平米基地一跃成为拥有 52 亩地，3000 平米厂房及配套机械设施，并成为中国最大的黄粉虫养殖基地。利兴黄粉虫养殖基地，原为行业龙鳞凤爪，也变成实力强劲的行业龙头企业：河北粮丰农业。

【年鉴点评】

李春林因奥巴马出任总统之旅运用民间方式接二连三成功地策划了五星红旗白宫飘扬、中非世代友好、“奥巴马牛”事件，一时期名声大震，荣任世界华人联合大会秘书长，由此更多的创意动议又在酝酿中。

老子思想传播者　李德深

李德深，吉林辽源市祖传中医世家、中央党校教授，中国作家协会会员。

1982 年 9 月江西龙虎山上清宫张道长来东北师大教授鹤翔庄，吃住在俱乐部，引导李德深入道并传授了太极拳、太极剑、金钟罩功法。84 年调任吉林省委秘书；90 年调任航空部通用电气集团党委书记兼常务副总；93 年调任中央党校马克思主义基金会副秘书长、教授。

1994 年参加世界太极养生科学联合会筹备组，后任副理事长。连续三年在北京人民大会堂、天坛组织 18 个国家和地区举办三届世界太极修炼大会，每届五、六千人，王光英、程思远副委员长参加大会并题词祝贺。

2002 年借调东北亚开发研究院执行院长。04 年参加联合国人类共同价值观课题组，参与撰写同道论，发起筹建世界老子同道会. 弘扬老子大道和谐思想，创建和谐世界。

1976 年以来从事教学、理论研究 30 余年，主编了 15 部专著，发表了数十篇论文。主要出版著作《文艺美学》、《社会科学史》、《人类百科大事通览》、《社会主义建设与改革方针概述》等。

20 世纪 80 年代以来，致力于理论与实践相结合，被中宣部领导誉为“实践派经济学家”。

【李德深语录】

老子哲学，普世价值，天道和谐，道法自然

【年鉴点评】

李德深，明如其人，德之深不见其人难以认同；见过其人恍如其行，作为世界老子同道会秘书长他勤勤恳恳、福荫大众；作为中央党校教授，他鞠躬亲践，在北京俱乐部百脑会的首脑聚会上总有他的身影。

提高房地产开发企业的核心竞争力(节选)

李德深

三、房地产企业核心竞争力分析

我国房地产企业建立自身核心竞争力的意识尚不很成熟。很多房地产企业甚至都不知道主业的核心竞争力在何方，只是在市场激流中随波逐流的漂行。关于核心竞争力的六大要素：资金、渠道、技术、管理、品牌和人才，国内房地产企业少有明确的自觉地培养意识和综合研究。

1. 资金竞争

我国房地产业初期发展阶段，由于土地是从政府手里赊购，建设资金靠建筑单位垫资和银行贷款，没有监理单位，房屋可以出卖楼花收取预付款；而卖方市场的供不应求使客户不缺，所以自有资金几乎可以没有。在实际经营活动中，资金流的解决对于一些房地产开发商来说，还没有成为他们的经营管理技能，只是通过政府和银行关系来解决。随着市场经济日益发展和成熟，国家经济管理的水平也在提高，目前中国房地产企业的实际资本规模越来越成为竞争实力的决定性因素。许多初期很成功的房地产企业，现在仅靠过去积累的数千万资金甚至无法在土地拍卖制度下完成项目立项。

2. 渠道竞争

虽然从长远来说，房地产业最终与所有行业之间都会实现利润平均化。但是，中国目前所处的发展阶段，房地产业的特殊性还是存在的，从而土地供应对房地产企业的竞争力将仍然具有决定性的意义。相当多的房地产公司都是靠政府关系取得土地，而在短期内攫取第一桶金发展起来的。这些公司中有相当部分并不在乎企业的管理和品牌，对于销售渠道也并不留意培育和维护，但是市场发展并不会照顾这些继续依赖过去习惯来经营的人。未来房地产经营，土地拍卖制度的确立和完善，资金渠道从银行贷款到资本市场融资，房屋销售从供不应求到卖方市场形成，住宅功能从简单生理满足到心理需求，消费者从认购产品到认定品牌；都需要很强的经营能力和管理水平，需要在激烈的竞争中依靠实力地位取得成功。

3. 技术竞争

由于房地产企业在开发产品时，规划设计要依靠规划设计单位，建设要依靠建筑企业，所以众多的房地产企业开发产品几乎没有技术观念。多数企业只是一般顺应市场的需求和设计单位的服务，对开发项目进行决策和前期工作。鲜有企业在明确的市场客户细分中研究房地产商品，在经营中考虑技术问题在竞争中的意义。房地产企业对于建筑设计和建筑工艺的技术问题的无知，是房地产市场出现大量空置房和烂尾工程的原因之一。

4. 管理竞争

房地产业的一个十分突出的特点是建设周期和产品交货期比较长，特别对于住宅类的商品房是生活消费品里交货期限最久的了。因此，房地产开发的预见性是决策的决定性因素。这反映在房地产策划对于项目成功重要性比重巨大方面。一般工商业项目在实施过程中，建设和经营可以分开，所以策划的修订和更改就留有余地。而房地产项目的建设也就是经营的开始，建设完成经营已经没有多少变更的余地了。这就不能仅仅依靠经营者的直觉来赌运气了，以客户细分为支撑点的精细化营运将是核心竞争力的关键。这要求从房地产市场策划开始，通过建设和销售的系统协调管理，直到售后管理都要符合消费者的实际需求。

中国品牌快速成长推手　李光斗

李光斗先生，中国品牌先行者、中央电视台品牌顾问、华盛智业·李光斗先生品牌营销机构创始人。

李光斗先生先生自1990年开始从事市场营销和品牌策划工作，先后担任伊利集团、蒙牛乳业、广日电梯、民生药业、古越龙山、招商银行、长虹、德尔惠、喜临门集团等全国数十家著名企业的常年品牌战略和营销广告顾问，亲历了改革开放后中国品牌发展的历程，具有丰富的品牌建设和市场营销经验，荣获中国策划业杰出功勋奖。

李光斗先生先生出身于市场营销第一线，参与并策动了中国VCD和乳业营销大战，被评为影响中国营销进程的风云人物，并任北京大学、清华大学、上海交通大学、厦门大学等EMBA品牌学特聘教授。李光斗先生毕业于复旦大学新闻学院，曾任复旦大学研究生会副主席，1988年代表中国大学生参加在新加坡举行的亚洲大专辩论会，荣获冠军。

李光斗先生先生具有战略家的气度、学者型的才华。专业素养、实践精神和学习精神，成就了李光斗先生先生的优秀品牌规划与营销才华。独到、精准、卓著、敏锐、创造品牌辉煌。李光斗先生先生不仅是理论家，更是一个实战家。善于思考与总结的李光斗先生先生在做品牌营销策划的同时，也在积极地做着从实践到理论的上升运动，他希望用理论指导中国品牌更快地发展。

所以说："世界是不平的，是有高低之分的"。欲穷千里目，则需更上一层楼；会当凌绝顶，方能一览众山小！在这个不平的世界中，只有不断向上升，方能保持领先之势！

当下的世界是个不断"升位"的世界：GDP在升，利率在升，人民币在升……与此同时，中国的物价水平也与消费者的需求和消费水准在一起提升。消费是经济最好的折射，中国社会到处都是充满梦想、奋力向上、野心勃勃的人，中国社会正在向上迁移！而中国的品牌也迫切地需要升位。

【年鉴点评】

"策划人＝成功案例＋成功案例＋成功案例……对于自己所从事的事业，李光斗先生先生用一个最简单的算术式做出了一个最直接明了的形容。这位有着传奇色彩的人物，曾经是亚洲大专辩论会的最佳辩手，善于思考与总结的他一直积极做着从实践到理论的上升运动。

注：李光斗文论见本鉴文论篇

辟捷径抄近路　李贵夫

李贵夫，浙江宁波人氏。舞台美术出身，宁波美术家协会会员，摄影师。现任职于中国著名品牌企业洛兹集团有限公司，主管企划；中国策划界100名实力派策划家之一。上世纪80年代从事市场营销、品牌策划。在中国率先使用真人模特促销服装并系列包装。使当时上海“西湖春衬衫”不到二年就销遍中国成为部优产品之。后策划“洛兹”品牌。21世纪事件、策划，近年转向人生策划。提出了“策划人生”是认清自生、建立事业、创造美好生活的重要途径。得出了人类“共生”、“自活”、“寄生”的“三种生存模式”。从最先对“成事谋物”的思考，感悟了“善智者得天下”的真谛；从而为唤醒民生善待自身谋划生命旅程而提出了“策划人生”的新理论。说出了“谋事先谋人，谋人先谋己”的成事圣言。

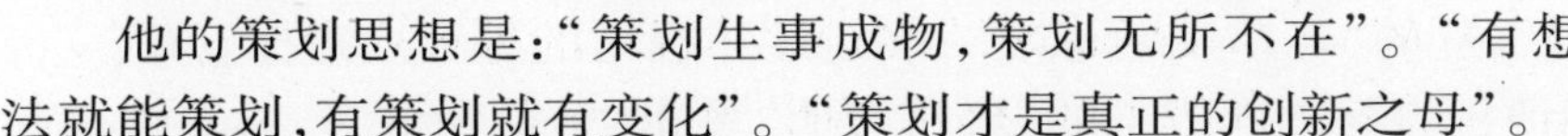

他的策划思想是：“策划生事成物，策划无所不在”。“有想法就能策划，有策划就有变化”。“策划才是真正的创新之母”。

“从身边找个案，去世界找答案”。他认为另辟捷径也要选择最短的路径。“条条道路通罗马”，但他会在前人走过的路线上再设计出一条更便捷、更安全、更节俭抵达“罗马”的路。“另辟捷径再抄近路”就是他的策划习惯。《服装包装板》、《活络管节》是他策划思想的专利产品。李贵夫，一位名副其实的服务于基层影响于上层的实力派策划家。

【策划年表】

2010年　《东方财智之湖主题景观“名品宝塔”创意策划》

2009年　《西方策划学》出版　…………………………　当代世界出版社（与高娟合著）

2008年　《千手慈善牵手新宁波人2008大型慈善活动》的策划　…………　宁波电视台

《“紫林坊”品牌和其产业发展的策划》

2007年　《策划人生》签约出版……………………………………………………　宁波出版社

2006年　《“社会主义经济文明”的策划》

2005年　《活络管节》的策划设计…………………………………………　国家专利公告

2003年　《对“美屋”品牌的定位与策划》

2003年　策划设计“中联”、“家吉康”、“金斧”、“四海琴业”品牌及VI识别系统。

1992年　“洛兹”品牌策划服装包装板策划设计…………………………　国家专利公告

【艺术年表】

2009年　国画《宁波梁山伯庙》、《秋思》、《情深似海》，油画《甬江》、《路边人家》多次参加浙江省千手慈善书画展，均被大型企业或艺术馆收藏。

1985年　多幅美术作品发表于宁波日报

1983年　油画《纯》………………………………………　浙江省首界工人农民画展

1980年　油画《景物》……………………………………　宁波市职工美术摄影展

社会主义经济文明观

构建和谐社会,除了法治与积极推行政治文明,深入学习与贯彻“三个代表”的重要思想外,还得大力提倡经济文明。

所谓社会主义经济文明,就是指“发展经济和获取经济利益无害化或有害最小化”的一种经济文明现象。社会主义经济文明又可分为:社会(区域)经济文明、集体(企业、团体)经济文明和个人经济文明的三个类别。

【概念】

社会主义经济文明主要由以下三个层面构成:第一个层面是“个人经济文明的意识”;第二个层面就是“产业经济与其他集体经济文明的状况”;第三个层面便是“上层对经济文明管理的态度”。这三个层面的不同表现,就会构成“社会主义经济文明的不同程度”。

【流程】

一、可以按上述“个人意识、集体状况、上层管理态度“的三个层面分别设立相应机构。

二、参照国内国际典型的经济文明案例结合当地的现实社会情况,拟定出量化的不同级别的“经济文明”标准。

三、根据上述不同层面不同级别的“经济文明标准”,实行逐年提增的进程式指标管理。

不断推广“经济文明”,定期评比表彰不同级别的“经济文明”城市、企业和个人。

【社会功能】

一、树立“取财有道,创业积德”的良好社会风气,促使民众快速形成公德意识。

二、防范重复投资、政绩工程等有害经济行为的发生,抑制不顾社会公德唯利是图见利忘义损人利己危害社会稳定的行为,消除贪污受贿行贿、偷税漏税等经济犯罪。

【社会效益】

一、能大量减少因不道德获取经济利益的经济犯罪和经济纠纷,促进社会和谐。

二、能有效抵制破坏自然生态环境,提高民众环保意识,确保生态平衡。

三、能大量减少因制假卖假、仿冒伪劣等不道德获取经济利益行为所造成的资源浪费,提高民众创新意识。

四、建立起提高社会主义经济文明的新机制,倡导社会主义经济文明,宣扬取之有道、合法文明所得,消除无序经济,使整个经济建设快速形成“以正当合法收入为荣,以非法有害获利为耻”的社会主义经济文明的好风尚。

五、使民众人人懂得社会主义经济文明,人人取财有道,具有社会公德,遵守获利准则,自强不息又团结互助,促进社会主义和谐文明地发展。

六、确立社会主义经济文明地位,真正体现社会主义经济建设的科学先进性,使中国成为真正的文明和谐社会,把中国逐步建设成为“国际无害化经济建设”的典范。

【年鉴点评】

李贵夫先生社会主义经济文明的提法,很有创意。尤其是他的“获取经济利益无害化或有害最小化”是在市场调研的基础上提出的真知灼见。是反对唯利是图的利器很值得发扬光大。本策划的特点是绝不就事论事,深入实际,提炼升华,以一种大气的策划思路来处理宏观认识的整肃和发展。

教育策划 李叔阳

2003 年 9 月 创立了中华第一所家长在线学院——3G 家长在线学院，提出“回归大教育”——“千学万学学做真人，千教万教教人求真”的大教育观

2004 年 12 月 在北京大学主持中国化管理思想论坛年会和毛泽东思想论坛年会。

2005 年 11 月 策划并在北京全面推动家长教育，应邀在“全国和谐大讲堂”做专题演讲。

2006 年 11 月 受聘世界学术中心秘书长兼国际联合科学院执行院长，同时成立世界学术中心—家长教育研究院和财智 1 变 11 策划咨询中心两个咨询研究机构。

2007 年 5 月 圆满完成“大学生卓越人生彩排”和“人生最伟大的一堂课”创新修炼课程并面向全球华人全面推出。

2008 年 6 月 在华夏智业集团支持下，策划并于华夏智业大厦成功举办“首届大教育高峰论坛”。

2009 年 6 月 于北京主持第二届《回归大教育高峰论坛》。

2010 年 4 月 于北京航空航天大学，出席并主持了第六届《国际博士节》。

【策划语录】

回归大教育”是国家、民族、家庭及任何个人最紧急、最重要的头等大事，且是正本清源回归大道、一份投入，百万倍回报的大好事。

【年鉴点评】

李叔阳钟情教育策划，关爱大学生，很多新主张。特别是“大教育观”、“卓越人生彩排”一系列观点与主张颇有心意。一个策划家从事教育推广，不是出于一种喜好就是一种责任，一种以天下为己任的责任。

招商引资研究　李伟林

李伟林,李伟林(北京)策划工作室CEO、中国招商引资研究院院长、北京故乡情文化艺术发展有限公司董事长、区域策划学创始人;第三届中国策划大会“中国十大策划风云人物”,其领军的机构也被评为“中国优秀策划机构”。

他人生实践始于乡镇党委办公室秘书,一直奋斗到中国新闻界的最高殿堂中共中央机关报——人民日报社,中国理论界的最高殿堂—中共中央党校。历任县委宣传部新闻干事、中共山东省委机关报《大众日报》专题策划,山东电视台《新世纪新山东》、《齐鲁环境》总制片人,新华社山东分社科文部新闻发布中心主任,山东省政府《山东经济战略研究》杂志社策划部主任,人民日报社市场报山东省办事处主任,《人民日报》海外版地方形象策划室主任,中共中央党校《科学社会主义》发展部主任,兼任十余个市县企业的战略发展顾问。

敏锐的眼光、独到的洞察力和娴熟的实战执行力,一直是李伟林策划事业成功的关键。在他25岁时,采写的县域新闻报道,登上了山东省委机关报《大众日报》的头版头条;31岁被人民日报社市场报社任命为“人民日报社市场报山东省办事处主任”,成为全国三十多个省级办事处中最年轻的一位。他二十年如一日的进行着县域经济发展战略的研究,著有《县域策划》、《县域新闻策划》、《县域策划与招商引资》、《恋这方热土》、《中国故乡情》、《中国招商引资论坛》等专著,从理论到实践的大型策划力作《慧想　会做　惠众—中国策划大师李伟林和他的县域策划实践》即将出版发行。

【年鉴点评】

李伟林从事县域经济与县域新闻策划的年月远远早过我们现时代所倡导的区域经济研究与策划,他以新闻为业、与策划为伍,20年如一日,使得他操演了一套,以地方形象招商引资的高招。

【李伟林语录】

1. 先策划好自己,再策划别人
2. 策划家必不可少的两点:一是发现“万绿丛中一点红”,二是运作“高高的树上结槟榔,谁先摘到谁先尝”
3. 没有调研的策划是沙上筑城,空中楼阁;难以执行的策划是屠龙之技,纸上谈兵;收效不佳的策划是推舟涉地,劳而无功。

实战派品牌营销专家　李易洲

中国品牌营销学会秘书长；高级营销师；

国家职业技能鉴定高级考评员；

人保部“品牌管理师”国家职业标准审议专家组组长；

创立了 TBM“全程品牌营销”策划模式，提出了“两个账户论”、“两个客户论”等品牌论点；

国家发改委起草自主品牌建设指导意见南中国唯一受邀专家；

重庆文理学院（全国首个品牌管理方向本科专业）兼职教授，还受邀为中山大学、华南理工、同济大学、西南财大等 MBA、EMBA 研修班授课；

【专业资历】

◎曾被评为“中国优秀品牌专家”“华夏优秀广告人”；

◎获得美国国际训练协会认证：国际职业培训师（PTT）；

◎曾为内蒙古鄂尔多斯集团进行品牌营销咨询策划，当年销售回款增长近 2 亿，品牌价值提升 3 亿多，该案例被收入复旦大学教材《广告案例教程》；

◎多次代表中国品牌营销学会接受媒体采访，对有关专业问题发表看法，文章被社会科学界的权威“人大报刊复印资料”全文转载 2 篇。

◎辅导与服务过中国移动、中国电信、商务通、快译通、鄂尔多斯、奥林匹克花园、太阳神

【社会活动】

◎担任会议演讲嘉宾有：中国品牌营销论坛、第二届中国国际茶品牌营销精英论坛、第五届改革论坛、2008 企业自主品牌创新论坛、2008 首届营销高峰论坛、品牌创新与保护高峰对话、企业媒体战略论坛、中小企业管理之道研讨会、全国学校品牌管理论坛、中山大学管理沙龙等 10 多次。

◎担任评委的活动有：中国移动广东公司“金讲台”省级内部讲师选拔认证活动、羊城晚报“榜样中国 品牌地产——2007 榜样物业年度榜”、中国顶级名模年度颁奖盛典、品牌中国年度人物、第三届中国家具行业年度总评榜等 10 多次。

◎媒体采访报道有：南方日报、羊城晚报、广州日报、赢周刊、新快报、民营经济报、第一财经日报、新营销、中国广告、中国品牌、湖南日报、三湘都市报、长沙晚报等 20 多次。

【李易洲语录】

1. 一个企业需要两个“账户”：一个开在银行，管理企业的有形资产——货币；一个开在消费者的心里，建立企业的无形资产——品牌。

2. “两个客户论”：在当今产品日趋同质化，而需求却越来越个性化的时代，打造品牌是维系老客户、争取新客户最好的方法。

【年鉴点评】

策划家有多种，做学问的是一种，做品牌的是一种，做营销的又是另一种。从形式上又分为做演讲、做评委、做顾问等等。李易洲，都做，都做得不易，一直做到大学讲台。

十大女性策划之一　梁　婕

湘女,2008 年获中国女性策划大奖。自世纪初师从语言策划大师张大旗先生,策划教育家林力源教授,参与全国统编高等院校策划学教材与《中国策划》杂志的编辑工作;主持全国商务策划师认证中心旗下的《中国策划年鉴》评价中心工作,其间游走于全国各学派策划专家、学者,共商国是,为中国策,从事国家策划教材研发与教学工作。

2003 年　承担国家营销师认证南方试点工作
2004 年　担任亚洲艺术节・佛山嘉年华运营总监
2005 年　出任《中国策划年鉴》出版总监
2006 年　参与组织亚洲国际营销论坛(与北京大学合办)
2007 年　参与创办北京人文大学策划学院
2008 年　从事策划专家个人品牌研究
2009 年　六年研修完结开始寻找策划与商务结合之道
2010 年　任湖南省展览馆策划干事,图谋展示之能事

【与会感言】

2008 年 6 月苏州全国商务策划大会,600 名策划精英齐聚金鸡湖畔,梁婕以 418 票获 2008 年度中国女性策划大奖,梁婕感言是:

与数百名策划家神交六年仿佛上了一个硕博连读,策划家心底无私天地宽,宽怀为仁日月新。谨此请接收一个策划女兵向你们的深深鞠躬。

2010 湖南首届动漫游戏展暨高峰论坛　策划方案

梁　婕

动漫游戏产业,大有可为。这是举国皆知的产业共识。

在动漫游戏行业中,有两个产业基础是值得湖南人骄傲的:一是湖南的动漫行业非常发达,不仅有全国强势的原创力量,一度占据中国半壁江山,同时,湖南原创动漫的制作水平快速提高,频频在国内、国际上获奖;二是湖南省的网络游戏销售额早在 2004 年就已经超过 1 亿元人民币,消费人群占全国市场的九分之一,成为游戏商公认的一级市场。

但我们看到,在全国蓬勃发展的行业状况下,各地都在举办大规模的动漫游戏展,而我省在基础条件尚好的情况下,一直没有成型的动漫游戏展或节会,以至于湖南大量的动漫骨干力量要在外省的展会亮相。

墙内开花墙外香固然重要,但是,终究是"做客"。湖南应该有自己的展示动漫游戏的平台,这样有利于湖南在这个行业树立三个标杆:一、品牌标杆:湖南的基础完全可以树立一个反客为主的动漫游戏行业的展示平台,提升在行业的影响力;二、模式标杆:我们通过行业论坛发出湖南声音,湖南见解,形成湖南模式,同时也抛砖引玉,取他山之石,加强在行业的话语权,落实产业发展模式;三、产业标杆:湖南的特点是,原创动漫发达,娱乐、游戏的基础好,加之湖南有娱乐精神,有媒体优势,完全可以通过"玩转动漫 体验游戏 发展产业"的玩乐模式、论坛模式与展览模式相

结合的节会综合展览形态来举办，通过游戏氛围的营造，动漫文化的互动，让产业直接面对爱好者、消费者动起来，活起来，火起来。

在各省市众多的动漫游戏展中，虽不乏成功者，但能打造自身特点、具有良好行业口碑的展会屈指可数，上海的 CHINAJOY 从北京走到上海，杭州国际动漫节的逐渐成熟，都是经过了一个积累过程在全国此展会行业中，要实现打造中部地区最好的动漫游戏展，我们需要一届对接消费者及创作者、立足本土观全局的“先导平台”，以真正长远谋划。

活动目的：增强健康游戏意识、提倡绿色网游理念、促进动漫游戏界交流、发掘游戏动漫人才、树立企业公益形象、加强厂商沟通交流、培植行业内品牌会展、促进行业快速发展

活动主题：玩转原创动漫 体验健康游戏 律动行业激情 巧思产业模式

2010 年 9 月，2010 湖南首届动漫游戏展将在湖南省展览馆举行，本次展会将以动漫展示、游戏活动、高峰论坛为主，以相关展览渗透交融的形式举办，本次展会更采用经营互动的模式，把展会资源、参展商资源进行宣传行销捆绑，或以赠送、互动等形式向参观体验者倾斜，以确保人气，形成一届热闹的、有思辨的、有成果的、有效益的成功展会。

【年鉴点评】

湖南的动漫很有特色，为此而举办展会就更有必要，在分析各省市自治区优点的基础上，通过办好动漫游戏展，聚集湖南的行业激情，将玩乐模式、论坛模式与展览模式很好地结合起来，形成自己的产业模式，很值得期待。

首席品牌官　梁中国

国际品牌联盟(IBF)　中国区主席/首席品牌官
北京大学中国战略研究中心品牌研究所　所长
战略平衡艺术(IBF战略星图)理念创导者
品牌制度经济学　创始人

梁中国先生是全球企业“CBO(首席品牌官)”制度创建者,是国家3C强制认证、中国奥委会、中国航空(CAS)、国美电器(GOME)、中国武术、江苏旅游、刀郎文化等著名品牌的规划设计者,以及中国移动、远东控股、华旗资讯(爱国者)、暖倍儿、女子十二乐坊、F1等著名品牌的战略顾问和事业推动者。

曾成功策划弗朗西斯·麦奎尔先生(美国联邦快递和肯德基公司主要创始人)中国巡回演讲(2004)、首届华商领袖年会(2006)、北京国际奢侈品展(2006/2007)、奥林匹亚世界和平林(2008)、“奥马奖”品牌活动盛典(2009)、“赢在品牌”全国巡回论坛(2009)等主题活动;并担任中国品牌前沿报告会(全国巡回2005)、国际品牌峰会(新加坡2005)、中国国际文化创意产业博览会(2006/2007/2008)、全球品牌战略(2007—)等重要论坛主题报告人。敏锐的市场触觉与丰富的演讲经验使得梁中国先生在中国论坛崭新头角,声名暇迩。

中央电视台曾多次邀请梁中国先生做客《对话》节目;多个权威专业杂志曾以他为封面人物进行全面报道;以他个人思想为蓝本的《首席品牌官—梁中国的品牌战略思想与实践》首次对品牌制度进行深度探讨;于上世纪90年代初主编出版的《世界平面广告创意精粹》和《世界版面设计艺术精粹》等专著对中国广告、设计及品牌传播领域的国际化产生深远影响。

梁中国先生同时兼任:《品牌报告》杂志学术委员会主任、首都经济贸易大学中国品牌研究中心研究员、华东理工大学品牌研究所首席顾问、中国策划研究院副院长、爱必富国际品牌管理集团董事长等职务。是一位典型的文理兼通,品牌至上的策划家。

【年鉴评语】

梁中国先生首先是位设计师,因此大量接触企事业标志,悉心钻研,大胆创新使他成为首席品牌官,继而深入企业,选择有价值有潜质的企业服务,在成就品牌的同时成就了自己。

注:梁中国文论见本鉴文论篇。

创意金手指　廖　灿

《创意中国》主编
北京财商国际文化中心主任
世界经济十大华人杰出文化创意人物

廖灿先生是创意中国推动者，历任中国生产力学会策划专家委员会委员，中国管理科学学会企业策划咨询中心主任，全国高科技文化创意产业委员会秘书长。曾任教师、经营总监、主编、创意顾问等，服务咨询于远大空调、派力斯集团、电广传媒等企业，作为商务策划专家团成员或客痤教授为多家企业和多所大学进行培训讲座，担负中国教育学会“十一五”规划课题研究，擅长品牌策划、商务培训、课题研究、教材开发等。

作为创意策划学科建设开拓者，主编《商务策划实务教程》《财商策划》《金牌策划》（一至五部）《金典商理》《开启财富之门的三把金钥匙》《领导的五商诊断与修炼》《现代物流企业管理教程》等，策划推出《商标品牌打天下》丛书（含《品牌策划》、《品牌推广》、《品牌连锁》、《品牌战略》、《品牌剖析》）等。2008 年继续由中国经济出版社强势推出《创意中国》系列教程丛书，积极推动创意策划商务人才的培养和发展。教程被多家高校和培训机构列为教材，纳入中国教育学会“十一五”规划课题向全国推广，其中商务策划管理已被国家教育部、商务部等四大部委列为本科学科教育及职业培训教材。

他被评为的 2007 最具影响力品牌活动创意人，2009 世界经济十大华人杰出文化创意人物。他创意财商国际（名企高校）论坛、北大讲坛策划论坛、全国商务策划师年会、华商领袖年会、中国财富精英论坛、全国创意策划代表大会、世界华人运动会、中国国际品牌形象大使大赛、创意财富大讲坛等。特别是在蒙牛赞助支持下在新加坡举行了世界华人运动会，首届赛事吸引了全球三十多个国家一千多华人参加，在华人圈赢得好评。

他应邀出席国内外百余场研讨报告会，在北大、人大等院校及人大会堂进行论坛讲座，深受企业及学员好评，作为专家团成员或客座教授为中南大学、清华大学、联合大学、吉利大学、林业大学、人文大学等校学员培训授课，加强学员企业订单实训式对口教育，倡导北京 13 所高校精英学员创建了“北京大学生创业联盟”，积极推动中国创意策划商务人才的培养发展。

【廖灿语录】

投资择偶论

实际上投资要像择偶一样慎重。择偶要求对象之间门当户对、情投意合、花好月圆、天长地久等。投资也要分析资金因素、心智因素、背景因素、时间因素等投资者个人差异因素。投资者选择投资项目要像选择配偶一样分析各种因素：在资金上要门当户对，在心智上要情投意合，在背景因素上花好月圆，在时间上天长地久。选择最适合自己的才会成功。

结合我本人投资创办《玫瑰月刊》杂志的体会，就投资与择偶类比因素阐述如下：

一、在资金上要门当户对

在湖南投资集团与经济日报报业集团名牌时报社合办《玫瑰之约周刊》流产的情况下,作为经营总监和策划人的我怀着满腔热情,仍然决定要让"玫瑰"花开遍大江南北。经过多方奔走联络,我获得了云南《时代风采》的刊号资源,以15万元/年管理费推出其下半月刊,又匆忙联系了一家民营企业投资协办,这家企业付出首笔刊号管理费7.5万元后,没能兑现出资承诺,后续资金没有着落,我只能以有限的积蓄艰难支撑。而要使一家新刊良性发展,启动运作资金至少要50万元,因资金因素制约,《玫瑰月刊》在创办两期后停刊。

二、在心智上要情投意合

心理对一个投资者个体而言,并无好坏之分,关键是不同的心理状态者要针对自己的心理实际采用适宜对路的投资方法。根据投资者在选择投资工具时对收益与风险的态度不同,可将投资者分为风险追求者、风险无所谓者和风险惧怕者三种类型。

《玫瑰月刊》的协办方把其当作短平快的暴利产业,所以在第一二期的投入期没收益就急躁了,没有再培育下去的信心和耐心。这是制约《玫瑰月刊》良性运作的心理因素。

三、在背景因素上花好月圆

我投资创办《玫瑰月刊》失利还有政策因素。国家政策不允许个人集体办媒体,我们多次申报刊号未能获批,最后只能出管理费借用刊号,影响了《玫瑰月刊》继续融资运作下去。

四、在时间上要天长地久

在投资工具的风险性、收益性、流动性等判断标准中,投资者只有结合自己个人因素的具体情况,并分析外在的制约因素,才能良性运作取得成功。

【年鉴点评】

从乡村到县城到省城及至京城,从教师、厂长、主编及至创意总监,廖灿的每一次跨越和转身痛苦并快乐着。他把握责任诚信的行为底线,孜孜不倦摸索实践。他举着创意的火把一路奔跑,成为中国创意策划学科产业建设的推动践行者。

青年艺术周海外运营总监　林　军

林军，1965 年出生湖南新宁，女，汉族，英语翻译，1981 年毕业于湖南人文科技学院英语系，1986 年在广州外国语学院进修，2003 年就读于中国人民大学文化艺术管理 MBA 班。现任中国对外文化集团北京中演圣大文化传播有限公司国际部主任、中国国际青年艺术周海外运营总监、美中基金会总裁特别助理和湖南大学生创业集团（筹）运营总监等职。主要工作经历和业绩有：

一、1996—2006：沈阳音乐学院国际合作处英文翻译，连续三届担任沈阳国际音乐节的海外统筹与音乐节开闭幕式的翻译，曾荣获辽宁省教育厅颁发的外事工作先进个人并连续 5 年获得沈阳市公安局颁发的涉外工作先进个人、沈阳电视台举办的英语幽默大赛优秀奖，和文化部人事司委托中国人民大学举办的首届文化艺术管理 MBA 优秀学员。

二、2006—2010：在担任中国对外文化集团北京中演圣大文化传播有限公司国际部主任、中国国际青年艺术周的海外运营总监期间，邀请了美国斯坦福大学、英国剑桥大学、美国新英格兰音乐学院、奥地利莫扎特音乐学院等海外世界名校派团参与了第一届和第二届中国国际青年艺术周，在人民大会堂、国家大剧院、世纪剧院举办的 30 多场大型演出。

三、2009 年担任美国林肯艺术中心举办的“红衫树——中美建交 30 周年中秋晚会”的总协调，并代表世界著名钢琴家朗朗领取“中美杰出成就奖”。

四、由世博会、团中央和湖南卫视主办的“2010 中国上海世博会礼仪人员选拔活动组委会”执行副秘书长兼总协调，“中国国际青少年艺术节组委会”副秘书长兼海外运营总监、中国国际中老年艺术节组委会副秘书长。

五、2010 年 1 月全国中老年电视春节晚会组委会演出总监

六、2010 年 2 月在美国蒙特利市被市长授予“中美文化交流使者”荣誉证书。担任剑桥大学驻馆艺术家陈洪的海外助理，应剑桥大学邀请参加 2012 年伦敦奥运会系列文化活动之一的“东方与东方相会”文化交流活动。

七、2010 年 3 月作为湖南大学生创业集团的运营总监，为大学生创业集团获赠团中央直属的中国光华科技基金会捐赠的 1100 万图书，并担任图书捐赠仪式的活动策划和运营总监，并担任由著名的学者、企业家、法学家、金融家唐金龙博士独家捐赠的光华—金龙科技创新发展基金的秘书长。

八、当选 2010 年 5 月世界华人杰出女性高峰论坛外联部部长并获得“年度十佳魅力女性”荣誉。

九、担任著名作家林家品获奖小说《老街的生命》改编的电影制片人，2010 年 6 月筹拍。

【年鉴点评】

林军担任中国国际青年艺术周海外运营总监，其间海外采风、国内组团、中外交流，在推进艺术周的同时发现机会，整合资源，成就了很多事。

策划从早教抓起　林力源

林力源，中国（广州）策划研究院院长，中国区域经济研究院院长，广州大学管理系教授。长期从事人才素质教学和研究。著有“管理人才素质修养”、“现代中国人才拓展训练丛书（八本）”等专著计500万字。受到在校大学生和社会各界的广泛好评。

林力源先生是广州市人大代表，广州大学市场系营销主任，广东世界语协会理事长，中国高校市场学研究会理事，中国市场学会理事，广州安德信素质教育培训学校副校长等。倾心育人，服务社会，是他的立业之本，也是他最终归宿。

【策划案例】

1．历任十多家企业顾问（中国新时代科技发展公司、广州电子表厂、广州嘉年华服装有限公司、武汉维民商务策划咨询有限公司、贵州山水旅行社、贵州旅游地质资源开发研究院、江苏颜民企业工贸实业有限公司、广州从化兴隆机械有限公司、广州高达科工贸有限公司、齐齐哈尔民航大厦、贵州宏宇药业有限公司、广州富宇电子科技有限公司）

2．2001年：常德国际节暨国际毛自赋世界语文学研讨会

2002年：广州力源幼儿园——早期教育实验基地

2003年：华中伊甸园现代休闲农庄、

首届中国区（县）域经济（广州）高层论坛

2004年：海南博鳌（亚洲）文化节、“金海南”国际摄影大奖赛

【年鉴点评】

林力源教授，从广州大学策划研究所开始，一路呼声很高，跟随者众多。林教授是世界语广东分会秘书长，有着热心公益的秉性，他创办贯彻他早教思想的幼儿园却不影响他创收，幼儿园其本身就是他策划思想、市场营销的产儿。

大哉文脉　刘金彪

刘金彪，社会活动家、著名策划家、书法家、教育家、研究员；号雅轩，别署漏痕斋主人。

刘金彪先生自 1993 年起，先后担任中国老年基金会募集部集资处处长、中国商业经济学会市场营销分会副秘书长、中国书画市场营销专业委员会主任、华夏文化促进会副秘书长、中国科学院中关村科学城物业管理中心首席策划、亚太金融家协会秘书长、中国旅游文化资源开发促进会首席战略专家兼研究院执行院长、河北省人民政府“两环”（环京津、环渤海）战略专家组成员、《中国西部大开发年度报告》课题组副组长、北京逸仙学院副院长、北京大学政府管理交流中心战略专家以及河北省委、省政府决策咨询委员会委员等社会职务。其阅历丰富，思维创新，形成了以文脉策划为特质的策划思想、理念与风格，主持了若干与地方政府合作的大型旅游文化项目，成就卓越，口碑颇佳。

【案例年表】

2004 年　首届世界华商国际投资论坛（广西桂林）。
2003 年　全球华人公祭后土圣母大典（山西万荣）。
2002 年　百集大型电视专题片《中华名人故里》和《中国新兴城镇》。
2001 年　环首都“神州第一龙”、“中华学子苑”大型绿色工程（河北蔚州）。
2001 年　全球华人炎帝陵寻根祭祖大典暨首届神农本草医药论坛（湖南炎陵）。
2000 年　中国五台山千年开光法会（山西五台）。
1999 年　全球直播“中国泰山 2000 年庆典”（山东泰安）。
1998 年　首届 98’全国知名企业收藏艺术品大展。
1995 年　国内第一家“北京珠宝交易中心”。
1994 年　国内第一家“北京国际保健品商城”。

【荣誉影响】

1985 年（8 月 17 日）河北电视台新闻人物专访；
1985 年（9 月 4 日）　中央电视台午间新闻予以报道；
1986 年　被编入《黄骅县志》；
1987 年　《青春岁月》杂志以《一个人和他的背景》刊发人物采访；
1991 年　入编《中国当代教育家大辞典》；
1997 年　新华社河北分社《信息大观报》以《刘金彪和他的三个专业委员会》为题刊登人物专访；
2001 年　《人物周报》以《刘金彪的不惑之梦》专版报道，韩国《韩华天地》转载；
2003 年　被山西省运城市人民政府授予“荣誉市民”；

2004 年　《中外精英》杂志以《巧绘神州壮丽图》专访报道。

2010 年的策划行动——

生态旅游养生　寰球同此凉热

策划启动"三亚市、伊春市生态旅游养生基地国际联盟"项目

森林、海洋、冰雪，是世界上公认的三大可供旅游的自然资源。作为姊妹城市，伊春和三亚打出这样的口号："养生度假，北有伊春，南有三亚"。伊春土地面积 4 万余平方公里，三亚则有 5000 多平方公里的陆地和 5000 多平方公里的海洋。

北纬 47 度的伊春，是全世界森林覆盖率最高的城市，森林覆盖率达 82.2%，珍稀名贵树种达 110 余种，60 多种珍稀动物和 260 多种鸟类栖息在大森林之中；受平原与森林交错的气候影响，小兴安岭降雪量大，雪质洁净，雪期长，林海雪原景观奇特；虽然没有海洋，但水系发达，700 余条大小海流遍布山林之中，特别是漂流河段、冷泉、湖区、沼泽、湿地、潭地、悬瀑和暗河均有丰富分布；冬季，林中冰雪与山脉、河流等交织形成了独特的森林雾凇奇观，可谓气势宏大。

伊春，素有"黄山归来不看山，九寨归来不看水，伊春归来不看林"之说。

2010 年 1 月 3 日，国务院发布《关于推进海南国际旅游岛建设发展的若干意见》，明确将海南发展成为国际旅游岛上升为国家战略，三亚市则在海南国际旅游岛建设中扮演着重要角色。

三亚市拥有世界一流的滨海旅游资源，聚集着"阳光、海水、沙滩、气候、森林、动物、温泉、岩洞、风情、田园"等十大风景资源，全年日照时间长达 2400 小时以上，是空气质量仅次于哈瓦那的世界第二优质空气输出地以及国内人均拥有热带林及海滩面积最大的地区。同时，度假村与度假酒店群落在三亚已形成了规模，成为众望所归的休闲度假游胜地，此其一；其二，三亚拥有成组团的高尔夫球场十余处，占到海南全省高尔夫球场的一半；其三，南繁育种基地，加速了中国农业的现代化进程。另外，三亚的精彩文体赛事也让世界刮目相看。

无论南之三亚，还是北之伊春，发展生态旅游养生基地的条件与资源均非常突出。海南是生态文化省、国际旅游岛、养生宜居地，其包含了"生态、旅游、养生"的三大概念；伊春的战略定位应该是"生态立市、旅游兴市、养生富市"，因为她依托的是丰富的森林资源。如此稀有的"林、海"资源，为策划家提供了重要的舞台。我们当以南北两极为发轫，面向全世界着力打造"生态旅游养生、寰球同此凉热"的三亚、伊春基地国际联盟，形成"四季养生之道、生态旅游天堂"的品牌，这无疑是对"生态、旅游、养生"三大文化产业的一大贡献。

刘金彪先生拟联合三亚市、伊春市两地政府，并与中国旅游文化资源开发促进会等权威机构一道共同启动此项目；携手燕云大堂（北京）国际文化传播公司、海南太一养生科技公司以及大捷奥策（北京）文化交流中心等倾力合作打造此品牌。

【年鉴点评】

刘金彪作为燕赵人物活跃在京都，他以书法家、教育家之实名进入策划家，又凭着好口才、好笔头一路长驱直入，如今又涉足生态旅游养生，追求循环经济，时而发彪、标榜天下。

成功营销理论及实战专家　刘宗明

刘宗明先生，1976年生于北京，毕业于天津南开大学，现代成功营销理论及实战专家，中国策划协会首席策划顾问，中国十大营销策划人，互惠营销模式及理论创始人，环球国际生命潜能研修机构创办人，唯象辩证法理论及实践导师。

现任美国APOLLO国际有限公司董事局主席、美安药业（中国）控股有限公司总裁、环球文化国际传媒集团总裁，环球记事杂志社社长和中华摄生研修学院（中国传统文化研修学院）院长。

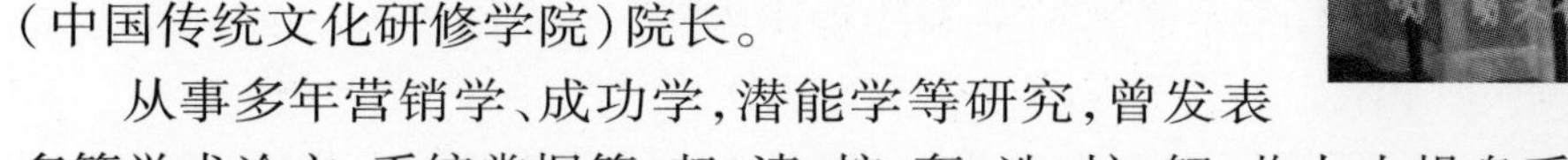

从事多年营销学、成功学，潜能学等研究，曾发表多篇学术论文，系统掌握策、起、清、控、轰、洗、护、解、收九大操盘手段和方法，并成功策划、操纵多家国际大型公司和知名企业，创造了众多“化腐朽为神奇”的经典案例。

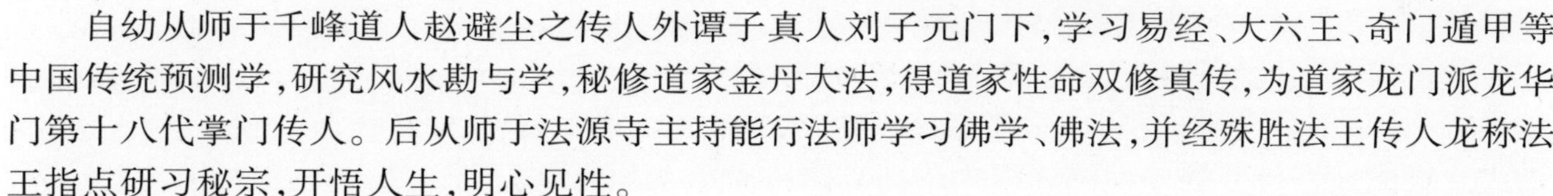

自幼从师于千峰道人赵避尘之传人外谭子真人刘子元门下，学习易经、大六王、奇门遁甲等中国传统预测学，研究风水勘与学，秘修道家金丹大法，得道家性命双修真传，为道家龙门派龙华门第十八代掌门传人。后从师于法源寺主持能行法师学习佛学、佛法，并经殊胜法王传人龙称法王指点研习秘宗，开悟人生，明心见性。

1998年创办中国龙华文化研究中心和人体科学研究所，从事人体生命科学研究，提出影响人类不能尽享天年的四大因素（人体直立行走、呼吸方式的改变、膳食结构的变革、七情六欲的萌发）和人体健康长寿的五大修炼（调身、调心、调息、调食、调眠）。经过多年意念学、催眠术和预测学的研究，创立了唯象辩证哲学理论，突破三维时空观，提出实体粒子与虚粒子相互转化学说和多维空间相容理论。

1999年伴随着中国改革开放的深入和市场经济的发展，从事于市场营销学理论研究与实践，从师于国际著名成功学导师安东尼. 罗宾，系统学习成功学、潜能学理论课程，全面掌握成功营销的理论和方法，开辟“无风险营销，零库存运营”的先河。通过系统训练课程，能够调动人体的潜在能力，激发潜在意识，激活人生成功欲望，让每个人寻找到自己的心灵的坐标，建立起成功的欲望与信念，实现“坐标确立、指标分解、目标达成”的人生三步曲。

2000年出任香港TMA国际训练机构执行总裁，并担任金牌成功训练导师，，从事营销组织管理和企业训练工作，帮助众多的人超越自我，迈向人生的巅峰。

【刘宗明语录】

1. 彰显人生价值，追求卓越成功，无私奉献社会，导引目标航程

2. 一个没有目标的人生是迷茫的，一个没有奋斗的人生是枯燥的，一个没有成功的人生是平凡的

【年鉴点评】

知书识礼，礼节周到是刘宗明给人的第一印象，紧跟着开悟人生、明心见性是刘宗明给人的第二感觉，接下来三维时空观、尽享天年的四大因素无不引人入胜。

连锁策划模式专家　龙　夫

龙 夫,(寓意:龙行天下,天人合一)。

中国十大著名策划专家
世界十大华人文化创意人物
中国资深连锁经营策划专家
中国老龄产业和玉文化研究的推动者;
中国商业联合会特聘连锁专家
中国连锁经营协会高级特许经营管理师
全国商务策划师专家团理事专家
中国策划研究院辽宁分院院长
沈阳优乐、新大地集团、辽沈晚报、时代商报首席顾问
北京人文大学、东北大学、沈阳师范大学客座教授

参与编写的大学教材《现代商务策划管理教程》已在两百余所大学广泛应用,主编的《策划连锁》、《中国餐饮连锁实战》、《孝笑效——老龄产业策划》等书籍将陆续出版。独创教练式+保姆式+顾问式三合一的连锁策划模式。

品牌案例:优乐自动餐厅、百度纸上烤肉、丽湖蒸菜、爱锅者养生火锅、阿买加咖啡馆、红莓花开商务会馆、莓派国际、詹师傅香辣蟹、巴别塔咖啡馆、食麦迩快餐、食一线时尚餐饮、云友米线、绿廊1号、鸥迪良子足道、美力丹美容、尊贵夫人健美基地、黛雯理胸、思美琪美发等三十多个连锁项目。

【个人语录】

上善若水,厚德载物,行胜于言;平安是福,健康是福,快乐是福。

【年鉴点评】

龙夫,做什么象什么,干什么是什么,他把策划紧密联系商务,再运用连锁加盟,独创《策划连锁》新思路,给业界带来一片阳光。

龙夫标杆策划项目——优乐自动餐厅

优乐自动餐厅是龙夫全案策划的最具代表性的项目,于2009年5月在中国沈阳正式推出,目前已拥有在世界餐饮行业领先的,具有完全自主知识产权的专利技术14项(其中世界发明专利两项,中国发明专利五项),是世界餐饮行业专利最多的企业。优乐自动餐厅先后荣获"中国最具投资价值项目"、"辽宁省餐饮科技创新特殊贡献奖"、"辽宁省扶残助残先进单位"、"中国绿色餐厅"等殊荣。优乐是中国餐饮行业科技创新连锁品牌,具有科技创新型、环保节约型、体验经济型、爱心慈善型、合作多赢型和持续发展型等诸多突出特征,已经引起世界同行业的瞩目。

优乐自动餐厅是一个没有厨师、没有服务员、没有明火、没有油烟、没有废气、没有噪音、没有味精、没有浪费的"八无"餐厅,在世界上独一无二,在以技术创新带动低碳环保型企业建设上创出了一条新路！

优乐自动餐厅突破了传统餐饮的人力资源管理瓶颈；突破了出品的标准化瓶颈；突破了传统餐饮业态界限；突破了中西餐的严格界限。用传统餐饮四分之一的人力从事传统餐饮五分之一难度的工作。

优乐具有一流的专家型的管理团队，管理架构清晰，管理职责明确，创新意思突出，合作意识强烈，总部管理人员的平均年龄为31岁，年富力强，100%为大学以上文化，80%以上具有三年以上的餐饮管理经验。董事会股权结构清晰，股东经验丰富，团结向上。

优乐以连锁经营为主要商业模式，建立了以特许加盟为核心的集直营连锁、合作连锁和托管式连锁等多种形式并存的连锁经营体系，使得优乐品牌在全球领域快速扩张，而且扩张速度正在不断加快。短短一年已在沈阳、哈尔滨、大连、太原、武汉、北京、郑州、上海以及温哥华、首尔等地建立了连锁店50余家，"一站式"运营管理，"积木式"的装修方式，"保姆式"的督导体系为优乐的快速发展奠定了基础。优乐是食品加工厂、餐厅和便利店三者的复合体，是新生活方式的典型代表。

优乐坚持以人为本，重视消费者、合作伙伴、员工的体验和感受。树立上善若水、大爱无疆的理念，成立了"爱心助残机构"，努力解决弱势群体就业创业，连锁店里70%以上的员工是下岗职工和聋哑残疾人，优乐正在为贫困大学生的就业和创业提供平台。

优乐发展的总目标：打造中国餐饮领域低碳微排先导品牌、世界著名餐饮连锁品牌！进入世界餐饮50强，中国餐饮10强。一年实现自营与加盟连锁店50家，产值达1.25亿元；三年实现连锁店300家，产值达10亿元；五年实现技术再升级，努力成为上市企业，实现连锁店1000家，产值达45亿元；十年建立优乐餐饮管理集团，走多品牌道路，打造完善的产业链，实现连锁店3000家，产值达135亿元。

优乐坚持走以科技为导向的品牌化发展之路，实现餐厅的标准化、信息化、人本化和国际化，优乐具有同行业无与伦比的核心技术和核心竞争力。

畅销书策划大师　路　野

路野,本名周双丰。退役少校军官、记者、作家,情感训练大师,畅销书策划人。

曾任解放军报少校记者,北京图书传播研究所副所长、研究员。被称为中国第一个"畅销书职业策划人"。

1998 年,创办了我国第一个畅销书策划与营销的专门机构"北京图书传播研究所"。

2008 年"中国十大品牌策划专家"。

【策划出版与宣传书籍】

《王者之风——亿万富豪的脾气性格》
《超越感悟》
《男人不坏　女人不爱——女人爱坏男人情感研究》
《策划亿万富姐——刘晓庆经纪人王建中浮出水面》
《成功一定有方法》
《本领恐慌》
《大败局》
《图穷对话录——我的新东方人生咨询》
《北大毕业等于零》
《细节决定成败》
《女人一定要嫁得好——找老公培训班揭秘》

【策划营销书籍】

成功地策划了《老相册》、《蓝镜头》、《超越感悟》、《图文双解小学生字词典》、《逆向法英语》、《十年二十倍》、《大败局》、《本领恐慌》、《成功一定有方法》、《图穷对话录》、《魔法英语》、《策划亿万富姐》、《调查刘晓庆》、《时光魔琴》、《细节决定成败》等图书的营销和畅销。

【路野语录】

我做图书与两个策划家有过接触,一是王建中,一是大林,[大林俱乐部主张]语言轻松,用意深刻。

【年鉴点评】

路野表达无拘无束,野路子休想缚之以绳,路野以其鲜明的性格和鲜活的人格魅力感染着身边的人。他在策划出版方面成绩斐然,他策划出版的《女人一定要嫁得好》还衍生出一系列产品,比如"找老公培训班"在京城搞得沸沸扬扬,风风火火。还有《细节决定成败》更是让全中国企业管理者为之疯狂,彼时几乎所有大企业员工人手一本。

细节运作救活《细节》

姜　蓉

《细节决定成败》(以下简称《细节》)一度连续三年畅销,总发行量近200万册,取得了商业上的巨大成功。

在没有进行策划运作之前,这本书只卖了2万册,面临退市的困局。其后的经历的起死回生揭示了图书专业包装和营销推广的重要性。

没有畅销书的潜质?

2004年,《细节》书商博士德文化发展有限公司的负责人找到时任北京图书传播研究所(以下简称"图研所")所长的路野,拿了几部书想让其帮忙策划推广。其中包括汪中求的《细节》以及《营销人的自我营销》(以下简称《营销人》)。在这之前,路野操刀的一本名为《大败局》的图书卖了90万册。

经过"图研所"的研究,将《营销人》退回,留下了《细节》。面对策划人的选择,书商心里没了底。因为《细节》只卖了2万册,由于卖得不好,经销商已经在纷纷退货,书商压力很大,如果这本书做不好,企业可能会面临倒闭。而路野却认为,书商对《细节》缺乏信心也不是没有道理。《细节》乍一看并没有畅销书的潜质:作者不知名,内容原创性不足,装祯设计也一般。

市场需求才是畅销潜质

路野看中的是"细节管理"的理念。这个理念从没有人提出过。"大干快上"的粗放式管理无论在城市建设还是企业管理中一直是主流。正是因为对细节缺乏足够的重视,大到矿难,小到产品质量成为中国社会的顽疾。在这种背景下,路野的直觉告诉他,"细节管理"理念的提出将会有震撼性的作用,会迎合社会的潜在需求。

为了证实自己的判断,路野组织人员对经销商、媒体、读者、专家四个层面的调查。调查后发现,经销商退货是因为这本书没有宣传,终端陈列不显眼,封面设计也不能吸引眼球。

"中国的企业做不大,不是因为国人不强,不够聪明,而是国人缺乏抓细节的精神。"当这个话题抛给媒体的时候,引起了人强烈反响。媒体的反应说明了这个话题的传播价值。

读者调查时找的多数是公司的管理者。结果"细节问题"一提出就引起了企业老板们的共鸣,原来老板们在管理中最困惑的就是一个成功决策常常因为手下人缺乏做细节的态度而落空。调查中,唯一提出反对意见的是专家。专家认为,管理学中没有"细节管理"这个概念。这种概念的提出太牵强,缺乏专业性。

调查的结果使路野心里有了底,前三者的调查结果表明了市场潜力,专家的不同意见正说明《细节》的标新立异,他下决心选择做《细节》。

媒体策略

媒体推广是畅销书之所以畅销的关键环节。路野将《细节》的媒体推广分为三个阶段。在书没有名气的第一个阶段要让其广泛见报;第二个阶段是对重要媒体和感兴趣的媒体重点供稿。前两个推广阶段之后,《细节》的销量开始节节攀升。

影视广告策划　马彦文

■北京中讯传媒集团董事长

■资深央视媒体广告投放研究专家

■国家高级策划师

■国务院机关老年大学保健专业理事会理事长

■中国生产力学会策划专家委员会全国专家委员

■前《中国青年》杂志广告运营总监

■电影杂志总策划

■2008 北京奥运会火炬接力活动(长沙站)火炬手

十年广告策划经历,带领团队经过十年共同努力服务过一千余家企业,五十余个不同类型的广告公司,二十多个地方政府。

2005 年所带团队被评为"中国最具成长性本土广告公司 100 强",成为媒介代理类央视套播广告投放唯一入选公司。

2005 年成功策划组织了"创维情·文化行"全国巡回演出;

2006 年签约当前国内影视歌三栖红星范冰冰作为元升太阳能的形象代言人,充分借助明星效应推动品牌的快速成长,促进影视明星与企业之间,良性互动的双赢局面。

■2008 北京奥运会火炬接力活动(长沙站)火炬手

公司以"倡导诚信理念、深入专业研究、降低投放成本、延伸服务价值"为服务信条。

■关于品牌发展语录

✓没有品牌的竞争是无力的竞争,没有品牌的市场是脆弱的市场,没有品牌的企业是危险的企业。

✓有效的品牌建立法:

1. 形象代言人:带动终端消费市场,例如精美代言人包装、手提袋,宣传形象等,提升企业与产品在消费者心中的地位。

2. 央视媒体:以品牌广告为主流的中国最强势的电视媒体,是企业树立品牌的最佳通道,也是消费者信任度和满意度最高的媒体。

■关于央视媒体

✓央视媒体是中国品牌的最高点,是大众传播的必由之路。

✓央视媒体投放是企业发展瓶颈突破的解决方案,是市场销售的有效手段,是企业品牌发展的重要和必要的解决之道。

✓央视广告的主要目的是做品牌。

1. 企业广告主要有两个目的,即:完成品牌树立和销售提升。这两个目的是紧密联系,互为依存的。

2. 品牌的生命力更强大、更持久,也是销售的有力保证。

3. 好多企业说我打广告就是为了销售,有任务才做广告,但是品牌是销售的有力支撑。

■关于央视媒体的"科学投放"

✓"科学投放",不是多投少投,而是适合的投放,目的是增加收视率,减少浪费量,根据行业特征,收视特征,自身需求,科学量身定制投放策略,用专业的分析,得专业的结论。

✓投放形式:黄金时段、名牌栏目、套播

1. 黄金时段:

其代表为招标,是中国经济的晴雨表,它主要是解决"品牌突破"。

2. 名牌栏目:

中央台 500 多个栏目,但观众普遍能记住的栏目不超过 10 个。地方台栏目更微乎其微。能记住就是品牌,用栏目的品牌影响和推动你的品牌。使你的品牌投放具有一样的荣耀感。还有就是它忠诚度高。

3. 套播:

主要解决频次,它的主要作用第一解决跳台率高的功能;第二解决从传播到销售也是以收视次数计数的。

金骐开元逢盛世　志在千里必腾骞

马志骞，出生江宁府与共和国同龄，祖籍周口店最正宗北京纯爷们儿。十年动乱社稷遇浩劫，生灵遭涂炭，青春韶华在"砸烂一切牛鬼蛇神"旷世劫难中付之东流！阴霾遮日，雾未尽，于无声处听惊雷。苍天有眼，真理在，改革开放获重生。谢邓公，重燃希望返校苦读发誓夺回逝去一切，向前看，解除桎梏拨乱反正节衣缩食学业终修成。刹那间，国门洞开，东渡扶桑，惊悉异域他邦已然繁华景象。苦心志，劳肌肤，探索市场经济学习经营管理，亟盼效力祖国为家增光。8 年寒暑终盼来学成归国日，先服务于国家工商行政管理总局麾下，又遇契机奉调"新华社""国家机械工业部""中国改革与发展论坛委员会"数家机构履新供职。现任中国社科院所属"中国市场学会营销专家委员会常务副秘书长"。曾为中国机械装备集团、海信集团、扬子电器、西安杨森、中美史克、春兰电器、容声冰箱、科龙电器等多家大型企业主持进行了全面的广告、营销策划。参与国际合作交流，连续 16 年间作为中日两国政府间"城市生活形态及消费市场常规调研项目"中方负责人，见证了改革大业的铿锵步履和沧桑巨变。

连续 10 年全面主持承办北京大学与日本市场营销协会共同举办"亚太地区市场营销与市场调研合作论坛"国际会议。身兼数家大学营销学客座教授，《小康年鉴》编委，先后在国内外相关报刊发表专业评论文章。

【言论、案例】

年份	内容	单位
2010 年	长三角中小企业《核心竞争力》专题巡讲	南京朔风教育集团
2009 年	《小康年鉴》发表两篇论述文章	中央党校出版社
2008 年	《东瀛之行话营销》	数家网站报道
2008 年	连续三次率中国中小企业访日团考察	深圳聚成教育集团
2007 年	率团参加 2007’亚洲及太平洋地区市场营销高层论坛香港峰会	香港市务学会
2006 年	举办《亚洲及太平洋地区市场营销高层论坛北京峰会》	北京大学光华管理学院
2005 年	组团参加日本市场营销协会高层论坛	中国市场学会/日本市场营销协会
2004 年	国家人劳部《营销资格认证》筹备项目	国家人劳部考试中心
2003 年	联合国《国际采购》推展项目	中国改革委员会
2002 年	举办《亚洲及太平洋地区市场营销高层论坛北京峰会》	中国工经联、日本 JMA
2001 年	中国机械工业装备集团总公司 VIS 建设项目总负责人	国家机械部
2000 年	中国电工产品《长城标示》认证产品展览会	国家电工产品认证委
1999 年	《广告专业认证学习教材》编辑组	中国广告协会

1994 年—2010 年连续实施"城市生活形态及消费市场常规调研项目"　国家统计局、NIMS

1985 年—1989 年先后发表市场及营销专论十余篇—发表在：人民日报海外版、《现代日本》

客观市场信息与主观营销策划研究之一

玉指美甲店经营策划建议篇

一、前言

自从美甲技术导入我国主要城市服务行业以来,立刻受到广大女性消费者,特别是收入颇丰的女性人群的关注和响应。短短几年里,从中心都市到边远城镇,相继涌现了规模不同,方式各异的美甲经营网点。

二、开展调查研究,分析市场要素

1. 透析把握既定的市场现状:市场保有率、市场渗透率、市场容量、市场潜力、市场竞争结构、品牌地位、竞争对手分析。

2. 锁定目标消费群体:生活习惯、收入水平、工作状况、业余爱好、休闲方式、消费观念、时尚追求、现代意识、文化修养、人文环境、价值观、生活形态。

3. 对各种传播媒体的接触习惯

4. 在自身爱美及修饰方面的消费态度

●分析了解有关经营策略的市场要素问题

1. 品牌因素; 2. 价格因素; 3. 人缘因素; 4. 场所因素; 5. 主导因素

●常用的调查方式和调查目的

1. 调查方式 2. 调查目的

三、制定经营策略把握市场脉搏

1. 寻找市场切入点。

2. 关注社会热点,借机造势发挥媒体优势。

3. 充分利用安丽泰乐和李安女士的品牌优势信用保证。

4. 建立客户档案,加强感情沟通,优惠政策,争取下游客户。

5. 树立企业形象,统一店堂布置,确定唯美、时尚、个性、超然的经营理念。

6. 参与社会相关活动,介入女性主流阶层。

7. 假日经济值得探讨。

8. 利用IT技术传播弘扬美甲事业。

9. 确定自身的核心竞争力。

10. 实行捆绑式经营也不失为一个好的营销选择。捆绑式销售六大优势:

①降低成本 ②品牌形象相互提升 ③渠道优势相互结合

④提高产品档次 ⑤提高服务层次 ⑥增强企业抗风险能力

四、市场经营发展新趋势:1. 21世纪将是连锁、连盟的经营时代。

连锁经营;商品流通渠道全部放开;打破行业、部门、地区所有制的限制;实现规模化经营以产权为纽带。2. 搞好现代经营需要传统的义利观

①中端经销要"抓大放小",终端市场则要"抓小放大"。②制定100名百万富翁计划。

综上所述,把某一个产品或一项服务导入目标市场的过程,既是一个调查研究这一市场的开发过程,即需要热情和勇气,又必须持有严谨而科学的市场意识方能旗开得胜。就目前我国各类产品和服务的市场现状而言,不断规范的竞争规则和日趋成熟的消费行为,使所有经营者都不得不首先窥探市场的深奥,那种一夜暴发的营销时代早已记入史册,公正、规范、透明、科学的市场经济新秩序。因此可以断言,无论如何高明的策划,没有真实而高超的技艺和服务做基础,异想快捷致富的经营思路都是不现实的。

独树一帜的广告人　毛　雄

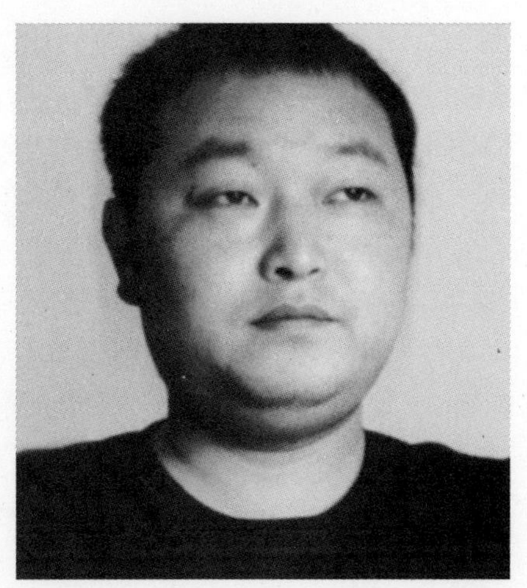

毛雄，CBAD融智商亮广告创办人，中小型企业品牌战略合作伙伴，擅长市场营销策略及品牌战略规划。所创办的融智商亮广告公司以“做有效广告”为理念，将品牌理论与市场实践相结合，为客户的形象提升和利润增长做出了卓越贡献。

当大部分卓越的广告人都将目光盯在大品牌、大客户身上的时候，毛雄先生却看中正在成长的中国中小型企业，将CBAD融智商亮广告定位为“中小型企业最佳品牌战略合作伙伴”，致力于为中国的中小型企业提供长期务实的品牌战略服务。

毛雄先生认为，广告是有策略的创意，没有策略的创意只能成为美术或者艺术。广告人不能够只追求创意和艺术，广告人首先必须帮助客户实现广告意图。所以，在创意的时候，广告人更多的是考虑客户的品牌和营销，必须确保先把广告做对，再把广告做得有创意。

【个人语录】

市场是被吸引而来，而不是被推广开来

广告之我见

广告观点

我想和客户说的是，我们并不是点子公司。每次有客户说帮他出个好点子的时候，我都只是笑笑，然后什么都不说。我们不是点子公司，我也没有什么好点子。现代信息共享和市场竞争的程度，已经不是一两个点子就能够解决问题，我必须以负责的方式去面对我的客户，我不能跟着他们起哄，在他们迷茫或者自我陶醉的时候，我必须保持清醒和客观。广告是绝对实战的商业操作，带不得半点侥幸心理，来不得半点虚假，广告的每一次动作，都应该服务企业的品牌或营销策略。而企业的品牌和营销策略是一个系统的广告工程，涵盖了市场调查、消费者洞察、策略、创意、创作、制作、执行等各个环节。简单的说，点子和广告工程是点和面的问题，有以点带面的说法，但是操作的风险太大。比较起来，我们更愿意为客户提供广告工程服务，系统的帮客户发现并解决问题。

关于广告

广告是有策略的创意，没有策略的创意只能成为美术或者艺术。广告人不能够只追求创意和艺术，广告人首先必须帮助客户实现广告意图。所以，在创意的时候，广告人更多的是考虑客户的品牌和营销，必须确保先把广告做对，再把广告做的有创意。对于初入行的设计师来说，如何把广告策略融入到创意是最难把握的，但却是每个设计师必须经历的过程。CBAD为实现客户的广告意图设置了严格的广告创意流程，有方法的创意才能创作有效的广告。

没有调查就没有发言权

用脚和嘴做广告，去市场上走，和消费者谈，一定比凭空想象的广告富有生命力。大量市场调查和走访客户是广告人必做的功课，没有这个功课，是出不来好创意的。广告是做出来的，不是编出来的。

广告是发现的过程

广告是发现的过程,绝非空想和杜撰。消费者看的是广告,而不是童话,空洞和言之无物是广告失效的关键。

天生敏感的人适合做广告

像木头一样的人不适合做广告,广告人具有天生的敏锐,可以快速的捕捉市场信息和机会。一点点小小的触动,可以被广告人无限制的放大,一直放大到可以感动每一个人。

不是所有的广告都要有创意

广告人总喜欢谈创意,客户总要求作品有创意。广告的创意是基于策略的,如果没有策略的支持,创意就只能成为艺术而不成为广告,没有策略的创意宁可不要。

广告公司是帮客户赚钱的,不是去帮客户花钱的

就是客户的广告预算非常充裕,也不要随便的投广告,客户赚钱也不容易。广告公司应该给客户花更多的心思,而不是要客户花更多的钱。

浪费客户的市场机会,比浪费客户的金钱更可怕

这个问题也许很多客户没有意识到,但作为优秀的广告人,我必须向客户说明。当找了不对的广告公司的时候,你所支付的成本远不止广告费,还有你的市场机会成本。选择比做事情有的时候更重要,请选择的时候多加考虑。

市场是被吸引而来,而不是被推广开来

市场营销的手段只有那么几种,变来变去都是治表不治根。真正的市场是被吸引而来,你必须做出有足够出彩的地方。魅力无限自然有跟随者,如果你去推销的话,人们会有一个设防的心,这种设防会形成强大的阻力。

广告和视觉

广告不要一味的讲视觉冲击力,事实上有些视觉冲击力强的广告的确引起了很多人的注意,只不过是注意到了广告本身,对产品,却在分散注意力。广告解决的是品牌和销售的问题,而不是给人欣赏却不知所云。

广告和策略

没有策划的广告不一定失败,但难以取得巨大的成功。

广告和媒体

媒体的本身至少是广告价值的一半,广告不是看你投入了多少钱,而是看你有没有把钱投到该投的地方。

广告人和客户

不要试图比竞争对手做的更好,这个还真说不准,大家都在努力,你不能把竞争对手定义为傻子,如果是这样的话,你也并不聪明。广告人的介入不是帮你比竞争对手做的更好,而是要区别它。避开正面的较量,才能以强击弱,才能够保证胜利。

关于广告执行

我们不能保证客户和我们一样的认真,一样有广告意识,所以,每过一段时间,我们要监督和催促客户,以保证广告的执行效果。

关于广告价值这个世界上最美的谎言不是我爱你,而是物美价廉。作为完美主义和理想主义的购买者,是经不住廉价的诱惑,期望物美价廉,相信物美价廉。

医疗 EMBA 缪 南

缪南,人大经济系财务管理专业,北大 EMBA 毕业。曾任北京大学医学网络教育学院 EMBA 项目主任,现任博雅纵横国际教育机构董事长,中国医院经营管理学院院长等职务。

缪南看到世界各国的医疗体制改革成效甚微,关键在于各国医院目前都面临着一个难题,那就是在新的竞争环境下,医院的管理者们运用原先的管理理论和管理手段,已经无法适应市场。这对于中国众多中小医院来说,如何有力地面对设备先进、服务意识强的合资医院、国内蜂拥而起的民营医院、以及实力庞大的大型医疗集团,是个亟需解决的问题。而解决问题的不二法门就是培训,不断的吸收先进的思想和理论,提升自身的素质,提高管理水平。发展自己的核心竞争力。打造一个卓越的医院管理团队,未来的竞争力就有差异化了。未来的竞争,实际是执行力的竞争,是人力资源的竞争,是医院管理团队成员整体素质和能力的竞争。

【缪南医教年表】

1998 年　创建卫生部“双卫网”

2000 年　创建北京大学医学网络教育学院

2002 年　创办中国首届北京大学医药总裁 EMBA 高级研修班。
　　　　创办中国首届北京大学医院院长 EMBA 高级研修班。

2003 年　创建北京大学医学部在职教育培训中心。

2004 年　创建中国医院经营管理学院

2006 年　创办亚洲及太平洋地区市场营销经营者高峰论坛

2007 年　创办首届中国医药总裁管理学博士(DBA)学位项目

2008 年　创办博雅纵横国际教育机构

2009 年　主办曾仕强教授大陆讲学二十年系列活动
　　　　主办白宫首席谈判顾问罗杰·道森大型主题演讲

2010 年　中国医院首席新闻官(CNO)培养计划启动

【缪南语录】

EMBA 的学生经常遇到大量的决策性的问题,他们过去凭经验做决策。但是,当医院发展到有一定的规模时,问题就变得复杂了,医院此时就迫切需要系统的专业化管理。

医院如同企业一般,发展越来越大的时候,就需要实行专业化的管理,不可避免需要沟通的语言。

医疗 EMBA 六合盛

缪南所从事的 EMBA 管理教育是帮医院培养高素质的管理团队,从管理教育的角度来说,他们最需要系统的知识教育,让他们学到的是一个完整的知识体系,在完整的理论基础上,带有案例分析的思维方式。医院中高层管理者在繁重的日常工作之外,需要时间经济、内容精辟实用的知识充电。为其提供一种"通行的管理语言"是非常必要的。缪南为学习 EMBA 的医院管理者提供6 面的策划。

第一,提供经过整合的教育资源。单个的医院很难整合比较好的教育资源,缪南实现了中国最著名的两所医学院校(北京大学医学部、中国协和医科大学)进行继续教育资源的整合。

第二,为学习 EMBA 的医院管理者提供系统化的现代管理知识训练。高层管理者如果没有这种系统的现代管理知识训练,就很难把医院做强做大。EMBA 教育可以为医院院长提供系统化的知识训练。当然缪南强调教给学生的是思考问题的方法,而不是某一个具体问题的答案。通过系统化的现代管理知识训练,使他们成为一支能征善战的主力军。

第三,为医院管理者提供一个使用相同的语言对一件事情进行分析和选择的平台。EMBA 教育最重要的就是让学生学会与别人交流的语言。有了这种交流的语言,大家很容易达成一致的意见。因为这时候大家看问题的角度就相对一致,管理的效率就可以大大地提高。EMBA 学生是由不同知识背景和经历的人聚集在一块,互相学习、互相碰撞,缪南主要起引导的作用,由医院或学校搭台,缪南指挥,学生演戏。

第四,为医院提供可持续的管理教育。EMBA 教育既是有一定时间性的,也是可持续的。每一次管理教育缪南都要求 EMBA 项目要适应行业竞争和学员的差异化要求,帮助指导学生运用所学知识解决实际问题,使学生原本就比较丰富的实践经验系统化、科学化,帮助、指导他们提升管理水平。

第五,为 EMBA 学生提供一块净心之地。许多医院的高层管理者整年忙于学术和管理,哲学问题就可能考虑得比较少。EMBA 教育可以为学生提供一块净心之地,让他们好好思考一下正直、诚信、医疗道德与伦理,让他们在医疗实践中习得的"术",加进管理培训中心后得到"道"。也就是说通过 EMBA 教育,帮助 EMBA 的学生得到管理水平的提升之"道"、医院管理国际化之"道"、以人为本管理之"道"。

第六,提醒学员继续学习不要荒废个人事业时间。许多医院的中高层管理者,到了 30—40 岁,认为自己的职业定位已经完成,往往不能意识到潜在的危机,以家庭、个人爱好和无关应酬为借口,丢失了持续发展的进取心与动力,渐渐损耗了个人的事业基础。需要通过培训提醒学员必须保证投入个人事业时间去充电,永葆青春。

【年鉴点评】

医院是一种特殊企业,既要治病救人,又要自食其力,情急之下、危急之时怎么经营、如何管理?缪南先生涉医疗高端培训,化疑难青山着意,成为"本土化医院管理教育的先行者","中国医院管理职业化教育的布道者",是把医院院长培训覆盖到每一个省份的第一人。

节庆活动策划专家　欧阳国忠

中国十大节庆产业理论人物,2009中国文化产业突出贡献奖获得者,著名活动策划与运营专家,中央电视台特邀专家,环球活动网、典盛传播机构创始人,中国旅游论坛、旅游中国杂志、品牌中国产业联盟特聘核心专家,清华大学总裁班特邀教师,中南大学、四川大学、湖南理工学院兼职教授。

先后策划和操作200多个评选、颁奖晚会、文艺演出、论坛、文化考察等大型活动。先后获得"中国优秀品牌专家"、"中国节庆产业十大理论人物"、"学习型企业家"、"中国十大创新传媒新锐人物"、"十大华人创新人物"、"2009中国文化产业突出贡献奖"、"2009北京创意年度金奖"等奖项。多次被邀为中央电视台骨干培训讲课,被清华大学、北京大学特聘为总裁班特级讲师。

曾在湖南卫视、中央电视台工作9年,并担任名牌栏目制片人、总制片人;广源传媒集团副总裁兼CEO;北京大华万里国际影视公司副总裁;湖南中视国际传媒总裁。

《媒体活动实战报告》、《焦点—对话中国著名电视制片人》、《中国媒体大转折》、《中国电视前沿调查》、《克隆成功》、《流动的视点》、《刘邦文化万里行》。

【出版专著】

《媒体活动实战报告》、《焦点》、《中国媒体大转折》、《中国电视前沿调查》、《克隆成功》、《流动的视点》等

【服务客户】

中华商标协会、长沙市人民政府(2007中国商标节)
国家体育总局社会体育指导中心(2008中国电视与体育营销高峰论坛)
团中央网络影视中心("和谐创业"全国高峰论坛)
北京广告协会等(2007北京国际广告创意趋势论坛等)
中国汽车工程学会、中国汽车文化促进会(第二届中国汽车模特大赛)
甘肃省、团中央等(重走丝绸之路总导演)
青岛市(2010青岛民俗文化节首席顾问)
湖南张家界(2008国际旅游节开幕式系列活动总顾问)
湖南怀化市(湘商寻祖总策划)
山西侯马市(第六届晋国古都文化节)
……

【欧阳国忠语录】

什么是好的策划创意?别人想不到的,你想到了;别人想到了但是做不到,而你却做成了。而我认为,好策划创意的最终评价标准应该是:能为客户、为社会创造提升价值!

刘邦文化万里行：让“名人之争”到联手打造城市名片

2010年上半年，让我有些“得意”的创意之作，就是总策划并全程实施、推广了大型“文化行走”活动——刘邦文化万里行。

历史学家说：“我们只有知道是从哪里来的，才能明白将要走向何方?”刘邦文化万里行由江苏沛县发起，联合河南永城、荥阳、陕西咸阳渭城区、汉中市汉台区及山东定陶共同举办。活动筹备半年，近百人团队，行走六天（3月28日至4月2日），跨越四省六城市，行程近万里，沛县及永城、荥阳、渭城、汉台、定陶四套班子主要领导都参与到“万里行”当中。这次文化考察活动是带着当代人的体验去行走的。策划者的意识，通过六个联办城市的共同发力，再通过执行团队的精心组织，最后演绎成了一场具有集体使命感和心灵洗礼意味的文化活动和影响大众的传播事件。刘邦文化万里行中的每个成员，既是穿越时空的历史追溯者，也是传播文化和传递友谊的使者。整个行走团队形成了一道闪耀着智慧之光的流动风景线。

刘邦文化万里行引发了全国主流媒体的争相报道。《中国新闻》世博专刊以《追溯历史——场气势恢宏的“文化之旅”》为题推出整版报道，中央电视台《中国新闻》、新华社、中新社、人民日报、环球时报、中国旅游报、大公报等上百家主流媒体相继报道。通过谷歌搜索，短短六天时间，报道“刘邦文化万里行”的新闻从零猛增到六万八千多条，成为了短时间内打造的一个影响全国的文化事件。

刘邦是汉朝的开国皇帝，他的一生充满了传奇，现在大家耳熟能详的“鸿门宴”、“项庄舞剑，意在沛公”、“四面楚歌”、“霸王别姬”、“萧何月下追韩信”、“韩信点兵，多多益善”、“楚河汉界”等历史典故都与他和跟随他成就伟业的团队有关。这些都是比黄金还宝贵的文化宝库，其开发价值将随着中国的伟大复兴而逐步显现出来。

以前由政府机构组织的“万里行”活动有“中国质量万里行”和“品牌企业万里行”，这些都是与经济相关的大型考察与宣传推广活动。而刘邦文化万里行邀请汉文化研究专家、主流媒体记者、演出团队、书法家随行，沿途举行联谊活动、广场演出、书法交流，参观当地刘邦文化古迹，专家现场讲解刘邦故事，解读刘邦文化，活动以边走边解读、边走边报道、边走边演出、边走边交流的新方式，完成了一次“文化行走”的新超越！刘邦文化万里行不仅仅是一次考察汉服、汉语、汉字等汉文化起源的探索与发现之旅，还是联办城市区域合作的“联谊之旅”，更是一次挖掘、传播和弘扬中华文化的“文化之旅”、“文明之旅”和“精神之旅”。

能“四两拨千斤”的创意才是好创意，从此意义上来讲，刘邦文化万里行当属其列。

策划中要把握两个至关重要的因素：

1. 思路。思路决定出路，布局决定了结局。策划创意的方向对了，走一小步都是前进；方向错了，走得越快，离目标越远。心有多大，舞台就有多大！所以，做一件事我们一开始立意起点就要高。高举高打，落下来才有力量；借力打力，收到的效果才会事半功倍。

2. 资源。策划既是一种智慧的结晶，也是一种资源的盘活过程。光天马行空，却缺乏可以调度的资源，这样纸上谈兵的策划最终只能落得一纸空文。好的创意能整合好的资源，而资源整合的过程也是价值交换的过程，即我有什么资源是别人需要的，别人有什么我所需要的资源，然后进行等价交换。

企业上市推手 欧永坚

欧永坚：中国著名工商策划专家，广州市社会科学院企业上市研究中心执行主任，研究员。2007 年度中国十大策划专家。同时是北京人文大学、中山大学、私立华联大学顾问、客座教授。

发表了《中国企业创业的十条诫命》、《中国家族企业的发展谋略》、《中国企业新加坡上市谋略》等著作。参与编写全国高校商务策划教材，主编《工商策划学》、《营销策划学》、《品牌策划学》、《战略策划学》，是国内策划院校使用的权威教材。

2010 年亲自担任《企业上市实务手册》主编，全书 150 万字，分上篇：股东的决策，中篇：团队的执行，下篇：公司的治理。全书涵盖企业上市的理论知识、上市的操作方法。成功为多家企业策划辅导，帮助企业在中国、香港、新加坡、英国、美国、加拿大、德国、韩国等证券市场上市。

研究方向：企业发展边界，融资工具应用。长期致力于企业发展战略、营销生态、企业管理、品牌建设、融资重组、文化产业、公关形象、人力资源的研究。尤以企业上市融资较为突出。

【十年磨一剑】（策划年表）

1. 2000 年，从 20 多年的金融研究方向，并兼向策划方向研究，从理论上钻研策划的精髓。
2. 2001 年，为"私立华联大学"做金融顾问，策划"专升本"，并为墨龙科技"债转股"。
3. 2002 年，为"科美集团"策划"股份制改造及并购"。并参与"绿大地"A 股上市策划。
4. 2003 年，为"云山汽山"产业优化转移作"腾龙换鸟"策划。并参与"雪莱特"A 股上市策划。
5. 2004 年，为中国家族企业发展作研究，发表了《中国家族企业的发展谋略》一书，并参与"南方包装"S 股上市策划。
6. 2005 年，为新加坡证券交易所作"中国企业新加坡上市"总策划，并在全国范围内推介演讲，发表了《中国企业创业的十条诫命》一书，并参与"中国水务"N 股上市策划。
7. 2006 年，为"华资控股"N 股上市作策划，并参与"民和种养"A 股上市策划。
8. 2007 年，为"海纳国际"英国 AIM 上市策划，并考获"高级策划师"资质证书。
9. 2008 年，为"巨东集团"A 股上市作总策划，并参与"爱尔眼科"A 股上市策划。
10. 2009 年，为《全国高校营销与策划教材》学术委员，副总编辑，并为"东信烟花"A 股上市作总策划。
11. 2010 年，为中国经济出版社主编《企业上市实务手册》150 万字。作为国庆献礼巨著。

【欧永坚语录】

资源比资金更重要、软件比硬件更关键、选择比努力更快捷

什么叫策划？无中生有、变无为有。人无我有、人有我先！

《企业上市实务手册》策划文告

一、创意构思

2009 年是我国资本市场制度创新层出不穷的一年:IPO 开闸,创业板推出。其中,创业板的推出更是具有划时代的意义。筹备了十年之久的创业板终于登上中国资本市场的舞台,这也成为继中小企业板后,中国多层次资本市场建设迈进的又一大步。创业板的正式推出,为企业上市带来一个好时机。成功上市更能突显企业家的成就,有希望获得更好发展。

企业上市的好处还有很多:提高公司地位及知名度,赢取顾客和供应商的信赖;扩大股东基础,使公司的股票在买卖时有较高的流通量;向员工授予股权作为奖励,增加员工的归属感,工作更积极;增加金融机构对公司的信心,公司可以通过资本市场获得更多低成本资金;上市公司的披露要求较为严格,使得公司运作更加规范;还可以用股份而非现金收购与兼并其他公司,增加公司与市场合作的机会,拥有进行资本运营的有利工具;上市降低控股权比例,控股股东的减持,可以使原股东向其他投资者转移企业经营风险。

笔者在多年的社会调研经验、投资银行技能及对融资工具应用的研究的基础上,结合国家关于公司上市的最新法律法规和国际惯例与上市过程中的问题编写《企业上市实务手册》。

二、编写内容

全书分上、中、下三编,上编《股东的决策》立足于战略高度,围绕公司上市过程中的一系列决策和选择,为投资人、决策者提供清晰的分析思路,帮助其进行有效的决策,具体包括要正确认识自己企业该不该上市,选择哪个金融市场上市,什么时候上市为宜,什么渠道上市,以及以什么形式上市较为科学。此外还列举了许多富有启发意义的企业上市成功及失败的经典案例给拟上市企业参考。中编《团队的执行》基于实务的视角,在展现理论知识深度的基础上,重点突出公司上市过程中的实务操作,旨在使拟上市企业明确知道该选择什么样的中介团队,他们的工作范围及工作要点是什么,如何培育、辅导、过会、发行、上市等,下编《公司的治理》旨在使拟上市企业清楚了解为了使公司上市,公司的治理要达到怎样的水平以及公司的内控、财务制度应该如何建立等。

三、创新发行

手册发行首选全国 25000 余家新华书店发行。之后拟与全国 667 个地级市联手,由市政府组织企业家,由专家团队为拟上市企业培训辅导,使拟上市企业认识上市规则。

具体战略为“三中”路线:第一个中,以中国的中部为原始发行基地,然后辐射至全国各地。原因是沿海地区竞争太大,而西北部地区较为落后,同时有京广快线,交通方便。第二个中,以中国的中等城市(地级市)为发行对象,并以政府召集、专家演讲为拟上市企业服务。原因是一个省上规模企业太多,而一个县太小,而每个地级市估计有 300—500 家拟上市企业,因此,场面容易控制,而专家演讲有激情。第三个中,以中国的中等企业为重点辅导对象。原因是大企业已设置上市机构,而小企业却未成熟,中等企业上市欲望较强。

还可横向联合发行合作者,共享利益,共担责任,真正做到“钱散人聚,团结一致”。

【年鉴点评】

欧永坚心高志远,毕 10 年于一致,耗费巨大,终于成就《企业上市实务手册》,书名朴实更显大家风范,内容翔实方显策划风流。

“头脑风暴”的主谋者　秦　朔

秦朔，硕士学位，上海文广集团《第一财经日报》总编辑。

1968 年生于河南开封，1990 年毕业于上海复旦大学新闻系并分配到改革潮头的广州《南风窗》杂志，1997 年起担任总编辑。期间《南风窗》实现了向一份“有责任感的政经杂志”的转型，成为全国影响最大的政经杂志。

2000 年在美国加州州立大学（北岭分校）学习，获得公共管理硕士学位，其所著《中美杂志比较研究》一文已经成为期刊界引用最多的论文之一。2001 年在中山大学攻读在职博士研究生，方向为中国市场营销与消费者行为。

秦朔先生被《中国青年》评选为“可能影响 21 世纪中国的 100 位青年人物”，被湖南卫视“新青年”评选为“2002 年中国十大新锐人物”之一。从 2003 年 8 月参与《第一财经日报》的筹备，2004 年 11 月 15 日该报创刊。

【主要著作】

1993 年　《大脑风暴》
1998 年　《传播成功学》
2001 年　《美国秀》
2002 年　《大变局》
2002 年　《感动中国》
2004 年　《告别 GDP 崇拜》
2001 年 6 月　《中美杂志业的比较与思考》
2001 年 7 月　《美国杂志出版业考察》
2001 年 11 月　《21 世纪的美国杂志业》

【秦朔语录】

1. 作为中国财经日报的先行者，《第一财经日报》在创办五周年之后，选择以“对时代负责”作为她迈向下一个未来的核心理念。我们希望倡导负责的态度，负责的思维，共建负责的时代。

2. 人们渴望繁荣，但不是非理性、寡头化、权贵依赖型的繁荣。历史早已证明，每当这样的繁荣出现时，那种深切的、对平等和正义的呼唤就会涌动在无数人心头。

3. 水滴石穿，是水的力量，更是时间的力量。

【年鉴点评】

秦朔，“大脑风暴”的引进者、主谋者，他为此有一本书、一个节目、一个职务、一群聊者、一群听众，可以算个微型五个一工程。作为留过洋的策划家既懂得《美国秀》又懂得《大变局》。

注：秦朔文论见本鉴文论篇

旅游策划　佘高红

【简介】

佘高红先生，北京大学城市与区域规划系博士，同济大学建筑与城市规划学院硕士。现任职于北京交通大学建筑与艺术系，硕士生导师。主要从事城市规划、旅游规划及景观设计的教学、研究与实践工作。曾任北京多家设计院特聘专家，现兼任北京绿维创景规划设计院规划总监。

佘高红先生主张旅游规划和策划应以核心技术为基础，强调策划与规划设计的连贯性与落地性。目前已发表与城市规划、旅游规划相关的学术论文10余篇，翻译学术专著及学术论文近10部(篇)，主持和参加相关科研课题共13项，主持大型旅游规划、策划项目数十项。

【规划项目年表】

年份	项目	职务
2010年	天下第一台——湖北章华台旅游景区概念性规划	顾问，总设计师
	河南二帝陵旅游景区概念性规划	顾问，总设计师
2009年	沧州南大港湿地公园旅游开发总体规划及控制性详细规划	组长，总规划师
2008年	陕西黄河乾坤湾旅游景区控制性详细规划	组长，总规划师
	河北迁安西部生态带旅游开发策划	组长
2007年	常州赤山湖旅游开发策划	空间规划师
2006年	宁波镇海老城再生策划	组长
	济南都市圈总体规划	负责基础设施规划
2005年	山东半岛城市群总体规划	负责城乡协调规划
2004年	辽宁五女山世界遗产景观园控制性详细规划	组长，总规划师
2003年	大连市旅游发展总体规划	空间规划师
2002年	山西王莽岭风景区修建性详细规划	组长，总设计师
2001年	内蒙古额济纳旗胡杨会场规划设计	组长，总设计师
2000年	内蒙古阿拉善左旗福音寺旅游区规划设计	组长，总设计师
1999年	重庆天坑地缝风景名胜区修建性详细规划	组长，总设计师

【佘高红语录】

策划是艺术与技术的统一；规划是理想与愿景的蓝图。

【年鉴点评】

佘高红先生是将旅游规划和项目策划合为一体，并特别讲究核心技术为基础的两栖策划家，他在规划中运用策划要素；在策划中讲究整体规划，活而不乱，规而不死。

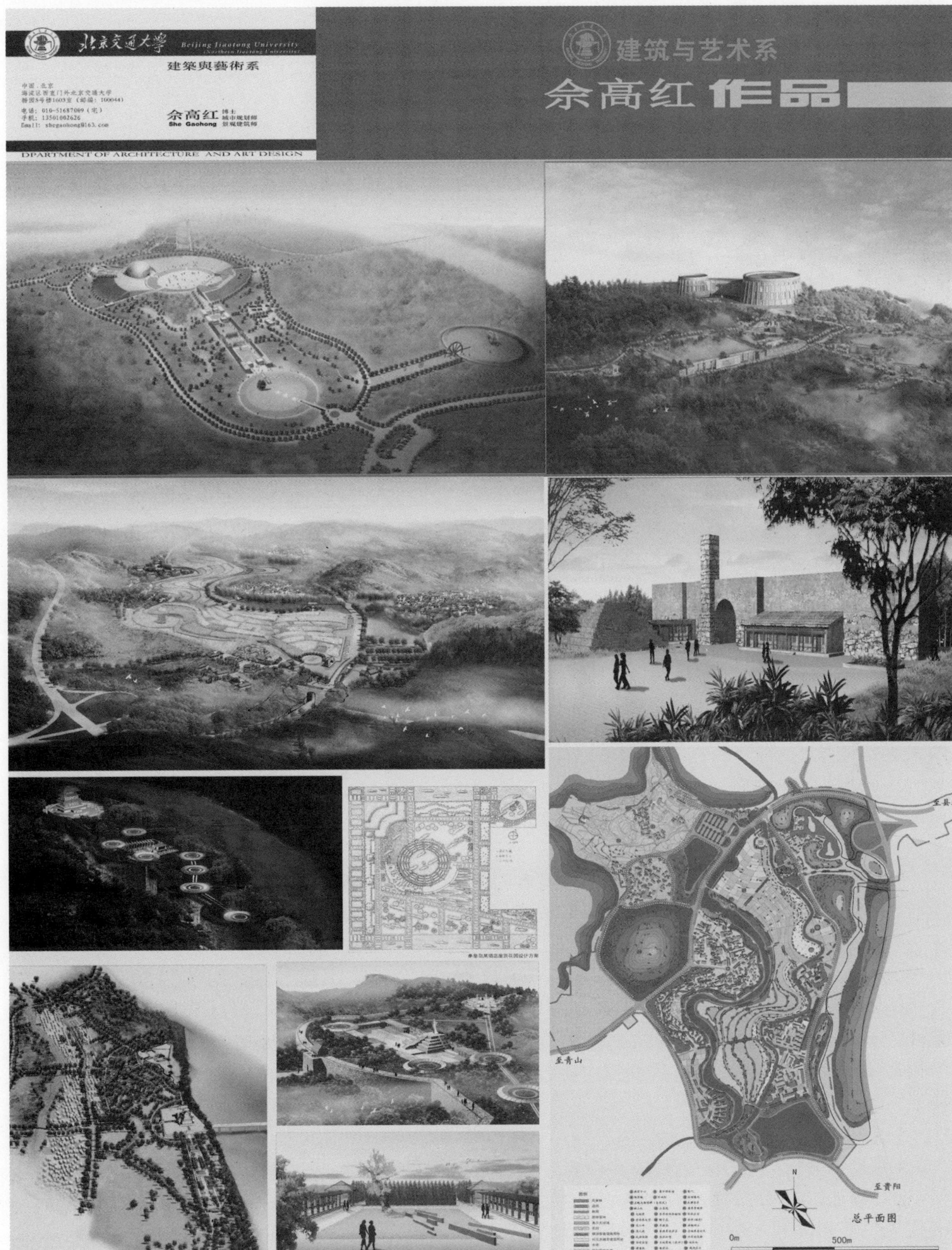
北京交通大學
Beijing Jiaotong University
建築與藝術系
佘高红 博士 城市规划师 景观建筑师
She Gaohong
DPARTMENT OF ARCHITECTURE AND ART DESIGN
建筑与艺术系
佘高红 作品
至青山
至贵阳
总平面图
0m
500m
200m
1000m

一荣俱荣看　沈　青

沈青，中央电视台经济栏目点评专家，北京大学、清华大学特邀演讲学者，中国十大策划风云人物，中国十大品牌专家，著名旅游规划专家与产业规划专家，北京金必德经济管理研究院院长。

沈青先生在企业、省政府、国家经贸委工作27年，具有从事品牌策划、市场营销、企业管理、经济管理和城市管理的丰富实战经验，出版了《智得亿万财富》、《第三种力量》、《经营天下》等畅销书籍。

沈青先生建立的北京金必德经济管理研究院是为各级政府专门从事旅游产业规划、产业集群规划、工业园区招商引资规划、城市物流规划、城市品牌形象塑造的著名产业研究、规划、顾问机构。多年来，领导北京金必德经济管理研究院和深圳金必德品牌营销传媒集团，密切关注中国区域经济、产业集群和民族企业的改革发展，并以实际行动帮助各地政府、各大企业实现产业的升级和改造，品牌的塑造和宣传。

2000年至今，受云南省人民政府、深圳市人民政府、重庆市人民政府等40多个省市政府的委托，帮助以上城市政府从事旅游产业规划、工业园区规划、区域经济规划、产业集群规划、招商引资规划、城市区域品牌塑造等工作。其中，2004年为福建晋江市从事的品牌规划，帮助晋江企业实现产业的转型和突围，推动了晋江企业的品牌建设，该规划也获得了2006年中国策划大会金奖案例；2007年为深圳市人民政府从事的珠宝、女装的产业发展规划，帮助深圳政府实现了这两大支柱产业的提档升级，为深圳创造了崭新的城市品牌名片；2007年为重庆市涪陵区李渡工业园区的规划，得到了当地政府的高度认可；2008年为四川九寨沟县政府实行的旅游产业规划，帮助九寨沟县政府依托景区实现了县城旅游产业的升级。2009年为云南省政府从事千亿级云茶产业规划，全面拉动云南省新的经济增长级。

沈青先生领导金必德品牌营销公司先后为三九集团、赛格、剑南春、沙河王、泸州老窖、蒙牛乳业、方太厨具、大红鹰、猎豹汽车、华润蓝剑、汇源果汁、宛西制药、特发集团、青岛啤酒、天士力等100多家企业提供了品牌营销、整合推广、市场策略等策划咨询服务。

其中，2003年沈青大手笔为华润蓝剑啤酒在成都策划了10万人参加的玩转50万张多米若骨牌的活动营销，让该啤酒迅速在四川打开了市场；2003年，聘请韩国当红影星全智贤担任汇源果汁代言人，使汇源刚刚出炉的“真鲜橙”系列即饮型果汁饮料迅速吸引年轻消费群体，驶入时尚快车道。

【沈青语录】

1. 品牌是一颗糖，一定要让消费者含在嘴里，甜在心上，要吸引消费者重复消费，无限向往。
2. 企业家的责任是让消费者买产品，策划人的能耐是让消费者爱品牌。

九寨沟：用文化创意新规划（节选）

沈　青

四川省、阿坝州政府确定了九寨沟旅游要进行二次创业的发展目标，以带动经济发展、实现富民强县。一直以来，尽管九寨沟闻名天下，但是九寨沟全县的旅游产业发展并不乐观。九寨沟风景区的旅游发展对九寨沟县城及周边地区旅游产业的辐射作用不很明显，存在着沟内居民每年收入高达2万多人民币，而县城周边地区的居民人均收入每年还不到3千多元的差距。因此形成了景区扬名海外，县城默默无闻的现状。因此要实现二次创业，就必须从全县的角度，对其自然景观、民风物产、历史文化的进行深度挖掘，通过全新旅游线路的打造，景观景点的建设和文化活动的创意实现“县城住、全县游”，整体提升旅游品牌。

策划宗旨：确定将九寨沟县城打造为国际旅游名城的长远目标。围绕“县城住、全县游”的整体思路，全面设计“一城六线”精品旅游路线、创意县城改造的十大亮点工程、打造中国民俗音乐娱乐城和中国民俗婚礼体验城。

亮点工程：“一城”指九寨沟县城，要通过在县城内打造十大亮点工程，提升九寨沟的旅游档次。包括：建设“九寨人间”幸福平安门的亮点工程；在县城白水江建设特色廊桥的亮点工程；形成九寨藏汉婚俗体验亮点工程；建设关公财神庙宗教体验游览区；建设白水江泛舟新年祝福亮点工程；形成特色民族产品展览展示亮点工程；开展县城特色节庆旅游活动亮点工程；建立藏羌民俗博物馆；演奏南坪曲子原生态农家乐亮点工程；构建影视文化、摄影艺术产业基地亮点工程。

“六线”指县城周边的六条旅游线路。包括：沟外九寨游——县城至漳扎镇；旅游南线——县城至勿角乡；旅游北线——县城至大录乡神仙池；县城至保华乡线路；九寨沟景区精品旅游线路；县城至白河金丝猴保护区线路。

九寨沟周边的“六线” 旅游，每个线路都包含不同的旅游亮点：包括形成漂流观光小火车旅游项目；建设环城自行车旅游专行道；开发藏寨原生态体验游；黑河大峡谷探险观光游；建立金丝猴人与自然观赏区；开展高山健身运动旅游等等。

文化创意：以音乐和婚俗为两大主题，挖掘历史文化，融入文化创意是发展现代旅游产业必不可少的内容。九寨沟的旅游规划也必须要有文化的内涵。无论一城六线的开发还是景观景点的建设都不能脱离对当地民族文化的挖掘提升。千百年来九寨沟的汉族、藏族、羌族人民的生活多姿多彩，形成了浓郁的汉、藏、羌文化魅力，保留了南坪曲子和藏族伯舞两大国家非物质文化遗产，锅庄舞、涂墨节等风俗，也充满原生态的韵味和特色。悠远的南平曲子琵琶弹唱，多彩的藏族舞蹈，神秘的少数民族婚俗都是吸引现代都市旅游人群的文化要素。

【年鉴点评】

策划人无不有宣传自身品牌的拿手戏，沈青的招术是频频在电视台经济频道亮相，电视上多了找的人就多了，找的人多了就可以挑选客户了，好客户就容易出好效果。这恐怕就叫一荣俱荣。

西北策划王　石　磊

石磊,现任中国艺术家交流中心副秘书长、中国策划研究院西北分院院长、《大策划》杂志社社长总编、中策联策划管理有限公司董事长。

石磊,还是北京华夏博州教育研究院西北分院副院长、建国六十周年"百名部长将军专家院士企业家高端联谊博士专家团高级顾问"、西京大学客座教授。

曾获中国行业策划专家、中国营销策划30年领军人物、2008中国(行业)十大策划专家称号、内蒙古青年书画院院士。个人入编《当代民间名人大辞典》、《科学中国人·中国专家人才库》、《世界优秀人才大典》等。

七十年代开始收藏毛泽东像章和天然石画(奇石),收藏像章数十万枚、奇石数千块;参与组织策划了第二届、第三届根雕木雕奇石全国名家邀请展、首届中华源头文化艺术风情展、大型毛泽东像章巡回展;编著《毛泽东诗词与中国革命》、《文革的形成与发展》、《石磊诗集》、《城墙内外》等书籍;创办了《大策划》杂志。

【个人语录】

战争胜利在谋略,竞争成功在策划。

【策划年表】

1995年　组织策划实施在宝鸡举办的"迎七一毛泽东像章展"。

1995年　参与组织策划北京团结湖举办的"第二届根雕木雕奇石全国名家邀请展"。

1996年　参与组织策划了在北京工人文化宫举办的"第三届根雕木雕奇石全国名家邀请展"。

1997年　策划实施了"首届中华源头文化艺术风情展"。

2001年　给步长集团策划、设计并布置了"毛泽东像章纪念馆"。

2002年　给河南策划、设计、实施并建立了"曹氏红木家具厂"。

2004年　在上海给"香港(上海)房地产公司"策划并实施了房地产营销方案。

2005年　组建了"中国策划研究院西北分院"。

2005年　策划了"延安南泥湾养殖总厂优良家畜快速繁殖基地项目"。

2006年　参与策划了"陕西庙沟旅游开发区规划方案。

2009年　在四川发现并策划中国首家"天然奇石博览园"(暂定名)。

2010年　策划在台北举办的"海峡两岸首届易学精英联谊会"。

【年鉴点评】

石磊收奇石收毛主席象章,数量之丰在国内堪称第一,正是这种争第一的精神他在诸多领域有领先业绩,又是这种领先风格使他建树不少,成绩斐然。

现代策划理论奠基人　史宪文

史宪文，考入大连理工大学社会科学系，从师著名战略学家刘则渊教授，研究企业发展战略，获得哲学硕士学位。现任世界商务策划师联合会（WBSA）轮值主席，国际企划工程师协会（ICKOO）首席专家，美中商务发展委员会常委，世界策联中国总部理事长，大连卧龙国际知识经济研究院院长，新加坡中华总商会企业管理学院教授，中国婚庆教育网（www. we dedu. com）特聘教授。

我国 WBSA 商务策划师认证工作的领导人，是国际现代策划理论的奠基人之一，被誉为"现代企划技术之父"；

史宪文还是一位发明家，他发明了人类第一个策划用专利仪器——OK 策划仪。

史宪文先生成功地主持策划：

希望工程国际希望园、天安门广场祖国疆域版图活动、内蒙古清水河旅游区、

河南周口城市发展战略、孔孟故里文化开发等 30 余个大型项目；

为深圳邮政局、中国新华联集团、福建实达集团、沈阳东宇集团、

长沙三一重工集团、温州奥康集团、青岛钢铁集团、北京慈福投资、

创维集团、航天部第五研究院、新加坡中华总商会和马来西亚新山总商会等数十家中外企业、科研机构、工商团体和政府领导层做过系统的咨询或决策培训。

【主要著作】

《策划——引爆你大脑深处财富的 OK 故事》

《现代商务策划原理与企划技术应用》

《现代商务策划管理教程》

《OK 职业生涯规划》

《汉字里的商业秘密》

《把事做到点子上》

……

【年鉴点评】

在中国策划领域称得上集群与领袖的人不多，史宪文先生是佼佼者其中之一，他所领导的世界商务策划师联合会拥有数千名会员，在北方地区颇有影响力；他的著述风趣独特，饶有情趣。

创意产业专家　苏　彤

苏彤，中国文化管理学会文化创新专家委员会主任、创意中国产业联盟发起人（CCIA）、中国城市发展研究院投融资服务中心副主任、北京奥林匹克文化促进会研究中心主任、中国太平洋学会海洋文化委员会秘书长、北京信息空间文化经济研究院首席顾问、北京国际创意产业联盟（ICIA）创研总监。世界创意产业之父约翰·霍金斯在英国成立的“约翰·霍金斯创意经济联合会”中国合伙人。2003 年开始，倡导创意产业在中国的普及，是在中国最早从事文化创意产业基础理论建设和实践者之一。负责主持《中国文化创意产业管理体系》。

他参与“新北京，新奥运”理念和“中国结”标徽设计工作，是 1999 年“北京申办 2008 年奥运会整体形象战略专家组”的主要成员。2004 年 5 月 22 日第七届北京科博会期间，策划组织了“创意中国行动大展”，首次公开叫响“从中国制造到中国创造”的口号，是国内第一个以创意产业为主题的展览。他发起中国第一个以发展创意产业为宗旨的产业联盟：创意中国产业联盟提出“创意中国行动：品牌中国、体验中国、典藏中国”。2004 年，他在希腊雅典策划组织了“从长城到奥林匹亚主题文化活动”，举办了以“创意中国与奥运”主题摄影展，是“创意中国”概念首次在国际上亮相，萨马兰奇等十数位国际奥委会委员到场。2005 年 7 月，他参与策划组织“首届中国创意产业国际论坛”。2008 年担任国际奥委会主席罗格任荣誉主席的“第一届世界智运会”开闭幕式及文化活动首席顾问。

他致力于中国文化建设和跨文化沟通等领域的专业研究，和社会科学与自然科学的交叉研究。主要研究领域：文化及创意产业的基础理论、奥林匹克文化和教育、城市信息空间文化经济理论；创意产业理论与实践；提出当代社会经济发展的总体特征是“在信息技术网络社会条件下，以知识基础，以品牌为核心的创意驱动型经济”的观点。

文化创意产业方面的成果有：2004 年 12 月上海创意产业大会，发表题为《以马克思主义基本立场，树立科学的创意产业观》；2005 年 1 月，他在北大新年文化产业论坛，发表《中国创意产业的六个基本问题》，第一个提出“汉语（字）文化创意产业”的构想。2005 年 12 月 10 日，他在博鳌欧亚经济论坛市长圆桌会议上，发表《龙经济：文化资源与创意产业》，首次提出“创意长安”的构想和“为龙正名”中国形象国际重塑计划；2006 年起在荷兰阿姆斯特丹、澳大利亚等国际创意产业活动上发表《中国密码，创意密码——创造力经济时代的新语言》。主持撰写中国教育创新启示录系列报告。

【苏彤语录】

战略超越竞争，不争而无与之争；文化创造财富，无为而无所不为；品牌垄断价值，有所为有所不为。

【年鉴点评】

苏彤极其敏锐地捕捉了创意产业的初起，籍奥运良机，做国家大事；随后在文化创意的国际跳台上充分展现了他的自选动作，优美而矫健、果敢而自如。

传媒公关专家　孙德禄

孙德禄，中国策划十大首席评委、著名策划人、评论家。

1989 年起，他在国务院发展研究中心某下属部门从事国际战略研究。曾任人民日报海外版策划办公室主任，先后从事记者、作家、法律等职业活动。

2003 年后，他出任亚洲策划师协会执行会长、中国兰图智业研究院执行院长，《国际品牌联盟》杂志社执行社长兼总编辑，并出任第三届中国策划大会秘书长。他是中国第一位向西方智业理论体系提出挑战策划人，他结合中国国情推出整合策划新四轮定位创新理论体系，并创立完整的“策划五论”理论体系（即：坐标定位论、思维方法论、CEO 换脑论、企业换招论、品牌换位论），创立“三维营销”，并指导实践，发起了“书茶文化——营销新概念”等活动。创立城市地产概念，推出经营城市 6P360 度理论，并成功策划了名盛广场政治定位、京津冀三角洲政治定位、环境定位、功能定位策划，创立了中华品牌园、东方智谷、世界木屋村、父母庄园等大型旅游项目。同时，大力推行实施名牌城市经营 ABC 战略策划活动及企业大型战略策划活动。

主要策划体现在首届中国策划人评选——2000 年世纪策划大会、中国绿色希望工程春天大行动、资源开发西部联动系列工程、生命健康工程等项目上。捆绑运作团队主要体现在：大红鹰“全民健身万里行，支持申奥大签名”活动、中国洗脑转基因工程等。大型房地产策划：奥林匹克五环文化大道、广州名盛集团公关策划等。指导完成湖南怀化国际稻交会、山东寿光国际蔬菜节、河南南阳国际智慧节、山西晋商文化节、四川广元经济女皇之都、浙江玉环国际阀门城、河北魏县国际梨花节、“中国 MALL 连锁模式”等城市定位策划。

代表作《点击中国策划》（一、二、三）、《换脑方法》《名牌策划 ABC》等。主要智业表现形式：《品牌法制论坛》《周末十人谈》《品牌三人谈》等。

【孙德禄语录】

一、总裁极速战略理论体系：战略决定生死，细节决定成败、速度决定盈利；

二、经营城市 6P5S360 度理论体系：城市形象、城市工业、城市地产、城市旅游、城市农业、城市服务形成 360 度运转；

三、物种传媒理论体系：切皆有可能、一切皆可改变、一切皆是载体；

四、兰图智业新四轮定位体系

策划：发现无需求而创造它；营销：发现不满足而满足它；整合：发现不饱和而充实它；定位：发现不规则而修正它。

【年鉴点评】

孙德禄，以在人民日报海外版策划办广识天下士，身为士卒先，从事国际战略研究、服务中国策划领域，以会议、出版、项目三架马车齐头并进，在历年推举、评选中国策划十大人物的同时把自己推到了谷峰浪尖。

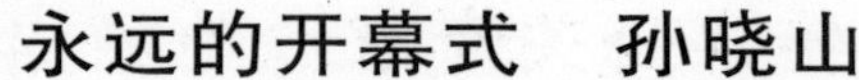

永远的开幕式　孙晓山

孙晓山,江苏人,北京舞蹈学院毕业。上海智造文化传播公司总经理,昆山玉鼎坊文化策划公司总经理,文化活动策划人,十年节庆活动、大型晚会策划及执行人,擅长艺术与高科技结合的舞台艺术表现形式。长年服务于政府、旅游文化创意产业、大型赛事等。

【个人语录】

1. 与智人同行　必是智慧;与策划共舞,定有掌声。
2. 在上海得阳光雨露,在昆山得人杰地灵。

2009 昆山国际文化旅游节(节选)

【活动背景】

昆山,充满灵气的江南水乡城市。就像镶嵌在上海与苏州之间的一颗璀璨明珠,发源于这里并被联合国教科文组织确认为"人类口述与非物质遗产代表作"的昆曲,以及以"中国第一水乡"周庄为代表的水乡古镇,构成了昆山文化永恒的背景。2400 多年的文化积淀给这里留下了众多的历史遗存和丰富的旅游资源。

中国昆山国际旅游节是昆山大规模发展群众文化活动的重要载体,也是推动昆山文化建设的重要内容。自 2008 年举办以来,进一步丰富了市民文化生活,全面展示了昆山经济文化成就,让更多的人了解昆山、热爱昆山、融入昆山。

近年来,国内促进城市经济发展的大型活动和赛事此起彼伏,业已形成了较为完善的运作机制,引来了商家、媒体和社会各界的广泛关注。通过在各地的巡回演出和对公益活动的涉足,选手们成为加强文化交流与合作的媒介,在舞台上下,展示和提升着城市和企业的形象。

我们即将迎接的还有第 41 届将于 2010 年在中国上海举行的上海世博会。世博会即国际性的博览会世界博览会(World Exhibition or Exposition,简称:World Expo),是一项由主办国政府组织或政府委托有关部门举办的有较大影响和悠久历史的国际性博览活动。它已经历了百余年的历史,最初以美术品和传统工艺品的展示为主,后来逐渐变为荟萃科学技术与产业技术的展览会,成为培育产业人才和一般市民的启蒙教育不可多得的场所。自 1851 年英国伦敦举办第一届展览会以来,世博会因其发展迅速而享有"经济、科技、文化领域内的奥林匹克盛会"的美誉,并已先后举办过 40 届。

迎世博礼仪形象小姐选拔赛策划方案(节选)

昆山国际旅游节礼仪小姐选拔赛,她以人文、绿色、和谐、发展为主题,本着弘扬中国礼仪文化、传播城市文化品牌、促进昆山旅游业发展的精神,本次大赛将在整个昆山掀起一注关注、传播、和学习礼仪的潮流,弘扬中华传统礼仪美德,提升全民的服务意识,以"微笑服务"的理念迎接上海世博会的到来。

昆山国际旅游节礼仪小姐选拔赛在唱响昆山旅游文化主旋律的同时,更蕴含着巨大能量——在促进昆山旅游业发展的同时,她又是一封文采飞扬的形象推介信,在打造并展拓昆山形象方面，无疑是一只强劲的推手。

一、活动宗旨

昆山国际旅游节礼仪小姐选拔赛本着"精心组织和公平公正"的原则，利用昆山现有的媒体宣传平台和影响力度，大力宣传昆山旅游资源及礼仪文化，在全市范围内弘扬礼仪文化，以其独特的构思创意、完美的组织形式，成为昆山最具影响力的赛事之一。

二、活动主题："魅力昆山，有礼更精彩"——2009 昆山国际文化旅游节迎世博礼仪形象小姐选拔赛

三、大赛亮点设计

1. 建立大赛专用网站：进行报名、选手表现、赛况录播等

2. 决赛邀请台湾著名心理学家张怡筠教授（或类似资历者）担任评委，增加比赛影响力

3. 首创主题制比赛。

即在每一场比赛中均限制主题要去参赛选手按此对自身进行装饰打扮，如海选主题为："海的颜色"，选手在海选中说明，评委根据选手的着装、化妆、谈吐、整体把握来确定进入下一轮比赛的名单。

（备用方案：同时该环节还可以加入市民参与部分，邀请市民在活动报名同期，建议比赛主题，并在比赛中确实采用，并对入选者加以表彰或成为特邀评委，令无法亲自参与到礼仪形象小姐选拔赛的市民们也能有参与感！）

4. 选择富有意义的比赛场地：将大赛放置在有海宝雕塑的市民文化广场进行，充分显示本次礼仪形象小姐选拔赛对接上海世博会的信心。

5. 大赛选手培训独辟蹊径

除了通常的形体、化妆、世博知识培训外，我们特邀航空学校专业教师（或星级酒店形象主管）对比赛选手进行专业服务培训，并且在大赛的网站、电视报道中体现选手的进步

6. 服务行业制服展示环节

以服务行业制服展示来替代类似选拔赛中通常的泳装、运动装展示等环节，贴合大赛主旨，又能借此对我市服务行业的优秀代表进行宣传

【年鉴点评】

孙晓山，公司开在上海，基地设在昆山，两地不足 30 公里却享受着完全不同的社会资源与经济便利，他是位把庆典演出、节事策划做得极致的人，真正体现了"心有多大，舞台就有多大"。

媒介策划人　谈剑平

谈剑平，从小追逐梦想，希望能够象家乡的先祖徐霞客那样“志在四方”，哪里有策划，哪里就有我。

擅长大型活动策划和新闻专题策划。成功组织江苏乡镇企业发展研讨会，参与组织世界轻工产品博览会；1998 年成功策划华东、中南片 35 家经济报刊“纪念改革开放二十周年苏南行”大型采访活动。

2003 年以来，多年成功策划长三角地区科技领域专题报道，举办长三角地区科技创新研讨会和高新技术推广活动，首创《长三角科技局长论坛》经久不衰，首推《长三角》专刊。

2006 年起，为在我国推行自我药疗，倡导药学服务，积极推动优良药房建设，团结广大制药企业、医院、药店、政府部门的专家和药师，开展了多种形式的教育、培训活动，对自我药疗观念进行广泛的宣传和普及。

2008 年策划撰写的《徐霞客旅游景区发展之我见》，成为徐霞客旅游景区发展指南。同年 11 月，成功策划“徐霞客杯二〇〇八全国技巧暨首届啦啦操锦标赛”和“雪豹日化杯全国技巧暨首届啦啦操锦标赛新闻摄影大赛”。

【个人语录】

有耕耘亦有收获，有快乐亦有哀愁，有成功亦有失败，不要计较自己的付出与得到的是否成为正比，既有名词之度量衡，皆在心里！要自信自己的策划目标可达成，方才是真正的智者，生之无憾，活之精彩！

“药学服务”促进“自我药疗”

谈剑平

2004 年，苏州礼安医药连锁公司 4 家门店先后被中国非处方协会授予“优良药房”叩开了江苏民营药店崇尚药学服务的大门。

在药店店员培训的基础上，开展连锁药店经理、店长的“药学服务”的提升培训。通过此举，全面提高各地社会药店药学服务水平，强化药学服务理念，进一步保障用药安全、有效。

当年全国单体民营药店销售冠军——苏州粤海大药房，季海斌董事长希望通过创建 GPP 和药学服务培训。

分期组织培训全市各连锁药店和社会药房的店长(经理)和药师。

每到一个地方培训，当地的主管部门领导事必躬亲，在开始前作鼓舞人心的动员。他们的开场白语重心长、发人深省，以实例来比喻和突出药学服务的重要性。

国家食品药品监督管理局药品评价中心特聘专家王功立教授等专家、学者，深入浅出地讲述“强化药学服务理念，做好药学服务”的讲课，让学员们受益非浅。

两年多来，我们已组织了 30 多期药学服务专题培训，普及到 10 多个城市，参培人员超过 1

万人次。主动要求“药学服务”培训，已成为各大医药连锁公司、社会药房的公识。而“药学服务”也成为中国非处方协会自我药疗专业教育委员会的一个响亮品牌，吸引了越来越多的国内外大牌药品生产流通企业主动参与。

医药公司、药店在接受“药学服务”这个理念的同时，清醒地认识到，只有通过推动优良药房工作规范，才能使社会药房再上一个新台阶。因此，“药学服务”已成为我国药店服务竞争的有力筹码，它以切实有效地保障人民群众的用药安全，来赢得人民群众的拥戴，策划人便在药店与顾客之间做了一根红丝带。

【年鉴点评】

医疗关乎人民群众的健康生活和生命，谈剑平和他的团队，用药学知识培训店员、店长、经理、药师，从而提高了药店的药学服务水平，成绩显著，功莫大也。

试想没有开展此这种培训之前，卖错药的事件屡有发生，轻则屡治不愈，重则“过失杀人”，只有通过认真的药学培训才能从根本上防止这样的问题发生。

“自我药疗”在谈剑平策划并实施中形成了整套经验与方法，在中国医药协会旗下开创了自疗分会，为大众医疗做了一件惠及民众的实事。

大型活动和展览的策划者　谭新政

谭新政(又名谭兴政),国家标准委全国批发与零售市场标准化委员会委员、中国企业文化促进会副秘书长、中国商业联合会零售供货商专业委员会常务副主任、中国将军书画院常务副秘书长。北京五洲创意营销策划有限公司董事长、北京五洲天宇认证中心主任。

谭新政在从事新闻工作的岁月里,发表了特写、通讯、报告文学等近三千篇,获得全国性奖励。有影响的代表作品有《长江行游记》、《乌江行游记》、《金佛山游记》、《梵净山游记》、《放鸭郎外传》;代表论文有《报纸视觉新闻初探》、《大型展览会媒体最佳组合之应用》等。

1989年谭新政先生开始从事大型活动、全国性展览及食品营销策划。先后创立四川五州广告有限公司、北京五洲创意营销策划有限公司、中国糖酒网、中国策划专家网、中国商品售后服务网、中国诚信交易网、中国顾客满意度测评网。先后为贵州茅台酒厂、四川宜宾五粮液酒厂、广东健力宝集团公司、山西杏花村汾酒厂、百事可乐公司、内蒙古宁城老窖股份公司等一大批名牌企业作过策划;成功地为安徽金种子集团、湖北稻花香集团、湖北枝江酒业集团、广东宝中宝集团、河南商粮集团等公司产品上市作第一次大型策划及广告实施。

谭新政先生成功策划的大型代表案例有:"全国绿色希望工程春天大行动"、"中国足球先生暨最佳教练评选活动"、"中国日用消费品展销会"、"金佛山旅游开发"、"全国糖酒商品交易会广告策划"、"澳的利集团五年发展规划"、"银康五年发展规划"等大型项目150多个;2000年被评为"中国十大策划专家",同时,被人民日报海外版聘为高级咨询研究员。2002年6月被评为"中国十大策划风云人物"。

2002年以来,谭新政策划并定期承办"中国房地产策划大奖赛"、"策划与财富论坛"、"中国美容化妆品营销与策划大奖赛"、"中国食品行业营销与策划大奖赛","中国房地产营销与设计大奖赛"、"中国营销年会"、"中国国际造型师电视大赛"、"中国国际时尚用品暨奢侈品博览交易会"、"全国商品售后服务评价活动"、"中国策划评价活动"、"全国商品顾客满意度测评活动"等等。

在进行各项营销策划项目的同时,并主编了《中国食品务实营销经典案例》、《中国顶级房地产策划案例》全集、《感动上帝——全国商品售后服务实用指南(已出六集》、《售后服务管理师培训教程》、《售后服务认证评审员培训教程》等典籍。

【年鉴点评】

谭新政先生以五洲公司服务全国糖酒会开始,迅速赢得第一桶金,尔后移师北京用糖酒会结识的商业关系服务全国商业,他出资并起草制定的《商品售后服务评价体系》、《商务策划评价规范》、《零售商与供应商公平交易行为标准》等标准,已由中华人民共和国商务部发布实施。

策划理论研究专家学　田长广

田长广，资深策划人，国际经营管理学院教授；21 世纪高等院校策划专业核心教材系列丛书总编；中国策划研究院研究员；中国房地产策划联盟专家。2001 年起历任三江学院策划学系副主任，策划研究所所长。三江大学文化产业管理学院副院长，党总支书记。三江学院"青蓝工程"中青年学术带头人。曾兼任数家大型广告、策划公司、电视台专题节目组的策划总监。

2002 年被评为中国优秀策划人；2002 年经世界商务策划师联合会认证注册为国际高级商务策划师，2002 年经人事部人才流动中心注册认证为：国际商务策划师（高级）；2004 年被评为中国十大杰出策划专家；2009 年被评为中国创意策划领袖人物。

长期从事策划学的教学工作和策划理论的研究工作，曾发表《论策划对中国社会经济发展的影响》、《试论中国策划业的发展趋势》等策划学理论研究的论文。

编著了我国高等学校策划学专业系列教材：《现代策划学教程》、《策划实战技法与模式》、《现代融资策划教程》、《现代策划案例精选》、《现代影视策划教程》、《中国历代策划案例精选》及 21 世纪高等院校策划专业核心教材系列丛书《常用策划书的创作》、《广告公司运作策划》《新编现代策划学》《策划案例选》《现代策划实战技法》《历代策划案例》《新编融资策划》《创造与策划新编》《影视创作与营销策划》等。

【策划年表】

1995 年　参与策划南京明故宫旧址恢复重建明城的项目；
1997 年　担任由联合国粮农组织召开的"第三届中国国际食品博览交易会"总策划；
1998 年　策划南京第一个在东方中等专业学校首开广告与策划专业；
1999 年　策划并担任安徽蒙城富民科技食品工业园总策划；
2000 年　在南京的东郊策划了占地 1000 多亩的力西特休闲观光农业项目；
2001 年　策划创立中国本科院校三江学院第一个策划系；
2004 年　策划安徽省马鞍山市首届金秋房地产交易博览会并任总策划；
2005 年　任中国（南京）农副土特产品展销大会总策划；
2008 年　策划出版了我国其中一套高等院校策划专业核心教材系列丛书。

【年鉴点评】

田长广教授对中国策划教育贡献在于他创立了中国本科院校南京三江学院第一个策划系和主编出版系列策划教材，同时联系实际服务社会，成为策划教育工作者楷模。

飞行时光 万 钧

万钧,江苏南京市人,龙年荷月狮子座,好学善思爱讲课。

南京大学图书馆学与社会学学历,拥有11项职业资格、12年经营管理经验、24年多种职业经历。历涉教育、民航、商贸、旅游、食品、服饰、传媒、广告、IT,房地产、会展、咨询、培训等行业;曾获2005年度"中国十大商务策划师"评选第一名,"中国十大商务策划培训师"评选第一名

主编《飞行时光》杂志、《金陵晚报·女性生活》、《江苏商报·谋略》、《服饰导报·新视野》、江苏电视台《创意先锋》《绿色报告》等节目。

个人著作:《价值——反说·正说·戏说》,《快鱼不心苦》,《第三性角度》。个人编著:《金牌策划》,《企划职业经理教程》、《策划思维与创意方法》,《项目与投融资策划》,主编十一五高等院校规划教材《商务策划学》。

【代表案例】

1999年,江苏省世纪婚典,被十种以上教材列为经典案例。

2000年,普天炎黄贺千年中华炎黄圣火传递活动。

2001年,15家传媒中国观众最喜爱的电视广告评选活动。

2002年,中国财富精英营销论坛;南京云锦亮相央视春节晚会。

2003年,品牌温州国际营销论坛;服装产业集群与区域经济发展高层论坛;南京秦淮河区域商业开发规划。

2004年,大连金沃生态农业工程战略策划;虎豹集团品牌重塑策划;南京巾帼创业精英评选大型活动。

2005年,波司登辉煌十周年;中国青年服装时尚周"青年时尚论坛","自我形象设计大赛"等。

2008年,担任"中国商务策划创新大会暨第二届全国商务策划师年会"执行主席。

【年鉴点评】

当任过东方航空江苏分公司总经理的万钧有过《飞行时光》;11项职业资格超过奥美录用CEO必须有7项职业资格的规定;每每参评总拿第一的身手,以及一堆子商务教材策划书刊,给我们的感觉就是他有"万钧之力"。

3F2N成长型企业品牌整合营销运作

万 钧

3F2N意为:Famous brand——驰名商标,Famous star——明星代言,Forum——论坛(经销商年会);Training——培训洗脑,New team——新营销团队,New order——新订单。

经过多年市场实践,在服装、地板、电动车、食品等50多家企业的实战运作,事后总结发现这

种整合确为当前中小企业十分乐于接受的、有效的整合咨询服务模式。

3F2N 对于以下企业效果显著：

1. 年营业额 1 亿、5 年历史、产品在本地区畅销拥有较好市场口碑的企业；

2. 经营效益连年徘徊甚至递减、市场遭遇瓶颈的中等规模企业；

3. 希望扩张市场、突破发展的成长型企业；

3F2N 的主要流程为；

1. 与企业接触，初步诊断。制订品牌解决方案要点。签署协议。

2. 着手办理申办"中国驰名商标"认定相关事宜。

3. 根据品牌定位选择洽商明星，或全面代言，或"擦边球"，取决于预算。

4. 贴合品牌新定位，设计新的品牌形象识别系统 VIS 和相应的动销方案。

5. 品牌战略发布会暨形象代言人签约仪式。新闻炒作。

典型要素：新战略 + 新形象 + 新市场；领导 + 明星 + 记者。

6. 年度经销商大会（公布名称为：× ×产业论坛、× ×行业高峰论坛、× ×品牌年会）

系统策划和各项筹备工作（如：公关、传媒、广告、样品、会务、人员等）。

7. 根据区域营销策略规划相应的招商工作，企业内部营销团队的预热集训。

巩固老经销商，借势强力开发新经销商，确保参会经销商不少于 300 人。

8. 年度经销商大会。会期一般 3—4 天。大会的核心项目有：

①公司营销战略和渠道政策宣讲；②有关政府领导讲话；

③公司研发、生产、营销团队亮相；④产品的模特展示；或参观厂区或看样板；

⑤全员参与的营销管理培训；互动学习提升；⑥明星亮相、与经销商合影；

⑦经销商订货、签单；⑧大型宴会、文艺联欢活动。

⑨面向新的经销商群体，新的订单业务，总部营销团队随时跟进服务。

9. 组织各类传媒（平面、影视、网络；财经、娱乐等）宣传报道，延续势能影响。及时总结，内部传播，借势深化企业内部管理和销售机制改革，完善品牌文化。

10. 公司组织专业督导、培训与服务团队，选择重点区域市场调研、修正、提升。

3F2N 全部运作周期约 3 个月，各环节专业性很强，需要大量专业人士参与，需要持续深度沟通，协调，全程运作预算 120—150 万元。（获得驰名商标可获地方政府的奖励补贴）

主要制约因素为：意识，资金。

从数十家接受 3F2N 模式服务的企业近两年的发展情况看，成效显著。仅现场的订单成交量，就是以往的 3 ~ 10 倍。

这套模式的短板在于深度服务的缺乏，即所有的参与者都很急于追求看到"显著的"、"实在的"、"立竿见影"的效果，甚至只是场面，很难耐心细致周全地进行内部管理机制的配套改革，而对经销商的培训也往往不够深入、全面、持续，浅尝辄止。

最早将策划分而合之者　王　克

王克，著名策略专家。中国企业发展规划院院长，深圳市咨询行业协会轮值会长；中国明天策略集团有限公司董事长，深圳市明天创业投资管理公司总经理，中国企业策划设计委员会理事。先后受聘担任多家科研单位和大专院校客座教授、研究员，多家大中型企业、地方政府高级顾问和独立董事。

作为中国第一代策划咨询专家，为中外200余家企业提供各类规划服务，其中37家在境内外成功上市；19人位企业家入选“福布斯中国富豪榜”；直接、间接创建或提升中国名牌、中国驰名商标23个。

为名扬全国的“四川智强”、“广东万家乐”、“广东万宝”、“深圳金威”、“深圳雅兰”、“深圳海王”、“江西草珊瑚”、“山东将军”、“珠海巨人”、“北京大北农”、“深圳金地”、“大鹏证券”“宗申摩托”、“隆鑫摩托”等著名企业和品牌提供了多种咨询策划设计服务。

被评为：“中国十大最有价值策划专家”、“中国最具影响力的优秀策划人”、“影响中国策划业发展21人”、“中国策划界十大风云人物”、“影响深圳咨询业发展的十大标志性人物”、“中国十大值得尊敬的管理咨询专家”。

以王克策划案例出版的长篇传记《与标王共舞》一书发行达3万余册，；被收录《影响中国策划业的21个人》、《中国策划十年史》、《杰出策划人》《经典策划》。

【主要策划理论成果】

1. 发现并提出“精神经济”学说，将其运用于企业咨询策划实践，为企业超速发展提供跨越物质因素的成功模式。

2. 创建“实效战略”理论和方法体系，成功融合西方先进科学管理体系方法和东方传统思维智慧，解决了企业战略落地和执行难题。

3. 创建“企业行为层次划分”理论，从整体行为、个体行为、关系行为三个层面解决企业行为规范策划界定模糊，绩效不清的问题，在多家企业应用取得效果。

4. 提出“微观经济运行主体可持续发展战略”观点，从哲学角度扩展了可持续发展战略思想并有效地应用于企业。

5. 创建“企业三维动态形象管理”理论和“IA模式”(完全形象管理)。

6. 创建“资源经营”理论，提出“资源经营是超越产品、品牌、资本的经营革命，是现代企业的生命”观点，并编制出“强化企业社会资源控制力”的战略策划模型。

7. 出版或即将出版专著《《精神经济》、实效战略》、《主流策划》、《激情营销》、《形象管理》、《中国连环债》。

【王克对咨询策划的贡献】

1. 创办中国第一个正规新闻界出版发行的策划专刊——《深圳商报形象专版(周刊)》；

2. 创建了中国第一个专业从事形象策划研究的社会团体——深圳市企业形象研究会；

3. 参与发起中国第一家咨询行业管理协会——深圳市管理咨询协会；

4. 参与发起中华工商联咨询业商会；

5. 创办中国第一家企业发展规划院；

6. 创造编制《策划实施程序和质量标准》，至今为一些业界同行使用；

7. 提出“主流策划”理论，倡导咨询策划机构“产业化、职业化、专业化、商业化”运作模式，并以明天公司为实验基地，为国内策划咨询界走出个体户、夫妻店、小作坊和拉郎配的局限，提升整体运作水平提供了经验；

8. 创建并运营虚拟咨询策划产业园区——中国问网，为咨询策划人利用现代信息技术为企业服务提供高效平台，实现了传统咨询策划与现代互联网技术的融合。

9. 提出“传统咨询策划 IT 化”，与实力软件公司合作开发“策划王”软件，定制开发 18 套咨询策划工具软件，推进咨询策划信息化、科学化、智能化。首批基本成熟的 CIS 策划软件、营销软件和战略策划软件定点投入使用，提高了咨询策划的效率和价值。

10. 划分中国 CI 发展阶段，策动以“实效为本”的中国 CI 第三次浪潮和以“E 化”为内容的中国第四次 CI 浪潮；

11. 以高质量服务创下中国本土策划收费之最，为国内同行业与“洋咨询”竞争树立旗帜；

12. 创立“三本全包”策划效果与市场效益挂钩模式，投入智本——包策划设计，投入资本——包广告投放，投入人本——包市场推广；

13. 融现代先进管理理念、信息化技术和中国企业实际，创建的我国第一个现代策划模型——“WK 策划产业价值链”，《经济日报》等数十家媒体称之为中国策划界成熟的标志。

14. 创建扶持培植名牌企业、名牌产品、名牌企业家的“品牌孵化器”，并在“中国(东莞)家私品牌孵化基地”、“山西鹏宇农民创业园”、“山东义学品牌医院孵化基地”、“中国台州品牌港”实践成功。中国经营报、广州日报、深圳商报、深圳晚报等称赞其“在中国乃至世界都是一个创举，是对于传统咨询策划产业的深化，同时必将成为我国孵化器事业发展新阶段的标志。”

【年鉴点评】

王克先生在策划界有诸多理论建树，象精神经济、激情营销、主流策划，王克不仅有想法有实践还有专著有案例。王克先生还为中国策划写过史传，自己也被收录进《影响中国策划业的 21 个人》。究其原由恐怕是王克首先能找到攻击目标，尔后一举拿下。

资源运用策划专家　王京忠

王京忠，现任新华通讯社《半月谈》杂志社全国思想政治工作创新奖评选办主任、全国十大扶贫状元评选办主任、全国中学生奖学金评选办主任。MBA，新华社高级经济师。

他曾在北京军区某部服役五年，为部队文化骨干，其策划才能，一部分得益于早年在部队里打下的功底，夯实了他今后的人生基石，扩充了他通向新闻摄影与策划组织创意活动的理想之路。

1984年底分配在新华社《半月谈》杂志社，先后从事和分管杂志社的出版发行、纸张广告、印刷管理、公司经营等。他积极探索富有《半月谈》特色的发行模式，策划天分更是发挥得淋漓尽致。他利用《半月谈》创刊纪念日，分别策划了《半月谈》系列庆典活动。发挥了《半月谈》的特殊效能，强化了《半月谈》的品牌价值，使《半月谈》杂志连续五年入选中国500最具价值品牌排行榜，2008年品牌价值被评估为32.41亿元。王京忠的策划，为《半月谈》创下发行量723万份亚洲最高纪录。由于具有超强的组织协调能力和社会活动能力，开始多次参予组织大题材的文艺晚会、恳谈会、新闻发布会，多次成功为大中型国营民营企业进行企业形象的宣传策划，被媒体誉为公益点子精英人物。

多次成功的策划，使王京忠在中国策划界有了“纵横谋士”、“万能军师”、“整合大师”的美誉。他连续获得四届“中国诸葛亮策划大奖”、“2006中国十大最具影响力策划专家”、“2009中国世纪大采风——最具影响力策划人物”等殊荣，及中国记协颁发的爱心大使、世界和平慈善基金会颁发的爱心大使等称号。各种礼聘和邀请纷至沓来，让他成为中国策划学院名誉院长和中国策划年会、中华智慧女性论坛、国际健康健美长寿论坛等数十家高峰论坛的总策划、执行秘书长、主持人等。

推动命名“李晓华”星

王京忠策划的首例以企业家名字命名小行星的活动曾引起国内外舆论界的轰动。香港华达投资集团公司董事长李晓华，是一位热衷于社会扶贫公益事业的企业家、慈善家，他曾捐款100万元赞助第11届亚运会、捐资100万元修建长春南岭体育场、捐款200万元在北京平谷建成一所小学、捐资200万元在黑龙江设立奖教基金和建立学校……王京忠被他短短几年间捐款5000多万的慷慨义举所感动。偶然看到有关“天上某颗星将以某城市名命名”的报道后，王京忠从中受到启发：“如将做善事的企业家的名字也镶进太空，可不可以呢?”

他先是给南京紫金山天文台的科学家们写了一封推荐信，并将李晓华的扶贫事迹及相关材料呈送到中科院。他还专程去南京紫金山天文台，动员、说服科学家到北京实地考察。之后，由南京紫金山天文台和中国科学院向国际小行星命名委员会呈报。历时半年多的全面考察后终于收到了国际小行星命名委员会的批复：“同意南京紫金山天文台发现的3556号小行星命名为‘李晓华星’”——王京忠的执著终于创造了奇迹！

“李晓华星”的命名不仅是惟一的，也是空前绝后的——按有关规定，今后将不再会有类似的命名。“李晓华星”的命名印证了王京忠自己的话：策划就是创新，创新是动力之源，但策划更是一种依据逆向思维，进而“无中生有”的精神活动。

王京忠在中外国际交流活动中，曾作为特邀嘉宾和资深传媒策划人参与并组织了多次国际交流活动，如东盟高峰论坛、美国大使馆的中外交流活动、澳大利亚大使馆的中外交流活动、欧盟多国使馆的中外交流活动、非洲多国的中外交流活动、驻华的企业家及国外各侨领组织的年度联谊活动等。特别是参与伊朗伊斯兰革命胜利30周年庆典所做的策划，得到了伊朗驻华大使馆授予的“中伊文化交流使者”荣誉称号。

【年鉴点评】

王京忠先生是位中华文化的弘扬者、力行者，还是现代公益事业的热衷者和推动者。正是这样，使得他有机会活跃在众多社会领域，得以广结善缘和人缘，进而吸纳百家与积聚资源，由此也被赞誉为资源运用策划专家。

社会活动家　王世铭

王世铭,祖籍陕西凤翔,现居台湾。中华海峡两岸文化观光产业发展协会会长、台湾心慈善基金、银龄慈善基金筹备委员会主任、福建泉州市两岸经贸文化传播有限公司总经理、台湾味国际有限公司总经理、台湾新闻报—电子报中国大陆特派记者兼处长、台湾《海峡两岸情》杂志总编辑。

因身兼多职,常年穿梭于大陆与台湾之间。为海峡两岸的文体、经贸、艺术、旅游等领域的交流合作提供平台。

近年,随着海峡两岸的文化旅游产业和经贸合作的不断加强,祖国大陆与台湾同胞的关系得到了很大改善。除了归功于双方的高层磋商,还有更多的民间进步力量的共同努力,中华海峡两岸文化观光产业发展协会的秘书长王世铭先生就是这样一位杰出的爱国人士。近年他积极奔走于祖国大陆和台湾之间,为了促进海峡两岸的文化旅游事业发展和经贸合作交流做了卓有成效的工作。

2008 年 10 月,第六届农民运动会在福建泉州举行。王世铭先生率领着台湾省代表团 130 人参会。人数之多,规模之大为历届之最。除带队参加运动会,同时还组织文化交流活动,促进两岸文化人,体育人及其他各界人士的接触交流,增进了解。

集企业家、社会活动家及媒体人于一身,每年组织开展各类活动,包括主办泉台农产品展销会暨泉州龙眼展示会、与中国民族贸易促进会共同主办第二届、第三届中国旅游论坛年会、主办第一届、第二届海峡两岸(泉州)名优农特产品展暨传统地方文化响宴暨年货大街、纪念妈祖诞辰 1049 周年海峡两岸名优特产品美食节、与福建省农产品协会主办“6. 18”海峡茶叶电子商务交流会暨铁观音茶王赛、与环球游报社、中国旅游论坛组委会等联合主办“2009 中国大学生旅游节等。

【王世铭语录】

努力不代表成功,不努力一定不会成功,努力 + 机会 = 成功

海峡两岸(莆田)妈祖文化美食节

2009 年 4 月 11 日至 4 月 18 日,由中华海峡两岸文化观光产业发展协会主办的“纪念妈祖诞辰 1049 周年名优特产品美食节”,在福建莆田湄洲妈祖祖庙牌坊前的小广场热闹开锣。来岛上进香游玩的人们都能在这里品尝到海峡两岸的特色小吃,多了一个大饱口福的良机。此次“海峡两岸美食节”共设有 60 个展位,参展的不仅有闽台两地特色美食,还有陕西龙须糖、新疆烤肉、蒙古小肥羊等其他省份的招牌小吃。从台湾美食到闽南小吃,从北方面食到新疆烤肉,道路两边的各色摊位摆得密密匝匝,每个摊点的师傅都忙得不亦乐乎。

妈祖祖庙无疑成了散步游玩的首选之地。钟鼓楼前的大戏台上,莆仙戏越群剧团的演员们唱着大戏;爱打扮的小姑娘们则三五成群地挤在卖小饰品的摊位前,热闹地选购莆田的特色妈祖

饰品;更多的人,当然还是在妈祖寝殿里焚香祷告,为家人和朋友祈求平安……火爆的美食节,精彩的戏剧表演,虔诚的妈祖信众……这里的一切都属于湄洲妈祖祖庙,是湄洲岛之夜独有的风情。

妈祖,在福建和台湾人的心目中有着特殊地位。她热爱劳动、热爱人民、见义勇为、扶危济困、无私奉献的高尚情操和英雄事迹,体现了中华民族的传统美德。她是一位慈悲博爱、护国庇民、可敬可亲的"海上女神",并形成一股巨大的精神力量。历代政治家、思想家和文学家都很重视发挥妈祖的教化功能,希望使这一民间信仰成为反对侵略、促进国家昌盛、民族团结、民生富饶的推动力。妈祖精神无疑是中华民族的优秀文化遗产之一。"妈祖助潮"让郑成功的舰队顺利进入台湾鹿耳门港的传说,在台湾已家喻户晓。

将"纪念妈祖诞辰 1049 周年"与海峡两岸名优特产美食节一起举行,是很好的创意。台湾和大陆一脉相连、一水相依,如此完美结合,具有特殊意义。在游玩中寻找妈祖精神之源,在美食中品味妈祖文化的内涵。

王世铭先生借助论坛、美食节、运动会、旅游节等多种平台对不断加深两岸人民的交往和了解,对更快地推动文化和经济的交流起到了积极的作用,正是很多象他这样的炎黄子孙对祖国的拳拳之心才使两岸关系走上了正常的快车道。

【年鉴点评】

王世铭先生是一位社会活动家,更是一位策划大家。他常年奔走于祖国大陆和台湾之间,为海峡两岸的文体、艺术、旅游、经贸合作交流作出了大量卓有成效的工作。同时以一位商人的眼光,发挥其特殊身份职务的优势,将两岸的文化同根、血脉同源与习俗相近的有利条件充分融入到历次活动中。

中国策划理论代表人物　王志纲

王志纲，1955 年 8 月出生于贵州，1982 年毕业于兰州大学经济系。他作为中国策划界的代表人物有如下定位：

策划人——1994 年下半年成为独立策划人。1995 年创办王志纲工作室，任首席策划。作为工作室的灵魂人物，是工作室理论和方法的创建者，主持了诸多成功的案例，包括广东碧桂园、99 昆明世博会、山东双月园、重庆龙湖花园、广东金业集团、杭州宋城集团、杭州天都城、贵州茅台集团、中体产业等策划项目。2001 年主持广州星河湾、南国奥林匹克花园的“华南板快”之战在地产界引起轰动，成为业界典范。2002 年 4 月创办并主持“北京财智经济战略研究院”，整合城市与区域经济方面的专家，重点从事城市与区域发展战略研究与咨询工作。

商业思想及内容的提供者——“金钱只是顺带的结果”，致力于建立具有中国特色商业思想库，并不断向此目标攀登和迈进。1996 年介绍王志纲策划经历的《谋事在人——王志纲策划实录》一书推出后，在社会上引起巨大反响，销量逾百万，并成为行业教材。1998 年推出的《王志纲工作室策划文库》——《谋事在人》、《成事在天》、《策划旋风》和《行成于思》。既有微观案例剖析，又有宏观走势把握，同时展现了智慧思维的根源。1999 年底开始创办王志纲工作室网站（www. wzg. net. cn）和中国智网，向社会提供工作室实践和研究成果，探索智力行业网络化模式。2000 年提出财智时代的论点，推动财与智的相互融合、碰撞、转换。提出“泛地产理论”，并通过实践不断充实和完善，已成为指导房地产大盘开发的有力武器。2002 年 3 月主持编著《财智文库》丛书——《财智时代——王志纲的观点》、《财智双赢》和《大盘时代——中国泛地产革命》，再次成为畅销书，并成为许多房地产企业和智业从业人员的教材。2002 年在北京创办和主持“财智经济研究院”，作为研究院首席战略家将整合专家学者，进行区域经济和城市经营，以及媒体产业的专题研究和实践探索。

社会活动家——作为中国著名策划人，经常应邀到各地、企业、大学进行演讲；被多所大学聘为客座教授，1998 年被推选为贵州省政协委员；2000 年和 2001 年应邀担任广东私企商会和广东工商联直属商会首席顾问。

【个人语录】

文化人切入到经济运作中，以产业的方式运作文化，不仅可以丰富自己的思想，体验复杂的人生，还可以把新的观念，新的信息带入现实中，以帮助那些因财富聚然升值而文化回味相对欠缺的商界巨子，从而确立文化的品格和价值，同时也以物质回报作为文化人的经济基础。

【年鉴点评】

王志纲强调策划必须有哲学头脑、经济学眼光、史学知识、社会学背景，要不就会输在起点上。志纲有关策划就象体育中的自选动作之论述同样令人折服。

注：王志纲文论见本鉴文论篇

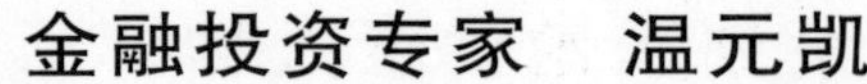

金融投资专家　温元凯

温元凯，上海人，南京大学化学系高材生。

1946 年出生

1973 年中国科大任教

1980 年出访法国

1984 年著《中国大趋势》，

1992 年出访美国；

1997 年回国，投身于中国资本市场运作，致力于金融策划工作至今。

历任中国科技大学应用化学系主任、教授兼上海交通大学、中南矿冶学院教授、澳门科技大学荣誉教授、安徽省化工学会副理事长、第六届全国人大代表。

从事化学健理论、量子化学和量子生物学等方面的教学与研究工作。撰有《离子极化的研究》等论文五十余篇，著有《原子参数和键参数分析》、《离子极化及无机化合物的性质》等。

中国著名经济学家、金融投资专家、亚洲投资论坛董事，中国改革风云人物之一，现任北京南洋林德投资顾问有限公司总裁。

在国际国内学术刊物上发表过一百多篇学术论文，出版近十种学术专著和评著，其中以《中国大趋势》、《闯荡华尔街》两部著作最为著名。2000 年主编了《资产重组案例》、2001 年主编了《中国创业板上市与投资、融资及股票操作》实务全书 。2007 年出版《牛市一万点：中国财富大趋势》。

【温元凯论述】

中国已经建国 60 年，但是中国到现在为止没有出过一个诺贝尔奖获奖者，难道中国人就那么笨吗？为什么到国外去有 6 个得诺贝尔奖，为什么我们本土建国 60 年了，媒体上讨论很多，而且我讲的尖刻一点，我作为一个科学家出身的人，近 20、30 年，几乎没有出过什么有全球影响的重大科技成果。我记得我们小时候还有人工合成胰岛素，80 年代初可能还有一点哥德巴猜想的东西，这两年你们听说有什么科学成果全国人民都知道，而且中国今天几乎找不出几位有国际影响的著名科学家和发明家，可能袁隆平算一个，解决人民粮食问题。但是其他的呢？我们有当年像钱学森、华罗庚这样的人吗？我感到这个问题是值得我们深思的。所以我非常赞同刘道玉校长的发言。

中国经济发展新格局和教育改革人才危机(节选)

温元凯

我最近在研究两类杰出人才，一个是中国的亿万富豪，一个是世界诺贝尔奖获奖者。

首先，中国经济，现在大家知道在世界上越来越厉害，去年的 GDP25 万亿，增长率 11.4%。而且，最近美国中央情报局有一份报告，因为我们知道目前中国经济世界是第四，美国 13 万亿美金，日本 7 万亿美金，德国 4 万亿美金，中国大概 3.8 万亿美金。所以 2008 年中国将超过德国，成为世界第三大经济体，五年以后超过日本，成为世界第二大经济体。华尔街高盛有一份报告，认为中国到2042年，超过美国。但是中央情报局认为这份报告，中国的GDP总量在2009年就会超过美国，成为世界第一大经济体。这就是为什么今年，西方少数人会在奥运圣火传递要利用藏独来破坏我们，就是怕中国崛起。但是我们崛起还少点什么？我们这个崛起还少最重要的一件事情，那就是人才危机。尤其是高端人才的危机。

我们的危机在什么地方？我举四方面对中国的挑战：

1. 中国大学在世界500强大学中的排行榜。我引用的是上海交大教育部颁发的是世界著名教学研究中心发的500大学量化模型排行榜，当然这也是一家之言，也不是绝对，而且这是全球第一个用定量模型评估出来的大学排行榜。武汉大学最近有一份报告和这个结论很接近，我在世界好几个名牌大学工作过，我原来在中国科技大学工作过。这是2003年度出现在第一个世界排行榜，现在牛津、哈佛的校长都越来越重视这个榜上他们学校的位置，因为这在世界上毕竟都是大家很关注的。

2. 哈佛大学有一个博士丁学良前两年发表一个很尖刻的说法，他说中国在国际上可以称得上的经济学家不超过5个人。而且他进一步很尖刻，我也很赞成，中国所有现在大学研究院、社科院，所有的所谓称得上经济学家、正教授的人，如果要申请美国前100个大学的助教授位置，我认为98%达不到。有几个人说我毫无疑问，能够在美国哪一个大学拿到一个助教授的位置，我看98%的不行。

3. 中国大学生毕业找不到工作，这是50年来从来没有出现过的。北京大学的毕业生一次就业率已经低于50%。去年出了一本书《我为什么不要应届毕业生——与11位老板和人事老板的访谈实录》。我建议教育部应该把这本书发给每一个大学生作为毕业时候的材料。而且我问过几千个老板，大学毕业生、应届生到你们企业工作，你们对他们的表现和能力是满意还是不满意，我发现90%以上是摇头。我们现在的大学生走上工作岗位，志大才疏，眼高手低，大事做不来，小事又不肯做，夸夸其谈。反过来，香港那么小，新加坡那么小，有没有听说他们一个大学生失业？他们每个人都能找到工作。这也是当前中国的教育问题。

4. 美国哈佛大学和中国北大、清华在经费和财力上的差别。大学校长无法筹资经费问题，哈佛大学现在在帐号上有345亿美金，耶鲁大学大概有280多亿，就要研究这个机制，人家为什么有300多亿美金在帐上？所以哈佛大学牛得很。

【年鉴点评】

温元凯既是经济学家，又是改革人物，因此他每每出手一定是围绕经济、体现策划。他注重青少年教育，带他们去美国；他注重终身学习，把游轮办成了商学院

中国著名策划专家　肖　天

肖天,原名赵秀杰,笔名陶冶,祖籍系安徽省淮南市,硕士学位。中国策划家协会创始人、《中国策划报》总编辑、中国策划联合会会长。

中国策划研究院荣誉院士、研究员,中国十大策划专家及银奖获得者。从教从文几十年,当过作家、诗人、记者。曾于《人民日报》、《诗刊》、《解放军文艺》、《飞天》、《散文》、《儿童文学》等70多种报刊杂志上发表作品500余件,获国内不同级别的文学创作奖12次,作品入选十几种书籍。编著出版《产业策划》、《道破天机》等专著。

八十年代末,肖天先生开始从事CIS策划工作,在国内首次倡导"管理无定法、策划无定式、创意无定则、营销无定规"的"四无"原则,被业界同仁称为"智坛怪杰"。他常以奇特、怪诞、突异的手法,成功地策划过的案例上百起,并为濒临破产的企业免费策划、点石成金。曾先后担任香港诚丰集团、澳门润森集团、安徽沙河集团、丰原集团、中国生物工程研究院、安徽省策划协会等100多家企事业单位与机构的策划顾问。

肖天的策划宗旨是:替智者"添光加彩",为惑者"指点迷津"。他强调做策划一定要有境界,不可唯利是图。他的格言是:做成功策划,交诚信朋友。

他深度参与和领衔成功策划过的活动有"国际青铜文化节"、"黄河杯文学大奖赛"、"中国首届女子保龄球锦标赛"、"国际汽车拉力赛"、"中国·希腊建交三十周年"、"铜陵长江大桥通车典礼"、"春之声春节文艺联欢晚会"、"国际经贸恳谈会"、"首届全民健身运动"、"打响华东第一枪"等项目。

一直以来,肖天先生始终无偿地奔波于策划平台的组织建设工作,被同仁们称为"策划界的组织部长",经他发起组建起来的策划平台有"中国策划学院"、"中国策划家协会"、"中国市场策划研究院"、"中国策划研究中心"、"安徽省策划协会"、"合肥市策划协会"、"淮南市策划协会"、"六安市策划协会"、"阜阳市策划协会"、"安徽省策划中心"、"中国华东策划联谊会"等机构。

肖天先生以策划事业为己任,连续六年荣获策划贡献奖。此外,他还曾兼任国际策划协会中国地区副秘书长、中国策划协会副会长、中国策划家协会总策划、中国策划学院执行院长、中国市场策划研究院执行院长、中国国际策划研究院顾问、中国华东策划联谊会会长等职务。

【年鉴评语】

肖天先生是策划领域的推进者和领跑人之一,他积极倡导"策划不分派别,合作打造共赢"的战略理念,在国内亲手奠基和组建若干个经政府批准的策划机构,为我国策划事业的健康发展做出了非常的贡献。

快速消费品实战者　肖　雨

肖雨，中国人民大学毕业。做过教师、北京市场营销主管、经理、策划、投资项目经理、新材料营销总监、品牌顾问等。

创建北京富企顾问团队，注重行业的积累和人脉的推荐。擅长以低成本进行品牌营销运作，创新零售终端品牌传播方法，曾策划北大荒绿色食品、完达山乳品等规划品牌营销打入全国各大市场；成功策划北京一家生物功能饮品的品牌规划和企业上市及山东烟台“李一味”食品国内市场转型成功。

策划经营的范畴主要包括向客户单位提供国际、国内最新政治趋势、经济势态，高新技术、行业信息、北京地区的市场报告、营销策划、团队培训、产品分销代理、谈判助理、会展布展、旅游食宿、就医咨询、公关方案、招商引资媒体联络、人才聘用、分公司选址等服务。

【年鉴点评】

肖雨选送了一个小案子，佐餐小菜“李一味”，但行之有效。国内很多小食品副食品都是这样做起来的，象广东佛山的海天酱油、凉茶王老吉，初创伊始都象李一味。快速消费品不大讲牌子，肖雨却把持住了，让消费者认牌子。

为佐餐小菜谋取大市场

肖　雨

山东烟台“李一味”食品是一家以经营腌渍小菜为主的出口企业，每年的销售额上亿元。在近年市场竞争日益激烈和全球经济危机的严峻形势下，销售额日趋下降，利润率降低。由于对国内市场缺乏信心，面对如何转型董事会及管理层举棋不定。但迫于形势的压力，终于决定在08年成立国内市场销售部，招聘几十名大学毕业生开始参加各地大型食品展销会，寻找各地代理商。结果是用了一年多的时间，参加了无数个展会，费用花二十多万，也没有培育出几个好的市场，在企业经营以定单经济为依托模式下，怎样面向国内市场转型成了面临的难题。

在公司管理层面临决择的情况下，肖雨先生作为该企业的策划顾问被邀请到“郑州全国糖酒食品博览会”，通过实地观察博览会上的产品展示促销宣传和与各地代理商进行面对面沟通。认为国内市场生产腌渍小菜的企业众多，属于劳动密集型企业。生产经营都是在农产品旺季收购后，用高盐储存在大池中，用来加工销售。这种小菜盐含量特别高，不利于人的健康，多数企业也是在最后工序配制口味。在各大超市调味品架柜上就能发现，以榨菜加工为主的红辣、油辣的丝片块等品牌名称很多，而且是“红海一片”，统称“香辣咸”小菜。

为了让这家企业的产品走差异化营销路线，肖雨向总经理建议：改进生产工序，降低小菜盐份含量，生产低盐小菜，把小菜首先推进中高档酒店、宾馆餐饮厨房，确定为“佐餐小菜”。卖点提炼为：开胃口、解油腻、助消化。就这样，几位营销业务员以每月十家左右的速度把产品打进了此地市内百十家酒店，并取得现金回款万元以上。为了提升知名度和销售量，又派出几位促销员进入酒店，帮助陈列展示、宣传卖点，免费请来宾品尝小菜，反映很不错。通过陈列展示，单店每月由几百元销售额，平均提升三到五倍，达到千元以上。有家三个店的连锁火锅城，十二月底一个月结帐六千多元。

在开拓了餐饮市场后，肖雨又提出将主要小菜品种的价格提高百分之二十。通过与谈判产品进入当地最大的终端连锁超市(十八家)的冷藏保鲜柜组，让产品形象更加突出。春节前又经过大力的促销宣传，成功推销了几个团购，小菜销售一下突破十万元。就这样，一个不起眼的小菜产品，通过在地级市场几个月的试销，很快打开了销路，进入了市场。

肖雨建议的策略是：先进餐饮走销量，渗透高端人群；后进商超，提高知名度，做到大众消费，然后全面进入华北地区的大排挡。在营销方向上：第一年训练营销队伍，巩固北方，第二年南下，走向全国市场。一家外向型企业向国内市场转型序幕就这样拉开，只要企业加快调整市场终端配送，加强营销骨干的培养，尽快完成企业体制转换，三年内就可以在国内市场打响品牌和赢得知名度。

品牌策划不是空中楼阁，一定是以创新思维研究市场，满足消费者需求，这才有利于企业资源整合的双赢。

TOHO 文化地产品牌发明者及谛造者　谢　运

谢运，全国工商联房地产商会理事、全国房地产经理人联盟常务理事、中华房商联合会营销策划专家、著名追日房地产投资决策与评价系统专家组成员及总顾问、《追日房地产投资与决策实操》主编、盈泰集团董事长助理、国家注册高级房地产策划师、2009 年度全国房地产行业十大创新经理人”。

大连理工大学房地产经营管理专业毕业后，现就读于湖南大学工商管理硕士（MBA）专业。近十年大型房地产开发企业经验，历任港资企业及南粤集团企业部门经理、策划总监、董事长助理、副总经理等职务。全程参与集团项目运营管理工作。操作项目以旅游房地产项目为主，涉及多层住宅、山水别墅、商业美食长廊、度假村、海景公寓、酒店等。

谢运先生在集团总部任职期间，操作了国际高尔夫球场、东南亚美食街、海世界度假乐园及酒店项目、东部领域等项目策划；他全面推动集团“神韵战略计划”的实施，推进集团项目开发向专业化、产业化、系列化、品牌化、专利化发展。

凭借战略发展眼光，敏锐的市场洞察力，他在实践中总结了具有独创性的“房地产项目投资开发评价”系统（追日软件）及标准、“土地运营深度价值工程原理”模式、成本监控与优化“AHP”层次模式和文化地产“TOHO”品牌模式。

TOHO 文化地产总结

形成强有力的文化产业链，这不仅是一个品牌经营过程，更是一个资本运营过程。

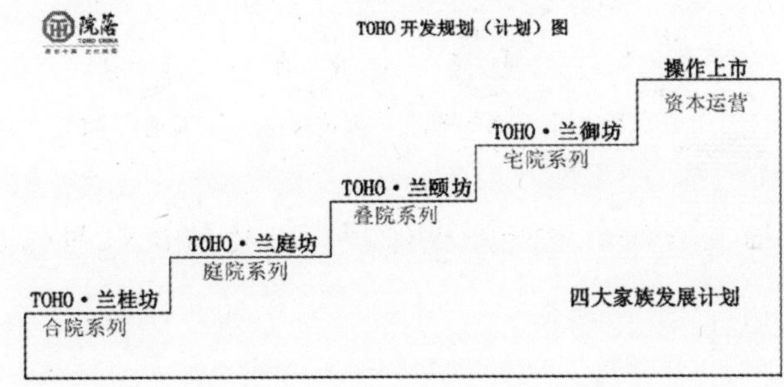

他始终坚持着先做人后做事的原则：只为成功找方法，不为失败找理由，时刻保持一种包容的心态。谢运先生以他的勤奋与智慧，谛造着中国新一代房地产职业经理人的梦想。

【谢运语录】

●任何形式的房地产策划都离不开文化力量的支撑。

●文化地产是中国房地产现阶段以及未来很长时期最高产物代表。

●市场策划不是定位在“找”、“调”而是要本着“做”。

●营销策划要依靠“心”，就像进行一场情感恋爱。

中国文化地产品牌“TOHO”模式

中国房地产业经过十几年来的发展已进入理性发展阶段,众多开发商早已在中国房地产千载难逢发展浪潮中积累了人才流、资金流、经验流。方圆地产、SOHO 中国、阳光 100 等成功例子充分说明,精细化、专业化、创新化发展道路可行。

一、原创文化地产缘由

原生文化是一个民族的根基。在经历了”舶来品”居住时代与”仿古”居住时代后,越来越多的中国人不仅意识到对于大规模复制、没有差异的国际化居住方式,应持有清醒的自觉批判。传统的中国建筑里面,虽然有非常多的精华,人们开始怀念从前的”中国人家”——秦砖汉瓦、抄手游廊、深深庭院……居住就在我们的生活之中。然而这些建筑符号,却无法将现代生活习惯融合进去。于是我们开始将中国传统居住文化精髓与西方现代生活流线,结成相辅相成的统一体,创造真正属于中国人的,具有独立文化品位和建筑品质的新生活。

二、原创文化地产发展潜力

我们将文化业、旅游业、教育业……这些产业叠加在房地产上。再辅之以资本运营,房地产企业将取得更大的市场回报。文化产业与房地产嫁接商机无限,是中国发展过程中最有市场潜力的领域。

三、TOHO 文化地产品牌内涵

“TOHO”是英文缩写,即文化院落,每户独门独院,拥有一个“占天占地”的院落,同时又区别于公寓和别墅之间的形态。在这里我们延伸出一个新定义——新中式人文院落,它具有别墅级的尊贵与舒适、洋房的品质与文化、公寓的管理与服务,它倡导院落情怀、绿色生态、科技人文、经济实用,在这里它代表一种格调、优雅、舒适、和谐的生活方式。

注:以上产品文字、图标及名称均申请产权保护!最终解说权归作者所有。

【年鉴点评】

后起之秀谢运先生将原创文化融合进房地产行业,他坚信中国文化地产发展潜力无限,开创性地创立了“TOHO”中国文化地产第一品牌,文化产业必须与中国房地产业结合,其所产生的威力将是无限的。

公关式策划家　谢恩惠

谢恩惠，一个比女人还了解女人的男人，与毛主席同乡，踏着文化大革命的惊涛骇浪，降生于湘潭一知名教育世家。生父因积极“革命”，含冤早逝。两岁恩惠便成烈士遗孤，吃百家饭长大成人。曾积极响应毛主席号召，下过乡，种过茶，比同龄人早熟，提早迈入社会大学堂。大众传播学肄业后，决定弃学从商，闯深圳、做外贸。初生牛犊不畏虎，所涉之商，处处风生水起。20岁前就已走遍大江南北，成功收获创业人生中的第一桶金。成为当时罕见的“少年万元户”。

此时，出身书香门弟的谢恩惠先生怀着早成家、早立业的理想，决心弃商从文，励志成为令人崇敬的学者儒商，为此发奋图强，屡创诸多“中华之最”、“全国第一”：

一、最早创办中国公关行业大报之一的《公关导报》，是中国最年轻的报社社长，隶属当时湖南电视台；

二、全国第一人开发城市交通图媒体做广告，带领百余位编辑记者走南闯北采编出版《中国城市商用交通图》系列城市上百个，后继弟子上千人。

三、成功组织中国第一次《中华之最》系列调查认证宣传活动；认证之最荣誉几千个，主编系列丛书《中华之最》、《香港之最》、《江苏之最》、《中华大地》等系列丛书几十本，任职于国务院发展研究中心某部门。

四、经营北京标准时间广告公司十余年，成为中国最大的资源置换广告商。

五、成功拍摄中国首部以人类理想社会为题材的影视作品——二十集电视连续剧《桃花源记》，将陶渊明理想的人类至美家园完整展现在电视荧屏。

六、创办中国首家魅文化主题俱乐部，明星名媛联谊会所——魅演会体雕纤体美容会所国际连锁机构。成为天娱传媒超女、快男、演艺明星指定体雕纤体机构；湖南影视明星、主持、模特艺人定点塑形美容会所。

谢恩惠先生专注研究女性魅力文化，是一位名符其实的比女人还了解女人的男人，他从法国引进并创办的魅演会品牌样板店，座落在明星云集、电视湘军集聚地——长沙金鹰影视文化城五星级湖南国际影视会展中心酒店内，是一所专为明星名媛提供商务联谊、特殊奢侈品特供以及私人美容、体雕、健康服务的顶级会所，坚持“至尊享受”的奢侈主义品牌路线，成为追求时尚魅力的贵族品牌，享誉“明星名媛第二个家”、“国际美容体雕专家”称号。

【谢恩惠语录】

想做的事就去做，做前想一想，来来去去浑然一体就是策划。策划无所畏，敢想就能成。

【年鉴点评】

谢恩惠少年老成，很早就能领导比自己年长、智足的人共事，且相处和睦、业绩显著。谢恩惠做什么象什么，许多事经他的手都能风生水起，令众人折服。谢恩惠策划用心，办事用谋。

提供营销路径的　熊大寻

熊大寻，中国城市及旅游策划家，某年中国十大策划人第一名，策划最高奖“金钥匙”持有者；中国策划20年十大策划专家；

著作《拳打策划，脚踢广告》、《江山入划》

熊大寻策划机构也成为中国最具影响力的十大智业机构之一，目前拥有北京、昆明、重庆、贵阳四个策划中心。

作为中国现代策划业的专家，成功策划过大理、香格里拉、昆明、石林、井冈山、南岳衡山等中国王牌旅游城市，被誉为“商业魔式策划开创者”。

【微型案例】

2003年熊大寻的《万科第二火车头——高新区地产模式》策划案，为万科找到了第二种拿地方式，2003年以后万科成功进军成都、苏州和杭州等地高新工业园，在中国率先成功形成高新地产和工业地产开发模式。

万科在这些工业园区以很低的地价拿下土地，进行万科小镇的开发，据说王石很聪明，每亩土地合同外另给当地政府五万元，为什么？因为他知道这些土地一旦路通之后，地块就会大大增值，为了避免以后政府后悔而在各方面掐脖子，所以先行仁义之举，让你无从反悔。

这套商业模式有几个好处：

一是万科以盘活园区的名义开发，在地价上可大大节省；

二是园区的三通由政府完成，在配套上又大大节约了成本；

三是面向企业进行定量开发或团购，快速回笼资金；

四是万科进园后，开发区也获得了新动力，炒热了地块，开发区可获得更高的土地增值收益；

五是政府在招商引资时就可以打万科这张牌，并以硅谷式花园环境吸引投资；

六是万科本身就可以作为招商引资成绩进入政绩；

七是万科开发的高水平住宅可为园区企业提供留住人才的重要手段，跟以往非市场化的低水平企业住房留不住人相比，一套好房子可换来人才效力十年的合同。

万科总裁王石坦言：“城市中的工业情节是万科选择地块的一个特点，从规划上如何认识工业情结已成当务之急”。万科的第二个火车头明显比第一个火车头能量更大、动力更足，已成为万科攻城掠地的急先锋。

【熊大寻语录】

凡暴利都会平均化，凡漏洞迟早都会被堵上。

策划万科(节选)

纵观当今中国的高新技术开发区，虽然实现了生活区与生产区的分离，但引领中国未来生活的高新人却普遍过着一种落后的需求型生活。其生活区无名牌开发商介入，建筑像兵营式，充其量也是落后的行列式。建筑实用而缺乏温馨、景观实用而缺乏灵性、配套实用而缺乏丰富，这是一种基本的“需求型”生活，存在巨大的向“享受型”生活过渡的需求趋势。

像硅谷一样，提升这些高新人的居住质量，也就是根本上为开发区解决了筑巢引凤、招商引智、留住人才的问题，解决了这个问题同时也就解决了盘活开发区的问题。所以，这又是一种多方共赢的“合利而动”的商业模式。用我的话来说就是“搭平台，牵线头，隔山打牛”。

从坂雪岗项目本身来看，毗邻高新技术开发区，完全可以尝试形成一种全新的极有意义的开发模式。

具体可分为几步来走：

第一，与高新区联合开发经营，开发工业地产或高新地产，将房地产开发进工业园区，彻底实现动静分区，避免工业污染。同时，让高新人享受小高层、多层、TOWNHOUSE 和别墅等多元化的生活需求，人性化地满足其国外专家、国内专家、高管、中管和员工不同层次不同享受和需求；

另外商品房也对外销售，这样不再是理科生住在一堆，文科生、艺术生等不同生活形态的人都充实进来，让人们同质不同类而居，极大满足高新人多元化的生活需求，同时更利于孩子的成长，形成硅谷式“家家庭院开花、户户小桥流水”的国际化高新区人居格局，同时也非常吻合 New town 的风格，万科只需将开发 New town 十几年的经验复制到高新区来，旧元素新组合就是伟大的创新！并且大大节省了研发和试错成本！

第二，以此为特征，形成万科“高新生活特区”的开发模式，一可以为高新区招智引才创造条件；二可以为万科赢得高新区征地与开发的政策倾斜和补贴，为万科改善一直以来较差的政府公关；三可以创造万科的第二个火车头，同时万科“高新生活特区”也是对万科造城战略的升华，其品牌的继承和发扬效应极为明显，足以在未来 10 年内支撑起万科的发展。

第三，中国现存的 3.2 万平方公里的高新开发区储备用地将在此模式下得以高效率地消化。这个数字意味着几万个大盘的量！

第四，“高新区 + 房地产”的品牌模式将成为万科独创而又具有重大现实意义的永久的品牌资产！

第五，2003 年万科可转债发行成功，给万科带来一笔长期而低成本的资金来源。新的商业模式将是万科现有的 15 亿可转债募集资金的去处。新一轮的资金与土地的互动又将启动，从这个层面来看，新的土地获取方式对于持续提升企业在资本市场上的价值和融资的战略工具意义对万科就显得至关重要了，它具有土地和资金的双重意义。

【年鉴点评】

熊大寻帮万科攻城掠地是一种发现所致，它比发明来得容易却很机巧。高新区求功急切，没有活路这种社会心态居然也成了我们的棋子，可见策划是必须要沉下去。

承诺营销策划创建者　许喜林

中国品牌经济研究院院长、匹夫集团总裁、策划大师。

1983年,刚从中南工业大学化学系毕业的这只湖北“九头鸟”便飞到了北京经济学院攻读硕士研究生。毕业不久,他来到世界500强之一的纳贝斯克食品(北京)公司任部门经理;两年之后便辞职考上了北京肯德基公司,他从最基础的勤杂工做起,从端盘子、炸鸡到打扫厕所,兢兢业业,扎扎实实,从而以每二个多月升一级的速度,从组长做到总经理助理等职接受了肯德基公司严格的商业管理培训,丰富了基层工作实践。他的策划能力在实践中也一步步地得到了考验与升华。

策划初始,许喜林平中间奇。“吃鸡只需步行五分钟”让连年亏损的华龙街KFC餐厅起死回生;明为征文实则沟通的特邀大学生参观品尝活动让中关村KFC餐厅快速扭亏为盈;“多少钱您看着给!”的促销奇招曾经轰动海内外;任金王集团北京公司经理期间,参与策划和组织实施了金王纯花粉全面上市工作,经济成果巨大;任江苏隆力奇集团广告经理期间,全面策划和组织指挥了全国市场营销工作,年销售额高达6亿元。

1996年,许喜林经过3个多月的运筹成立了“北京匹夫营销策划有限公司”,先后为养生堂龟鳖丸、天年健康睡眠产品、稀世宝矿泉水和双鹤药业OTC等产品做市场调研、营销策划和品牌建设,创新案例令人拍案叫绝。98年CCTV“我们万众一心”大型募捐义演的宣传策划成功体现了匹夫是一支能打硬仗的队伍,更是一支对社会尽责、有强烈爱心和奉献精神的智慧型企业。许喜林先生在实践中总结的具有独创性的“承诺营销策划”模式和品牌建设9S模式丰富了我国营销理论的宝库,也使众多的企业在运用中受益,得到了理论界和企业界的高度评价与认可!各种聘请纷至沓来,中国社会经济决策咨询中心研究员、中华慈善总会理事、中国高校市场营销研究会理事、北京大学清华大学和中国人民大学客座教授、中国品牌管理专家团副团长、《品牌管理》杂志社社长。

闪亮转身是许喜林先生又一精彩之举他本着策划应该与文化产业紧密相连,这样策划人就可以解决自身的生存问题,同时又可以在一个领域长驱直入。让我们看看他的这些职务就能知道他在策划、书画两栖的身份,他们是中国名家书画研究院执行院长、中国书画艺术产业联盟常务 副主席兼秘书长、中国收藏家协会理事、中国艺术大家杂志总编辑等。

【年鉴点评】

许喜林的“承诺营销策划”是在北京商品经济学院担任策划教学时提出的一个策划观点他身体力行、硕果累累,成为上个世纪90年代,在中国把营销与策划紧紧拴在一起的落地派策划家。

【许喜林语录】

1. 智慧是最好的资源,策划是最大的生产力!

2. 学好五个人就能干大事:跟周恩来学抓需求,跟毛泽东学抓战略,跟刘少奇学造概念,跟林彪学搞执行,跟邓小平学讲实际。

农产品创新营销策划创建者　许云斐

中国策划研究院甘肃分院副院长、甘肃河北商会秘书长、兰州商学院市场营销副教授。

河北沧州人,河北、甘肃成长经历丰富了他的阅历。燕赵豪情、石窟艺术、丝路文化给了他多元的底蕴。在全国最早运作河北商会、协会,积累丰富经验,广博人脉,善于在广阔时代背景,顺势而为操作项目,从基层推销员干到职业经理人,丰富了基层工作实践。他的策划能力在实践中也一步步地得到了考验与升华。同时,作为高校市场营销、营销策划一线教师,具有课题科研学术水平和教学能力。

策划操作中,许云斐平中见奇。为多家西部企业做营销管理咨询服务。先后为河北商会企业、鱼池口小商品城、黑美人土豆、亿路达物流、金川线缆、天昊乳胶漆、兴华体育、三角轮胎、甘肃鹏远煤炭、中环广场地产、广州白云山制药等诸多企业作了精彩的创意策划。

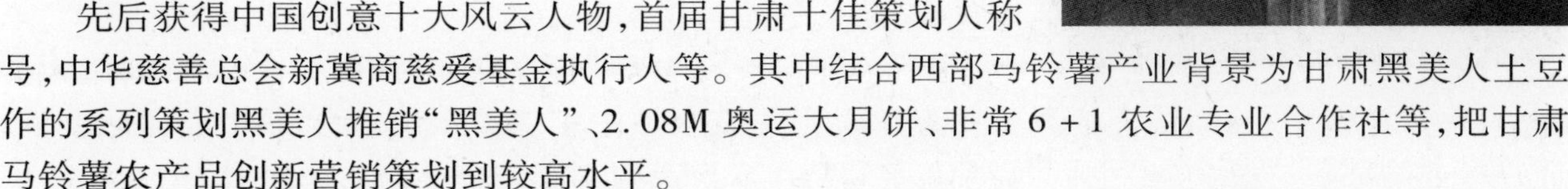

先后获得中国创意十大风云人物,首届甘肃十佳策划人称号,中华慈善总会新冀商慈爱基金执行人等。其中结合西部马铃薯产业背景为甘肃黑美人土豆作的系列策划黑美人推销“黑美人”、2.08M 奥运大月饼、非常 6 +1 农业专业合作社等,把甘肃马铃薯农产品创新营销策划到较高水平。

共识才能共事,共事才能双赢,思想激越时空,策划成就未来。营销策划活动必须和文化、时代背景、人脉资源等结合到一起,这样策划人就可以解决自身的生存问题,同时又可以在一个领域长驱直入。同时,营销策划实战和教育是可以完美结合的,许云斐先生的营销策划项目就体现了这一点。

【年鉴点评】

许云斐的“产品创新策营销策划”是在西部运作马铃薯项目时提出的一个策划观点,西部农产品领域目前还是蓝海领域,他体察细微、出手奇特,把营销与策划紧紧拴在一起,成为落地派策划家。

黑美人推销“黑美人”

【策划宗旨】:西部农产品领域目前还是蓝海战略领域,特色农产品需要创新营销策划,把农产品做的温情脉脉些,和消费者进行深入的沟通交流。

【传播策略】:黑美人土豆的展会营销

第五届中国国际农产品交易会是我国现代农业发展成果和社会主义新农村建设成功的重要窗口,要抓住时机展示自己。甘肃马铃薯产业概况甘肃省马铃薯种植面积达 98674 万亩,鲜薯产量突破 1000 万吨,占全国总产量的八分之一,实现产值 60 多亿元。马铃薯产业已经成为主产区农民增收的主要产业之一。

在甘肃省农牧厅的组织带领下,开始挖掘甘肃的特色优势,用独特的方式亮相农交会。通过盘点固有的资源和特色,决定从制作土豆墙入手,制作一面由不同花色、品种土豆组成的土豆墙,这样更具特色、引人注目,其他省市无法模仿。同时开展由非洲黑美人推介“黑美人”土豆产品展销会。

2007 年 10 月 13 日,第五届中国国际农产品交易会如期在济南市开幕。甘肃省 40 个大类 600 多种农产品,挟裹着陇原的泥土芬芳和西北人的淳厚朴实,在济南国际会展中心亮相登场,通过精心的准备,“黑美人”土豆、航天蔬菜等特色农产品吸引了中外客商的眼球。

在农交会上,甘肃省综合展区独具特色。在展厅入口处,我们用一面“土豆墙”,汇集了甘肃省不同品种的马铃薯,展示了产量居全国首位的甘肃省马铃薯特色产业。更引人注目的是,我们又请了两位非洲黑人姑娘用流利的汉语向众人介绍甘肃的“黑美人”土豆,她们是来自刚果的山东大学留学生吉米和格丽丝,给来宾切送煮熟的黑土豆,非洲黑美人推介甘肃“黑美人”,通过这种方式让甘肃土得掉渣的土豆走向国际大市场。

【效益评价】:非洲黑美人展示“黑美人”土豆,引来了参会客商和国内外新闻媒体的特别关注和追捧。在甘肃展台前面是人山人海,纷纷咨询、品尝黑土豆,现场气氛热烈。“黑美人”土豆迅速成为了农交会的亮点、焦点、新闻热点。中央电视台的新闻联播、中央二台的第一时间、聚焦三农、中央七台的生活 567、以及北京科技报、甘肃日报、山东电视台、齐鲁晚报、大众日报等 20 多家新闻媒体都进行了详细的追踪报道。非洲黑美人推销“黑美人”产品取得前期策划的成功,但企业后期没有把产品深加工做起来,停留在初级农产品环节,最终难有更大的市场作为。

【专家点评】

《孙子兵法》认为水是流动的,无形的,“兵形像水,水无常形”。现代企业要在风云多变的商场出奇制胜,就必须“像水一样灵活善变”,针对外部的情势变化而不断改变自己的策略。按照这些原则,企业要根据市场的情况、竞争对手的情况、顾客的需求而随时调整自己的营销策划策略,从而运筹帷幄,决胜市场。

结图纪事　晏　滔

文化策划　澡雪精神
人力穷　天心见
径路绝　风云通
——晏滔文化策划工作室“策划墙”铭文

晏滔，北京人文大学策划系教授，北京科技职业学院讲座教授，中国书画研究院研究员、北京写作学会研究员、中国历代服饰文化工程高级顾问，文化人类学田野考察工作者，曾任中国社会经济调查研究中心国情调研员。

【晏滔语录】

文化策划是将决策人的意图转化为可以实现的“设计”，我们的创意核心是构建“文化力”，方法论是“精神考古”，表现主题是传播力，关注主体是企业家精神与社会责任。

我们明确一点：策划对象首先是一个经济目标，其次才是决策思想的体现。

我们坚信一点：策划是个复杂系统，在技术力量层面上需要整合社会资源。

文化策划是通过文本来传达思想，揭示已经发生的未来；是通过图像和语言来传达心灵的感悟，揭示传媒的时间之箭。未来怎么可以在今天发生？文化策划重要的工作是洞察和把握已发生的变化，并从中抽象出概念，为决策人指明机会，其关键就在于采用一套系统的策略来观察历史和分析这些变化，来把握住“已经发生的未来”，。从这个意义上说：文化策划人就是“社会生态学者”。

“执行”是将创意变成让思想、技术、艺术能溶解在决策人和执行人的血液中，一目了然的了解究竟应该如何去做。策划的执行程度是商务质量的第一道保证，执行通常被认为受到很多的约束而感觉枯燥，但我们的文化策划让人在“坎普”中感受欢愉。

文化策划是决策人未来辉煌历史的“前传”，是决策人和策划人共同体的“思想采购”。

文化策划将天知地知转译成你知我知，来启迪思想、规划蓝图、解放行动、转化创意。

文化策划的行动指南是：直面变化，并使其成为文化表述的一部分；挖掘内涵，生动地描绘前景，并围绕这一景象制定衡量成功的各项行动准则；身体力行地推广新观念，直至这一“观念”成为创意转化的生产力。

【年鉴点评】

晏滔，睿智机敏的东方策划学创始人，集东西方咨询策划于一体，频频出手、每每获胜，大可战略规划、整体部署；小可亲自操刀、穿针引线，在讲坛上是个师者，在书斋中是个学者，在所有叫交往的社会场中他是个智者。

【策划档案与创作年表】

2010 年 6 月　完成“印象齐都”文化产业园规划设计；
2010 年 5 月　策划文集《晏滔玩文化》出版；
2009 年 12 月　执行主编的《中国小康年鉴》出版发行；
2009 年 7 月　发表“坎普策划”；
2009 年 5 月　发表《评关雷石窟壁画的禅观意味》、《不朽的民族精神图像——昌乐骨刻文形象考”，完成中商诚信网策划设计；
2009 年 4 月　完成东营海红港、东营现代城规化和碳汇技术服务中心设计；
2009 年 1 月　执行主编的《西方策划学》出版发行；
2008 年 12 月　理论专著《东方策划学》出版发行；
2008 年 9 月　撰写《嫦娥奔月》动漫剧本和完成商业计划书；
2008 年 6 月　论文《中国风》发表；
2008 年 3 月　评话剧《立秋》——《历史箴言与现代使命》发表；
2007 年 10 月　《太姥山碑文研究》入选国家图书馆举办的国际学术研讨会；
2007 年 9 月　完成《杨氏旗袍制作技艺研究》及申报国家级非物质文化遗产名录工作。晋剧《傅山进京》评论——《灭幻影于重光》发表。
2007 年 5 月　完成天门山旅游度假中心规划设计，及天门山个性化邮票设计。
2007 年 1 月　画作《西昆东望》在海峡两岸名家展上获金奖。
2006 年 8 月　完成《太姥山歧海区域经济大战略》规划报告。
2006 年 3 月　完成下梅村晋商茶路田野考查及历史文化名村西昆村旅游规划。
2005 年 9 月　策划并成功举办了文化部主办的首届中华福文化研讨会。
2005 年 8 月　完成中国最大寺庙群[钟山佛国]规划设计，创作电影剧本《太姥》。
2005 年 3 月　完成[中华福坛]项目规划设计，通过专家认证。
2004 年 6 月　《李白梦游天姥吟留别与太姥山说》发表。
2003 年 8 月　完成《和谐人居智能化整体解决方案》研究
2002 年以前　(略)

中国极具前瞻力的品牌营销专家　杨　兵

杨兵，中国企业竞争力促进会副会长兼品牌战略委员会主任，品牌中国产业联盟学术委员会执委、核心专家，亚洲品牌（中国）委员会专家委员，中国传统文化论坛副秘书长。北京大学、清华大学总裁班客座教授。

杨兵先生曾任“泸州老窖”集团公司首任市场推广总监、酒鬼酒公司营销副总、斯雷特管理顾问公司首席策划、天歌科技实业公司副总裁。现任华盛天成营销策划机构高级营销顾问，致力于培训并帮助各类企业和机构高效构建强势品牌，系统解决营销问题。

作为泸州老窖集团“百万年薪全国招聘高管”当年成功应聘第一人，在担任泸州老窖集团首任市场推广总监期间，全面主持策划了中国超高端白酒品牌—“国窖·1573”重新定位、迅猛突破的全国性品牌推广活动，取得了出色的市场业绩。

杨兵先生在十多年的职业经理人生涯中，长期深入知名企业内部担任要职，成功地策划、运作了一系列具有深远影响力的企业文化及品牌营销活动。曾经为服装、食品、饮料、医药、酒业、家电、家居、日化、房地产、连锁、旅游、汽车、金融、传媒、娱乐等行业的数十家企业和机构进行过品牌构建、营销咨询和管理培训服务。

多年的企业管理实践和理论探索，造就了敏锐的市场洞察力，总结出一套独具操作价值的实战经验和富有前瞻意义的创新理论。在国内营销界首倡“本能导向，形态跟踪”方法，创立了“自然—功利—道德—超越”阶梯管理理论。

【杨兵语录】

品牌就是权力

品牌能给你的产品带来溢价

品牌既是一门科学更是一门艺术

【年鉴点评】

杨兵先生作为品牌实战专家，在多个行业塑造了著名品牌佳话。不仅积累了商场实战的宝贵经验，更是不断地探索总结形成宝贵的理论依据，为更多的企业提供参考。

“国窖·1573”首开“高端白酒”先河

自打“国窖·1573”和“水井坊”为代表的“高端白酒”在市场上取得成功，“高端白酒”的巨大市场利润空间便为众多酒企所觊觎。面对纷至沓来的各种所谓“高端白酒”品牌、炙手可热的“高端白酒”现象以及沸沸扬扬的“高端白酒”市场，让我们日益关注的是：如何准确界定“高端白酒”这个概念，“高端白酒”的来龙去脉又是什么，当今“高端白酒”的成败得失在哪里，它发展的未来走势又将如何？

杨兵先生认为,“国窖·1573”和“水井坊”无疑是开启中国“高端白酒”先河的品牌,甚至把它们称为“超高端白酒”也不过分,因为直到今日,它们卖得仍然比“茅台”和“五粮液”的主流品种贵,并已赢得市场和广大消费者的广泛认可。

作为泸州老窖集团首任市场推广总监,围绕‘王者风范·国窖酒’的品名、包装和市场问题,当时集团内的不少高管发生过激烈‘碰撞’。杨兵先生认为,所谓“王者风范”这四个字,其实很空泛,难以突显‘泸州老窖’品牌的独特个性。谈‘王者风范’,泸州老窖与五粮液、茅台不能比,要体现‘泸州老窖’的独有优势需另辟蹊径。而‘泸州老窖’最大的核心卖点,就是‘老窖’这两个字背后的丰厚资源。明朝万历年间留下来的这四口400多年历史的老窖池,是经国务院认定的活的国家级保护文物,这笔财富是‘五粮液’、‘茅台’都没有的。在业内,‘老窖’这个概念既是泛指,又是对‘泸州老窖’的一种特指,这是无人可比的概念优势。

“国窖”,代表了这个品牌的身价与品位;“1573”则诠释了她历经400多年风雨的悠久历史。

通过对产品和市场进行了长达半年多的广泛市场调研,在杨兵先生的主持下正式实施全新的策略定位,2001年新版的“国窖·1573”横空出世,它在文化内涵、产品概念、瓶型设计、外盒包装、营销卖点上都进行了一系列全新定位,产品销售模式全都作了根本性调整。

一个独具魅力的概念模式。配合以‘照相机发明,你可以看到的历史;留声机发明,你可以听到的历史;国窖·1573,你可以品位的历史’这一意境深邃的广告创意,不仅深刻诠释了‘泸州老窖’独特的文化底蕴,而且也充分体现了‘名酒背后是文化’的超前概念思维。

杨兵先生并不讳言:当初正是“国宝”酒的出现,诱发了“水井坊”的横空出世;而恰恰又是“水井坊”后来的巨大成功,激发了“国窖·1573”的奋起直追。这两大“超高端白酒”品牌一直是在相互的激励当中奋力前行的。此后,“国窖·1573”在市场上的表现迅猛崛起,形象日趋辉煌。

【年鉴点评】

杨兵先生作为品牌营销的实战专家,为国产白酒产业重塑了国窖·1573这么一个高端品牌。通过挖掘产品文化内涵、突出产品概念、增强设计包装、加上市场的有效运作,使一个名不见经传的产品迅速上升到顶尖高端产品,成为商战品牌战略策划中又一经典案

旅游智力咨询服务　杨彤文

杨彤文，知识女性，同文创意信息咨询中心首席咨询顾问。精密机械的理工科背景，科技项目的开发研制与实施，系统科学观的培养，成就了思维创新的模式，形成了逻辑与形象的双重思维，为后来十余年从事的区域研究、产业研究、旅游规划与策划行业奠定了坚实的理论和实践基础。多年来工作经验，为城市和地方社会经济发展创建了一种从城市规划、旅游规划、策划、复合营销到投融资和项目运作与咨询的模式，形成了一套专业与策划相结合的智力支持服务体系。

主持和参与了从企业到城市，从宏观到微观，从产业研究到区域研究的案例。在广告产业、文化创意产业（研究、规划、策划与申报）、旅游产业、房地产产业从事战略研究、规划、策划、市场营销与经营方面取得了丰富的经验。

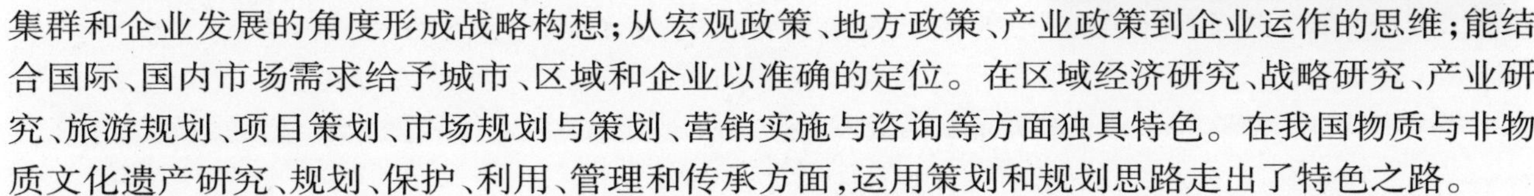

所领导的同文创意工作室完成了从区域、城市、产业、产业集群和企业发展的角度形成战略构想；从宏观政策、地方政策、产业政策到企业运作的思维；能结合国际、国内市场需求给予城市、区域和企业以准确的定位。在区域经济研究、战略研究、产业研究、旅游规划、项目策划、市场规划与策划、营销实施与咨询等方面独具特色。在我国物质与非物质文化遗产研究、规划、保护、利用、管理和传承方面，运用策划和规划思路走出了特色之路。

【杨彤文语录】

每个区域、每个城市、每个企业和个人，都有其独到的差异性和文化特色，就看你是否有一双锐利的眼睛看到，敏锐的思维想到，智慧的思想创造；更看你是否能在错综复杂的元素中，抓住特色的灵魂，分析文化的脉络，找到准确的定位，梳理出一条专业与创意相结合的逻辑主线，并将其进行深度策划和执行。

【年鉴点评】

杨彤文从精密仪器转旅游规划，这一小一大使我们想起中外两件类似悬殊特大的事：

1. 美国麻省理工学院在人文学科依样风采；
2. 中国机械工业出版社是经济类图书出版的集大成者。

福建惠安女服饰——非物质文化遗产地规划

杨彤文

【规划起源】

惠安县地处福建省东南沿海中部湄洲湾和泉州湾之间，是福建省著名侨乡和台湾汉族同胞主要祖籍地之一，有着一千多年历史的惠安，文化积淀深厚，尤以奇异独特的惠女民俗风情名闻遐迩。崇武是惠安县下属的一个镇，惠安女是集中居住在这一带的汉族妇女，由于服饰奇特，富有地方传统色彩，加上惠安女以吃苦耐劳闻名于世。惠安女服饰 2005 年纳入文化部颁发的非物质文化遗产名录。

惠安女服饰头戴黄色竹斗笠和花头巾，斗笠涂上黄漆，具有防日、防雨淋作用。惠安女身穿的“节约衫”更富有装饰性。充分衬托出妇女身上的曲线；衣长仅至脐位，衣沿是大幅度的椭圆形，使腰间五彩塑料丝裤带和银裤链显耀示人。阳光沙滩的黄色、碧海蓝天的蓝色、浪花白云的白色，大地礁岩的黑色巧配而成的服饰，称体、入时、从俗、和谐，显示出惠女健硕柔美的曲线，又体现了捕鱼农耕劳作的方便，展示了惠安女独特鲜明的文化个性和审美情趣。从“神”的层面挖掘出惠女“勤劳、勇敢、朴素、节俭”的内在品质。

惠安女服饰作为非物质文化遗产有它的地域性和独特性。作为遗产地的洪武镇，经历了600多年军事战争石头古城中的故事与惠安女服饰的联系，将是作为保护文化遗产、开发利用、合理规划和传承发展的重要组成部分。

【规划主题】

根据惠安女服饰文化遗产的特征和特性、文化遗产的内涵、福建洪武镇的地域特征和特性、根据洪武镇的区域性和形成惠安女服饰的文化属性，提出主题为：古城与女人的故事，从此延展为惠安女服饰存在和传承的根基。

【规划内容】

1. 遗产保护

惠安女服饰是一种表象，服饰的色彩和形态是惠安女人对于美的追求与向往，对于战争背后的平和与温暖情调的抒怀，女人对于自强自立精神追求的情怀。惠安女服饰重要的保护服饰和惠安女人的活性，这种活性重要诠释的是女人劳作与精神文化追求的内涵。

2. 开发利用

“保护为主，抢救第一，合理利用，传承发展”。深入挖掘惠安女和服饰文化的内涵，将其活性的惠安女精神正是保留和传承下去的根本所在。

3. 制定规划

建设惠安女服饰博物馆　成立惠安女文化研究院　联动产业发展

4. 传承发展

●惠安女服饰走向世界的服饰表演；“惠女风情”表演大奖赛等；惠安女服饰与惠安石雕博览会；服饰与石雕走出中国、走向国际巡回展；

●惠安女教育培训学校成立：服饰设计专业、惠安女服饰研究专业、女人成长专业；惠安女心理培训教育专业等；

●惠女民俗风情游：游客来到此亲自感受和体验惠安女服饰和风情民俗；惠安女音乐演唱会。

鬼才　叶茂中

头戴一顶黑色棒球帽，上缀一颗鲜红的五角星——在营销策划界，这就是叶茂中先生独一无二的标志，但叶茂中先生真正被人们所记住的，却是他那一次次引起市场轰动的绝妙策划。

2008年，他获得国家工商总局中国广告协会颁发的中国广告30年突出贡献大奖、2006年中国广告25年突出贡献大奖、2005年中国十大营销专家、2004年入选影响中国营销进程的25位风云人物、2003年中国十大广告公司经理人、2002年中国策划十大风云人物及中国广告十大风云人物、2001年中国营销十大风云人物、1997—2000年中国企业十大策划家……这些荣誉记录着叶茂中先生的辉煌，也一次次证明了他作为营销鬼才的实力。

他之所以被称为“鬼才”，因为他惯于从没有“市”的地方“造市”，从没有“路”的地方“拓路”；也有人叫他“叶大侠”，因为他行无定踪、招无定式。他先后为200多家企业进行过整合营销、传播策划和品牌设计，创意拍摄广告片1000多条，往往以新、奇、特的手段和表现手法屡屡为企业创造销售佳绩。在广告片中，他的标准只有一个：成功地把产品卖出去。在提升销量与提升品牌之间产生矛盾时，他永远会先选择提升销量。

叶茂中先生说：“有的公司觉得做广告要看长远。我却认为，短期目标与长期目标、生存与发展之间并不矛盾。没有生存就谈不上发展，我们不能为了将来去牺牲现在。”本着这个信念，叶茂中先生成就了一个又一个的品牌奇迹。

叶茂中先生认为，商业行为很像用兵打仗，是智慧和智慧的交锋与碰撞，商业就是战争，市场就是战场。双方或多方为争夺利益而浴血奋战，客户自然不能容忍拿了他银子的广告人坐在象牙塔里胡思乱想。于是，先知分子纷纷到战场上与客户一起与竞争对手短兵相接。他说：“如果在战争年代，我一定会上战场，因为我骨子里有斗争的基因。而在这个时代，只有做营销才是最适合我的职业，因为当我为客户击败竞争对手时，那种快感是无以言表的”。所以，叶茂中先生更崇尚用脚去做创意，宁做旷野里奔啸的狼，也不做马戏团里漂亮的老虎。他常把自己喻为一匹狼，因为狼是唯一一种在高速奔跑中还在思考的动物。营销靠的就是“要把鞋底走穿，要把脑筋放在开水里煮得软烂”的真本事。为了达到理想的销量，要比别人更了解中国的国情、更了解中国的消费者。叶茂中先生从不设边界，所有有效的手段都应用到抢夺市场的战役中。

“真功夫”品牌狂奔之道

——真功夫全球华人快餐连锁策划纪实

本土中式快餐第一品牌；

300余家直营门店的规模；

3天开一家店的扩张速度；

3亿元的投资资本助力；

2009年逆风狂飙，而它则继续扩大规模；

1997 年第一家“双种子”饭店在东莞诞生；

1999 年“双种子”得到了较快的发展，于是双种子决定走出东莞，先后开拓广州、深圳市场。然而问题也在这时出现了：

双种子进入广州、深圳市场遇到了很大的阻力。于是，他们想到了叶茂中先生营销策划机构。

策划机构发现“营养”是“双种子”在中式快餐品类共性中，唯一形成品牌差异化并在品类发展方向形成市场拉力的因素。

那么，“蒸”是否就是真功夫的核心价值呢？

“蒸”在岭南的饮食养生文化中等同于“原汁原味原形、不上火”。“蒸”字是个大创意，但还不是问题本质。对消费者而言，只有“蒸”等于“营养”，“双种子”才能在他们心中登陆。也就是只有将品牌价值转换为消费者最直接的价值利益点，才能更加直接、深入的打动消费者。如永和豆浆突出传统；大家乐茶餐厅倡导休闲；九百碗老汤面，口味更地道；成都小吃，更川味；兰与白干净便宜、更家常。

“有营养的中式快餐”概念在中式快餐品类中极具潜在价值，然而却仍是空白！“营养还是蒸的好”。“双种子”更名“真功夫”，并砍掉“真功夫”的油炸食品，强化了中式的、蒸的、营养的“真功夫”品牌定位，使品牌属性更为单纯。“真功夫”对于消费者是陌生的，但“功夫龙”是全球华人都熟悉的，因为“功夫龙”大家记住了“真功夫”。这个绝妙的形象资源一下子就体现出了真功夫的品牌价值，既有国际感，又体现了中华美食的本源，全新的形象显现出大品牌的气质，消费者好感度和满意度直线上升。叶茂中先生一直坚持要求真功夫只开直营店，坚持走价值成长的路线，因为直营店的空间价值是加盟店远远不能匹敌的。在连锁餐饮业，真功夫的店面数量不是最多的，但直营店的数量在本土餐饮品牌里却是绝对领先。

【年鉴点评】

叶茂中，横刀跃马影视广告、市场营销、创意策划三界，恍如上世、今生、来世，所以自称鬼才。叶茂中言语不多主意多，领衔中国影视广告制作大军，在荧屏上占有半壁江山，成为中国大学生成功创业仰慕的一代英豪。

中国旅游策划领跑者　殷海雄

殷海雄先生，生于湖南，旅游策划与旅游规划专家、博士、中国社科院客座教授、国家开发银行特邀区域发展项目评审专家、北京创景天下旅游机构首席顾问。中国旅游协会旅游景区分会会刊《中国旅游景区》杂志执行主编、中国旅游协会旅游城市分会会刊《旅游城市信息》杂志执行主编、《中国旅游报》（节庆·品牌版）主编。

殷海雄先生主持和参与了多项区域性旅游产业规划、旅游目的地规划设计以及多个旅游景区的开发建设规划、营销规划与实际操作、旅游景区招商引资策划与实际操作、旅游项目包装策划、旅游营销推广策划等。

曾被邀请为山东省、青海省、宁夏自治区以及贵阳市、淄博市、枣庄市、唐山市、周口市、海口市、固原市、苏州市、焦作市等多个地方政府和云台山、峨眉山、黄山、龙虎山、凤凰古城、玉龙雪山、八达岭长城等知名景区及北京中设泛华集团、北京中游休闲产业集团、山东黄金集团、山东中富集团、四川措普旅游集团、香港融通投资集团等旅游投资企业的旅游策划与旅游规划顾问。

殷海雄先生擅长旅游城市、旅游景区的包装策划、营销策划与执行操作。主持策划的案例有：成功推出"焦作现象"，帮助焦作旅游成为中国旅游业的"黑马"；参与主持策划推出"中国避暑之都——贵阳"城市形象，帮助贵阳旅游在2009年迅速成为市场热点；主持策划"张健横渡青海湖"活动，帮助青海旅游迅速在短时间内升温。

迄今为止，已率领团队完成了200余个城市营销、旅游策划与旅游营销、旅游规划等方面的案例。

殷海雄先生认为旅游营销策划首要的问题是需要找出旅游项目或旅游地的卖点，并对所找到的卖点进行有效包装，然后借助合适的渠道、通过合理的方法将经过提炼包装的卖点传播给目标受众；旅游策划不能局限于点子创意的层面，要跳出这种片面的思维方式，从创意组合的角度去思考。创意是解决关注力的问题，策划是解决市场与资源对接的问题。旅游策划需要融入市场和创造市场。

【殷海雄语录】

1. 旅游策划实际上就是一个编故事、讲故事、卖故事的过程，关键就在于故事情节是否能够真正对应市场需求和嫁接有效资源，同时借助适宜的通道和科学的方法将故事传达给目标受众；

2. 中国旅游营销的市场空间巨大，无论是咨询服务空间，还是执行操作空间，拟或是市场的实际需求无不显示中国旅游业仍是一片"蓝海"。中国旅游业呼唤着一个能够整合旅游营销、新闻广告传播、节事促销策划、旅游客源市场的整合营销平台的出现；

策划"焦作现象" 创新全国楷模

——以旅游营销为抓手,推动焦作城市转型

焦作曾是一座典型的资源型城市,也因资源的日益枯竭而进退维谷,营销策划成为了焦作旅游业快速发展的幕后推手,从而有效促进了"焦作现象"的形成。"焦作现象"就是以发展自然山水旅游,代替将要枯竭的煤炭资源开发,实现社会经济全面转型,并取得成功的现象。

【营销定位】

1. 旅游产业是焦作城市经济转型的主要选择产业;
2. 山水城市是焦作城市形象塑造的主要特色支撑;
3. 山水旅游资源是焦作旅游最大的卖点和特色;
4. "焦作山水"是焦作旅游的主打品牌形象和核心竞争力;
5. "焦作山水甲中原"是焦作旅游起步之际的营销宣传口号;
6. 北京市场及以郑州为中心的河南市场是焦作旅游的核心客源市场

………………

【形象提升】

整体包装总体形象,重拳推出"焦作山水"是焦作城市品牌成功塑造的基础和保证。事实上,焦作旅游不仅仅只有山水旅游资源,其拥有的黄河文化、太极文化、韩愈以及竹林七贤等名人文化、影视城文化等,如果放在其他旅游资源不甚丰富的地方而言都是独特的资源,而"焦作山水"的提炼是基于与中原地区乃至北方地区的差异化比较、与经预测确定的目标客源市场需求对应而形成的独特性"卖点",这个"卖点"的提炼蕴含了焦作旅游本身的魅力特色。因此,在一座城市品牌形象的塑造过程中,既需要全面梳理、整合属于这座城市的所有资源,也需要从专业的角度思考资源的核心竞争力、思考市场的需求特征等综合因素,才能保证所塑造的城市品牌形象具有吸引力、影响力和号召力,并按照市场规律传播给目标受众和为目标受众所介绍。

【效应评价】

在短短几年时间里,焦作旅游异军突起:连续7个黄金周接待游客人数、实现门票收入位居省辖市第一;旅游业占GDP比重由2000年的不足1%猛增到2008年的15%;实现了由"煤城"到"中国优秀旅游城市"、由"黑色印象"到"绿色主题"的成功转型。焦作旅游业的快速发展以及幕后一系列营销策划的推动引起国内外专家的高度重视,被誉为"焦作现象"。"焦作山水"作为新兴的中国旅游知名品牌享誉全国,"焦作经济转型经验"入编全国高中地理课本,"焦作现象"背后所蕴含的城市营销与旅游营销故事成为了业内外人士争相学习与借鉴的范例。

【年鉴点评】

殷海雄先生成为旅游项目的杰出策划者,其实是靠策划起家,他从旅游报刊编辑到专业从事旅游整体规划,他将创意策划、资源整合熟练运用到旅游行业,所带来的景象令人瞩目。

中国策划业最高学历者　余明阳

余明阳,1964年出生,浙江省余姚市人。浙江大学哲学学士、复旦大学经济学硕士、复旦大学经济学博士、复旦大学管理学博士后。

知名品牌专家 上海交通大学品牌研究所所长;

经济学博士、管理学博士后、广东省公关学会副会长;

中国策划研究院院长、资深策划专家;

中国市场学会品牌战略委员会主任;

中国最早研究品牌、广告与公共关系的学者之一;

深圳大学、华中科技大学教授、品牌中国联盟专家、品牌传播方向研究生导师。

从事咨询10多年,主持许多大型企业的咨询策划,被誉为"中国十大策划人"、"2002年中国十大策划风云人物"、"2003年中国广告业年度人物"等。

著作有:《品牌传播学》、《咨询学》、《博览学》、《品牌管理学》、《品牌学》、《世界顶级品牌》、《城市品牌》、《大学品牌》等。

【品牌语录】

1. 所以现在品牌的成长程度在提升,同时衰退程度也在提升。这个提升和成长当中(不二音对)的秘诀是什么,就是品质。所以品牌界一段时间,尤其是广告界的参与,通常把品牌理解为非常虚,你认为只要做广告,只要找代言人,只要搞几个活动,找点噱头就可以,实际上品牌应该是认知,它的80%是品质,它的20%是牌子。

2. 所以我们经常说的一个概念叫商标,是注册在中国商标网工商局的,而品牌是注册在老百姓心目中的,一旦你的产品跟老百姓的需求脱节的时候,北京月饼团购,那么你品牌的存在理由就没有了,这个时候品牌可以瞬间消亡。所以我想在目前这个时代,大概风格上,可以由激情走向理性的阶段。从价值风格上讲,可能从那种比较飘逸的风格,走向比较平实的回归阶段。

对国际市场不熟悉是核心差距

凤凰网访余明阳

凤凰网财经讯 2009年9月4日,第五届"2009中国品牌价值管理论坛"在北京中国大饭店召开。大会邀请全球知名品牌与本土品牌的决策者进行深度交流,探寻最佳的品牌价值管理理念、途径和方法。凤凰网财经进行全程直播。上海交通大学管理学院教授、博导余明阳接受了凤凰网的专访,他表示,中国品牌,在国际上最核心的差距,实际上是对国际市场不熟悉。

以下为采访文字实录:

凤凰网:我们知道中国的品牌,可以说跟国外的牌子还有比较大的差距,更多的知名品牌还是国外的,那您觉得中国在哪些方面做什么工作,可以弥补这个差距?

余明阳:我想中国的品牌,在国际上最核心的差距,实际上是对国际市场不熟悉。所以实际上中国品牌在本土，在很多领域已经非常有优势，比如说中国的电视机，占了中国电视机市场份额百分之九十以上，电冰箱占了百分之八十几，像微波炉基本上占百分之一百。

所以实际上在国内，应该说中国的品牌成长速度非常快，但它因为文化的差异，所以导致对国际市场上的那种影响力像 Interbrand 的全球 100 个最强势品牌，依然没有中国的品牌名字，但我们期待 9 月 21 号发布的时候，希望有中国的品牌。

这个很大的原因还是文化差异，就是当中国的产品进入国际市场以后，人们对中国产品整体原产地的烙印，就是低端、廉价的那种产品。所以我想这个改造过程有一个过程，当时日本也走了这个过程，韩国也走了这个过程，中国的台湾也走了这个过程，所以我相信未来的 10 年将会是中国品牌成长最好的时机。

所以因此这次金融风暴实际上本身是一种社会价值的回归，就是很多衍生产品，导致价值的失衡，所以现在开始回归，那么对品牌带来的影响，我想最核心的也是价值回归。品牌，品牌是品质加上牌子，它品质是基础，如果没有品质的基础，你这个牌子再天花乱坠也没用。

因此像通用汽车品牌历史非常悠久，但是现在如果你的品质跟市场的需求一旦不吻合的话，它的品牌的生存都可能受到严重的挑战。所以现在我们在讲，互联网时代的品牌成长也快，衰落也快，我们说星巴克 30 年的历史，乔治·阿玛尼也是有 30 年历史，甚至像香港科技大学只有 10 年，就可以成为全球一个很好的大学。

所以这可能是未来品牌发展的一个特点，就是能够找准它本身的含义，本身的价值所在，以它的品质作为基础，来做基本的宣传跟沟通，这恐怕是品牌的本源。

【年鉴点评】

看看余博士的学习、教学经历，你不能不佩服，这是个十足的学者；看看明阳教授在品牌方面的建树，你不能不叹服，这是个典型的专家；要是再听听余明阳的讲课你会明白，策划要学问来支撑。

高端教育主张　余润德

【润德其人】

余润德先生，具有开拓性的中国文化艺术领域高端教育培训策划专家、教授、博士，清华大学美术学院高端培训部主任，厦门大学艺术学院特聘教授、文化部艺术评估委员会委员，中国古玩商会特邀理事，2009 年兼任美国内申大学亚洲区中国学区艺术学院院长。

多年从事教育，勤于治学，对我国文化艺术人才的培养具有强烈的责任感和使命感，在文化、艺术、美学、绘画、音乐和佛学等诸多领域涉猎广博，并将之设置为高端教育课程，其中许多课程均为国内首创，培养文化艺术类高端人才数千人，硕果累累，桃李满天下。

【人生格言】

智慧的人生，就是在无目的而又合乎目的的无为境界中达到的一种从容与自由。

——余润德

【高端教育年表】

2002 年	领导商略总裁高级研修班	清华大学
2004 年	艺术设计教育与管理高级研修班	清华大学
2005 年	艺术品鉴赏与经营管理高级研修班	清华大学
2006 年	文化艺术产业投资与经营管理研究生班	清华大学
2007 年	专家型古玩鉴定高级人才研究班	清华大学
2008 年	当代艺术研究与投资高级研修班	清华大学
2008 年	佛教文化艺术与管理高级研修班	清华大学
2009 年	当代艺术管理与策划高级研修班	清华大学
2009 年	当代艺术（国画）创作研究生班	清华大学
2009 年	当代艺术（油画）创作研究生班	清华大学
2009 年	当代艺术（书法）创作研究生班	清华大学
2010 年	摄影创作研究生班	清华大学
2010 年	全国特色景观旅游名镇规划设计管理干部高级研修班	清华大学

【年鉴点评】

余润德格言充满哲理，年表清晰高端，作为清华教授足可以高枕无忧了，而作为教育策划家的他一方面把清华光环撒向人间；一方面外联“内申”充分运用名牌效应，这便是余润德的高端教育主张。

重庆青年创业者俱乐部创始人　喻卫东

【喻卫东其人】

喻卫东，毕业于西南政法大学，资深传媒与文化策划人。中央台重庆记者站编辑记者、中国策划协会重庆管理委员会主任、中国策划协会个人理事，华文媒体从业者联谊会副理事长，中国国际广播电台合作交流部驻重庆特派专员，《重庆经济观察》杂志副主编、策划总监。2009 被中国策划协会评选为"中国杰出传媒策划人"。

先后任职于政府法制部门、重庆法制报、重庆电视台。

2008 年 6 月发起组建青年创业者俱乐部，为青年创业者提供学习、交流、沟通、互助平台。重庆青年创业者俱乐部策划是喻卫东先生致力多年的传媒亲身实践与社团组织经验，他对俱乐部运营模式、赢利方法、产业工具的研究心得独到，曾为重庆多家俱乐部破茧化碟、凤凰涅磐做出贡献。

2010 年 4 月，组建重庆禾青文化传播有限公司，在重庆市大力发展文化产业。

【俱乐部策划与活动年表】

2008 年 6 月 18 日　以重庆电视台《商贾传奇》栏目为依托，在组建青年创业者俱乐部

2009 年 5 月 26 日　举办《创业大讲堂》进高校、进社区活动首场演讲活动

2009 年 6 月 8 日　与北京人力资源专家合作编写出版职业院校通用教材——《公共职业能力》一书

2009 年 6 月 18 日　与重庆多家俱乐部、高级商务会所建立互动合作交流机制。

2009 年 10 月 16 日　参加世界中文报业协会年会受到中共中央政治局委员、中共重庆市委书记接见

2009 年 11 月 27 日　受到全国人大常委会副委员长、民建中央主席陈昌智接见。

2009 年 12 月 12 日　被 2009 中国策划年会组委会评选为"2009 中国杰出传媒策划人"。

2010 年 1 月 23 日　成功策划主办"2010 青年创业者俱乐部新春团拜会"

2010 年 2 月 18 日　与重庆市委宣传部对接，策划"2010 全球华文媒体重庆行大型采访周"活动

2010 年 3 月 18 日　与重庆多所大学及企业建立"青年创业者俱乐部活动基地"、"创业培训基地"

2010 年 4 月 23 日　组建重庆禾青文化传播有限公司，与澳大利亚镜报传媒集团、新加坡联合早报、重庆享弘数字影视公司、重庆巴渝文化会馆、重庆巴蜀文化艺术研究会、徐悲鸿故居重庆磐溪书画院、重庆树深文化艺术中心、重庆鹅岭当代国学会馆等达成合作意向，正式进军文化产业

2010 年 4 月 27 日　与中央电视台财经频道《创业》栏目合作，推荐重庆青年创业选手参加《创意梦工厂》节目录制。

2010 年 5 月 18 日　策划运作"2010 迎亚运重庆—广州自行车摩托车远征活动"。

2010 年 6 月 8 日　与重庆大学总裁班学员组建的"渝商精英会"、重庆市现代经济科学研究院、重庆市民营企业家联合会建立合作关系

2010 年 6 月 10 日　积极筹建"重庆中小企业高级商务会所"、"重庆策划师俱乐部"、"重庆

策划研究院”，为地方政府经济发展出谋划策，为中小企业、微型企业与媒体合作交流搭建平台。

【喻卫东语录】

策划人生，人生策划，慧泽乾坤，智赢天下

重庆——广州自行车摩托车访革命将帅家乡远征活动（节选）

悬挂在联合国大厅的世界地图上，仅仅标出了中国四个城市的名字，其中一个就是重庆。巍峨的高山，低回的河谷，重庆以其巨大的凝聚力和辐射力，成为古代区域性的军事政治中心和重要的商业物资集散地，历千载而不衰，从容吐纳万物，化育生机。近一百多年来，重庆又经历了因商而兴、内迁而盛、改革腾飞的发展道路，从一个古代军事要隘，发展成为我国中西部的战略枢纽；从古代的区域商贸中心，发展成为长江上游的经济中心；从十九世纪的单一型转口贸易城市，成长为中国西部最大的现代工商业城市；从位居四川盆地东部的港口城市，发展成为立足中国内陆、面向五洲四海的中央直辖市。重庆在我国西部地区的迅速崛起，不论是过去的辉煌历程还是今天的日新月异，都将在中华民族的发展史上留下深刻的印记，为世人所关注。

举世瞩目的三峡工程建设和库区移民开发，为重庆发展注入了新的活力；中央直辖市的设立，开辟了重庆发展的新天地；西部大开发战略的实施，揭开了重庆加快发展的新篇章。今天的重庆正在形成越来越强的磁场，正日益凸显其气度恢宏、激情飞扬的魅力！国务院批准重庆市成为全国统筹城乡综合配套改革试验区，更是为重庆新一轮的发展注入了强大的动力。重庆全面推进经济国际化、城市现代化、城乡一体化、社会文明化、领导科学化，成为国际上有较大影响的直辖城市。将重庆打造成内陆开放高地，使重庆真正成为中国西部桥头堡，成为中国西部、长江上游的经济文化中心。

为弘扬老一辈无产阶级革命家、浴血奋战建立的丰功伟绩，并歌颂我军现代化建设的光辉成就，弘扬“双拥”精神，加强军政、军民团结，经批准，拟定于 2010 年 8 月 1 日在重庆举行“迎亚运 · 重庆—广州自行车摩托车访革命将帅家乡远征活动”启动仪式。本次活动将以举办“迎亚运 · 重庆—广州自行车摩托车访革命将帅家乡远征活动”为契机，大力宣传重庆在改革开放以来，特别是直辖的 12 年来，社会经济建设所取得的辉煌成果。本次活动途经 200 多个区、市、县，行程 30000 余里，历时 100 余天。

【活动内容】

1．参观革命领袖、革命将帅以及革命前辈故居，参观革命纪念馆和革命圣地遗址（毛泽东、邓小平、杨尚昆、薄一波、习仲勋、刘志丹、左权、彭湃等、十大元帅、开国十大将军、部分开国上将故居；革命圣地南昌、井冈山、瑞金、遵义、延安、西柏坡等）。

2．瞻仰沿途革命烈士陵园、烈士墓、纪念碑，代表重庆人民扫墓和敬献花圈。

3．拜访健在的老红军，老革命并与队员合影、题词留念。

4．与沿途群众合唱红歌，展现新重庆的精神面貌，宣传“红岩精神”、宣传“宜居重庆”、“平安重庆”、“畅通重庆”、“森林重庆”、“健康重庆”五个重庆的建设成就；推广宣传重庆相关企业的企业文化、企业形象、知名品牌。

5．宣传亚运精神，宣传全民健身，宣传“健康重庆”。

【年鉴点评】

此策划宣扬了重庆的新面貌和革命情怀，让人们对革命先辈的敬仰之情，变为建设新重庆的动力。为全国树立了继承革命传统，搞好改革开放，迎接亚运盛会的鲜活榜样。活动丰富多彩，深入人心。

创造力咨询专家 张 良

张良，被德国领导力学院院长皮诺先生称为中国最具创造力的咨询专家。

中国策划20年金钥匙奖；CEAEM认定为亚洲最权威的培训大师。任职中国兰图智业研究院秘书长、兰图智业机构执行总裁、中国城市运营团队秘书长、蒙代尔国际企业家大学教授、德国领导力学院教授、清华大学客座教授、中国创意风暴论坛秘书长、研究生导师、世界投资论坛专家顾问、凤凰卫视《商旅人生》品牌顾问、中国营销风云人物、中国十大策划专家评委、中国城市运营商大会执行秘书长、中国财富精英论坛常务秘书长、2006中国策划品牌人物、WSO世界策划组织委员、WSU(世界策划人联合会)常务理事。

张良先生创造了多个第一：国内第一个提出构建中国式哈佛培训模式、循环培训模式、系统复合培训模式的人；第一个提出创建咨询工具的营销人；第一个提出在国内建立高智慧集团军联合策划模式；第一个提出创造中国式创意，实现对国际咨询公司的超越；第一个提出咨询采用切块和连接模式。

其服务的客户包括中国移动、民生银行、鲁花集团、凤凰卫视、行者集团、西南物流、新晨科技、中科华建、蒙牛集团、汇源集团、天狮集团等诸多著名企业。

张良先生独创的总裁策略，已经被国内二十位顶级专家联名点评推荐，包含有联合国组织、人民日报、中央电视台、新华社等诸多专家。

从业十年中，咨询策划不断创新和突破，已成为策划业的新旗帜。曾操盘投资额二十多亿的项目三个，十亿以上的项目六个，五千万以上的项目十多个。在咨询生涯中，张良先生不断创造奇迹，帮助企业找到了突破点，获得业界广泛的认同。在央视网上开了创意风暴专栏，面向全国的企业进行狂风暴雨式的推广。

同时张良先生研究成果不断，论文发表近百篇。理论体系如创意方法论、总裁的终极法则等等都被全国业内广泛应用和推崇。主要课程总裁终极法则、极速营销均已拍摄制作成专题光盘面向海内外推广。

【张良语录】

1. 创意追寻不统一，另类，奇特。所有的创意和咨询，要求采用独特的方法，对方法本身要求要另类，保证高效的同时，不可以被复制，只有原创和独有的才能是高效的。

2. 策划对企业的推动要：落地细无声，与企业接轨严紧，密不透风。与企业实际结合的紧密，环环相扣，创意和执行双轨密切融合。

3. 策划行为要达到：意料之外，把控之中。奇特怪异的方法往往让人惊奇，出乎意料之外，让人振奋不已，但方法本身又便于把握和控制，一切在掌握之内。

论企业家的毁灭与重生

成功的企业家是能够把握市场情绪的，是能够刺激别人神经而不仅是吸引别人眼球的，包括他的产品、员工、企业品牌都有灵性，不论在市场哪个角落他都在叫嚣，向世人展示着非常个性。他释放的一种能量，要么让你兴奋，要么让你痛苦，要么让你怜悯，要么让你伤神，要么让你讨厌，更让人感觉迷乱和不可思义。找一个点，不断升华，造就一种超能力形象，用其作为武器不断疯狂扫描，不断获取市场的记忆力，注意力和资源力，再进入扩展循环模式。

成功的企业家很多就是抓住了市场的情绪，也就是感性的要素和非理性的外延，这让企业家领袖可以变成英雄和明星。让市场和媒介跟随其左右，而同时让其模式被一批企业汹涌澎湃的模仿着。

很多企业家不是死在产品质量不好，前期资金不足，人才短缺的传统的短缺性领域，而是死在方法体系上。当去借鉴一个所谓的成功模式，或实施推行了刚从所谓专家大师那里获取的最佳模式却带来了毁灭性的灾难，最后他们才发现，一切脱离了自己企业实际的东西都是飘渺的，都是没有价值的，反而是一种死亡加速器。

必须是首创，做别人做不到的事情未必是英雄，有时要做别人想不到的事情才能更让人惊奇。当然在心里上还必须互动，进不到别人心里不行，明星之所以成为明星是因为他可以和你进行心灵交互，企业家也一样，要与消费者进行心灵交互，要做到这点你的产品是无法胜任的，只能靠行为，产品之外的社会化的心理行为。

一是寻求让市场和消费者疯狂的方略，让消费者成为粉丝，并对消费者的生存和发展产生纵深立体化的影响，将消费者和企业融合成一体。

二是不再寻找别人成功模式，一定是原创的才会产生最大的威力。原创东西再好，关键还是要有人呼应，建立行为上的统一战线将是非常重要的事情。

三是不要一味的追寻规律，而实际上把握非常规的因素，能够更快速形成突破口。

【年鉴点评】

张良，一位从姓名就让您信服的策划家，他年轻气盛，谈吐自如，勤奋好学且才识过人，极富感染力的演讲极具鼓动性，是新一代策划家的典型代表。

玩语言的广告策划人　张大旗

尽管有一个“中国策划研究院”副院长的头衔，被中国社会科学出版社的《影响中国策划业的21个人》一书收录其中，作为策划人，张大旗先生在国内影响最大的还是在广告方面。他的一个个“盛事行销策划”，他创作的大量广告作品，他的三本影响很大的广告专著，还有他在国内许多城市、高校、企业、媒体的广告讲座，让圈内圈外太多的人认识了他，媒体对他的评价集中于这样一点：“善玩语言的广告策划人”。

张大旗先生并不是广告科班出身，不过他下海专事广告迄今也有18年了，更早时候的涉足广告则要从1982年助其兄弟所在的株洲广告公司算起。他的“科班”是语言学，拿到的是文学硕士学位，毕业以后在高校中文系埋头任教了9年。下海是冲着中国第一家中外合资广告公司金马广告去的。他虽然在金马待的时间不长，但是从此也就再没有离开过广告、营销这个圈子了。先后在广东、湖南、云南、山东以及北京、陕西、福建多家知名企业担任过营销广告和品牌形象的顾问，也在数家国内有影响的广告公司任过策划总监和创作总监，还独立做过一些重大的营销广告策划个案，为许多品牌提供过服务。

1995年被湖南省广协“广告五明星”选评活动评选为“明星广告人”。1997年出版专著《出卖天机—张大旗先生策划纪实》，引起众多书评。随后在企业、高校、媒体和营销广告圈里讲学，并继续为国内一些企业提供营销广告策划服务。被国内一些机构或书刊推为“中国十大策划流派代表人物”之一。2004年初，与人合著出版另类经济读物《细节时代》。2004年6月号《中国策划》杂志，将张大旗先生作为封面人物推出。2006年4月，个人专著《玩语言—张大旗先生商业策划创意的表现》由广东经济出版社隆重推出。

张大旗先生强调“品牌战略的核心是品牌定位，策划要解决的问题主要是定位问题”，主张“广告不在乎人人看到，但力求人人知道，高明的广告就在于它能带来理想的口传效应”，鼓吹“创意不等于表现，表现是跟策划和创意处于相同层面的另一个东西；一个出色的策划和创意不应该被一个笨拙的、平庸的或随意的表现给糟蹋了。”

张大旗先生以制造轰动社会新闻为特征的“盛事行销策划”和对创意的独到表现，更是一直为国内圈中人所称道。

【张大旗语录】

营销广告上常常见到三大误区：一是误以为新产品上市必须广告先行，而不知道公关要优先于广告；二是误以为广告就在创意，而忽略了广告的定位和创意最终还是重在“表现”。三是误以为广告要注重“到达率”，强调人人都“看到”，而不是注重“人际传播”，强调人人都“知道”。我不在意人人看到的广告，只做人人知道的广告。

你不需要把交给客户的东西写得面面俱到，不要装模作样或循规蹈矩的去做那些费力不讨好的事。既不要以为客户一无所知，也不要认为自己无所不能。你必须知道客户最想看到的是什么，其实也就是他的目标对象日后将要看到的那些广告究竟是什么模样。我的服务经常就是一纸广告而不是一摞方案，定位、创意、表现尽在其中。

张大旗手稿

关于"红绿营"

本项目的功能定位，可精确的表述为——"全国首个红木家居复合商态体验型游购园"。这一定位并非总是拿来对外宣讲的。我们需要人们知道、记忆并挂在嘴上讲来讲去的，还是品牌及其推广语。

大家都很看重品牌的取名。的确，伟大的品牌并非决定于品牌的名字，但是，绝妙的名字绝对有助于品牌的成功。我建议，还是叫"红绿营"吧（其实"红与绿"也不错）。

红，特指红木，也兼喻生意、事业的"红火"。绿，指代绿荫、绿地，天然的红木属于现代环保材料，自然也在"绿"的涵盖之中。营字，本指军队驻扎的地方，在此取其引申之义"铁桶坚固的地盘"，是"大本营"的缩称。

至于品牌推广语，我在上次所说的基础上调整为"红木大本营，绿荫小观园"。"红木大本营"，自不待言。"绿荫小观园"，则反映了入驻商家一幢幢别墅可人的景观。这一座座"绿荫小观园"就组成了红木大本营"的壮丽气势。

【年鉴点评】

大旗先生玩语言可是业内外驰名。大旗先生策划并不在于长篇大论地写什么策划书，而是身临其境、鞭辟入里直接表现策划意图，甚至是广告策划作品。看来策划不仅是表达更在于表现。

能实战的策划教授　张国银

北京人文大学策划系客座教授、中国实战派营销策划专家、管理培训专家；国家人事部高级商务策划师；美国ICQAC资格认证讲师；国际职业培训师行业协会（IPTS）资格认证授权高级讲师；国家商务部首批直销培训师；中国策划研究会企业媒体委员会常务委员；中国诗歌学会会员；世界汉诗协会会员；南京市作家协会会员；中国国际文艺家协会理事；中国文学艺术家协会会员；中国民族艺术家协会副会长。

2008年在北京人文大学策划系教授《营销策划学》、《商务管理学》课程。其深入浅出、结合实际、幽默风趣的讲课风格深受学员的喜爱。

策划案例：

2001年策划了《“寻找百岁老人”大型广场公益活动》；

2004年策划了全国性的《健康水风暴》健康饮水活动；

2005年策划了全国性的《全民健康饮水工程》启动仪式和《超级水专家评选》等活动；

2006年策划了全国性的《中国首届健康饮水节》等大型公益主题活动；

2007年策划了《濮存昕、沈力南京爱心之旅活动》；

2008年策划《首届健康饮水节》活动。

主要著作：

《灵魂之光》、《好水能治病》

《50岁登上健康快车》（合著）

《策划文案写作教程》

《备水一战——张国银营销文集》

《会议营销策划案选》等。

【年鉴评点】

张国银就是北京人文大学策划系聘请的一位有丰富实践经验的客座教授，他深入浅出，把课堂当会场，让同学们以与会者的身份感受会议营销、学习会议策划。

会议营销主题（节选）

张国银

会议营销是一种数据库营销，它是通过收集特定消费对象的数据信息，建立数据库，然后对这些数据信息进行归纳、分析、整理，并根据需求状况进行分类，确定目标消费人群，再利用会议（会议营销、茶话会、联谊会等）的形式邀请目标消费人群参加，进行有针对性的销售的一种营销模式。

一般而言，会议营销由会议前营销、会议中营销、会议后营销三部分组成。会议前营销是收集消费者有效数据，然后通知（邀请）目标消费者到会议现场；会议中营销是在会议现场运用各种促销手法，进行促销活动，尽最大的努力去激发目标消费者的购买欲望；会议后营销是将参加了活动的目标消费者进行再次筛选，确定名单的有效性，做好会议后的营销跟进工作。

会议营销的会议举办一周前必须开始进行会前策划，会前策划制定的责任人一般为会议营销公司的企划经理或分公司经理；若是举行全省或片区联动的大型会议，责任人则为公司营销中心负责人或分管服务营销的副总。

1. 精心策划会议营销主题

会议营销的主题也叫会议营销的卖点、炒作由头。会议营销的卖点要从顾客角度出发，顾客需要什么，就应该策划什么卖点。会议营销主题的确定一定要建立在调研的基础上，探求具体市场环境下的顾客需求，不能不分时间、不分地点地千篇一律。会议营销主题要鲜明，不能多而杂。主题可以不只一个，将下面几种方式互相结合，穿插进行，但不能互相干扰。

以下是会议营销活动确定主题的几种方式：

(1)庆祝节日：利用老人节为中老年朋友召开会议营销，利用教师节为中老年教师举办活动，如七巧节为老顾客举办金婚银婚纪念仪式。

(2)专家讲座：某专家是某方面的权威专家，难得到这里来，这一次是千载难逢的机会。这个卖点主要针对公司刚刚开始认识了解、对公司产品还没有购买欲望的新顾客，这也是会议营销最重要的卖点，对新顾客没有什么心理压力。

(3)旅游：某一个景点刚刚投资建成，具有什么什么特点，利用这个机会去参观一下，这个卖点主要针对对中脉产品有一定兴趣的顾客，他们有初步购买意向。如某某公司 2007 年 10 月 7 日的会议把去“天下第一城”旅游作为卖点。

(4)专家咨询免费检测：到医院做同类身体检测需要 * * 元钱，而我们是免费的。这个卖点主要针对新顾客。

(5)产品优惠：平时卖某产品需要多少钱，在会议营销上会有什么优惠，会有什么赠送。这个卖点主要针对购买过公司产品、或已有购买欲望的老顾客。

(6)老顾客谈体会：明星老顾客谈体会，带动已经对产品心动但仍没有把握的顾客。

(7)明星来访：比如某某品牌的形象代言人、某某当红明星等出席会议。这个卖点针对那些比较活跃的顾客比较有效。

(8)其它：如利用为一些老顾客过生日、老顾客金婚、银婚庆祝等举办会议营销。

注意：站在公司角度的话题不是卖点，不能作为邀约的由头，如某某品牌获得中国最具价值品牌，顾客对此没有兴趣，它只能作为会场宣传口号。

深珠港澳穿行　张海军

张海军,1964年出生于四川,毕业于西安交通大学。现任中国国际贸易投资促进会常务副会长兼秘书长、中国国际联合传媒集团CEO、澳门.商报网总裁、孙中山国际基金总会广东省分会秘书长。

2003年在清华大学信息工程学院学习MBA课程,与上百名全国同学友好往来,结成一幅遍布全国、涉及工农学商的社会关系网。

本人对工作勤勤恳恳、任劳任怨,责任心强,在二十八年的相关本职工作岗位生涯中,一切以服从国家、民族、社会的需要、为人民服务。曾多次获得国家部委、工作单位的表彰和奖励。其中,1999获团中央、国家劳动保障部的联合表彰《全国青年创业带头人》称号。熟练地掌握本职工作中的科学论知识、科学管理程序和科学管理技能。曾先后在多家行业权威媒体上发表了多篇学术论文等。

时下,服务于澳门商报网,任总裁,将港澳经济信息与深珠人力资源揉为一体,开展了一系列有益于四地经济、跃然于活动表象之外的经济活动。

张海军是北京俱乐部百脑会深圳办事处领导人,运用北京资源、挑战更高层面的商务俱乐部正在酝酿中。

【张海军语录】

商报是一扇旗帜,网站象一座城池,把两者结合好了,旗帜总在城头上飘扬。我不仅要守好城市还要开放城市。

要闻

澳门人士拟在川筹建"纪念澳门回归十周年小学"

澳门商报网

由澳门心脏基金特制《澳门回归十周年金邮茗茶纪念册》近日将限量发行,为汶川大地震绵阳市重灾区筹建"纪念澳门回归十周年实验小学"作义卖筹款。

澳门心脏基金一直十分关注去年的四川汶川大地震,当时曾筹得善款澳币共拾陆万元。同时趁澳门回归十周年之志庆,打算为四川省绵阳市筹建一所小学,定名为"纪念澳门回归十周年实验小学"。为筹备兴建该所小学之经费,澳门心脏基金获澳门邮政局批准并得澳门热心人仕出资赞助,发行《澳门回归十周年金邮茗茶纪念册》共2,000套,将义卖澳门回归十周年珍藏金邮票及普洱茶饼,每套义卖价为澳门币2680元整,并随义卖之时印刷澳门回归十周年的纪念珍藏册子,册子之内容为宣扬澳门特区回归十年之变化。

是次澳门心脏基金发行之金邮票,参照澳门特别行政区邮政局于2000年12月24日特别发行之《澳门特别行政区成立一周年》纪念邮票。这是澳门特别行政区第一次采用中华人民共和国国旗为主体设计，图为澳门特别行政区成立之典礼场面及中央人民政府送给澳门特别行政区之回归礼物“金莲花”图案，澳门心脏基金沿袭澳门邮政局这一特别式样，发行了澳门有史以来首套慈善金箔邮票。此次亦邀得余汉钊会计师审核全盘账目，所有义卖收益将全数捐赠四川灾区筹建“纪念澳门回归十周年的实验小学”，并将所有捐赠者芳名刻于“纪念澳门回归十周年实验小学”纪念石碑永志留念。

澳门心脏基金主席朱泽霖以澳门早茶款待四川学童和老师，本网总裁张海军作陪。

昨日，来自绵阳市游仙区的两位六年级同学和领队张老师，参加了有关新闻发布会。并应邀到澳门岭南中学与同学们进行了一场别开生面的交流会。两位灾区学童生动描述了去年5—12地震发生时，同学们如何逃生的情景，以及地震后如何在艰苦环境下，坚持复课努力学习的经过，引起澳门学生极大的反响。

【年鉴点评】

张海军从一名职业新闻工作者身份，关注时事政治、关切国计民生，对汶川地震更是念念不忘，将邮票、茗茶、学校揉在一起进行公募，尔后将善款运用恰当，成为佳话。

创意产业推手 张合军

张合军，天津市创意策划研究会、天津市创意产业协会秘书长，1994 年任天津市旅游实业公司总经理，旗下有酒店、旅行社、物业管理等多个经济实体，其突出业绩为曾代表市政府和市旅游局参与并承办第 43 届世界乒乓球锦标赛、天津市首届啤酒节、天津市首届北塘海会、三届天津国际酒店设备展、天津市首届饺子文化节等十几项市级有影响的大型活动。1997 年又兼任天津市旅游局驻北京办事处主任。他有着丰富的管理经验和组织能力，具有较强的开拓进取和团队精神。

2000 年底，他最先发现即将被拆解的"基辅号航母"购入天津后，即上报局领导并提出建议，促成市旅游局呈文报市政府力阻拆解"基辅号航母"。并将其运用于开发旅游项目，其间，合资组建了天津国际游乐港有限公司，担任副总经理，主管策划和武装保卫，后又组建了天津国际游乐港管理服务有限公司，担任董事长，他从航母改造旅游景点的立项、保留、变性；选址、征地、规划；推行、运营、管理，亲身经历全过程。06 年告别有形航母，组建天津市创意产业无形航母。

2007 年，张合军组建了天津市创意策划研究会，他把创意策划用市场化模式来运作。2009 年初，他创办面向创意产业的专业杂志《创意时代》，开通了"创意策划网"。

2009 年，他依托天津市发改委，发起成立了天津市创意产业协会，被推举为秘书长。上任伊始，他做的第一件事就是承办了天津首届创意活动周暨"京津沪渝"四直辖市创意产业联席会，会议成功地举办被与会代表称之为"机制、体制上的创意"；2010 年上海作为第二届四直辖市创意产业联席会的举办地，标志着中国创意产业区域化建设从天津开始延伸。

2010 年 4 月，中共中央宣传部等九部委联合下文"关于金融支持文化产业振兴和发展繁荣的指导意见"后，张合军又引入了在全国金融界支持文化创意产品做得最有业绩的北京银行"创意贷"产品，促成北京银行天津分行与天津市创意产业协会合作，成功地举办了北京银行天津分行推动天津市文化创意产业发展合作意向签字仪式，组织了 150 多家文化创意企业到会参加。全面地拉开了金融机构支持天津文化创意企业的序幕。

如今，张合军全力投入大学生创意创业，这个事业一举二得三获益，一举为大学生创意创业；二得为大学生得工作，企业得人才；三获益为学校获释放、家长获解放，社会获开放。在他的引导下，天津凌奥创意产业园"青果园"基地、南开大学创业实践基地已成为大学生创意创业的示范基地，张合军主编并出版的《大学生创意创业》，使着数以万计的大学生获得了创意创业机缘。

【张合军语录】

大学生创业面临十分艰难的局面，越是艰难越要挺住，既是创业，何不创意创业。大学生不要去与劳动大众抢岗位争职业，要用头脑创业。

创意策划虽然只是智力行为，但它能创造直接的社会效益与经济效益，它可以改变一个项目、一个企业、甚至一个城区的命运。

谁策划了基辅号航母军事主题公园

“基辅”号航母——前苏联海军北方舰队的旗舰，“基辅”级航母的首制舰，舰长273.1米，宽52.8米，标准排水量3.6万吨，满载排水量4.05万吨，吃水10米，航速32节，搭载飞机33架，舰员1200人。是世界上第一艘搭载垂直起降战斗机的航母，曾被西方誉为“海上雄狮”。

1970年1月建造；1975年12月服役；1993年1月退役。报废出售前，俄军方将舰上的动力、通信、武器装备及生活设施系统全部拆除。

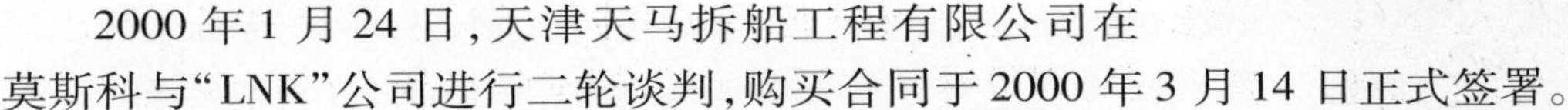

2000年1月24日，天津天马拆船工程有限公司在莫斯科与“LNK”公司进行二轮谈判，购买合同于2000年3月14日正式签署。

2000年11月，张合军从天津天马拆船工程有限公司王玉才总经理口中得知，他们与俄罗斯国防部物资与对外联络局经历了三轮考察、谈判近日达成协议，以300万美元的船体价格，以废钢的用途，购买了前苏联“基辅”号航空母舰。

航母是拆船公司买来用于拆解废钢铁的，他们会计算航母上的废钢板和有色金属值多少钱，而不会想到用航母搞旅游、在汉沽八卦滩征地做旅游地产开发更赚钱。是谁首先从废钢的铁锈味中嗅出了航母的价值？让这个默默的钢铁巨人，从战争利器变身为人们欣赏娱乐的大玩具。又是谁历经几多艰难从废旧钢铁到旅游观光用船的变性？身后隐藏着鲜为人知的故事。而他的真正始创推手，便是天津点子大王、著名策划人张合军先生。

中国有航母了？人们将信将疑——消息是否属实？航母什么时候能到天津？是否可以上船参观？数以百计的电话、五花八门的问题……连线到时在天津市旅游实业公司总经理张合军的办公桌上，有投资眼光的商家询问可否将他买去做海上旅馆，看好航母开发旅游价值的老板主动上门找到张合军，要求出资成立基辅航母旅游开发公司……。

2001年8月29日15时40分，天津港南疆码头锣鼓喧天，鼓乐齐鸣，天空飘扬的彩带和各式的氢气球悬挂着祝贺条幅。近千名各界人士和群众像过节一样涌向码头，翘首争看从俄罗斯拖来的庞然大物——“基辅”号航空母舰。

2004年5月1日，“基辅”号航母军事主题公园试营业并投入运营；

张合军投入航母旅游项目，没想到奠定了他成为策划生涯中最轰动的旅游地产和资本运营的经典案例。航母的情节改变了张合军后半生的职业道路，从此，他选择了职业策划，不知是他改变了“基辅”号航母，还是航母成就了他？如今，基辅号航母军事主题公园已成中国北方最具特色的海洋旅游项目，也成了天津滨海新区的一张旅游名片。

【专家点评】

张合军认为，创意策划首先要为经济服务，只有那些助推经济发展、提升城市功能的创意策划才是有生命力的。基辅号航母军事主题公园的成功策划再一次论证了这一命题。

“基辅”号航母行将被拆卸的关键时刻，张合军发现并挽救了基辅号的命运，把一堆废钢铁变成了财富，充分使用创意与策划合用的能量，成为不可多得的经典案例。

闻风而动 张闻素

张闻素,笔名素素文章,经济学硕士,博士在读,先后就读于安徽财贸学院、河北大学、清华大学。创建刊物创办并总编城市杂志《36524》。

专访并撰写关于张朝阳、李书福、靳羽西、李阳、陈放、陈鲁豫、陈伟宏、潘石屹、于红岩、席殊、于敏洪、陈娟红、王姬、石滋宜、求伯君等诸多公众人物与实业家作为封面文章;多次组织大型新闻发布会并主笔新闻通稿,兼任中国改革报理事会副秘书长;与北京奥组委志愿者部共同主编《世界女垒锦标赛志愿者培训通用教材》、主编北京首都国际机场英语培训教材及奥运英语培训教材;曾全面负责中国残奥会与中国残奥代表团市场开发、主持并统筹策划"中国残奥会、中国残奥代表团市场开发说明会"、中国残奥会、中国残奥代表团捐赠签约仪式、第十二届残奥会中国代表团庆功晚宴、曾负责2005年国际欧洲级帆船世界锦标赛与2006年国际470级帆船世界锦标赛市场运营全案策划并长期兼任长城国际游艇北京俱乐部有限公司国际合作顾问;成功策划并协助2008年北京奥运会语言培训供应商入围奥林匹克市场开发体系,在此基础上协助该机构与法国大使馆达成"巴黎—北京"法语推广中国计划项目合作;与清华大学、国家体育总局、北京奥组委相关部门、国内外著名奥运咨询公司长期合作。

协助国内著名出版社为其2009—2010年度著名财经图书《第N种危机》《幸福的决定因素》《中国流》《跨文化管理》《谋生记》《生死华尔街》《当幸福来敲门》《软能力》《猎眼看人》等著作进行权威媒体发布,为《第N种危机》近百万元影视版权打造继《杜拉拉升职记》之后的再高再强职场力作推波助澜。学术著作《重建圆明园》出版在即。

所创办的北京太平洋视线文化传播中心清华大学银行家培养计划BDP战略合作伙伴、浙江横店圆明园重建项目融资募捐顾问机构、清华大学出版社财经图书指定媒体发布机构。

职场小说新门槛

张闻素

职场小说,眼下已成为与爱情小说同样重量级的永久主题,随便到书店逛逛、到网上搜搜,便可检阅到职场小说无数,《杜拉拉升职记》、《水煮三国》、《小强求职记》、《创始人》、《谋生记》、《第N种危机》……爱情小说少了,职场大作多了,附庸风雅虚无缥缈的情事少了,脚踏实地谋生创业的打拼多了,琼瑶、张爱玲们的子虚乌有的情感幻想作品少了,李可、宇阳、王强、叶耘等作者们的写实作品多了。

只要有职场,只要还有被称之为工作的称谓,就有职场小说,就如只要还有婚姻和爱情就永远存在爱情小说一样,职场小说,如雨后春笋,成批成批地茂盛地产生了并且还在以更快的速度和更好的质量产生着。

殊不知,职场小说也是按读者群分等级划门类的,如普通职场白领看《杜拉拉》,初涉职场和欲独自创业者看《谋生记》,外企管理人员看《第N种危机》;第二个门类是收入等级的划分,二三十万年薪左右甚至以下者看《杜拉拉》，百万年薪以上者看《第N种危机》，创大业做大老板者看《创始人》，大学生创业者看《谋生计》。

在所有的职场小说中，最有范儿的、文字最美丽的、故事最曲折离析的、场景最华丽的、最富于想象力的当属《第N种危机》，因为本书作者把世界着名的魔兽画手、活跃于国际漫画界前沿、执笔《超人》、《星球大战》等影片蓝本创作的一线漫画家、法国安古雷漫画节特别大奖获得者、中国现代漫画“四大天王”之一、享有亚洲漫画“第一版税”称号的郭竞雄都请来了，为书中部分人物及场景量身打造超酷视觉盛宴。

虽是小说，却是大手笔，这是《第N种危机》呈献给读者们的阅读感受。书中经常提到的着名时装服饰品牌、以及外企高级白领经常的消遣方式，也为大众读者上了一堂时尚课，所描述到的世界500强公司斥巨资打造的市场活动和一系列剧情的展开，其场地的选择都呈现了一个“不差钱儿”的跨国公司大手笔和大气派，动不动就把市场活动做在钓鱼台国宾馆、人民大会堂、西藏拉萨的布达拉宫等等，先不要说这些场地的高贵、奢华、权威，单是这些地名儿以及跟这些地名相关的简单景致就让广大读者大开眼界，更不要说在其中展开的缠绵悱恻的职场故事和情感细节，在华丽奢侈的职场和市场背景的衬托下，一波三折，既令人神往不已，又令人扼腕不已、赞叹不已，非常养心。

再说其中的主角人物，动不动就是外企高级金领、银领、白领，要不然就是国有大公司的总裁和夫人、秘书、女朋友，少年有成，男一号二号们绅士风度，女一号二号们则淑女窕窈，职场白领们读着读着肯定会说我不想做杜拉拉了我想做柴扉，甚至想做女二号路雪伦，甚至希望自己也是嫁不出去的“剩女”，因为书中的这个剩女太美丽了，甚至我们还可以抱着原谅和理解的心情来体会那些有“小三儿”的男人和老婆们的感受以及“老公终于回家”的峰回路转，这些角儿们在这部书里唱着对台戏，才子佳人，来来往往，非常养眼。

字里行间，从语言风格上，这是一部“京味儿”十足的京派小说，每场对白每个心理描述都好似在聆听着“老北京”们的调侃，幽默、大气、拐弯抹角儿地说话，骂了你半天还以为是夸你呢，不留痕迹的诙谐又不失稳重权威，通篇充溢着皇城根儿的大家气派。这也是一部“洋味儿”十足的京派小说，似乎你在听着一个学识丰厚、出过国做过大事业、见过大世面而且洋文流利的“老北京”讲故事。

【年鉴点评】

如此水准的职场小说，目前还非常罕见，可以说《第N种危机》给职场小说设置了新门槛。

一直被模仿，从未被超越。这是哪个大牌的广告用语？

尽管如此，我们还是希望职场小说在雨后春笋的境界之后便是芝麻开花儿，节节儿高。

T 台的中国人　赵彩江

赵彩江，生于安徽芜湖，中国人民大学中文系毕业。

【个人年表】

1989 年—1990 年在新华社当实习记者；

1990 年—1991 年在香港经济报当记者(驻港)；

1991 年—1992 年在广州联络处当记者；

1992—1996 年在新华社《参考消息》海南旅游版任主编

1996—1999 年在《中国证券报》海南记者站任主任记者；

2000 年—2006 年在《旅游卫视》旅游专栏做制片 栏目总策划；

2006 年—至今任世界华商联合会副秘书长、《世界华商》杂志社执行社长，高级记者、世界华人企业家协会副秘书长等；

2007 年—至今 任世界华商投资(集团)股份有限公司副总裁；

2007 年—至今 任世界华商(北京)广告有限公司总经理；

2001 年始创建鳌(文)龙文化传播有限公司任董事长、总经理；

2002—2005 年三届世界小姐活动中任旅游卫视(主播)策划、外采记者。期间策划、承办三届黎苗服饰小姐大赛、椰岛公主大赛、博鳌小姐大赛、中国太太、亚洲太太大赛、亚洲国际婚庆节、中华伉俪评选、亚洲伉俪评选、亚洲博鳌文化节、第二、三届中国策划大会，国际铁人三项赛、警察汽车拉力赛、世界名模评选活动、中国名模评选活动等系列活动等。

参与协办世界家庭峰会、21 世纪亚洲房地产论坛等系列活动。

发表诗歌、小说、散文、剧本 280 万余字。

曾荣获十佳记者、短篇小说创作奖、电视短剧创作奖、黎苗服饰永久策划奖、中国品牌十大杰出策划人、世界品牌策划人等；十项知识产权始创拥有者。

【年鉴点评】

赵彩江是一名新闻记者转战到策划行业中的策划人，因他从事新闻记者多年，拥有非常独到的眼光，从嫁接多方资源成功举办世界小姐选美，到少数民族选美的惊艳震撼，从世界到民族一路走来，体现了他的才智，此后他又突发奇想办了亚洲太太选美，这是一件前无古人的赛事，如果说之前的小姐选美让所有未婚男人垂涎，那么亚洲太太选美则让所有已婚男人后悔。

怎样选太太(节选)

赵彩江

天降大任予策划、亚洲 T 台炫中华

2002 年世界小姐在经历骚乱国参赛，所有参与者在恐谎中渡过(当时有中国参赛选手，且还获得大奖)，作为当时的一名中国记者突出蒙生了一个念头：是否可以把世界级的这一美丽赛事引到平安如家的中国呢?!

2003 年 11 月 11 日，第 53 届世界小姐 106 个国家的 106 位佳丽，果然如期从中国的香港飞抵中国最南端的三亚凤凰国际机场，并开始了为期一个多月的巡回赛。

"有目的美"，让世界为之震惊、让亚洲为之骄傲、让中国为之自豪，全球 160 多个播出电视台 70% 的为直播，旅游卫视直播 3 个多小时，20 多亿人首视盛况。中国三亚年度专项旅游突破 10 多亿（人民币）收入，让旅游行业为之狂喜、让分管旅游的领导闻之惊奇，美丽赛事从此如春笋般在中国大地兴起……

2004 年 1 月，中国黎苗服饰小姐大赛在海南香水湾举行；

2004 年 11 月，亚洲太太之中国太太大赛也在延生世界小姐的三亚和中国 12 个省市举行；

2005 年 11 月，第二届亚洲太太之中国太太大赛在北京举行。

2006 年 6 月，博鳌亚洲小姐大赛在博鳌亚洲论坛举行。

2007 年的亚洲太太大赛 · 亚洲国际婚庆节即将举行……

然而，这一切的一切，历史将一定铭记把这一美丽赛事引到中国、并在中国发扬光大、延伸范围的无名记者、并且另外策划填补历史空白的中国太太、亚洲太太大赛，他——就是本篇文章的主人公……

当时你是怎么联想的？

从审美角度和地域文化，首先要看到它的价值和市场定位、最让我们感到不服的是：若大的中国十几亿人，没有自己叫的响国际的品牌赛事，因为西方的美跟东方的美不同，尤其是频具代表东方中国的女性美、和在中国的安全朴实美，都沉淀寂寞在哪里，我们一定要有自己的品牌活动和赛事来表达展示她们，让世界感到所有的不同。

体现在主要方面？

东方的健康美、纯朴美、自然美、更重要的在心灵美，其中也含安全美、因为有的西方美女是在骚乱、战争、恐怖环境中，包头包脸上街的，在中国，只要你站在城市大街上，什么样的美女都可清楚地看到，环境美也很重要，而我的策划的要表现的是些更普遍、从来没有人表现过的健康自然美，代表中国几千年的东方美，有难度吗？包括世界小姐引到中国的过程。的确很难，因官方不能通过，国内几大城市不能通过，历经半年之久，只好由模特公司擦边进行。

公关策划　赵有才

赵有才，吉林人，吉林市公共事业的开拓者和组织者之一，全国公关界知名的策划人，被业内人士誉为“策划神手”。北京中集视点影视策划有限公司总经理、制片人。中国国际青少年艺术节、中老年艺术节、世界华人艺术节组委会副主任兼秘书长；全国青少年春节电视联欢晚会、全国中老年春节电视联欢晚会、世界华人春节电视联欢晚会总策划、总制片人、出品人。

1982 年至 1988 年担任沈阳铁路局吉林材料总厂电视大学辅导站教师、吉林市科学技术进修学院公关企划部主任、《江城晚报》专刊部广告部主任。

1988 年 4 月 20 日，创办吉林市第一个公关讲习班，成立吉林市公关联谊会；创办吉林省东方公共关系公司，成功策划了“中国华丹啤酒节”、“第九届全国冬运会”、“中国吉林雾凇冰雪节”、“中国长白山公关研讨会暨东方公关报首发式”等大型活动，荣获“吉林省荣誉公关先生”称号。

曾担任中信集团兴业长春公司、吉林鸿达国际咨询公司、天普实业发展有限公司、沧州东星实业有限责任公司、天津鑫朗贸易有限公司的策划总监。

1990 年创办了吉林省“珲春公关培训基地”，创办了东北三省第一份公关专业报《东方公关报》任社长、总编辑，出版《公关知识问答》、《中国公关效率手册》、《公关培训教程》等书籍，在公关界产生一定的影响。

1996 年被编入《中国公关大辞典》、《中国公关人名辞典》。

1997 年荣获“全国十年公关奉献奖”。

1998 年在北京创办集影视策划、公关策划、信息咨询、技术培训和创意设计为一体的北京中集视点影视策划有限公司。

先后发行电视系列专题片《呼唤》、《健康救助在中国》、《姜昆大山侃上网》、《中华小当家》、《中国牛王》和电视节目《中国电视基尼斯》、《财富》、《环球 IT 报道》、《互联生活》、《历史性跨越》、《流行焦点》及电视剧《等你说爱我》、《做男人挺累》、《家族照片》、美国《西可可路一号》、韩国《浪漫风暴》等。

成功举办首届中集影视长安老窖杯电视歌手大赛；编辑出版《中国电视节目主持人年历画册》；策划拍摄制作发行的大型电视记录系列片《探寻古村落》、《中国文化游》、《中国民族文化》、《世界文化遗产在中国》、《中国收藏文化》、《岁月如歌》等文化遗产专题纪录片。

【年鉴点评】

赵有才多才多艺，因此在策划、文艺两栖，两方面都取得不俗的业绩。办艺术节是件挺繁杂的事，而赵有才会做不费力，说到底还是公关路子宽、策划底子硬。

精准实效策划新概念　周贵玉

周贵玉先生，作家、策划家、发明家、资深广告人，精准实效策划理论的倡导者和实践者，中国品牌管理专家论坛讲师，现为《青年文学家》杂志社总编辑，北京天下才俊文化传播公司董事长。

周贵玉先生及其团队共为一百多家企业和品牌提供过市场调研、营销策划、大型公关、媒体代理等服务。

周贵玉先生提出并积极实践精准实效策划理论，并针对市场细分理论，打造对应产品，尤其是十年潜心研究酒类市场，拥有以酒类为主体的，外观设计，实用新型专利100多种。

策划理念：只做实效策划，反对因循守旧，杜绝表面文章。把策划力转化为生产力，坚信市场精准产品细分将成为企业及策划业的必由之路，决心在近年携策划思想和专利产品掀起中国酒业的策划风暴。

【周贵玉策划年表】

1995 年　连续三年黑龙江齐齐哈尔市观鹤节
1997 年　香港回归百米书画展
1998 年　首届冰上婚礼
1999 年　首届“长虹杯”诗歌大展
2000 年　夏日浓情百事可乐系列促销活动
2001 年　首届“关东情缘，雪鹤之恋”达族民族婚礼
2002 年　抗癌勇士万里行活动
2003 年　中国妇联半边天工程
2004 年　首届“蒙古红杯”健美大赛
2005 年　首届魅力鹤城 · 龙沙灯会等
2008 年　移师北京打造青年文学家“航母”
2009 年　《青年文学家》杂志改版
2010 年　与中国策划家年鉴社会合作从事大学生创业

中国妇联半边天工程小试

就业问题一向是各级政府关注的民生问题，尤其是工青团妇各级组织也把各自针对群体的就业问题当作重点项目来抓。中国妇联作为中国妇女的娘家和大本营，对妇女就业尤为关注，半边天工程就是为中国妇女，尤其是四五十岁妇女就业搭起了一座桥梁。

主导：

1. 半边天工程

将生产厂家、就业妇女、有关政府鼓励政策有机结合在一起，引导就业，扶持就业，互利多赢，从而探索新的就业模式，推动经济发展。

2. 合作厂商

洗涤机械厂家以半边天为依托,在全国建立半边天连锁洗衣机构,厂家给参与妇女让利,再利用有关金融、税收等政策,建立起全新的经营模式。

组织:

1. 中国妇联:组织各级妇联选出急于就业的适龄妇女,在各地举行就业推介会。

2. 洗涤行业协会组织:选出质优价格合理的生产厂家和品牌。

3. 生产厂商:由于直接销售减少了广告投入和中间环节,厂家让利给创业妇女的同时,还要每年送出若干台设备对贫困妇女进行扶持,作为公益事业。

4. 金融部门:按国家有关创就业政策对创业妇女进行扶持。

社会功能:

促进了社会和谐,尤其是妇女就业,厂家在利润中拿出一部分资金做公益事业,推动了市场经济和公益事业的发展,探索妇女就业的新途径。

盈利各方:

创业妇女得到最优惠的洗涤机械和最简便的连销模式,贫困妇女获得了公益扶持,生产厂家薄利多销和树立了公益形象,妇联推进了自身的亲民工作。

【年鉴点评】

周贵玉作为报刊负责人心系民众,积极参与公益活动,提高自身形象,在公益中间接获益,从而保障了刊物的生命线。

中国策划师教育培训先行者　周培玉

周培玉，清华大学特聘教授，商务策划学科带头人，著名战略管理和企业创新专家。CBSA 全国商务策划师培训总部(北京四维天成商务策划咨询中心)主任，清华大学特聘教授，多所大学兼职教授，中国企业联合会专家委员。

二十年潜心研究中国谋略智慧与西方管理理论的融合，探寻中国特色的企业经营之道。凭借传统文化修养和丰富的高校、媒体、企业等从业经历，坚持商战理论开发和应用，引起政府部门的高度重视和市场的热烈响应，从而影响并积极推动了中国策划创新人才的职业化培训、商务策划学科建设和大学专业的设立。

创办煤炭部《煤炭企业管理》月刊，后调任《中国企业报》新闻中心主任兼任《产经周刊》主编、《中国改革报·新财富周刊》主编，深度报道企业近二百家，积累了十分丰富的企业信息资源。拥有 4 项国家专利，出版管理、策划类著作 16 部，2005 年出版的《商务策划管理教程》成为大学商学院的公共课教材，并被北京市教委评为首都高等教育精品教程。

2001 年创办 CBSA 总部，先后为政府部门、企事业单位培训各类创新人才 15 万人次以上，出色完成多项竞标咨询项目，出版商战、策划、管理类著作十余部，成为国内系统研究策划创新理论、实战成果斐然的软实力机构。其深藏不露的国学修养、独到的战略创新思想，在政府部门和企业家高端培训中独树一帜。

作为商务策划管理专业教程的现代商战谋略策划丛书的总编，周培玉因鼓吹和倡导“第四项修炼”，积极推动商务策划学科建设和创新人才职业培训而备受社会关注。

【智慧丛书】

《商务策划原理》：主要分析和研究商务策划产生的根源、中国谋略智慧、策划的基本原理和方法以及策划创新人才素质和能力的培养和提高等。

《策划思维与创意方法》：主要分析和研究策划思维的特性、创新思维的独特模型、创意理论和方法、创新思维能力的训练方法等。

《商务策划市场研究》：主要分析和研究商务策划对市场研究的特点、策划类项目市场研究的技巧和方法、市场研究的程序以及市场研究的报告文案等。

《企业战略策划》：主要分析和研究企业战略策划的特点、战略策划的全程思想、企业总体战略策划方法、企业竞争性战略策划方法以及企业战略与生态建设的关系等。

《市场营销策划》：主要分析和研究企业营销策划的主要任务，市场、产品、价格、渠道、促销定位策划，广告策划，品牌策划，公关策划，CIS 策划，营销策划文案的开发以及对营销策划类人才特殊素质的培养和要求等。

《项目与投融资策划》：主要分析和研究项目和投融资策划的特点、方法和主要途径，项目与投融资的关系、策划及运作的技巧等。

商务策划学科建设时不我待(节选)

周培玉

“商务策划管理”系我国高等教育2006年新增本科专业之一,它是中国市场经济催生的一门新兴学科。策划源自中国,有文字记载近1800年。自20世纪80年代以来,过去专伺于政治、军事、外交的策划开始走向市场,为企业营销提供各种竞争和制胜方案,并与现代管理学、经济学、创造学等多种学科融合,进而成为现代企业经营竞争的一种智慧和方略。

商务策划,简言之就是商战策略,是策划在经济领域尤其是在市场营销领域的发展与突破。商务策划重在经营模式和经营方法的创新,发端于20世纪80年代中期,最近几年,受到了政府、市场和高校等多方面的重视。2004年12月,劳动和社会保障部发布第二批新职业,商务策划师位列第一,策划成为一种职业,使智力型人才的社会地位得到了极大的提高;2005年7月,国家人事部全国人才流动中心正式推广商务策划师资质评价项目,商务策划人才由此进入大规模的社会化职业水平认证阶段,打破了长期以来传统、单一的技术职称对人才的评定和发展限制;2006年3月,教育部公布新增25个高等教育专业,其中“商务策划管理”十分“抢眼”,当年即招收本科生,令人好奇而兴奋。商务策划从商家竞争的手段、市场营销的策略演变成高等教育专业,宣告一门新的学科在中国诞生。

其实,市场对具有策划特质的人才早已热烈地做出反应:2001年至今,策划类人才始终位列紧缺人才前3位,许多企业招聘不到合适的策划人才,创新型人才匮乏局面十分严重:2005年11月,全国大学生活动周期间,网上招聘达8万人,营销策划类人才列第一,占11.98%,由此透出重大信号,策划类人才已由中高级向初级全面告急;2006年5月,重庆工商大学商务策划学院68名市场营销(商务策划方向)本科应届毕业生被297家用人单位疯抢,用人单位共提供1123个岗位,供求比例高达1:16,成为全国高校就业最大的亮点。

由此可见,策划创新人才正在成为市场中最紧缺的人才,由于人才培养的迫切性和市场需求的巨大潜力,一些高校纷纷开设商务策划专业方向和商务策划选修课。作为国内最早大规模、系统化开展商务策划师职业培训的专业机构,CBSA总部早在2001年即与国家人事部全国人才流动中心全面合作,前后培训各类企业经营管理人员、策划咨询人士数十万人,共有一万余人通过考试评价,获得国家颁发的商务策划师资质证书。为了发扬光大中国谋略智慧,推动商务策划学科建设,2004年初,CBSA总部组织系统内资深专家成立课题组,开展“商务策划学科建设研究”,并相继开发出《商务策划师资质评价标准》、《企划职业经理人资格认证标准》及相应的培训知识体系、训练技术和业绩测评办法,它们分别成为国家人事部全国人才流动中心商务策划师资质评价项目、中国企业联合会企划职业经理人资格认证项目的操作规范。按照著名科学家钱学森先生关于学科建设三个阶段的划分,课题组首先着力进行基础学科的研究和开发,并将研究取得的初步成果转化为这套丛书,这也是迄今为止我国商务策划的第一套系统、全面、理论与实践结合度较高的专业教程。

【年鉴点评】

周培玉起点高、底子厚,在策划界长驱直入,取得了常人可企不可及的业绩,无论教学培训、著作出版,还是咨询策划、高级幕僚,他驾轻就熟、孰能升巧,为业内树立了学者经商、文人论道的楷模。

让老虎飞起来　朱玉童

朱玉童，中国管理咨询名家、中国管理培训名家、企管论坛策划名家，现任采纳品牌营销顾问机构总经理。

擅长领域：策划咨询 营销策略 市场销售

2005 年被南方都市报、中央电视台、新浪财经等媒体评选为"2005 年度中国十大营销专家"。出版《曝光一个广告人的"阴谋"》、《非常策划》、《营销 X 档案》、《破解营销之谜》、《渠道冲突》、《挑战中国营销 8 大新难题》等策划著作。

从业十三年创造了——TCL 手机"中国手机新形象"、益生堂三蛇胆"战痘的青春"系列广告、万家乐"火先锋"系列、广州移动"接受短信接受爱"、长城干红系列广告、亿家能太阳热水器系列广告、青岛啤酒原生"活的不一样"系列广告、美菱冰箱"新鲜的，美菱的"、国旅新景界、天健花园"居住文化的代表作"等经典之作。担任《销售与市场》杂志社顾问、《广告导报》理事、《市场周刊》杂志顾问、中国经营报》专家顾问、清华大学继续教育学院客座讲师。

荣获 2005 、2006 年"中国十大营销专家"；2004 年增长率"中国最具影响力的 100 位策划人"；2003 年"中国杰出广告人"；"2001 年中国营销十大风云人物"、被北京大学案例中心及中国策划联合会评为"首届中国十大策划风云人物"。

为近 20 多个行业的近百多家企业提供营销策划服务、成功策划举办数百场大型专场报告会。曾参与主持 TCL、美菱、健力宝、万家乐、修正药业、长城干红、南京金芭蕾、丰田汽车第三医院等数十项整体营销策划案。

【朱玉童语录】

1. 朱玉童认为新营销所带来的转变包括这样几个方面：

由零散的技术性创意到系统性的战略创意转变；从以产品为中心的营销向以品牌为中心的品牌营销转变；从以价格为竞争导向的营销向以整个价值链为激励体系的营销转变；以渠道和终端抢夺为主的营销向渠道伙伴关系建设为主的深度营销体系转变；以广告、促销为主要手段的营销向以整合传播为主的营销转变；以计划、执行、控制、反馈为主的营销管理正向目标管理、情景管理、知识管理、领导力等一系列的转变。

2. 但是，新营销对企业的要求也仍然很高，在一个营销的定位之下，企业整体、协同、一体化地为这个定位服务并不是一件容易的事，更重要的是从观念上来改变，特别是非营销部门的观念改变。

3. 企业要明确的知道市场环境确实已经发生了天翻地覆的改变，我们已经被迫站在了国际的大舞台；我们面对的消费者也改变了，市场经济把他们变得越来越聪明和越来越挑剔了；我们管理的员工也改变了，他们接受更多的知识和信息；我们的对手也改变了，新技术和商业资本、不完善的法治环境有可能让他们改变市场格局，我们经销商也改变了，知识型的经销商全面崛起，新业态不断涌现。

什么是新营销(节选)

朱玉童

新营销是不同于传统的营销(以4P为核心理论),新营销把营销概念扩展整个企业,并带来了六个转变:由零散的战术创意正向系统战略营销转变;以产品为中心的营销正向以品牌为中心的营销转变;以价格为竞争导向的营销正向以整个价值链为激励体系的营销转变;以渠道、终端抢夺为主的营销正向以建设渠道伙伴关系的营销转变;以促销、广告为手段的营销正向整合传播为主的营销转变;以计划、执行、控制、反馈为主的营销正向组织变革、目标管理、情景管理、知识管理、领导力等一系列的转变。

新营销——从TCL手机看新营销

在2000年以前TCL手机营业额不过2亿多,但是2000年以后,TCL手机在工业设计上实现了新突破,以此为契机,TCL移动通信公司,创造地推出的高端价位的新形象手机,走出了一条与国产手机截然不同的道路——大部分的国产手机都试图通过低端手机的价格战,但都并未获得巨大成功。TCL手机以全新的品牌网络化推广模式,创新的垂直渠道模式,高举"中国手机新形象"的大旗一路领跑,不仅一改中国手机市场的版图,而且创造了2002年销售额高达60个亿的奇迹。这充分表明新营销思想在中国市场的全面崛起!

何为新营销其核心是从原来的营销概念中关键的"4P"理论改变成了新营销所谓的"4C"理论并融和一系列管理理论的新思想。在这个改变之下,营销的概念更进一步地深入到了整个企业,使企业从战略上围绕着营销发生了改变,这是传统营销概念中产品、价格、渠道和终端这四个概念所完全不能涵盖的。就企业而言,新营销理论认为营销已经远远超过了企业的销售部门的范围而深入到了整个企业,换句话说,整个企业将以营销为中心来组织,因此可以说营销学的这次创新是革命性的。相对于传统营销的四个P的概念,新营销相应地有四个C来对应,分别是消费者需求(customs)、成本(cost)、消费者便利(convenient)和整合沟通传播(communication)四个方面来取代之,相对于传统营销的分析、计划、执行、反馈,新营销对应的战略定位、目标管理、知识管理、情景管理、领导力等来对应。

为什么会出现营销学这一次创新性的革命实际上涉及到的是传统营销被普遍采用以后的成本上升和增长放缓有关。

品牌日益增加;产品同质化现象日益严重;服务成本日益增高;消费者对企业和产品要求更高,但信任却在减少,(甚至连安然这样的世界级大公司都出现了丑闻);媒介的高速发展,企业对外的信息传递变得越来越难以控制和越来越混乱……广告战、渠道战、促销战、价格战、人海战、终端战等很多大同小异的战术被无限滥用。从内部来看,部门的本位主义盛行,营销部门常常感到整合乏力,缺少其他部门的配合,空洞的公司宗旨和政治化的说教,使销售战斗力减弱,不同企业曾大量采用的一些手段往往在失效,企业的运营成本却在不断增加,对销售的促进作用被相互抵消,从而使传统营销的经典手法对企业成长的促进作用亦大大降低。

【年鉴点评】

策划人有很多做法,朱玉童的做法是一头扎在企业,把一个个企业的市场营销做好了口碑就自然有了,更多的企业就会络绎不绝、不请自来。

排 行 榜

仁智偶见排行榜

□韩玉明

排行榜在一定程度上反映着城市、行业、部门或个人在社会的公众关注力、竞争力与品牌形象。在今天的经济社会中，人们在工作、生活中甄别挑选主要就是看“榜”：上学，看学校的排名！择业，看职业的排名！消费，看商品的排名！旅游，看景点的排名。这样，排行榜就有意无意地成为了信息榜、竞争榜、英雄榜；形象榜、成就榜、品牌榜……

鉴往知来，不断进取，排行榜彰显社会的进步，突出精神的追求：其一，排行榜是鼓励先进，激励竞争的标杆；其二，排行榜是弘扬主旋律，传播主流社会信息的平台；其三，排行榜是社会发展导向，社会行为规范的“示范窗口”。

中国排行榜的历史可以追溯到古代。科举时代的金榜题名有状元、榜眼、探花三甲之分，并刻录于国子监的碑石，是排行榜的雏形。中国出现真正意义上的排行榜是在改革开放以后，1987年广东电台产生第一个“歌曲排行榜”；紧接着中国管理科学研究院科学学研究所公布了第一份“中国大学排行榜”。至此，中国的各种排行榜如雨后春笋般地繁荣起来。目前，参与排行榜研究、制作、发布的机构有上千家。《中国排行榜年鉴》洋洋洒洒逾百万字，每年的榜单见之于公共传媒的竟达七八千条，至今国家政府部门，仍是我国排行榜的权威和指导者，其发榜的目的是为了对那些为国家作出巨大贡献的单位、个人进行奖励和鼓励，比如“国家科技进步奖”、“茅盾文学奖”等；国家的各个行业的主管部门或者协会(学会)，是层出不穷的专业排行榜的主体，如“中国企业500强”、“中国民营企业100强”等已经成为企业经营管理者关注的热点并影响着他们的管理决策；国家或者地方的媒体单位，是发布排行榜的“主力部队”，它们推波助澜使排行榜成为一种产业，成为人们特别关注的基本信息；国外的《福布斯》杂志和《财富》杂志，是世界排行榜的推动者，他们公布的排行榜常常成为各国有关部门、机构和宣传、教育工作者采用的重要数据。海外排行榜的规则与方针具有积极的借鉴意义。

“资政、教化、存史”是排行榜的三大特性，而注意力、竞争力、品牌力更是时代赋予它的社会动力。中国策划由战国伊始，时至今日已历经千年之久，名流千古的策划家灿若星辰，不胜枚举。《中国策划家年鉴》策划家排行榜致力于记录当代的策划家的功绩和事迹，使之成为未来的历史，此举谓之“存史”。《中国策划家年鉴》策划家排行榜记录中国当代成绩斐然、思想独特、有代表性的策划家，为当今和未来的策划从业者树立一个里程碑，供策划业人士效仿、超越，此举谓之“教化”。《中国策划家年鉴》策划家排行榜是当今人们了解策划业的主要信息渠道，是参考必不可少的信息，也是政府决策施政的主要依据，此举谓之“资政”。

本排行榜共9榜，每榜9个榜单，共计81榜单。

《中国策划家年鉴》策划家排行榜力求公正、完美，但是由于中国土地广袤，从事策划的人员众多，编委会的信息来源有限，不能包罗万象，只能从已知的策划家中筛选。有些尚未在经传中出现的策划人也做出了斐然成绩，对此只能空怀遗憾。

《中国策划家年鉴》策划家排行榜榜单

一、策划翘楚榜

每天早晨,一只羚羊醒来,它知道,必须要比跑的最快的狮子还要快,否则它就会被吃掉;每天早晨,一只狮子醒来,它知道,必须要比跑的最慢的羚羊还要快,否则它就会被饿死。

这是一个实力决定一切的世界,不管你是狮子,还是羚羊,太阳升起来的时候你就得开始跑了。中国的策划家们就是这些最早开始跑的人,他们永不止步,所以他们会追到前面的猎物,并且保持自己不变成最慢的羚羊。中国策划翘楚榜收录中国策划界最快的"羚羊"和比羚羊还快的"狮子",中国策划翘楚榜中的策划家们由《中国策划家年鉴》编辑委员会统一测速,在此不分伯仲,不分高下,仅仅是表彰他们为策划业付出的辛劳和在2009年初到2010年中所做出的功绩。

2009年度中国策划特殊贡献人物

每一年度回首往事,我们总能看到一些令人敬畏的人、事、物。2009年继续保持荣誉、地位的王志纲、叶茂中希望有后来居上者;担任大策划集群或大策划机构主持的陈国庆、大林仍然锲而不舍,成绩卓然;老谋深算的张合军、晏滔在文化产业中长驱直入,如入无人之地;李旭、欧永坚都是出大书的,影响大、数量大、效益大;马彦文异军突起,李季一杆红旗,都很值得称道;可在不同领域运用或仿效。

陈国庆　主持中国策划研究院　Dacehua@188.com
大　林　主持中国策划家协会　dalinlaoshi@yahoo.com.cn
李　季　清华大学文化创意产业研究中心　liji95@126.com
李　旭　组织中国第一套《策划家思想文库》出版　lixu1966@163.com
马彦文　组织央视中小企业广告联盟　mayanwen@188.com
欧永坚　主编长达150万字的《企业上市实务手册》由中国经济出版社出版　Ouifmajor@126.com
王志纲　继续保持中国策划理论代表人物　wzg_office@126.com
晏　滔　出版中国第一本反映人民小康生活的年鉴《中国小康年鉴》　Torrant@126.com
叶茂中　继续保持中国广告营销知名度第一　yemaozhong@126.com
张合军　提出大学生创意创业主张并创办大学生创业园区　Zhanghejun1019@yahoo.com.cn

《中国策划家思想文库》首批专家

中国首部《策划家思想文库》的形成是策划思想领域的一件大事，策划专家每人一部思想文论独立成书，突显专家们的文韬武略，睿智先行，此举为中国策划业树立了榜样，为有后来者居上树立了标杆。今收录到《中国策划家年鉴》中"《中国策划家思想文库》首批专家排行榜"，以表彰其为中国策划业和策划科学作出的贡献，并作为策划翘楚公示天下。

《中国策划家思想文库》 第一辑专家 （已出版）

专　家	书　名	书名副题（或赞誉）
陈　放	《陈放创意天下》	首届中国十大策划风云人物
陈国庆	《陈国庆营与销》	中国策划研究院创始人
陈纪平	《陈纪平藏什么》	中国民间收藏集大成者
大　林	《大林俱乐部主张》	诙谐策划与俱乐部主张
何学林	《何学林大策划》	以大策划为已任的策划家
孔繁任	《孔繁任"卖"品牌》	《营销与市场》策划总监
舒明武	《舒明武心新相印》	在陌生领域的创意风暴者
王志纲	《王志纲工作室哲学》	中国策划理论代表人物
晏　滔	《晏滔玩文化》	晏滔力创未历之史
张大旗	《张大旗语言点化》	张大旗的广告策划和语言表现

《中国策划家思想文库》 第二辑专家 （编写中）

专　家	书　名	书名副题（或赞誉）
韩颐和	《万代福人》	韩颐和对酒长歌
李　旭	《智利天下》	智利天下的出版策划家
李贵夫	《另辟蹊径》	李贵夫艺策人生
廖　灿	《创意心灿》	廖灿创意笔记
刘金彪	《京都狂飙》	刘金彪风生水起
马彦文	《在商言文》	马彦文影视广告
欧永坚	《坚守永固》	欧永坚说到坐到
万　力	《万众一心》	万力与中小企业
温元凯	《财经泰斗》	中国改革开放风云人物
张合军	《一张一合》	张合军创意策划

《中国策划家思想文库》 第三辑专家 （确认中）

专　家	书　名	书名副题（或赞誉）
李晓东	《天晓东方》	李晓东文化运营
路　野	《畅销之策》	路野的畅销书
商　清	《主席风采》	商清的领袖情结
孙得禄	《点击中国》	中国战略策划领域的先行者
王　克	《策划流程》	王克聚合分离
王　力	《南北纵横》	《恩波智业》创始人

王京忠	《精诚报国》	王京忠新闻策划
叶茂中	《叶茂根深》	营销策划与影视广告两栖专家
赵彩江	《国际T台》	走向世界的模特教练
赵有财	《老少欢娱》	赵有财的春晚

《中国策划家思想文库》 第四辑专家 (采访中)

专　家	书　名	书名副题(或赞誉)
陈汉东	《成语接龙》	陈汉东中华文化之歌
陈润江	《笔润江山》	陈润江文采飞扬
达　文	《艺术山庄》	达文与旅游型养老
韩喜文	《更喜文华》	韩喜文文化创意
李德深	《生生不息》	李德深道家学说
邱育章	《攻城掠地》	邱育章城市规划
石　磊	《金石为开》	石磊策划纪实
万　钧	《万钧之力》	万钧营销策划
张　屹	《一张一弛》	张屹营销之道
钟　国	《钟鼓齐鸣》	钟国全球智趣

中国策划十大领域专家

策划涉及领域众多,几乎包容了所有领域,实业公司要策划部,文化产业本身就是在经营策划,科技需要用策划来指引方向,营销、广告、管理更是不用多言,无一能脱离策划,究其为何涉及如此广泛,这就要从策划的性质上讲了,策划不仅是一种职业还是一个行业,比如说,很多人从事广告业,但是广告本身并不是一种职业;每个行业中都有秘书这一职业,但秘书本身并不是一个行业。这就是策划范围广的奥秘,同时牵动行业的面与职业的线。

崔秀芝	公关策划	人民日报社公关中心	主任	Cuixiuzhi003@ sina. com
陈　放	创意文化	北京创意村	村长	cf533@ sohu. com
孔繁任	销售市场	上海奇正营销公司	经理	kfr@ vip. 163. com
秦　朔	新闻传媒	“头脑风暴”的主谋者		
王京忠	资源运用	全国思想政治工作创新奖评选办	主任	Wjz@ vip. 163. com
王志纲	宏观经济	王志纲工作室		
叶茂中	影视广告	北京叶茂中营销策划有限公司	总经理	yemaozhong@ 126. com
余明阳	品牌研究	上海交通大学品牌研究所	教授	5889665@ sohu. com
张大旗	语言表达	张大旗表现工作室	品牌顾问	zdq@ csonline. com. cn
周培育	学院派教学	北京世策联商务策划咨询中心	主任教授	wbsa@ vip. sina. co

中国策划导师

每一个繁荣、厚重且有沉淀的行业都是循序渐进,传承的结果,而传承的首要条件就是“师者,所以传道、授业、解惑也”,导师是高等学府或研究机关中指导他人学习、进修之人。策划导师是策划事业中奠定理论、制定路线、指引方向的人。策划界导师,他们是策划业茫茫大海中的灯塔,是策划市场台风暴雨中的避风港,是策划后生在迷失森林的引路人,是策划从业者到达成功彼岸的摆渡人。

丁俊杰　中国传媒大学　副校长
姜明华　北京大学光华管理学院　博士生导师
靳俊喜　重庆工商大学策划学院　院长　Sumy6399@126.com
李德深　中共中央党校　教授　junanld@163.com
薛　旭　中国市场营销专家委员会　秘书长　Ssyh1788@263.net
余明阳　上海交通大学品牌研究所　教授　5889665@sohu.com
余润德　清华大学美术学院高端培训中心　主任
张红霞　北京大学光华管理学院　教授　hxzhang@gsm.pku.edu.cn
赵　赜　中国人民大学新闻学院　教授　Zhaoze2008a@163.com
周建波　广东金融学院工商管理系教授　教授　Jinfengyu999@126.cem

中国策划风云人物

无论何时、何地，总有人散发着无法遮掩的光芒，人们说这些是“总要发光的金子”，其实当今社会金子很多，但是发光的却不多，就好象“千里马常有，而伯乐不常有！”。策划界也一样，这些人物或是靠聪明才智，或是靠辛勤付出，成为策划界叱咤风云的人物。

陈纪平　博古仁和拍卖公司　bgz@wz-bgz.com
何　阳　点子时代的代言人　dzdwhy@163.com
何学林　何学林大策划机构　总经理　hexuelin@vip.tom.com
李光斗　策划的兰色火焰　lgd88@vip.sina.com
路　野　北京图书传播研究所　所长　luye43210@vip.163.com
王　力　市场营销领跑者　CBL163@163.COM
温元凯　北京南洋德企业顾问有限公司　董事长　Wen-neolinde@163.com
朱玉童　深圳市采纳营销策划公司　总经理　Szcainaa@public.szptt.net.cn

中国策划领军人物

商务策划和现代电脑网络技术一样起源于战争的需要，两军交战，是要靠先遣部队引导后续部队，先遣部队一路冲杀，神挡杀神，佛阻杀佛，目的是为后面的人踏平道路。离开战场，目光转到当今的策划业，三十年前策划是点子，二十年前策划是咨询，十年前策划才成为系统的行业。是什么推动着策划业的发展，是策划的先遣部队，“前人栽树，后人乘凉”今天大家所知道的策划业就是由中国策划领军人物这支先遣部队所开辟的。

陈荣彪　中国广州策划研究院　执行院长　944506573@qq.com
何才庆　中国企业家世纪论坛　主席　hecaiqing@china.com
雷鸣雏　中国生产力中心　专家　E-chec888@126.com
李笑天　中国工业合作协会职业经理人培训中心　主任
史宪文　世界商务策划师联合会（WBSA）　轮值主席
孙德禄　历届十大策划人　首席评委　rmwltsd@126.com
王　克　中国企业发展规划院　院长　Wke123@163.com

颜　飞　　世界颜氏总商会　info@ chinayans. com

女性策划家

"巾帼不让须眉"的时代已经远去,"半边天"的说法也已过时,中国的女策划家们为"策划秀"这个时代打响了第一枪,不!确切地说,是她们扣动了发令枪的扳机。女策划家在性别上占有优势,他们在策划中思维缜密,心计奇巧,正象女人喝酒,要么不会,要么男人望尘莫及。

傲　兰　　中国策划家协会　会长
陈　波　　首都经济贸易大学　硕导
高冰玉　　《收藏与拍卖》杂志　广告总监
花　香　　国务院发展研究中心　编辑记者　cchhxx@ sina. com. cn
梁　婕　　全国商校策划教材　编委会
梁　铭　　中国策划协会　会长
苏　珊　　美籍华人学者　博士　spattis@ 51do. com. cn
万映实　　湖北策划中心　weneed@ 126. com
王卓华　　北京人文大学策划系　讲师　769989426@ qq. com
郗慧林　　领慧网络集团　董事长　Cindyxi@ eiedu. com
徐　青　　北京大奇天下空广告公司　总经理　xiaolongmi@ 163. net
张　田　　世界慈善和平基金会　会长　Xue_jin@ 263. net

知名策划家

策划界声名为世人所知的比比皆是,因为策划界总是发生一些看似不可能发生的事情,这些"情理之外,意料之外"的事情在口口相传中被神化,同时被神化的还有这些事件的主谋。这些知名策划家并非徒有虚名,因为这些人有积淀,他们厚重,策划界一切靠实力说话,所以策划界没有虚名。能者居之的时代,这些知名策划家"能",所以他们不甘只"居"半壁江山。

董瑞祥　　北京吉利大学商学院　副教授　dongruixiang@ 126. com
范　智　　国智美礼仪文化工作室　负责人　zhiri@ 163. com
蒋　敏　　蒋敏策划工作室　首席策划师　Jjmm0755@ 163. com
刘宗明　　现代成功营销管理及实战专家　总裁　lzm191@ 126. com
谈剑平　　中国高新技术产业导报江苏站　站长　wxtjp@ vip. sina. com. cn
王渠春　　中国酒店资深策划人　wqc1390@ 163. com
许喜林　　北京匹夫品牌管理集团　总裁　pifu2000@ sina. com
严忠明　　严忠明项目策划事务所　yansplan@ 126. com

杰出策划家

平凡是人们的必经之路,没有人找到平凡的捷径,没有人绕过平凡,另辟蹊径直抵成功。只是有的一时平凡,有的一世平凡,那些经历平凡,创造了一个又一个辉煌的人,最终角立杰出,傲立于人群,他们无一例外,都平凡过。让我们看看这些平凡的不凡人,看看他们是如何像雨后春笋一般在平凡的土地上破土而出。

北　冰　　湖南远景管理咨询有限公司　专家　yuanjingzixun@ sina. com

华红兵　　北京华红兵营销研究院　院长董事　hhbkfb@ 126. com

李贵夫　　宁波洛兹服饰　策划总监　Guifu@ foxmail. com

刘　革　　广州愿望星企业管理咨询有限公司　zhaohui0718@ 163. com

王新文　　中国信息学会　秘书长　goodwxw2009@ 163. com

叶　茂　　江苏省直机关　公务员

范广建　　北京国博艺海拍卖有限公司　副总经理　FGJ_99999@ yahoo. com. cn

肖志营　　广州愿望星企业管理咨询有限公司　zhaohui0718@ 163. com

张　路　　北京推立方公司　zhanglu. net@ gmail. com

二、策划集群榜

蚂蚁、蝎子、螃蟹是好朋友，一天，他们同时发现一块蛋糕。于是三个家伙就想把蛋糕搬走，他们一起努力搬运，可是，无论它们怎样拖，蛋糕还是原地不动。原来，蚂蚁向森林搬，蝎子向沙漠搬，螃蟹向河里搬。都说人多力量大，而且他们都努力了，但是合力却等于零。

这个寓言的寓意显而易见，一个团队的合力可以是倍数，也可以是零。常理中，经营一个志同道合，趣味相投的团队都十分不易，更何况经营一支思想迥异，个性各异的策划团队。那么如何平衡这些习惯各自为战的团队，这门艺术只有策划集群的领导者知晓，他们懂得扬长避短，懂得尊重队员的个性，懂得沧浪之水的清与浊，更懂得求大同而存小异。

策划团队

物以类聚，人以群分，事实就是这样，策划界流派众多，他们各有所长，各有所司，各有所为，同时他们还寻求团队的力量，这就是一根筷子和十根筷子的区别，正是这团结的力量造就了那些常人不可思议的策划案例。

陈四光　　北京奥运经济研究会　执行秘书长　renaozhongxin@ 163. com

李玉龙　　黑龙江策划分院　lyl9182@ yahoo. com. cn

石　磊　　西北策划分院　策划人　zcysl666@ 163. com

孙清彬　　中国经营城市团队　副主席

孙亚非　　中国策划研究中部分院　常务副秘书长　zbfy2007@ 163. com

谭新政　　中国商务策划师　标准制定者　tan999@ vip. sohu. . net

王俊成　　中国(广州)策划研究院东北分院　常务副院长　dbwxzz@ 126. com

韦　山　　中国(广州)策划研究院　Weishan123@ hotmail. com

尹英杰　　山东策划中心　hongricehua@ 126. com

曾国华　　中国策划协会　副秘书长　zgh8801@ sohu. com

张　义　　河北省策划学会专家委员会　秘书长

张文星　　中国策划协会　市场部主任　Dahai360@ 126. com

朱　策　　中国策划研究院山东策划分院　院长　zcch@ 163. com

中国策划研究院(北京)

现在策划作为一门社会科学，被社会和企业所推崇。可是“策划”这个三十年前还不为人知的名词是如何登上这个舞台？策划由三十年前不被认可，到今日的繁荣昌盛走过了怎样的路。是中国的各个策划研究院奠定了今日的坚实基础，他们呕心沥血地对策划进行剖析和研究，才有了今日的策划科学。

陈　庚　中国策划研究院江西分院　副院长　cheng. yinggeng@ 163. com
陈　庸　黑龙江策划分院　chenyong1357@ 163. com
邓德恒　中国策划研究院北京分院院长　院长　Dengdeheng666666@ 126. com
郭　秦　中国策划研究院华东分院　院长　ksfuheng@ 126. com
瞿胜江　中国策划研究院　常务副院长　HIC_sz@ 163. com
李　平　中国策划研究院　办公室主任　dacehua@ 188. com
李志中　中国策划研究院贵州分院　执行院长
廖　骏　中国策划研究院华东分院环境策划研究中心　主任　miaoyuanju@ 126. com
刘一树　江西策划分院　ideasun21@ 126. com
路　钢　策划研究院策划师丹东培训基地　主任　dacehua@ 188. com
罗　敏　中国策划研究院中山分院　Zssy88@ 163. com
冉　升　中国策划研究院贵州分院　Gy-trick@ 263. net
王冰珂　中国策划研究院漯河中心　icecoco1020@ 126. com
徐文彬　中国策划研究院上海分院　院长　103623291@ qq. com
姚景祥　中国策划研究院呼伦贝尔策划中心　主任　cehua-yjx@ 163. com
尹红岩　中国策划研究院大连策划中心　总经理　Dldasy_2004@ 163. com
尹肖峰　中国策划研究院华南分院　院长　Xx66xx99@ 163. com
张小林　中国策划研究院江苏分院　执行院长　Cfgang110@ 163. com
周　军　中国企业经营策略大会　执行秘书长　info@ zfgg. com

策划议会领导者

中国策划议会领导者一呼百应。为何一个会议能让那些恃才傲物、狂放不羁、淡泊名利的策划家走到一起，这些性情迥异且极具个性的策划家因何会快速的聚拢到一起？原因是所有策划家都有一个共同理想：让策划昌盛。这个昌盛时代的背后是这些中国策划会议领导者的心血和汗水，是他们默默地推动着中国策划前进。中国的策划会议大多是自由宽泛，有点象西方议会的风格，大家各抒己见，没有丝毫界限。

何俊清　北京电视台民族民间舞蹈电视大赛组委会　miaomiao666614@ sina. com
渠润泽　中国社会经济发展论坛组织委员会　执行秘书长　Quruize2008@ sina. com
余　勇　世界华商大会指定会刊　执行社长　yy1960@ 163. com
赵　鹏　全球华侨华人推动中国和平统一大会执行会　秘书长
赵　巍　中国企业经营策略大会　秘书长　info@ zfgg. com
钟　国　世界华人联合大会　主席兼秘书长　wcusbj@ 163. com

北京俱乐部策划家

俱乐部这个形象而又贴切的词，源于英语“Club”，中国直译为“俱乐部”，可以说俱乐部在中国的土壤上很有生命力，方兴未艾。中国规模大、规格高的俱乐部也有一些，但是并未形成统一标准与市场规模，虽然市场空间巨大，但是前景并不明朗。很多策划人瞄准了这块肥沃的处女地，他们在这个行业耕耘数载都略有收获，颇有心得。

白　帆　晋商俱乐部　策划人　Baifan118@ sohu. com
蔡　伟　国安越野足球俱乐部　总经理　caiwei@ yyfc. net. cn
车文忠　北京同乡会联谊中心　秘书长　WWW. 196976@ 163. com
陈　浩　8 年汽车俱乐部　经理
董　淼　北京策划俱乐部安徽会馆　主事　duyanwudeyouxiang@ yahoo. com. cn
樊振忠　鹰雁国际俱乐部　首席　fzz868@ sina. com
葛　飞　王府井书店读者俱乐部　企划部副经理　Wfj218@ 126. com
侯韶图　北京企业内刊俱乐部　总经理　hst@ 263. net
胡喜超　商道中国俱乐部　部长　Shsh8839@ 126. com
黄玉敏　联合空间商务俱乐部　首席执行官　club1010@ 126. com
霍小兵　北京餐饮娱乐连锁俱乐部　主席　aba0694@ sina. com
姜红梅　影视剧本俱乐部　干事　wufeimailcn@ 163. com
蒋胜军　中国企业家国学俱乐部　副总经理　jzh1318@ 126. com
李　彬　国粹苑俱乐部　主任　libingedan@ 163. bom
李　感　情感 100 俱乐部　创办人　Ligan1963@ 163. com
梁中国　IBF 中国品牌精英俱乐部　主席　cbo@ IBFchina. org
林　鑫　博雅春秋俱乐部　总经理　lxboya@ 163. com
刘　平　印贸通俱乐部　会务专员　Liuping060501@ 163. com
刘　杨　天空俱乐部　总经理
刘丽红　欧帝奇乡间 BAR　总经理　llhnmlove@ 126. com
刘万毅　世界诗人俱乐部　理事长　meigang5188@ sina. com
南自卫　北京十一同学会　秘书长
强　明　1 + 1 俱乐部　证券人　qiangming@ sina. com
乔书明　北京晋商之家　主任　qiaosm@ sina. com
乔卫国　北京五六七俱乐部　主席　Weiguo-q@ vip. sina. com
任朝阳　企业家俱乐部　营销总监　Rcy1224@ 163. com
唐凌云　全国网球俱乐部联赛组委会　推广部　cistc@ public. bta. net. cn
王　林　VIP 音凰国际休闲俱乐部　营业部业务
王建五　北京驰野探险俱乐部　总裁　w. w168@ 126. com
王金卓　北京心灵智慧俱乐部有限公司　总经理　joytrue@ 21cn. com
王旭明　北京中小企业之家　办公室主任　wangsir1127@ 163. com
王玉飞　北京中天行房车俱乐部　市场部经理　yfwang@ crvc. com
魏建设　淮海企业家俱乐部　秘书长　Wjr888888@ 163. com
雪　夫　财富名媛俱乐部　执行主席
杨利民　台湾会馆两岸名流联谊会　首席执行秘书　Yanglimin178@ sina. com
杨晓平　国际狮子会北京分会　创会副会长　Mr_yangxiaoping@ yahoo. com. cn
杨玉峰　奥运之光俱乐部　副总经理　Yyf2K02@ 163. com
叶剑峰　广州日报汽车俱乐部　高级经理　Tommy_yie@ dayoo. com

袁　峥　北京奥海康体俱乐部　董事长　Yddx6789158@ sina. com
张　梅　北京恒基燕莎百货俱乐部有限公司　会员部部长　Zhangmei7218@ sohu. com
张　娜　清华总裁俱乐部　8866zjn@ 163. com
张　夏　都市汽车网　对外合作部　xiaxia@ citymotors. com. cn
张　鑫　丽城俱乐部　营销部总监　Zhangxin528528@ sina. com
张春宏　电动自行车俱乐部　董事长
张大中　全球《医道》读者俱乐部　主任　yidao1258@ sina. com
赵蝉瑜声　财富名媛俱乐部　副主席　jessie@ allred. com. cn
周大陆　北京中天行房东俱乐部有限公司　总经理　dlzhou@ crvc. com
陈纪平　陈纪平收藏拍卖俱乐部
大　林　十万年薪俱乐部(大学毕业生)
李　旭　百万富翁俱乐部(白领与丽人)
温元凯　千万资产俱乐部(CEO 与独立董事)

协会策划家

美国的《经济学百科全书》是这样定义协会的:是一些为达到共同目标而自愿组织起来的同行或商人的团体。而组织一个有着共同理想的协会需要付出多少努力是否有人知道?这些中国协会策划家怀抱着一个理想,他们召集了跟多有着同样理想的人,以团体的力量促进理想的实现。

暴煜文　世界杰出华商协会　主任　ihelpyou@ sohu. com
操学诚　中国青少年宫协会　副会长兼秘书长　caocheng2000@ sina. com
陈　丹　北京中华茶艺协会　主任　chendan16837@ sina. com
陈　蕾　中国青少年宫协会　常务副秘书长　chenlei1777@ 163. com
陈冬寒　中国智慧工程研究会　副会长　donghan3649@ yahoo. com. cn
程　勇　中国国中老年保健协会　联络部主任　chy@ cncaprc. gor. cn
邓继强　中国高层决策协会　副秘书长
杜长平　中国策划协会　副会长　shihuahuixiang@ 163. com
范华毅　中国优生科学协会　副秘书长
高　君　中国商业文化协会　秘书长
古今生　中华老人文化交流促进会　会长
郭军豪　山东同乡联谊会　会长　gjhyx@ vip. sina. com
黄绍勋　中国书法家协会　教授
姜伟贤　中国花卉协会　秘书长
李　成　重庆市人民政府驻北京办事处　经济协作处长
李成勋　中国发展战略学研究会　教授　Lichengxun177@ sina. com
李德山　中国民主促进会　组织出　truelds@ sohu. com
李天义　中国艺术家联合会　会长　chinamytx@ 163. com
李雁冰　成功人联合会　常务副会长　sns@ chr123. com
刘炯辉　BAOB 北京各省市驻京机构商务协会　副会长　Bjhzh2007@ 163. com
刘晓菁　美国国际企业家协会　总干事　zxlichunli@ 163. com

孟智辉　南京市外地驻宁企业协会　副会长　msx_163138@163.com
明廷华　中国发明协会　副理事长　mingth@vip.sina.com
沈惠芸　中华民族文化促进会　秘书长　aiyuntong@sina.com
孙永剑　中国国际贸易促进委员会　记者　ccpitcft@vip.sina.com
涂永生　广东职业经理人协会　秘书长　tys009@sohu.com
王景江　中国直邮协会　副会长
吴　昊　学习型中国促进会　战略合作　Wgh-521108@tom.com
杨　红　中国流行色协会　副会长
殷　杰　世界华人经济发展促进会　副理事长　yj@yjtd.net
殷　强　全国大学校长摄影联展组委会　秘书长　Qyon48@vip.sina.com
于春志　国际工商业集团协会　创始人　Yuvip988@163.com
张大飞　中国国际人才交流促进会　副秘书长　Dfzhang0066@vip.sina.com
张鸿烟　北京海淀台商协会　副会长
张虎林　中华爱国工程联合会　教授
张维新　中国民营企业国际合作发展促进会
张永利　国际交流工作委员会　常务副会长　Zylsx11@163.com
周世君　世界华人联合会　主席　zsj1568@126.com
朱蓉先　中国民主促进会北京市委员会　长物副主委　songxian@public3.bta.net.cn
邹　洪　中国名人演说家协会　副会长　Chinazouhong@163.com

商会策划家

商会，是商业社会关系管理的“经济总部”。自汉代朱买臣一文始，后人所见的会馆，如一张庞大的网络，在民间自发地织就。古时，从乡人赴省、京科考、为官、经商、游学、考察、联谊的落脚点开始无一不体现着商会的巨大作用，与此同时，商会千年来编织了无数故事。兴办商会本身是一种公益事业，各地会馆的多少，主要看这个地区在朝中任职的官员的政治力量大小、经济力量强弱、牵头人是否有威望、原籍乡里是否支持。这一切都在考量一个商会的“张力”。她是就“发现”细节来运用技巧和策划的。

戴信鑫　云南福建总商会常务副会长　董事长　wwwvpisa@126.com
郭　秦　上海徽商商会　副会长　ksfuheng@126.com
郭治炝　北京晋商之家　监事　huodun@126.com
黄仍晨　福建商业行业协会　负责人　a_8666666@163.com
李晓东　广东经济学家企业家联谊会　秘书长　Ib_ba@163.com
吕　阳　全球华人华商联合总会　常务秘书长　Luy888888@163.com
吕文义　北京永嘉商会　会长　lvwenyi@chinaycfm.com
王　平　北京宁夏企业商会　秘书长　jlcwp@sina.com
肖秉侠　全国工商联古玩业商会　会长助理　zhaoshang@guocuiyuan.com
杨　波　世界杰出华商协会　秘书长　huanqiujingying@126.com

上海策划家

上海，一座难以定义的城市，很多文人墨客用“光怪陆离”一词来形容上海，其意褒贬不一，却很达意。上海不仅是中国大陆第一大城市,还是中国大陆的经济、金融、贸易和航运中心,拥有中国最大的工业基地、最大的外贸港口、超过2000万居民。上海也是一座新兴的旅游目的地,具有深厚的近代城市文化底蕴和众多的历史古迹。也许就是因为上述的种种,上海有很强的包容能力,不仅能迅速地接受外来事物、还能催生、衍生出很多新生事物,上海的策划业就是在这样的温床中培育起来的。如今上海策划家站在国际大都市的起跑线上等待着发令枪响。

陈志强　上海采风杂志社　社长　Qiang777@hotmail.com
褚保杰　上海爱乐乐团　演出部经理　leo@shanghaiconcerthall.com
董海军　法国法中企业协会上海代表处　项目专员　haijun.dong@erai.fr
葛善贤　上海嘉禾影视娱乐管理咨询有限公司 总经理　sh_gh@163.com
顾伟良　上海海鑫旅游杨浦区营业部　经理　lushanRexian@hotmail.com
李德伟　中国当代名人研究院　副院长　fame2u@126.com
梁　轶　上海国际艺术广告有限公司　创意总监　aad.sh@vip.163.com
林旭康　上海奇正营销公司　策划师
田乃诗　上海银朵投资管理有限公司　董事长　13501613552@163.com
王　昕　解放日报报业集团　ppwx72@sina.com
王圣彬　中国名家文化传播机构　董事长　cnfbf@163.com
徐　杰　东方电影频道　总编室主任　e-medai@sfs-cn.Com
许传松　梦想家营销策划顾问上海有限公司　主管　omior@126.com
宣　伟　上海金杨中心　教育长　xuanwei@shng.cn
杨国宾　上海文博堂营销策划机构　高级策划　wbt021@126.com
郑　敏　上海汉宫文化传播公司　Hankong_sh@sina.com

天津策划家

古老的天津卫、新兴的创意产业这两个词似乎是风马牛不相及,但是天津这棵老树却发出了创意这根新芽,天津的创意产业可以说是在探索中前行,因为中国乃至世界都没有倾力发展的创意产业的先例,前面没有脚印、车辙,在广袤的思想原野中摸着石头过河也是未尝不可。作为现代服务业的重要组成部分,创意产业成为天津经济增长的一支"潜力股",成为众多企业关注的焦点。提起创意产业,就一定要说起北京和上海这两座城市。在创意产业的概念流入中国之后,这两个城市作为发展创意产业的先驱,短短几年的时间里就取得了不错的成绩,北京798艺术区、上海"8号桥"成绩卓著。如今天津欲倾力打造一座中国的创意产业城市,可谓叹为观止,天津未来的命运会不会被创意主宰,我们静观其变,可天津的策划人们做出如此举动着实可敬,在此以创意策划的大师们为代表,聊表敬意,万望笑纳。

常志旭　天津创意策划研究会　常务理事　changzhixu2008@163.com
陈　彤　天津市创意策划研究会　理事　xunzhizi@126.com
傅　正　天津市智圣阳光广告有限公司　总经理　zhisheng188@126.com
傅彦彬　天津市分众彤盛广告传播有限公司　副总经理　Jasmin_fu@focusmedia.cn
郭凤岐　天津市艺术学会会长　研究员　guofengqi0508@sohu.com
郭立久　天津市烹饪协会　会长
韩国庆　海雅实业有限公司　总经理　hyhgq888@126.com

郝麦收　　天津市社会科学院　研究员
姜云祥　　云祥烙画艺术有限公司　董事长　qifan_h@ sina. com
李天瑞　　天津四维天成商务策划中心　主任
李新明　　天津伊明葫芦烙画工作室　经理
刘　征　　天津意库创意企业管理服务公司　董事长
王小新　　创意时代编辑部　副总编　277567559@ qq. com
王耀珉　　中国职业装协会　秘书长　wangyao8266@ 126. com
文　飚　　天津市金茂投资发展有限公司　董事长　tjjinmao@ 126. com
吴子金　　天津市青果园投资咨询公司　董事长
许勇深　　天津大学档案馆　教授　yougshen@ public. tpt. tj. cn
杨　坤　　天津南开大学商学院　副教授　derekyangkun2005@ 126. com
杨寿清　　今晚经济周报　副总编辑　Ysq20048888@ yahoo. com. cn
赵　聪　　天津大学 EMBA 北京中心　教务总管　Zhaocong-portia@ yahoo. cn
赵光勋　　凌奥创意产业园　董事长
赵庆文　　天津天一人力资源有限公司　董事长　chenggongzhe_2006@ 126. com
仲建春　　天津经济杂志　主编
周伯云　　天津四维天成商务策划中心　副主任　aezby@ 126. com

广州策划家

五羊城有一个美丽的故事,传说周朝时广州连年灾荒,民不聊生。某日南海飘来五朵彩色祥云,上有骑着仙羊的五位仙人,仙羊口中衔着五色稻穗。仙人把稻穗赐予百姓,并祝福此地永无饥荒。事实上广州真的是一个被赐福的地方,改革开放的最前沿,一举让广州先富起来。随着广州民营企业呈几何级数增长,却在管理上缺乏经验,因此逐步出现了学术幕僚,之后就迎来了点子时代,时至今日点子演化为策划,策划大行其道,势不可挡,这里一展广州策划人的风采。

郭　志　　广州大木市场推广策划有限公司　总经理　dumoom@ dumoom. com
胡文迪　　中华三祖文化产业发展有限责任公司　hwendi@ 126. com
黄玮平　　广大策划研究所　部长　mrzx168@ 163. com
雷建威　　广东狮子会　副会长　leijianwei@ lawsons. com. cn
林　红　　李阳·克立兹文化传播有限公司　总经理
林郁山　　广州企业管理顾问联盟　高级顾问　sdm115@ hotmail. com
宁秋实　　广州全纳教育科技公司总经理　运营总监　qn255@ 163. com
孙子明　　广州竞争力文化公司训练机构　企业教练　Szming2004@ 126. com
佟天佑　　广州天友策划　资深顾问　tyqh-w@ 163. com
王谷元　　澳门商报　新闻主任　wgy5308@ 126. com
魏　健　　广州安之成功策划中心　总经理　azcggg@ 263. com
占立柱　　南方家具波澜报　主编　zhanglizhu2008@ 163. com
张乐群　　广州大学策划研究所　培训主任　Cehua2008@ 163. com
张力彬　　广州经城投资咨询有限公司　董事长　Zlb901@ hotmail. con
张闻素　　广东李阳文化教育发展有限公司　策划总监　Susu6690@ sina. com

三、策划社会科学榜

策划作为一门新兴的社会科学已经伴随着市场经济发展走过了三十年,它在市场营销、社会发展、城市运营、国际事务诸多方面起着重要的作用。策划作为一种方式,更作为一种机制,已经被市场经济所接纳。目前正在向非盈利机构、事业性单位充分渗透,成为社会科学不可或缺的一门学问。三十年来策划作为社会科学的一部分在不断地演变,运用的领域也在不断的扩大。其今后在社会科学中的地位会象应用数学之于自然科学那样普遍适用和显赫。策划能被社会与社会科学界所认可,还要归功于策划的引入者、传播者、拓展者。

策划协会干事

行业协会是各行业自我服务、自我协调、自我监督、自我保护的民间组织。它以同行业的企业为主体;建立在自愿原则的基础上;以谋取和增进全体会员企业的共同利益为宗旨。1938 年中国成立第一个真正意义上的协会——中国工业合作协会,从此开始,中国行业协会犹如雨后春笋,不仅昭示着行业的向心力,也展现了民族的凝聚力。时至今日策划协会如旭日东升;其它协会的策划人也是各个协会的中坚力量。

郭绍华　中国策划协会　副会长　ssjy778866@ sina. com
胡峻铭　甘肃省策划协会　秘书长　sunnyhjq@ sina. com
纪宗颖　中国策划家协会　常务会长　Webchj_org@ 163. com
李　芳　苏州市策划协会　执行会长　Lifang@ hf-cc. com
李　平　中国策划研究院(北京)总部
李笑天　职业经理人培训　经理
买　买　中国策划家协会广西北部湾发展事业部　副秘书长　hefujun959812089@ 163. com
温　和　中国策划协会　副会长　bjsjdr@ 163. com
吴继哲　安徽省策划协会　会长　anhuicehua@ 163. com
夏　莉　江苏省策划协会　秘书长　jschxh@ yahoo. cn
姚　兰　呼伦贝尔策划中心　happycradle@ 163. com
张　光　陕西省策划人协会　常务副会长
张其宏　安徽省策划协会　执行会长
朱　策　中国策划研究院山东策划分院　院长　zcch@ 163. com

社会策划学者

做一名学者不易,至少在某一个领域有一定造诣,具有相当水平的专业技能知识及其独到的见解,有孜孜不倦的治学态度在一定程度上引领社会风潮。比如近代知名学者如严复、胡适、吴宓、钱钟书等均代表了各自学术领域的较高成就,为世人所敬仰。

策划领域中也有很多学者,他们伴随着策划这门新兴的社会科学走过来,不断为策划学添砖加瓦,丰富其内涵,开拓其视野,在实践中摸索经验,在洪流中摸着石头过河。

陈　宏　北京经济管理研究院　创意总监　cw119@ 163. com
解艾兰　中国管理科学研究院　研究员　Xieailan2005@ yahoo. com. cn

李芏巍　中国物流策划研究院　副院长
林慧岳　长沙理工大学　教授
马志骞　中国市场学会专家委员会　秘书长　qianwanlima@163.com
南　帆　福建社会科学院　副院长　zjnfnf@163.com
汤佩林　中国《巨人的步伐》写作工作室　总编
陶　津　中国科技商务研究院　主任　nxtaojin@sohu.com
王新文　中国信息学会　秘书长　goodwxw2009@163.com
魏　滨　中国智慧工程研究会　秘书长　zhihuigongcheng@163.com
杨会军　中国社会科学院美国研究所　副主任　huijuny@yahoo.com.cn
张　立　中国国际科学中心　教授　zhanglihzy@vip.sina.com
周汉民　中国人才科学学会　会长

高校学者专家

策划学科虽说刚逾而立之年，但是国内已有近百所高校设置了策划学。为何一门新兴的学科会如此迅速地根植于中国教育，为何策划会受到如此礼遇？究其原因是因为社会需要，有需要才有产出，这是不辩的真理，人才的培养也是如此。高校是人才的孵化器，高校的专家学者就象照耀孵化器的光源，源源不断地提供着破壳而出的能量。

陈中权　温州市委党校　副教授　zrcyx@sohu.com
程道平　山东师范大学　教授　chengdaoping2001@163.com
范亦豪　南开大学中文系　教授
侯治国　北京科技大学管理学院　金融工程硕士　hzg5558887@sina.com
黄　磷　神户大学大学院经营学研究科　教授　koulin@kobe-u.ac.jp
郎宝金　内蒙古财经学院商务学院　副教授　langbaojin@126.com
李传屏　中国传媒大学　教授
李树芳　北京大学现代教育技术中心　教授　lsf@cai.pku.edu.cn
梁嘉俊荣　内蒙古工商学院　jr489352182@qq.com
刘　澄　北京科技大学管理学院　教授　liu.cheng@sohu.com
罗　琦　北京理工大学设计艺术学院　副教授　luoqi960@sina.com
马锦义　南京农大风景园林系　教授
蒲嘉陵　北京印刷学院　工学博士　pujialing@bigc.edu.cn
秦宗槐　安徽商贸职业学院　副教授　qinzonghuai@126.com
唐开军　深圳大学艺术与设计学院　教授　Tangkaijun88@163.com
田雅翰　清华大学对外学术文化交流　项目主管　Skybird2006@sina.com
王　瑾　中国人民大学文化科技园　副主任　wangjinruc@ruc.edu.cn
王建省　北方工业大学　教授　wangjx6@tom.com
许海波　山东政法学院　法学教授　sdplmci.edu.cn
许彦平　河北科技大学经济管理学院
严　明　长沙大学美术学院　副院长
姚振生　北京工商大学新闻系　教授
曾德国　西南政法大学　高级策划师　Cqdeggo@163.com

曾庆国　西南政法大学　cqdeguo@163. com
张文田　中国逻辑与语言函授大学　副校长
赵开华　北京吉利大学　副院长
卓　翔　中共中央党校科社部　政治博士后　Zhuo_xiang@yahoo. com. cn

策划著作家

为一门新兴科学著书立说实属不易,因为在前无古人的基础上打造一个庞杂的学科体系需要耗尽毕生心血。但是中国的策划著作家另辟蹊径,走出了一条属于自己的道路,他们没有单独打造一个学科体系,而是每个人承担自己最擅长的一部分,在自己的学术范围内打造策划学科的一个分支,这样久而久之各种不同的分支逐步完善,演化成一个个独立的策划流派,策划学科在百家争鸣中百花齐放,蔚为壮观。

大　林　《公共策划学》　作者
李　飞　中国策划业个人著述最丰　清华大学教授　zkgw@public. east. cn. net
李　旭　《中国策划家思想文库》　策划
李贵夫　《西方策划学》　作者
路　野　策划畅销书专家　北京图书研究所　主任
潘岩铭　《工商策划学》　作者
曲云波　策划咨询业读物出版集大成者　派力营销出版　总经理
田长广　全套广告策划学教材主编　南京三江学院　教授　Tcg158@sina. com
晏　滔　《东方策划学》　作者
张大旗　玩语言的策划书　张大旗表现工作室　品牌顾问　zdq@csonline. com. cn

策划教育家

教育是水之源,木之本。教育家"学为人师,行为世范"。可以说教育家是灵魂工程师,是社会进步铺路石。就象温家宝总理曾说:教育家办学,我这里所说的教育家他们可能不是某些专业的专门家,但是他们第一热爱教育,第二懂得教育,第三要站在教育的第一线,不是一时而是终身。

中国的策划教育刚刚兴起,可以说尚在摇篮之中,策划在不久的将来会成为一门无可替代的学科。我们期待来日盛景。

宝　金　内蒙财经学院　教授　Langbaojin@126. com
鲍习武　全国商务职业技能考评委员会　推广部主任　Baoxiwu1985@126. com
邸宏勋　中国高教管理研究会　副理事长
郭明全　中国传媒大学南广学院　教授　gmq816@hotmail. com
黄合水　厦门大学品牌与研究所　所长　huanghs@jingxian. xmu. edu. cn
黄文佳　教育专家委员会德育研究部　主任
李兴国　中国公共关系协会　常务副会长　13801184618@126. com
李雅萍　国资委策划师培训中心　副主任　Liyaping-jd@163. com
卢泰宏　中山大学中国营销研究中心　教授　mnslth@zsu. edu. cn
吕　航　北京大学品牌领袖研修班　教务长　lvhang@uni-ccc. com

吕志明　湖南工业大学策划与现代管理系　主任　lvcehua@163.com
强海涛　重庆工商大学商务策划学院　副教授、研究员　shangwucehua@126.com
王　瑛　首都经济贸易大学经济学院　master@utah.com.cn
许国泰　北京联合大学策划教研室　主任
臧泓见　大连理工大学泓见策划　dutcn@126.com
张大文　《中国策划年鉴》　总编审　cehua@21cn.com
周　兵　首钢工学院经济管理系　教授　Zh-B98@163.com

培训策划

众所周知，普通教育，只能够传习一些普通的基本知识和通用的基本技能。而面临社会的不断进步，毕业生还必须接受多次的技能培训，才能满足社会不断发展的要求。如果说学校的教育是让学生由种子变成大树，那么培训能让大树枝繁叶茂。培训是如虎添翼，而中国策划培训家就是为老虎插上翅膀的人。

高　菁　北京人文大学策划系　讲师　Bjypc6107@126.com
高　军　中国交通运输协会　职业教育考试服务中心 副主任　Gaojun1949@126.com
黄林柱　广西培训中心　cehuapeixun@163.com
黄正彦　中国人民大学继续教育学院商界领袖学堂　校长　xxcmba@126.com
康向东　重庆招标局教师培训　k-333-K@163.com
李隽耒　中华第一家长在线学院　企划总监　rich@3gcoach.com
李立新　吉林省人事厅培训中心　负责人　Rst_llx@yahoo.com.cn
林　鑫　北京城市学院教育培训中心　主任　lxboya@163.com
宁春旭　国家科技部南方科技培训院　招办主任　Nyy126@sohu.com
牛建萍　沈阳西奥职业教育咨询有限公司　总经理　kejizhe@126.com
欧　明　广西钦州策划师培训中心　主任　qzch801@163.com
苏沛德　以策划治学办培训　ccuchina123@126.com
唐　泽　中央教育科学研究所培训中心　家庭教育顾问　200815837@qq.com
菀　云　北京元明合泰文化教育研究中心　主任　Wanyun199@163.net
王　维　中国天才儿童教育集团　总裁　jystxly@163.com
王麒云　中国商务策划湖北机构　whcpo@163.com
吴婧铱　北京益子时达教育科技有限公司培训部　jennywu567@sina.com
扬晓燕　清华大学卓越总裁研修班　河南教务中心
应中伟　李阳疯狂英语　常务副总经理　Yingzw123@ilyg.com
喻传进　全国外经贸认证考试中心　主任　Huaougov@163.com
张　斌　中国企业大学网　运营总监　13911364215@vip.sina.com
张修兵　中国青岛金典商务策划企业管理培训机构　总经理
周　博　清华电子商务总裁研修班　主任　thuceo@gmail.com
周　悦　中华培训网　市场部　zhouyue@china-training.com

策划咨询家

国际上咨询产业在纵向可以划分为三个层次，即信息咨询业、管理咨询业和战略咨询业。在每一个层次上又可以从横向细分。那么游离于咨询产业之外,或者说凌驾于咨询产业之上的策划咨询是什么?中国自古就有咨询产业,简而言之就是主公问幕僚。改革开放之后,西方的系统的咨询产业涌入中国,与东方的幕僚制度碰撞,成为策划咨询,中国策划咨询家也应运而生,相比西方的企业咨询家,中国的策划咨询家没有水土不服的弊端,一跃成为中国咨询市场的中坚力量。

北　冰　湖南远景管理咨询有限公司　专家　yuanjingzixun@ sina. com
陈　昕　北京拓海咨询策划公司　运营总监　Xinchen9277@ sina. com
邓晓晖　华业电视咨询公司　总经理
樊　琳　中国蓝十字工程 - 企业病诊断　办公室副主任　Nannan_0601@ 163. com
范杰刚　北京春风名师管理咨询有限公司　咨询顾问　fjg126@ 126. com
方晓东　北京南洋林德企业管理培训中心　总裁助理
韩宏喜　先导战略决策研究中心　主任　ceo@ china-xd. com
何　汤　点子大王咨询有限公司　总策划
贾云峰　德安杰环球顾问集团　总裁　johnson. jia@ dnjpr. com
李　坚　中国概念策动与传播机构　策划总监　tl_fuzhao@ 163. com
李　艳　美国国际智力资源驻京代表处　项目经理
李宏伟　科特勒咨询集团　总经理　lihongwei@ kotlermarketing. com. cn
李吉祥　北京精诚信世纪商务咨询中心　总经理
李兰生　北京富达尔城市发展咨询有限公司　策划总监　znrlls01@ 126. com
梁　帝　苏秦策划机构　总经理　Suqin2005men@ 126. com
刘秉君　北京四维天成商务策划咨询中心　副主任　cbsaliu@ 163. com
刘秉君　北京四维天成商务策划咨询中心　副主任　cbsaliu@ 163. com
刘少波　楚星国际(企划)集团有限公司　副总经理　lsb@ chuxing. com. cn
鲁　珩　沐宏宇企业策划中心　创意总监　Long0100@ 126. com
马玉民　华旗众生(北京)管理顾问有限公司　首席执行官　mym0616@ sina. com
梅德友　中经国研经济咨询中心　投资顾问　Mdy7166@ 126. com
潘　军　北京藏龙卧虎企业管理咨询公司　董事长　Panjun2008@ sina. com
钱佳闻　北京哲宇策划机构系统　策划咨询总监　zheyucehua@ 163. com
秦全耀　北京南北通咨询有限责任公司　总策划
邵宇炜　谷德企业管理咨询有限公司　项目主管　sywstc@ 126. cem
苏　新　天纵策略顾问有限公司　董事长　newsun@ 263. com
孙　英　沈阳英迪合力咨询服务公司　总经理　whitesun@ vip. sina. com
谭国辉　佳盈企业策划　策划师　tan6109@ 126. com
王　璞　北大纵横管理咨询　掌门人
王嘉浩　嘉浩策划机构　总经理　wxtxdl@ 126. com
王世明　中国西藏信息中心　办事处主任
王伟宏　北京晓众之道策划中心
魏建设　北斗星　策划师　wjr888888@ 163. com
文志宏　北京和君咨询公司　总监　wenzh@ hjcn. com. cn
肖　雨　富企顾问公司　Xyyj2006@ yahoo. com

谢　晶　北京正略钧策企业管理咨询有限公司　咨询顾问　xiejing@ adfaith. com
雪　易　周易精英预算智囊团　团长　tlymyg2005@ sohu. com
杨　光　正一堂策略机构　董事长　Tts_ad@ sina. com
杨东龙　管理世界咨询中心　副主任　ckocoo@ 263. net
于旭阳　北京龙玺堂企业策划有限公司　董事长　yuxuyang@ sina. com
俞金龙　幸福人生研究咨询　哲学硕士　sunyjl@ yahoo. com. cn
张树林　北京启轮顾问咨询公司　首席顾问　zhangshulin@ performanceinstitute. cn
赵志军　北京帝森企业策划有限公司　经理　zhaozhjun@ netease. com
周　洲　海畴企业管理顾问公司　董事长　Chairman@ haichou. com
朱　琳　北京永向前商务调查中心　总经理助理　Zhu_yinxing@ 126. com
朱　强　北京文士奇国际咨询有限公司　副总　Zhuqiang771210@ 163. com

策划管理家

管理学与西方咨询业来到中国同样有水土不服的问题。中国社会是一张庞杂的人际关系网,而管理却不能在这张网上游刃有余,自由穿行,所以策划管理应运而生,切合市场需求。中国的策划管理家经过多年摸索,都有一套自己的体系,他们运筹帷幄,在中国管理市场中立于不败之地。

蔡林杉　北京泛华卓越企业管理顾问公司　咨询师　sarah@ cpmi. otg. cn
程维海　北京成功无极限管理咨询公司　总经理　thinkwh@ gmail. com
戴伟辉　复旦大学管理学院　博士　whdai@ vip. sina. com
都兴成　商业经理人　主任　fengyu2026@ eyou. com
高红宇　中国邮政数据中心　副经理
黄安婷　北京国富创新管理咨询公司　培训主管　antinghuang@ yahoo. com. cn
江　南　管理学家月刊　编委主任　Glxj_nj@ 126. com
金满山　北京企业管理研究所　执行所长　davidchu@ china-link. com. tw
景文学　北京如水慧企业管理咨询公司　董事长　jingwenxue@ yahoo. co. jp
孔维铭　中企工易管理公司　项目经理　cemsp@ cemsp. com
李晨晔　北京铭略远迅管理咨询公司　副总裁、执行董事　lichenye@ sdr. com. cn
李金轩　全国考委经济管理专业委员会　秘书长　Li_jin_xuan@ 126. com
李树利　七彩感悟管理公司　副总经理　Lsl1568@ yahoo. com. cn
郦剑锋　温州市华纳企业管理顾问公司　总经理　huanajiaoyu@ 163. com
梅德友　北京世纪影响管理咨询有限公司　Mdy7166@ 126. com
潘素英　北京巨思特企业管理顾问公司　咨询顾问　jjyy0917@ 163. com
任小娟　北京圣略管理顾问公司　总经理　xioajuanren@ 126. com
史世光　大连普贤策划管理咨询有限公司　策划总监　shi@ gbaltd. org. uk
谭临庄　北京思传特吉管理顾问公司　总经理　bjstrategy@ yahoo. com. cn
谭志奇　当代信息管理中　副总监　tanzhiqi@ chinamg. com. cn
文　天　飞龙集团　副总　Olive8848@ 163. com
徐亨立　谷德企业管咨询公司　总经理　Henry530713@ sina. com
于　宾　北京浩泰仁济管理中心　haotairenji@ 126. com

云　舒　　众合利达北京管理咨询有限公司　　首席讲师　yunshu333@126.com
张越彭　　申泰策划管理咨询机构　chinacehua@163.com

中国研究院所

研究院是国内公信力较高的机构,也是重要的思想传播平台。研究院具有独立的学术品格和价值取向,不仰仗于任何权力机构和利益集团,享有良好的口碑和公信力。中国有关策划的研究院所一直致力于中国策划的研究,对中国策划理论与实践进行积极探索。为推动中国策划发展提供一个研究性的交流平台和合作机制。中国策划的兴起与壮大,这些研究院所功不可没。

鲍昱合　　北京国际城市发展研究院会展经济研究所
陈代军　　北京经济管理研究院　新闻学博士　lookforsun@sina.com
丽　梅　　故宫博物院　副研究员
孙　炜　　中国政策科学研究会宣传部　调研员　Sunw8888@tom.com
魏纪中　　奥运经济研究中心
萧启宏　　北京东方文星汉字研究所　教授所长　wenxing@chinesesoul.com
俞明阳　　上海交通大学品牌研究所　所长　5889665@sohu.com
张魁雄　　远大企业发展策划研究所　副主任
中　文　　中国经济调查研究中心可持续发展研究所　常务副所长
周　鹏　　中国科学社会主义学会科学发展观研究　专业委员会、副秘书长　kxfz@china.com.cn

四、媒体策划榜

所谓媒体,是指传播信息的载体或平台。媒体从性质上分有公众媒体与分众媒体。在中国活跃着这样一批从事媒体工作,但是却用策划的方法运作、工作的人。他们只是个例,还有很多直接运用策划或与策划相关的人,他们灵活多变,不拘一格。媒体是产生效益的机器,报刊杂志,广播电视,IT网络都是;畅销图书,会议,订制电影也是。媒体策划榜主要收录在媒体方面有策划业绩,有独立思想,方法、方式与众不同,有建树的媒体人。

著名女报人

报人是以报为任、为业之人。行话说:让它死,办报纸。办报,男人已属不易,女人更是难得。这里选登的女报人无不在信息咨询、公益广告、资源整合等方面创造不凡业绩。

陈海贝　　《家庭周末报》　记者
成　静　　《中国经济导报》　编辑记者　Chengjing0609@126.com
郭香玉　　美国《国际日报》中国记者站　高级记者　Xiangyu04@tom.com
荆　玲　　《今日关注》　主编助理　gmgzh@sina.com
李爱娟　　《证券日报创业周刊》　客户经理　kenvinlaj@sina.com
李利拉　　《湖南经济报》　副总编
李小红　　清华同方电子杂志社　经理　lixh@cnki.net
廖翊含　　中外交流月刊社　记者　Liao12566@sina.com

刘月辉　《中国妇女报》　记者编辑　ihuidou@sina.com
彭丽玲　《人民日报》　培训中心　Pcheng5100@126.com
邱　月　东方画刊杂志社　记者　11659888@163.com
任秋平　北京市建委新闻中心　Yingran0729@sina.com
唐和燕　《中外企业报》　副主编　Heyan_t@sina.com
万　欢　《南京日报·财富周刊》　媒介经理
吴淑华　《太平洋日报》　台南记者　fm10412005@yahoo.com.cn
项　莉　《家庭导报》　编辑
薛　炜　《科技日报》　编辑　weiweix@126.com
杨　琴　长沙晚报《品周刊》　广告副主任　Yangqin117@hotmail.com
杨剑芳　《国际商报》　主任　bjyangjianfang@126.com
张　瑛　《中国贸易报》　副站长　Zhangying5988@163.com
张成凤　全球华人权威商业期刊　秘书　Sjhs2005@163.com
张春梅　《21世纪报》　zhangchunmei@21stcentury.com.cn
张丽峰　《中国妇女报》　妇女传媒研究中心　lifzhang@sina.com
赵　君　《中华小记者站》杂志社　副秘书长　xiaojizhe@sohu.net
赵建玲　名牌时报中国城市周刊　事业部主任　Jl.zhao@163.com
周梅坚　《南京日报·财富周刊》　主编

内刊策划

内刊以内部员工、合作客户、关联消费者为对象，相对狭窄却为数不少，有点象"越是民族的，越是世界的"那句话。内刊策划首先体现在刊名上，象燃气公司的《名气》；商业口的《零售商学院》取名取略见一斑。

傅培政　大北农集团　主任　Fpz001@sina.com
侯韶图　北京企业内刊俱乐部　总经理　hst@263.net
林贤辉　《百江燃气》　编辑部　主编　linxianhui@panva.com.cn
刘　静　中科科仪《今日科仪》　执行主编　liujing@kyky.com.cn
聂新凯　长久实业集团有限公司　品牌经理
乔鲁强　加拿大KVC国际投资集团品牌拓展部　总监　qiaoluqiang@vip.sina.com
沈　奎　《零售商学院》　主编　yirenloving@163.com
沈泓喨　同上品牌集团报　执行副主编　liang0829@126.com
沈京津　中国北京总部基地　市场部总监　shenjingjin@abp.cn
石　非　东易日盛集团品牌推广中心　策划主管　fayer@dyrs.com.cn
徐凤兰　《生活家》杂志主编 主编　xufenglan@vantone.com
杨　原　《中国新兴报》　总编辑　yy@xxg.com.cn
袁晨超　《中关村》杂志社　副总经理　win-way@126.com

新闻策划

新闻策划有三说：一是事件策划"无事生非"；二是广泛炒作"满城风雨"；三是深度发掘"掘地三尺"。在媒体工作者的记者、编辑、广告、营销人员是新闻策划的主体。策划界相当一部分人来自新闻界,他们知根知底,鞭辟入里,策划更见功力。

陈　禹　《民营经济报》　策划部长　cy4910@126.com
陈玉明　《外经导报》社编辑部　主任　myc201@sohu.com
东方云子　《购物导报》　副主编　Daode2001@sina.com
冯　并　《经济日报》　高级编辑　fengb@ced.com.cn
耿永华　《中国青年报》　副主任
龚新民　中国电力报社　主任
候延振　《建设文化》杂志　总编辑
黄　毓　《中华儿女·海外版》　主任　Roder56@126.com
季立宗　新财经杂志社　策划总监　dpjlz@126.com
阚　南　《航空知识杂志社》　编辑　kannan1@163.com
李　波　《今日财富》杂志社　主任
李　平　《中国国门时报·E周刊》　主编　Blue_lee@vip.sohu.com
李　荣　《中国糖酒报》总编辑　shehuizhuyi@126.com
李强胜　《人民日报》人民论坛杂志社　专题部主任助理　1q1099@hotmail.com
刘　红　亚洲中心时报/阿克苏新闻周刊　文化传媒总监
刘　霞　人民日报《人民论坛》　副总编　xia316@126.com
孟　斌　《山东商报》汽车部　主任　Sd-car@163.com
任业海　人民日报新闻信息中心策划部　策划总监　renyehai@163.com
石玉龙　《中外名牌》编辑部　编委
王富仓　《中国食品质量报》　策划主任
王京生　《环球纪事》　副总编辑　Dssh123@sina.com
王学会　《中国青年报》产经新闻　主编　wangxuehui21@sina.com
吴竞韬　《中国贸易报·产业视点》　副主任
向开满　《中国贸易报》　英文版编辑　Ctn666@126.com
肖　松　《现代文明画报》　V1969@sohu.com
薛　炜　《科技日报》　编辑　weiweix@126.com
易　键　中外交流网(月刊社)　副总编辑　Yiz8@hotmail.com
张秀河　《人才信息报》主编　Zxh19720820@163.com
赵晓军　《江南晚报》　主任
朱杰堂　《郑州航空工业管理学院学报》编辑部　教授　qzz@zzia.edu.cn
邹济舟　《人民代表报》　常务总编　Zoujizhou888@163.com

策划记者

策划记者有别于新闻策划,首先他们是记者,同时也是策划,倒不一定是新闻策划、事件策划,而可能是商务策划、项目策划。还包括分别或先后在策划、记者两个职业干过的人都可以称为策划记者。

杜　文　《中国企业报》　记者　duwen9748@sina.com
方　筝　《中国改革报社》　主任记者　zgfuweiwei@163.com

韩世文 《现代教育报·校长周刊》 记者 Hsw1981_2002@yahoo.com.cn
韩晓东 《中华读书报》记者 dushuhxd@sina.com
黄　进 湖南电视台新闻策划部 副主任
姜锦铭 新华通讯社 记者 Jiangjm616@xinhua.org
李海波 《亚洲新闻人物》 记者主任 Lxy884813@yahoo.com.cn
刘新义 《北京晚报》 编辑、记者
罗　建 《长沙晚报》策划部 主任记者
缪礼延 《扬子晚报·聚焦苏锡常版》无锡采编中心 副主编
秦邦建 《经营者》 资深记者 中国市场学会 首席编辑 qinbangjian@126.com
王小平 羊城晚报报业集团 主任记者 Wangxiaoping1023@126.com
吴　杰 《人民日报》市场报 编辑记者 David5158@yahoo.com.cn
薛　晟 《现代快报》记者 seasoning@126.com
张健晨 《江南时报》 记者 Zjc_ok@126.com
张显勇 《中国绿色画报》 记者部主任
朱光强 《华夏时报》 记者 China2000chn@sina.com

传媒策划

传媒的本体具有传播与增值的功能，稍加策划就能如虎添翼，深入策划则可以倒海翻江。所有传媒策划莫过于把本体做好了，其自然形成了媒体，象东方财富网的广告运营，一方“豆腐块”日售8万，第二天还卖8万，还并无成本。

曹松岫 南京新华传媒策划事务所 媒体总监 ccssxx@hotmail.com
常照辉 媒体资源网 市场总监 charles@allchina.cn
韩　凌 今晚传媒集团控股有限公司副 总经理 hlvip@sohu.com
江南春 分众传媒董事长 航美国际
李欣鑫 欣欣诺国际传媒集团董事 总经理 Lixin2100@sina.com
刘　星 凤凰新媒体 策划主管 liuxing@ifeng.com
刘峻成 亚洲传媒有限公司 董事长 a@ammc.tv
刘晓峰 喜纳传媒 运营总监 Lxfeng2008@sohu.com
迈轲扬 奥格传媒有限公司 董事长
王剑波 东方剪报国际信息咨询公司 总编 dongfongjb@126.com
吴　峰 国招传媒策划
吴　徵 凤凰新媒体 总编辑 wuzheng@ifeng.com
邢剑飞 凤凰新媒体 副总监 xingjf@phoenixtv.com.cn
杨　彪 贵州策动文化艺术传媒 总经理 gzcdwh888@126.com
张菁菁 东方财富网广告 华南渠道总监

出版策划

出版社作为国家文化意识形态最早一批走向市场的单位，经过二十余年的洗礼，在选题策划、自主出版、多渠道运作、著作权合作等各方面取得了长足进步，畅销书培育、常销书打造亦有显著成效。近两年大学出版社管配，新华（书店）集团订制等出版发行，思路不断推陈出新、新颖独到。

崔宪涛　　中共中央党校出版社　编审、编辑室主任　hnsjys@ vip. sina. com
范　丹　　视觉中国商务出版部　经理
方　丹　　北京人文大学策划系　助教　Emy0906@ sohu. com
黄铃娜　　第二军医大学出版社　副科长
冀　鸿　　中国盲文出版社　主任　jihong735@ sina. com
姜　来　　东南大学出版社　编辑
荆成恭　　知识产权出版社　策划编辑　jcggxj@ 163. com
井　琪　　中央党校出版社　Cxtjean! sina. com
李克能　　文物出版社　副主编
刘鹤然　　线装本《四库全书》出版社　秘书长　Mp24s@ 163. com
吕从光　　北京南北天地科技有限公司　出版部经理　lvcg@ snsoft. com. cn
罗伟钊　　中国智库出版社　社长　ok8844@ 21cn. com
罗振文　　广东经济出版社财政金融编辑室　编辑　luozhenwen@ vip. 163. com
毛世屏　　海天出版社　总编辑
李　旭　　上海大学出版社副总编辑　lixu1966@ 163. com
苗　旺　　北京大学医学出版社　市场部主管　mw_miaowang@ yahoo. com. cn
申平华　　中国少年儿童新闻出版总社　副总编辑
苏兰君　　北京商贸学校商学系　教研室主任　sulanjun@ sina. com
汤佩林　　国家文献出版社　编审
王　斌　　《中国成功企业策划案例全库》　总策划
王传荣　　中广报刊音像出版集团　总监　planner@ pa18. com
王利民　　四库全书出版社工作委员会　leemann@ 126. com
魏北京　　香港美容出版社有限公司　中国市场首席执行官
文　硕　　北京纵横商务管理研究院　董事长　wenshuo@ vip. sina. com
肖自林　　北京大学《中国教育大典》编委会　副主编　pku. ch@ 163. com
徐智明　　广告书店·龙媒广告图书　出版人　xzm2001@ 263. net
许旭红　　世界遗产年鉴编辑部　主任
杨伟光　　国家清史纂修领导小组
于富荣　　北众文化有限公司　主任、图书出版商
于艳军　　华海文化出版　总经理　m3com@ 263. com
袁翠芹　　光明书架(北京)文化公司　ycq1982@ 7om. com
张　峰　　北京创意加油站图书文化连锁　北方区总监　Lee810818@ hotmail. com
张海洋　　北京时代晟鑫图书有限公司　经理　bookgo@ 163. com
张启芳　　《中国策划家年鉴》编辑部　主任
郑　导　　法律出版社　策划编辑　zhengdao@ lawpress. com. cn
周国维　　人民卫生出版社　主任　pmphsales@ gmail. com
朱德强　　第四军医大学出版社　主任　fmmup03@ fmmu. edu. cn
朱海松　　冷抽象工作室　策划编辑、出版顾问　wintetime@ 21cn. com
朱建萍　　路野表达工作室　办公室主任　Luye43210@ vip. 163. com

报纸策划

报纸是所有传媒中最敏感的一种，新闻策划方面有新闻预告、深度报道、事件跟踪的策划；产业运作方面有特刊、专辑、号外等出版形式的策划，经营方面更是气象万千，既有报网相随，如人民日报网、澳门商报网；又有培训、研修相结合，如上海新闻报证券市民班；还有报业文化与读者服务都有佳话传来。

陈海鸣　《金陵晚报》　马鞍山总代理　chenhaiming2004@ sina. com
韩光华　《珠宝与时尚报》　市场经理　han_gh@ 126. com
何建昆　《科技日报》　专栏主编　hejiankun@ stdaily. com
蓝　草　学生文摘　行政总监　chenzhaolan@ 126. com
刘洪海　《科学时报》　社长、总编辑　honghailiu@ hotmail. com
莫　林　《东方新报》　广告主管
秦　朔　《第一财经日报》　总编辑
王　刚　中国语文报刊协会校园文化报刊分会　副秘书长　Xiaoyuanwenxue51@ 126. com
王铚邦　人民网　招商研修班　Wzhb99@ 126. com
吴海民　《京华时报》社　社长
向开满　《中华贸易报》英文版　副总编辑　ctn666@ 126. com
张　博　《经济日报》中华儒商专刊　常务副主任　zhangbo0512@ 163. com
张　京　《商务时报中小企业》专刊　通联部主任　Zhxh73@ 163. com
张来民　《中国企业报》　博士　laiminz@ 263. net
赵　定　《中国企业报·中华徽商》周刊部　总编
郑可为　哈尔滨工程大学学报杂志社　执行编辑　zhengkewei@ hrbeu. edu. cn
周　杰　《人民铁道》报社　执行主编　Zhoujie3380@ sohu. com
朱晨辉　《青年时讯》新闻部　主任　bjszch@ 126. com

期刊策划

杂志是报纸姊妹刊，相似之处不少，策划大相径庭。相对报纸，杂志更讲究整体性、时尚性。其实杂志可策划之处还有很多，例如：主题杂志、年度点评、排行榜单、专题出版都是杂志期刊的看家本领，更有业外经济的每月论坛、行业评选、读者服务部都是策划可以伸拳腿的领域。

包永平　《中华商道》杂志社　总编辑　bbaohanwto@ sohu. com
陈祖勇　浙江省期刊总社策划部　总策划　Czy133@ 163. com
邓　鋆　中华英才半月刊社　策划总监　jm_7000@ sina. com
方利臣　《中国纪检监察报》　总策划
冯扬天　《上海世博》　总策划
侯延振　《建设文化》杂志　社长　Zgjswh002@ sina. com. cn
胡晓生　《小康》杂志社　网络中心主任　huxiaosheng99@ sina. com
黄俊飞　市县领导月刊调演部主任　调研部主任　Haohaofei940@ tom. com
江　南　《管理学家月刊》　编委、办事处主任　Glxj_nj@ 126. com
李子斌　《环球旅游》周刊　主任　Lizifu5678@ 163. com

刘为平　《南方》杂志　liuwp648@ sina. com
刘小丰　《花样盛年》杂志社　总编　liuxiaofeng@ naersi. com
潘　颖　第一时尚杂志社　运营总监　Panying_2008@ 163. com
彭真怀　《地区开发》编委会　总编辑　chinalive@ 263. net
韧　夫　《中华风》杂志　总编辑　Renfu696@ sohu. com
王　冰　中国城乡桥杂志社　记者　wangbingjx@ sina. com
王　淳　华商杂志社　主编　sjhs2008@ 163. com
王　周　《家具与室内装潢》　副总编
王春雨　《销售与管理》　运营总监
向　熹　《名牌》杂志　主编
晓　宁　《中国财经》杂志　首席记者　Panqingshan2004@ sina
徐望华　成功无限杂志社　编辑记者　xuwanghua001@ 163. com
杨瑞秋　华商财富杂志社　执行主编　Yangrq911@ 163. com
曾庆林　《小康》杂志社　策划师　ddzql@ sina. com
张文敏　《新经济导刊》副总经理　wenmin. zhang@ srit. com. cn
张永兵　《销售与管理》杂志　出版人　mktbank@ 163. com
周贵玉　《青年文学家》杂志　主编　qingnianwenxuejia@ 163. com

影视策划

影视策划作为传媒。娱乐双重业务的策划有其易的是“东方不亮西方亮”；也有难的是耗资大、竞争多，成功系数难以确保。尽管如此，影视从业大军仍然是浩浩荡荡，策划可谓影视军中马前卒，少不了策划要做，最难的莫过于三点：筹措资金、选拔人才、影视发行。

阿　甘　秦合百川影视机构　总经理　qhbc@ sina. com. cn
崔　迪　中央电视台·美术星空　制片人　Cuidi6712@ 126. com
戴　杰　中国国际电视北京辉煌动画公司　主任、编辑　Qyin48@ . vip. sina. com
邓　恩　东方电影电视专修学院　副院长
方　喜　央视新影制作中心事业发展部　制片人　fxvip@ sohu. com
格桑曲珍　影视少儿春晚　制片主任　Zjysgs2008@ 126. com
龚中艾　北京电影学院　教师
谷晓明　现场影视文化中心　制片　xmpr2000@ 126. com
郭西昌　北京 24 小时　制片人
郭振海　中鼎京华影视文化传播有限公司　策划总监　lfguozhenhai@ 126. com
蒋祖云　横店影视城　策划总监　jiangzuyun@ 163. com
靳　立　河南电视台九洲同乐节目　总策划　jiuzhoutongle@ 163. com
康　舰　央视大型晚会节目组　导演　cctvkk@ 126. com
康　恺　中央电视台　制片　kk2345_18@ hotmail. com
寇　骞　中国教育电视协会　秘书长　Weaaaa_china@ 126. com
连德枝　中国儿童艺术剧院原艺委会　主任　leiyouyu@ yahoo. com. cn
刘　祁　北京金话筒文化发展有限公司　主持人　tjliuqi@ 126. com
刘　伟　中央电视台·农业节目《每日农经》　编导

刘国华　中央电视台农业节目　副社长　lgh_1949@sina.com
马　昕　中央电视台　策划总监　maxin7222@hotmail.com
梅　龙　央视青少节目中心　制片人　meilong@263.net
孟大清　央视经济频道《艺术品投资·鉴宝》　编导
牟六英　南方卫视旅游　制片人　mouliuying@163.com
牛少飞　中国文化游节目　导演
宋玉新　中国科教电影电视协会　主任
孙　军　火凤凰影视传媒有限公司　项目经理　763400883@qq.com
王　鹏　列车影视　总经理
王　评　北影古装苑影视制作中心　制片
王　伟　CCTV7《乡约》　编导　Wangwei_cctv@yahoo.com.cn
王　雯　今日观察栏目广告　客户经理　wangwencctv@sina.com
王　雁　中央电视台电视剧制作中心　制片人　wenxinchuangyi@vip.163.com
王宏东　新闻频道《电视报告》　编导
王新良　北京名人艺术摄影工作室　总经理
王振江　北京中鼎京华影视公司　总经理
魏国栋　中国列车移动定时《纵横九洲》栏目　制片人　Wgd88@vip.sohu.net
魏永刚　北京广播电视集团　总经理
温广为　中央人民广播电台华夏之声台　副台长
午海宁　中国民族影视艺术发展促进会　副会长　tv@cn56.org.cn
喜　梅　北京电视台电视剧制作中心　ximeixue@126.com
邢兆麟　北京华文博艺影视策划有限公司　副总经理
徐　冰　北京影音艺典文化交流中心　副总裁　benxu@yyyd.com.cn
许有全　中国视协农视委秘书处　执行主编
薛清波　中央电视台·海外节目中心·新闻部　导播
杨　淼　北京电视台播音部　主持人　miaomiao1230@tom.com
杨明华　真光·宝映　编导　Sleepytown@126.com
殷健恒　美国哥伦比亚好莱坞影业中国集团　总经理　Yjhyjh2006@yahoo.com.cn
于　涛　凤凰卫视(北京)节目运营中心　制片主任
曾小燕　中国教育电视台　主任助理
张　莉　中央电视台农业节目　编导　1newsun@sina.com
张　明　北京幽州海棠文化发展公司　制作部经理　Zhangming9966@163.com
张慧健　广东电视台　台长
张建平　中央电视台农业节目《阳光大道》　制片主任　z.cctv@tom.com
张秋云　视觉时代信息技术有限公司　副总裁　Zhangqiuyun2005@hotmail.com
周冰川　中国电视艺术家协会　xuanyinhua2005@vip.tom.com
祝泉龙　新华社音像中心制片部　主任

五、策划领域榜

策划流派众多，这些流派的不同源于他们面对的领域不同，比如创意、营销、品牌；或是主张不同,比如学院派、海归派。虽说他们运用着自成体系的理论,但应用领域和出发点也不同,如果用统一的理论体系就会差之毫厘,谬之千里。所以各个领域,甚至每个策划人都有自己的一套理论体系。这个关系就象所有应用数学都源于理论数学,但是应用数学更贴近实际。策划领域榜所收录的策划人大多是在本领域有着过人之处,也有能够跨越多个领域的高手,他们一超多强,身兼多能。

创意策划

创意是策划先行,是头脑先行部分,当我们讲创意策划的时候,实际上已经从头脑风暴走到策划落地的阶段。国家支持文化产业,这些产业都是创意及其延展事业,在创意与策划撞击之时,愿景历历在目。

常志旭　天津创意策划研究会　常务理事　changzhixu2008@163.com
韩颐和　北京市自强莫模范　444529272@qq.com
霍兆虎　天津市旅游局　Huozhaohu2006@yahoo.com.cn
贾丽军　卓越形象·中国　首席创意　Owen_jia@exis-china.com
李　谦　UAM　运营总监　qian.lee@urbanmatics.com
廖　灿　《创意中国》　主编　awbsa@vip.sina.com
祁　宇　景象高尔夫　创意总监　tvc007@hotmail.com
秦晓毅　时尚新丝路广告传媒　总经理　y528553@vip.163.com
苏　彤　北京国际文化创意产业联盟　创意总监　sutong@ccia.cc
王小新　天津创意研究会
王欣鑫　天津中医药大学赛扶团队　队长　wang1980s@yahoo.cn
阎　雨　清华大学文化创意产业研究中心　副主任　scholaryanyu@126.com
张　力　市场诚信促进会　副秘书长
张　晴　南开大学国家大学文化产业园区
张　三　天津真解渴文化创意产业有限公司
张合军　天津市创意策划研究会　秘书长　Zhanghejun1019@yahoo.com.cn
朱万峰　创意村　常务副总　Chn_cyc@126.com
祝　链　2008 国家航空文化创意交流年组委会　副主任　zhuliantpm@126.com

教育策划

与策划教育相对的教育策划既有教育行业的策划实践,又有策划行业的教育主张,两者融合形成教育策划的新景象:亲子教育、个性化教育、策划智商教育层出不穷;更有大学城、冠名楼宇、捐建图书馆、大学生创业园、私人教练俱乐部、我到美国上大学等妙趣横生的创意策划教育项目。

曹晓峰　国际个性化教育研究院　会长　arrowcao@126.com
陈昌金　青岛恒星职业技术学院　董事长　cestar@cestar.com
陈宇梁　北京招联教育文化有限公司　副总经理
崔　岭　清华大学继续教育学院　主任　Cuil-2000@vip.swa.com
大　林　私人教师俱乐部
冯国坤　时代财智(北京)教育科技中心　中心副主任　guokunf@126.com

何建民　东方电视电视专修学院　执行院长
侯海涛　时代财智教育科技中心　教育拓展部　tfetc@126.com
侯汶君　西安交通大学管理学院　hwj@emba.xjtu.edu.cn
可　立　广东湛江师专　讲师　Keli9924@hotmail.com
李　蓉　清华大学继续教育学院　项目主管　jyxylir@tsinghua.edu.cn
李建民　山东工商学院成人教育学院　院长　cjxy0987@sina.com
李进尧　北京人文大学　校长　ljy@bjrwdx.com
李廷玉　中央民族大学　董事长　superllj@126.com
林力源　广州力源早期教育幼儿园　zhongguocehua@vip.163.com
聂延军　中国教育学会(小学)委员会　秘书长　Nyj2008@126.com
任　明　中国东方大学城股份有限公司　执行董事　wfrenmin@163.com
石　虹　北京红绿蓝亲子教育中心　干事
田玉敏　全国高协组织教育发展中心　主任教授　chce2001@vip.sina.com
仝清美　中国人民大学继续教育学院　市场部经理　ongqingmei888@126.com
王忠谋　中国高级公务员培训中心　培训处副处长
武永昌　北京学习村教育集团　教务处主任　xxcmba@126.com
薛哲华　美国英语学院　副院长　Zhehuaxue06@yahoo.com.cn
阎锦敏　北京林业大学图书馆　教授　yjm@bjfu.edu.cn
扬　申　北京教育报　新闻部主任　Yang-sh@263.net
杨国栋　最高人民法院高级法官培训中心　常务副主任　ygdygd@126.com
叶星利　广州全纳教育科技公司　经理　Qn256@163.com
余润德　清华大学美术学院高端培训部　主任　Ythy88@126.com
张　路　我到美国上大学项目　经理　zhanglu.net@gmail.com
张春江　清华大学管理培训部　主任　xlzxl@mail.tsinghua.edu.cn
张飞军　北京学习村教育集团　xxcmba@126.com
张合军　天津大学生创意园　Zhanghejun1019@yahoo.com.cn

公关策划

《公关第一、广告第二》是一本书也是一种策划观。世界上本无什么公关，做事的人多了，公关关系也就复杂了，复杂了就要策划了：剧组、报社要外联，社会之间情感梳理、集团公司大客户部做的都是公关工作。

白　魏　公关文秘教研室　主任
曹　哲　大林工作室公关　干事
常惠民　德安杰环球公关顾问集团　业务经理　huimin.chang@dnjpr.com
陈　江　《人民日报》北京捷传公关策划中心
陈　媛　中华卫星电视(集团)股份公司　公关部部长　Jixiang_123456@sina.com
崔秀芝　人民日报社公关部　公关策划传家
胡　益　中国民航报　外联部主任　Hgy829@sohu.com
华　佳　中国儒商总商会
贾少红　中外名人国际公关策划公司　项目经理　beijingjsh198@sina.com

李智玲　中科软科技股份有限公司　大客户经理　lizhiling@ sinosoft. com. cn
梁宝平　明星名人网　公关部经理
林　欣　中国发展观察杂志　外联部主任
柳艳萍　北京中集视点影视策划有限公司　总经理　65461269@ 163. com
任美玲　中华卫视《商机中国》　外联制片　renshibaili@ 126. com
沈家模　江苏省国际公关协会　副会长　mshen@ jlonline. com
王　艳　甘肃·兰州慈爱实验艺术职业学校　lanzhouciaiyixiao2008@ yahoo. cn
吴　霞　易为公关　经理　Angea@ eastwei. com
姚　芳　北京典盛文化传播有限公司　业务经理、公关总监　yaofang888@ hotmail. com
叶　玲　美港国际合作促进会(香港)　秘书长　Yld8@ 163. com
张金友　中国美术家协会　外联部主任　beijinyipinzhai@ 163. com
朱丽娟　情感梳理工作室　导师　zhulijuan377@ tom. com

广告策划

做广告的个个说自己是做策划的,这是广告策划所造成的,也就是说广告策划才是策划的主力军。广告策划命题很多,象广告语、广告口号、广告运动、广告设计、广告软文、广告发布、广告评估;而狭义的广告策划却是精准客户、有效广告、广告影响、广告替代等等。广告耗资巨大,象广告预算、成本核算,效果检测等都是广告策划范畴。

陈　峰　北京北奥广告有限公司　副总经理　cf@ bestall. com. cn
陈朝辉　帝诚国际广告公司　客户总监　chenzhaohui@ china-ads. com
陈海风　安徽海洋风广告传媒有限公司　董事长　wq. 1022@ qq. com
陈锦璋　广东省广告公司成都分公司　总经理　Gdad006@ 126. com
陈立新　北京万尊广告公司　总经理　chenlixin518@ sohu. com
陈先恳　福鼎东晨广告有限公司　总经理　fddcgg@ 126. com
刁升全　无锡市联艺广告策划公司　总经理　Line_in@ sina. com
杜　倩　北京世纪天辰广告公司　bjsjtc@ 126. com
杜占海　环球亚视国际广告有限公司　经理
冯金林　南通金太阳广告策划设计有限公司　总经理　jty-ad@ 163. com
符海浪　佛山飞碟广告策划公司　策划总监　94056363@ qq. com
郭　剑　四川广告人经济文化传播公司　执行董事　sc_ggr88@ 163. com
何　伟　北京英保良广告公司　总监　Hewei216@ x263. com
胡云虎　北京伟盛时代广告有限公司　创意总监　wish-yh@ sohu. com
黄道翠　苏垦广告　媒体主管
黄菊芳　东方新报广告中心　总监
江　楠　北京千百度广告有限公司　总经理助理　jn@ qianbaidg. com. cn
焦　胜　无锡东方名流广告有限公司　总经理
靳涵松　北京源流华亭广告有限公司　总经理　jhs7555@ 126. com
李小丁　无锡正邦广告公司印务部　经理　Wxzb88@ 163. com
刘　飞　曲阜绿叶广告有限公司　经理
刘　杰　北京金都汇号文化传播中心　主任

刘　杰　　中捷飞传播　副总经理　cctvlj@126.com
刘　勇　　德润天地广告　总经理　youngox@sina.com
刘云霞　　实力电传广告　总经理　liuyunxia@sina.com
马建中　　北京艺族传媒广告有限公司　art@263.net
毛　雄　　湖北融智商亮广告有限公司　总经理　hbcbad@126.com
彭学敏　　长沙图腾广告公司　总经理
阮　毅　　尚彩广告　业务经理　Sunside365@126.com
苏　冰　　南京日报　　广告副主任
孙孝彤　　北京阳光新纪元广告有限公司　执行制作　Xiaotong.sun@sunnewmedia.net
唐大林　　西安广告策划
滕景潞　　世纪金潞广告有限公司　总经理　Sina666@vip.sina.com
王　磊　　吉林省喜洋洋广告有限公司　总经理
王剑川　　今日中铁广告文化交流中心　Wjh906@sina.com
王宁峰　　江苏省世纪东方国际广告有限公司　副总经理
王世学　　银月广告公司　总经理　Wangshixue@printit.com.cn
王志翔　　北京易中广告传播有限公司　董事长　W33d@tom.com
叶一鸣　　中国邮政广告公司　客户总监　yym0001@vip.sina.com
伊　娟　　春风智慧传媒广告有限公司　副总经理　yijuan006@163.com
易　滨　　新优势文化公司　行政助理　yibin@nacd.com
袁　瑜　　北京时代前线广告公司　总经理　Sdqx2001@sina.com
张景德　　富邦广告公司　zhangjingde@vip.sohu.com
张小玲　　大连博众广告传媒有限公司　策划总监　Dl-dm@163.com
钟　莛　　大贺国际广告(集团)公司　海外市场部
荘润雨　　无锡子庄广告公司　主人　Runyu.zh@163.com
左　斌　　黑龙江神笔画业广告有限公司　执行董事　victorzuo@163.com

品牌策划

品牌在营销爆炒之后粉墨登场，是策划人转向最快，人数最多的一个领域，机构命名无不是大气磅礴，尽管见效不大，信奉者仍是不少，那是因为策划人描绘了一个无比壮观的景象，客户们认识到这样一个投入少、见效快的方式自然是趋之若鹜。品牌策划家正磨刀擦枪、子弹上膛。

邓德隆　　特劳特(中国)品牌战略咨询公司　总经理
高思伟　　北京华红兵品牌营销策划院　lnydqc@sohu.com
汉　中　　优势中国品牌智业机构　总经理　hanzhong8080@163.com
黄伟平　　中国品牌策划推广中心　主任　Mrzx168@163.com
江明华　　光华管理学院品牌研究中心　主任　jmh@gsm.pku.edu.cn
解艾兰　　中国国际名牌协会　会长　Xieailan2005@yahoo.com.cn
李易洲　　中国品牌营销学会　常务副秘书长　gdma1983@126.com
梁中国　　国际品牌联盟　主席、院长　ibfchina001@163.com
刘海峰　　中国乡镇品牌评选推广活动组委会　招商代表
刘少波　　品牌中国产业联盟　副总经理　lsb@chuxing.com.cn

秦宏斌　《中国旅游报》品牌推广部　主任　Qhb352@ sina. com
苏　彤　数字化企业形象　总经理　sutongivc@ yahoo. com. cn
万　力　中国新品牌工程组委会　秘书长　wanli_100@ 163. com
向利群　海南三匠品牌营销有限公司　总经理　xlq6681@ 126. com
谢宏乾　南宁一石品牌营销策划机构　总经理　xiehongqian2003@ yahoo. com. cn
徐三金　中国品牌报告周刊　主任记者　cnbrand@ 126. com
杨　兵　品牌中国产业联盟学术委员会　执委、专家　Ybyb99999@ 163. com
于牧海　华海文化　总经理　M3com@ 263. net
余明阳　上海交通大学品牌研究中心　主任
曾叔云　中国品牌报告周刊　主编　shuyun999@ vip. sina. com
张　晓　国际品牌联盟　秘书　cbo@ IBFchina. org
张　杨　北京黄金甲品牌推广有限公司　客户经理　Aimi0312@ sina. com
赵　鑫　企业文化与品牌创意国际论坛　副秘书长　Zhaoxinvip818@ 163. com

营销策划

营销与策划在大多数人眼中就是一回事，尽管我们说策划的范畴大过营销，丝毫不影响他们把营销与策划相提并论。营销以西方观点讲要从市场调查开始，东方观点则不一样，诸如人情、礼节、福利、攀比、显摆许多东方人性营销要素在西方营销中找不到根据，而东方营销却把它运用得沸沸扬扬。

包　青　五大洲科技公司　市场总监　1025206977@ qq. com
成　泳　五月花号营销策划公司　船长　Chengyong1107@ yahoo. com. cn
董锦武　红星美凯龙　顾问、营销总监　jackdjw@ sina. com
杜　岩　一千零一剧场机构　董事长　aying1005@ yahoo. com. cn
付　强　美国麦格劳－希尔国际企业公司　高级营销代表　walter_fu@ mcgrow-hill. com
高　鸣　江苏雨山企业设计发展公司业务主管　业务主管　jxyushan@ jionline. com
高　源　辽宁省直销连锁经营协会　秘书长　gaoyuan@ vip. 163. com
高菁蛰　天津市市场诚心促进会　副会长　Es1949@ 126. com
黄永浩　无锡卓诚集团市场　经理　Scjl-1103@ 163. com
李传国　东莞市合众企业营销策划有限公司　总经理　Lyxxy321@ 163. com
刘达霖　北京智达伟群营销机构　首席执行官　dalinliu@ vip. sohu. net
刘建华　全国供销合作总社科技推广中心科技项目处　处长　Liujianhua. zh@ 163. com
刘宗明　现代成功营销管理及实战专家　总裁　lzm191@ 126. com
路长全　赞伯营销策划咨询公司　总经理
吕　鹏　鹰彤金融企划　客服经理　lvray@ 126. com
马　巍　五洲国际策划营销教育培训机构　首席策划　success_mv@ 126. com
邱亚菊　搜狐公司总部　销售经理　andyqiu@ sohu-inc. com
苏红利　北京雅嘉金利营销顾问有限公司　经理　yjjl8866@ 163. com
泰邦建　中国市场学会 首席编辑资深记者　qinbangjian@ 126. com
卫　星　优诺时代整合营销传播公司　市场部经理　Weixing8678@ hotmail. com
肖贵青　新威迅驰教育机构　业务主管　Xgq2008ym@ 126. com

谢　锋　维思比科技(北京)有限公司　销售经理　Xie. feng@ myvsp. cn
熊大寻　提供营销路径的大寻　xdx99@ 163. com
徐友富　《创意宣言》作者 春风智慧营销机构　执行董事　xuyoufu@ 263. net
曾　展　创意村营销策划有限公司　副总经理　cyc010@ vip. 163. com
曾祥澎　北京文仕奇国际咨询有限公司　销售总监　zengxiangpeng567@ 163. com
张　帆　清华紫光　销售总监
张海涛　北京瑞春泉国际文化传媒公司　销售总监　iouae@ 126. com
张静美　北京华红兵营销研究院院长助理　院长助理　dracezjm@ 126. com

公共策划

公共策划在我国初期,与公共关系近似,更讲究预测、预警、预备,它涉及的领域还有公益慈善、公共事务,乃至于公共福利、公共建筑等。现时的公共策划尚不成熟,从业人员亦不专业也不专职,所列名单榜上的人员因工作原因正在从事公共策划,他们的努力仍然值得表彰与嘉奖。

艾云航　中国新农村建设内参编委会　副主任　aiyunhang@ sina. com
蔡福金　中央社会主义学院原　副院长　Fujin. cai@ 163. com
常　靖　中国国情调查研究委员会　秘书长助理
常　力　知识产权研究会专利委员会　秘书组组长　changli2006@ hotmail. com
陈　杰　中华人民共和国建设部　主任委员　jiejie-2050@ sina. com
方　圆　中华孝心 111 工程组委会　秘书长　zzg3316@ sohu. com
高友东　中国民主促进会中央委员会　副部长　gaoyoudong@ mj. org. cn
和　欣　文明中国和谐世界"主题歌道德经"　Ookkchina2003@ yahoo. com. cn
胡　越　中国高层决策协会　副主任　huyue369@ 126. com
黄景南　北京景春科技文化公司　董事长　jingchunbj@ 126. com
纪小华　中国太平洋地区合作委员会　部长　rebecca_ji@ vip. 163. com
贾福林　北京市劳动人民文化宫　策划主任　jfl531031aaa@ sina. com
贾光禄　中国公共关系研究总会　执行主席　bjzhg@ hotmail. com
李文军　中国开发区大典编委会　编辑部主任　Zjgwh2008@ 163. com
李新华　北京赢在未来教育机构　总干事　lixinhua2684@ sina. com
林　欣　国务院《观察与发展》、中国发展观察课题组　外联部主任　Linxin1952@ hotmail. com
栾叶文　中国工商银行股份有限公司黑龙江省分行　办公室主任　Luan0323@ sina. com
马景复　天津大学档案馆　馆长　majingfu@ hotmail. com
毛国葆　江苏省高速公路经营管理中心　党委书记　bjhhy@ sina. com
潘亚中　台湾海峡和平发展研究院　总策划　panyazhong@ yahoo. com. cn
潘岩铭　国家图书馆信息咨询中心　研究馆员　pym2006@ sohu. com
彭　录　中国扶贫协会　顾问　penglu@ ah163. com
彭劲松　中共中央党校团委　副书记　pengjs@ ccps. gov. cn
权　裕　公共关系杂志社　总编　shaanxipr@ 163. com
施光华　国家发改委房地产信息中心　主任　shi-gh@ 163. com
王　成　江苏省劳动和社会保障厅　主任　wc@ js. lss. gov. cn
王　昕　中国国际友好交流促进会　国际部部长　Friendly1708@ gmail. com

王海凤　中共中央党校事业发展部　副主任　Wanghaifeng1123@ sina. com
姚志成　中国三农报告　副主任　zgsnbg@ 163. com
原松华　中国发展观察　副主任　sh1971@ sian. com
张　钧　中国科社民间经济与社会发展　调研主任　13301166668@ 165. com
赵志强　《中华奥运梦》圆梦贺词　副秘书长　Foyuan108@ 163. com

工商策划

工商策划是最受关注的领域,因为全民经商,所以策划普及。

30年以来中国工商走过了改制、市场化、中外合资、责任制承包、企业上市公司等一系列波澜壮阔的改革与发展,几乎所有的策划人都卷入了工商策划,不在企业也在商业化运作,人在事业也在企业化经营。策划人更高明之举在于把工业企业商业化、商业工作社会化。

陈　刚　苏州工业园区管理委员会经贸发展局　副局长　cg@ sipac. gov. cn
陈　华　审计署外资运用审计司　司长　chenh519@ hotmail. com. cn
陈松芹　河南思维天成商务策划公司　经理　hncbsa@ 163. com
承　薇　联合世界数字商贸中心有限公司　Wocsz50@ 126. com
程永生　安徽日新包装公司北京分公司　总经理　Diancheng22@ 163. com
郭　华　北京华夏屹立国际公司　guohuarmrb@ yahoo. com. cn
黄　翔　商界纵横家
黄婉秋　郎度国际资讯有限公司　sunnyweller@ 126. com
姜建新　亚洲超越极限国际有限公司
蒋森华　南宁市卓翰商务策划有限公司　总经理　gxnnjmh@ 163. com
李　红　北京孙河农村经济发展公司　高级助理　lihong@ guo-rui. com. cn
刘　钢　无锡市工业设计园　顾问　celldesign@ 163. com
刘宏志　沈阳宝尔福商务策划中心　策划总监　hongzhivvv@ sina. com. cn
刘孟龙　湖南龙行天下酒业公司　董事长　lml188@ 163. com
卢晓亮　华东五金城董事长　秘书　hdwjc@ 126. com
罗健华　中国经济商务协会　副秘书长
潘岩铭　《工商策划学》　主编　pym2006@ sohu. com
任忠智　北京中农恒通商贸公司物流配送中心　总经理　bjznht@ sina. com
王成发　江苏外经合作公司　总经理
徐　强　北京北邮印刷公司　经理　buptxq@ 163. com
易　伟　四川长虹多媒体产业公司市场策划中心　副总经理　Xsb. yiwei@ changhong. com
张仁天　光源集团　总经理　zhrentian@ 163. com

科技策划

科技是生产力,策划是孵化器。

科技创新、专利发明运用的都是智慧;策划创意、统筹兼顾运用的也是智慧,因此科技策划就是一根常青藤,科技开明、策划永存!

柴逸芳　五大洲科技(北京)有限公司　董事总经理　Wudazhou2005@ 126. com

陈　勇　北京光润生物技术研究所　所长　Guangrun77@163.com
程金香　北京科学技术委员会　副主任　chengjx@cbtm.net.cn
崔士光　北京广联恒泰数码科技发展有限公司　董事长　Gl-photo@vip.sina.com
冯克伟　全国高科技健康产业工作委员会　主任助理　Fkw1234@163.com
高文汇　北京海沙显兰科技发展有限公司　策划师　bjhsxl@126.com
何道胜　众臣科技　首席策略
胡海林　北京联华大通科技发展有限公司　副总经理　info@lhdt.com.cn
胡兰平　四川经营管理人才中心　总经理　Hulanpng@chinamanagecs.com
胡向明　北京清华慧石科技有限公司　执行董事　hxm@woloz.net
李海金　北京农水信息技术中心　副主任　Gkj2009@163.com
李延玉　北京市世音通智能电脑技术公司　董事长　syperllj@126.com
梁宏宇　清华工业科学研究院　博士　lianghy@gyy.tsinghua.edu.cn
刘　敌　昌平区科学技术委员会　研究室主任　ly_zs@sina.com
刘嘉煜　北京汉仪科印信息公司　副总经理　ljy@hanyi.com.cn
陆跃全　中国科学技术协会　办公室主任　gogo124@sina.com.cn
马国坤　时代财智(北京)教育科技中心　副主任　Guokunf@126.com
穆东魁　北京新桥技术发展有限公司　助理　mudongkui@hotmail.com
穆海林　北京金信泰和科技公司　副总经理　M15918@yahoo.com.cn
朴彦谕　北京唐邦关怀科技有限公司　总经理　Yyp010@yahoo.com.cn
沈高宝　北京特灵生物技术有限公司　董事长　shenggaobao@163.com
石凯龙　三维语言(四川)有限公司　总监　developchengdu@hotmail.com
苏子富　北京雍和园生物基金科技中心　董事长　szf@163.com
孙式立　国际 UFO 联合会(纽约)　主席　Sunshili37@yahoo.com.cn
佟明顺　河北香河经济技术开发区管委会　副主任　xh@xetdz.gov.cn
汪家瑞　宏坤科技公司　经理　hongkun@vip.sina.com
王发锐　北京华瑞郎斯水资源科技公司　执行董事　wangrunfa@126.com
王建波　北京奥维亿方科技有限公司　总经理　Yixianwang929@yahoo.com.cn
王小林　中国科学院传统工艺与文物科技　秘书长
温广超　北京众志百川教育科技中心　总经理　zyjybwh@rmzj.com
吴昊檑　北京益自时达教育科技有限公司　董事总经理　Easy_star2006@126.com
萧　峰　南京千创科技公司　总经理　xchina@gmail.com
徐大涌　机械局技术开发研究所　所长　bjjks@sohu.com
许虎光　南京惠儿佳科技实业有限公司　董事长
严余山　安徽小岗节能科技公司　总经理　Xiaogangren@163.com
尹丽芬　世宝淳(北京)科贸有限公司　首席执行官　Yinlefen@126.com
张　路　北京推立方(移动)咨询公司
张春林　北京联华大通科技发展有限公司　董事长　zch@datongedu.com
张广仁　中国航天科工集团　教授　guangrenyz@httx.com.cn
张利军　北京卓锐星科技发展有限公司　副总经理　mark139@163.com
张临萍　龙马世纪数字科技公司　经理　lm_szkj@126.com
张平粟　北京酿泉创投科技发展有限公司　董事总经理

赵红魏　北京君创科技发展公司　销售经理　Beijing@ grandraygp. com
周应东　广州尚早莱光电科技有限公司　总经理　zyd268@ 63. com
祝清钢　长江伟业科技集团　董事长　cjwykjgs@ 163. com
邹悦龙　湖南湖湘科技发展有限公司　总裁　lgzyl@ 126. com

六、商务策划榜

商务是广义的概念,是指一切与商品买卖和服务相关的商业事务。狭义的商务概念即指商业或贸易。交换产生“商务”;竞争产生“策划”;商务是一切以利益为目的、以交换为手段、以货币为表现的个人或组织的活动。商务策划是以获得社会交换中的更多优势和利益为目标,通过创造性思维进行资源的有效整合,形成完整执行方案的过程。

策划是人类一种具有优势性的思维特质。它是针对未来和未来发展所做的当前决策,能有效地预测和指导未来工作的开展,并取得良好的成效。因而,策划是科学决策的前提,也是实现预期目标、提高工作效率与效益的重要保证。商务策划针对商务活动中出现的各种弊端,而运用各种策划方法解决疏通这些问题和弊端。商务策划榜收录了在商务策划中颇有建树的策划人,并以此为标榜。

投资策划

策划完成之后常有两个障碍致使策划夭折,一是管理人才缺失;一是投资调控不周。庆幸有李晓东、卞洪登、蒋国建为代表的策划家投身融资工作;又有唐金龙、曹必英、严春香为特色的投资家钟情策划,这才使得投资策划专榜活色生香。

傲　兰　国际民族实业投资集团　经理　chjworg@ 163. com
卞洪登　中国宝贝国际投资集团　董事长　67193698@ 163. com
曹必英　中国建设银行嘉兴市分行　主任　caobiying@ 126. com
陈　欣　北京润博投资管理公司　副总经理　adchen2000cn@ yahoo. com. cn
陈建成　湖南楚城影视文化制作有限公司　董事长
陈剑锋　泛华保险服务　董事长　Jason55558888@ 163. com
邓继海　中国国际投资合作促进会　副秘书长　invest111@ 126. com
丁伯峰　北京中经合投资管理有限责任公司　总裁　bfding@ yahoo. com
东翠红　山东众招投资有限公司　经理
段　丽　财富亿家　金融理财师　Free7woman2003@ yahoo. com. cn
耿树云　无锡园林投资发展公司副　总经理
韩　伟　英国斯普瑞投资有限公司　驻中国首席代表　superior_link@ 126. com
蒋国建　国际文化产业投资有限公司　董事长　fxtx@ 126. com
接厚芳　华夏文化振兴基金专家委员会　主席　Bdss1020@ sina. com
金鸿云　财富指数资本集团　总裁　Henryking612@ vip. sina. com
李　刚　美国金石集团北京代表处　bjshht@ 163. com
李国栋　投资人控股集团有限公司　运营部经理　Liguodong0428@ eyou. com
李清溢　紫阳溢城国际集团(中国)总裁　zyyc@ hkzyyc. com
李伟林　中国招商引资协会　执行会长　Liweilin315@ 163. com

林　军　　金龙科技发展基金　秘书长
林　楠　　中国时代投资顾问有限公司　总经理　cubnlin@163.com
刘树斌　　中国重点投资建设指导工作委员会　主任　Merry1221@163.com
卢佳瑄　　北京国智合源财经顾问有限公司　执行经理　twinkle1211@163.com
陆海燕　　欧美亚企业联合会投资管理委员会　招商部总经理　Luhaiyan_omy@163.com
马　健　　金联银河(北京)投资有限公司　总经理　Maj_bj@yahoo.com.cn
麦　克　　广州英豪科技投资有限公司　laidongheng@163.com
蒲重良　　广东新晟环保投资集团有限公司　pulh12389@163.com
唐金龙　　金龙科技发展基金　理事长
王小平　　世界和平家园投资集团管理公司　董事局主席、法人代表　Hp_jy@163.com
吴平东　　北京渣旗国际投资咨询有限公司　yataizongcai@yahoo.vom
肖　强　　联合证券有限责任公司　投资助理　unxiaoqiang@sina.com
谢　运　　汕头盈泰集团　总助　45885787@.qq.com
刑新丽　　中国平安人寿保险股份有限公司　四星级导师
严春香　　江苏省华夏三农事业发展基金会　理事长　Hxsn.2007@163.com
杨　洋　　深圳市中经风险投资管理有限公司　董事长　yyshenzhen@126.com
曾小虹　　《投资与理财》月刊杂志　责任编辑　tzylcbjb@yahoo.com.cn
张　驰　　碧辟(中国)投资有限公司　经济学家
赵娟如　　北京恒丰美林投资管理有限公司　副总裁　zjr@hfml.net
周贵玉　　《青年文学家》杂志　主编　qingnianwenxuejia@163.com

企业策划

策划有一个同义词叫“企划”,除了它正宗的含义之外,有一个通俗称谓,那就是“企业策划”。从事策划的人有三种生存方式,其中两种与企划有关,一是在企业担任策划职业,象陈润江、陈并那样在企业专司策划一职;一种是象郭井立、石达专为企业做策划,但有自己的公司。

陈　并　　东方博古城　副总经理　hongyd@hya.sina.net
陈　震　　宜兴金点企划有限公司　总经理　jdqh2008@126.com
陈广峰　　沈阳海洋世界　企划总监　hoci@live.cn
陈润江　　北京万通地产股份有限公司　总编辑　life13693023109@126.com
陈祝全　　智谋天下营销策划机构　总企划师　Zmtx99@126.com
邓炜霖　　鸿烨集团　董事长　d.wl@163.com
郭井立　　中策企划机构　总裁　Jsqh1994@163.com
何　聿　　无锡悦龙堂企划公司　董事长
石　达　　广东智邦企划　总监　zhibang9898@163.com
徐亚波　　中国农业科学院饲料研究所　企划部经理　Yabo99@sohu.com
姚沛霖　　美国国际企业金融集团北京代表处　项目审核部长
张非凡　　合纵连横企业教练机构　企业教练　williezhang@51coaching.com

城市策划

企业策划好了,就该策划城市了,所谓城市策划三大主题,一是规划,邱育章、杨彤文是这方面专家;二是策划,王志纲、陈放是这方面专家;三是形象,刘一心、徐青在这方面成绩斐然。

陈　放　中国城市100　运营专家　cf533@sohu.com
何学林　《策划中国》　主编　hexuelin@vip.tom.com
李海山　中国城市研究院　总经理　lhspinpai@sina.com
林荫路　香港东方城市创意产业连锁策划国际机构　城市运营顾问　999plan@163.com
刘一心　《中国建设报》广东记者站　站长
邱育章　香港海外学者联合会　执行会长　zhongxia@126.com
沈　青　运用电视提升形象　北京沈青研究院　院长　jinbide@126.com
孙运才　中国国际城市发展研究院　执行院长　sycnews@126.com
陶斯亮　中国市长协会　副会长
王永春　《建设文化》杂志　策划师
王志纲　城市运营专家　王志纲工作室　首席策划　szwzggzs@126.com
雯　轲　城市发展战略研究会　秘书长　Luotu0805@163.com
徐　青　北京大奇天下空广告公司　总经理　xiaolongmi@163.net
杨彤文　中国文化遗产研究院　研究员　Wenny_1025@sina.com
于振东　城市价值推动者　执行主编　Yzd2008@263.net
庄小椿　中国城市发展研究会　营销总监　zxch@163.com

地域策划

北京有来自全国各地的策划人,叶茂中从江苏来,梁中国从湖南来,各地策划人到了北京汇成策划大军再联合全国策划人把中国策划推向极致。可谓:今日之地方,明日之中央。

陈　果　安徽谐和文化传播有限公司　执行董事　zylmwcom@163.com
陈世学　贵州明慧信息咨询有限公司　总经理　minghui611@163.com
程　强　县域经济促进会西北项目发展中心　主任　zgnyxb@163.com
褚成曦　四川成都国光文化科技研究院　Zjrc99@163.com
葛振胜　延吉阳光大道置业咨询策划有限公司　总经理　gezhensheng@hotmail.com
何　刚　广西今创意商务策划有限公司　董事长　Jcy316@126.com
纪锋涛　中国区域经济研究院
李国选　安徽淮南中心　espligx@yahoo.com.cn
林俊媚　北海城市开发策划
刘俊镅　福顺集人力资源部　经理　Liujunmei51@yahoo.com
孟凡华　大连卧龙国际知识经济研究院　院长秘书　mengfanhua@ok.org.cn
宁怀远　陕西圣态企业咨询公司　总策划　qingxincha-xiang@tom.com.cn
王　旭　无锡市傲目影视制作公司　创意总监　Frey.ammedia@gmail.com
王一健　县域经济促进会西北项目发展中心　副院长　wyjzgch@163.com
王章法　新疆金大圣策划咨询公司　董事长　xj.zxj@163.com
杨知礼　郑州世策联商务策划公司　培训部经理　zychw2008@126.com
张　君　深圳力创商业顾问有限公司　策划经理　shizecdy001@163.com
张　挺　南京东唐广告有限公司　影视课课长

张亦欣　　陕西支点企业策划公司　CEO
赵兴江　　新疆金大圣策划咨询公司　总监　xj. zxj@ 163. com
赵逸群　　无锡市青铜企划公司总经理　Qingtong88@ 163. com
周　雁　　中国区域经济研究院　feng87297036@ 126. com

会展策划

会展经济自20世纪90年代初叶开始火爆，有三个显而易见的标志：一是各地兴建展览馆、展览中心；二是开展展评、展销等商务活动；三是各院校开设会展经济，会展策划专业，一时间更见会展兴市、会展旅游、会展策展人各种新概念、新景象蔚然成风。

高丽荣　　北京晋商博物馆　经理　Adsk111@ 163. com
关松道　　首届中国国际酒品展评　常务副主任　gsd8721@ 126. com
蒋一秋　　苏州国际博览中心有限公司　副总裁　intexyq@ vip. sina. com
梁　婕　　资深主题会展策划人　策划师认证办公室　Book88800@ 163. com
刘　鹰　　哈尔滨冰城国际展览公司　董事长　liuyouchang516@ sina. com
罗　杰　　中国婚纱服饰文化艺术展示会　常务秘书长
孙广禄　　第三届中国策划大会　副秘书长　sun_g_11105@ sina. com
吴　洋　　北京东方艺都拍卖有限公司　策展人　ywbly@ vip. sina. com
肖秉侠　　北京国粹苑艺术品休闲广场　会长助理　zhaoshang@ guocuiyuan. com
郑蓓强　　博时展览服务有限公司　项目经理　push@ 21cn. net
郑迎春　　北京博鉴文化中心　市场部经理

论坛策划

博鳌论坛使中国人认识了论坛，再之后圆桌会议、高峰论坛层出不穷。策划界更是前赴后继，会议接踵而至，同时带动了评奖、交流与业务；大至世界华商大会（以论坛为主），久远数中国企业家世纪论坛。

陈国庆　　中国策划研究院（北京）版　中国策划大会　13602595507@ vip. 163. com
单　利　　学习型中国投资理财论坛　培训经理　Shanli2088@ 126. com
何才庆　　中国企业家世纪论坛　秘书长助理　Liuyanbo97@ yahoo. com. cn
雷鸣雏　　生产力中心版　中国策划大会　E-chec888@ 126. com
李　艳　　中非商务论坛　首席秘书　liyan03ru@ hotmail. com
李　忠　　中国企业家世纪论坛　副主席　Lizhong108@ tom. com
梁　铭　　策划协会版本　中国策划大会
梁正雄　　首届中国城市运营商大会组委会　副秘书长　zhengxiong@ tom. com
廖　灿　　周培玉版　中国策划大会　Liaocan911@ vip. sina. com
林力源　　中国（广州）策划研究院版　中国策划大会　zhongguocehua@ vip. 163. com
刘宏伟　　世界华商大会北京事务局　所长
欧耘华　　全国中试基地产业发展论坛委员会　执行秘书长　Ouyun8@ 126. com
齐大清　　中国创赢财富论坛组委会　执行主席　qdqvip@ 126. com
孙德禄　　人民日报版　中国策划大会　rmwltsd@ 126. com

唐　山　　中国政府采购中心论坛组委会　副秘书长
王富荣　　学习型中国投资理财论坛、学习型中国商学院院长　秘书长　Wfr0804@vip.sina.com
许从广　　创赢财富论坛组委会　副秘书长　jdzq777@126.com
杨　迎　　全国医院建设高层论坛组委会　编辑　jwlh@vip.sina.com

活动策划

如果说项目策划利益大,那么活动策划影响大。大不过奥运会,策划人介入深的莫过于董建与殷商;美不过新思路、模特大赛,涉足者有李小北、赵彩江;奇不过广告语背诵、天下赞助网,张春健、向梦娜首当其冲。还有礼仪公司、开闭幕式公司,空姐大赛组委会、华商领袖年会共同组成了会议大军活动前锋。

陈玟龙　　广州飞天天礼仪　总策划　cwl24@126.com
陈伟雄　　广州市飞天礼仪策划公司　总经理　potatosha@hotmail.com
程　锐　　保利剧院　副总经理　polycheng@sohu.com
董　建　　2008北京奥运开幕式研究会
贾　梁　　中国世纪大采风组委会　副秘书长　Jialiang1956@sina.com
蒋国建　　《奥运之光》彩灯展　Jgj2008@126.com
李叔阳　　博士节　秘书长　coachsylee@yahoo.com.cn
刘　洋　　新丝路模特大赛　业务部经理　E_liuyang99@yahoo.com.cn
刘剑锋　　国际小姐世界大会全球总决赛组织委员会　执行主席　Ljf8826@hotmail.com
刘金涛　　2008空姐大赛　事务总监　Missairline2008@sina.com
沈庆明　　第二十一世界大学生运动组织委员会　外联部部长
宋群郎　　兴中华爱全球送吉祥　总策划　6037405@sina.com
王红民　　新丝路模特大赛　常务副经理　whmmodels@vip.sina.com
王利忠　　中国创意节组委会　创意执行长　Wlz188452945@163.com
向梦娜　　广告语背诵大赛　执行主编
谢　琦　　国际品牌模特大奖赛　秘书长
徐　磊　　和谐盛世全国巡展组委会　秘书长
易　海　　华商领袖年会组委会　Yihai10@126.com
殷　商　　中国第一个开闭幕式公司　Sina999@vip.sina.com
张春健　　天下赞助网　赞助运营专家　Bjcj_1089@163.com
赵彩江　　中国太太形象选拔赛组委会　总策划　Tt668668@163.com
赵有才　　中国国国际中老年艺术节　秘书长　13366889997@163.com
钟隆昌　　广州星洲巨典文化传播有限公司　董事　Xzjd2099@126.com

文艺策划

文艺的范畴很大,举凡文联的部门都称文艺,本榜介绍的文艺多指文艺表演。

曹春生　　中共中央美术学院　雕塑家
陈远征　　毛主席扮演者　中国国家博物馆书画部　主任　mtcyz@163.com

冯叔兰　现代音乐学院声乐　教授
高　强　北京丰禾圆文化艺术交流中心　总经理　fengheyuan@ yahoo. com. cn
何旭光　辉煌石艺术制作　001@ zxhh. com
侯钦磊　北京一名艺术文化院　高级策划　hql@ bjem. cn
黄　庆　博雅诗阑文化艺术公司　总经理　Hx19610430@ 163. com
李　雨　北京版库艺术中心　bkart@ sina. com
刘美汝　中国电影乐团艺术团　女高音　Yu13666@ 163. com
商清瑞　毛主席扮演者　伟人艺术团　团长
姚　远　北京姚远视界艺术文化传播公司　艺术总监　yaoyuanstudio@ sina. com
于占国　格林飞思文化传播中心　总经理　gelin@ bjgelin. com
赵本水　喜剧演员(三项吉尼斯记录)
钟　国　毛主席扮演者　世界华人联合大会　主席兼秘书长　wcusbj@ 163. com
周　雷　北京歌华演出艺术公司　策划顾问　gehua@ gehua. com. cn
周群生　深圳锦绣中华发展限公司　艺术总监　qunsheng111@ 163. com

项目策划

项目比企业灵便,比活动持久,项目策划就是类似于商务地图编撰、电话问路俱乐部、家庭药箱等等。项目策划贴近现实,见效快,周期短,易于传播和移植。陈汉东成语接龙十几年来搞活动,做礼品,出图书,做培训,足迹遍中华,效益溢三江。

陈汉东　中国人文奥运汉语项目中华成语龙
陈雄坚　理想策划　zc-lixiang@ 126. com
楚国栋　项目管理策划人　客户经理
达　文　艺术山庄　大学生创意创业与老年人居家旅游
侯临华　文化项目策划人
蒋　健　新优势文化公司　项目经理
林　楠　资深财经记者社会文化项目策划人
林耀南　中国策划研究院项目部　主任　Iyn99999@ 126. com
孙　钢　易通交通信息公司　项目经理　sung@ etrans. com. cn
徐　烈　时代财智教育科技中心　项目拓展部　tfetc@ 126. com
徐军胜　创意村　项目经理　Junsheng518@ hotmail. com
俞嘉伟　无锡市通易企画广告公司项目经理　Admedia7890@ gmail. com
张　路　《我到美国上大学》图书出版与游学考察
张　智　中国模特艺术风采展示大赛组委会　副秘书长　Zhangzhi111@ vip. sina. com
张江溢　2008 北京奥运宣传部　干事
赵艺兵　北京赛区玉兰花小姐选拔赛组委会　执行秘书长　bjqqlyxj@ 163. com
周世军　全国夏冬令营联合体　会长　Qsjs1188@ 263. net

七、行业策划榜

行业是指从事国民经济中同性质的生产或其他经济社会的经营单位或者个体的组织结构体

系？千百年来行业的发展显示出这样一种状态：由低级的自然资源掠夺性开采利用和初级的人工劳务输出，逐步向规模经济、科技密集型、金融密集型、人才密集型、知识经济型转变，从输出自然资源，逐步转向输出工业产品、知识产权、高科技人才转变。每一次演变都会淘汰一批对手，每一次进步都是质的飞跃，那么演变的动力除了科技发展就是行业的策划。每一个行业都有自己的生存之道，但，大多方法如出一辙，没有什么新意，这就导致已有的行业成为了一片厮杀的红海，于是寻找蓝海就成了出奇制胜的法宝，行业策划榜就收录了一些找到蓝海、开拓蓝海和采用各种策划方法赢得胜利的行业策划人。

房产策划

房地产是国计民生的支柱产业，是城市建设的形象工程。大而言之，房地产要与城市战略、安居工程同步发展；具体表述则是房地产定位，决策；融投资、开发商；建筑风格与市场营销的方方面面要策划。房地产策划领域集中了最优秀的人群，无论是商业地产还是公共地块。

陈　并　东方博古城　总经理　hongyd@ hyd@ hyd. sina. net
陈运高　中国房地产文化促进会　秘书长　zgfdczg@ sina. com
邓　千　中华建筑报　总编辑　b001jzbs@ vip. sohu. net
方铭贤　万宝隆房地产集团　企划总监
韩　涛　金信成房地产经纪有限公司　置业顾问
李大展　国家建筑工程质量监督检验中心　检察员　lidazhan22@ 163. com
李龙飞　济南智德房地产经纪有限公司　策划人　dulicehua@ 126. com
李巧玲　顺驰中国控股有限公司　执行主编　qiaoling@ sunco. com. cn
梁　森　中国建筑设计研究院　规划师　usss@ etang. com
林　海　苏州科技学院建筑系艺术设计教研室　室内设计博士
刘春辉　福建三明雨田房地产经纪有限公司　教授　lch-acmc@ 163. com
刘金砺　中国建筑科学研究院　研究员
刘穗池　中国建筑文化中心　副主任　liusuichi@ 163. com
任庆春　北京紫光益天环境工程技术有限公司　总裁　tsinghuah01@ sina. com
任文生　山东华安房地产评估有限公司　经理　huanfc@ 126. com
宋玲玲　北京安达亿防水工程有限公司　董事长
王渠春　中国酒店资深策划人　wqc1390@ 163. com
温　泉　三明国际地产集团　策划顾问　sanming_2005@ 163. com
奚友方　江苏永泰建造工程有限公司　董事长　Yt_xyf@ 126. com
于明桂　北京京盛工程建设监理有限公司　总监　Bjjsjl@ bjjsjl. cn
鱼世海　慈溪维科置业有限公司　总经理助理　shihai@ cnool. net

旅游策划

旅游策划它含有规划设计、景区管理、线路开发、形象宣传、客源组织、导游讲解、食宿交通、游乐购物、售后服务等，然而策划绝不限于以上。旅游策划它还包括提高品质、消除隐患、体验旅游、增强感受等等。

柴大勇　《华夏旅游报》　总编辑　Hxta010@ hotmail. com

陈　亮　　环球旅游频道　主持人　Cl. cctv@ hotmail. com
杜冠平　　蓝图伟业文化发展公司　副总经理　duguanping@ 163. com
范业正　　发改委投资所旅游投资研究中心　副主任　fanyzh@ 263. net
方建平　　无锡市南禅寺文化商城管理处　办公室主任
何　源　　《中国旅游业要览》　主任
何焕臻　　天津市旅游局规划统计处　处长　zykfc@ tjtour. cn
贺海君　　蓝图智库旅游品牌策划咨询中心　高级工程师　Hjhe2002@ sina. com
黄　诚　　无锡吴越旅游公司营销　总经理　Huch8@ 163. com
黄贯强　　中国安徽颍上县旅游局　局长　Yslyj8166@ yahoo. com. cn
黄文进　　环球旅游　主任　hwjccd@ 163. com
霍　光　　北京达沃斯巅峰旅游规划设计院　院长、高级规划师　huoguang@ davost. com
康　明　　北京大森林国际旅行社　副总经理
李　庚　　中国旅游学院　研究生导师　Ligeng7072@ hotmail. com
李克夫　　中国社科院旅游研究中心　研究员　lkflkf50@ hotmail. com
连书强　　禹州森林植物园管理处　主任　928933163@ qq. com
梁　永　　香港商务旅游杂志　首席代表　Hkbtly2008@ 126. com
刘　锋　　达沃斯巅峰旅游景观设计中心　主任　easyyou@ sina. com
刘　楠　　北京新闻大厦酒店　市场营销部
刘　琴　　江苏康辉旅行社公司营业部　主任　Xiaxiaoyu1993@ 163. com
刘　勇　　苏州深度旅游策划有限公司　总裁　liuyongsodo@ hotmail. com
刘丽芳　　无锡古运河旅游发展公司　总经理　One-flower@ 163. com
邵　春　　中国旅游报　副总编辑
佘高红　　北京交通大学　旅游规划　shegaohong@ 163. com
盛衣群　　中旅体育旅行社有限公司　总经理助理　shengyiqun@ hotmail. com
史郭松　　无锡市太湖鼋头渚风景管理区　副主任
天　佑　　北京后花园风景旅游区　总经理　bjhhy@ sina. com
汪尉曾　　中国旅游报社　总经理
王　林　　无锡市公园景区管理中心　部长　Wanglinp4@ 163. com
王　勇　　无锡园林景区票务营销公司　副总经理　Water_ice110@ 163. com
王建军　　无锡市旅游局　局长
王首龙　　旅游顶点单位　销售经理　bjguide@ yahoo. com. cn
王兴斌　　北京国际旅游汇　首席顾问　13901362835@ 139. com
王衍用　　北京大衍致用旅游规划设计院　院长　tourwh@ 126. com
吴清江　　黄山市黄山区三口镇风景湖畔　总经理
武裕生　　北京国际鸿基旅行社　总经理　Wuyusheng1605@ hotmail. com
夏建文　　江南晚报旅游专版　主编　13338111128@ vip. 163. com
徐　慈　　大连华夏文化大观园　总经理
许　凉　　无锡古运河旅游发展公司　策划　Zock3@ 163. com
颜廷权　　无锡市深航假期旅行社公司　sochance@ foxmail. com
殷海雄　　北京创意天下旅游规划设计院　院长　yinhaixiong@ 263. net
尹若庆　　东方瑞剑青少年素质教育基地　总经理　Dfrj2008@ hotmail. com

袁福顺　中国旅游报社(希望发展中心)　副主任　liangma@263.net.cn
张立学　北京国门翔远酒店管理有限责任公司　副总经理　zhanglixue3330@vip.sina.com
张倩秋　(广州)自由行　领队　lenascat@yahoo.com.cn
张晓西　旅游年鉴　Zhxiaoxi-xx@163.com
张泽方　中国节杂志　副主任　Yifang_8921@163.com
郑季功　北京华夏商旅营销研究院　教授　hxta010@163.com
郑建平　中国旅游设计院　执行院长　U-space@vip.163.com

家居策划

安居乐业的前提是"有个五星级的家"家居策划助你建设五星级的家。

家居策划对企业而言有建材、家装、家具、装潢、布艺的设计、生产、销售;对一个家庭来说是设计、施工、装扮、点缀。其策划包含风水环境、选材、用料、设计风格、欣赏水平、造价预算。

陈宝光　中国家具协会　艺术总监　coldbao@163.net
大　林　美国芝加哥国际家居展中国代表团　领队(每年3月出发)
房　箴　中国建筑装饰协会　副秘书长
费龙民　《名家家具》杂志　总编　mingjiaworld@163.com
冯　坚　无锡鼎峰装饰设计公司　设计总监　Popi5555@sina.com
高英利　北京时代宏雅家具　业务　lht0218@126.com
李　盛　创世华澳家具　bangongjiaju9898@163.com
李成贵　广东中山中国风情装修　设计总监　huabangui@126.com
陆　勇　广州建材市场协会首席市场　策划师　Luyong688@163.com
马　驰　威达豪实业　副总经理　Bj456456@sina.com
梦云富　大红帆家居布艺中心　总经理　mengyunfu@yahoo.com.cn
牛　军　康佳办公家具公司　副总经理　kangpangqiye@163.com
欧阳波　北京大学人居环境中心　bdrjhj@163.com
潘利平　广州新视界　副总经理　Plp88@126.com
区永威　中国传统家具协会　副会长
史万林　德堡龙香港五金家具制造有限公司　总经理　debao_long@yahoo.com.cn
王　涛　中原地产　高级物业顾问
王　周　《家具与室内装饰》　常务副主编　boatwang@163.com
王宝林　常州家具商情杂志　主编　Wbaolin@hotmail.com
萧社和　中国红木之乡商会　会长　zshexing@163.com
尹建新　《家居空间》杂志社　策划总监
詹立柱　《南方家具博览报》　主编
张　屹　广州新视界　总经理　A12345b12345@126.com
张乐群　中国家具文化网　主任
赵　刚　东易日盛装饰推广中心　总监　market@dyrs.com.cn
赵金菊　北京宇西星城家具公司　经理　westar_bj@sohu.com

服装策划

衣食住行,服装打头。

服装策划有好几块,设计是第一位,由此形成的风格、款式、流行色都属于创意策划;随后是模特艺术,由T台、秀场、赛事组成形象策划,到了市场这一块那就是时尚、宣传、炒作成其为营销策划。

由此看来,服装策划大多数是虚拟文化、印象艺术,而单元计算也好,单件计算也好都很有市场,成为名符其实的文化产业。

陈海涛　中国雷蒙服饰集团　总经理　Hxx3118@ vip. sohu. com
范　智　中国礼仪着装　专家
郭　军　英姿服饰有限责任公司　经理　Lujiny9@ 163. com
胡燕萍　江西利达装饰工程有限公司　设计总监
贾　尉　《艺术报道》　着装顾问　wellerjia@ 163. com
李贵夫　宁波洛兹服饰　策划总监　927286541@ qq. com
李小北　新丝路模特公司　总裁
诺　言　《代言人》杂志　主编
谈剑平　把国奥体育服装推举为国家羽毛球队指定服饰　jsziwoyaoliao@ 163. com
吴海燕　北京服装学院　教授
徐　青　大奇天下　总经理　Sissi_991@ yahoo. com. cn
张宏杰　中国艺术旗袍张国香　策划总监　Ycg800@ yahoo. com. cn
张润香　北京京都丽人商贸有限公司　总经理　Ycg800@ yahoo. com. cn

美食策划

民以食为天,食以"策划"为先,在广告中数三品广告(食品、药品、化妆品)为多,三品中食品最多。

食是所有消耗中量最大的一项,有一个数字漫画说人的一世要消耗一火车食品和水。这么大的量怎能不策划。美食策划项目不少,大至美食节、美食城;经常至美食栏目,美食专版;至于到食品包装、形象打造、品牌个性那策划就数不过来了。

蔡　洁　香港《中国味》杂志　主编　83033027@ 163. com
郭立久　天津市烹饪协会　会长　office828@ 126. com
韩颐和　北京市自强模范　444529272@ QQ. com
韩颐和　中国实力派策划家文化酒　策划原创
郝　滢　北京中华茶艺协会　会长　cnteagov@ hotmail. com
胡景松　安徽古井贡酒股份有限公司　白酒营销策划　hjsahbz@ 163. com
纪善涛　名典咖啡语茶　总经理　ZJ97531@ 163. com
蒋泓峰　中国食品质量报社　副总编辑　hfabc8000@ sohu. com
梁　爽　《上海美食手册》纸上俱乐部
刘俊健　乐港集团　首席执行官　letgoco@ 163. com
龙　夫　沈阳树梅文化节　秘书长　sunicity@ 126. com

龙青芳　潇湘府餐饮有限公司　经理
苏　武　天津市天津爱吃网　总编辑　tjsa@ sina. com
王　兵　国窖 1573 高端酒策划人
王少贤　北京新东方烹饪学校　教师
王玉娟　北京醇醴嘉源酒业公司　办公室主任　yujuanguan@ 126. com
伍晏开　《中国食品企业大全》编委会　总经理　zgspqydq@ 126. com
由晓玉　净雅集团　客服部长
张　莹　净雅集团　客服部长
张　展　草原兴发世界屋脊事业部　总助　zhangzhan158@ sina. com
张恒秋　承德上兰宫苑公司　董事长　zhanghengqiu@ sohu. com
张玉凤　毛家饭店　董事长

网络策划

网络策划要具有网络意识,纵横成网、放射交织亦成网。以信息发布为例,不仅要依靠网络技术,更要发扬策划专长,所发布的信息要具备口耳相传、不胫而走的语言特色、合辙押韵与利益驱动,还要有信息价值、简便易行多种信息元素。在网络飞速发展的今天,策划家也要飞速发展。

常照辉　媒体资源网　市场总监　charles@ allchina. cn
陈　斌　官方发布网　创始人　Snowflying117@ 126. com
陈锦华　北京心灵动力网　策划专家　bjxldl@ 163. com
崔　娜　游戏学院　首席咨询师　ply82_cn@ hotmail. com
大　林　手机俱乐部　95096114(市话普通计费)
冯　祺　我爱 CBD 网　副总　001fq@ sohu. com
傅念东　洪农信安网络科技发展公司　总经理
高学升　中国民营企业网　业务主办　Myqy-expo@ 163. com
郭　丽　互联网周刊　客户经理　lguo@ ciweekly. com
韩国庆　北京网娱信息技术有限公司　经理　hanguoqing@ ltjooy. com
侯旭召　北京中途信科技发展有限公司　网商管理总监　hxz@ 51766. com
黄耀波　全球英才(北京)文化传播中心　执行董事　yourb@ vip. sina. com
焦成毅　中国红色旅游网　副总编
金　星　中国发明节网　总裁
柯　斌　腾讯网　总监
李　娟　IT 时代周刊
李　民　多智博软件科技有限公司　总经理　Tk1974@ vip. sina. com
李耀君　中国互联网协会交流与发展中心　Hxzg888@ 126. com
梁　力　中华英才网
林　枫　人行软件研究中心
刘兴海　华板在线　经理
刘亦娴　英才 · 3G 家长在线学院　培训总监
罗　斌　媒体资源网　客户经理　louis@ allchina. cn
罗邵锋　中国发明网　总裁　abrahamking@ sogou. com

那　奇　　大香山网站　创办者　Naqi010@ yahoo. com. cn
邵　尉　　北京洪农信安网络科技发展公司　董事　shaowei@ gwebs. com
邵显彬　　育路网　副总经理　Tlshao1977@ hotmail. com
王剑丰　　Cgogo 全球第一手机搜索　事业部经理
王艳峰　　中华培训网　主任
吴晓洋　　中央电视台央视国际网络・健康频道　主编
夏　聪　　中国都市工业网　xiacong@ 168968. com
杨玲香　　中国互联网新闻中心中国网　中文栏目主管　linsa_y@ 163. com. cn
杨明宣　　时商网络北京一级服务站　经理
姚小红　　上海牵手阳光网络科技公司　董事长　yljj168@ 126. com
于凤梅　　北京邻里邻居网络科技发展公司　市场部经理　yfm1027@ hotmail. com
张　路　　北京推立方公司　zhanglu. net@ gmail. com
张　儒　　欧美亚国际商务网　市场部主管　omy@ omy888. net
赵　建　　北京洪农信安网络科技发展公司　首席运营官
赵　璐　　中国网通集团系统集成有限公司　火炬手
赵德杰　　北京阳光导航网络技术有限公司　市场总监
赵金良　　中青在线　销售总监
郑志然　　苏州古建网　ZZR@ szgujian. com
郑智源　　分享在线网络有限公司　品牌经理　Mvm126@ hotmail. com
朱宇宁　　北京中搜在线软件有限公司　企业文化部内刊主编　zhuyn@ zhongsou. com
左玉芳　　北京"培训界"网站　副总　G60119555@ 126. com

医保美容策划

医保美容策划领域广阔，大而言之包括医疗、药品、保健、美容，每一类又分为若干，仅医疗一类又可以分为治病救人与社会医疗，社会医疗又可以分为婚前检查、亲子鉴定、私人医生、家庭病床、福利体检、医学美容，在生活水平日益提高的同时，医保美容的增大量足以吸引千百万策划家为之折腰。

阿　聪　　天津美芙坊美容有限公司　总监　Nfdc_0631@ 163. com
包淑滨　　自办健康协会、中国美容皇后、中国保健皇后、中国帽子皇后　B13910505858@ 126. com
边　晔　　广东大保龙保健品连锁有限公司　经理
邓　易　　国际中老年保健大学集团公司　副总经理
郝建伟　　北京美兆健康体检中心　顾问　Haojianwei24@ 126. com
金柏伶　　金柏伶商贸有限公司　总经理　smhuy@ 126. com
景　泰　　世界中医药学会联合会　运营总监　Jingtai9@ 163. com
鞠春生　　《经典美学》美容财富杂志　总编辑　Yige. gz@ 163. net
李　丽　　斐梵国际　美体设计师
李　涛　　中国医疗器械信息杂志社
李乘伊　　北京乘伊堂医学研究院　院长
李少纯　　中国医疗杂志社　经理

李雅晴　卫士部落健身中心　户籍顾问
林新栋　中国医疗保健国际交流促进会　主任　Lin38123@126.com
刘　滨　北京凯思莱诗国际文化传媒公司　副总裁　Linbin0101@hotmail.com
刘　澜　联合基因科技(集团)有限公司　Sunlan0311@sina.com
刘　力　《经典美学》美容副杂志　培训总监　vbeauty@163.com
刘梦雅　第三届中国医师论坛组委会　副主任　sijielian@263.net
罗小强　卫美恒苏州医疗器械有限公司　办公室主任　Luoxiaoqiang2001@yahoo.com.cn
缪　南　中国医院经营管理学院　董事　miaonan@chceo.com
潘寿恺　中国东方养生保健文化研究中心　副主任　whchb@163.com
尚　杰　青岛怡海心理研究所　主任　jjshi360812@163.com
宋晓英　中科华健生物科技公司
苏红利　协会保健品推广应用工作委员会　经理　suhongli500@sina.com
孙祥琦　美国国际健康产品协会　中国区副总裁
孙玉阶　北京亿惠康疑难病研究所　所长　sopi355@sohu.com
田　青　五指生足部反射区保健中心　总经理　Wuzhishengfoot@126.com
涂彩霞　大连医科大学第二临床学院　教授
王庆宝　泰山医学院附属医院　教授
王喜玲　中闽吾灵(北京)健康科技公司　董事局主席 Wangxiling@50-cn.com
王彦玲　首强富贵益足康体有限公司　总经理
韦绍锋　医药经济报　记者　Klez@tom.com
吴苏伟　中国医师协会　行政助理　cmda@vip.sina.com
肖建平　中国医药教育协会　秘书长
徐伟民　东亚医讯　总裁秘书　Weimin.xu@999120.net
颜京宁　中国保健杂志社　主任
于西蔓　北京西蔓色彩文化发展有限公司　yuximan@vip.sina.com
张卫红　北京慧息康雅信息咨询服务中心　美容顾问
周晓东　中国医疗杂志社　经理
周志江　北京华盛药业有限公司　常务副总

收藏策划

一个有水平的收藏家,决非一朝一夕之功,都是数十年如一日,苦心孤诣,呕心沥血的结果,如果没有这种精神,很可能半途而废。

但是收藏策划却不尽相同,他们有自己的方式、方法来运作自己的收藏。

陈纪平　温州博古斋　董事长 Wzbgz516@163.com
龙芳琦　和田玉缘　兼职收藏家　longfangqi@qq.com
施爱洁　北京博古斋　干事
宋群郎　北奥宋乾泰精品配送中心　主任 6037405@sina.com
郑晓云　江苏通力国际商品拍卖有限公司　总经理
朱书源　中国人文奥运旅游纪念品设计大赛最佳收藏纪念金奖

体育运动策划

2008 奥运会给中国上了一课,600 万美金一个的奥运会赞助商络绎不绝,如此高昂的赞助额度没把人吓退,反而越聚越大,竞标争一个品类的事常有发生,到了运动中策划不仅没有减少,反而越聚越多。奥运票务,观光套餐,运动杂志,球类俱乐部无不充满策划。

韩静惠　中国作家协会　作家编剧　hui883883@126. com
何学军　中旅体育旅行社有限公司　总经理　hexuejun@263. net. cn
居　琦　南京市体育广告公司　副总经理
菊　子　菊子易研斋　作家　Gu_lu@126. com
李洪亮　哈尔滨国际会展中心体育公司　总经理助理　lihsld@yahoo. com. cn
李金龙　中国作家协会　副研究馆员　xwqtsq@126. com
李瑞琨　李宁有限公司学习发展中心《运动品格》　执行主编　Ruikun. li@li—ning. com. cn
刘超英　国家体育总局体育文化发展中心　项目主管　Aycj2008@yahoo. com. cn
苏　晗　社会体育评论员、华北足球运动员　gullit_2008@sina. com
王　艳　体育赛事策划专家　divrhu@163. com
王建中　生命绿洲行动全国指导委员会　秘书长
王金玲　国家一级作家　wangjinling88888@sina. com
王品熙　北京体博文化传播有限责任公司　总经理　wangpinxi730@yahoo. com. cn
王品熙　北京体育广告公司　wangpinxi730@yahoo. com. cn
燕跟来　世界华联总会太极功夫研究会　会长　Baogenlai0620@126. com
姚疆跃　太湖雄鹰飞行俱乐部　教练
赵晓凯　奥运体育文物收藏第一人　jxwhgs@sohu. com

八、策划新秀榜

参天大树也曾经是树苗,经过风吹雨打,经受物竞天择的自然筛选,才能够成为森林的地标。策划大家也曾是年轻人,经过多年奋斗,经受社会竞争和市场磨炼,才成为策划的翘楚。所以,想要看到未来的策划翘楚,需在若干年的淘汰赛后才能知晓,目前为止,策划新秀榜是最好的参考,对未来的一种预期。

当今策划人才层出不穷,但是各个方面又在抱怨策划人才不足,为什么会出现这种情况?因为年轻的策划人才大多找不到自己的位置,今天策划新秀榜让活跃在最前沿的策划新秀们齐聚一堂,让他们互为标尺,相互促进。

青年策划家

在青年策划这个榜单中我们欣喜地看到女青年脱颖而出,业绩卓著,不让须眉。还有一个现象便是他们都跟随过大家、导师,他们之所以青出于蓝完全因为在“蓝”中呆过,策划无所畏惧,因此永远是“蓝海”。

曹　磊　央视《商界中国》　制片主任　cctvsjzg@126. com

高　娟　北京人文大学策划系　讲师　Sophie_209259@tom.com
韩玉明　大捷奥策文化交流中心　出版总监
李耀君　和谐网《弟子规》　总编　hxzg.net@163.com
聂　慧　青岛海洋大学研究生院《商务策划流程》　maisuier_2006@sina.com
彭　丹　彭丹世界影视文化有限公司　董事长　pengdan8848@vip.sina.com
孙小山　玉鼎坊文化策划有限公司　总经理　sunxiaoshan1976@126.com
肖　天　安徽策划家协会　xtch4444@163.com
徐卫国　中国经济报刊协会事业发展部　策划中心主任　Xwg161616@163.com
张　良　中国创意风暴论坛　秘书长　bjgrzl@163.com
张　杪　奥尼特北京文化发展有限公司　总经理　Ivyivy21@gmail.com
张文杰　蓝天文化传媒公司　总经理　Ch868@139.com

策划生力军

我们把策划生力军放在策划系学生这个档位上，近十年来全国已有百余所院校开设策划专业，它们多为商务策划、广告策划；也有会展策划、影视策划，唯有北京人文大学从社会人文的层面上开设纯策划专业，培养了一大批崭露头角的策划生力军。

董　强
黄冬萌
刘　钶
苗　哲
沈明刚　传神联合(北京)信息技术有限公司　渠道经理　shenminggang@yahoo.cn
佟　涛　中国民办大学生联盟　外联部部长　chongguoxuemeng@sohu.com
熊　刚　中国民办大学生联盟　部长
于　楠
於　洋
赵　鑫　自由策划人　zhaoxin63225@163.com

策划新生代

正好比中国电影导演一代又一代，中国策划家以十年为一代，现在已是第三代，即80后。相对于前两代策划家、策划人，策划新生代是以激情、资源在创业创造，象经济报刊协会玩的是事业资源；欧阳光玩的是场馆资源；用激情玩的是选秀、会奖(开会颁奖)冲动式，象旅游小姐选拔。

陈　斌　北京创意村营销策划有限公司　策划师　chn_cyc@126.com
冯振跃　南方电视台世界旅游小姐选拔
鲁　强　中山大学MBA教学中心
欧阳光　北京德风华雨文化发展有限公司　策展主管　Dfhy-oyg@163.com
武　杰　书呆子图书工作室　编辑　langwudao@sina.com
张　磊　北京商界风云影视文化传媒有限公司　副主任　381919946@qq.com

策划后起之秀

策划后起之秀对应策划新生代是一组以策划系学生、毕业生为主体的策划人，后起之秀更为难得，她们年轻，又为女性很难直接成为为客户操刀的策划人，但不影响他们与策划为邻，象常树云的论文推荐发表、张馨月的肖像摄影、李嵩的人像雕塑无不充满策划与商机。

常树云　博创学术论文中心　编辑　csy123996@126.com
春　香　新华人寿　职业讲师、行业标兵
高　专　策划人经济　baobaomba@126.com
何　玲　国务院新闻办图片库　Ling.he@chinafotopress.com
冀晓珺　创意村　助理　980554198@qq.com
李　娟　华夏银桥技术咨询有限公司　总经理 juanbyby@sina.com
李　嵩　人像雕塑工作室　总监
灵　动　《代言人》杂志社　艺宣总监　woyaodaiyan@126.com
舒　婷　北京人文大学策划系　助教　Shu_tbox@yahoo.com.cn
舒　玥　北京重庆商会　干事
万　婷　烟台策划培训　yantaicbsa@126.com
王　慧　中国知识资源总库　xiaohui@cnki.net
张馨月　《中国策划年鉴》摄影工作室

新锐策划

策划已是先行，新锐更加进取。

新锐策划人表现在他们身上的除了策划还要一种精神，并且是一种务实精神，高路在人脑大联网中不但有思想有步骤有著作，还有行动；黄耀波出任过大型论坛秘书长，练就一种大气，做起事来无不大气；张春健把赞助当作营销手段，不是教人如何拉赞助，而是告诉企业如何做赞助。新锐，永远的进取。

高　路　布达佩斯俱乐部(原罗马俱乐部)　总干事助理　hiwaygao@sohu.com
古　远　港澳自由行俱乐部　总监
黄耀波　奥运和世博遗产保护研究会专项基金
加　逸　女子汽车俱乐部　总教练
卢　路　北京掌秀　总经理
路　宽　找老公培训班　总教练
乔卫国　北京五六七俱乐部　发起人
文　丽　《招商中国》栏目组　总策划　baixuewenli@163.com
张春健　天下赞助网　网主
卓　华　三通(中文、古今)文理)首席

策划新智人物

策划业不乏新思想、新理论、新的方式、方法，但是随着时间的推移，一代新的策划苗子拔地而起，这些策划新一代的思想不可小觑，他们的想法迎合时代，符合时代，他们的眼光超前，思维敏捷。

安　楠　中国光华科技基金会　基金管理部外联主任　dongshibowen@ 163. com
毕建传　北京高校毕业生就业促进会　会员服务与发展部　526job@ 163. com
陈　曦　长江出版集团北京图书中心　总编辑助理　cx2060@ 163. com
戴　杰　中国国际电视总公司北京辉煌动画公司　daijie0072@ yahoo. com. cn
黄俊峰　丽水市水利发展有限公司　董事长　421249660@ qq. com
姜　涛　北京华远集团　市场营销总监　jiangtao@ ihuayun. com
李文彪　北京天诚联合知识产权代理有限公司　商标代理人　tclh431@ 163. com
李晓东　中国投资年会组委会　常务副秘书长　lxd3298@ 163. com
李勇虎　桑瑞生物科技控股有限公司　总裁　liyonghu6364@ hotmail. com
刘德良　新元文化产业俱乐部　副理事长　larryliu30@ 126. com
宋　妮　北京科技职业学院　现代管理学院院长助理　448678442@ qq. com
孙一楠　希望书库工作委员会项目推广中心　外联部主任
王凌啸　北京中卡世纪动漫文化传媒有限公司　wlx10559511@ 163. com
吴　静　中国红十字基金会　项目办副主任　wujing2988@ sina. com
肖伟光　中资东方(北京)投资基金管理有限公司　coc_xiaoweiguang@ yahoo. com. cn
晏雨川　全面建设小康社会课题组

大学生创业策划

曾几何时大学生就业成了问题。策划人召之即来,针对大学生就业开展了一场阵地战,从中央到地方,从政府到学校,所有在职的大学生就业工作者无不被策划侵染。你若不策划就将一事无成的境况逼迫你去学策划,时间长了,就涌现出一批在大学生就业指导工作岗位上能说会干、深受大学生及其家长欢迎的好干部,其中不乏民间大亨,善佑善国际集团董事长就是一位身居高位心系低层,把大学生就业看得比什么都重要的人。

毕建传　北京高校毕业生就业促进会　会员服务与发展部　526job@ 163. com
陈国伟　广州团市委促进青年就业工作领导小组办公室　87690131@ 163. com
陈宗基　中华校企合作网　负责人　Vip168china@ sina. com
程家源　南京市高层管理人才交流服务中心　主任
褚武军　中国善佑善国际集团　董事长　aa1@ vip. 163. com
王立平　北京林业大学招生就业处　副处长　bjwlp@ sohu. com
王兴权　大学生求学与就业(择)周刊　编辑、记者　Wangxingquan2005@ 126. com
王振琦　前程无忧　区域经理　Ducky. wang@ 51job. com
喻卫东　重庆市青年创业者协会　秘书长　Qncyz@ 126. com
张文超　大学生就业能力认证办公室　宣传部部长　Made360@ sina. com

设计策划

创意设计是一个新领域,两个词语分开来都不要解释,合起来解释多多,然而创意又不能解释只能是表现,所以这个榜单我们也力求表现出这么一种意味,有创意则有情景有意趣,徐青以世界获奖作为公司宗旨;南牧原一个封面吃一年;那西风瘦马又在贩卖什么?

曹春富　北京西风瘦马创意贩卖工作室　Cbj307@163.com
董　嘉　视觉中国　客户经理　iamsunnydy@hotmail.com
黄宇君　大家设计　jonnyhuang@163.com
南牧原　封面故事工作室　独创　285021565@qq.com
邵元凤　《中国策划年鉴》图片库　主任
徐　青　大奇天下获奖机构　总督
杨小林　北京凡朴工业设计有限公司　总经理　Yxlno1@126.com
叶龙华　深圳龙华设计室　设计总监　Tr596@163.com
岳瑞君　《中国策划家年鉴》设计部　副主任
张大旗　文字工作表现机构　首席
张天志　中国策划家思想文库　装帧设计师

策划工作室

这些个工作室无不由策划派生，却又不拘泥于策划，一个曼陀铃服务于中小企业，也为奥运做过大策划。何为工作室，大不过公司，业务很专很专，通过一件事，专心致志，志存高远。

成浦云　北京曼陀铃创意工作室　撰稿人、策划学者　laoman@laoman.com.cn
蒋永生　苏州塞奇雕塑陶瓷工作室　设计师　natiancis@126.com
刘　蕴　张田爱心指路工作室
刘丽静　职业作家
小嫣清昭　职业作家
于　岩　《年鉴》文案工作室　13381009001Cbj307@163.com
张秋建　珠海工作室　zqjzcy@163.com
张小平　小平工作室　fspingping@sinq.com
赵红梅　红梅策划工作室　Mei66119@sohu.com
朱　艺　深圳环艺工作室　设计师　4zy4@163.com

九、策划玄机榜

在策划行业中涌现出这样一批神秘人物，人们不知道他们到底在做什么事，不知道他们怎么做，但是到了最后，看到结果，才恍然大悟；

在策划行业中涌现出这样一批深邃人物，人们不知道他们到底在讲什么话，不知道他们怎么讲，但是到了最后，一语道破，才醍醐灌顶；

在策划行业中涌现出这样一批智谋人物，人们不知道他们到底在走什么路，不知道他们怎么走，但是到了最后，一个转身，才豁然开朗。

策划玄机榜收录这些颇有玄机的人物，让大家来参禅。

专利式策划

专利是创造发明，因此专利人是创建型策划人，策划人有想法，及时归纳积极申报也成了专利人。

何学林,大牌策划人拥有许多专利式策划,象代替投资、实战式培训;韩颐和,一种图书与酒的复合式包装专利更显专利式。

韩颐和　以“无风飘扬”专利名扬天下
何学林　一边以实际策划为课堂,一边同时举办天价策划培训班
李文彪　策划业个人商业申请　代办
王世铭　海峡两岸文化观光产业发展协会　秘书长　wang13168656636@163.com
张大勇　中国新轮椅运动研究会创始人
周贵玉　以酒为中心百余项专利

书画策划

书画的好玩之处并不只在其艺术特质,除此之外还有创作的乐趣、收藏的乐趣。策划人们从不同的方向对书画进行策划,有的是创作,有的是策展,有的是集合,有的致力于创造未来的莫高窟,总之各有千秋,做的也是千秋万代之功。

毕经营　北京领航翰墨书画院　秘书长　bjlhhm@163.com
曹春生　中共中央美术学院　雕塑家
杜征麟　北京外国语大学　主任　duzhenglin@126.com
关　雷　敦煌壁画艺术　专家
慕安亮　中国书画研究会花鸟创作室　主任
秦志俊　苏州和谐工艺美术馆　教授　Hx_ys@126.com
王厚光　世界华人书法联盟　副主席　Shuguang1234@163.com
魏恒斌　文化部迎奥运书法作品评价中心　著名书法家
萧　宽　中国美术协会会员　艺术家画家、诗人　huweiguo2000@163.com
杨玉林　北京大学资源美术学院　教授书法
张瑞祥　中央美术学院　zrxhw197965sxjc@sina.com

策划事业秘书长

据说北京有11000多家学会、协会、商会、研究会,每一个协会机构都有几个秘书长,一正三副是再正常不过的了,这样北京就有50000多个秘书长、副秘书长。举凡秘书长无不勤于事业、智于他人,因此他们都是策划家,先天下之忧而忧,后天下之乐而乐。

惠　红　国际专卖店连锁企业管理协会　副秘书长　imcema@126.com
李德伟　中国总裁协会　副秘书长　Fame2u@126.com
刘元昊　中国策划协会　秘书长　lyhplanning108@yeah.net
孙盈智　儒商文化研究中心　副秘书长　Syz0066@163.com
肖　刚　世界职能科学协会　秘书长　1818@gaijin.cn
邢丕震　《东方烟草报》　副秘书长　Beijingzaixian007@sina.com
许云斐　兰州河北商会　秘书长　Xuyunfei2008@126.com
严德忠　北京人才资源开发协会　秘书长
叶　玲　美港国际合作促进会(香港)　秘书长　maigang5188@sina.com

袁兴国　　中华全国策划家协会　秘书长　yuan1098@126.com

国学策划

近年来,国学受到前所未有的热捧,并不是因为追捧导致国学复苏、国学兴起,而是因为这个时代在呼唤国学,这个时代需要国学。随着国学的兴起,关于国学的策划也应运而生,从国学研究到国学学院,从国学出版到国学应用,到处都是国学策划的足迹,让我们来追寻这些足迹的主人。

陈宏林　　国际企业家联合总会　秘书长 Chl5008@163.com
陈耀东　　国立故宫博物院　tung@npm.gov.tw
冯伯景　　山东省聊城市环境与住宅策划工作室　首席策划　wenqing_2008@163.com
郭海棠　　中国文房四宝协会　高级工程师
黄　洋　　中华文化礼仪大赛　冠军
蒋胜军　　国际儒学联合会企业国学堂　副总经理　jzh1318@126.com
兰仁兴　　中国太极书法研究院　院长　Lrx8688@sina.com
李伯淳　　北京如意人生文化研究中心　主任　ryrs67@163.com
廖开明　　中国国学文化研究院　院长　kmcehua@163.com
林　坚　　山西省书法家协会
刘亚琴　　国际茶文化培训中心　讲师　Henghi266@vip.sohu.com
刘州铮　　一笔廊书
潘幸福　　汉字宫大陈拓展中心　hzg@datongedu.com
滕任冬　　中华翰德林智慧女性修养学堂　培训总监　Handenvxue04@163.com
田　羽　　智慧女性修养学堂　Tianyu888vip@163.com
汪礼贤　　“中国龙”书法家
汪礼贤　　万贤传媒　董事长　wanxianchuanmei@163.com
王　迪　　中国宗教协会　副会长　China_wdwd@126.com
魏　东　　中华文化智慧沙龙　运营总监
杨丽丽　　中国传统文化促进会　会长
易　风　　北大资源文物学院　副院长　Ccc817@qq.com
张述任　　名人轩文化创意集团董事长　董事长　okname@163.com
张笑玄　　有无科学　创始人　smdytd@163.com
赵景智　　中华翰林智慧女性修养学堂　培训总监　Tengrundong73@163.com

海外策划

在策划业中跨国运作的策划人有很多,他们在各个行业中都有卓越表现,象报刊、活动,不仅如此,他们还能推陈出新,例如走遍五洲四海的王谷元,跨国做学术研究的段振坤。

段振坤　　美国孙中山国际基金会总会　顾问　duanzhenkun@gmail.com
方德华　　港澳台画报　社长　Agt2008@126.com
何文明　　世界华人艺术家联合会影视艺术中心　主任
林轩熙　　联合世界数字商贸公司　总监　yansonlam@126.com
田博文　　中国十大策划精英　cqtbw@163.com

王　琼　　香港中亚网络电视台　副台长　Huemer_qiong@126.com
温质铭　　东森国际传媒集团　CEO　tsinghuaedu@163.com
萧永乐　　中国经济通讯社　dennis@cens.com
张朝晖　　广东狮子会艺术服务队　副队长　artlions@yahoo.com.cn
张成凤　　全球华人权威商业期刊　秘书　Sjhs2005@163.com
张海军　　澳门商报　总经理　047973147@qq.com
赵京辉　　奥运会组委会开幕式　导演组　2008kaimushi@163.com
钟　国　　《钟鼓齐鸣》钟国全球智趣
周思敏　　香港爱思模希(SMC)国际控股集团　执行董事　vipsmc@126.com
朱　恩　　世界华人企业家协会　管理部部长　weahyglb@sohu.com

文化传播策划

文化传播的原意是指人类文化由文化源地向外辐射传播或由一个社会群体向另一群体的散布过程。而今文化传播不仅是一个过程,还是一个产业,文化传播包含着很多文化机构,象出版、品牌,但是文化传播是"一条龙"服务,只要是需要的,它们都有。

曹　阳　　石狮蓝电文化传播有限公司　13505020722@vip.163.com
陈柏苍　　北京道容律师事务所　中小企业主任　chenbaicang@hotmail.com
陈小锋　　北京中曲文化有限公司　总经理　zhongquchuanmei@sina.com
范志伟　　北京钰恒文化发展有限公司　市场推广部经理　fanzhiwei999@126.com
高　岩　　北京雷鸟嘉润文化传媒有限公司　主任　1111gy@sohu.com
顾锡琪　　耕林文化公司　编辑　compasssharp@hotmail.com
关　娜　　华视伟业文化公司　发行部　jrs555@126.com
管　毅　　北京风火锐意文化传媒公司　策划总监　Guanyi110@126.com
光之子　　昆明方普文化传播有限公司　董事长　webmaster@fpcgx.com
郭景春　　文化传播公司　经理　guojc@hep.com.cn
杰　森　　北京中电欢聚一堂文化传媒公司　总裁　Jason18@126.com
金应生　　北京卓越文化艺术有限公司　主任　jw_hmily@sina.com
李　浩　　品书传播机构　总经理　pinshu76761@126.com
李福川　　世纪之光文化传播公司　董事长　lifuchuanlili@yahoo.com.cn
林　红　　陈阳·克立兹文化传播有限公司　总经理
林　鑫　　博雅春秋文化传播　董事长　lxboya@163.com
刘　娜　　正视文化艺术公司　副总经理　yan2190@yahoo.cn
刘如潮　　华人财富国际文化传媒北京公司　总编辑　liuruchao@vip.sina.com
刘艳斌　　北京楠竹文化发展公司　wenhua555@vip.sina.com
卢冠宇　　北京锐意光华文化传播有限公司　项目经理　ipmp@eccocom.cn
卢振元　　北京华星智业文化传播有限公司　总经理　wonderfulcn@hotmail.com
陆先生　　苏州市飞天礼仪策划公司　lbjmhy@126.com
马登峰　　第一印象视觉有限公司　wuxichanglong@sina.com
马礼文　　北京瑞和飞扬文化传播有限公司　总经理　Real-hope@263.net
马志刚　　北京华夏典藏龙文化传播机构　副总经理　Mzg19580@126.com

欧阳国忠　北京典盛文化传媒有限公司　总裁　ssdd@ vip. sohu. net
庞希嫣　奇纳国际文化公司　董事长　cina@ vip. sohu
阮瑞雪　汉竹文化公司　策划编辑　bluesnowruan@ 163. com
申佳玄　山西弘易文化传播有限公司　董事长　hy7031323@ 163. com
盛　凯　中和亚文化传媒有限公司　副总　seaskyinter@ 126. com
石雄鹰　北京华文存文化传播有限公司　shiwin@ 126. com
石延锋　北京钰锋文化传播有限公司　总经理　yufengzhongguo@ gmail. com
石钟鸣　内蒙古天亿文化传媒有限公司　董事长　zgsjcfrw@ 126. com
史涛涛　北京韶音传播有限公司
宋宏杰　北京华丹文化传播公司　区域经理　huadan67931098@ sohu. com
苏东平　北京联创浩华文化传播有限公司　总经理　Beibei1990@ sina. com
孙　语　北京互动无线文化传媒有限公司　董事长　sunyu8341@ yahoo. com. cn
孙柏明　中国人民大学书报资料中心　工程师　sbm1028@ yahoo. com. cn
孙亚军　君雅文化传媒有限公司　董事长　junya001@ sina. com
唐　莉　四川一览文化传播公司　副总经理　copyright@ yilanwh. com
唐　洋　大拇指时代文化交流有限公司
唐运兰　北京东方经纬文化公司　abc119@ 263. net
万金萍　北京中商经联经济文化发展中心　主任 dm960@ 163. com
王　晗　慧泉国际文化公司　wanghan0604@ 126. com
王　微　北京极地阳光文化传播有限公司　副总经理　wangwei@ polarsunshine. com
王富强　北京影响未来文化传播公司　t64200023@ 126. com
王庚飞　合和文化机构　总经理　heandshe@ public. bta. net. cn
王治平　易富恒国际传媒文化(北京)公司　董事长　Zhiping5555@ 163. com
吴晓翠　北京慧通时代文化传播有限公司　速记部经理　Wxc0430@ 126. com
徐　立　南京大舟文化艺术公司　执行董事
徐育忠　南京新焦点文化传播中心　副主任
杨　桦　广州凯月文化传播有限公司　总经理　keye2004@ sohu. com
杨新红　北京乾坤翰林文化传播有限公司　总经理
袁　勇　翰文阳光文化传播公司　book@ bjhwyg. com
臧德来　北京嘉肴文化传媒有限公司　董事长
张汉文　界点文化传播公司　总经理　zhanghanwen@ xinhuanet. com
张向华　西门文化发展公司　销售主管　xhzhang1994@ sina. com
照　川　深圳铂火文化传播有限公司　总策划　ch8007@ 163. com
郑　洁　北京罗伊尔经济文化发展有限公司　副总裁
郑智源　印象传媒(北京)文化传播公司　执行总监、策划总监　awei821@ 126. com
仲计霞　北京人和文化发展公司　zhong_sd@ 126. com
周　兴　北京金辉祥文化公司

公益策划

公益是一个炙手可热的话题,是一个集体社会责任感的体现,当今中国的公益事业大多由明星代言,由公益、慈善等组织运作,但是不要忘记公益的幕后英雄,他们是明星的策划人,是组织的定谋者,他们大爱无疆,他们希望爱满天下。

阿里木　残疾人艺术团　艺术顾问　almxdh@ sina. com
邓茜元　世界和平慈善基金总会　副会长　Ts199@ sohu. com
韩喜文　韩喜文文化创意
韩喜文　中国儿童少年基金会　主任　Xgm8558@ sina. com. cn
韩颐和　中国十大杰出策划人　Hanyihe88@ 163. com
贾志民　中国爱心工程委员会　副会长
黎东明　爱晚工程领导小组办公室会所　副主任　Lidongming84@ yahoo. com. cn
黎学清　中国贫困老人援助基金　秘书长　Putiye8@ 126. com
李　净　慈爱乐园　主管
李春林　中国慈善事业促进会　主任　zhongguocehua@ vip. 163. com
李宪梅　中国公益事业联合会　执行会长　Lixianmei6506@ sina. com
李学清　中国老龄事业发展基金会　副秘书长　Putiye8@ 126. com
刘选国　中国红十字基金会　联络部部长　liuxuanguo@ vip. sohu. com
彭丽铃　全国妇联中国妇基会策划实施部　部长　cwdflian@ vip. sina. com
宋春平　中国宋庆龄基金会　办公室主任　schping@ 126. com
王　杰　中华爱国工程联合会　主任
王先娥　中华老人文化交流促进会　办公室主任
王治明　中国社会公益网/陕西社会公益基金　常务副理事　w13319208711@ 163. com
魏　齐　中华孝心工程组委会　总经理　13601129587
文　韬　中国妇女儿童事业发展中心发展部　会员部经理　Ihelpyou99@ 163. com
萧　杰　全球企业抗艾联合会首席代表
袁　静　神舟健康工程投资有限公司　培训经理
张　勇　让世界充满爱文化发展中心　Zdf09@ 163. com
周伯洁　中国人口福利基金会项目官员　项目官员　cpwf@ sohu. com

策划律师

律师这个庞大的群体中,有的腰缠万贯,有的穷酸度日,是什么造成了这样的局面?是因为他们的方法不同。他们有的苦心经营自己;有的在律师事务所苦等业务;有的找准机会一个官司就将自己捧红;有的接案无数却籍籍无名。

曹　娟　《中国法制在线》栏目组　运营总监
郭　未　CETV《家长俱乐部》　主持人
黄兆衡　北京雄志律师事务所
孔祥斌　中央电视台英语频道《金桥》制作组　编导
李　昌　江西电视台广告部
李敬人　湖南卫视广告公司　总经理　ljr81@ vip. sina. com
李琳丽　策划年鉴法律顾问　律师
李云清　北京市赢和律师事务所　主任　yinghelvshi@ 126. com
李兆祥　河北有线电视台河北记者站　Aahh9988@ 163. com

刘祚沩　广盛律师事务所　律师　lzwlaw@ yahoo. com
秦　川　无锡电视台经济频道　记者　Qinchuan725@ hotmail. com

文化产业策划

文化产业包罗万象，可以说它几乎包容了策划的所有项目，如果说品牌、广告、营销是微观，那么文化产业策划就是宏观。文化产业策划涉猎面广，策划人可以在任何文化产业项目中任职，当然绝对称职。

白　玲　希望国际文化公司　副主任　hicc@ sina. com
白华宽　中国节杂志　执行社长　k-2008@ 163. com
曹　念　自贡市世纪风文化艺术公司　总经理　caonian@ sina. com
常世江　中国当代艺术家文献资料副　油画家　jlcbcsj@ 163. com
陈　夫　中国文化艺术发展促进会　副秘书长　chenfu65@ 126. com
陈　洪　世界和平慈善基金总会书画艺术中心　主任
陈　喆　北京大水根源文化艺术发展公司　董事长　Cz3811@ vip. sina. com
陈思旭　极艺术鉴藏馆　鉴藏顾问　188512718@ qq. com
陈义洁　金润文化艺术公司　董事长　dj@ weart. cn
陈勇先　中华龙文化协会　副秘书长　lbl53211@ sina. com
杜韶华　北京盈泽文化传播中心　svencao@ vip. sina. com
冯　林　北京梵天文化传播中心　总经理　freety@ 126. com
郭艳泓　北京东方管理培训学校　主任　Guoyanhong8189@ 163. com
胡嘉杰　中杰艾国际文化发展有限公司　总裁　hjjym@ 126. com
惠　好　惠好文化公司　总经理　yuchan2000@ sohu. com
金智泉　北京锦绣大地艺术研修学院　总经理　dj@ weart. cn
李　昶　清华大学文化创意产业研究中心　副主任　lichang@ tsinghua. edu. cn
李　潘　著泽文化公司　销售经理　lipan_1110@ 126. com
李　杨　北京盛大春秋文化公司　xznbook@ 163. com
李海山　北京中诚院文化发展有限公司　总经理
李敏跃　王府井新华书店宣传企划中心　主任
林春雷　北京星瀚文化发展有限公司　副总经理
刘　邦　北京金话筒文化发展有限公司　主持人
刘　鑫　广州致道企业文化策划有限公司　经理　liuxin326@ 126. com
刘　鑫　无锡市公园景区综合发展部　Liuxin840129@ 126. com
刘　严　北京绿海视窗文化有限公司　总经理　lylhsc@ 163. com
刘建民　北京红蕾文化发展有限公司　总经理　bjhonglei@ sina. com
刘声扬　自贡弘扬彩灯文化有限公司　董事长　caideng@ 126. com
刘天彩　世纪天彩文化公司　总经理　ltc@ china355. com
刘燕群　北京燕群文化艺术发展中心　董事长
刘月松　北京嘉得瑞迪企业管理顾问公司　首席培训师　liuyuesong1@ 126. com
龙　乘　《企业文化》杂志　企划　2002longcheng@ 126. com
吕　宏　中士达文化发展有限公司　经理　bjlvhong@ 163. com

马庆功　　北京环球未来文化有限公司　艺术总监
彭　刚　　《和谐时代》网站、网刊杂志　创办人　Penggang_1967@126.com
齐笑乐　　中国动漫城　董事长　comyljd8@163.com
苏　京　　保利剧院
苏国京　　环球京彩国际信息公司　CEO　lottery@china.com
孙晓山　　上海智造文化传播公司　总经理　Sunxiaoshan1976@126.com
王　华　　中国文化部主管　政协委员　85759339@163.com
王朝松　　天下名商国际文化集团　副总裁　wcs315@eyou.com
王晨晖　　东莞时报　自由策划人　wchzsh@163.com
王健波　　北京夕阳颂文化发展中心　总经理　Yixianwang929@yahoo.com.cn
王茉晶　　北京汉丹文化发展有限责任公司　执行总裁　handan@mail.com
王一鸣　　陕高理事会　副理事长　city@city01.com
吴东炬　　北京汉风博雅文化发展有限公司　策划总监　wudongju2005@sina.com
萧　依　　晟唐轩新媒体文化公司　执行策划　sceay@hotmail.com
阎　雨　　清华大学文化创意产业研究中心　管理学博士　scholaryanyu@126.com
杨远静　　上海风羚文化艺术传播有限公司　总经理　yangyuanjin001@163.com
张　刚　　独立策划人　高级策划师　Zg9200@163.com
张　武　　北京始创国际企划公司　董事长
张林东　　中国毛泽东诗词书画艺术研究院　委员会主席　mzdshc@163.com
张晓明　　广州天远文化发展公司　总经理　teemron@163.com
赵静中　　北京伊思特龙文化发展有限公司　策划部主任　bjystl@126.com
赵明伟　　经理、策划师、高级策划　Zhaozhiyi90@163.com
郑焕明　　中国地区开发促进会　高级工程师
郑少华　　北京青果文化　总经理　shaohua_zheng@yahoo.com.cn
周彬贤　　北京奥韵之声文化艺术中心　总经理　aoyun2008@aoyun20080808.cn
周乐玲　　湖南湘商文化投资公司　策划总监　qiannianwenmai@163.com
周汶川　　美中利华文化交流公司　董事长　mzlh1212@163.com

天　津

记录创意产业的进程

——《创意时代》走过2009

□王小新

2009年，金融风暴像滚雪球一样蔓延到世界各国，已经开始冲击到企业甚至人们的生活，人们开始重新思考，世界怎么了？危机怎么来的？面对这种突如其来的变化，我们怎么办？这就是“易，不易也”的道理，不管怎样的变化，社会总是在向前进，生活总是在“变”中更美好。

人们的思变意味着社会开始进入一个新的时代。也就在此时，创意产业作为经济寒冬中一股暖流，开始显现出其内涵和威力。特别是在金融危机折戟沉沙的是一批产品单一、外向依存度较高、劳动密集、科技含量不高的企业，面对这种情况，企业的创意创新意识突增，用头脑去工作、将智慧融入产品不仅成为许多企业的课题，更重要的是成为企业渡过难关的法宝。

一、《创意时代》创刊

1. 刊名专家提示

天津，一向具有敏锐嗅觉的城市，在创意产业刚刚萌发的时候，一批有识之士已经开始践行。天津市创意策划研究会一直致力于整合社会各类创意、策划的资源，汇集了一批有创意的企业家和策划人。早在2008年末，研究会审时度势，大胆尝试，成立了以秘书长张合军为核心的编辑部，筹划着推出一本专注于创意产业的刊物，著名策划家陈放先生提出以“创意时代”为刊物名，寓意新的时代已经到来，刊物也将成为引领新时代的媒体。

研究会及编辑部成员经过研究决定将刊物定位于以理论内容为主的专业性媒体，立足天津放眼全国的创意产业，推荐创意人和经典案例，报道创意产业的资讯与动态。不仅为刚刚起步的天津创意产业园区和创意企业提供理论建议和资讯信息，同时建立为市政府了解创意产业、了解天津的创意园区和企业的通道。

2. 创刊二易其稿

刊物定位于关注创意产业的专业媒体，这就给编辑部成员很重的任务，创意产业刚刚起步，尚没有可遵循的理论指导，一切都在摸索中，刊物如何做才能起到引领作用呢？大家尝试性的做出第一稿，张合军秘书长拿着这第一稿走访专业的媒体人、策划人、企业家，征询大家的意见。根据各方意见，编辑部重新制作了第二稿方案，并请到了资深的媒体人和策划人吴子金老师和从2006年就开始为创意产业奔走呼号的康军教授，两位老师的加盟，为创刊号栏目和内容的确定起到了至关重要的作用。2009年1月18日，天津市创意策划研究会召开了周年庆典活动，隆重推出了创刊号《创意时代》月刊，让所有参与人员眼睛一亮，让所有创意人都为之兴奋，刊物一枝独秀成为全国唯一专注于创意产业的理论性媒体。

3. 名家题写刊名

2008 年底,康军老师到北京参加文博会,在参加主论坛时见到了“中国创意之父”厉无畏先生和著名学者余秋雨先生,当他们得知天津要出这样一本刊物时,十分高兴。余秋雨先生欣然应允题写刊名的请求。很快,印有“余秋雨书法”的信封被送到编辑部,余秋雨先生书写的“创意时代”四个字展显在大家面前,愉悦之情溢于言表。

4. 企业鼎力支持

天津意库创意产业园是天津较早的一家创意产业园,有一支年轻的具有拓展精神的团队,在2008 年底的北京文博会上获得了“全国十佳园区”奖。当他们得知研究会正在出《创意时代》时,主动承担了编辑部的人员管理和办公场地,并配备兼职的工作人员配合编辑发行工作。至此,《创意时代》月刊正式落户到天津市意库创意产业园,一个具有新生命的刊物就此开始了她的征程。

5. 成为官方媒体

2009 年 5 月天津市创意产业协会在市发改委的指导下成立,并在天津市意库创意产业园召开了全市创意产业园区及重要企业参加的成立大会,《创意时代》成为天津市创意产业协会的指定刊物,业界专业媒体地位确立。

二、记录创意产业

媒体要展现的是观点、争论、资讯、信息,为读者呈上的是多姿多彩的世界,读者各取所需、各为所用。《创意时代》始终把握着这一原则,客观、真实地反应业界现象、推荐有价值的资讯信息、吸收不同的理论声音、传递时代的创意音符。

1. 创意产业专家交流探讨

刊物要能给企业与创意人以指导就必须有较强的理论性和实践价值,因此专家队伍成为刊物理论支持。先后在《创意时代》刊物上发表文章的专家及其文章有:

天津市创意产业协会会长樊月龙《用头脑风暴抗击金融风暴》等;

天津市创意策划研究会会长霍兆虎《关于提升天津的“城市形象”和旅游文化品位的建议》;

天津市创意产业协会专家委员会主任康军《创意时代,创意天津》等;

天津市南开大学滨海开发研究院副院长周立群《呼唤天津文化与创意产业发展的春天》等;

天津市财经大学管理学首席教授罗永泰《天津创意产业集群式发展的思路与对策》等;

天津市社会科学院研究员王琳《天津城市在构建“亚洲文化内容共同体”中的作用》等;

天津市美术学院设计艺术学院院长李炳训《我国设计艺术教育与人才培养之探索》等;

中国创意农业研究专家章继刚《中国创意农产品的发展趋势和战略契机分析》等;

广东创意经济研究会会长张耀辉《创意经济及其规律》等;

……

2. 创意产业园区创意风采

推动天津创意产业的发展是《创意时代》的当然职责,刊物以走进园区、访创意人、展现风采的方式，推出了意库创意产业园、6号院文化创意产业园、凌奥创意产业园、北新文化传媒基地、3526创意工场等天津市的创意产业园区，推出创意人刘征、赵光勋、潘春辉、李海健、孙跃新等一批在创意产业领域奋斗的精英。

3. 提出大学生要创意创业

2009年是大学生遭遇就业压力的年头，举国上下的焦点从年初开始就转向大学生创业带动就业，两会期间代表的呼吁、国家以及各级政府出台政策鼓励大学生创业、鼓励企业培养大学生。高等教育机构也纷纷推出产学研一体化的举措，为大学生走向社会辅一条通途。天津市各创意产业园区和企业在此紧急关头，勇于承担社会责任，针对大学生创业、就业积极出思路、想办法，为政府分忧。天津市创意策划研究会副会长吴子金策划并创办的"青果园—大学生创意创业园"为其最突出的代表。青果园受到市政府的高度重视，各相关部门全力配合，媒体普遍关注。一年以来，青果园已经不仅仅是一个为大学生创意创业园区了，更是一个全社会真正关注青年发展、关心国家进程的代言词。

4. 挖掘各行业创意与创新

创意产业门类很多，各国家有各不相同的分类，我国各城市也有不同的说法，天津市如何划分这些门类尚未有确定，但作为创意产业的专业理论媒体，理应给出现象、介绍观点、提出建议。为此，除了有专家就此发言观点外，刊物还收集创意产业发达国家的创意产业情况加以介绍，特别是从2009年6月份开始，以每期一个主题专刊的方式来推出创意产业其中一个领域，如：大学生创意创业、创意农业、创意旅游、公共服务平台、工业设计等，内容制作编辑期间得到了各相关园区、企业和协会的支持。大家都有一个共同的愿望，让天津的创意产业展露头脚。

5. 纪录创意产业重要活动

作为走在领域前沿的媒体，要时刻关注产业的动态，并注重参与产业的发展才能真正成为引领潮流的媒体。2009年天津市创意产业界的重大事件和精彩瞬间因《创意时代》的参与而被历史所记录。

2009年1月18日，天津市创意策划研究会周年会议；

2009年1月，全国创意产业专家为天津创意产业支招；

2009年2月，天津市创意产业协会筹备会议暨天津市创意策划年会召开；

2009年5月，天津市创意产业协会成立；

2009年5月，天津市创意产业发展研讨会；

2009年10月，天津市创意产业活动周暨四直辖市创意产业联席会议；

……

三、继往开来，开拓进取

《创意时代》伴随着天津市创意产业的发展走过2009年，在市发改委、协会的指导下，在专家学者和业界同仁的支持下，经过一年的工作，刊物已经成为业界同仁的一位老朋友。一批创意园、创意企业成为刊物的忠实读者与活动参与者，一批专家学者成为刊物的学术顾问，正是拥有业界同仁的支持，才确保了《创意时代》的理论水平和在全国创意产业界的媒体地位。四直辖市通联机制以及与其他省市的相关创意产业机构的联动，为刊物走向全国奠定了良好的基础。

2010 年 3 月《创意时代》成为《中国策划家年鉴》战略合作媒体暨天津记者站;2010 年 6 月《创意时代》成为中国策划家协会指定的机关刊物;随着全球经济格局的变化,创意产业将成为未来引领经济的关键符号,中国也将进入创意产业迅猛发展的时期。只有不断开拓进取,高瞻远瞩,才能搭上创意时代的快车,在新时代成为引领发展的标志点。

《创意时代》在 2010 年以全新的面貌呈现在大家面前,以全新的视角深度挖掘和解读创意产业中的现象、事件,同时调动各方资源,为创意产业的理论研究提供平台,成为全国创意产业的专业学术媒体。我们将以饱满的热情、专业的水平开拓进取,让这株小苗成长为参天大树!

作者为《创意时代》编辑部主任

天津人物传

策划青春从60岁开始　常志旭

常志旭　共和国同龄人，企业经营管理专科、法律本科毕业。曾就职大型企业20年、市级机关20年，具有丰富的人事人才、人力资源和社会工作的理论和实际经验。上世纪80年代初开始学习钻研心理学，并将心理学原理和人力资源管理规律融会贯通，对当前人力资源管理有独特的观点和例证。2007年3月取得国家二级心理咨询师资格证书，在个体咨询、团体训练、家庭治疗各方面，均有自己的经验和建树。2008年出席"中国首届心理咨询师大会暨灾难心理危机干预研讨会"，提交的论文收入大会论文集并作大会学术交流发言。曾在天津电台、电视台、今晚报、渤海早报、每日新报等多家媒体接受采访和发表文章。

现任：天津市创意策划研究会、创意产业协会常务理事，爸妈在线天津市心理咨询中心主任。

擅长：公务员心理健康咨询、职场心理调适、人际关系指导、大学生就业创业指导、家庭治疗等。

主讲课程：《公务员心理健康》、《组织工作心理学》、《老板员工心理相容》、《职场心理调压》、《作快乐员工》、《心理资本漫谈》、《EAP和人力资源管理》、《大学生就业创业从大一开始》等。

曾服务过的客户：中国天津人力资源服务中心、天津连邦教育集团、天津高速公路信息管理中心、天津市委统战部、天津市级机关工委、团市委青年交友服务中心、天津杰冠齿科技术有限公司、天津"青果园"大学生创意创业基地等。

2009年5月，对于刚从天津市工商联副秘书长岗位退下来的常志旭来说，与其说是职场生涯的结束，不如说是一个新的事业的开始。5.4青年节这天，天津大学生创意创业基地—"青果园"举办成果展示活动，他带着两名即将毕业的心理学系的大学生，向参观者和媒体介绍心理测量和心理咨询在大学生创意创业中的作用做法。展示活动后，他同大学生一起过青年节。当晚他在日志中写到"青春从60岁开始"。他默默发誓，从现在开始，要用心理咨询的知识技能为青年服务、为社会服务。在心理咨询步履艰难的时候做一粒脚踏实地的、为心理咨询发展承担重任的铺路石。

当今青年人之间交往很是开放，然而男女青年真正谈恋爱时却很难融洽。不少父母为儿女操心，周六周日相聚市中心的公园，为儿女相对象，这成为天津的一景，也成为各级群众组织需要迫切解决的问题。常志旭和天津市青年交友服务中心精心策划，针对青年交往中不会沟通的症结，用两个月时间，以《心灵交流》为题，先后讲了8节课，为青年朋友们讲授心理学的基础知识。对此项活动，团市委网站上称：这是提高青年人际交往能力的一副中药。首开以系统讲授心理知识为主要方法锻炼青年交友能力的先河。

当前大学生就业创业成为全社会关注的热点,特别是每年一过春节,应届大学生就业创业牵动着上至国家领导人,下至每一位家长的心。常志旭分析了当前就业创业形势,从改革教育体制着想,第一个提出大学生就业创业从大一开始的理念。先后策划在天津外贸学院和天津交通职业学院,讲授《大学生就业创业从大一开始》课程,课堂气氛活跃,学生体会颇深。

世界著名组织行为学家路桑斯教授,创造性地将积极心理学的思想延展到人力资源管理与组织行为学领域,并提出"心理资本"这一概念。经济全球化与科学技术的高速发展为企业创造了前所未有的机遇,"不利的心理环境一更高的心理要求'这一矛盾就成为企业老板和绝大部分员工不得不去面对的现实。怎么办?"心理资本"为解决这一矛盾提供了答案。常志旭是最早接触和研究心理资本的心理咨询师之一,所写《心理资本漫谈》见诸报刊。据此理念为社团组织和企业讲授《打造人的竞争优势》《老板员工心理相容 共创企业美好未来》、《做快乐农民工》等课程,帮助企业通过开发、盘活心理资本,来提高管理者和员工的心理能力,最大限度地发掘和调动人的主观能动性,充满自信,希望、乐观和韧性地面对惨酷的竞争。为和谐社会的建设提供原发性的动力。

退休后的当月,常志旭承担了"爸妈在线天津市心理咨询中心主任"的工作。他推掉了好几个单位的高职高薪邀请,全身心地投入到了心理咨询事业中。相继策划开展了:"关爱儿童、健康未来"—"六一"儿童节免费咨询活动;"心理拥军小分队走进军营"—"八一"建军节心理讲座活动;"行动起来,促进精神健康"—第18个世界精神卫生日义务咨询等等活动。

他热情邀请天津乃至全国知名大学教授、医院主任、科研机构研究员组成专家顾问团队,陆续请(她)们讲了《咨询师的技能素质》、《心理预报》、《大学生入学心理调整》、《森田疗法应用》、《青少年心理障碍案例解析》等课程。帮助专家和咨询师结对子,咨询师感到在爸妈在线天津中心能够经常近距离接触心理专家,受益匪浅;专家们觉得通过爸妈在线这个平台培养咨询师专业能力,同时专家们的知识、技能、科研成果也能通过爸妈在线这个平台,走向社会、惠泽于民。

在市内不同区域设立了五个咨询师驿站,为咨询师提供咨询场所;为标明爸妈在线的法制意识,同时为维护咨询师合法权益,聘请了天津著名律师为天津中心的法律顾问;积极和天津主流媒体合作,对媒体提供的案例,组织爸妈在线成员进行心理点评,几乎每周都有爸妈在线咨询师的文章发表,既提高了爸妈在线在天津的知名度,也为咨询师锻炼、展示专业水平提供了平台。各项工作有声有色,成员队伍不断增加。2009年5月,有12名成员,目前已达到74名成员。可以说,常志旭为天津市心理咨询事业的发展无私奉献、周密策划、颇有实效。目前他踌躇满志、策划筹建爸妈在线股份有限公司天津分公司,在心理咨询事业发展上焕发着新的青春活力。

做中国最具整合能力的推广传播机构　傅　正

天津广告传媒界著名策划人，天津智圣阳光广告公司总经理、国际绿色产业合作组织项目执行官、天津市创意策划研究会副秘书长。多年从事房地产推广策划。2002 年借助《每日新报》发起成立“新地产俱乐部”。主持策划的项目有：嘉华国际商业中心、仁爱濠景庄园、汐岸国际、滨海金融街、古文化街、天津古玩城、文化小城、文香食坊、北方美博城、泰达市民文化广场、海河之子、鼓楼商业街、万达商业广场等。2005 年创办天津智圣阳光广告有限公司，运用 5 年时间将公司打造成为天津最具整合能力的传播机构。5 年来，公司在与远洋地产、松江集团、和记黄埔、天房集团、中金岭南等众多大型国企和上市公司的合作中赢得信赖和好评。首创房地产行业的“直面推广，渠道营销”方式，为天津乃至环渤海诸多地产项目的推广营销做出优良的业绩。2010 年率领团队成功运作多个地产项目及非地产项目，得到社会和市场的高度关注。2010 年，智圣阳光广告被国际绿色产业合作组织授予“最具整合能力传播机构”的荣誉。

多渠道整合市场，争做新型广告公司（节选）

伴随着近年来广告市场的不断变化，传统平面媒体广告上的单一宣传推广手段已逐渐被削弱，且市场上各种平面广告公司设计水平良莠不齐，同行之间也往往陷入恶性竞争局面。近年来，从多渠道、整合推广思路入手，并重新赋予广告公司文化内涵已逐渐成为广告市场的“新宠儿”并且能与广大客群形成情感共鸣，才能保证在激烈的市场竞争中长期处于有利位置，所以，开拓创新思路，从多渠道入手，才是今后广告公司发展的上上之选。

如果说传统的平面宣传手段推广只能着眼于提供给项目或品牌的单一的宣传利益，那么，通过多渠道品牌整合营销，是可以双重传播产品与传递品牌价值，提高整体的美誉度和忠诚度，形成极高的品牌资产。

天津智圣阳光广告公司自成立以来，面对变幻莫测的市场，竞争激烈的现实，始终坚持走整合资源、综合多样性广告推广路线，从多渠道、多角度为客户做宣传推广。始终都在向着自己的目标奋进，为每一个项目都能获得成功而努力。近一年来，公司规模不断发展壮大，业务量不断拓展。同时我们也在整合方面向着更高一步发展，我们通过多渠道、多元化的整合推广方式，成功打造了数个经典案例：

一、策划海河沿岸高峰论坛、成功实现项目销售

海河楼风情水畔项目属于天津市古文化街开发经营有限公司负责经营，是古文化街特色旅游商贸区重要组成部分。项目体量较大、且作为商业地产项目需整栋出售，开发商面临较大压力，而普通广告公司之以平面广告为主体的宣传策略上，对项目的营销作用极其有限，项目长期招商引资不利。从去年三月份开始，我们公司正式接手了风情水畔的整合推广，在做项目推广期间，我们除了沿用一般广告公司的平面媒体宣传推广服务外，并将成功将事件营销引入项目，在三月底为海河楼风情水畔项目做的首届海河沿岸天津现代服务业论坛，在天津、北京餐饮娱乐服务行业引起了轰动。其中更是邀请到了天津市旅游局局长、天津市餐饮协会会长、北京高端连锁经理人俱乐部主席等重要社会名流，在论坛会议上纷纷表示对海河沿岸，对风情水畔项目的大力支持，而其论坛影响力不但涉及到天津本地客商，更吸引了北京高端餐饮服务行业乃至全国的相关行业，现今，香港第一东方投资集团、四川著名小吃“龙抄手”、与汉庭国际酒店已经正式进驻。为项目的销售起到了巨大的推动作用。

二、推动松江足球俱乐部品牌发展，实现数个乙级联赛“第一”

天津松江足球俱乐部隶属于天津松江体育文化产业有限公司。俱乐部由前著名国脚郝海东担任总经理，张效瑞担任主教练。我们公司全权负责足球队08、09年两个赛季的乙级联赛推广工作，在08赛季初，我们为松江足球俱乐部在新赛季开幕前精心准备了赛前颁奖仪式暨球队新赛季新闻发布会，会议引起了多方关注，天津市各大媒体竞相报道，并邀请到了刘建宏等央视著名主持人。09赛季前，特地为松江足球俱乐部举办的壮行仪式，邀请到了天津市多位足坛名宿，极大的提高球队的整体知名度。同时我们为球队在每个主场比赛日进场地布置、现场广告宣传，球迷组织互动、球队队刊设计与印制，使其成为唯一一支在乙级联赛中拥有自己球队队刊的队伍。并且成为第一支乙级联赛售票的俱乐部队，通过这些多方面的整合，使松江足球俱乐部在乙级联赛中乃至中国足坛都拥有了非常高的知名度。在赛季末还特别受到了中国足协的嘉奖，荣膺了最佳赛事组织奖。

三、打造“当代天津”典范项目——金德园

金德园是深圳中金岭南有色金属股份有限公司天津金康地产历时三年精心打造的地产项目，也是开发商进入天津的首开项目。项目坐落于南京路商圈的贵阳路与西宁到交口上，我公司从接手之初即确立了以打造“尊享当代天津”的金德园推广思路，将当代天津的宜居文化理念发挥到了极致，并且高度突出南京路商圈这一城市核心地理位置，在项目前期亮相阶段，我们平均一周两期平媒报纸广告，将项目自身优势与开发商国企大品牌的背景完全推广到公众视野之中，为项目的销售积蓄了极大的能量。在开盘当日即创下了销售235套的惊人记录，而开盘之后，我们又迅速的推出了以产品升值角度为一系列的平媒报告宣传，将金德园的销售量推向了更高一层，半年以来，金德园已经完成销售了80%的房源，项目总体价格升值110%，创造了津门市场的一个火爆销售记录。

在现阶段的广告市场中，单一的平媒宣传手段已经无法迎合市场、无法迎合客户的需求，难以形成有效的项目宣传推广。而多渠道、多元化的市场推广已经逐渐成为主流，因此，在未来的一段时间内，我们仍会坚持自己的公司整合发展方向，做天津市最具整合能力的广告公司。

天津市烹饪协会会长　郭立久

高级经济师。现任天津市烹饪协会会长、中国烹饪协会常务理事、中国烹饪协会专家委员会会员、中国餐饮文化国家一级认定评审师。曾任天津市肉类联合加工厂生产经营厂长、天津市二商集团办公室主任等职。

郭立久同志为推动天津餐饮产业与创意产业相结合做出实际贡献。1999 年 1 月——2009 年 11 月底，郭立久同志付出辛勤劳动，密切与中央与本地多家新闻媒体的联系，笔耕不辍，亲自动手撰写宣传天津餐饮业名店名师名菜名点稿件 4200 篇，其中 3400 篇被中央和天津市有关新闻媒体采用。作为天津烹饪餐饮文化的激情传播者，以生动活泼而富有成效的宣传，进一步弘扬了天津烹饪餐饮文化，有力地推动了天津餐饮产业与创意产业相结合。他主编 14 本餐饮书籍:《巧烹妙饪素菜 1000 种》、《巧烹妙饪肉菜 1000 种》、《食品雕刻》、《好吃百饺》、《菜肴围边》、《美味热菜》、《清爽冷菜》、《美滋美味西餐一百种》、《营养与健康》、《天津餐饮指南》、《津派二十八帮菜》、《天津西餐文化与发展趋势》、《迎奥运天津餐饮食联》，为创意与升华天津烹饪餐饮文化做出了积极贡献。此外《天津名厨笑迎新中国成立 60 周年大型画册》和《烹饪餐饮诗韵—郭立久诗歌集》也已并正在主编、付印。

郭立久为天津餐饮网络撰稿、组稿，坚持每周在有关网络发布信息，及时反映行业动态与情况，加强餐饮行业的信息交流，做到餐饮业大事及时报，也极大地充实与丰富了《天津烹饪信息手册》的内容，收到了良好的传播效果。此外，他撰写的《开发利用烹饪信息源》、《底蕴丰厚的天津饮食文化》等论文，受到天津餐饮业业内人士的关注与鼓励。

1999——2009 年 11 月期间，郭立久同志出谋划策为天津成功举办餐饮美食活动发挥了突出的关键作用，这些活动计有“第九届中国(天津)厨师节”、“中国(天津)首届西餐节”、“天津菜烹饪大赛”、“天津市美食展”、“天津市第一届、第二届、第三届、第四届、第五届、第六届家庭厨艺大赛”、“天津市第一届粽艺大赛”、“天津市第二届粽艺大赛”、“天津市首届厨师节”、“天津海鲜美食节”、“天津市点名师品名菜活动”、“天津市迎新春享温馨民间家庭包饺子大赛”、“还原一棵树，珍爱绿色家园”天津市“拒绝一次性筷子”环保大行动，以及天津市烹饪餐饮业庆祝新中国 60 华诞、回顾天津烹饪餐饮业 60 年辉煌成就论坛和第六届全国烹饪技能竞赛老板娘杯天津赛区比赛。

他出任天津市烹饪协会会长后，鲜明地提出天津市烹饪协会的理念“以创意创新创造为基调，以服务广大会员为主导，以繁荣天津餐饮为已任，以塑建协会品牌为荣耀”。两年多来，努力开拓了天津市烹饪协会的新局面，为烹饪事业的繁荣发展做出了重要贡献。

韩国庆:人如茶　心如泉

□高　慧

"人像茶叶一样。好茶生长在岩崖间,经历大自然滋润的同时,要经受各种考验,风吹、雨打,甚至冰霜。茶在很嫩时,就被采摘下来,脱离母体,经过炒、揉,几乎烘干自身水分,之后,大部分茶叶入罐,难以发挥自己的作用。茶的价值只有在开水冲泡时才能体现出来。人与茶相比,经历再多磨难,都是幸福的。"2008年6月12日,在天津古文化街海雅茶园采访天津海雅实业有限公司总经理韩国庆时,他如是说。这番话,是他创业多年的人生感悟,颇有新意,极富哲理,听者不住点头称是。

爱茶似命　人称"茶痴"

韩国庆1966年出生于天津市武清区的一个农家。中等偏高的个子,身材魁梧,是一个典型的北方汉子。他言谈举止,憨厚中透着精明。耳闻他在天津市区开了八家茶园,规模之大,在天津茶界颇有名气。笔者见到韩总,没说两句话,便直截了当地问他,北方人没有地域优势,为什么选择作茶?他回答得直接而干脆:爱茶。

1992年,韩国庆初入商海,26岁的他,雄心勃勃,精力旺盛,干起承包,经营冷冻肉类产品。产品不好卖,他想办法开拓市场。1994年,他在天津创办了大海食品工贸公司,专做正大企业在天津的经销。大海,是韩国庆的雅号,他不喝酒,好静,天性中与茶有着一种缘分。因为业务需要,他常到南方去,有机会进茶楼,品香茗。他喜欢品茶的氛围,轻松、舒适、休闲、优雅。他意识到,现代人要健康,必须从酒肉之中解脱出来。茶是中国的特产,茶是世界公认的健康饮品,喝茶有利于健康,要让更多人喝好茶,赏茶艺,从而感受中国的传统文化与道德。1999年,他在天津开了第一家海雅茶园。箭在弦上,一发而不可收,一家又一家,发展之快,令天津人注目。而今,他不仅开了八家茶园,2002年还创办了天津海雅职业技术培训学校,亲任校长,专门培训茶艺人才,现已培训了初、中、高级茶艺师近千名。目前,在海雅各茶园担任经理的全都是高级茶艺师。韩总认为,茶品、人品,天人合一。一个人在步入社会前,应该先学茶艺,调整好心态,才能开创有价值的人生。因此,它帮助天津市的两所小学开办少儿茶艺班,为之提供茶具、资金,其中一所小学的茶艺队已在全国茶艺大赛中获奖。他还组织了老年茶艺表演队,丰富老年人的文化生活,宣传茶与健康,宣传中国具有悠久历史的茶文化。

兴趣是最好的老师。韩总爱茶,与茶结缘。多年来,他聘请天津老茶人作顾问,虚心向老茶人学习;不辞辛苦,行万里路,到产茶区了解各种茶的特点,认识、品饮中国名茶;观赏各种茶具,读茶诗、广交茶友,受益匪浅。从一个外行变为一个行家里手,一个新时代的茶人,最重要是他的虚心好学。实践证明,学习可以益智,学习可以增进,学习促他走向了成功。

韩总认为,茶不单是一种物质,"千人品茶千般味",通过茶,可以了解人生、感悟人生,感受茶蕴含的中国古代传统的文化与道德。茶具有奉献精神,它把自己的精华奉献给人类;茶体现天人合一,讲究人与自然的和谐;茶使人宁静,淡泊以明志,宁静以致远。迄今,韩总经营、代理国内十几个知名茶场和台湾地区的名茶，如贡牌西湖龙井、玉品牌洞庭碧螺春、兴九牌武夷岩茶大红袍等。此外，他的大部分精力用于弘扬中国传统的茶文化，开办“海雅艺术苑”，举办茶艺交流、茶友联谊、诗书画展等活动，与日本、东南亚国家、台湾地区及我国部分省市建立联系，并经常进行交流，广交天下茶友。在海雅茶园，不仅可以品名茶，还可以赏茶艺、学茶经、鉴书画、会茶友。韩总要让越来越多的人，了解我国历代记载的茶的功效：清热降火、解毒止渴、益思少睡、消除疲劳、增强耐力、利尿明目、助消化等，让更多茶友从简单的喝茶，到品茶、知茶、赏茶，从茶品到人品，提升自身的精神境界，提升每个人的健康水平，为构建真正的和谐社会作出贡献。韩总爱茶，尤爱茶的“人在草木之间”那种花草芬芳、虫鸣鸟叫、微风拂面、悠然自得、心旷神怡的心情。听韩总讲茶，犹如在介绍他的知己，饱含对茶的深爱，抒发了对社会强烈的责任感。他作为新一代茶人，宣传茶与健康的关系，视弘扬茶文化为己任。闻君一席话，自然令人感到，他作人、做事，如茶一般，清净而淡泊，朴素而自然。以让更多的人受益为乐，以奉献社会为荣。

寻水如宝　心胜水甘

韩总曾有过这样的经历，在南方品佳茗，醇香无比，茶可醉人。把茶带回天津，茶味却截然不同。何故？天津水使然。好茶需好水。于是为泡好茶，他专门从杭州将虎跑泉水运到天津。路遥，交通不便，成本高。他的执著感动了天津的老茶人，张承勋先生专为此赋诗“虎跑名泉，龙井明前，碧螺骑火，巧结良缘，三珍绝妙，春庆龙年，韩公盛举，雅韵流传。”要想让天津人喝好茶，必须要有好水。韩总联想到，我国驰名中外的茅台酒，只有在那个地方才能生产出来，换个地方，就生产不出茅台酒，原因何在？关键在水。自古品茶“泉水为上，江水居中，井水次之。”只有泉水泡出的茶方为上品。于是，他下定决心找到最好的泉水。

上世纪末，韩总开始了踏山寻泉，访遍天津周边所有的水泉，其艰难、辛苦，他心里自知。功夫不负有心人，终于，在天津与河北交界处黄崖关长城边的大山之中找到了一眼古泉。泉水甘冽、清香，海拔高，据专家分析，此水已在地下贮存一亿年以上。由于水中富含多种人体所需矿物质，当地人饮此水，身体健康，没有癌症患者。韩总如获至宝，当即决定在此建立水厂，命名“海雅山泉”。之后，经过天津市相关机构认证，成为合格的绿色饮用水。

韩总说，现代人越来越关注健康，实践证明，水是影响人类健康的重要因素。好水可以排除人体的毒素，如水质不佳，或饮水不当，则造成人体毒素堆积，这是造成多种疾病的重要原因。恰当地进行水疗，不仅能医治疾病，而且能拯救不少人的生命。经考察，凡是长寿地区，无疑都因为当地的水好。海雅山泉清、香、甘、冽、活、不噎，有的老年人饮用了一段时间的海雅山泉水，皮肤上的黑斑消失了；有的人饮用了此水，困扰了多年的肠胃病减轻了，甚至痊愈了；还有40几岁就满头白发的人，饮用海雅山泉后，头发变成花白——天津市越来越多的人认识了这种有益于身体健康的泉水，越来越多的家庭开始选择海雅山泉。

茶香借水而发，无水不可论茶。海雅有了名茶，又有了最佳的泉水，通过耳品、眼品、鼻品、口品，怎不身心愉悦？采访当日，巧遇韩总所聘老茶人金先生，已届耄耋之年的金先生深有感触地说：“韩总与一般人不同，他凭的是实干，讲的是诚信。年轻人像他这样，实在难得。”凡是认识韩国庆的人都有同感。作为一个商人，韩总确实与众不同。他不是把赢利作为唯一的目的，而以弘扬传统文化，服务大众为己任。他说，在古代，商人是值得信赖，令人尊重的人。现在社会上不少人认为，无奸不商，这是因为一些人不讲诚信，违背职业道德造成的。海雅人要以自己的言行证明这是偏见。海雅人要成为人之尖，即出类拔萃品德高尚的人。海雅人的准则是：用心作人，以德为本；诚心待人，以信为本；专心做事，以质为本；创新经营，利众为本。诚实守信，是中华民族的传统美德，是每个公民道德行为的准则，诚信是一个人立足之本，是一个人事业成功的必备素质。反之,制造和销售假冒伪劣产品,不择手段捞取不义之财,骗得了一时,绝骗不了一世,因为老百姓心里有杆秤。只有讲求诚信,才能取得长足发展。海雅经营茶,必是物有所值的名茶,赢得了众多茶友的信赖;海雅山泉,讲的是货真价值的纯净、优质,越来越多的人选择了它。

韩总谈起自己的经历,笑着说:"我这些年很艰难,走得很不容易。从向师傅学,再到实践中学,处处要做有心人,靠的是坚持,遇到什么困难,也不放弃,凭的是勇气和信心,才没有半途而废。"话说得朴素而平实,却道出了一个走向成功的奥秘,即必须有执着的追求,并且坚持到底。一点不假,坚持就是胜利,成功往往就在再坚持一下的努力之中。

谈起身边的人,韩总心存一种真诚的感激之情。他感谢父母,将他抚养成人,并支持他走创业之路;他感谢经验丰富的老茶人,给与他实实在在的帮助;他感谢与他合作的兄长,感谢他的宽厚以及处处保护自己——一个人永远心存感激,才能不怨天尤人,才能心态平和,才能不断有新的进取。

打造品牌,不断创新是韩总的追求。他喜欢开拓新的领域,不断尝试新的工作。一路走来,他的心犹如汩汩的山泉,新的点子不断涌出,取之不尽。他的付出是艰辛的,看到越来越多的人,用他开发的海雅山泉泡着香茗,他的心比清澈泉水还要甘甜。展望未来,韩总要做的事还很多很多,不断出新点子,不断探索新的领域,他不仅要为天津人服务,还会不断更新观念,在环渤海经济圈施展身手,给更多的人带来福祉。

人生价值设计师　郝麦收

郝麦收，天津社会科学院学者，社会学研究员，天津市心理预报研究所所长，天津市创意策划研究会顾问。

人生的价值是由多维构成的，如人的传承价值、创新价值和传播价值。人的自我价值、家庭价值和社会价值等。1962 年从天津市耀华中学入伍后就沿着雷锋成长的道路，思考人生的价值实现问题。但真正觉醒，是在真理标准讨论之后。1978 年下半年我国实行了一对夫妻一个孩的新生育政策。1979 年底上海市在我国首先实现了人口老龄化。在少子化和老龄化的国情下，老年人的价值观如何构成和实现？我国应当确立怎样的实现老年人价值的事业目标？经过深入工厂农村街道部队调查和思考，1982 年 6 月发表了《谈谈人口老龄化》的论文，提出了“五个老有”的老年人生价值目标。这一创意受到了国家、政府、人大的重视，1984 年初国家老龄委确定为有中国特色的老年事业目标。1999 年党的领导人加了一个“老有所教”。2000 年郝麦收又加上了“老有所伴”和“老有所归”，使老年民生价值目标成为教、养、医、学、为、乐、伴、归的“八个老有”和定位、生存、发展、享受、回归的“五大需求”的价值体系。沿着老年价值需求的思路，2001 年进行了“空巢老人的现状和未来”的课题调查，首创了“空巢老人”的概念和首倡空巢老人的关怀体系。2004 年郝麦收又提出了“创立社家养老制度”的设计，社家养老是用社会和家庭的合力养老的制度。社会养老包括社会保障、社区服务、社养机构、社助组织的“四社”，家庭养老包括个人为养老主体、夫妻为养老机体、住房为养老载体、社会为养老的母体的“四体”。

1992 年 10 月 1 日，针对老年再婚离婚率奇高的状况，郝麦收在其发布的论文里，提出了“老年再婚三不变的原则——婚前财产所有权不变、婚前财产继承权不变、亲子关系不变”，从而提供了解决老年再婚难题的钥匙。“三不变”的原则经过中央和地方媒体的宣传，传遍全国。1998 年 2 月 12 日建立了“天津市老年再婚见证处”，为再婚的老人进行婚前约定见证，经过婚前约定见证的再婚老人，三年内的稳定率达到 90%。从而创造了老年再婚的奇迹。老年再婚的本质是无偶的老人再婚后夫妻共同养老，老年再婚的价值是发挥了夫妻双方互相养老的作用和能力，从而减轻了社会的赡养负担。

1996 年 9 月 18 日，郝麦收、孙子芬（郝麦收的妻子）与他们的儿子郝丁签订了“亲子双向自立协议”。郝丁承担的责任有四项：即自力承担受高等教育的经费、自力谋业自己创业、自力结婚成家、自己教育子女。郝丁父母承担的责任：养老费和医疗费自我储蓄、日常生活和患病生活的自我料理、精神文化生活的自我丰富、回归事宜的自我办理。协议的实行，郝丁创业成长，父母继续拼搏，成就了两代人。这是中国首例通过协议方式的教子案例，是一场波及全社会的教子改革大实验。进入新世纪后，从地方到中央的媒体进行了全媒介、多角度、大范围、长时间的传播。在华人世界、世界东方和西方世界都引起了强烈反响。《父子协议》一书，2005 年 11 月年出版。台湾地区和越南一些国家也出版了此书。中国社会科学院的著名学者以“文化的震撼”为论文题目评价这一文化事件。双向自立的实践，促进了当代亲子两代人生价值的实现，也为未来人生的价值实现创造了崭新的模式。

2007 年郝麦收参加了中国心理学家大会,他发现我国目前的心理事业侧重的是心理治疗,而忽视了心理预防、心理预测和心理预报。他认为心理治疗重要,但心理预报更重要。于是,潜心学习我国的古老预测学和中医理论。在"预则立,不预则废"和"上工治未病"思想的启示下,利用嫁接创新法,从天气预报的原理,生发出心理预报的概念和系统。并于2009 年首创了"全象图",建立了我国第一个心理预报研究所,创办了全国第一个"心理预报网站",并提出了独特的心理预报方法体系。"生活离不开气象预报,生命离不开心理预报"的理念开始被人们接受。通过心理预报,提高人的生理、心理、伦理、哲理、法理"五理健康"的水平和生活、生命质量、提升人生的价值的初衷开始实现。

2009 年底和 2010 年初发现,国民人生资源存在极大浪费现象,迫切需要创造一门新的学问来揭示和化解这个价值自废的大问题。这门学问的名称他冠以《新龄学》。郝麦收看到,目前我国和世界上,尚未有这样的《新龄学》来启迪和解放人们的思想。《新龄学》的核心是对整个人生年龄阶段的划分。人们有了《新龄学》的理论,小到对自己人生的把握,大到对社会的认知就科学正确了。全民的价值实现就有了新龄学理论的指导。

【个人语录】

求实、创新、立大、眺远,
扬神、臻员、尚野、益民。
预则立,立则赢,赢得人生。

寻找开锁的钥匙

——记老年再婚事业的开拓者郝麦收

群体性的老年再婚是从 20 世纪 80 年代开始的,老年问题专家郝麦收是从 1988 年开始研究老年再婚问题,企图通过老年再婚难题的突破,上下连带解决耄年、瑞年人和青年、中年人的再婚问题。郝麦收在老年再婚研究和实践中,寻找到了财产、养老、契约、和传播的开锁钥匙。

老年再婚,举步维艰,离率奇高,叫"十个再婚离八九,有一对还在晃悠"。根源在哪里？经过众多个案访谈和问卷调查,秘密揭开:财产问题是根源。当代的老年再婚却沿袭了几千年来的初婚财产规则,再婚中,一方无形中,剥夺了另一方的财产所有权、子女对财产的继承权,强迫没有历史抚养关系的子女,赡养再婚的姻亲老人。因此,老年再婚才遭到了子女的反对。为了使老年再婚顺利进行,必须确立现代的再婚规则。经过三年寻找,终于找到了这个根本规则。这就是老年再婚的"三不变"原则:双方婚前财产所有权不变、双方婚前财产继承权不变、双方亲子关系不变。老年再婚前的"三不变",就保护了再婚双方的财产所有权、双方财产的继承权,维护了两代四方的权益。老年再婚"三不变"原则,成为老年再婚的护身符和稳定器。

老年再婚存在登记再婚和同居再婚的两种模式。老年再婚同居没有得到法律的认可,却获得了老年群体的认同。

和老年再婚实质相联系的还有一个中老年再婚在年龄上无法契合的问题。女性的要求是同岁的零际婚姻和差几岁的岁际婚姻,而男性的要求是差 10 岁以上的旬际婚姻和差 20 岁以上的代际婚姻。这是以婚的标准要求对方,而不是以养老的目的对待年龄问题的结果。从养老的目的看问题,年龄差距不是再婚的障碍。从实际出发,选择同际、岁际、旬际、代际再婚模式都是可行的。

目前,我国的《婚姻法》还没有设立"再婚"这一章,仍不能全面反映老年、耄年再婚的特征。

在"三不变"原则的基础上,于 1996 年 9 月 10 日郝麦收帮助一对再婚的老人签订了婚前协议，并以1995年12月1日建立的“天津市老年婚姻研究所”，为这对老年人做了婚前约定见证。在老年再婚见证服务的基础上。1998年2月12日，天津市老年工作委员会正式批准建立“天津市老年再婚见证处”。老年人的婚前约定书，经过正式见证之后，再婚既稳定又幸福，最后还能安全降落。14年的见证表明，签订婚前约定和作好再婚见证，是打开老年再婚之锁的金钥匙。

老年再婚的实践需要老年再婚理论的宣传。如对于“三不变”的理论，对老年再婚的婚前约定见证进行了多媒体的传播，放大了理论的效应。最近三年，还与天津市广播电台经济台《枫叶正红》节目长期合作，用讲故事作评论的方法，作老年再婚宝典的节目。还在网络上建了“心理预报网站”，传播老年再婚的信息和经验。

【专家点评】

社会学者郝麦收以深厚的感情和锲而不舍的精神，探索老年再婚问题，他的目标是通过老年再婚的创意和实践，理顺全民族的初婚问题和再婚问题。以几十年的功夫和老人们同呼吸共命运，学习他们、了解他们、关爱他们、帮助他们、指导他们，这样的身态、心态、神态，不出造福老百姓的创意，老天都不答应。

能将火笔化墨妙的怪才　姜云祥

姜云祥，1960年11月生于天津，现任国际美术家联合总会理事、云祥烙画艺术有限公司董事长。姜云祥自幼酷爱绘画，曾师从著名山水画家高杰、纪振民。他对国画、油画都十分喜好，早年主要从事油画创作，从1986年开始研习烙画技法。姜云祥将中国画的神韵与西洋油画的写实相结合，自成烙画流派。第一幅作品于1996年发表于《天津日报》。先后有多幅烙画作品在《中国影像》、《今晚报》、《每日新报》、《天津工人报》等报刊和网站。并于2010年在天津图书大厦成功举办了个人作品展。

烙画不仅有中国画的勾、勒、点、染、擦、白描等手法，还可以烫出丰富的层次与色调，具有较强的立体感，酷似棕色素描和石版画，因此烙画既能保持中国传统绘画的民族风格，又可达到西洋画严谨的写实效果，使其有独特的艺术魅力。由于姜云祥对烙铁与明火的巧妙结合与娴熟驾驭，无论是山水风光、花鸟动物的泼墨抹染，还是人体与静物的质感肌理，都跃然纸上，且别具韵味。

姜云祥与云南烙画家张向阳合称为“南张北姜”，代表作：《春牧》、《十八罗汉》、《湍》、《张伯苓》。作品已被国礼委员会天津分会选定为外交礼物。

【姜云祥语录】

这些年我执着于烙画艺术很辛苦，烙画这门技艺源于民间工艺，在任何艺术院校没有这个学科。我要将国画和西洋画用烙画表现出来，使烙画成为一门艺术奇葩，将中国传统技艺传承并发扬下去，使烙画从工艺品走向艺术品层次。

烙铁何当挥笔砚　焦火怎比舞墨形

姜云祥从小就喜欢画画。8岁时随父母下放到农村。父母在田间劳作忙碌，清风泥土与太阳滋养了小云祥，他经常捡根干枝就在地上画起来——画花草、画太阳、画虫鸟、画农民伯伯……如今回忆起那段时光，姜云祥说正是那段农村生活带给他一种原生态的艺术灵感。

1976年，姜云祥一家返城。正赶上市少年宫招生，姜云祥经常站在校门口，盯着那些背着画板进出的学生。父亲看出儿子的心思，送他进了少年宫美术班。在美术班里他系统地学习了水粉、素描和油画。自己也像着了魔一样，见到什么就画什么，饭也顾不上吃，早点钱和零用钱全部拿来买颜料，连夜里睡觉时手腕都比划。遇到来串门的亲戚朋友，他总是迫不及待地拿出自己的作品，不是听人夸是让人家找毛病。姜云祥说，那是他成长最快的两年。

1978年，18岁的他当了兵，部队生活中最令姜云祥兴奋的就是到部队电影院画宣传海报。退伍后，姜云祥被分配到一家木材构件厂当工人。工厂里多的是木板边角料，别人眼里只能拿回家劈柴的废物，姜云祥闻着木香却想到了画香。他记起在部队的时候，有位精通历史的老兵跟他讲过中国古代有一种烙画技艺，就是将画烙在木板上。姜云祥想到：“眼前那么多木材，我何不试试烙画？！”也许是机缘巧合，也许是天公有意安排，姜云祥笑说自己注定就是和烙画结缘的。

烙画古称“火针刺绣”，是古中国一种极其珍贵的稀有画种。据史料记载，烙画源于西汉、盛于东汉，后由于连年灾荒战乱，曾一度失传，直到光绪三年，才被一个名叫赵星的民间艺人重新发现整理。烙画是一种民间艺术，它的传承基本上是通过烙画师傅口授的方式传给徒弟，由于烙画刻制工艺特殊，从业者甚微，近代几乎失传。

1986 年，姜云祥开始一门心思钻研起了烙画。烙画是用温度在摄氏 300 至 800 读的烙铁，利用碳化原理，将绘画的各种表现技法展现在木板、葫芦、树皮等介质上。姜云祥决定将烙铁与木板绑定，用火焰与温度创造艺术。

“功夫不负有心人”，一个月后，姜云祥的第一幅山水风景烙画作品问世，还被刊登在《天津日报》上。烙画艺术之火由此在姜云祥的生命里点燃，虽然烙画技艺道路上可能会“独孤一剑”，但姜云祥宁愿“剑走偏锋”，开辟出自己一片天空。

为了寻求到不招虫、不走形的好木材，姜云祥创作用的三合板都由东北订购。为了寻找最适合烙画的烙铁，他试用长短粗细各类烙铁，他又向电工请教，了解烙铁的构造原理、适应温度，尝试各种温度下的木板碳化状态，还利用电工知识自己进行改装，曾有一度，姜云祥看见带火的工具就来神，恨不得拆开看看到底能不能为烙画所用。“我已经是个木匠了，为了烙画，又成了电工。”

烙画不仅需要“画”的深厚功力，同时还需对“火”的体悟理解。在把握温度、力度的同时，注重“意在笔先、落笔成形”。烙画最擅长的是表现线条，最难表现的是浓淡深浅之过度和凹凸阴阳之变化。由于姜云祥对烙铁与明火的巧妙结合与娴熟驾驭，他表现山水风光、花鸟动物、古代与现代人物都游刃有余，无论中国山水画泼墨抹染、云涛雾霭，还是西洋画的人体与静物，都出神入化，令人咂舌称奇。姜云祥在木板上“烧”出来的花鸟动物，不仅造型生动有趣，并且亦工亦写、疏密有致。壮士的浓须细鬓，仕女的皓齿明眸，都能生动表现，尤其他刻画的钟馗，炯炯的眼神喷光射电。他的长两米、宽一米的力作《张伯苓校长》，慈祥中透着威严，平凡中有着睿智。

现在姜云祥不仅用烙铁作画，他的“笔”还有喷灯、喷枪。他不刻意选用有木纹的板材，而是在没有木纹的板材上展现是国画的工笔与写意、西画的中明暗与凹凸。以烙铁为笔、以木板为纸、以火着色，阴阳五行的“金”、“木”、“火”已占三，若再加上人本属“水”，双脚接“土”，可谓五行俱全了。每天早上六点姜云祥就钻进画室烙画，兴致来了一烙就到深夜。他说他喜欢那种生命最本真的状态。凤凰涅槃的故事是动人的，将火在木板上凝固，让木板在浴火中重生，不正一种艺术的涅槃吗。

【专家点评】

烙画可谓艺术殿堂里的一株奇葩。既继承了中国画，又发展了中国画。从施艺的工具、材料看，烙画艺术是中国画艺术的创新和发展。烙画色彩自然天成、古朴典雅，其画面效果在风格各异的艺术家笔下，各具千秋，无一雷同，每一幅画都是一幅独一无二的艺术作品。在烙画的“烧、烙、烫、烤、燎、烘”六法中，姜云祥的“烧、燎、烤”的技法运用最为娴熟，堪称一家。烙画艺术，中西结合，古今交融，可抒张写意，可精雕细刻，其天作之色、表现之特、效果之佳，可称“中华一绝”载入千年历史卷宗。

伊明烙画葫芦　艺术传人　李新明

李新明，曾任天津经纬宾馆经理、天津飞天艺术研究会秘书长、尼斯迪康乐城副总经理、山海关航母旅游公司副总经理。在所经历的工作中都取得了不凡的业绩。然而，近十年来却钟情于葫芦艺术，把葫芦烙画这一传统工艺，经过挖掘、整理、创新，使之发扬光大，成为具有天津特色的旅游商品。在天津金街滨江商厦的天津旅游商品专卖店里，摆上了各式精美的烙画葫芦。并与“天津泥人张”、“风筝魏”“杨柳青年画”一起将“伊明葫芦艺术”的金子牌匾挂在了店堂的上方。最近，李新明的葫芦烙画作品被天津旅游局选中，代表天津参加在浙江义乌举办的“这中国国际旅游商品博览会”并入选参加“中国旅游商品大赛”。

天津民间工艺异彩纷呈，有许多不仅是天津民间艺术的瑰宝，而且也是中国民间艺术的奇葩。而葫芦烙画则以其吉祥寓意和巧夺天工的技艺深受人们的喜爱。葫芦烙画是将葫芦的木质材料与中国传统的国画技法相结合，运用国画的白描、工笔、写意等手法，在葫芦光滑坚硬的表皮上，创作出人物、山水、花鸟等作品。画面呈现出焦、黑、褐、黄、白等多种层次和国画的渲染效果。

然而，多年来，葫芦烙画没有达到其应有的地位。由于许多葫芦烙画从业者文化及绘画水平不高，造成了产品的低价值运转，作品难登大雅之堂。

李新明在工作之余长期进行艺术探索，对彩绘、刻瓷、奇石、书画有浓厚的兴趣，2003 年专注葫芦烙画，创作技艺精益求精，作品颇丰。并利用西画素描技法进行肖像创作。2003 年为梁启超纪念馆绘制的《梁启超先生肖像》被馆藏，2006 年绘制的《日本秋筱皇妃》被日本皇宫收藏，还曾为多名国内外名人绘制肖像，被媒体关注。

为发挥天津葫芦烙画行业的优势，李新明创立了“伊明葫芦烙画工作室”开办了“葫芦艺术沙龙”在市内各区举办葫芦烙画学习班，一方面广纳人才，另一方面教授下岗失业人员，使之掌握一技之长，自主就业。在这种形成合力的情形下，很快占据优势，创造出经济价值。以“伊明葫芦烙画工作室”为平台，以众多学员的优秀作品，参加国内外博览会、展销会，以及各种文化活动，扩大影响、创立品牌，步入良性循环。

“伊明葫芦烙画工作室”主导了天津的葫芦市场，先后举办了两次全市的“葫芦艺术精品展”李新明成为天津创意产业协会、民间文艺家协会和民间收藏家协会会员。其葫芦书法被中国硬笔书法协会认定为“创新硬笔书法”并拟担任天津硬笔书法协会和平分会主席。

【李新明语录】

从传统工艺上寻找新的创意，如同站在巨人的肩膀上，能更快、更好的发展。

模式的力量

有了“伊明葫芦烙画工作室”这个专为葫芦烙画爱好者和学员提供流通渠道、交易与结算的平台，产品销售额就更大、更稳妥了。通过参加各种博览会、展销会能更好地深入开拓市场。

特别是下岗失业人员不用待业了，在家就能画葫芦卖钱。“伊明葫芦烙画工作室”在许多卖场都设有销售点，在创造经济价值的同时，也对整个社会的稳定做出了贡献。同时对于传统工艺如何继续发展和创新起到了示范的作用。

策划背景

2008 年，习惯了以小作坊式生产加工的葫芦烙画从业者，面对日益发展的市场需求量，无法做到规模性生产，也不能保证产品质量和销售渠道的畅通，在经济发展的新时期收益很少，很难脱贫致富。因而，他们急切需要一个创新型的平台，来实现产品在销售中的快速流通。

"伊明葫芦烙画工作室"的创立解决了葫芦烙画从业者的后顾之忧，在进行了产品细分工之后，每个人都找到了自己的位置，许多人能更好的专研业务，专注搞创作，提高艺术水平。然后，享受作品带来的丰厚价值。

目前，天津已经确立了其国际性现代化宜居城市的地位，开发旅游产品已成当务之急，"伊明葫芦烙画工作室"将继往开来，做出贡献。

策划思考

1. 直营平台独尊优势："伊明葫芦烙画工作室"，现在主要立足"天津辰宜花鸟鱼虫市场"是目前我国北方最大的以观赏鱼、花鸟、宠物、玉石、奇石、葫芦、家居装饰品、各类小商品等为主的主题市场。经与市场商议，筹建全国最大的葫芦集散地。

2. 经营方式创新优势："伊明葫芦烙画工作室"实行"厂价直营、批零结合、展贸合一、专业推广"的创新商业模式来进行经营，因此可保持商品价格在市场上的竞争优势。同时进行专业培训，组织各种大展，用以培育市场持续发展。

3. 产品多样化优势："伊明葫芦烙画工作室"将开发多种针对性旅游产品，例如：宗教题材作品，葫芦书法作品，出口产品等。

4. 实施姊妹艺术对接优势：广泛联络其他葫芦工艺，谋取共同互补发展。

【专家点评】

李新明先生具有策划敏感与市场洞察力，运用现代经营理念对传统工艺进行创新式挖掘，使传统工艺焕发青春，创造紧跟时代步伐的经济效益，并使产品成为城市的特色旅游工艺品。

中国职业装策划设计人　王耀珉

王耀珉，1952年出生，中共党员。中国职业装产业的策划者、创始人。中国职业装产业协会秘书长、天津市创意策划研究会服装设计专业委员会主任、中国服饰报社天津记者站站长、中国商务策划首席专家，天津市政府采购评审专家，中国策划创新杰出贡献大奖获得者。

王耀珉毕业于天津南开大学，并曾就读天津纺织工业学校机械专业、天津职工科技大学电子专业、天津职工科技大学日语专业、天津广播函授大学日语专业。历任技术员、经济师、宣传科长。曾任中国纺织报社天津记者站站长、中国纺织经济信息网天津服务站站长、中国职业装博览会组织委员会秘书长。

90年代，他以敏锐的产业嗅觉、专业的社会调查以及细心的专业策划，在中国第一个提出了“职业装是当前中国服装领域新的经济亮点”的观点，并创办了“第一届中国职业装博览会”，把当时未被社会认识和重视的职业装，以展会的形式推向了社会，工作服的概念从此被历史更新。1998年3月，随着中国职业装博览会的隆重举行，职业装这个崭新的名词以极快的速度传遍中国大地。受第一届中国职业装博览会的影响、启发和鼓舞，中国从事职业装生产的企业如雨后春笋，由最初的几百家现已发展到3万多家。数以万计的从业大军，浩浩荡荡的产业群体，是中国改革开放的一个缩影和写照，——职业装博览会开辟了一个新产业。

王耀民长期从事职业装方面的理论探索和组织实践，并且以敏锐的行业嗅觉，首开中国职业装发展战略论坛先河，在中国服装界引起强烈反响。多年来，他一直在为中国职业装行业的发展和壮大进行着开拓性的工作，大力开展职业装理论的普及，为中国职业装行业的发展做出了积极的贡献。由于对职业装产业的深入研究，确立了职业装在服装行业中的地位，使职业装在改革开放的大潮中登上了大雅之堂。职业装从40多个服装分类中独立出来形成一个单独的类别，丰富和发展了中国服装史。与此同时，他在全国第一个创办了《中国职业装网》、第一个创办了《中国职业装专刊》，第一个创办了《中国职业装企业家峰会》，使之成为中国职业装行业不可或缺的信息交流平台。王耀珉在职业装领域辛勤耕耘，特别是担任中国职业装产业协会秘书长以来，他站在产业的高度，坚持理论与实践相结合，每年都坚持抽出一定时间到企业进行调研，针对职业装行业企业数量多，规模小的特点，把贯彻国家宏观政策和发展行业结合起来，每年都提出行业发展的新思路，引导职业装产业健康发展。与此同时，他还结合实际，从1998年开始至今，以职业装产业的发展为主线，撰写了大量关于职业装的专著和文章，尤其是通过对中国职业装发展史的深入研究，对中国职业装的发展起源，沿革和演变提出了独到的见解，为中国职业装发展的历史研究奠定了基础。

他还以开放的眼光引导行业走出国门，多次率中国职业装企业家代表团访问日本、韩国和欧洲，使中国职业装企业，从埋头生产到了解世界，为中国职业装行业的国际交流发挥了重要作用。

中国职业装在华夏大地方兴未艾，职业装如今正在成为武装和美化中国上千个职业岗位从业人员必不可少的人体包装，工矿企业、事业单位、宾馆、饭店、空姐、餐饮、金融、保险、工商、税务……，集标志性，实用性、功能性、艺术性为一体，体现团队精神和职业特点的职业装已经成为中国一道靓丽的风景线。

【著　作】

《中国职业装》(香港远见出版社出版)

《中国职业装市场新亮点》

《走向成熟的中国职业装》

《中国职业装快速发展的必然》

《关于日本职业装市场的报告》

《直击中国职业装做大做强的十大障碍》等

【王耀珉感言】

中国职业装产业的创意和策划过程,也是我深入行业,向无数企业家们学习的过程。经过十多年的努力,如今看到了一个如火如荼的新兴产业在中国崛起,心中充满了欣慰。从开始把职业装创意作为一件“事”来做,到后来把它作为一项“事业”来做,这里面有思想的转变、智慧的升华、理念的更新和毅力的考验。

天津创意产业践行第一人　赵光勋

赵光勋,本科,高级工程师,高级资产评估师、现代服务业特高级研究员、天津凌奥集团董事长。

在赵光勋同志的带领下,凌庄子村党支部狠抓了党员队伍建设,建章立制,实行科学管理,将土地盘活,兴建创意产业园等,并成立了集团公司,积极对外投资发展,努力提高村民待遇,使凌庄子村的经济有了突飞猛进的发展,如今的凌奥集团所属各个部门及每位员工,呈现出了团结、和谐、稳定、科学、奋进的精神面貌,给各项事业的长足发展提供了有力的保障。截至2009年凌奥集团总资产达8个亿,与2003年相比翻了7翻,连续5年上缴利税千万元以上,现拥有物业面积19.3万平米,与2003年相比增长了近6.7倍。

凌庄子村党支部在2005年、2006年、2007年、2008年、2009年连续五年被评为李七庄街红旗党支部;

赵光勋个人2002年获得中国优秀企业家;2004年获得商业职业经理人资格证书;2004年获天津市总工会颁发的十五立功先进个人;2005年获天津市五一劳动奖章;2006年获天津市劳动模范、天津市诚信企业家称号、西青区优秀党员、中国经济论坛第二届共和国经济建设功勋人物、2006年、2007年、2008年、2009年连续四年获西青经济建设突出贡献奖;2008年中国改革开放30年行业百名功勋人物;2009年世界华商协会常务理事。

淡泊名利　心系百姓(节选)

随着凌奥创意产业园逐渐步入正轨,各种荣誉也随之而来。2007年凌奥创意产业园被列入天津市100个服务业重点项目,成为国家发改委和天津市发改委的重点扶持项目。2008年园区再次成为国家发展和改革委员会国家重点支持项目。2009年4月世界华商协会授予天津凌奥创意产业园集团有限公司"世界最具潜力企业"。2009年5月园区又被天津市发改委授予"天津创意产业园区"的称号。赵光勋本人也因成绩突出被授予"天津市十五立功先进个人"、"五一劳动奖章获得者"、"天津市劳动模范"等光荣称号。

然而,谈及这些荣誉,赵光勋表示荣誉是对过去成绩的认可,你干的越好自然荣誉就会越多,但是那些只代表你过去做得不错,接下来的事情还需要我们继续努力。从基层干部的角度来看,再多的荣誉也不及给老百姓带来实惠,真正的荣誉就是老百姓的口碑。赵光勋时常告诫村领导班子成员要遵循两条原则:一是低调,怎么低调? 用赵书记的话说,我们不是国家干部,村干部的舞台只有小小的凌庄子村。如果干部不出新招,别人就会不愿意看,再持续下去可能就会有人起哄、拆台。所以作为村干部,只要你用心去演,珍惜这个舞台,常出新招,大伙就会爱看,你也就变成明星了。二就是要高看自己,要时刻想着自己是一名共产党员,是群众利益的代言人。要注意自己的一言一行都关系到党和政府在人民群众中的地位和形象。

尽管赵光勋对园区和自己的荣誉看得很轻,然而一旦涉及群众利益,他就铁面无私,据理力争,甚至当面顶撞,不怕得罪领导。在园区建成之初,相关基础设施并不完善,园区东侧有一条通往居民区的窄土路(凌宾路延长线),年久失修,稍有降雨就泥泞不堪,村民叫苦不迭也严重影响了园区的招商工作。于是赵书记一方面带领大家临时平整路面，一方面向有关部门申请尽快道路施工，在几次与领导争得面红耳赤，不可开交后，赵光勋终于如愿以偿的得到了有关部门的批复。当村民们为享受到宽阔整洁的柏油马路而欢呼时，赵光勋在有关领导的心目中却留下了非常特别的印象。

还有土地征用后再次补偿的亿元资金、村民的社会保险等也在赵书记的争取下一一得到了落实。在他看来，为村民谋利益是基层干部不可推卸的责任和神圣使命。因为基层干部就是村民的代言人，他们不争谁还会去争呢？

尽管有时会得罪领导，受过不少委屈，但赵光勋也有他的收获：村子的发展迈上了新的台阶，村民的生活有了很大的改观。对于这些变化背后赵书记所付出的艰辛和汗水，村民们是看在眼里，记在心上的。从上任至今，赵光勋连任了3届村支书，且每次都是高票当选，这就是村民们发自内心的回报。在每年的老干部座谈会上，当老人们争相握着他的手，用最朴实的语言表达他们心中的情感时，所有的艰辛和委屈都化作了幸福的暖流。

矢志不渝　继往开来

凌奥创意产业园的三期正在建设中，由于一期、二期主要是原始的工业设计类，赵光勋表示三期将会取长补短，从设计到建设，从内部的使用功能到外部的观赏价值都要按照创意产业的要求进行设计建造。园区三期工程建设项目总建筑面积20万平方米，可用地面积为4万平方米。工程竣工后，凌奥创意产业园将成为占地300亩，总建筑面积32万平方米的天津创意产业园的“旗舰”。

对于园区未来的发展，赵光勋信心十足。尽管天津的创意产业起步比较晚，起点也不太高，但是天津创意产业的发展势头异常迅猛，国家和市里对于创意产业也给了相当大的政策优惠和资金支持，这对于凌奥来说是一个难得的发展机遇。

如何抓住机遇，求得更大发展是当前凌奥集团面临的重要课题。赵光勋表示，凌庄子能够从以前的大乱发展到今天的富裕和谐，靠的就是敢想敢拼、永不言败的精神。当初那么困难的境地我们都挺过来了，还有什么过不去的坎儿呢？

天津凌奥创意产业作为建筑规模最大的创意产业聚集地，现已有105家企业入往园区，入住企业大致可分为5大类：动漫类、设计类、高新研发类、摄影及展示类、服务类。已聚集包括天砚建筑设计咨询有限公司、天津灵感创然动画制作有限公司、天津姚千树发展有限公司、金太阳发展有限公司、天津市文化产业总公司在内的一大批国内具有较强实力的新媒体和数字娱乐产业以及知名的创意研发机构、工业设计企业、广告公司、会展企业及艺术家工作室，并与澳大利亚昆兰士科技太学以及韩国、日本、新加坡、意太利、香港等国家和地区的创意类企业签署合作意向。2009园区总产值已达到了近8亿元，居天津市创意产业园园区之首。现在园区招商对象主要以动漫、设计、科技研发类为主，力争在5年内成为国家级数字娱乐产业基地年产值突破20亿元。我们相信在赵光勋书记的带领下，在全体干部员工的努力下，凌奥创意产业园必将会迎来下一个茁壮成长的春天。

自主成功创业的榜样　赵庆文

赵庆文,大学专科毕业、经济师、共产党员、市级劳动模范。历任中国人民解放军警卫排长、指挥排长、营部书记、指导员、干事、教导员等职。转业后在冶金局干部处、宣传处、教育处、劳动人事处任职。在调入天津市劳动局工作后,先后在局办公室、局仲裁处、局市场处、局信访处任仲裁员、监查员、科长、副处长、处长等。在天津市劳动和社会保障局任处长十几年中,曾荣立天津市市级九五立功先进个人、曾荣立二等功、市级优秀党员、市级优秀党支部书记、市级劳动模范、市级、部级和国家级文明窗口负责人、中共中央办公厅国务院办公厅授予的全国示范点先进代表,被市总工会、南开区司法局、义泰律师事务所、天一律师事务所、天平律师事务所聘为资深劳动保障政策高级顾问,被天津市市场营销协会聘任为常务副秘书长和大会执行秘书长等。著有《劳动法规 劳动仲裁 知识手册》一书,深受劳动者和各企业的欢迎。现任天津市华一劳务服务有限公司和天津市华一人力资源开发中心法人、董事长兼总经理。

一、自主创业　雄心勃勃

赵庆文于2004年8月注册成立了专职的劳务派遣服务企业——天津市华一劳务服务有限公司。到目前公司一个总部四个分部,共有工作人员40人。总部设有一室五部:办公室、财务部、综合部、职业指导部、劳务派遣部、户籍管理部。企业始建时注册资金人民币10万元,现在增加到100万元,流动资金400万元。

赵庆文同志,不仅在企业发展壮大上使劲,并且注意在企业文化建设上下功夫。

他带领企业全体员工制订了企业“一二三四五”的企业文化:

“一”——一个口号:让客户合作不行,让客户满意才行。

“二”——两条原则:一是客户永远是对的,对客户永远不说不。

二是如果客户真的错了,参照第一条执行。

“三”——三个标准:三声铃响必有人接;三声之内必有应答;三声不接就是事故。

“四”——四个要求:对来访客户,道上一声问候;让上一个座位;送上一杯热水;给一个满意的答复。

“五”——五个一样:对新客户像贵宾一样对待;

对老客户像朋友一样对待;

对有困难的客户像亲人一样对待;

对客户的小事像大事一样对待;

对客户的事像自己的事一样对待。

赵庆文董事长还强调,我们是服务性质的行业,认为服务行业是道德行业,强调先学做人后学做事。在他的带领下,全公司员工,人人讲诚信,处处比品德。使公司形成了一个团结好学、勤奋奉献的团队。2008年奥运火炬天津传递工作时,赵庆文带领公司37名志愿者积极参加活动。

2008 年、2009 年公司连续被评为区街工会系统先进企业。赵庆文同志被天津市创意策划研究会命名为天创人力资源专业委员会秘书长、天津工业设计协会人力资源专业委员会秘书长。2009 年被市人事局、市总工会、国资委等六委局认定为 A 级和谐企业。为建设和谐广开、和谐南开做出突出的贡献。

二、促进就业　成绩显著

促进就业是从中央到地方各级政府都非常关心的大事,减少失业率也是社会稳定的头等大事。国际上评价一个国家的好坏也要看失业率。

而赵庆文同志领导的华一公司,不仅自己创业就业,而且为公司几十人(主要是大学生)创造了就业岗位。这几十人不仅自己就业了,而且为城镇失业人员和要求就业的大学生 23000 多人实现了就业。为进城农民工近 40000 人安排到各个企业,进入了工作岗位。同时也为企业解决了生产用工问题。被广大求职者称为“信得过的劳务公司”,被广大企业称为“企业的好帮手”。企业和求职者送来了上百面锦旗,对公司表示感谢。天津时报、今晚报、每日新报、人民日报市场报、天津电视台、天津广播电台多次予以表彰和报导。公司于 2007 年在区街领导支持下,成立了党工团三大组织。使企业组织健全,正规发展。

公司向南开区、广开街等发出承诺,对求职者“只要不挑不捡,保证 24 小时上岗”,并向社会提出“五不收费”的承诺:

1. 对零就业家庭的求职者,免费服务;
2. 对单亲家庭的求职者免费服务;
3. 对残疾但未完全丧失劳动能力的求职者免费服务;
4. 对“4050”人员免费服务;
5. 对持有劳动模范称号的下岗失业人员免费服务。

赵庆文同志有爱心并崇尚公益事业,多次组织公司员工向灾区捐赠衣物共计 300 多件。尤其是在汶川地震时,带头为灾区捐款,全公司员工捐款和特殊党费、特殊团费合计为灾区捐款 11200 元。为玉树灾区捐款 1720 元。受到了区街有关部门的好评。

华一公司在促进下岗失业人员就业,帮助大学生就业,为外来农村劳动力有序向城市转移上做了大量工作,成绩是显著的。

三、带领企业　稳步发展

赵庆文同志作为公司董事长,事事带头、亲历亲为。在用人上他既重才更重德。做到了,有德无才,培养使用;有才无德限制使用;得才兼备破格使用;无才无德坚决不用的用人原则。

在公司做到了奖勤罚懒,规章制度健全。在公司制定了“七个坚持、五个不准、八个做到”的规章制度;制订了“规范经营 文明服务”的规章制度;制订了“考勤制度”;制订了“年终集体考评制度”等。使公司改变了人治,逐步做到了讲民主,讲法治。

在公司严格按照《劳动法》、《劳动合同法》办事。带领全体员工学习科学发展观,努力开拓创新、开发开放上下功夫外,并组织全体员工学习人力资源和劳动保障的相关法律,并组织公司员工一起编写了《中华人民共和国劳动合同法知识手册》一书,印刷 6000 册,全部免费赠送给企业和劳动者,为普及劳动法律和促进劳动者以法维护自身合法权益上起到了良好的作用。

在企业进门的屏风上,对客户进行了明确的提示:

与“华一”合作要“五防”

一要防“华一”服务项目太多,让您挑花眼;

二要防“华一”服务太到位，让您企业工作人员变懒；

三要防“华一”让您企业省钱太多，企业发展太快；

四要防“华一”形象太佳，让你的员工羡慕华一再跳槽；

五要防“华一”太讲诚信，不再愿意与别人合作。

看似提示，实际上是华一公司自主创业、自信、自强、自立的坚定信念。

赵庆文同志带领华一中心（公司）八年来，从无到有，从小到大。树立了稳步发展，逐步壮大的必胜信心。他曾说，我们要打造百岁企业，万岁企业，绝不是昙花一现。要做到胜不骄败不馁，高标准做事，低调做人，要永远立于不败之地。

赵庆文同志带领公司员工，为美资企业集体落户；为国企中环半导上市公司解决困难；为港资企业解决用工难的问题；为台资企业员工进行岗前培训；为韩资企业解决员工工伤的处理，均受到企业的好评。目前公司为企业派遣近万名劳动者，全部按照劳动法规定签订了劳动合同。全部按照劳动法缴纳了社会保险，没有拖欠一个人的工资。并且对个人所得税进行了代扣代缴，有效地维护了企业和社会的和谐稳定。去年国家人力资源和社会保障办公厅朱茂民主任率队来华一视察。在听取汇报时称赞说：“华一公司工作很出色，为解决失业，就业方面成绩显著”。

八年来赵庆文同志领导全公司，为1000多名外地大学生解决了在天津落户难的问题；为下岗失业2万多人解决了就业；帮助3万多大学生实现了就业；为4万多名农民工解决工作岗位。华一公司（中心）在赵庆文同志的领导下，没贷一分钱的款，没伸手向政府要一分钱的补贴。完全靠公司全体员工的打拼。自主创业为社会作贡献。华一公司自诩：华一公司是棵草，在南开区街领导心中是个宝。华一公司在南开区、广开街等上级领导关心帮助下，正在稳步发展，迅速发展壮大。

天津文论

意库让新创意进驻老仓库

□刘　征

打造精品示范区

天津意库创意产业集聚区占地30000平米，有20世纪50—90年代不同风格建筑16幢，建筑面积25000平米，园区东临天津西站交通商贸区，具有发展创意产业浓厚的商业氛围和巨大的市场需求；西隔天津长途汽车站，与光荣道科技产业园相望，具有方便创意产业与科技产业对接的地缘优势，有着巨大的空间张力；南接城市快速路、城市轨道站、铁路枢纽区，具有极其便利的物流交通条件，有效延展了辐射能力；北靠子牙河休闲经济带，与平津战役纪念馆、复建中的水西庄历史文化名园及规划中的天津市少年宫隔河而立，蓝天碧水，绿树成荫，激发创意灵感，启迪设计思维，孕育创作交流氛围。

天津意库的前身是天津外贸地毯厂，承载者天津城市工业历史的记忆；红砖混合实木的宽大厂房给人开阔的视野和开放的感觉，完全诠释着LOFT的理想，是天津最经典LOFT园区之一。意库提出“可以居住的办公室”的工作生活主张，倡导舒适、随意、自由、阳光的创意元素生活工作理念，把LOFT的外延在人们的追求中放到最大。

天津意库创意产业集聚区由天津意库创意企业管理服务有限公司投资运营管理，该公司是由天津市红桥区科委与天津建苑房地产开发有限公司创意产业管理运营部共同组建，开天津行业先河，探索出“政府主导、企业参与、市场化运作”的机制，在“五个不变”的原则指导下，整体开发利用工业遗存，发展创意产业。

作为天津创意产业发展的重要载体之一，天津意库积极打造了“政、企、学、研、商共享共建”的设计研发基地，努力在城市空间设计产业实现突破。在天津市发改委、科委的指导下，先后投资建设“数码快印；设计数据库；三维渲染；三维展示；立体影像；实体验证”公共技术服务平台，推进了园区及驻区企业的快速发展。截止到2008年12月5日，园区内入驻的企业已达78家，城市空间设计类企业占到了94%，已创税300万元。

天津意库创意产业集聚区的快速发展，得益于市区两级政府的大力支持，天津市委书记张高丽带来中心理论学习组到意库考察指导工作。天津市委副书记、市长黄兴国莅临园区为意库揭牌剪彩。意库的发展凝聚着天津市、区领导的希望。

天津意库创意产业集聚区的快速发展，得益于行业专家的帮助。2008年4月11日，意库08创意企业高峰论坛在园内召开，上海、杭州、北京等地的专家学者齐聚意库，交流畅想。意库与北京、上海等地及台湾文建会、欧盟区的文化组织也建立长远的联系。

天津意库创意产业集聚区的快速发展,得益于一支精干、高效、专业化的运营团队。团队以"为创意企业提供最优服务"为宗旨,为入驻企业建立起"面向企业的一站式创意服务"和"面向行业的链条式设计服务"的两大服务体系,为意库园区搭建起"完善的基础服务平台";"完善的增值服务平台";"完善的国际交流平台"三大服务平台,意库的品牌价值得到迅速提升。

天津意库创意产业集聚区的快速发展,得益于天津创意人的厚爱。7 月"创意与传承"08 意库文化月活动开始,画展、演出、创意集市在意库绽放花朵。9 月天津市首届大学生创意大赛在天津意库举行。10 月天津市首届创意车展在天津意库举办,与同时召开的天津滨海车展一起点亮了天津。11 月天津第三届"原创音乐节"在天津意库火爆公演,为天津的冬季增添了火热的气氛。

天津意库创意产业集聚区为城市留住了一片记忆的绿地,为创意建筑了一篇广阔的蓝天。

天津意库创意产业带头人

在文化创意产业蓬勃发展的今天,天津意库创意产业集聚区以特有的发展方式探索和实践着文化创意产业的前进之路。在创意产业肥沃的土地上,天津意库生机勃勃,闪耀着理想和创造的光芒。意库的发展得益于天津各级政府的支持,得益于专家学者的帮助,得益于创意人的厚爱,更得益于精干、高效、专业化的运营团队。作为这支团队的带领者,天津意库企业管理服务有限公司董事长刘征对意库有着自己独特的感情。

2007 年,正值天津创意产业处于萌芽阶段,刘征却独具慧眼的发现了它的潜力和价值。在对国外创意产业园研究及对天津的文化和工业遗址的考察基础上,一个"让新创意住进老仓库"的想法在刘征的头脑里冒出火花,凭着这一理念,刘征毅然接下了天津外贸地毯厂的改造项目。规划、定案、改造、修整,仅仅 70 个昼夜,一个凝聚着典型 LOFT 风格的天津意库创意产业集聚区在原有的土地上,如凤凰涅槃,重获新生!

"为创意企业提供最优服务",这是刘征的目标,也是意库管理团队的目标。自 2007 年 9 月 28 日开园以来,一年的时间里,意库迅速建立起三大服务平台,为创意提供着"面向企业的一站式创意服务"和"面向行业的链条式设计服务"。目前意库正在投资建设以六个共性技术为核心的城市空间设计公共服务平台。首次把应用于其他产业的成熟技术引入城市设计领域,以免费、资助等方式提供驻区企业应用,激发设计创意灵感,提高企业的商场竞争力,使企业借助意库获得更好的发展。

刘征认为:作为园区的管理者要努力做好品牌建设,将意库园区打造成有个性、有影响、有特色的创意园区品牌。所以园区自成立以来,植根于创意产业特质,以"LOFT 创意文化"自由开放的个性打造意库品牌核心价值,成功举办、承办了一系列的创意文化活动来推广创意文化,推广创意品牌。这些活动不仅营造出了园区的文化氛围,更活跃了天津市的文化生活。意库品牌已形成一定的影响力和特有的吸引力,截至目前已接待各地、各行业来访 1000 余人次。其中包括欧盟中国知识产权管理委员会以及台湾文建会大陆创意产业考察团。

天津意库在发展,刘征带领的团队也在壮大,大批的精英创意人才也在不断的加入到意库中来。我们有理由相信,意库在不久的将来,会成为一颗引领天津创意产业发展的明星,在环渤海未来经济发展的舞台上大放异彩。

天 津 特 稿

创意让国防教育更普及，策划让国防教育更精彩

——天津市全民国防教育协会活动纪实

国防教育，是建设国防、巩固国防、保证国家长治久安的战略措施，是增强民族凝聚力，防备和抵抗侵略，保卫国家主权统一、领土完整和安全的重要保障。提起国防，人们往往觉得神圣而严肃，也正是其神圣，使爱国主义成为高高飘扬的旗帜。

天津市全民国防教育协会进军营慰问

天津作为首都东大门，始终把加强全民国防教育作为筑牢京津安全屏障，推进经济社会发展的重要举措。通过开展国防教育进社区、进家庭、进企业、进学校、进村镇以及新闻媒体的广泛宣传，使国防教育走近百姓、贴近百姓，在全社会不断普及发展，天津的国防教育一直走在全国前列。今年九月份将在天津市召开全国国防教育座谈会暨现场观摩会。

随着国际国内形势的发展和改革开放的逐步深入，全民国防教育的环境、对象、任务、内容和途径都发生了很大变化。如何进一步整合军队资源和力量，推动国防教育社会化，使国防教育更加贴近人民，让更多地社会力量参与，将活动开展得更富有成效，是国防教育工作面临的重要课题。

2001 年颁布实施的《中华人民共和国国防教育法》提出："普及和加强国防教育是全社会的共同责任。""国家支持、鼓励社会组织和个人开展有益于国防教育的活动。""社会团体应当根据各自活动的特点开展国防教育。"

国防教育的对象是全体公民，要贯彻"全民参与，长期坚持，讲究实效"方针，天津的国防教育有着多年的良好基础，要在巩固传统做法的同时，进一步拓展新领域，开创新途径。

全国国防教育工作"十一五"规划明确提出，要研究成立国防教育协会、国防教育基金会等组织。天津市先行一步，2009 年 3 月在全国率先成立了"天津市全民国防教育协会"。

通过协会组织，调动社会各方的积极参与，以社会资源为依托，扩大教育的辐射面与参与面。更有力推进国防教育全民化、普及化。通过协会组织，开展群众性的国防教育，积极引导社会组织、企业和个人广泛参与和支持国防教育，把政府行为与社会行为统一起来。

协会成立以来，将相关部门、企事业单位、社会团体和热心国防事业的各界人士组织起来，形成国防教育的特色团队：

专家学者团队——从驻津部队、高等院校、军队退休干部中聘请了 435 名国防教育宣讲员，组成宣讲团，深入机关、学校、社区进行国防知识宣讲、国防形势报告。近年来，协会还组织专家教授对国防教育的重大课题进行调研，形成调研报告 30 多篇，为国防教育的深入开展提供了思

维拓展和理论依据。协会理事单位在人防系统组织开展了“教会一个孩子,扩展一个家庭”国防教育普及活动。

企业家团队——东丽区成立200多名企业家组成的拥军协会,每年支持开展国防教育和部队建设的资金达200多万。全国爱国拥军模范王贵武,投资300多万建立“贵武军训基地”,还认养了“98抗洪”和“汶川地震”中的16位烈士母亲,在社会上引起强烈反响。

艺术家团队——吸纳天津市有影响的艺术家加入国防教育协会,创作并演出以国防教育为主题的优秀节目。“国防之声”、“海河情”等文艺小分队到社区、村镇、学校进行巡演。在八一建军节前夕,协会文艺界会员组织了“军歌嘹亮”经典歌曲音乐会,使观众在激情的歌声中感受教育。协会中书画家会员挥毫泼墨,并将个人作品捐献协会。

宣传媒体团队——会员单位《城市快报》开办了《国防教育专版》每周一期,日发行量26万份,在天津市民中广受欢迎,扩大了国防教育在市民中的宣传覆盖面。电视台《津门子弟兵》经过十八年努力,已成天津电视台特色栏目和国防教育的重要媒体。

红色旅游专线——充分挖掘和利用历史和现代资源,将塘沽大沽口炮台、平津战役纪念馆、周邓纪念馆、“基辅”航母军事主题公园等资源整合,开设具有鲜明国防教育特色的“红色旅游专线”,年接待参观300万人次。

兵人俱乐部——会员单位“兵人俱乐部”已组织企业员工、青年学生4200多人,其组织的真人CS野战游戏和队列战术等军事训练,通过军事模拟游戏,增进军事兴趣和国防知识。

驻津部队——积极发挥驻津部队优势,大力支持地方开展全民国防教育,为青年学生做传统报告,为企业、机关团体开展军事训练,为学生军训选派教官,提供军训场地,成为开展全民国防教育的有力保障。

点评:天津市在全国率先成立了“天津市全民国防教育协会”,探索出了全民国防教育的社会化的新路子,积累了丰富的具有创新意义的新鲜经验,成为开展全民国防教育的样板。今年,将在天津召开的全国国防教育座谈会暨现场观摩会,进一步肯定和推广天津的经验。

天津市创意策划研究会部分专家名单

姓　名	单　　位	职　务
管益忻	中国发展战略学研究会	副理事长
戴新来	天津市政府办公厅	原副主任
霍兆虎	天津市旅游局	原副局长
樊月龙	天津市创意产业协会	会　长
	天津市信息协会	会　长
李　季	清华大学中国文化创意产业研究中心	主　任
周培玉	北京四维天成商务策划咨询中心	主　任
陈　放	北京创意村营销策划有限公司	董事长
张大林	中国策划年鉴	总　编
赵有才	中国互联网新闻中心	制片人
刘世能	北京富达尔城市发展咨询有限公司	总　裁
韩　凌	天津市今晚传媒集团	副总裁
周伯云	天津兴德盛华商贸有限公司	董事长
吴子金	天津市青果园投资咨询公司	董事长
张合军	天津市创意策划研究会	副会长
罗澍伟	天津市社会科学院	研究员
彭　军	天津美院设计艺术学院	副院长
王铁路	天津市投资集团	原处长
王　琳	天津市社会科学院	研究员
康　军	原天津市图书馆	研究员
刘　征	天津意库创意企业管理服务公司	董事长
赵光勋	凌奥创意产业园	董事长
顾英馨	天津市画国人动漫产业园	总经理
曹作良	天津市理工大学	副校长
罗永泰	天津财经大学	博　导
郝麦收	天津市社会科学院	研究员
苑泽明	天津财经大学商学院	博　导
刘卫东	天津师范大学新闻传播学院	院　长
徐　虹	南开大学旅游学系	主　任
李　亚	天津南开大学经济研究所	所　长
吕玉忠	天津渤海证券股份有限公司	研究员

续表

姓　名	单　　位	职　务
冯志华	天津正信集团有限公司	副总裁
胡岩华	天津开明管理技术咨询有限公司	董事长
杜金皋	天津市立达集团有限公司	原董事长
刘金彪	北京大学政府管理交流中心	主　任
柳　悦	天津日报集团	主任记者
王梦石	范增平茶文化研究会	秘书长
常国强	国浩律师集团(天津)事务所	合伙人
宋　奇	天津市社会科学界联合会	总　编
王小欣	《创意时代》编辑部	副总编
仲成春	《天津经济》杂志社	执行总编
邵毅恒	天津精典假日国际旅游公司	董事长
汤冠军	天津华津牧工商联合公司	总经理
高　柳	天津三艾广告传媒公司	主　编
王耀珉	中国职业装协会	秘书长
赵庆文	天津天一人力资源有限公司	董事长
袁　伟	中轩(天津)企业顾问公司	总经理
王忠钦	天津市城市建筑学院	副教授
何　伟	北京网络电视房地产栏目	制片人
张　力	《天津渤海早报》	主　任
徐耀民	范蠡研究专业委员会	研究员
孙　泓	天津创意策划网	主　任
侯建军	天津浩宇广告传媒有限公司	董事长
陈淑华	人民网天津视窗	总　监
张　鹏	外国企业人才培训学校	校　长
孙伟业	天津理工大学	副教授
刘　重	天津市社会科学院	研究员
李兆祥	新华社天津记者站	记　者
孟繁生	天津新明高科技发展有限公司	董事长
王同立	天津戏剧博物馆	馆　长
常志序	天津市工商联办公室	原主任
杨寿清	天津今晚期刊总社	主　任
仲成春	《天津经济》杂志社	主　编
傅　正	天津市智圣阳光广告有限公司	总经理
李　谦	天津九界投资咨询有限公司	总经理

续表

姓　名	单　　位	职　务
董立津	梅高(中国)公司	副总裁
王学忠	天津开发区双龙建筑装饰设计工程公司	总　监
李天瑞	天津四维天成商务策划咨询公司	主　任
朱宏利	天津市佳和信投资担保有限公司	董事长
兰鸿玉	天津富康实业发展有限公司	总经理
王秀玲	中俄文化交流中心	总经理
王一夫	天津灵感创然动画制作有限公司	总经理
胡　迎	框形(国际)规划设计天津有限公司	总经理
张继强	天津东丽湖旅游开发总公司	经　理
毛福平	天津市科普作家协会	特邀秘书长
李子旭	天津意库科技发展有限公司	副总经理
田　洪	天津格莱特管理咨询有限公司	总经理
张宝玲	天津市华林集团有限公司	董事长
王春雷	天津雷克子木广告传媒公司	总　监
于　玲	天津维新网络科技有限公司	总经理
孙誉赫	天津百悦快捷酒店管理有限公司	董事长
吕豪峰	天津市恒达易都科技信息公司	总经理
张　伟	天津创意空间有限公司	董事长
张春津	《天津工人报》	主　任
高　焰	俊安新榕资产管理有限公司	经　理
李旭飞	天津市文华开发总公司	董事长
李振之	天津明迅创意设计有限公司	总经理
李新明	天津伊明葫芦烙画工作室	经　理
甘长凯	天津红珊湖广告有限公司	总经理
洪　健	天津聚德财务咨询公司	总经理
范国勤	天津市创意策划研究会	部　长
李海健	天津海健文化创意工作室	主　任
方　卫	天津广播影视职业学院	院　长
张　晴	天津南开允公科技园有限公司	董事长
武宝常	天津市国际文化交流协会	副秘书长
马全盛	天津市和平区科协	副主席
张　建	天津市政法委情报处	副处长

名　录

百家策划机构
负责人、联系方式

《中国策划家年鉴》名录

本名录收录的亦是优秀的策划人,历年来在策划上都有不凡表现。因本年鉴组委会本年度未获悉他们的策划事迹,也未在媒体获悉有关他们的资讯。所以未将他们列入排行榜。还希望这些策划人在获悉之后能够及时与本年鉴取得联系,告之2010年的策划事迹。

徐继军　中国企业经营策略大会　会务处主任　info@ zfgg. com
林培检　福建龙岩天地人集团　lpj3535@ 126. com
马　峰　河北大学　高级工程师
杜雪红　北京同乡会联谊中心
李双勇　大奇私人会所　Sy9672@ hotmail. com
潘　桃　古装苑全国特许加盟连锁机构　guzhuangyuan1@ 263. net
米青亮　尚品茗居
薛立峰　爱心企业家俱乐部　lllF@ vip. sina. com
高　晖　北京三余坊　G@ syf365. com. cn
王以娣　史家会馆　shijiahouse@ 163. com
周　鹏　中国科学发展观研究专业委员会
姜　赫　中华文明世界交流促进666会　理事长　keyman-jiang@ 126. com
丛　巍　北京技术市场协会　部长
张　蒂　北美华人友好协会　ZDagag@ 163. com
李　克　上海木邦公司
夏建国　董事经理　webmaster@ wanfutan. com
梅　雨　亚太CI研究院
申　宇　中国新闻社报刊部(产业周报)　zgxwtxs@ 126. com
京　京　《人民日报》　goldenjjx@ sina. com
姜　静　《新周刊》　jiangqjing@ meaa. com. cn
谭军波　东莞时报　tanjunbo@ gmail. com
王喜根　《江苏经济报》
温东龙　求是《小康》杂志
徐　亮　《中国金融》杂志社　ashley0726@ 126. com
胡永丽　北京电影学院
张云溪　创意村俱乐部　副总经理　hyyx@ yahoo. com. cn

李　楠　创意风暴
贺圣易　时代财智(北京)教育科技中心　tfetc@126.com
景　远　《北京教育考试报》　记者　bestoctober@yahoo.com.cn
乌日勒春香　萧宽工作室　wrl819@126.com
王晓利　红色动力
杨智华　北京经济管理研究院　yzhuayzhua@126.com
凌　平　《广告导报》　总编
张　博　中华儒商国际论坛
王国勇　王国勇房地产工作室
王立新　国家清史编纂委员会　publisheng@qinghistory.cn
贾玉珠　大连天华古籍
王雅丽　宁波九天文化策划公司　Wyl008@163.com
甘士光　重庆启翔企业管理顾问有限公司　www.cqckvz.com
易小曼　华博信息技术有限公司广州分公司　qiy888@yahoo.com.cn
陈彦彦　清华大学国家技术转移中心　chyy@ittc.com.cn
钟泽龙　湖南花研科技有限公司
胡世明　东方盛(中国)营销咨询总经理
伟培信　润扬食府
张　莹　谈香私房菜
张　莹　尚品茗居
张　雨　五洲金网
周君君　雅姿营养美容顾问
李　岩　《北京医药报》　编辑
苏国京　北京中桥聊文化交流中心　联络部部长　sugoujing@263.net
郭长斌　中国新品牌工程组委会　助理
王雨墨　北京三元东方文化传播中心　秘书长　Sciena521@gmail.com
任德箴　南京必得策划设计中心　高级策划师
李小盛　南京必得策划设计中心　高级策划师
吴言术　武汉吴言术工作室
李秋丽　秋水丽人工作室　Qslr997@126.com
温　泉　温泉工作室　摄影师　fnywq@163.com
赵　斌　南京录营广告设计工作室
韩　玲　《无锡商报》记者　Fengye12280@126.com
赵　霞　光广源顺鑫礼品商店　zhaoxia112233@sina.com
于立雪　北京铁邦国际物流有限公司　董事长助理
许　青　中国创意节组委会　副秘书长　xuqing318@163.com
黄鹏辉　中国策划研究院　项目经理　21ggg@163.com
崔建明　全国大学生就业能力认证　主任　Cjm1626@sina.com
王晓旭　北京林业大学就业服务中心　副主任　career@bjfu.edu.cn
高　专　中国农业大学　品牌顾问　Baobaomba@126.com
伍海波　中国大学缘招生培训网　主管　Hb8848@tom.com

蒋伏利　人事部人才流动中心　策划师　Ccvt0295@ sina. com
桂正平　北京师范大学　工程师
曹欣欣　河北华林集团
程德林　首都师范大学历史系　博士生
董　铭　重庆事务处　domeen516@ 163. com
何丽娜　百川布业
柯岢龙瑞　北京欧美雅洁科技有限公司　kelongrui@ sohu. com
李　烨　北京大唐万种　办公室主任　Liye2738@ yahoo. com. cn
廖春霞　同心图文工作室　经理　bjtxtw@ 126. com
刘长升　重庆事务处
戚　建　昆明办事处　spadoesp@ 126. com
邱美蓉　美港国际合作促进会(中国)
孙　伟　工商联人才交流服务中心　副主任
唐海燕　壹道　执行总监　iec-expo@ 163. com
唐日生　安徽电力　3982144@ 163. com
王安中　青岛滨海学院　大学教师
王保安　中央电视台·社都节目中心　高级编辑
王　晨　艾科数码系列打印纸北方区总代理　经理
王平久　2008 北京奥运会主题活动处
王　强　北京市天露水业　主管
王晓辉　第六届世界华商大会户外广告征集制作部
王馨翎　北京天水馨苑茶馆　wxl12@ sohu. com
吴　艳　无锡市公园景区管理中心
徐　超　无锡中心
许　梅　安徽电力
薛　东　南京中医药大学制药厂　储运部主任
俞寿成　张老师文化实业公司　编辑　scyu@ lppc. com. tw
张国福　北京惠福轩办公用品上杭　经理　Zgf79003@ sina. com
赵全新　中医道贵仁堂　总经理　quanxin@ zhongyidao. com
郑晓燕　大印象彩印坊　ecgg1210@ sina. com
朱　阔　北京培训中心
宁怀远　陕西圣态企业咨询公司　总策划　qingxincha-xiang@ tom. com. cn
文　丽　《招商中国》栏目组　总策划　baixuewenli@ 163. com
赵一冰　北京创意村营销策划有限公司业务副总经理　副总经理　20062828@ 163. com
李海凤　中国策划协会　副会长　Lhf68@ vip. sina. com
姜　赫　中国策划艺术成果博览会　总经理助理
周冬鸣　第六届世界华商大会筹备工作委员会南京办公室
蔡云峰　辽宁省锦州市人民政府驻北京联络处　招商处处长　Jinzhou416@ etang. com
陈啓华　西藏自治区人民政府驻北京办事处　副主任
张小兰　四川省人民政府驻北京办事处经济业务处　副处长
谢玉华　甘肃省人民政府驻北京办事处　副主任

杨奕勇　中国商业联合会　常务理事　y86394422@126.com
徐立民　北京外来媳妇协会　秘书长　Wlxf54@126.com
安　革　中国策划研究院苏州策划协会　szminge@163.com
林荫路　中华红旅国际投资集团　总裁　999plan@163.com
翟新祥　统一嘉园宣传企划部无锡妈祖文化理事会　副主任
杨凤妍　亚伟速录　副主任
梁忠明　广州飞天礼仪策划公司　副总经理　zhongming2168@yahoo.com.cn
邢　妍　全国青少年民族艺术展演委员会　办公室主任　Xingyan616@126.com
朱　莹　《中外名牌》　副主编　zhuying6699@163.com
马　鑫　《国际商报》　副主编　gjsbs@163.com
张　伟　《大众科技报》　副主编　zwei596@163.com
陈　琳　国富经济研究院　媒介主管　chenlin@gfortune.com
万　钧　南京大学　讲师　13305163381　cehuashi@yahoo.com.cn
张卜方　云南省培训中心　beedoing@qq.com
高　虹　无锡图书中心客户服务部经理　wxxhsdkfb@163.com
刘　丹　无锡新闻栏目策划主管　yjdbuk@126.com
丁　玲　大型电视理论片《和谐之路》制片委员会　Hexie1688@gmail.com
宋文敬　中国教育电视台/《论道》栏目组　制片人　songer@vip.sina.com
翟莎莎　无锡电视台新闻综合频道　记者　Zhaishasha0046@sina.com
何长运　《中国兴世界》书报　社长
刘　文　中国教育电视台
姜　丹　南京星驰广告有限公司　部门经理
张　凤　北京时代前线广告有限公司　助理
张　宇　天地广告公司
李新华　北京创意村营销策划有限公司　策划总监　chn_cyc@126.com
林纪文　无锡园林景区票务公司　副总经理　Llljjjww_123@163.com
朱少飞　中国广西电视台　编辑
张国银　南京中脉科技发展有限公司　营销总监　nanjingzgy@163.com
徐扬惠　无锡园林景区票务营销公司　582Y8@163.com
柳亦民　中国人民财产保险公司无锡市分公司　副总经理
龙大海　广州市番禺万垄电子设备厂　总经理　longdahai@163.com
肖先生　中山太兴家具制造有限公司　主管　1107490316@qq.com
林　耕　科学技术委员会　高级工程师　ling@cbtm.net.cn
潘幸福　北京联华大通科技发展有限公司　执行长　hzg@datongedu.com
谢国新　无锡利保科技发展有限公司　web@wxleap.com
王　龙　无锡融创地产公司　Wanglong-wx@sunac.com.cn
刘玉莲　北京蓝色假日国际旅行社　住团部经理　Andvad98@sohu.com
何小毅　越秀公园副主任　Holy_he@21cn.com
唐守营　中国农业科学院饲料研究所总经理助理　Tsy1980@126.com
方伟杰　社会科学院研究生院大学部　副校长
刘育章　香港海外学者联合会　zhongxia@126.com

赵京波　　北京化工大学　博士　zhaojb@ mail. buct. edu. cn
吴玉龙　　清华大学化工研究院工程化学研究所　工学博士　wylong@ tsinghua. edi. cn
代树刚　　北京林业大学　副研究员　daisg1950@ sina. com
王德祥　　北京林业大学生物学院　教授　dexiangw@ bjfu. edu. cn
柏　丘　　中国策划学院　秘书处秘书　hdlcis@ public3. bta. net. cn
张天浩　　清华大学基础工业训练中心　市场部主管　17720zxg@ 163. com
赵　鑫　　台湾国际文化与经贸交流促进会　执行主任　xinhonginc@ hotmail. com
李春林　　北广传媒移动电视　媒介主管
金铁祥　　《生态旅游》杂志　编辑部主任　boatwang@ 163. com
陈　芸　　《中国策划年鉴》　首席秘书
景会枝　　印贸通　编辑　jinghuizhi@ sina. com
卢红艳　　印贸通会员服务部　会务专员　luhongyan55@ 163. com
吴荫宏　　《中国策划年鉴》　采辑主任
张朝晖　　国际友好出版社　社长
董春强　　金世纪教育
吴昊泽　　益子时达教育科技公司　总经理　laiycheng@ sina. com
卢燕林　　北京市东城区教育信息中心　教研部主任　luyl@ dcjy. cn
罗朝晖　　中国社会科学院研究生院大学部北区　校长
李逢国　　北京人文大学策划系　科长　Lifeng198066@ 163. com
江　涛　　中共北京市平谷区委员会　宣传部长　me9999@ 263. net
高　敏　　谋划创作室　业务代表　Hayanwei5201314@ 163. com
汤　阳　　智联招聘销售部　客户代表　Amy. tang@ zhaopin. com. cn
田　炜　　北京昆泰大酒店　市场部经理　tetiana@ sohu. com
曹　娟　　《中国法制在线》栏目组　运营总监
邓名善　　美国可丽卡国际控股集团　klk1358@ 126. com
李　勇　　恒泰证券　自由投资人
宋静梅　　广大永明人寿保险公司　理财规划市　Jmsong666@ sina. com. cn
王国勇　　韩世集团　财务总监　Chenhy880@ sohu. com
段　丽　　北京万达理财中心　金融理财师　li. duan@ richafe. com
友　富　　春风智慧投资管理机构　执行董事　cfxl@ cfxl. com
厉业棠　　中国投资理财研究中心　副秘书长　lifeng19490716@ sina. com
李鸿林　　中国水利电力对外公司　造价工程师
邱社发　　中华人民共和国教育部　副秘书长
魏　国　　北京市人民政府对外经贸委员会　处长　weiguo@ public. gb. com. cn
严明原　　南京市经济委员会经济运行处　ngwjlsymy@ 163. com
鲍　伟　　北京华运科技发展有限公司　总裁　soubo@ vip. sina. com
李　浩　　北京市科学技术协会　主任
张晓萍　　2005 亚洲小姐竞选中国赛区制作统筹部　总监　Missasiachina05@ vip. sohu. com
何金道　　广州畅丰鞋业有限公司　总经理　gzhjch@ pub. guangzhou. gd. cn
高　军　　南京市玄武湖管理处　办公室主任
陈玟纹　　无锡奥斯卡礼仪服务公司　Xijialin888@ 163. com

郭宁宁　　中原地产　bjguonn@ centaline. com. cn
郝文彬　　中原地产　Abk-haowb@ centaline. com. cn
凯亚林　　四川华蓥建工集团有限公司云南分公司　处长　HYJG_@ yahoo. com. cn
刘晓霞　　金信成房地产经纪有限公司　置业顾问
李吉吉　　鸿烨集团　总工程师　lz_100@ 126. com
杨　飞　　深能万寿宫酒店娱乐部　经理
高艳凤　　智联招聘　自身客户代表　Tina. gao@ zhaopin. com. cn
刘凌梅　　第三届中国医师论坛组委会　招展办公室　sijielian@ 263. net
陶可胜　　泰安市中医二院　主任医师　tks200008@ 163. com
贾　楚　　无锡中心　jiachu2003@ 163. com
王　乐　　信诚人寿保险有限公司北京分公司　业务经理　Ms_wangle@ yahoo. com. cn
曹致远　　《中国文化遗产年鉴》　编辑
崔　琛　　客雨来轩俱乐部
董　春　　金世纪学校
孙春华　　财团法人化育文教基金会　董事长
田　玲　　太极计算机公司　市场专员
王保安　　中央电视台　高级编辑
王汉述　　精诚万家房产　置业顾问
王国泰　　国务院新闻办公室　局长
王馨翎　　茗仁茶艺馆
王召鹤　　12580 无锡业务服务中心　采编
王　志　　无锡兴爱民职业介绍所经理　mail@ xamjob. com. cn
卫彦君　　功德海　Jeffreywei88@ yahoo. com. cn
谢　琦　　国际品牌模特大奖赛秘书长
邢新丽　　人文奥运中国游精品线路全国
鄢　鸿　　荣昌伊尔萨洗染连锁集团　特许部经理　Lisa07@ chinawashing. com
杨　斌　　无锡中心
叶志坚　　江西人民间瓦缸煨汤馆　经理

中国（广州）策划研究院
会员名单

高级策划师

白玉山 毕研春 常晓宏 陈爱锋 陈斌 陈昌文 陈红 陈抗英 陈希 陈效中
陈战稳 陈铮 陈志亮 程军彦 崔斌 崔永纪 丁建荣 董诗嘉 段生春 段艳芳
费绍红 冯萃 冯建立 冯维国 冯新予 高冰洋 葛通 顾理 关逸波 郭立夫
郭兴鹏 何木昌 贺爱琴 胡英基 胡颖利 黄才建 黄传崎 黄滇 黄富民 黄桂谋
黄立升 黄时浩 黄体善 黄湘海 黄雪芬 黄志平 季贯中 季惠明 蒋佳争 蒋礼云
蒋亚萍 金晶 孔令泗 赖德忠 雷林 雷特 黎肇坚 李工 李和平 李红民
李明海 李鹏 李倩 李强 李荣 李少林 李世前 李小兵 李延辉 李卓雄
连国文 梁策 梁红跃 廖建民 林前程 刘斌 刘超 刘光明 刘加升 刘金柱
刘齐峰 刘强 刘涛 刘廷远 刘雅琴 刘允泉 刘真豪 刘致文 刘竹 卢思嘉
路宁 吕坦 罗宇 马亮 马文利 毛艳秋 勉有发 莫雄 逄元东 彭春怡
卿定柏 邱寒霜 邱禹霏 曲晓怡 任玉霞 任正志 尚琳萌 沈炳南 施骛 申秋伊子
石玉祥 史彦明 舒策丸 宋井堂 苏小栖 粟海波 孙守华 孙苏 孙晓琳 覃运松
覃照顶 谭恩良 谭宏德 谭建成 唐成人 唐浩 唐运吉 脱芾德 万瑞敏 汪红泉
汪中伟 王芳 王非 王洪勋 王辉 王建 王建民 王建中 王珏 王连平
王萌杰 王明荣 王仁华 王赛亮 王世春 王涛 王媞 王枵天 王有联 王育民
王昱竣 王忠庆 魏春生 魏东立 魏晋 魏清芳 文富荣 吴波滇 吴凡 吴骏
吴亚光 伍家豪 席有成 夏科斌 向志学 项纪平 邢启宁 胥强 徐超 徐军海
徐兴 许洪来 禤一明 荀阳 闫平 杨斌 杨富有 杨柳坚 杨淑杰 杨文华
杨晓军 杨延召 杨占西 姚桂宗 叶昌平 尹长海 印华光 尤振宇 于世江 喻学
袁志军 苑少禹 云南 曾荣兴 曾雪寅 翟国光 翟善明 张大秋 张家齐 张建军
张锦荣 张静 张琦 张生 张万英 张希良 张晓东 张志华 张志建 张自强
章晓东 赵峰 赵胜哲 郑绍文 郑祥灼 植玲 钟树臣 仲伟贤 周建峰 周建中
周雁 朱爱明 朱顺德 朱正兴 朱子英 祝迎

中级策划师

敖良政 白太亮 白延香 包萨仁其其格 曹军 曹树明 陈娴 陈妍 陈美玉
陈思祺 陈文娟 陈晓东 邓仕珍 丁洋 董杰 董潇晖 董正祥 杜季平 范庆
范建勇 范利君 方祺祥 房树凯 冯莉莉 甘飞 甘文聪 高洪 高阳 耿英丽
龚剑 顾琨 关雄斌 管延成 郭峰 郭怀亮 韩彪 韩硕 何磊 何彩琴

洪涛 胡亮 胡萍 胡宝玉 胡小斌 黄晨 黄乔 黄俏 黄炜 黄德发
黄巧巧 黄天宇 黄文权 黄晓峰 江飚 江强 江宛霖 姜思祺 蒋艳松 金彩霞
鞠秀芳 况月海 赖家国 蓝坚 雷明丽 雷青青 李程 李军 李丽 李琳
李娜 李宁 李琦 李倩 李野 李泊明 李成海 李德生 李洪强 李良琴
李普民 李盛龙 李西晓 李宪祥 李小龙 李亚迪 李彦杰 李依航 李奕霖 梁勇
梁凤娇 梁妮娜 梁雪玲 廖承余 林永权 林宗武 刘平 刘朝晖 刘道祥 刘峰洁
刘光明 刘吉友 刘晓琪 刘筱璐 刘洋睿 刘振斌 柳晓琳 卢富普 卢占雄 陆霖
陆莹 陆富荣 陆燕谋 吕果贤 吕精锐 吕雯雯 吕湘宁 吕歆禹 罗思 罗春渝
马高帅 马红艳 蒙初夏 孟厚平 明化程 聂植鹏 农秩葆 欧国红 潘华 潘佳佳
潘永刚 庞善友 庞宇川 齐治 秦鸿哲 曲超 曲志翔 沈家而 沈永健 施晶晶
石军 石玉华 史田龙 苏诗云 宿强 孙可 孙军伟 孙丽莎 孙利华 孙小利
孙晓萍 孙莹莹 覃钺 覃登科 谭晓丽 汤爱娇 唐斌 唐漪 陶野 滕顶师
田广来 佟新圆 王超 王菲 王剑 王江 王琦 王琪 王涛 王田
王潇 王雅 王福伟 王洪波 王金岩 王磊磊 王旻园 王文志 王兴国 韦孔菲
韦理政 韦正选 文博 吴灿 吴惠军 吴映雪 武金岭 相丽 向建 肖俊峰
谢辉 谢素洁 谢宛颖 辛艳 熊炳强 熊亮根 徐慧 徐静 徐勇 徐华顺
徐劲林 徐太礼 徐志伟 许恒 许毓诚 闫威 杨莹 杨雨 杨东兴 杨国军
杨金龙 杨劲松 杨濮瑜 杨秋花 姚春萍 姚巧仙 叶岚 叶蕾 尹绪彬 尹振石
于佳鑫 余春梅 原辉辉 袁煜姣 曾艳 曾振 曾庆超 张弛 张婧 张玄
张春华 张化强 张晋华 张玲玲 张明慧 张嵌嵌 张少华 张文波 张文平 张学义
张颖钢 赵艳 赵玉清 郑华 郑萧 周金群 周绍展 周文杰 朱汉琪

附　　录

语录、图书、报纸、期刊、文论、网站和策划家索引

一、策划语录

本次年鉴的大量策划语录融合到策划家的自传中,这里仅举例说明:

1. 对自己残酷一点,客户就会对你好一点;对自己好一点,客户就会对你残酷一点。(叶茂中)

2. 一个人不会苦死,不会累死,只会窝囊死;如果你想做好策划,日子肯定不好过,没有一个好作品是很容易就做出来的。(叶茂中)

3. 创意追寻不统一,另类,奇特。所有的创意和咨询,要求采用独特的方法,对方法本身要求要另类,保证高效的同时,不可以被复制,只有原创和独有的才能是高效的。(张良)

4. 策划对企业的推动要:落地细无声,与企业接轨严紧,密不透风。与企业实际结合的紧密,环环相扣,创意和执行双轨密切融合。(张良)

5. 策划行为要达到:意料之外,把控之中。奇特怪异的方法往往让人惊奇,出乎意料之外,让人振奋不已,但方法本身又便于把握和控制,一切在掌握之内。(张良)

6. 真正能在热潮中赚钱的企业和个人,不是等着到热潮之后才去追的企业,而是在热潮出现之前就把握了它们出现的趋势的企业和个人。(何学林)

7. 创意是创造性智慧最集中的体现和最直接的表露,是智慧产品中最有价值的部分。(何学林)

8. 反危机的策划和对成功的放大策划也是一种策划,甚至是更高明的策划。(何学林)

9. 努力不代表成功,不努力一定不会成功,努力 + 机会 = 成功。(王世铭)

10. 战略超越竞争,不争而无与之争

文化创造财富,无为而无所不为

品牌垄断价值,有所为有所不为(苏彤)

11. 战略决定生死,细节决定成败、速度决定盈利;(孙德禄)

12. 经营城市 6P5S360 度理论体系:城市形象、城市工业、城市地产、城市旅游、城市农业、城市服务形成 360 度运转;(孙德禄)

13. 兰图智业新四轮定位体系:

策划:发现无需求而创造它

营销:发现不满足而满足它

整合:发现不饱和而充实它

定位:发现不规则而修正它;(孙德禄)

14. 决定我们幸福与不幸、快乐与痛苦的,不在于我们是谁,我们在什么地方,我们有什么,我们正在做什么,而在于我们怎么想。(卡耐基)

15. 思想是自己的主宰,可把地狱变成天堂,也可把天堂变成地狱。(米尔顿)

二、策 划 图 书

1. 前期策划与设计过程项目管理/乐云主编,北京:中国建筑工业出版社,2010,建设工程项目管理前沿丛书,英国皇家特许测量师学会(RICS)指定项目管理专业系列教材

2. 广告策划/任锡源编著,北京:经济管理出版社,2010,世纪营销实战丛书

本书内容包括广告策划概说、广告调查、广告计划、广告心理、广告创意、广告文案、广告媒体、网络广告、广告预算、广告效果评估、广告策划书、广告管理等。

3. 金牌地产策划人:房地产项目全程营销策划实战148例/余源鹏主编,北京:中国经济出版社,2010,房地产实战营销丛书

本书按照全程营销策划的流程分五章编写,分别为房地产项目市场调查分析、房地产项目定位分析、房地产项目产品规划建议、房地产项目整合推广策划、房地产项目销售执行。

4. 聪明的"逃"式管理人/侯忠义、王峰编著,北京:企业管理出版社,2010

本书共分为三个部分:大师谈逃部分、正文部分和逃家的小聪明部分。大师谈逃主要摘录企业管理或著名领导人物的一句名言,属于授权管理方面的锦囊妙计,是一些经典话语,每一句话都包含着管理方面的哲理。正文部分介绍了关于授权管理的知识。"逃家的小聪明"部分,讲述的大多是著名人物在授权管理方面的成功故事。

5. 成功由我:李彦宏快乐成功之道/刘世英、彭征著,长沙:湖南人民出版社,2010,盛世英才系列

本书讲述了李彦宏众多鲜为人知的真实故事,用其成功案例告诉你,坚持自己,早做规划,你也能快乐成功。

6. 策划重庆策划四川:构筑中国经济第四增长极/刘斌夫著,北京:清华大学出版社,2010

本书以构建成渝城市群及成渝经济圈、构筑中国经济第四增长极、推进大四川区域经济社会发展、扩大西部对外开放为实例,对重庆、四川及成都的资源条件、区位优势、生态环境、经济基础、人文积淀、地缘经济与地缘人文地位等诸多发展要素予以深度解析,对重庆、成都两大中心城市空间布局、功能分区、规模扩张、品牌铸造、文化建树、经济崛起、管理营运和破解城乡二元结构进行独特构思,对重庆市、新四川及大成都优化经济结构、转变增长方式和集聚西部特色产业集群提出独到见解。

7. 营销策划技能实训/叶峥主编,北京:中国人民大学出版社,2010,21世纪高职高专规划教材·市场营销系列

本书内容分为上、下两篇,上篇针对营销策划过程进行训练,具体包括确立策划目标、制订策划计划、策划方法选择和营销策划报告的撰写;下篇针对营销策划内容进行训练,具体包括市场定位策划、产品策划、价格策划、渠道策划和促销策划。

8. 重整河山:王志纲工作室战略策划实录/王志纲工作室著;吴鹏执笔,北京:北京大学出版社,2010,战略思想库丛书

本书汇集了两年来王志纲工作室战略策划的案例精华,收录王志纲工作室对西双版纳、图们江、北部湾、黄山、丽江等地区的策划案例,对策划思路从孕育到成熟,直至付诸实践,产生效果的过程,都作了详细的解说。

9. 企业形象策划实务/周朝霞主编,北京:机械工业出版社,2010,2版,普通高等教育"十一五"国家级规划教材高职高专市场营销专业规划教材

本书内容包括:企业形象的调研;企业形象的定位与设计;企业形象策划的工作程序;企业形象的传播、巩固;企业 CI 导入效果的评估等。

10. 策划贵州:地方美学经营及其西部样本/喻帆著,贵阳:贵州人民出版社,2010

本书汇集了为贵州省策划的城市形象案例,包括:贵中之贵大观大美、黔灵毓秀贵中云岩、黔中密境自然乌当等。

11. 大学生创意创业/刘之汉,北京:知识产权出版社,2010

本书提出了"'创意创业"的新概念,为全国大学生、研究生创业、就业指出路径。并借鉴美国十余所大学的创业与风险投资和我国众多高校从实践中摸索出来的方法,启发大学生创业。

12. 营销策划:理论与技艺/张卫东编,2 版,北京:电子工业出版社,2010,零距离上岗高职高专 市场营销专业系列规划教材

本书以营销策划的理论与技艺为主线,介绍了创意、创造性思维、营销战略规划、企业形象策划、产品策划、价格策划等内容,基本涵盖了营销策划实践中的所有领域。

13. 营销策划/张昊民编著,2 版,北京:电子工业出版社,2010,21 世纪高校应用型经管规划教材本书对当今营销策划理论体系进行了全方位的思考和创新,针对营销策划的过程,提出了营销策划的理论体系新架构,从而使学生能比较系统和准确地把握营销策划的全过程,掌握实战技巧和方法。

14. 智慧创业:中国十大策划专家王蓝平创业故事/张莹著,银川:宁夏人民出版社,2010 本书介绍了王蓝平创业中的故事——精心采撷、连缀,呈现在读者面前,包括艰难起步、无中生有、智慧之光、啊! 大银川、别样风景五章。

15. 策划理论与实践/朱华锋编著,2 版,合肥:中国科学技术大学出版社,2010,普通高等学校省级特色专业教材普通高等学校省级精品课程教材

本书内容包括:营销策划导论、市场调研策划、市场定位策划、品牌策划、产品策划、价格策划、分销渠道策划等。

16. 市场调查实务/李文柱主编,北京:机械工业出版社,2010,中等职业教育课程改革规划新教材(市场营销与策划专业适用)

本书以企业市场调查工作的流程为主线,内容包括制定市场调查计划、选择市场调查方法、设计市场调查问卷、整理调查资料等 5 个教学单元、14 个教学任务。

17. 物流策划/李芏巍编著,北京:中国物资出版社,2010

本书内容包括:物流策划导论、物流策划方法论、物流园区策划、物流品牌策划、物流招商与招标策划、物流活动与会展策划等。

18. 学做事/杨宏建著,北京:中国经济出版社,2010

本书分为十八章,内容包括:给事情下一个定义、先学看事情、后学做事人、做事的基本功、做事情的原则与原理、事情的原动力、事情都有两条线、说话与听力、人心与人脑、真正的做事人、策划思维模式等。

19. 商业地产生死策划/段宏斌编著,哈尔滨:黑龙江美术出版社,2010

本书主要介绍房地产规划策略,内容包括:商业项目产品策略、商业地产发与国家机遇和商铺销售策略等。

20. 活动策划与管理/牟红,杨梅主编,北京:中国物资出版社,2010,全国高等院校旅游管理专业精品教程

本书分为策划篇和管理篇,共九章,内容包括:休闲活动概论、休闲活动原理、休闲活动项目、休闲活动组织、休闲活动计划、休闲活动现场管理等。

21. 营销策划:方法与实务/王学东主编,北京:清华大学出版社:北京交通大学出版社,2010,普通高等教育经济与管理类规划教材

本书分为方法篇、实务篇两部分,内容包括:营销策划概述、营销策划的原理与方法、营销策划的程序与效果预测、营销策划的组织管理等。

22. 商业策划美工师手绘POP案例教程/王少华编著,北京:北京大学出版社,2010,艺术设计专业手绘POP系列丛书,国家商业美工师资格考试商业类命题教材 加州美国大学·硕士课程对接专业教材

本书系统介绍了商业策划美工师的创意基本理论、各种手绘POP字体保险技法特点和商业促销类定位。

23. 市场营销与策划/肖小兮,朱权,戴春平主编,广州:华南理工大学出版社,2010,21世纪高职高专经管类系列规划教材

本书分八个学习情景:企业CIS策划、市场营销机会分析、市场定位策划、产品策划、价格策划、促销策划等。

24. 院校主题班会策划与实施/胡永康主编,北京:中国劳动社会保障出版社,2010,广州市职业技能教学研究会组织编写

本书围绕理想信念、爱国主义、集体主义、文明道德、法制和纪律、职业指导、心理健康、专业教育、核心能力、生命教育、安全教育、生产劳动和职业道德等12个教育专题编写,系统地介绍了各主题班会策划与实施的目标和要点。

25. 市场营销与策划/范明明主编,2版,北京:化学工业出版社,2010,教育部高职高专规划教材

本书内容包括:市场营销观念、市场分析、市场营销战略与策略、市场营销新方式和营销策划。

26. 会展策划/许传宏主编,2版,上海:复旦大学出版社,2010,普通高等教育"十一五"国家级规划教材上海普通高校优秀教材首届中国会展经济研究优秀成果奖复旦卓越·21世纪会展系列教材

本书包括会展策划概述、会展的调查与分析、会展目标与选题立项策划、会议活动策划、会展设计与品牌策划、会展宣传与广告策划、会展项目管理策略、会展相关活动策划等。

27. 中国创意学/陈放著,北京:中国经济出版社,2010,中国创意人才培训指定教程

本书内容包括:创意的起源、什么是创意、创意的方法、创意密码图、复合创意路线图、特种创意之门、创意的障碍、广告创意、服装创意等。

28. 营销策划/(英)马尔科姆·麦克唐纳(Malcolm McDonald)著;张雪译,北京:中国铁道出版社,2010,

本书内容包括营销审计和强弱危机综合分析、限定市场和区域、理解产品和服务、设定营销目标和营销战略、广告战略和销售推广战略、价格战略和销售战略、分销战略和客户服务战略等。

29. 以启蒙的名义[中德文对照]/黄燎宇,(德)奥特弗里德·赫费编,北京:北京大学出版社,2010,北京大学德国研究中心专题论丛,北京大学德国研究中心所策划和组织的学术活动的成果受到北京大学德国研究中心(ZDS)出版基金和德国学术交流中心(DAAD)的资助

本书集合了中德专家学者对启蒙思想的内涵、启蒙与宗教的关系、中国传统与启蒙精神、中国当代思想与启蒙运动等问题研究的文章,包括开幕致辞和开幕报告,共计十六篇。

30. 商业智慧. 2010年第2期(总145期)[电子资源. CD],杭州:浙江文艺音像出版社,2010,2光盘,音频数据,

①互联星空:有趣的折扣信息网站 DiscountShuffle. com ②互联星空:Alice. com:日用品网购管家 ③单仁论道:《2010 年网络营销的趋势和企业八大战略思考》(上) ④盈利模式:熊猫慢递:慢出商机 ⑤盈利模式:有模有样:纪念品点“泥”成金 ⑥网络营销:燃动香水:出其不意的策划 ⑦网络营销:差评也能带来好销量 ⑧网络营销:Roy(乐伊)卫浴的悬念广告 ⑨网络营销:小熊车饰为福特带来好口碑 ⑩实战访谈:从五谷道场的兴衰解读品牌(上) ⑪知识小问答:Alexa. com 的排名原理 ⑫借力营销:今米房:1 万份米饭开启市场 ⑬品牌故事:侯孝海与金星啤酒的“露水姻缘” ⑭管理书吧:《网商赢天下》最佳实践版

31. 品国学话谋略/吴如松编著,北京:中国长安出版社,2010

国学中的经典谋略思想可以说是浩如烟海,本书选取了一些权威的、典型的、实用的谋略,配以相应的事例进行解读。

32. 大秦帝国开国谋略新解/常峰瑞著,北京:中央编译出版社,2010

本书既是一部秦帝国开国谋略史,也是一部秦人、秦族、秦国、秦帝国的发展史。全书分为秦国起源及建国谋略、春秋时期、战国时期、秦始皇创建大秦帝国、大秦帝国的灭亡共五章。

33. 红海谋略·绿海策略·蓝海战略:商业银行经营管理“三略”论/董玉华著,北京:经济科学出版社,2010

本书汇集了作者近几年来对“三农”金融进行研究撰写的一些有价值的论文,把这些文章进行分类,将“三农”方面的文章称为“蓝海”战略,对“传统银行业”的对策研究称为“红海”谋略,分别进行归类、整理,此外,还研究探索了各商业银行提出的“绿色信贷”理念。

34. 学校没教过的兵法谋略:三十六计/陈云非著,南京:江苏文艺出版社,2010,国学智慧系列丛书

本书从政治、商业、人生等三个方面切入,讲述了每计在什么情况下运用及运用的要点,对每个要点都以有代表性的事例进行了演示说明。

35. 创意成就创业梦想/(美)唐尼·多伊奇(Donny Deutsch),(美)凯瑟琳·惠特尼(Catherine Whitney)著;钱峰译,北京:电子工业出版社,2010

本书由多个真实的成功案例组成,呈现了好创意如何产生,如何抓住好创意,如何让好创意成就创业梦想。本书重点强调有了好创意就要抓住,并有勇气去实施。书中还穿插作者和其他商界知名人士的成功秘诀。

36. 创意的视觉表现/孙涛著,北京:清华大学出版社,2010

本书以同一主题下的案例组合,介绍了怎样才能用效果最佳的视觉形式来表现广告创意,并在案例解读的基础上,插入最新概念,同时注重提升、总结和联想。

37. 创意大开窍/左学荣著,武汉:武汉大学出版社,2010

本书剖析了职场各类创意人员的思维方式,将创意开发精炼成“创意八字心法”,并由此延伸出了 18 种企业创意思考技巧,20 种广告创意法,8 大颠覆市场的商业创意思考方法,大脑开窍保健操等。

38. 知识不是力量:培养思考力/庄淇铭著

知识×思考力=创意力

39. 2009 中国雇主品牌年度报告/朱勇国,丁雪峰著,北京:中国经济出版社,2010,中国雇主品牌蓝皮书Ⅲ

本书通过对全国 200 多家知名企业的雇主品牌管理调研和 3529 份企业雇主品牌调查问卷的分析,总结 2009 年度中国优秀企业的年度雇主品牌建设经验和成果,发布了 2009 中国企业雇主品牌建设情况的总体调查报告,介绍了博西家电、飞亚达集团两家品牌雇主企业的管理案例和

管理方法,并对33家中国优秀雇主企业的人力资源管理方法和雇主品牌管理方法进行了专门介绍。

40. 创意方法与技巧/张浩,张志宇著,北京:中国经济出版社,2010,21世纪文化创意产业系列教程

本书不是文化创意的宏观的科学理论,而是微观的、实用的方法与技巧著作,内容包括文化创意方法概论、文化创意的思维方法、发现创意论等。

41. 创意与资政/程云瑞著,北京:新华出版社,2010

本书共分九章,内容包括文化脉动、经济探微、交融视野、创意陶瓷、精华阐释、聚焦国是、未来趋势、创意案例、书画评介,涉及文化、经济、文化和经济、宏观背景、案例创意等。

42. 创意灵感的咖啡因:250个唤醒创意灵感的练习/(美)斯蒂凡·穆默(Stefan Mumaw),(美)温迪·利·奥尔德菲尔德(Wendy Lee Oldfield)著;文学武,黄文丽译,上海:上海人民美术出版社,2010

本书是一本短小精干、目标明确的创意练习集,它可以激发你的创意,帮助你随时寻找所需要的灵感。

43. 创意力量/莫君伟编著,北京:社会科学文献出版社,2010

本书主要内容有:创意产业的由来与内涵、国外创意产业的发展与启示、创意的内涵、创意思维的意义、创意能力的培养等。

44. 中国元素与广告创意/ 郭有献,郝东恒著,北京:北京大学出版社,2010,河北省社会科学基金项目

本书从物质文化和精神文化两个层面对中国元素与广告创意的关系进行讨论,在对大量优秀广告作品的分析、解构、赏评中,使广告从业者和在校大学生能够理解中国元素对广告创意的灵感启迪和思路开发,引导其创作出富有中国文化品位和深刻内涵的广告作品。

45. 中国创意界:2009年鉴/李培升主编;中国文化信息协会编,北京:中国建材工业出版社,2010

46. 神思陌路:叶锦添的创意美学/叶锦添著,北京:中国旅游出版社,2010

本书作者以一种自传性的方式,历数了他创业以来所做的各种工作,以及他的心路历程,一直到《赤壁》的设计。

47. 现代学校发展创意设计方案与评论/尹后庆,张民生,傅禄建主编,上海:同济大学出版社,2010 本书收集了第二届现代学校发展创意设计的优秀方案,内容包括:"走近赛车场"、"学校阅读活动特色创意设计的探索与实践"、"保育员规范操作快餐式自培体系建设"等。

48. 1978—2009中国文化地图/崔向红主编,广州:花城出版社,2010

本书是对改革开放至今中国文化成就及文化潮流的总结,分人物、论争、书籍、潮流四个版块。

49. 回顾2009:中国与世界经济热点问题/朱光耀主编,北京:经济科学出版社,2010

本书收集亚太财经与发展中心最新研究文章87篇,从世界经济与国际货币体系、宏观经济、能源环境与气候变化、国际关系诸领域入手,深入探讨了上述问题,或鸿篇,或短论,都会对研究人员及决策者以启发。

50. 回眸中国2009,应对金融危机/涂义飞编著,北京:五洲传播出版社,2010

本书内容包括:"十大措施"促增长;扩大内需,"保增长"的战略转型;扩大投资,信心制胜;结构调整,扩大内需的持续动力;惠及民生,以消费促增长;产业振兴,企业创新转型;世界的焦点:中国模式等。

51. 回眸中国 2009,合作共赢/辛舟编著,北京:五洲传播出版社,2010

本书内容包括:国际场合的中国声音、与欧美合作维持贸易稳定、推进与周边国家和地区的合作、与多国签署双边货币互换协议、加大对其他发展中国家的援助力度、世界眼中的中国经济等。

52. 回眸中国 2009,民生之路/辛舟编著,北京:五洲传播出版社,2010

本书内容包括:城乡居民收入:危机中平稳增长,就业:巩固民生之本,社会保障:解百姓后顾之忧,保障性住房:给困难群众一个温暖的家,医疗:改革"破冰"前行,教育:增长投入,提升质量等。

53. 关于 2009:那些人那些事/鹅毛笔尖著,北京:中国时代经济出版社,2010

本书记述了 2009 年发生的事情,包括不折腾、紧运行、软实力、零排放、铁公基、不快乐、新地王、被时代、硬功夫、退烧药、红与黑、习相近几个部分。

54. 搜索 2009 集结版/中华人民共和国年鉴社编,北京:新华出版社,2010

本书是《搜索 2009》系列图书之集结版,精选百度网搜索引擎每日、每月的热门关键词,记载了中国网民眼中的世间万象,反映了网民网意通俗时政热点,描述了中国社会、经济、文化、生活等各个领域的风貌。

55. 影响美国经济政策的思考/(美)马克·赞迪(Mark Zandi)著;欧阳明亮译,北京:中国人民大学出版社,2010,湛庐文化财富汇 38 后危机时代经济新思维 3

本书分为四部分共 13 章,内容包括全球经济的拐点、风暴冲击波、史上最低的利率、汹涌而来的全球资本、房地产市场的理性繁荣、风险重估后的信贷紧缩等。

56. 法制节目的语言传播策略/丁龙江著,北京:中国电影出版社,2010

57. 学生生涯辅导与创业启蒙/袁理锋,庄肖冬,徐青主编,上海:立信会计出版社,2010 本书分为"生涯辅导篇"、"就业指导篇"、"创业启蒙篇"三部分,内容包括:职业认知与分析、职业选择与决策、打造个性化简历、面试准备、成功实习、创业成就精彩人生等。

58. 现代制造业及信息集成技术的构想与创新/许宝杰,张奇志,王国权主编,北京:中国铁道出版社,2010

该书以论文集的形式收集优秀论文 45 篇,充分展现了当代大学生的创新能力和动手能力。

59. 大学生就业与创业指导/谢永川,袁国主编,北京:北京理工大学出版社,2010

本书主要介绍了与大学生相关的就业政策与就业法规、就业程序与形式、就业观念与就业心理、求职技巧、就业签约、创业指导、职业竞争力以及完成角色转换适应职场社会等内容。

60. 大学生自主创新理论与方法/郑永廷,高国希等著,北京:人民出版社,2010,"高校辅导员专业化"丛书

本书论述了当代大学生面临的自主创新形势与大学生应当承担的自主创新历史使命;阐述了现代学习、研究以及人的现代化理论与方法;介绍了发达国家大学生学习、实践、研究方面创新的一些经验;研究了大学生自主创新的要素与结构、大学生自主创新精神的培养、大学生自主创新能力的训练等。

61. 大学生自主创业指南/阎德才,崔万立编著,郑州:大象出版社,2010,大学生指南系列读本

本书分为六章,内容包括:光有一腔热血是不够的;需要一个完备的创业计划;抱拳打天下,创建自己的公司;可行性方案,看看前辈怎么走等。

62. 就业与创业指导训练/阮浩,苏成勇主编,北京:化学工业出版社,2010

本书通过"项目训练—活动开展"的训练模式锻炼学生的就业与创业能力。由获得就业形

势与信息训练、搜集和管理职业信息训练、自我认识与评价训练等七个训练模块组成。

63. 创业那些事儿:创业名人清华演讲实录/金晓光编,北京:清华大学出版社,2010

本书收集了六位当代著名的创业家在清华大学的精彩演讲,讲述他们创业时的那些事,每篇演讲稿前加入背景链接,介绍演讲者所处行业、简单创业历程、公司的概况以及行业背景等。

64. 高新技术产业创新与发展战略研究/贾丽娟著,北京:中国经济出版社,2010

本书收集了我国高新技术产业近20年的发展数据资料,分析了我国高新技术产业的发展现状;针对我国高新技术产业发展存在的问题与制约因素,分别从高新技术产业发展的重点领域、自主创新、高新技术产业集群的培育与发展几个层面,研究了未来一段时期我国高新技术产业发展的战略与对策。

65. 基于公共治理的科技创新管理研究/陆铭,任声策著,北京:化学工业出版社,2010

本书从公共治理视角,研究我国的科技创新管理。通过总结公共治理和科技创新管理的主要思想构建了一个基于二维框架的整合模型,为科技创新管理的公共治理研究和实践提供系统的框架。

66. 创业力道/陈凯,王昊青主编,上海:上海科学技术文献出版社,2010

本书真实记录了成功创立自己事业的人们,他们的创业故事、创业经验和创业精神,为广大青年创业树立了学习的榜样。

67. 创业实务教程/陈文彬,吴恒春主编,广州:暨南大学出版社,2010

本书由"创业基础篇"、"创业过程篇"、"创业管理篇"组成,以创业故事入手,引入思考与讨论,探讨创业过程中应注意的事项,以及容易出现的问题。

68. 创业学/陈炜煜著,北京:中国物资出版社,2010

本书分为创业技术、创业的管理、成长与发展等篇,主要包括:创业计划总纲、市场营销计划、财务成本计划、人事组织计划、内部管理制度的建立、内部信息系统的建设等内容。

69. 可持续创新指标体系/(德)Jens Horbach 编;孙磊,宋凌艳,马民涛译,北京:机械工业出版社,2010,国际机械工程先进技术译丛

本书内容包括:可持续创新指标体系综述、环境政策对创新的影响、可持续技术发展指标动态观点、环境创新的领先市场等共9章。

70. 优质生活的创想家:华侨城发展轨迹的观察/魏小安等编著,北京:中信出版社,2010

本书收录内容包括:始于改革开放、华侨城不是一天建成的、创想家的完美城邦、城邦连锁与社会化经营、可持续性模式的研究、国际化的轨迹、华侨城为什么成功、华侨城未来之路。

71. 零成本创业/黄永宏著,北京:北京航空航天大学出版社,2010

本书从创业的基础讲起,颠覆传统想法,提倡"零成本创业",内容包括:你是否是当老板的料、你为什么要当老板、你靠什么当老板、合伙可不可行等。

72. 哈佛教育创新故事/严敬群主编,北京:金盾出版社,2010

本书精选了蕴涵哈佛教育创新理念的若干故事,共分六章,内容包括:好奇心推动创造力、创新带来财富、敢于异想天开、乘着创新思维的翅膀远行、把握生活中的灵光一闪、让前人的梦想成真。

73. 农民创业指导/严瑞祥,王建平主编,北京:中国农业出版社,2010,新型农业职业培训系列丛书

本书分为四部分,第一部分为知识篇,主要介绍创业者必须了解的创业基本知识;第二部分为案例篇,集中了一部分创业先行者的成功实践;第三部分为训练篇,针对创业者必须具有的能力与素质,设计了一系列简单明了的训练项目;第四部分为资源篇。

74. 创新的神话/ Scott Berkun 著;马松译,南京:凤凰出版社,2010

本书使用了历史上几十个科技、商业和艺术的案例,你将学到如何把你拥有的知识转变为能够改变世界的构想。

75. 高层次人才创新能力培养的构想与创新/侯军岐[等]主编,北京:中国铁道出版社,2010

本书分为研究报告篇、调研报告篇、专题研究篇三篇,收录有《高层次应用型人才创新能力培养模式研究》、《研究生创新教育探讨与实践调研之行》、《二级学院教学管理时效性探讨》等文章。

76. 创造性会计手法的识别与监管研究/侯翠平著,北京:兵器工业出版社,2010

本书结合新企业会计准则和新审计准则,详述了基于盈余管理、虚假陈述、财务造假、会计欺诈等创造性会计手法产生的动因及各种可能歪曲企业财务状况的手段。

77. 开店创业:这样开一家赚钱的个性店/凌泽贤编,呼和浩特:内蒙古人民出版社,2010,旺业人生必备文辑

本书内容包括:个性店前景分析、饮食类店铺经营实战指导、小投资时尚店铺经营实战指导、行业类店铺经营实战指导。

78. 创新的发生:网络关系特征及其影响/刘兰剑著,北京:科学出版社,2010

本书的研究结论从微观层面来看,有助于企业安排自己的网络嵌入方式,调整网络关系结构,以更有利于创新目标的方式在创新网络中活动;从宏观层面来看,在国家和地区在产业布局、新技术发展战略的制定等方面具有一定的启示作用。

79. 全球化·金融创新·风险管理丛书/刘明康,吴敬琏主编,上海:上海远东出版社,2010

80. 沟通氛围对知识共享与技术创新的作用机制研究/史江涛著,北京:经济科学出版社,2010,中青年经济学家文库

本书分析了企业沟通氛围对知识共享、技术创新的影响过程机理,构建了组织内知识共享、技术创新模型,利用 SPSS 和 AMOS 统计软件分析企业内部员工知识共享及技术创新的实际状况,并检验实证资料对研究假设的支持程度。

81. 创造非比寻常的每一天/吴文智主编,北京:海豚出版社,2010,

本书为英汉对照读物,分为"做自己想做的人"、"你也可以不平凡"、"喜欢镜子里的自己"三部分。共收录"生命不需退缩"、"成功是一种选择"、"千金难求一课"等散文 50 余篇。

82. 创业实战指南:初创中小企业的成功之道/孙浩著,北京:经济管理出版社,2010

本书分四篇,内容包括:创业前的准备工作、如何确立主营业务、如何克服企业发展中的障碍、企业存活的组织保证。

83. 创业前的 8 堂必修课/宇琦,杨小清编著,北京:朝华出版社,2010

本书全面解析了创业过程中各个阶段应该注意的问题,详细介绍了企业管理的方方面面,既有理论深度的指导,也有通俗的案例呈现。

84. 什么阻碍了你创业/(美)布鲁斯·R. 巴林杰(Bruce R. Barringer),(美)R. 杜安·爱尔兰(R. Duanc Ireland)著;高晓燕,于游,秦燕译,北京:电子工业出版社,2010

本书列举出 9 种阻碍人们创业的谬论,分别从能力、风险、资金、经验、创意、竞争手法、营销、经营方式和企业拓展 9 个角度对创业进行深入剖析和论证。

85. 成功创业指南/常桦编著,北京:中国物资出版社,2010

本书主要根据人们的创业经验和心得体会,有针对性地提出科学、合理的创业思维、方法、技术以及信心等方面的问题,从而更好地找到那些造成创业失误的根源,提供宝贵的经验,让创业

者顺利走出困境。

86. 创新、模仿、知识产权和全球经济增长/庄子银著,武汉:武汉大学出版社,2010,武汉大学学术丛书

本书共十二章,内容包括:边干边学、知识外溢和长期增长,内生技术创新、R&D 和长期增长,创新、贸易与长期增长,创新、模仿、企业家精神和长期增长等。

87. 创新与强国之路/张先恩主编,北京:化学工业出版社,2010

本书试图通过分析若干代表性强国崛起过程中的科学技术活动,从学术角度系统地探讨科学技术对强国的作用,选择英国、德国、美国和日本等国为典型进行剖析,并给出启示或经验。

88. 人民币产品创新/张光平著,北京:中国金融出版社,2010

本书对境内外有关人民币的衍生产品进行了总结,深入分析了境内和境外人民币衍生产品的互动关系。内容包括:金融危机和金融创新、境内人民币产品、境外人民币产品、国际化趋势下的人民币产品创新。

89. 中国银行业存款产品设计创新研究/张桥云等著,北京:中国金融出版社,2010,国家社会科学/自然科学基金项目丛书

本书以中国银行业开放与竞争为背景,以存款产品设计为研究对象,以国内外知名银行存款产品为案例,以微观经济学、契约经济学、金融学、市场营销学、计量经济学、统计学等为理论基础,运用理论与实践、规范与实证等研究方法,总结、提炼存款产品的微观结构,分析存款契约的特殊属性,研究存款产品的设计机制。

90. 自主创新:中国经济发展方式的转变/徐明华主编,杭州:浙江人民出版社,2010,发展新理念丛书

本书对我国自主创新战略的发展历程以及自主创新的相关理论进行比较系统的梳理,从多个层面对自主创新战略的内涵进行理论分析,同时也对政府的具体创新政策工具进行探讨。

91. 就业与创业指导/徐智,郑云宏主编,北京:北京交通大学出版社,2010

本书从大学生就业、创业现状和特点出发,针对大学生群体特点进行了具体的就业指导和创业教育,全面阐述了职业与职业道德、就业政策与法律法规、创业素质与能力、创业准备与实践等主要内容。

92. 个人创业操作全书/文新编著,北京:中国纺织出版社,2010

本书讲解了创业过程中应该注意的一系列问题,内容包括:创业必备的心理素质、如何发现创业的机会、创业必须做哪些准备、选择创业的途径和方式、创业团队的建立及管理、合理地建立公司组织结构、公司选址和登记注册等。

93. 草根创业/曹垣亮编著,北京:中国人民大学出版社,2010

本书以作者三次创业实践经历为基础,展示了创业起步和运营全过程,最大限度地重现创业过程中的关键片断。主要介绍了创业项目分析、创业融资、商业模式、创业运营、创业合作协议、弱势营销、销售突破及创业实践体会。

94. 创新之道:中外企业创新经典案例教程/曾叔云著,北京:企业管理出版社,2010,管理文库

本书选取了国内外最有影响的企业创新案例,从不同角度论述了中外企业创新的经验,对不同创新案例进行了详尽的分类分析梳理,并从中进行了深入的理论探求。

95. 智力开发与创新/曾源编著,桂林:漓江出版社,2010

本书分为八章,讲述了智力速算的基本常识、智力速算的基本方法、智力速算的补数法、数字类创新思维的训练、创新学与创新教育、思维与创新、右脑是创新思维的发源地、中小学是开发创

新思维的黄金时代。

96. 探索性创新、开发性创新与企业绩效关系研究/李剑力著,北京:经济管理出版社,2010,经济管理学术文库

本书基于组织行为适应的探索与开发理论,立足企业层面,选取探索性和开发性创新与企业绩效关系为研究对象,剖析了探索性和开发性创新两种方式如何影响企业绩效的作用机制。

97. 创业理论与实践/李志刚主编,北京:机械工业出版社,2010,

本书阐述了网上创业的基本知识、理论、方法和实践技能。内容包括:创业者素质与创业团队组建、创业机会的识别与评估、网上创业的环境分析、网上创业项目选择与评价等。

98. 名校校本研究创新力/李春华主编,重庆:西南师范大学出版社,2010,名师工程教育管理力系列

本书内容包括:课堂教学校本研究创新力、教师发展校本研究创新力、学生发展校本研究创新力。

99. 中国互联网协会全国大学生网络商务创新应用大赛优秀案例选辑. 2/李江予编,北京:机械工业出版社,2010

本书分两部分。第一部分介绍整个大赛的理念、策略设计、组织方式;第二部分收集了19个有代表性的优秀案例,每个案例包括了参赛团队的背景及其团队成员的构成、参赛与选题的过程、参赛方案简介和详细的方案设计(包括深度的分析)、参赛方案的实施活动、竞赛结果、方案点评等内容。

100. 电子银行与金融渠道创新/李英俊主编,沈阳:辽宁科学技术出版社,2010

本文集收录65篇。分别就两个渠道办银行、电子银行渠道迁移策略、产品发展与营销策略、电子银行与县域经济、客户体验等内容提出了前瞻性的思考和论述。

101. 5万元创业实战手册/桑郁著,北京:新华出版社,2010

本书共分六章,内容包括:你是否具备了创业的资本和素质、初创业要遵循的三个基本原则、成功创业的四种模式、创业选择的四种方法等。

102. 全球化、集群转型与创新型企业:以自行车产业为例/梅丽霞著,北京:科学出版社,2010

本书以我国自行车产业为例,探讨在全球化发生波动的动态条件下,我国劳动密集型的传统产业集群实现战略转型的必要性和可行性,主张积极培育全球领先的本土创新型企业,才是传统产业集群打破全球价值链的结构性约束,实现我国工业经济创新与升级的根本道路。

103. 基于自主创新的区域创新体系建设研究/江蕾著,北京:科学出版社,2010

本书重点对区域创新体系建设的总体设计、创新服务体系建设、创新人才资源开发体系建设、创业投资体系建没和创新法规政策体系建设这五个核心问题进行了深入的理论分析与实证研究,并提出了一系列推进基于我国区域创新体系建设的具体对策与政策建议。

104. 经济危机下的创富计划/游程编,北京:新世界出版社,2010

本书内容包括经济危机来袭之后、经济危机导致"社会危机四伏"、经济危机刷新消费投资计划、人生规划方向的转变机遇、新型生活方式的创富机遇等十章。

105. 电视节目创新与收视:CSM收视研究文集. 第1辑/王兰柱主编,北京:中国传媒大学出版社,2010,媒介市场调查与研究丛书

本书包括34篇文章,分为6个板块,包括:新形势与节目创新价值周期、观众收视行为变迁、编播策略创新、节目创新与收视、电视广告收视、电视媒体价值。

106. 成功者的40条经验/王波编著,北京:电子工业出版社,2010,弗诺创业经典系列

本书汇集了包括马云、俞敏洪、史玉柱、坎普拉德、王文京、王永庆、李宁、桑德斯、胡润、夏乾良等十位创业成功者历年积累的40条经验,涉及到了战略管理、团队管理、营销、定位、企业文化等方面,而且还包括创业者自身素质的修炼。

107. 创业摇篮/王湘云,李平著,北京:清华大学出版社,2010

本书不仅描绘了创业家们激情燃烧的岁月,还深入挖掘了他们关于创立公司的商业哲学、价值观和方法论,以及由创立和经营企业而体悟到的对社会和人性的真实解读。

108. 企业社会资本对知识获取和创新绩效的影响研究/王立生著,北京:经济科学出版社,2010,现代企业管理创新丛书

本书根据企业与客户之间的研究情境,对社会资本在本书中的各维度进行了提炼,构建了一个适合于分析企业与客户关系对知识获取和创新绩效影响的理论模型。

109. 创造学原理和方法:广义创造学/甘自恒编著,2版,北京:科学出版社,2010

本书阐述了创造性活动、创造性主体、创造性人格、创造力、创造性人才等的原理,揭示了创造性活动的规律,进一步探讨了理论创新、制度创新、科技创新和其他创新等具体创造活动的基本概念、发展规律、典型案例、创新经验、战略措施、应对方法等。

110. 创业观念就是财富/田文江著,武汉:湖北人民出版社,2010

本书从解决创业观念问题入手,对于为什么要创业,创业有哪些优越性,创业应该解决的思想障碍,创业者要从哪些方面加强自身修炼等要素,进行了探究与解答。

111. 创业好的起步是成功的一半/田文江著,武汉:湖北人民出版社,2010

本书包括商机的发现与评估、缺少资金不可怕,开启财智出路多、创业起步方式,合适的就是最好的、调动一切资源,形成创业合力、找准切入点,扭住时机快起步等章节。

112. 创新与企业国际竞争力/程惠芳,潘信路等著,北京:科学出版社,2010,全球创新竞争研究丛书

本书是国内第一部系统研究创新产出与企业国际竞争力的著作。首次对发达国家跨国公司的创新投入产出进行实证比较分析,特别是对高、中、低不同技术水平行业的跨国公司创新投入产出差距进行了研究。

113. 人为什么创新不起来/肖知兴著,北京:中国人民大学出版社,2010,湛卢文化 商业智慧82

本书从创新的人文、历史和思想的内涵,探讨了中国企业、中国人的创新之路的问题。

114. 鬼谷子的智谋/侯涌著,2版,北京:金城出版社,2010

本书共分十二篇,内容包括:捭阖一、反应二、内楗三、抵巇四、飞箝五、忤合六、揣篇七、摩篇八、权篇九、谋篇十、决篇十一、符言十二。

115. 权谋书/(明)张居正原曲;史半山译注,合肥:黄山书社,2010,天下无谋之密卷八书叁

本书所述之权谋案例,已至"夫人不言,言必有中"的境界,内容包括:智察卷、筹谋卷、用人卷、事上卷、避祸卷、度势卷、攻心卷等。

116. 才谋:谋人取才用人取德/张易编著,呼和浩特:远方出版社,2010,天下无谋商谋经典,第二辑

本书以精辟的论述、经典的事例、智慧的语言,多层次、多方位、多角度地阐述了经商谋业的技巧和策略。

117. 权谋治天下:三国论/柏杨著,北京:现代出版社,2010

本书内容包括:"说三国"三国史纲、"评三国"柏杨曰、"论三国"甄洛之死。

118. 煤炭企业管理之妙计奇谋/袁秋新著,北京:煤炭工业出版社,2010

本书是协庄煤矿站在煤炭行业的发展前沿，在经营企业中谋篇布局，开展创新实践活动的真实写照。本书以简洁活泼的语言阐明道理，以大量案例进行佐证，见解独特，奇谋妙招趣味横生。

119. 信贷管理谋略/周云伯著，长沙：湖南人民出版社，2010

120. 争斗的相位谋略与手腕：中国历史上十大相权之争/万剑声编著，台北县：菁品文化事业有限公司，2009，历史镜；008

121. 赢在决策：市场竞争策略分析与最佳策略选择/余世维主讲，广州：广东经济出版社，2010，时代光华培训大师书系，

本书根据《市场竞争策略分析与最佳策略选择》修订而成，本书紧紧围绕竞争策略分析和最佳策略选择这两个基本点，进行了深入浅出的讲解，并结合启发式的互动问题和操作性极强的工具表单，让学习者在最短的时间内掌握选择最佳竞争策略的方法与技巧。

122. 浅谈人的思想构成及其工作对策/刘鼎新著，北京：中共中央党校出版社，2010

本书作者根据自己长期的观察分析和思考，开拓性地将人的思想构成归纳为“七个心”，撩开了人的思想“千姿百态、变幻莫测”的神秘面纱，见解独到，意境高远。

123. 不确定性和大脑：神经经济学/（美）保罗·格莱姆齐（Paul W. Glimcher）著；贺京同，王晓岚，李峰等译北京：中国人民大学出版社，2010，行为和实验经济学经典译丛

本书分为历史上的方法和神经经济学两部分，涉及反射现象的发现、查尔斯·谢林顿及反射逻辑、模块化与进化、不可约简的不确定性与博弈论、博弈与大脑等内容。

124. 领袖的决策：21位领导大师公认最有效的6条决策原则/（美）不琳·济科豪瑟（Bryn，Zeckhauser），（美）艾伦·萨多斯基（Aaron，Sandoski）著；叶盛龙译，北京：中国人民大学出版社，2010，湛庐商业智慧 84

本书介绍了6条领导决策原则，包括寻找根源、野蛮会议、风险恐惧、远见卓识、用心倾听和贯彻到底。

125. 运筹决策理论方法新编/王可定，周献中主编，北京：清华大学出版社，2010

本书介绍了有别于经典运筹学的多种运筹决策的理论与方法，包括：人工神经网络、进化计算、灰色系统理论、模糊决策分析、粗糙集理论与方法、系统仿真与系统动力学等。

126. 重启策略：点亮市场突围之道/王菡著，北京：清华大学出版社，2010

本书将前沿营销理论和方法与本土市场经验相结合，分析了企业的病症和误区，为雄心勃勃的企业家照亮突围方向，指导企业变革和创新，从根本上解决企业面临的困惑和障碍。

127. 再思民主政治中的决策制定：注意力、选择和公共政策/（美）布赖恩·琼斯（Bryan D. Jones）著；李丹阳译，北京：北京大学出版社，2010，美国公共政策经典译丛

本书内容包括：政治中的注意力和议程、政治选择中的理性、注意力和政治中的动态选择、政治子系统和对问题的处理、作为自适应系统的政府等。

128. 建设项目前期策划与设计过程项目管理/乐云主编北京：中国建筑工业出版社，2010，建设工程项目管理前沿丛书

本书内容分三部分：项目前期策划、设计过程项目管理、案例资料。

129. 播出季在中国的发展研究[硕士论文]/于筱唐（文学硕士 广播电视艺术学.电视策划）著；游洁指导，中国传媒大学 2009

130. 广告策划/于艳波编著，武汉：武汉大学出版社，2009，高等学校广告学系列教材

本书共分十五章，内容包括：广告策划概念的形成与演变、广告策划的基本原理、广告策划的基本原则、广告策划在广告运动中的地位与作用、广告策划主体思维能力等。

131. 六西格玛管理在康明斯公司的应用研究[硕士论文]/任海宁（管理学硕士 企业管理

学)著;李晓光指导,中国人民大学 2009

132. 市场营销:学生活动手册/詹姆斯 · L. 伯罗(James L. Burrow)著,北京:电子工业出版社,2009,中国市场学会市场营销策划师资格证书考试指定教材中国市场营销课程标准开发中心(CMC)规划教材,由圣智学习出版集团授权出版据原书第3版译出,中国市场营销课程标准开发中心(CMC)组编

本书为《市场营销》教材配套学生活动手册。通过基本概念测试和丰富多样的主题活动,来培养学生营销信息管理、分销渠道管理、定价、产品和服务管理、促销、销售、营销计划等营销核心能力,增强和促进学生团队协作、主动创新的职业素养及就业竞争力。

133. 市场营销/詹姆斯 · L · 伯罗(James L. Burrow)著;崔苏卫[等]编译,北京:电子工业出版社,2009,中国市场学会市场营销策划资格证书考试指定教材中国市场营销课程标准开发中心(CMC)规划教材,中国市场营销课程标准开发中心组编,圣智学习出版集团授权出版据原书第3版译出.

本书打破原有教材的独立模式,首次将原有课程、认证和营销大赛相结合,削减理论知识内容,补充众多课上、课下实训教学内容,明确提出市场营销专业核心技能,并针对技能进一步开发绩效指标。

134. 修养中的创新思维/丁建民著,北京:长征出版社,2009

本书内容包括:学习——创新思维的源泉、反省——创新思维的内功、为官——创新思维的支点、工作——创新思维的摇篮等。

135. 移动增值服务业的创新获利机制研究[硕士论文]/ 何海新(工商管理硕士)著;柳卸林,张志指导,中国科学院研究生院 2009

136. 创新战略/冯志强著,北京:中国市场出版社,2009

本书分八章,内容包括:战略管理导论、外部环境分析、内部环境分析、战略目标的设定、公司战略、竞争战略、网络营销 战略等。

137. 电视益智类节目的创新探析[硕士论文]/刘双庆(文学硕士 广播电视艺术学. 广播电视文艺)著;游洁指导,中国传媒大学 2009

138. 职业规划与创业指导/刘延明,黎志键,唐小勇主编,武汉:武汉理工大学出版社,2009,高职高专学生成长教育研究丛书;

本书共分8章,主要包括:职业生涯规划基本知识、大学生学业规划与职业准备、职业角度的自我探索、大学生职业生涯规划的步骤与方法、大学生自主创业概述、大学生自主创业的素质、大学生自主创业的准备、大学生自主创业的计划与实施。

139. 成功创业的101个细节/周斌斌编著,北京:长征出版社,2009

本书共分10章,共有101个细节,这些细节由始至终贯穿了创业者从创业起步到公司成熟运作时的每一个需要了解的地方。每一个细节都系统详细地阐述了对应的内容,再通过列举案例加强和巩固所学知识。

140. 企业宪法/何学林,吕勇华著,北京:经济管理出版社,2009,何学林大策划系列

本书介绍的是企业问题系统的根本解决方案。内容包括:抢先法则、超前半拍法则、细分市场法则、抢占大脑法则、观念竞争法则、聚焦法则、品牌专有法则、有所牺牲法则、针锋相对法则等。

141. 经济危机孕育最大商业机会/何学林,吕勇华著,南京:凤凰出版社,2009,何学林大策划系列

本书以最独特的视角解答了:经济低潮,企业该采取怎样的战略? 扩张还收缩? 怎样在危机

中发现并抓住商机？企业如何修炼好内功？中国企业最普遍缺乏和迫切需要的是什么？比尔·盖茨、巴菲特、沃尔顿、李嘉诚、杨国强、丁磊、陈天桥成功的秘密是什么？等问题。

142. 成败巨人:一个中国乃至全球经济史上绝无仅有的案例/何学林,吕勇华著,北京:经济管理出版社,2009,何学林大策划系列

本书揭示了史玉柱两次快速发迹的真正秘诀和巨人突然倒下的根本原因,全面揭露了史玉柱东山再起的真相和脑白金的战略与策略,详细披露了入主ST国货、与四通合作的内幕,揭开了中国第一代民营企业整体衰落的命运之谜。

143. 专业市场项目开发全程策划/余源鹏主编,北京:中国建筑工业出版社,2009,房地产项目开发全程实操系列(1)

本书讲述了专业市场项目开发全程策划的指导理论和全程操作,重点介绍专业市场项目的市场分析、项目定位、产品规划、投资分析、整合推广、租售执行、经营管理等关键步骤的策划。

144. 旅游房地产项目开发全程策划/余源鹏主编,北京:中国建筑工业出版社,2009,房地产项目开发全程实操系列(2)

本书讲述了旅游房地产项目开发全程策划的指导理论和全程操作,重点介绍旅游房地产项目的市场分析、项目定位、产品规划、整合推广、营销执行、投资分析、经营管理等关键步骤的策划。

145. 社区商业街项目开发全程策划/余源鹏主编,北京:中国建筑工业出版社,2009,房地产项目开发全程实操系列(3)

本书全面讲述了社区商业街项目开发实操策划的指导理论和全程操作,重点介绍了社区商业街项目的市场调查、项目定位、产品规划、投资分析、整合推广、租售执行、经营管理等关键步骤的策划。

146. 酒店式公寓项目开发全程策划/余源鹏主编,北京:中国建筑工业出版社,2009,房地产项目开发全程实操系列(4)

本书讲述了酒店式公寓项目开发全程策划的指导理论和全程操作,重点介绍酒店式公寓项目的市场分析、项目定位、产品规划、整合推广、销售执行、经营管理等关键步骤的策划。

147. 房地产策划师职业培训实战教程:房地产日常策划业务实操一本通/余源鹏主编,北京:机械工业出版社,2009,房地产实战营销丛书

本书全面讲述了房地产策划师日常业务的指导理论和实际操作知识。包括房地产策划部门的组织与管理、房地产策划工作内容及策划报告模板、房地产市场调查业务、房地产定位策划业务、房地产产品规划建议业务、房地产推广策划业务,以及房地产销售业务等。

148. 房地产项目策划/兰峰编著,西安:西安交通大学出版社,2009,普通高等教育工程管理专业规划教材

本书包括房地产项目策划概述、房地产项目选址策划、房地产项目市场调查、房地产项目STP策划、房地产项目产品策划等内容。

149. 营销策划实务/冯开红主编,北京:科学出版社,2009,中等职业教育"十一五"规划教材 中职中专市场营销类教材系列

本书以组织营销活动为主线,结合策划方案的基本格式与大量案例,引入企业模拟BEST,从组织的市场营销策划概述、如何撰写策划方案、市场营销策划分析等方面进行了阐述。

150. 创意与策划:方法·技巧·案例/冯章主编,北京:经济管理出版社,2009,实用广告丛书

本书分为上篇和下篇,论述了广告创意和广告策划。上篇解析了广告创意的概念、策略,广

告创意的思维方法、技巧,广告方案的创意等内容;下篇介绍了广告策划的基本知识,广告策划的运作过程、广告战略策划等内容。

151. 商务策划书写作范本/冯章等编著,北京:经济管理出版社,2009,实用商务文书写作丛书

本书共分九章,分别讲述了创业与经营策划书、市场调查和预测报告、生产经营与后勤管理策划书、企业招聘与员工管理培训策划书、商务营销常用策划书、公关策划书、商务运作五大媒体广告策划书等策划书的写作方法。

152. 电视剧《京华烟云》的名著翻拍策略探析[硕士论文]/冯雨(文学硕士 广播电视艺术学.电视策划)著;胡智锋指导,中国传媒大学 2009

153. 房地产营销新法:地产名企标杆项目全案策划/克而瑞(中国)信息技术有限公司,决策资源图书中心编著,大连:大连理工大学出版社,2009

本书从当前房地产六大主流开发模式(小户型住宅、中心城区住宅、郊区大盘、低密度住宅、别墅、城市综合体)切入,每个开发模式皆从市场发展趋势、运作攻略、规划设计、市场营销策略等方面,辅以22个案例逐一剖析。并全程分析标杆项目在市场调查、选址、定位、规划、设计、营销、广告、物业管理等核心环节的操作手法。

154. 宣传活动的策划与组织/刘伯贤著,桂林:广西师范大学出版社,2009

本书侧重从借助媒体、服务媒体、管理媒体的角度,探讨如何规范化地策划组织各类新闻宣传活动,介绍了新闻宣传活动的基本原则、工作流程、操作要点、方式方法、注意事项等内容。

155. 广告策划与管理/刘千桂主编,北京:科学出版社,2009

本书内容包括:广告策划概述、广告策划的创意哲学、营销传播数据库、广告战略策划、广告沟通与说服、广告活动策划、广告价值分析与效果评估等。

156. 营销策划实务/刘厚钧主编,北京:电子工业出版社,2009

本书重点讲述了如何策划,包括:企业营销定位策划、企业入市策划、产品推广策划、关系营销策划、网络营销策划等。

157. 综合营销策划/刘厚钧主编,郑州:郑州大学出版社,2009

本书共分15个章节,内容包括综合营销策划总论、营销策划创意、营销策划模式与营销策划书、SWOT分析、企业营销定位策划、市场竞争策划、企业形象策划等。

158. 会展概论/刘晓广主编,北京:化学工业出版社,2009

本书从会展概念人手,介绍了会议业、展览业、奖励旅游、节事活动的基本内容。接下来从会展经济的角度介绍了会展发展的基本问题;从管理、策划、营销、服务、礼仪的角度,提供了会展活动的思路;并且对会展城市、会展组织和知名会展等相关知识进行了论述。

159. 会展服务/刘晓杰,杜娟主编,北京:化学工业出版社,2009

本书围绕着会展服务,详细介绍了会展与会展服务的概念与发展、会展服务礼仪、会展接待准备、会议和展览会的现场服务、会展后续服务、会展中的餐饮接待服务、会展中的消防与医疗服务以及其他接待服务。

160. 教育策划经典案例辑萃/刘经华主编,长春:吉林大学出版社,2009,教育策划理论与实践丛书

本书例举了中小学校发展规划、特色与品牌打造、课堂教学策划与校本教研策划的部分案例。

161. 策划的智慧运作/刘经华主编,长春:吉林大学出版社,2009,教育策划理论与实践丛书

本书阐述了策划与教育策划的特点、原则以及教育策划的思维过程与程序,指出当下学校教

育策划存在的问题，讲述学校发展策划所涉及的内容、要求和设计步骤等。

162. 会展策划师：国家职业资格三级/刘萍主编，北京：中国劳动社会保障出版社，2009

本书包括调研、策划、营销、营运管理等四章，具体有调查资料收集、调查资料分析与报告、营销资料的准备等内容。

163. 百分百策划高手/千高原编著，北京：中国纺织出版社，2001，(2009 重印)

本书共三篇：如何培养卓越的策划力；如何进行成功的策划；如何撰写优质的策划书。重点介绍了近六十种培养策划力的方法，并结合经典案例对这些方法进行分析与论证。

164. 房地产营销策划实训/卓坚红主编，重庆：重庆大学出版社，2009

本教材以选择实地的实际项目为例，以房地产全程营销策划的运作过程为主线，进行房地产全程策划实训。

165. 节事活动策划与管理/卢晓编著，2 版，上海：上海人民出版社，2009

本书介绍了节事活动的项目化运作、节事活动策划与流程、节事活动的可行性方案、节事活动的组织结构策划与人力资源管理等内容。

166. 旅游策划学/卢良志，吴耀宇，吴江编著，北京：旅游教育出版社，2009

本书内容包括：旅游策划概述、旅游策划的特点与原则、旅游策划的程序与技巧、旅游发展战略策划、旅游形象策划、旅游公共关系策划、旅游广告策划等。

167. 营销策划实务/叶生洪，谢军，胡红飞主编，北京：经济科学出版社，2009

本书共十二章，内容包括：市场营销回顾、营销定量分析基础、营销策划导论、营销策划原则和原理、营销策划方法、营销策划作业、产品策划、定价策划等。

168. 旅游策划创意攻略/吕志墉著，上海：文汇出版社，2009

本书分八篇，包括：理念突破篇、异想天开篇、渐进推演篇、产业发展篇、未来预言篇、营销炒作篇、管理创新篇、商业模式篇。

169. 企业识别：CI 的策划和设计/吴为善，陈海燕编著，3 版，上海：上海人民美术出版社，2009

本书包括：问题→目标：设计概念的开发；概念→文字：语言形式的提炼；概念→图形：视觉形象的设计等内容。

170. 虹桥综合交通枢纽开发策划研究/吴念祖主编，上海：上海科学技术出版社，2009，上海空港系列丛书

本书介绍了虹桥综合交通枢纽的功能及其设施布局策划、枢纽区域发展的功能定位策划、交通枢纽的设施区分与开发模式策划等内容。

171. 广告策划/吴祐昕，陆柳兰主编，北京：化学工业出版社，2009，食品贸易与管理丛书

本书内容包括：食文化概论、广告策划、食品的广告策划、经典案例策划四章。

172. 策划学精要/吴粲，李林著，北京：中国人民大学出版社，2009

本书比较了策划、营销、广告、CIS、咨询、公关研究的内容的异同，从而确定了策划学作为独立学科的特点、研究范围和界限，并探讨了策划学的原理、技巧、误区及案例等内容。

173. 理性决定中国未来/吴粲著，北京：新华出版社，2009

本书探讨了许多热点问题，如：房地产泡沫与次贷危机，分析了中国当前这波房地产上涨的起始时间、背景及各种因素；食品的安全与吃的理念有关，我们吃的理念应该转变；"素质教育轰轰烈烈，应试教育扎扎实实"的局面不能得到改观的根本原因是什么等等内容。

174. 商务策划管理教程/周培玉编著，2 版，北京：中国经济出版社，2009

本书内容包括：策划导论、中国谋略智慧、策划的基本特征、策划的基本原理、创意与策划技

巧等共十二章。

175. 营销策划/周玫主编,武汉:华中科技大学出版社,2009

本书共分12章,内容包括:营销策划概述、营销策划的基本要素与原则、营销策划的程序与方法、营销策划的组织与管理、营销策划人员的素质与能力、营销策划的创意等。

176. 营销策划实训/周雪梅,岑詠霆主编,北京:中国人民大学出版社,2009

本书内容包括:营销环境分析实训、市场竞争策划实训、产品策划实训、价格策划实训、渠道策划实训、促销策划实训、服务营销策划实训等。

177. 策划与创意/唐佳希,李斐飞编著,北京:北京大学出版社,2009

本书是按照广告策划与创意的实际操作程序和演进逻辑分成上下两篇。上篇是广告策划基本技能教学实验与训练。下篇是广告创意基本技能教学实验与训练。

178. 论公益类电视活动产品对频道品牌的提升[硕士论文]/唐洁(文学硕士 广播电视艺术学电视策划)著;关玲指导,中国传媒大学 2009

179. 中国广告年鉴:第十七期:建国六十周年纪念特辑/张霞主编,北京:新华出版社,2009

本年鉴包括领导讲话,中国广告业发展综述,中国广告业年度统计与数字、政策·法规、中国广告业发展60周年纪念专栏、行业组织、大事记、广告优秀作品评选等栏目。

180. 2009创新与创业国际学术会议论文集[电子资源]/高建[等]编,北京:中国水利水电出版社:奔流电子音像出版社,2009

181. 试论重大革命历史题材文艺晚会的艺术创作与主题表现[硕士论文]/姚达(文学硕士 广播电视艺术学. 电视策划)著;关玲指导,中国传媒大学 2009

182. 市场营销策划/孙玮琳,徐育斐主编,3版,大连:东北财经大学出版社,2009

本书内容包括;市场营销策划概述、市场营销策划的准备工作、市场营销战略策划、产品策划、价格策划、营销渠道策划、促销策划等。

183. 市场营销策划/孟韬编著,大连:东北财经大学出版社,2009,

本书包括:网络营销策划、企业形象策划、网络营销策划、广告策划、广告策划等内容。

184. 2008年中国(杭州)创意产业博览会/余伟忠主编,杭州:中国美术学院出版社,2009

本书介绍了2008年中国(杭州)创意产业博览会的概况,全书分为2008创意杭州、2008创意博览和2008创意品读三部分。

185. 奥美创意解密/余宜芳著,北京:中信出版社,2009

本书分为两部分,分别为“拜访感知的右脑”、“追踪思索的左脑”,从感性面和理性面,探索引发奥美人创意的来源,分析奥美多年来能够维持一定创意质量的关键、奥美的独特性、“奥美经验”对其它产业可以带来哪些不同角度的刺激。

186. 创意城市:如何打造都市创意生活圈/(英)查尔斯·兰德利(Charles Landry)著;杨幼兰译,北京:清华大学出版社,2009

本书结合实际案例介绍打造创意城市的思维方法、操作流程、注意事项,内容包括城市变迁、城市创意的动能和城市创意的概念工具等。

187. 中国文化创意产业发展问题研究/冯梅著,北京:经济科学出版社,2009

本书在全面分析我国文化创意产业发展现状及问题的基础上,借鉴国外文化创意产业发展的经验,依据我国文化创意产业发展特征和模式,从政策环境、企业战略、技术以及人才等方面,提出针对性的建议,以推动文化创意产业的快速发展。

188. 创意改变学校:让学校成功的7大经营术/乔治·凯勒(George Keller)著;李淑贞译,2版,台北:书泉出版社,2009,创意人;

189. 创意格局与创新策略/刘建民，徐静，聂晶磊著，杭州：浙江大学出版社，2009，文化创意与传播丛书

本书分3卷18章，三卷包括：创意世界、创意中国、创意长三角。十八章内容：不知近水花先发、占尽春光第一枝、春色满园关不住、忽如一夜春风来、春在城南芳草路等。

190. 创意起底：文化创意产业先锋思维解码/卜希霆主编，北京：中国国际广播出版社，2009

本书凝聚了中国传媒大学近一两年文化创意产业相关学术实践活动的精髓和校内专家的相关评论和研究成果。呈现了文化创意产业发展的过程，揭示发展演化过程中存在哪些制约因素、战略机遇和选择，以及在多种可能的途径中是如何实际应对的。

191. 创意产业新论/厉无畏，王慧敏著，上海：东方出版中心，2009，创意产业研究系列/祝君波主编

本书内容包括：风起潮涌的创意产业、精彩纷呈的创意城市、方兴未艾的创意经济、生机勃发的创意社群、挖掘不尽的创意价值、百花齐放的创意政策。

192. 创意改变中国/厉无畏著，北京：新华出版社，2009

本书提出"无边界产业"、"创意产业价值体系"等理论体系，奠定了创意产业理论框架，指出创意产业是一种新的发展模式，强调创意、技术、产品、市场的有机结合，把文化创意融入现有产业，从而实现价值创新。

193. 创意工作秘技/原尻淳一，小山龙介原著；林文娟译，台北：商周出版，2009，新商业周刊丛书；

194. 苹果滋味：一咬上瘾的行销管理创意学/曾孟卓著，台北：商周出版，2009

195. 十四堂人生创意课. Ⅱ，推翻李欣频的创意学/李欣频著，南宁：广西科学技术出版社，2009

本书分为人生创意学、人生创造学、人生创世学三部分。

196. 文化产业的行销与管理/李锡东著，台北：宇河文化出版有限公司，2009，文化与创意；

197. 有效，就要大声：1001个更有销售力的广告创意秘诀/路克·杜邦（Luc Dupont）著；刘启昌译，台北：商智文化事业股份有限公司，2009

198. 你可以这样找创意/凯莉·史密斯（Keri Smith）著；谭钟瑜译，台北：马可孛罗文化，2009

199. 创意上海/叶孝忠著，台北：商周出版，2009

200. 旅游策划创意攻略/吕志墉著，上海：文汇出版社，2009

本书分八篇，包括：理念突破篇、异想天开篇、渐进推演篇、产业发展篇、未来预言篇、营销炒作篇、管理创新篇、商业模式篇。

201. 世界最经典的广告创意/周绍贤著，台北县：德威国际文化事业有限公司，2009，一生读书计画；

202. 广告策划与创意/唐佳希，李斐飞编著，北京：北京大学出版社，2009

本书是按照广告策划与创意的实际操作程序和演进逻辑分成上下两篇。上篇是广告策划基本技能教学实验与训练。下篇是广告创意基本技能教学实验与训练。

203. 以市场为导向的日本文化创意产业/姜毅然，张婉茹，王海澜编著，北京：人民出版社，2009

本书通过日本近年来关于文化创意产业的研究成果，以及近年来《日本数字产业白皮书》，从文化创意产业的市场角度探讨日本文化创意产业最新的发展动态，以及政府的相关政策。

204. 赢在创意/孙松涛，林纳著，深圳：海天出版社，2009，设计之都系列丛书

本书透视了从创意到赢利的手段、技巧和方法,并结合“深圳奇龙文化创意机构”庞柱平先生的实践经验,向读者阐述企业家是如何将“创意”通过魔幻般的“法术”转化成财富,从而实现致富梦想。

205. 电视戏曲栏目的生存策略研究[硕士论文]/宋雁(文学硕士 广播电视艺术学.电视策划)著;许行明指导,中国传媒大学 2009

206. 试论中国电视娱乐节目的公益化策划[硕士论文]/尹博(文学硕士 广播电视艺术学.电视策划)著;关玲指导,中国传媒大学 2009

207. 数字视频(DV)策划制作师,国家职业资格四级/庄思聪,赵炳翔编著,北京:中国劳动社会保障出版社,2009,

本书共分5章,内容包括DV创意与策划、DV制作系统的配置、DV摄像、DV作品输出与发布等。

208. 新闻报道策划/庞亮编著,北京:中国广播电视出版社,2009

本书分七章,内容包括:新闻报道策划概说、新闻报道策划的本质和原理、新闻报道选题的策划、新闻报道策划的实证研究等。

209. 故宫名画:找感动找创意/张丽华著,台北:台湾商务印书馆股份有限公司,2009,国立故宫博物院授权出版

210. 思想力/张京成,李兴伟主编,北京:中国人民大学出版社,2009,创意书系

本书精选了20个创意人物案例,深入挖掘了他们的成功模式。通过对他们的深入细致的分析,力图为读者找到一条通向创意和成功的康庄大道。

211. 营销策划/张光忠编著,2版,北京:中国财政经济出版社,2009

本书通过对经济全球化条件下企业的市场策划、产品策划、质量策划、形象策划、品牌策划、渠道策划、促销策划、赢利策划等领域的策划要素、策划原则、策划技巧的分析,努力塑造实战型、创新型、创业型的新型营销管理者。

212. 旅游住宅地产项目营销策划研究[硕士论文]:以“首钢·鸥洲”项目为案例/张宇泽(工商管理硕士)著;俞明轩指导,中国人民大学 2009

213. 无限商旅(IMOHO)业务策划[硕士论文]/张小云(工商管理硕士)著;苑春荟指导,北京邮电大学 2009

214. 网络营销与策划/张洪山编著,呼和浩特:内蒙古人民出版社,2009,营销管理实用操作宝典丛书

本书按照网络营销的理论体系,分别从网络营销概述、网络营销理论、网络营销市场调查、网络营销战略规划、网络营销产品策略、网络营销定价策略、网络营销渠道策略等方面做了深入的阐释和剖析。

215. 营销策划原理与案例/张海主编,北京:中国人民大学出版社,2009

本书包括:营销策划导论、营销策划的条件、产品营销策划、促销营销策划、企业形象策划、营销业态策划、网络营销策划等十一章内容。

216. 策划原理与实务/张爱邦,刘雪梅主编,北京:高等教育出版社,2009

本书分为营销策划基础理论、营销策划基础工作、营销要素策划三篇,内容包括:营销策划的概念与原理、营销策划的流程与方法、营销策划书的写作等。

217. 献给我的母亲城市——乌鲁木齐:主城区现代地产项目策划实录/张玉锋主编,乌鲁木齐:新疆美术摄影出版社,2009

本书通过文字与大量图片的双重展示,从认识城市、了解城市的角度来揭示主城区现代地产

项目运作的一些流程与方法等。

218. 2008湖南卫视奥运主题策划研究[硕士论文]/张芸(文学硕士 广播电视艺术学.电视策划)著;胡智锋指导,中国传媒大学 2009

219. 中国军事频道策划初探[硕士论文]/张静(文学硕士 广播电视艺术学.电视策划)著;郑月指导,中国传媒大学 2009

220. 营销策划学/张鸿主编,广州:中山大学出版社,2009

本书介绍了营销策划、市场调研策划、营销战略策划、产品策划、价格策划、营销渠道策划、促销策划、广告策划、公关策划、企业形象策划、顾客满意策划、网络营销策划和营销策划书等内容,从理论和实践方面对营销策划学进行了阐述和分析。

221. 谁把中国策划捧红/张默闻著,北京:中国市场出版社,2009

本书内容包括:读懂老板、读懂营销、读懂策划、读懂广告、读懂大师等。

222. 策划照我去战斗/张默闻著,北京:机械工业出版社,2009

本书内容包括中国品牌策划的唱念坐打、中国乙方的广告与媒介喜宴、中国甲方营销管理的印章等内容。

223. 商务策划原理/强海涛著,北京:首都经济贸易大学出版社,2009

本书共五部分,包括策划导论、策划思维、问题与解决方案、商务策划模式与技术、商务策划管理。

224. 史玉柱精彩语录/彭征,姚勇编著,北京:中国纺织出版社,2009,企业领袖精彩语录系列丛书

本书从创业精神、创业者修为、战略与执行、商业模式、市场营销、资金运作与运营、团队建设与人才使用等多个方面真实记录了史玉柱的精彩语录。

225. 电视策划与写作十讲/徐帆,徐舫州著,杭州:浙江大学出版社,2009,求是书系.广播电视学

本书内容包括:策划不是学:电视策划的脉络与结构;创意:电视生产线上的想象空间;电视新闻写作:消息与时事评论;电视片写作:以专题型为主等。

226. 实战营销策划/徐运全编著,呼和浩特:内蒙古人民出版社,2009,营销管理实用操作宝典丛书

本书分为五章,内容包括:营销策划理论篇、营销策划成功案例分析、营销策划失败案例分析、营销策划文案范例、营销策划点子库。

227. 成败得失[硕士论文]:《对话》节目发展研究/徐龙(文学硕士 广播电视艺术学.电视策划)著;苗棣指导,中国传媒大学 2009

228. 谋略成大业/朱枝富编著,北京:中国人事出版社,2009,“这样读史”丛书

本书介绍了历史上十名以谋略见长,又都创造出一番大事业的人才,包括:吕尚、周公、孙武、范蠡、孙膑、张仪、苏秦、韩信、张良、诸葛亮。

229. 中国军事谋略全集/李占峰主编,天津:天津教育出版社,2009,6册

本书分为七篇,内容包括:中国历代军事谋略思想、中国谋略发展与运筹、军事谋略与政治谋略、中国军事谋略集萃、军事谋略中的借术、典型谋略运用案例、中国帝王将相的文韬武略。

230. 从梦想到辉煌的谋略与策划/戴述美[等]编著,北京:气象出版社,2009

本书共八章,内容包括:如何使你的创业达到巅峰、如何提高你的爱情素质、如何使你的婚姻美满幸福、如何使你的家庭和谐可亲等。

231. 品三国学谋略/李文庠,高桂桢,赵枫岳著,北京:中国纺织出版社,2009,新说四大名著

系列丛书

本书深入品读《三国演义》,对原著中的许多故事分析、综合、凝练、升华,挖掘其中的大谋略、大智慧。

232. 《孙子兵法》谋略新解/李殿仁主编,北京:国防大学出版社,2009

本书精选了《孙子兵法》中最具代表性的100条经典谋略,结合孙子相关论述,准确阐述每一谋略的理论含义,点明其核心思想,梳理其要义;结合战争规律的发展,从战场、商场、职场多领域、多角度分析其应用价值,注重给当代人以智慧启迪。

233. 毛泽东谋略市场应用.战略决胜/段卫东,郁旭光著,太原:北岳文艺出版社,2009,中国式管理经典丛书

本书共16章,包括枪杆子里面出政权与核心竞争力战略、下定决心不怕牺牲排除万难去争取胜利与经营理念、人是战争的决定因素与人本管理战略等。

234. 毛泽东谋略市场应用.营销制胜/段卫东,郁旭光著,太原:北岳文艺出版社,2009,中国式管理经典丛书

全书共16章,阐述了全心全意为人民服务与顾客满意、谁是我们的朋友与市场定位营销、没有调查就没有发言权与定制营销、初战三原则与垂直营销、诱敌深入后发制人与整合营销等内容。

235. 毛泽东谋略市场应用.管理之道/段卫东,郁旭光著,太原:北岳文艺出版社,2009,中国式管理经典丛书

本书重温红色经典的同时,领会伟人的思想内核,在毛泽东思想的光辉照耀下,应用他的智慧在市场经济大潮中乘风破浪,勇往直前。

236. 科技竞争谋略36法/涂铭旌,杜生民编著,成都:四川大学出版社,2009

本书从《孙子兵法》和《三十六计》中共选取谋略,全书分两篇,上篇为《孙子兵法》与科技谋略,下篇为《三十六计》与科技谋略,共计36法,每一谋略从计谋原意、应用与案例三个层次进行编写。

237. 从核心创新/(美)彼得·斯卡辛斯基,(美)罗恩·吉布森著;陈劲译,北京:中信出版社,2009

本书以确凿的案例论证了创新的必要性、创新的先决条件、创新的模式和框架、创新必然带来的回报、创新必须规避的风险、创新实现持续化的条件以及如何测度创新绩效等整体框架性概念,而且尤其强调创新要像穿衣吃饭一样成为公司每个成员的日常必须,创新意识必须植入公司发展的DNA之中。

238. 学校品牌策划/方中雄,陈丽等著,重庆:重庆大学出版社,2009

本书是一部讲述学校品牌的创立和发展的书,其中主要包括学校品牌状况调研、学校品牌定位、学校品牌设计、学校品牌培育、学校品牌扩张、学校品牌维护与创新,在整个流程中学校品牌传播贯彻始终。

239. 图书选题策划导论/易图强著,北京:中国人民大学出版社,2009

本书内容包括:选题策划概说、选题策划要素、选题策划机制、选题策划人的素质与能力、选题策划原则等。

240. 新闻公关策划实战[专著]/易圣华著,北京:机械工业出版社,2009,华章经管营销智库3

本书结合实践和案例,介绍了新闻公关策划有哪些作用,幕后如何操作,新闻公关策划创意有何技巧,如何建立新闻媒体的网络灯内容。

241. 中国市场营销策划/朱华锋著,合肥:中国科学技术大学出版社,2009

本书紧紧把握营销策划的核心策略、主体任务与主流方法,形成了较为严密的"营销策划"理论内容构成与方法体系。同时又与"市场营销学"或称"市场营销原理(概论)"相区别,创造性地解决了这两者间内容重复的严重问题。

242. 电子商务项目策划与设计/朱国麟,崔展望编,北京:化学工业出版社,2009

本书包括电子商务项目概述、需求分析、可行性分析、总体规划、系统设计、实施方案、运营管理计划、预算、评估等内容。

243. 国际4A广告公司媒介策划基础/朱海松编著,北京:中国市场出版社,2009,国际4A广告丛书

本书从广告公司的角度系统地阐述了制定媒介计划的思考步骤和具体的定量标准,对媒介的基本概念和公式,如何制订媒介计划,如何评估媒介计划,如何执行媒介计划,如何沟通媒介计划,如何调整媒介计划等一系列媒介基础问题进行了阐述。

244. 国际4A广告公司品牌策划方法/朱海松著,北京:中国市场出版社,2009,国际4A广告丛书

本书解析了国际4A广告公司在品牌策划过程中的思路,从传播的角度即广告的视角讨论了品牌策划的方法,书中包括品牌、品牌印迹、销售策略、多品牌整合、案例分析等部分。

245. 服装表演策划与编导/朱焕良主编;付春江[等]编著,北京:中国纺织出版社,2009

本书对服装表演策划、服装表演编导、服装表演主题、表演服装的选择及妆容的确定、表演音乐的选择及饰品与道具的运用、舞台美术设计、表演编排、服装表演的经费预算等方面进行了详细地阐述。

246. 营销策划与推广/于强主编,北京:科学出版社,2009,普通高等教育"十一五"规划教材 高等院校市场营销类教材系列

本书共分十五章,内容主要包括服务与服务业、服务营销与服务理念、服务中的消费者行为、服务营销环境分析、服务市场细分与定位、服务产品及品牌策划、服务人员和顾客参与等。

247. 现代庆典策划设计/朱瑞波,于忠编著,北京:中国电力出版社,2009

本书共八章,主要内容包括大众媒体与庆典媒体(用品),庆典与礼仪,庆典策划,庆典设计基础,庆典设计的审美意义,庆典设计赏析等。

248. 玩转广告:创意的游戏精神/李剑飞著,北京:首都师范大学出版社,2009

本书没有将"游戏"这个已经被社会庸俗化和浅薄化的概念,生硬地嫁接在广告上面,而是追本溯原,在文化传承的基础上,梳理出"创意"和"游戏"之间存在的血脉关系。

249. 新时期对农节目都市化倾向的探究[硕士论文]/李婷(文学硕士 广播电视艺术学. 电视策划)著;胡智锋指导,中国传媒大学 2009

250. 策划决定效益:李平策划选题和作品选粹/李平著,北京:新华出版社,2009

本书是作者策划选题和作品集,内容包括《开放的上饶和谐中腾飞》、《上饶——对接长三角的"桥头堡"》和《璀璨明珠锦绣上饶》等。

251. 旅游策划论/李庆雷著,天津:南开大学出版社,2009,旅游学新视野

本书对旅游策划的科学内涵、逻辑过程、理论基础、基本原理、思维模式、一般方法、创意机制、可拓技术等进行了探索性研究。

252. 连锁企业促销策划/李建主编,北京:电子工业出版社,2009

本书分10章详细介绍了连锁企业促销策划概述、促销战略与策划流程、公关策划与企业形象、广告策划、营业推广、人员促销、网络促销策划、促销整合策划、促销管理组织与过程控制、促

销效果评价等内容。

253. 选题策划与案例分析策划/李文方著,哈尔滨:黑龙江人民出版社,2009,21 世纪编辑出版学系列

本书阐述出版选题和选题策划的新理念。书中介绍选题策划理念的由来与发展,选题策划的过程与相关实务,选题策划过程中涉及的成本、投资与盈亏测算。重点论述选题策划的创新思维,选题策划中市场营销策略的制订和被实践证明行之有效的策划方法与技巧等。

254. 广告媒体策划/李明编著,南京:南京大学出版社,2009,大学广告系列丛书

本书共十一章,内容包括:传媒发展简史、听觉广告媒体、视觉广告媒体、视听广告媒体、数字互动广告媒体、广告媒体计划等。

255. 企业形象策划/李森主编,北京:清华大学出版社:北京交通大学出版社,2009

本书对企业形象策划的产生和发展进行了系统的阐述,并对其产生的影响和变化进行了分析、探讨。在充分介绍和分析 CIS 核心内容和体系的基础上,着重从操作层面系统地阐述了企业形象策划的创意、传播及企业理念、视觉和行为识别系统的策划方法。

256. 道商:中国式经营智慧学/李海波著,北京:中国经济出版社,2009

本书从中华民族数千年的思想文化宝库中,尤其是从道学文化中,整理出具有东方特色的中国式经营智慧学。

257. 赢在成本控制/李石养主编;克而瑞(中国)信息技术有限公司,决策资源图书策划中心编著,连:大连理工大学出版社,2009,地产企业“过冬”系列

本书内容在总结一流地产企业成本控制实战经验的基础上,构建了独特的自成体系的“五合一”房地产成本管理系统,即包括“策略、制度、流程、表格、案例”五个层面的体系。

258. 会展礼仪实务/李颖慧,黄永强主编,北京:化学工业出版社,2009

本书内容包括:会展礼仪概述、会展工作人员的形象礼仪、会展工作人员的日常交际礼仪、会议礼仪、展会礼仪、常见会展礼仪、世界部分会展国家和地区礼仪简介等。

259. 营销策划/杜达义,王琼主编,2 版,武汉:武汉大学出版社,2009

本书内容包括:企业营销策划的策划观、营销策划前的市场调研与环境分析、营销策划方案的撰写、企业战略策划、目标市场策划、产品策划等。

260. 创意旅游:讲述旅游策划的故事/杨力民著,北京:中国旅游出版社,2009,

本书以创意思维的方式,结合大量详实案例,论述了旅游景区、主题公园、大型演出、节庆活动、旅游地形象、旅游宣传品、市场营销等各方面的策划方法。

261. 营销策划实务/杨劲祥编著,大连:东北财经大学出版社,2009

本书内容包括:策划概述、市场营销策划概述、问题的界定及市场分析、市场定位策划、营销组合策划、营销策划书的撰写与提案、营销策划方案的实施与控制、营销策划资源整合等。

262. 商务策划文案写作/杨德慧,彭英编著,北京:首都经济贸易大学出版社,2009

本书内容包括:商务策划与商务策划文案、商务策划文案写作的基本功、商务策划文案的语境、商务策划文案的写作原则、商务策划文案的文本表现等。

263. 住宅项目策划攻略:住宅项目热销创新策划攻略/杨思思主编,北京:中国建筑工业出版社,2009,房地产项目实战攻略丛书

本书以全新的视角,针对新形势下住宅项目营销方面所出现的新情况、新问题,从形势、审势、蓄势、定势、造势、胜势这六个主要势态入手,重新审视住宅地产项目操盘全过程。

264. 市场营销策划/杨明刚编著,2 版,北京:高等教育出版社,2009

本书第一部分介绍市场营销策划工作任务与市场营销策划教学设计;第二部分阐述市场营

销策划的特征、原理和流程,以及市场营销策划的创意与文案;第三部分重点研究市场营销调研策划、市场营销定位策划、产品品牌策划、价格定位策划、营销渠道策划、促销策划等六大市场营销策划技能;第四部分为综合能力训练。

265. 市场营销策划/杨毅,付莹主编,成都:电子科技大学出版社,2009

本书是根据职业教育的特点和现代企业营销工作岗位的技能要求,以企业的市场营销系列活动为主线,对市场营销策划的理论、技术、方法和策略进行了通俗易懂的全面阐述。

266. 新闻策划研究/杨珺著,太原:山西人民出版社,2009

本书分为新闻策划的界定、新闻媒介的整体策划、新闻媒介的局部策划和新闻报道策划四部分内容,围绕新闻策划展开论述。

267. 微利时代:新思路决定新出路/杨金贵,高敬著,北京:时事出版社,2009

本书通过大量的案例分析,向人们展示出在厚利时代结束后,企业经营管理战略调整中面临的各种问题,从多个行业、多个角度分析了如何通过新思路走出新出路。

268. 营销策划与创新/梁琳娜,李蕾编著,兰州:甘肃民族出版社,2009

本书主要内容为营销策划基本概念与原理、营销战略策划、营销战术策划、营销策划创新模式四大部分,并列举了大量案例,对目前一些营销策划中的新问题、新模式进行了论述。

269. 现代城市创意经济发展研究/尹宏著,北京:中国经济出版社,2009

本书在对现代城市创意经济的基本范畴进行界定、相关理论进行述评的基础上,采取理论分析和实证研究相结合的方法,构建了现代城市创意经济的发展模式。

270. 聚核行销传播/汤小春,扎西卓玛,林海著,广州:岭南美术出版社,2009

本书分传播向品牌价值聚焦、国际化品牌提升、在整体品牌设计的背景下构建 CI、用有限资源打造强势品牌等七部分 35 个案例讲述了行销传播新观念。

271. 新媒体时代电视媒体盈利模式探究[硕士论文]/沈黎(文学硕士 广播电视艺术学.电视策划)著;许行明指导,中国传媒大学 2009

272. 策划天才洪代理/(韩)河佑锡著;邓倩译,广州:广东世界图书出版公司,2009,大众经管系列

本书分为策划天才成功记和洪代理的策划秘籍两部分,内容包括:受命于危难之际、向策划人才宣战、胜负在此一举、策划天才思路一瞥等。

273. 蒙古语直播式广播谈话节目的研究[硕士论文]/ 海兰(文学硕士 新闻学)著;白·敖特根指导,内蒙古大学 2009

274. 报刊创意与策划/涂晓华编著,北京:中国广播电视出版社,2009

本书共分九章,包括报刊的概念及我国报刊现状、报刊创意与策划概述、新闻专题报刊创意与策划、版面创意与策划、报刊广告创意与策划等内容。

275. 电视媒体策划新论/游洁著,北京:中国国际广播出版社,2009

本书从媒体、栏目、具体节目形态几个层面对电视策划作了剖析,总结归纳了电视媒体的策划规律及技巧等。

276. 新营销策划:思路·创意·技巧/潘小珍[等]编著,广州:中山大学出版社,2009,新广告与市场营销丛书

本书从策划人出发,着眼策划思维,突出创意技巧,讲究实战操作,对营销策划基本原理、营销战略策划、营销战术策划等作了全面的介绍。

277. 构思·策划·实现:产品专题设计/潘荣,李娟编著,2 版,北京:中国建筑工业出版社,2009

本书内容包括:产品专题设计的概念、影响专题设计的相关问题、产品专题设计创新的法则、产品专题设计的难点、产品专题设计的步骤与方法、专题设计案例。

278. 央视《艺术人生》的特别节目研究[硕士论文]/王千金(文学硕士 广播电视艺术学.电视策划)著;苗棣指导,中国传媒大学 2009

279. 广告策划与实务/王吉方主编,北京:中国经济出版社,2009

本书内容包括广告策划概述、广告策划过程、广告调查与分析、广告战略策划、广告策略策划、广告表现策划、广告预算策划等。

280. 市场营销策划与管理/王宝山,肖升主编,武汉:武汉理工大学出版社,2009

本书共分八章,内容包括:市场营销与策划、市场营销调查研究的策划、产品的设计与目标市场的选择、价格的设定与策划选择、销售渠道的设计与策划等。

281. 商务策划基础/王彤宙[等]编著,大连:东北财经大学出版社,2009,21 世纪高等教育财经津梁丛书

本书内容包括:商务策划导论、中国策划思想、策划概论、策划原理、策划思维与模型、商务策划创意方法、商务策划的策略、技巧及程序、策划书的写作等 9 章。

282. 非突发性重大事件电视策划探析[硕士论文] = The analysis of TV plotting in the non - burst characteristics big event/王晓宁(文学硕士 广播电视艺术学.电视策划)著;游洁指导,中国传媒大学 2009

283. 企业营销策划实务/王玉敏主编,北京:对外经济贸易大学出版社,2009

本书包括基础理论(一般原理)、实战策划(策划工作过程)、专题策划三篇,内容涵盖策划概述、营销策划要求、营销策划的一般流程营销策划书的表达以及营销策划中的专题策划。

284. 影视广告策划与创作/王诗文主编,北京:中国广播电视出版社,2009

本书根据认识规律和影视广告创作流程展开叙述,介绍了影视广告的相关基础知识,阐述了影视广告的策划与创意、写作与制作以及广告效果测评等内容。

285. 《三晋都市报》新闻策划宝典/王醒,冯印谱主编,太原:山西教育出版社,2009

本书由因地而制流篇——新闻故事连载报道策划;出其所必趋篇——特定报道日策划;以虞待不虞篇——突发事件报道策划;修道而保法篇——专栏、专版和专刊的策划等内容组成。

286. 广告策划/白云华,才新主编,北京:清华大学出版社:北京交通大学出版社,2009

本书系统介绍了广告策划各个阶段的主要工作及操作要领,具体包括广告调查、广告战略决策、广告策略决策、广告创意、广告设计与制作、广告策划书的编制与实施、广告效果测评等,同时介绍了其他宣传活动策划,强调广告与其他促销手段的整合。

287. 市场营销策划/秦毅[等]编著,沈阳:辽宁大学出版社,2009

本书共分二十章,侧重介绍市场营销策划,包括市场营销策划的程序与方案撰写、市场营销环境、市场定位策划、市场竞争策划、企业形象策划、价格策划、网络营销策划、竞争性市场营销策略等内容。

288. 中央电视台《春节联欢晚会》歌舞类节目研究[硕士论文]/耿玉(文学硕士 广播电视艺术学.电视策划)著;游洁指导,中国传媒大学 2009

289. 营销策划实务/聂艳华,张广霞主编,北京:科学出版社,2009

本书主要包括营销策划概述、营销策划中的创新原理与方法、营销策划的设计与撰写、营销企业策划、产品与服务营销策划、创新营销方式策划、营销策划管理与控制等内容。

290. 部队文化活动策划手册/胡金海,陈岸然,徐贤佩编著,北京:蓝天出版社,2009

本书分别从部队歌咏活动、读书演讲活动、广场活动、游览活动、棋牌活动、游艺活动、晚会活

动等十四个方面展开,举例阐述了部队各种不同文化活动的策划内容、策划方法等内容。

291. 营销策划8大法宝:营销员晋升必读/舒庆等编著,北京:中国物资出版社,2009

本书根据市场实际情况,分析了成功企业在营销实践中的方法,提炼出了适合当今企业营销常用的8个技巧:时令营销、征订营销、直销营销、展览营销、签售营销、会议营销、公益营销、品牌营销。

292. 营销策划/董芳主编,成都:西南财经大学出版社,2009

本书共分11章,广泛借鉴了国内外最新的关于营销策划的研究成果,并结合具体的营销策划实践活动,介绍了营销策划的基本知识和理论。

293. 探析电视体育节目的娱乐化制作与发展[硕士论文]/薛凯元(文学硕士 广播电视艺术学.电视策划)著;胡智锋指导著,中国传媒大学 2009

294. 理论与实务/薛辛光,孙雷红编著,2版,北京:电子工业出版社,2009

本书从基本理论、基本策划程序和方法、策划实战分析方面介绍营销策划的通用内容,又从战略策划、战役(推广)策划、战术策划(产品、促销等方面)的角度阐述营销策划的具体操作方法。

295. 新建改建酒店成功策划案例/袁学娅著,上海:上海远东出版社,2009

本书内容包括:杭州A度假庄园项目案例、长春烂尾楼改建五星级商务酒店的可行性分析案例、建造上海C酒店项目定位、功能设施规划及投入产出可行性分析案例、武汉E酒店项目规划、功能定位及市场财务可行性分析案例等。

296. 策划的秘密:医药保健品营销策划全程揭秘/袁小琼编著,广州:广东经济出版社,2009

本书汇编了西安袁氏营销企划机构近年来在医药保健品市场上策划的较有影响的多个医药保健品、化妆品、快速消费品等营销个案,试图对每一个案的策划思路、策略形成、实操执行、市场反响以及可圈点、可借鉴的方面作一个全景式介绍。

297. 策划的22条铁律/袁峰,刘经华编著,长春:吉林大学出版社,2009

本书从策划的衍生、发展、理论基础、创新模式、操作方法案例及经典案例各个角度诠释了策划的定义、性质、特性、内涵、形式及效应。

298. 畅销书策划88法/要力石著,北京:新华出版社,2009

本书把畅销书的编印发特别是选题策划分解为88个具体方法,内容包括操作方法、经典案例、策划理念和作者的策划经验。

299. 市场营销案例分析.策划篇/许彩国著,南京:东南大学出版社,2009

本书收录内容包括:长沙九芝堂(集团)策划方案、湖南振升铝材有限公司策划方案、邵阳市酒厂策划方案、湖南饲料企业策划方案、服装业知名品牌策划方案等。

300. 新媒体节目策划论/许鹏主编,北京:中国人民大学出版社,2009

本书分绪论"新媒体节目的策划及其核心理念"、上编"总体策划"和下编"分类策划"三个部分,涵盖了新媒体节目的商业策划、内容策划、技术与艺术策划、工程策划、知识产权保护等方面。

301. 公共关系策划/谭昆智,汤敏慧,劳彦儿著,北京:清华大学出版社,2009

本书内容包括:公关策划概述、公关策划程序、公关专题活动策划、公关调查策划、公关广告策划、公关新闻策划、公关谈判策划、公关营销策划、公关危机的管理策划、公关策划人员的素质要求与培训。

302. Google将带来什么?/(美)杰夫·贾维斯(Jeff Jarvis)著;陈庆新,赵艳峰,胡延平译,北京:中华工商联合出版社,2009

本书对Google公司进行了逆向工程研究,发现了40种管理与生存原则,阐述了互联网在我们的文化、营销和广告活动中所引发的巨大变化。

303. "嘉华杯"第2届房地产策划大赛方案精选/赵世强主编,沈阳:辽宁科学技术出版社,2009

本书收录了进入决赛的8件作品,比赛内容涉及房地产项目全程策划中的市场调研、规划设计、投资分析、项目管理、营销策划、经营策划等方面。

304. 城市策划实战案例/赵卓文著,广州:广东科技出版社,2009

本书共分九章,包括:都市RBD实战案例、城市CBD研究、传统商业区、城市工业区与CSD服务区、休闲经济与城市策划、卫星城(城市副中心、城市新区)、大盘与城市片区等。

305. 广告策划实务/赵国祥主编,北京:科学出版社,2009

本书主要包括广告策划概述、广告提案、广告调查、广告主题策划、广告创意、广告传播策划、广告策划书的撰写、广告效果测评等内容。

306. 国内数字电视视频点播节目设计与运营策略研究[硕士论文]/赵玉衡(文学硕士 广播电视艺术学.电视策划)著;胡智锋指导著,中国传媒大学 2009

307.《学徒》看真人秀节目的叙事策略[硕士论文]/赵肖雄(文学硕士 广播电视艺术学.电视策划)著;苗棣指导,中国传媒大学 2009

308. 网络媒体策划/郭春燕主编,北京:中央广播电视大学出版社,2009

本书内容包括网络媒体的定位策划,频道与栏目策划,界面设计,网络媒体运营等。

309. 广告营销策划经典案例分析/金力编著,北京:北京大学出版社,2009,现代策划学丛书

本教材案例的编排思路是按照营销策划的各个不同方面涵盖了营销整体战略策划,产品策划、价格策划、促销策划、渠道策划。而且,在此基础上还增加了品牌营销策划、整合营销策划和创新策划等内容。

310. 共青团活动策划与实施指导手册/钟丽霞主编,北京:北京理工大学出版社,2009

本书共十章,内容包括:共青团理论类活动策划与实施技巧、共青团宣传类活动策划与实施技巧、共青团科技类活动策划与实施技巧、共青团教育类活动策划与实施技巧等。

311. 品牌营销策划与管理/钟伟主编,北京:科学出版社,2009

本书共十二章,主要内容包括品牌概论、品牌与产品、品牌与市场营销、品牌营销战略分析、品牌定位、品牌命名与设计、品牌推广、品牌管理、品牌延伸、品牌危机管理、品牌资产管理、品牌国际化等。

312. 公司诉讼的策划与应对/钱尧志,张保生,夏东霞主编,北京:法律出版社,2009

本书共选编23篇经典案例,涉及股权确权纠纷、股权转让纠纷、出资纠纷、合作、联营合同纠纷、分红纠纷、公司股东损害公司债权人利益纠纷、公司董事、监事、高管人员损害公司利益纠纷、撤销公司决议纠纷、证券虚假陈述民事赔偿纠纷、证券公司的监管责任纠纷等十类公司诉讼。

313. 会展策划/阎蓓,贺学良主编,2版,北京:高等教育出版社,2009,

本书内容包括:会展的特点、发展条件及发展趋势;会展目标选择与策划策略;会议的计划与安排;会议策划要素与策划要点;奖励旅游的策划;展览项目策划;展览场地策划;企业参展策划;会展评估。

314. 策划帝国:商务策划文案宝典/陆涛著,北京:中国经济出版社,2009,吉利天使文化经济丛书

本书收集了作者为人物、项目、品牌实际完成的部分策划文案,作者以他一贯的亦庄亦谐的文笔对汽车领袖李书福和地产大亨潘石屹进行了诲人不倦的语言桑拿,一贬一褒,意味久远。

315. 玩家杂谈:旅游策划的理论与实务/陈世才著,北京:北京理工大学出版社,2009,旅游景区、休闲游乐、主题公园策划丛书

本书以杂谈的形式,对作者的策划经验、创意和心得进行了总结,介绍了旅游策划、游乐设计的新理念和新观点。

316. 草根浙商赢天下:22 条商规的致胜之道/陈俊著,北京:中国经济出版社,2009

本书依据民间一直流传着浙江商人的 22 条商规为主要线索,结合浙商创业实际,糅合商学观点,有机融合,铺陈而成。

317. 广告策划与品牌管理/陈俊宁主编,广州:暨南大学出版社,2009

本书包含认知广告、设计广告战略、分析消费者广告心理、广告创意策划、创造广告文案、广告媒体选择与投放、广告预算与效果评估、品牌管理等十个任务。

318. 媒体创意与策划/陈勤著,北京:中国传媒大学出版社,2009

本书对媒体创意与策划作了详细的介绍,内容包括创意的原理与基本方法、图书的创意与策划、报刊的创意与策划、广播的创意与策划等。

319. 旅游策划:原理、方法与实践/陈扬乐主编,武汉:华中科技大学出版社,2009

本书内容包括旅游策划概述、旅游策划的基本原理和原则、旅游策划的技巧、旅游发展战略策划、旅游产品策划等。

320. 创意战争:新一轮世界大战即将爆发/陈放,武力著,北京:中国经济出版社,2009

本书分别从远古时代,文艺复兴时期,欧洲工业革命——第一次世界大战,第二次世界大战等几个重要历史时期深刻追踪创意的发展轨迹。

321. 盘活城市/陈放,武力编著,北京:中国经济出版社,2009

本书包括中国城市病诊断、城市经营的十大实战模式、城市经营系统论、城市经营原理、城市品牌、城市定位、城市策划、城市形象设计与传播等内容。

322. 核策划/陈放著,北京:中国经济出版社,2009

本书收录了 17 个策划案例,阐释了核策划由创意到推广的整个过程。

323. 广告策划救命十三招:地产行销高段策略心法/陈炳宏著,天津:天津科学技术出版社,2009

本书分为谁说广告非得这样那样不可、三式十三招,策划必练救命术两章内容,记载了帝·十三从台湾到内地多年来的成功心法与成功案例。

324. 会展策划与管理/陈鲁梅主编,北京:化学工业出版社,2009

本书内容包括会展业概述、会展策划概述、会展立项策划、会展招展策划与管理、会展招商策划与管理、会展的现场策划与管理、会展服务策划与管理、会议策划与管理、会展相关活动策划与管理、会展的后续工作管理、会展客户关系管理。

325. 会展文案写作/韦晓军主编,重庆:重庆大学出版社,2009

本书每章设置了案例导入、训练要领、例文评析、训练设计四大模块,包括会展文案概述、会展计划和组织阶段的文案、会展运作阶段的文案(上、中、下)、会展实施阶段的文案、会展总结和反馈阶段的文案等七大章节。

326. 浅谈省级地面频道[硕士论文]:齐鲁电视台之频道建设/马令珍(文学硕士 广播电视艺术学.电视策划)著;关玲指导,中国传媒大学 2009

327. 广告策划/马春辉主编,长沙:中南大学出版社,2009

本书共十二章,内容包括:广告策划概述、广告策划的理论依据、产品认识与定位、市场调查与分析、广告创意、广告战略 策划等。

328. 广告理论与策划/马智利主编,重庆:重庆大学出版社,2009

本书分为理论和实务策划两大部分。理论部分对广告学的历史演进、广告环境、广告主体、广告客体等进行阐述;实务策划部分对广告策略、广告调查、广告文案设计等内容进行介绍。

329. 广告策划/高丽华,丛珩编著,北京:机械工业出版社,2009,广告经营管理丛书

本书介绍了广告策划业务流程、策划原则和策划项目管理;同时介绍了广告媒介策划、促销策划、品牌策划、公关策划、会展策划的策略要点。

330. 营销策划实务/高南林主编,北京:北京交通大学出版社,2009

本书共包括九个营销策划基本任务,任务一为全面认识企业、市场、产品及营销策划,任务二为进行市场调研,任务三为营销指定,任务四为产品策划,任务五为定价策划,任务六为选择分销渠道,任务七为促销策划,任务八位营销创新理念。

331. 药品品牌营销策划/(英)简妮斯·麦克莱农(Janice MacLennan)著;赵鲁勇译,上海:上海交通大学出版社,2009,医药营销管理丛书

本书分为两个部分:第一部分强调上市前产品的商业化过程;第二部分则探讨如何为已经上市的产品进行品牌策划。本书的结尾对制药行业可能遇到的挑战进行了分析,阐明了品牌营销策划是管理工作的不可或缺的组成部分,并且提出了如何应对挑战的策略。

332. 媒体策划与营销/黄升民,周艳,赵子忠著,北京:高等教育出版社,2009

本书分为上、中、下三篇,上篇“媒介与广告”,主要讲述广告媒体的分类与形态、每种媒体的传播特点等;中篇“广告媒体策划”,从媒体策划的内涵和流程出发,展现广告媒体作业的整体流程;下篇“媒体广告营销”,介绍媒体广告的运作特点及模式。

333. 我国电视娱乐节目对社会时尚文化的塑造[硕士论文]/黄婉春(文学硕士 广播电视艺术学. 电视策划)著;胡智锋指导,中国传媒大学 2009

334. 博物馆陈列展览内容策划与实施/齐玫著,北京:文物出版社,2009

本书阐述了博物馆陈列展览内容不同阶段运作的整个过程,总结、梳理、诠释出博物馆陈列展览内容设计的精髓、程序、规范、要求,以及具体的操作过程。

335. 营销策划制度。北京:中国商业出版社,2009,新管理制度百科全书 6

本书共内容包括:节省销售费用的方法及奖金制度、客户投诉事件处理办法、迅速提升公司业绩的策略、如何规划商品的企划方案等。

336. 理想空间策划丛书。上海:同济大学出版社,2009

337. ONE SHOW 中国青年创意实录:2008 年青年创意竞赛 & 创意营作品及实录/万秀创意编著,北京:中国青年出版社,2009

本书收录了知名广告人对 2008 年 ONE SHOW 创意竞赛的评价以及对青年参赛者的建议,展示了获得金、银、铜以及优秀奖的全部作品。

338. 创意我更牛:第三届全国大学生广告艺术大赛获奖作品集. B,策划类影视类广播类网络类/全国大学生广告艺术大赛组委会编,北京:高等教育出版社,2009

本书收集了第三届全国大学生广告艺术大赛策划类、影视类、广播类、网络类的获奖作品。书中全面记录了大赛的活动轨迹,以及相关评为的感言,生动展示了广大艺术学子的才识及面貌。

339. 教育策划理论与实践丛书. 长春:吉林大学出版社,2009—

340. 思路决定出路:成功策划 36 法/影响力中央研究院教材专家组编著,北京:电子工业出版社,2009m,影响时空管理丛书. 高阶主管系列

本书介绍了现代企业策划的 6 大思路、6 大能力、6 大步骤、7 大误区和实战策划的 36 个

方法。

341. 诡谋论/刘水清著,北京:群众出版社,2009

本书内容包括谋与诡谋、诡谋与智慧及思维、诡谋的类型、诡谋不衰之因、诡谋人格、诡谋的政治化、诡谋的生活化、对付诡谋等。

342. 询谋百战奇略/刘玲,樊化编著,北京:经济日报出版社,2009,劳心者必读经典

本书致力于从《百战奇略》中学习谋略,从德才兼备、激昂斗志、审时度势、运筹帷幄四个方面来阐释,以期读者从兵法中得到有益启示。

343. 周恩来谋略学/单夫著,北京:台海出版社,2009,伟人谋略学文库

本书分八章,论述了周恩来的人生谋略、政治谋略、军事谋略、治国谋略、经济谋略、外交谋略、治乱谋略、统战谋略等伟大的谋略思想。

344. 农业产业区域发展战略谋划与项目设计/李笑光著,北京:中国农业出版社,2009

本书共分战略谋划和方案设计2篇12章,将管理决策科学与项目设计的方法相结合,以崭新的理念和表述方式全面系统地介绍了农业产业发展战略谋划的理论思维方法和战略构思过程,并通过成功的案例详细地介绍了产业发展规划编制、项目建设方案设计、项目可行性研究和评估决策等内容。

345. 创意城市与文化园区的开发:以「国家两斤院园区」为例/杨其文著,台北:师大书苑有限公司,2009,师苑文化创意丛书;

346. 创意旅游:讲述旅游策划的故事/杨力民著,北京:中国旅游出版社,2009

本书以创意思维的方式,结合大量详实案例,论述了旅游景区、主题公园、大型演出、节庆活动、旅游地形象、旅游宣传品、市场营销等各方面的策划方法。

347. 创意产业经济学/杨永忠主编,福州:福建人民出版社,2009

本书内容包括:创意产业导论、创意产品的需求和供给、创意产品的生产、创意产品的成本等共十章。

348. 文化创意产业策略研究/林炎旦主编,台北:师大书苑有限公司,2009,师苑文化创意丛书;

349. 创意营销传播:营销3.0时代的制胜之道/林景新著,沈阳:辽宁科学技术出版社,2009

本书介绍了中国市场营销传播环境的最新变化,并根据当前的市场环境,提出了一套切实可行的营销传播策略,着重阐释了创意营销传播的具体实践与应用。

350. 小强广告100招:教你如何从新人到创意总监/林永强著,北京:中信出版社,2009

本书是作者进入广告界的经验之作。先是介绍了入行广告界的新人应做好的三种心理准备,以及想在广告行业发展所必须具备的素质和知识,然后用大量篇章阐释了电视广告、广告创意十诫、SUNDAY现象、CD不易为、广告公司五维管理、广告行业的游戏规则等知识,最后是小强作品集,收录作者创意广告作品13篇。

351. 文化产业创意学/江奔东著,济南:泰山出版社,2009

本书比较详尽地研究和讨论了文化产业创意主体、内容、产品、动力、规程、特征、原则、元素、方法、技术、风格、道德、障碍、竞争、环境、项目和绩效。

352. 真是一个好创意!:创造卓越创意的思维方法/(美)奇科·汤普森著;黎涓译,北京:电子工业出版社,2009

本书告诉你创意的秘密,通过简单、易行的方式,教你在生活和工作中不断有新想法、新见解。

353. 金牌创意:低成本的实效营销和广告创意指南 results/杰伊·H.海曼(Jay H. Heyman)

著;梁卿,詹德东译,Plmkt 派力营销图书/屈云波主编,北京:企业管理出版社,2009

本书介绍了如何才能想出金牌营销创意,提出了构思过程的一个关键步骤,解释了创意设计的各个环节,列举了一个营销案例。

354. 创意产业经济学/杨永忠主编,福州:福建人民出版社,2009

本书内容包括:创意产业导论、创意产品的需求和供给、创意产品的生产、创意产品的成本等共十章。

355. 广告运行谋略/刘宝金主编,长沙:中南大学出版社,2009,21 世纪广告智能运作书系

本书内容包括:市场中的营销关系系统、消费者分析、营销谋略要素的标准化等。

356. 营销策划实务/河南省职业技术教育教学研究室编,北京:经济科学出版社,2009

本书内容包括:营销策划导入训练、营销调研策划、产品开发策划、广告宣传策划、营业推广策划等。

357. 中国创意产业发展报告.2009/张京成主编,北京:中国经济出版社,2009

本报告涵盖了北京、天津、石家庄、上海、哈尔滨、南京、苏州、宁波、济南、南宁、昆明、西安、澳门、台北、香港等各地区的发展创意产业的经验和模式,总结了经验和教训。

358. 创意农业如何点土生金/张传伟主编,2 版,郑州:河南人民出版社,2009

本书是我国第一本研究创意农业的专题文集,所收录的论文或演讲稿概括论述了创意农业的概念、特征、类型、产业形态以及发展创意农业的对策和措施。

359. 电视广告创意与制作/张印平,马持节编著,广州:暨南大学出版社,2009

本书分为十二章,内容包括:电视广告创意、电视广告文案创作、摄影器材的应用、电视广告拍摄流程、电视广告的拍摄方法、电视广告录音基础、电视广告编辑技术等。

360. 电视广告创意:打造更具实效的电视广告/聂艳梅,林永强著,北京:中国市场出版社,2009,龙媒广告选书

本书内容包括:我国电视广告创意的现状和发展思路、国际电视广告创意的发展趋势、电视广告的构成要素及创意方法电视广告创意脚本、电视广告创意表现的特殊形式等。

361. 广告创意思维教程/舒咏平著,上海:复旦大学出版社,2009,博学 · 广告学系列

本书共 12 章,内容包括:广告创意与创意思维、广告创意思维的形式、广告创意思维的目标、广告创意思维的制约等。

362. 创意@东京/苍井夏树著;栗原淳实摄影北京:三联书店,2009,创意书系

东京是一座天然的超大美术馆,每个人都可以在这里找到属于自己的创意灵感与私密角落。本书从创意出发,带领读者一起在东京生活中寻找各式各样的新奇和别致的创意现场。

363. 影视广告创意与制作/苏夏著,上海:上海人民美术出版社,2009

本书系统地讲述了影视广告创意与制作的基本理论,以大量的优秀影视广告为范例,讲解了影视广告创意设计与制作的方法。

364. 北京市文化创意产业综合信息服务平台分析与设计[硕士论文]/苑天阳(工程硕士软件工程)著;郭文明指导 北京邮电大学 2009

365. 最新经典创意案例集/范时勇主编,重庆:重庆大学出版社,2009

本书采取了佩森创意产业分类标准,从生活的角度,从每一个读者的视角出发,将创意产业划分为创意文化、创意生活、创意设计、创意媒体四类,并将这四类分为 16 小类分别讨论。

366. 行销就是搞怪!:谁说卖东西不需要创意/荒木匡著;陈钰如译,台北:日月文化出版股份有限公司,2009,方向;20

367. 广告创意案例评析/莫凡,王成文编著武汉:武汉大学出版社,2009,现代广告案例丛书

本书内容包括：广告创意本质、广告创意原则、广告创意思维、广告创意方法、广告创意理论、广告创意评估、广告创意风格。

368. 创意经济概论/蒋三庚，王晓红，张杰主编，北京：首都经济贸易大学出版社，2009，文化创意产业系列丛书

本书总结和梳理了创意经济的理论发展体系，在创意经济的生产组织、交易市场、消费特点、创意园区发展以及创意经济的融资等方面进行了较为全面深入的探索。

369. 好奇心杀不死一只猫：跳脱常轨，发掘内心的创意因子/史蒂芬·蓝丁（Stephen C. Lundin）著；洪世民译，台北：美商麦格罗·希尔国际股份有限公司台湾分公司，2009，职涯发展管理；CD041

370. 文化产业比较案例/蔡尚伟，刘锐等著，北京：中国传媒大学出版社，2009，文化产业丛书

本书是中国第一部文化产业比较案例图书，为"比较文化产业学"的举旗之作。全书分国际视域、区域比较、文化传媒、文化体验四大部分，宏观与微观相结合，理论与实际相结合，对策思路与问题剖析相贯通，反面教训与正面启示相互验证。

371. 创意产业集聚空间组织研究/褚劲风著，上海：上海人民出版社，2009

本书内容包括：创意产业集聚的理论述评、创意产业集聚空间的案例解读、上海创意产业集聚的外生空间、上海创意产业集聚的空间分布等。

372. 文化创意与传媒产业研究/詹成大主编，北京：中国广播电视出版社，2009，传媒与文化产业管理论丛

本书以"文化创意与传媒产业"为主题，从文化创意产业改革、数字媒体运营、广电传媒突围等多角度研究文化创意与传媒行业的热点问题。

373. 中文创意教学示例/谢明勋，陈俊启，萧义玲编台北：里仁书局，2009，国立中正大学97年度教学卓越计画

374. 不换思想就换人：一本妙趣横生的创意思考训练书/（美）蒂姆·赫森（Tim Hurson）著；张猛译，北京：机械工业出版社，2009

本书介绍了Think创造性思维模型，附录列有创造性思维的术语表和工具，提供了丰富的创造性思维的示例。

375. 谁说中国没创意：奥美揭示中国创意真相/（印）辛默（Kunal Sinba）著；郭莉译，北京：中国青年出版社，2009

本书追溯了当代中国的创意历程，并探讨了文化复兴大潮以及社会和经济变革如何同时影响着创意。全书包括中国文化简史、从钢琴到后现代朋克、娱乐界和流星等内容。

376. 广播电视创意奇葩：获奖作品选及创作手记/达世新著，上海：上海人民出版社，2009

本书是知名广播节目制作人达世新的获奖原创作品和获奖论文的精选与创作手记。书中所选作品，创意各具特色，节目类型众多。每篇佳作后并附有创作手记、或专家点评、评奖意见。

377. 古代设计思想史略/邵琦[等]编著，上海：上海书店出版社，2009，艺术·文化创意理论丛书

本书共分七章，主要内容包括先秦的设计思想、秦汉的设计思想、魏晋设计思想、隋唐设计思想、宋元设计思想、明代设计思想、清代设计思想。每个朝代都相应地介绍了当时最具代表性的人物及其作品和思想。

378. 创意生产的思维模板/鄢卫东著，成都：四川大学出版社，2009

本书分上、下两篇，共十一章，内容包括：创新源于需求、创新基于认识、创新在于选择、"思

维模板”路线网络等。

379. 电视创意产业/张国良主编;邱凌,崔辰,陈青文编著上海:东方出版中心,2009,创意产业研究系列/祝君波主编

本书剖析了英、美、日本、及韩国的电视产业,并解析了一些反映中国电视产业当下状况的典型事例,如黄健翔事件、“超女”现象、百家讲坛、省级卫视之争等。

380. 创意经济大视野.第一辑/张晓明,迈克·金主编北京:三辰影库音像出版社,2009

本书充分展示了拓展文化产业的论域,与国际上通常使用的“创意概念”接轨。内容涵盖从理论概念分析、政策源流梳理,到产业和国别分析,以及创意企业流程管理等。

381. 华丽家族:时尚名门的经典创意与品牌传奇/张薇编著,哈尔滨:哈尔滨出版社,2009

本书介绍了米尔顿·好时用一个人的名字撑起了一个由不同姓氏的人组成的庞大家族,建立了世界上最时尚、最甜蜜的巧克力艺术王国——你不用很富有,就可以感觉很好;松下幸之助将一生的奋斗浓缩成了“自来水哲学”,形成了东西方均适用的企业精神等诸如此类的故事。

382. 99头紫牛:意想不到的99个营销创意/塞斯·高汀(Seth Godin)著;崔校宁,李智译,北京:高等教育出版社,2009,塞斯·高汀营销系列Ⅱ

本书秉承了塞斯·高汀一贯的写作风格,用妙趣横生、幽默诙谐的语言,在娓娓道出一个又一个精彩案例的同时,轻松揭示了可能主导未来若干年的全新的营销理念。

383. 艺术,是个动词:创意生活手边书/(美)埃里克·布斯(Eric Booth)著;张颖译,南昌:二十一世纪出版社,2009

本书共四章,内容包括:艺术是个动词、成为优秀者的首要条件、日常生活中的艺术、水乳交融等。作者介绍了许多与各个层面的生活有关的艺术点子,让人在生活中的每一个片刻都体会到艺术的美妙,从而提醒人们在寻常生活中察觉创意的泉源与优雅的生活品质。

384. 思维+创意=成功/王凡编著,北京:西苑出版社,2009

本书以独特的角度,以打破常规的方式引领读者摆脱思维的束缚,告诉读者如何在思维的基础上用自己的创意来开发自己的创造潜力,提升创造力来收获人生的成果。

385. 城市博弈与文化创意/王昆著北京:中央文献出版社,2009

本书内容包括:首都古城保护与建设,首都古城风貌传承,首都古城空间冲突,创意产业基本内涵,国外创意产业等。

386. 广告计划与创意/王瑞雪,王华编著,天津:天津大学出版社,2009

本书内容包括:广告计划与创意概说、广告计划、广告创意、广告计划书内容与撰写、优秀广告案例赏析等。

387. 创意的经济与创新设计人才的教育/王章旺等编著,沈阳:辽宁美术出版社,2009

本论文集突出我国创意的经济与创新设计人才的培养教育的研究,在产品设计、广告设计、绘画基础、艺术设计专业的设计创新、教育理论、教学法等方面有所建树。

388. 创意天下/王达林编著,北京:清华大学出版社,2009

本书以创意学基本原理结合大量的经典案例,阐述了创新思维和创新意识的相关知识。

389. 文化创意产业发展比较研究:理论与产品的国际贸易/白远,池娟著,北京:中国金融出版社,2009

本书阐述了文化创意产业的概念和经济学意义,以及文化创意产业的竞争力与国际贸易状况,并从计算机和信息、建筑、广告、电影、动漫等几大文化创意产业出发,将我国与世界其他主要国家或地区的文化创意产业和产品的国际贸易进行对比研究,对我国文化创意产业以及创意产品国际贸易的发展提出了建设性意见。

390. 文化资本论/皇甫晓涛著,北京:人民日报出版社,2009

本书包括文化资本全球博弈的认知科学基础与新概念资本论、文化产业的资源理论与符号资本论、文化产业的生态理论与生态资本论等内容。

391. 创意工厂:意大利传媒市场/(意)安东尼奥·皮拉蒂(Antonio Pilati),(意)朱塞佩·里盖利

(Giuseppe Richeri)著;史克栋,黄炜,孙权译,北京:中国传媒大学出版社,2009,欧洲

新闻与传播学名著译丛

本书全面概述意大利传媒体制,以资料和数字为基础,研究探讨了意大利传媒业的整体体制及其各个产业。

392. 信息技术与网络创意产业/盛思梅编著,上海:东方出版中心,2009,创意产业研究系列

本书着重探讨信息技术为代表的当代科学技术,对创意产业的渗透、影响与带动,特别是对网络创意产业的催生及其互动。

393. 广告创意:从抽象到具象的形象思维/程宇宁著,北京:中国传媒大学出版社,2009

本书内容沿两条线索展开:一条是执行广告创意流程的先后顺序,另一条是广告创意所要涉及的相关学科知识。对广告创意的理论发展及相关知识、广告创意的基本策略和思维方式进行全面梳理和论述。

394. 60分钟品牌战略/伊卓里斯·穆提(Idris Mootee)著;吕奕欣译台北:晨星出版有限公司,2009,创意智库;

395. 实战广告案例.第四辑,创意及互动营销/穆虹,李文龙主编,北京:企业管理出版社,2009,广告人·案例丛书

本书收录了60多个知名品牌的广告案例。内容包括:IT类;房地产类;家电、日化、服饰及家装类;金融、旅游、娱乐类;食品饮料类等。

396. 建筑设计创意产业/章明,张姿编著,上海:东方出版中心,2009,创意产业研究系列

本书共四章,内容包括:激情创意——建筑设计创意产业概述、无限创意——建筑设计创意产业的基本特征、潜力创意——中国建筑设计创意产业的现状及运用机制等。

397. 创意×企划×简报:以五页式企划简报提升创意的说服力/竹岛慎一郎著;博硕文化编译台北县:博硕文化股份有限公司,2009

33个专业案例与108组简报设计格式。

398. 脑能量整理术:提高你的创意力·行动力·解决力/筑山节著;王俞惠译,台北:天下远见出版股份有限公司,2009,心理励志;

399. 够了!创意/(美)里奇·戈尔德(Rich Gold)著;王卓译北京:中国人民大学出版社,2009,湛庐商业智慧(51)

本书不仅是一部生动的教科书,还是一篇卡通版的论文,也是一本发人深省的自传,内容包括创造力的四顶帽子、创意的七个模式、大千世界等。

400. 江南春创意创造生意/文信平著,北京:中国经济出版社,2009

本书以江南春诸多鲜明、独特的语录为“点”,以分众传媒的发展为“线”,以中国广告传媒业发展为“面”,点线面结合,铺开了关于一个人、一个企业的传奇画卷。

401. 新鲜:中国创意人物访谈录/潘丽著,北京:中国工人出版社,2009

本书选取了中国范围内18例个人和团体作为采访对象,呈现他们的创意方法、创业事迹,以及生活状态。

402. 报刊创意与策划/涂晓华编著,北京:中国广播电视出版社,2009

本书共分九章,包括报刊的概念及我国报刊现状、报刊创意与策划概述、新闻专题报刊创意与策划、版面创意与策划、报刊广告创意与策划等内容。

403. 这些创意不是乱讲:王伟忠团队的13堂独门创意课/王伟忠,陈志鸿述;王蓉整理,台北:天下远见出版股份有限公司,2009吗,人文社会;280

404. 北京市文化创意产业集聚区发展研究报告/牛维麟,彭翊主编北京:中国人民大学出版社,2009

本书建立了文化创意产业集聚区评价指标体系,深入剖析北京市文化创意产业集聚区的核心竞争力和社会影响力,客观探讨了北京市文化创意产业集聚区的发展模式和规划思路,为北京市文化创意产业集聚区的建设和发展提出政策意见和建议。

405. 谋略管理/郑兴山,颜世富主编,北京:机械工业出版社,2009,中西管理会通丛书,

本书共分七章,内容包括:变革与谋略、信息获取、预测和决策谋略、战略规划和战略谋略、人才谋略等。

406. 避险谋略/郭茂德著,北京:中国人民公安大学出版社,2009

本书系统严谨地阐明了这样一个道理:世界上最彻底的生存哲理往往蕴藏在形形色色的应急避险之中。书中列举了古代用谋实例,诠释内涵,拓展外延。

407. 谋略术/冯敬,张易编著,呼和浩特:远方出版社,2009,天下无谋谋略经典系列

本书从诸子百家、各种学说与学派、各式各样的哲人或思想者的著作中,选取名言警句数千条,为每条名言警句配以译文、引申评论、反论,以及和名言相关的历史故事,介绍了谋略术。

408. 争斗的相位谋略与手腕:中国历史上十大相权之争/万剑声编著,台北县:菁品文化事业有限公司,2009,历史镜;

409. 有一种谋略叫博弈/余长保编著,北京:中国纺织出版社,2009

本书通过一系列引人入胜的故事,细致地阐释了与我们每个人密切相关的博弈问题,使读者迅速掌握生活中无时不在的博弈技巧。

410. 广告运行谋略/刘宝金主编长沙:中南大学出版社,2009,21世纪广告智能运作书系

本书内容包括:市场中的营销关系系统、消费者分析、营销谋略要素的标准化等。

411. 现代企业运营谋略:老板决策的118个制胜诀窍/刘志伟编著,北京:金盾出版社,2009

本书介绍现代企业运营谋略,从人力资源、运营谋划、经营管理、财务筹划、产销控制、战略发展等六个方面。

412. 美国总统的谋略/刘革学主编,北京:东方出版社,2009

本书分为政治谋略和生活谋略两大部分,介绍了美国总统的处世智慧。

413. 三十六计谋略全书/卫生保编著,北京:中国城市出版社,2009

本书首先对“原解”中较难理解的词句尽可能地加以注释;接着参照原书“按语”对按语进行通俗易懂的翻译,并对每一计的计名来源作了介绍;然后对每计作了精要的解析;最后每一计还从军事、商战、政治和处世等方面列举历史上有关的生动故事。

414. 领导谋略通鉴.方圆之道/双明主编,长春:吉林大学出版社,2009,理想藏书系列

本书阐述了领导与权力相伴相生,权力与谋略相辅相成。离开权力。领导将成为摆设;离开谋略,权力将变得十分危险。方,是做领导的正气,是领导者必备的优秀品质;圆,是处世的手段,是通达技巧。

415. 领导谋略通鉴,进退之法/双明主编,长春:吉林大学出版社,2009,理想藏书系列

本书阐述了领导与权力相伴相生,权力与谋略相辅相成。离开权力。领导将成为摆设;离开谋略,权力将变得十分危险。能够和着进与退的节奏起舞的领导者,必定会拥有一个自由伸展的

舞台。

416. 领导谋略通鉴.成败之道/双明主编,长春:吉林大学出版社,2009,理想藏书系列

本书阐述了领导与权力相伴相生,权力与谋略相辅相成。离开权力。领导将成为摆设;离开谋略,权力将变得十分危险。成王败寇,追求成功,避免失败,是领导智慧的核心问题,而成败关键主要在于决策。

417. 孙子兵法与谋略思想/周艳玲编著,哈尔滨:哈尔滨工业大学出版社,2009

本书系统地介绍了孙子生平、《孙子兵法》的社会应用、《孙子兵法》原文及内容解析,对孙子的一些核心的制胜谋略进行了遴选和编写,并精选古今中外战例对其进行了说明。

418. 中国历代帝王将相谋略/张艳玲主编,北京:北京燕山出版社,2009

本书分为霸王、邦交、攻伐、韬晦、奇智、阴谋等篇章,讲述了中国历代帝王将相政治谋略的历史故事。

419. 中华智谋总集/丁华民,白金华主编长春:吉林大学出版社,2009

本书包括政治卷、军事卷、经营卷、说辩卷、巧女卷、慧童卷、断案卷、科技卷、民间卷、综合卷10部分,共收录了中华民族1000多个优秀智谋故事,内容涉及到政治、军事、文化、外交、处世、家训、权谋等方方面面。

420. 成功转型人物系列丛书/刘世英主编,北京 经济日报出版社,2008—

策划报纸

1. 经济决策报 No.1(1986)—no.?(199?)郑州(河南)郑州市中原路市委北院:该报社,1986—199?

2. 信息与决策 No.1(1985,5,1)—[no.(1996)]伊春(黑龙江)黑龙江省伊春市朝阳大街(邮编153000):该报社,1985—[1996]每周六期

策划期刊

1. 决策 2005,no.1(2005,1)-=总191—合肥 安徽省合肥市长江中路221号省政府东综合楼四楼(邮编230001):该杂志社,2005-,月刊,栏目:特别策划 观察 大局 人物 调查 视点 镜鉴 谋略 专栏 阅读

2. 竞争与谋略 2009,no.1(2009,1,15)—呼和浩特 内蒙古呼和浩特市东风路华联名仕园B座101:《今日财富》杂志社,2009—;2009,no.1—no.2题名:《今日财富·竞争与谋略》,月刊,栏目:封面故事 竞争大势 焦点关注 史海勾沉 为商之道 决策韬略 聚财魔典 职场云梯 升职谋略 财经小故事

3. 谋略 2004,no.4(2004,4)—2004,no.12(2004,12)长春:吉林炎黄国学书院,2004月刊,栏目:资智通鉴 天下大事 风云人物 智慧人生 鬼谷传道;本刊原名:财路;本刊改名:投资与信息

4. 思路与智谋 200?,no.1(200?)—北京:知识经济出版社,200?—月刊,栏目:思路空间 人生感悟 交际处世 心灵有约 成功智谋 青春校园 能言善变 职场导航 侃天说地 谈谐乐园

5. 谋略(江西) 1997,no.1(1997,2,1)—2007,no.12(2007,12) = 总1—92:华东地质学院印刷厂,1997—2007 刘德旺题写刊名,双月刊 1997—2002,月刊 2003—2007,栏目:理论学习 经济纵横 政策研究 工作探讨 热点透视 基层工作 经营之道,本刊改名:现代抚州

6. 竞争与谋略 [1993,no.1(1993)]—1997,no.12(1997,12,1) = [总1]—51 北京 北京市朝阳区北土城西路20号(邮编100029):该刊编辑部,1993—1997,月刊,栏目:国际竞夺 大谋略家 中国精英 兵法与经营 法制长廊 谋略宝库 人生大计 破译生命

7. 政策研究 1985,no.1(1985)—1993,no.12(1993,12,25) = [总1]—147,南宁 广西南宁市 七星路128号(邮编530022):该刊编辑部,1985—1993,不定期,栏目:领导讲话 课题研究 学习心得 发展村级集体经济 政研园地 政策天地,本刊改名:政策天地

8. 政策天地 1994,no.1(1994,1)—2002,no.7(2002,7) = 总148—255,南宁 广西南宁市民族大道党委大楼17层(邮编530025):该刊编辑部,1994—2002,月刊,本刊原名:政策研究

9. 宏观政策动向 2006,no.1(2006,1)— = 总305—北京 北京市三里河路58号国家信息中心预测部(邮编100045):[该刊编辑部],2006—《SIC国信预测分析》系列,周刊,栏目:国信观点 政策动向 政策点评 政策文摘 政策争鸣 政策借鉴

10. 政策瞭望 2003,no.1(2003,1,20)— = 总1—,杭州 浙江省杭州市省行政中心3号楼(邮编310025):该杂志社,2003—,月刊,政策前瞻 政策聚焦 问策智者 知者无畏 企业攻略 策马浙江 百答不厌 放眼天下

11. 决策者参考 200?,no.1(200?)— = [总1]—北京 北京市阜外月坛北小街2号中国社会科学院经济研究所(邮编100836):[该刊编委会],200? —半月刊

12. 决策内参 200?,no.1(200?)—[2005,no.16(2005)] = [总1]—[161]北京:[该刊编辑部],200? —[2005],周刊,栏目:国信观点 宏观导航 政策快递 热点聚焦 行业动态 最新数据

13. 科学决策:首脑的杂志 1994,no.1(1994,11)—北京 北京市海淀区阜成路14号(邮编100037):该杂志社,1994 - 双月刊 1994 - 2000 月刊 2001 - 栏目:金融专题 资本运营国际借鉴 形势分析 决策学院 译文

14. 经营决策文摘 V.1,no.1(1993) - v.15,no.12(2007) = [总1] - 217 北京:中国有色金属工业信息中心,1993 - 2007,月刊,栏目:改革之声 发展战略 财政金融 管理经营经营之道 市场动态 经济预测 中外市场 市场论坛 综合信息 世界经纬 经济论坛

15. 决策咨询 1993,no.1(1993,10) - 2004,no.12(2004,12) = 总58 - 190 合肥 安徽省合肥市长江路221号省政府东综合楼四楼(邮编230001):该刊编辑部,1993 - 2004,月刊,栏目:决策时空 决策透视 决策者在思考 经济纵横 社会发展 知识与信息

16. 决策与决策支持系统 V.1,no.1(1992) - v.7,no.4(1997,12)天津 天津市南开区卫津路92号:该刊编辑部,1992 - 1997,季刊,栏目:三峡工程 DSS研究与开发 DSS研究与开发决策理论与方法 专题研究,本刊改名:管理科学学报

17. 决策咨询通讯 [V.1],no.1(1990) - = [总1] - 成都 四川省成都市人民南路四段11号7楼(邮编610041):该杂志社,1990 - 主办单位曾为四川省决策咨询工作联系网络,季刊 1990 - 2002,双月刊 2003 - ,栏目:发展战略 专家考察和专题研究 改革开放 决策咨询动态 经济动态 科技动态 市场信息 决策咨询研究 自身建设

18. 决策参考周讯 199?,no.1(199?) - 2008,no.50(2008,12) = [总1] - 871 北京 北京市复兴门外北蜂窝3号(邮编100038):报林杂志(会刊),199? - 2008,周刊,2009年改出子版,本版停刊,栏目:本期专题 综合资讯 关注国资改革 关注振兴东北老工业基地 财政金融 产业经济与市场 汽车产业与市场

19. 决策理论与实践 1989,no.1(1989,12) - 199?,no.(199?) = 总1 - ? 北京 北京市白石桥路46号(邮编100081):该杂志社,1989 - 199? 宋健题写刊名,季刊,栏目:决策科学与领导

决策理论与方法 中国文化与决策管理 全球问题与决策科学 决策科学与社会经济 人物专访 决策事例评介

20. 决策探索 1987,no.1(1987) - =[总1]- 郑州 河南省郑州市政一街5号(邮编450003):该杂志社,1987 - 王琦题写刊名曾由河南省经济技术社会发展研究中心主办,双月刊 1987 - 1992,月刊 1993 - 2005,半月刊 2006 - ,栏目:决策实践 决策与咨询 决策研究 领导科学 财政金融 劳动就业 企业决策与管理

21. 咨询与决策 1987,no.1(1987) - 武汉 湖北省武汉市武昌洪山路3号(邮编430071):该杂志社,1987 - 休刊:2005年全年,月刊,栏目:农业笔谈 热点难点 战略与决策 经济问题 科技进步 社会问题研究 企业行为

22. 控制与决策 1986,no.1(1986,2) - 1988,no.4(1988,10) = 总1 - 12 v.4,no.1(1989,1) - 沈阳 辽宁省沈阳市和平区文化路3巷11号东北大学125信箱(邮编110004):该刊编委会,1986 - 曾由东北工学院主办,双月刊 1986 - 2003 月刊 2004 -

23. 决策导刊 1986,no.1(1986,1) - =[总1]- 重庆 重庆市渝中区中山四路72 - 8号(邮编400015):该刊编辑部,1986 - ,月刊,栏目:权威论坛 发展与展望 改革探索 对外开放 热点透视 金融天地 决策艺术 经济杂谈 会员星空 人物专访

24. 谋略对策 1986,no.1(1986,11) - 1999,no.6(1999,12,10) = [总1] - 133 成都 四川省成都市新华西路王家塘巷3号(邮编610031):该刊编辑部,1986 - 1999,月刊 1986 - 1995,双月刊 1996 - 1999,栏目:上情论要 决策指南 追踪改革 谋略 对策与规范 考察与调研

25. 统计与决策 1985,no.1(1985,1,25) - = 总1 - 武汉 湖北省武汉市武昌水果湖东一路19 - 2号(邮编430071):该杂志社,1985 - ,1984年有增刊,双月刊 1985 - 1994,月刊 1995 - 2004,半月刊 2005 - ,栏目:改革之声 统计与企业管理 经验交流 读者论坛 知识丛林 简讯 译文

26. 决策咨询 创刊号(1985,5) - 1986,no.1(1986,2) = 总1 - 5,双月刊,吉林省经济与技术研究中心主办

27. 决策与信息 1984,no.1(1984,12) - = 总1 - 武汉 湖北省武汉市武昌区水果湖欧式街A区3楼(邮编430071):该杂志社,1984 - ,下半月刊有小标题:财经观察,月刊 1984 - 2005,半月刊 2006 - ,栏目:特稿·专访 决策艺术 国情国策 改革探索 民情民意 投资导向 决策人物 百家漫画 咨询信箱

28. 创新政策与管理 2009,no.1(2009,1,9) - 北京 北京市海淀区中关村大街59号文化大厦(邮编100086):中国人民大学书报资料中心,2009 - ,复印报刊资料,月刊,栏目:创新政策 国家创新体系 创新环境 创新与产业 创新与组织 海外视野

29. 中华老字号 2005,no.2(2005) - = 总11 - 杭州 浙江省杭州市建国北路59号3F301(邮编310004):该刊编辑部,2005 - ,双月刊,栏目:独家特别策划·观点启示录 出谋划策·品牌论坛 百家争鸣·观点与策略 经典案例·世界老字号 商界精英·传奇人物 融入经典·百年汽车 回放瞬间·历史回眸 经济寓言·经营韬略

30. 浙商 试刊号(2004) 创刊号(2004) - 杭州:该杂志社,2004 - ,月刊 2004 - 2006,半月刊 2007,栏目:特别策划 财富榜样 浙商商学院 生意生活

31. 精品·苏商 [2004,no.1(2004)] - =[总1]- 南京 江苏省南京市虎踞南路90号(邮编210004):精品杂志社,[2004] - 月刊,栏目:总裁论道 老总箴言 博客名人堂 外刊速览 声音 特别策划 人物 经理人 产业园故事 事件 评论 商帮故事 论坛 商学院 溯源 法苑 投资会所 生活

32. 徽商 2009,no.1(2009,3,10)- = 总1-合肥 安徽省合肥市政务新区安徽日报报业大厦四楼:该刊杂志社,2009-,月刊,栏目:主题策划 徽商领袖 新闻资讯 封面人物 经典财智对话品牌 文化徽商

33. 潮商 创刊号(2009,12,8)- 汕头(广东)广东省汕头市金新路报社7楼:该刊编辑部,2006-,双月刊,栏目:四海潮讯 特别策划 天下潮商 市场分析 特色经济 商界名家 商战经典潮商学院 他山之石 投资合作 潮商史话 艺术天地 时尚生活 读编往来

34. 财富智慧 创刊号(2004,3)-2008,no.9(2008,9)= 总1-[51]杭州 浙江省杭州市武林路357号浙江省期刊出版中心B楼416室(邮编310006):该杂志社,2004-2008,月刊,栏目:神州快讯 非常财智 面对面 财富人生 独家策划 特别报道 成功谋略 长三角了望 管理论坛 领导磁场 财智观点 区域经济 企业文化 环球视点

35. 科技咨询导报:中国科技咨询协会会刊[no.1](2004)-no.6(2005,5)2005,no.6(2005,6)-2007,no.30(2007,10)= 总7-66北京 北京市阜成路8号(邮编100830):该刊编辑部,2004-2007,月刊2004-2006,旬刊 2007,栏目:调查判断 特别关注 精要分析 业内交流新锐话题 专题策划 咨询实务 经典访谈 业内动态

36. 科学咨询 2002,no.1(2002,1)- = 总1-重庆:该刊编辑部,2002-,上半月版主题:科技信息;下半月版主题:教育科研;2009,9月改成旬刊,上旬主题:决策管理;中下旬主题:教育科研,半月刊 2002-2009,8,旬刊 2009,9-,栏目:专家论坛 国情咨询 产业经济 高校科技 决策咨询 科技管理 科技人物 城市科学 创新论坛 科技视野 关注西部 宇宙探索 生命科学

37. 创业抢鲜志 No.1(2000,8,5)- 台北县(台湾)台湾省台北县新店市光明街288号3楼(231):开创家企管顾问有限公司[发行],2000-,双月刊,栏目:专题企划 创业家观点 新兴品牌介绍 成功加盟案例 创业法律教室 法律小常识 一分钟观念 中国式管理 专家开讲 市场追踪 创业新知 赚钱的店 总部出招 创新人物 品牌授权与连锁

38. 成功营销 [1999,no.1(1999)]- = [总1]- 北京:北京融联信息传播有限公司[发行],[1999]-,月刊,栏目:信息直通车 焦点 外刊在线 营销前沿 营销随笔 渠道变法 营销视点 营销金点子 价格谋略 策划人手记 嘉利时空 域外风景线 模仿与创新 新书快递

39. 创意世界:中国创意产业第一刊 2009,no.1(2009,1)- = 总1-,北京 北京市海淀区西土城路6号(邮编100088):[该刊编辑部],2009-,月刊,栏目:前沿 封面话题 业界 创意阶层 品牌 态度

40. 新智慧 2005,no.8(2005,8)- 武汉 湖北省武汉市汉口高雄路1号(邮编430015):财会月刊杂志社,2005-,月刊 2005,半月刊 2006-2007,旬刊2008-,本刊原名:财会月刊 财富

41. 智慧文摘 005,no.1(2005,1,1)-2005,no.12(2005,12)武汉 湖北省武汉市水果湖东湖路16号知音大厦(邮编430071):《财智文摘》编辑部,2005,此刊为知音系列刊,月刊,栏目:天下智慧 智者智慧 思想智慧 人生智慧 成功智慧 快乐智慧 发现智慧,本刊原名:财智文摘,本刊改名:知音智慧

42. 政策动向与数据解读 2002,no.1(2002)-2005,no.48(2005,12)= [总1]-304,北京 北京市三里河路58号国家信息中心预测部(邮编100045):该刊编辑部,2002-2005,旬刊,栏目:国信观点 政策动向 政策点评 数据解读 政策文摘 每周要点 财经数据

43. 创业邦 创刊号(2008,9,1)- = [总26]- 长沙 湖南省长沙市岳麓区湖南大学期刊社(邮编410082):该杂志社,2008,《创业邦》杂志是美国《Entrepreneur》杂志的中国独家授权合作伙伴,月刊,栏目:人物 专题 技术 资本 营销 管理 创业 生活

44. 创业家 创刊号(2008,9,1)-,北京 北京市海淀区中关村大街45号兴发大厦510室

(邮编 100086):中国人民大学书报资料中心,2008 - ,月刊

45. 创业家 2002,no.8(2002,8) -2004,no.4(2004)长沙 湖南省长沙市韶山路1号(邮编410011):该杂志社,2002 -2004,月刊,栏目:创业计划 情景案例 创业案例 成功销售 营销 管理 技术 金融与法律,本刊原名:湖南与世界

46. Smart 智富 No.34(2001,6) - ,台北 台湾省台北市民生东路二段141号8楼(104):英属盖曼群岛商家庭传媒股份有限公司城邦分公司[发行],2001 - ,月刊,栏目:创业人物 聪明理财 焦点新闻 基金趋势 房产天地

47. 总裁智囊 :丛书/李步超主编,北京:中国经济出版社,1999 -

48. 文化创意产业 2009,no.1(2009,1,14) - ,北京 北京市海淀区中关村大街59号文化大厦(邮编100086):中国人民大学书报资料中心,2009 - ,复印报刊资料,双月刊,栏目:热点透视 理论题研究 产业分析 域外视野 概念辨析 个案研讨 发展前瞻

49. 每周政策资讯 200?,no.1(200?) -[2007,no.52(2007,12)] = [总1 -730],北京 北京市朝阳区甘露园南里一区8号楼2102室(邮编100025):该刊编辑部,200? -[2007],周刊,栏目:中央及各部委政策信息 政策备案 权威论坛 地方举措 要闻动态 政策解读 优惠政策解析 司法解释 经济研究 分析预测 经济观察 行业扫描 经济与法 服务窗 政策全方位

50. 中国卫生政策研究 V.1,no.1(2008,10,25) - = 总1 - ,北京 北京市朝阳区雅宝路3号(邮编100020):该刊编辑部,2008 - ,月刊,栏目:卫生服务 健康保障 公立医院改革 卫生政策研究

51. 中国卫生政策,1989,no.1(1989) -2002,no.12(2002,12) = 总1 -153,北京 北京市宣武区南线阁10号基业大厦8层(邮编100053):该刊编辑部,1989 -2002,2000,10前在长沙出版,曾由中国卫生政策杂志社主办,月刊,卫生工作治理整顿 精神文明建设 卫生防疫 医政管理 农村卫生 医学教育 中医药部门卫生政策 卫生法制 国外卫生政策与管理 讲座,本刊改名:卫生政策

52. 卫生政策 2003,no.1(2003,1,5) -2002,no.12(2002,12) = 总154 -201,长沙 湖南省长沙市湘雅路38号(邮编410008):该杂志社,2003 -2006,月刊,栏目:特稿 专稿 专题报告 厅局长论坛 政策信息 社会视点 动态传真 问题研究 国际卫生观察 新思维 两岸三地卫生 管理者风采 农村卫生 院长论坛 医院改革与建设 百家论坛 信息,本刊原名:中国卫生政策

53. 能源政策研究 2004,no.6(2004,12) - ,北京 北京市西城区三里河路54号469室中国能源研究会(邮编100045):中国能源研究会[发行],2004 - ,双月刊,栏目:综合数据 一次能源供应 电力 新能源和可再生能源 能源消费 能源效率与节能

54. 经济决策者参考 200?,no.1(200?) - = [总1] - ,北京 北京市阜外月坛北小街2号中国社会科学院经济研究所(邮编100836):[该刊编委会],200? - ,半月刊

55. 投资决策内参 200?,no.1(200?) -[2005,no.16(2005)] = [总1] -[161],北京:[该刊编辑部],200? -[2005],周刊,栏目:国信观点 宏观导航 政策快递 热点聚焦 行业动态 最新数据

56. 行政暨政策学报 [No.30(1999,10)] - ,台北 台湾省台北市民生东路三段67号:国立台北大学公共行政暨政策学系,1999 - ,每年一期 1999 -2000,半年刊 2001,8 -

57. 研究与咨询 1986,no.1(1985,3) -[1987,no.6(1987)],长春 吉林省长春市宽城区白菊路4号:该刊编辑部,1986 -1987,双月刊,栏目:专论 战略研究 争鸣与探讨,本刊改名:精神文明

58. 智慧与成功/青春岁月杂志社,2009,no.1(2009) - = 总395 - ,石家庄 河北省石家庄

市裕华西路 90 号(邮编 050051):该杂志社,2009 - ,月刊 2009,1 - 2009,3,半月刊 2009,4 - 2009,12,月刊 2010 - ,栏目:伟人智慧 谈古论今 潜能无限 启迪 感悟 点滴 梦想舞台 七色阳光 成功密码 亲情驿站 读者地带

59. 知音智慧文摘 2005,no.1(2005,1,1) - 2005,no.12(2005,12),武汉 湖北省武汉市水果湖东湖路 16 号知音大厦(邮编 430071):《财智文摘》编辑部,2005,月刊,栏目:天下智慧 智着智慧 思想智慧 人生智慧 成功智慧 快乐智慧 发现智慧,本刊改名:知音智慧

60. 知音智慧 2006,no.1(2006,1) - ,武汉 湖北省武汉市水果湖东湖路 16 号知音大厦(邮编 430071):《财智文摘》编辑部,2006 - ,月刊,此刊为知音系列刊,本刊原名:知音智慧文摘

61. 财智文摘 2003,no.1(2003,1,1) - 2004,no.12(2004,12),武汉 湖北省武汉市水果湖东湖路 16 号知音大厦(邮编 430071):该刊编辑部,2003 - 2004,月刊,栏目:视野 智慧 创富新知

62. 思路与智谋 200?,no.1(200?) - ,北京:知识经济出版社,200? - ,月刊,栏目:思路空间 人生感悟 交际处世 心灵有约 成功智谋 青春校园 能言善变 职场导航 侃天说地 谈谐乐园

63. 科技智囊 创刊号(1995) - = 总 1 - ,北京 北京市朝阳区望京中环路南路 9 号望京大厦 A 座 15 层(邮编 100102):该刊杂志社,1995 - ,月刊,栏目:热点透视 新闻纵深 零售要闻 经典策划 营销创意 专家谈连锁 尼尔森论坛 促销日历 朱熹笔谈 管理智慧 人力银行 厂商舞台 信息与电脑 大趋势 科学眼 看医生 商业巨子 老店铺 域外考察 智开策划 零售辞典 零售学院 经理书屋 消息树

64. 智囊 [1993,no.1(1993)] - 2002,no.11(2002,11) = [总 1] - 95,西安 陕西省西安市含光路邮局 9 号信箱(邮编 710004):该杂志社,1993 - 2002,双月刊 1993 - 1996,月刊 1997 - 2002,栏目:经济战略 国际大视角 成功之路 企业之星 商海如潮 智慧点滴 经营之道 人生浅析 经济纵横,本刊改名:智囊·财经报道

65. 智囊·财经报道/《智囊》杂志社,2002,no.12(2002,12) - [2003,no.12(2003)] = 总 96 - [108],西安 陕西省西安市含光路北段 14 号副 9 号七层(邮编 710068):该杂志社,2002 - [2003],月刊,栏目:热点评论 财经观察 企业运作 财富沙龙,本刊原名:智囊

66. 智囊与物元分析 [1985,no.1(1985)] - 19??,no.(19??) = [总 1] - ?,广州 广东省广州市先烈中路 96 号国际酒店七楼 701 室(邮编 510070):广东物元分析研究中心,1985 - 19??,季刊,栏目:决策运筹 出谋划策 思考与探索 异想天开 出奇制胜 他山石 变的艺术 硕士论文选登 应用研究

67. 创新政策与管理 2009,no.1(2009,1,9) - ,北京 北京市海淀区中关村大街 59 号文化大厦(邮编 100086):中国人民大学书报资料中心,2009 - ,复印报刊资料,月刊,栏目:创新政策 国家创新体系 创新环境 创新与产业 创新与组织 海外视野

68. 创新 V.1,no.1(2007,2,28) - = 总 1 - ,南宁 广西南宁市嘉宾路 1 号 3 号楼 5 楼(邮编 530028):该杂志社,2007 - ,双月刊,栏目:名家特稿 中国与东盟 创新理论探讨 区域经济与合作 构建和谐社会 经济研究 文化视野 国际学术交流

69. 创业 2004,no.7(2004,7) - ,北京 北京市复兴门内大街 45 号:中华供销商情杂志社,2004 - ,财富人生 创业智慧 项目信息 创业家园

70. 技术与创新管理 V.25,no.1(2004,2,20) - = 总 93 - ,西安 陕西省西安市雁塔路南段 98 号(邮编 710054):该期刊社,2004 - ,双月刊,栏目:创新论坛 西部大开发 科研管理 知识产权保护 创新人才培养 高科技产业,本刊原名:科技·人才·市场

71. 创业创新育成:中小企业育成中心专业杂志 No.1(2002,4) - ,台北 台湾省台北市罗斯

福路二段95号3楼:经济部中小企业处[发行],2002-,双月刊,栏目:发行人语 趋势大未来 宏观育成 封面故事 育成高峰会 A到A+ 创新传奇 商场排头兵 致胜Know-how 育成顾问室 卓越关键 充电站 精选书摘 中心酷报 育成脉动

72. 中国创业投资与高科技 创刊号(2002,1,5)2002,no.2(2002,2,5)-2006,no.2(2006,2)=[总2]-50,北京 北京市月坛南街38号(邮编100824):该刊编辑部,2002-2006,月刊,栏目:政策分析 财经扫描 专家论坛 人物专访 理财精英 操作实物 企业采风,本刊改名:中国科技投资

73. dpi设计流行创意杂志 No.1(1998)-,台北 台湾省台北市中山区长春路40号6楼之10:汉生科技有限公司[发行],1998-,月刊,栏目:品牌故事 封面故事 专题企划 人物专访 空间设计 平面设计 服装设计 创意绘画 游戏动画 特别收录

74. 创意 1995,no.1(1995,2,28)-[2004,no.6(2004)],上海 上海市长乐路672弄33号(邮编200040):上海人民美术出版社,1995-[2004],双月刊,栏目:创意航班 生活视点 流行色 创意回廊 精舍雅室 亮丽登场 丽人姿韵 影音视窗 偶像扫描 回眸海外

75. 创意档案 国际中文版,[No.1(1995,6)]-,台北 台湾省台北市复兴北路15号14楼之4:桑格文化有限公司[发行],[1995]-,季刊,栏目:创意档案 广告设计 艺术设计 艺术市场

76. 国策专刊 1998.no.1(1998,2)- =[总1]-,台北 台湾省台北县汐止镇新台5路1段106号19楼B栋:财团法人国策研究院文教基金会[发行],1998-,双月刊,本刊原名:国家政策双周刊

77. 政府决策参考 1995,no.1(1995,9,20)- =[总1]-,保定(河北)河北省保定市东风西路1号(邮编071052):该刊编辑部,1995-,双月刊,栏目:增长与转变 企业巡礼 农村经济 金融改革 乡企经济 治理与整改 提地与城墙 方志与档案 各持己见

78. 电子展望与决策 1994,no.1(1994)-2000,no.6(2000,12)=总50-91,北京 北京市2515信箱(邮编100043):该刊编委会,1994-2000,双月刊

79. 政务决策与参考 1993,no.1(1993)-1996,no.7(1996,7)=总1-[43],成都 四川省成都市督院街30号(邮编610016):该刊编辑部,1993-1996,月刊,栏目:百姓议政 海外动态 信息短波 政策咨询 知识窗 文件摘要 政府工作大事 经济大看台,本刊改名:政务

80. 政策与管理 试刊号(1993)=[总1]1993,no.1(1993,2)-2003,no.2(2003,3)=[总2]-117,北京 北京市宣武区广外大街甲397号(邮编100055):该刊编辑部,1993-2003,月刊,栏目:专题讨论 转换机制 行业论坛 管理纵横 改革畅想 国际合作 短讯

81. 科技政策与发展战略 1991,no.1(1991,1)- =总1-,北京 北京市中关村科学院南路8号(邮编100080):中国科学院文献情报中心出版组,1991-,月刊,栏目:专题报导 文献选登 文献题录,本刊原名:科技政策与发展战略参阅资料

82. 科技政策与发展战略参阅资料 1989,no.1(1989)-1990,no.24(1990,12)=总1-48,北京 北京市王府井大街27号(邮编100710):中国科学院文献情报中心出版组,1989-1990,半月刊,本刊改名:科技政策与发展战略

83. 经济政策信息 [1991,no.1(1991)]-,北京 北京市张自忠路3号(邮编100007):中国人民大学书报资料中心,1991-,复印报刊资料,半月刊,栏目:政策半月谈 权威人士评论 本期视点 走近世贸 景气分析 行业了望 经济体制改革 西部大开发 股市消息面 经济快讯 经济动态 电子商务 经验·教训 经济广角 台·港·澳及国际参考要闻

84. 政策信息 199? ,no.1(199?)-2008,no.10(2008,3,14)=[总1]-301,北京 北京市朝阳区金台西路2号人民日报社(邮编100733):[该刊编辑部],199? -2008,周刊 199? -

2006,8,月刊 2006,3－2007,9,周刊 2007,10－2008,3,栏目:热点观察 时事政策 行业聚焦 言论·观点 信息·资讯 政策解读 数字中国

85. 产业政策与数据分析 199? ,no.1(199?)－ ＝[总1]－,北京 北京市三里河路58号国家信息中心预测部(邮编100045):[该刊编辑部],199? －,《SIC 国信预测分析》系列,周刊,栏目:国信观点 宏观导航 数据快报 政策快递 国际产经 内部报告

策划文论

1. 王希军、朱晓娟 策划寄语,中国畜牧杂志,2010年8期

【摘要】随着饲料生产设备、工艺及配方技术的日趋成熟,原料成为配合饲料最大的变异源。而实现"优化配方、精准营养"这一目标的关键就是要把握好原料关。

2. 陈建 中小企业营销策划力,当代经济,2010年7期

【摘要】营销策划力是企业核心竞争力之一。我国中小企业营销策划力比较弱,已经成为其走向国际大舞台的绊脚石。本文通过分析企业营销策划力薄弱的原因,借鉴成功企业的经验,结合管理学的人本原理和期望理论,提出系列增强企业营销策划力的建议。

3. 贾华 地市报重大题材报道策划的开放思路:系列报道《奔向海洋》的思考,中国记者,2010年5期

【摘要】重大题材报道一直是新闻宣传的重中之重。地市党报围绕市委市政府发展战略,做好重大题材的新闻报道,是围绕中心、服务大局的要求和必须。2009年6月10日,国务院颁布了《江苏沿海地区开发规划》,标志着江苏多年来进行的沿海开发,上升为国家发展战略。

4. 罗晟、何清华、乐云 上海世博会临时场馆项目群进度策划研究,施工技术,2010年39卷,1期

【摘要】依托上海世博会浦东临时场馆项目管理实践,分析在项目前期进行项目群进度策划的必要性,构建了上海世博会临时场馆项目群进度策划的基本框架和实施要点,明确了临时场馆项目群的进度计划体系、项目参与各方的工作任务分工和进度计划与控制工作的标准流程;指出上海世博会临时场馆项目群进度策划需要进一步研究。

5. 谢诗敏 论模拟实战教学模式在广告策划教学中的具体运用,东南传播,2010年4期

【摘要】模拟实战教学模式非常适合运用在广告策划课程教学的当中,它能够有效激发学生的自主性和竞争性,从而达到知行合一的教学目的。但在具体的操过程中一定要把握策划项目的选择、策划小组的组建、程序的开展以及成绩的评定几个关键问题,才能发挥最佳的教学效果。

6. 吴敏 一次品牌活动的策划创新:"世界温州人微笑联盟"活动组织过程解析,中国记者,2010年5期

【摘要】"世界温州人微笑联盟"由温州日报报业集团牵头发起,旨在汇聚国内外各地温州人力量,资助贫困家庭唇腭裂患儿实施手术治疗。策划经《温州日报》率先推出并报道后,社会反响强烈。

7. 吴巧平 多赢活动的策划路径:《厦门日报》"2009最受市民热捧的旅行社"评选活动启示,中国记者,2010年5期

【摘要】2009年8月27日,厦门日报社推出"2009银联杯最受厦门市民热捧的十家旅行社"评选活动,在业界和市民中引起了较大反响 全市117家旅行社悉数亮相;三大互动环节以及超十万元的奖品引爆读者互动,在不到一个月时间里,市民投票数突破百万人次。

8. 刘丽娜 怎样才能做好新闻策划工作,农村实用科技信息,2010年5期

【摘要】电视新闻是电视台的立台之本,基层电视台的新闻节目要办出特色,提高收视率,新闻策划十分重要。笔者结合实际简单谈谈做好新闻策划的几点体会。新闻策划应遵循三个原则强调导向性。新闻策划必须坚持正确的舆论导向,为造就一个有利于改革开放的,稳定的电视舆论态势,策划人应保持清醒的政治头脑,要吃透党和国家的大政方针,掌握实际工作情况和人民群众的愿望和要求。

9. 张立园 选题策划与精品意识,成都纺织高等专科学校学报,2010 年 2 期

【摘要】出版业的核心竞争力在于出版高品质图书、精品图书。精品图书源自选题策划的创新。确立精品意识,是提高选题策划质量的重要前提,是创作精品图书,多出精品图书的先决条件。策划编辑应将精品意识贯穿于选题策划始终,有所为有所不为,在图书内容、编校、装帧等环节都做到精益求精,为繁荣我国出版事业做出应有的贡献。

10. 雷永军 2010 年:七问中小乳品企业,中国乳业 2010 年 1 期

【摘要】步入 2010 年,多数乳品企业都将跨越式发展聚焦在 2010 年。但是这些企业对 2010 年的发展准备得到底如何呢 为此,我和我的团队在 16 家乳品企业进行了一次调研,结果很是让人惊讶和失望。

11. 中国房地产 TOP10 研究组 "2010 中国房地产百强企业研究报告"发布,卓越理财,2010 年 4 期

【摘要】由中国房地产业协会、国务院发展研究中心企业所、清华大学房地产研究所和中国指数研究院四家机构共同主办的"2010 中国房地产百强企业研究",从新的研究方法体系确立、数据采集整理到指标计算分析,历时半年,对中国房地产市场上数百家开发企业和策划代理企业分别进行了科学严谨地研究,完成了"2010 中国房地产百强企业研究"与"2010 中国房地产策划代理百强企业研究",并于 2010 年 3 月 26 日在钓鱼台国宾馆发布房地产百强企业研究报告与房地产策划代理百强企业研究报告。

12. 博陵 中国海事媒体的使命,中国船检,2010 年 1 期

【摘要】步入 2010 年之际,中央级媒体改革突然集中发力。仅 2009 年 12 月 28 日一天,就有四家中央新闻机构"秀"出新"利器":中央电视台打造的网络视频传播巨无霸横空出世;新华社主办的〈财经国家周刊〉隆重创刊;人民日报主办的时政历史半月刊〈文史参考〉亮相报刊亭;此外,中央人民广播电台中国之声,也选择在这一天发布了"劲锐 2010"全新节目策划。我们试图作海事界的一扇窗口,透过它让中国了解世界,透过它让世界了解中国,为中国海事界影响力的成长尽微薄之力。这也是历史赋予所有中国海事媒体的责任和使命。新的一年. 我们愿携手兄弟媒体,喊出中国海事界的最强音。

13. 钟星 海航绕行"三国时代",人力资源,2010 年 4 期 〉

【摘要】2010 年初,在东航和上航的合并重组基本完成后,面对国内航空业进一步集中的形势,海航集团与北京政府达成战略合作协议,策划依托航空渠道拓展旅游全产业。海航推出的全产业链模式,在一定程度上体现了高铁经济以及航油价格波动对民航业的冲击。作为商业模式创新者,海航打造的产业链效应具有一定的标杆意义。

14. 费卫东 浅析居住区主题策划,国外建筑,2010 年 4 期

【摘要】随着国内住宅地产发展的愈加成熟,人们对居住环境有了更高要求,不再满足于单纯的居住功能。主题居住区应运而生,随之引入策划专业,形成居住区主题策划体系,成为规划主流。本文通过梳理近年来我国居住区主题策划的发展,总结出其类型特征和发展趋势,以期对这门新兴行业做到抛砖引玉的作用。

15. 黄俭 如何能提高城市电视台收视率的几点想法,齐齐哈尔师范高等专科学校学报,

2010 年 2 期

【摘要】提高收视率,增加创收,关系到地方电视台的生存。应该从提高节目的质量、栏目的科学化设置、电视节目的合理包装三个方面入手。在栏目设置中,要突出特色,控制数量,栏目播出时间安排上要遵循高峰回避原则;提高节目质量要从新闻从业人员的综合素质、节目策划力度、与观众的贴近性方面抓起;电视节目只有通过合理包装,方可吸引更多观众。

16. 张冬林 从“向后看”到“向右看齐——向前看”——国际视野创新新闻报道模式,新闻与写作;2010 年 2 期

17. 孙永泰 从载文变化看高校学报的可持续发展:以 2002 - 2007 年《体育科学研究》载文为例,集美大学学报(哲学社会科学版),2010 年 2 期

【摘要】对《体育学科学研究》2002—2007 年的 667 篇一次性文献进行计量分析。研究表明:学报在特色建设上取得了一些进展,载文量、基金载文率不断提高;刊物栏目设置综合性较强,特色仍不鲜明;载文内容分布不够科学,作者地域欠合理;合著文章量稳步上升,编校质量和学术水平在逐步提高;年文献总量偏低,地域分布差距较大;利用文献强度逐年增强,情报源选择正确;论文出版时滞较长,作者的职称、学历、年龄不够合理。建议加强政策引导,改革旧有体制;精心策划选题,主动组稿、约稿;强化稿源建设,拓展作者群体;策划特色栏目,突出重点学科;提高编辑素质,重视青年编辑培养,从而实现高校学报的可持续发展。

18. 朱建 突围:城市周报如何做大做强:《都市周报》三年探索之路,中国记者,2010 年 5 期

【摘要】2007 年 4 月 12 日,《都市周报》在杭州创刊,三年后实现首度盈利,获评“最受广告主青睐的生活报”,并以西湖现代音乐节为代表成功做出了一系列自有活动品牌。三年间,《都市周报》在产品、渠道、营销各方面,有过种种变化。每一次变化都受到读者的好评。

19. 付豫波 图书策划中蓝海战略的应用:电子工业出版社领越 ~(TM)领导力系列图书策划心得,科技与出版,2010 年 5 期

【摘要】2005 年,哈佛大学教授钱 · 金和勒尼 · 莫博涅所著的《蓝海战略》一书在美国一经出版,就在世界范围内引起了极大的反响。该书作者在研究了 100 年以来世界上 30 多个产业中有影响的 150 个企业战略之后,提出了一个新的名词:蓝海战略。

20. 皖江点睛:打造产业转移“新特区”,决策,2010 年 4 期

【摘要】云开万里,水波不兴。静水深流的 800 里皖江,犹如潜龙在渊,只等一个风云际会的时刻。

21. 杜俊河 青岛崂山区档案馆征集首届“崂山金名片” 兰台世界 2010 年 9 期

【摘要】近日,青岛市崂山区档案馆将首届“崂山金名片”外宣精品 92 件征集进馆,填补了馆藏空白。“崂山金名片”外宣精品评选活动是崂山区委于 2009 年 7 月策划的。

22. 网络编辑选秀记,人力资源,2010 年 5 期

【摘要】求职教练总教头王弋,新浪(上海)副总经理,求职教练凌震文,大众点评网人力资源副总裁,求职教练薛莉《金融时报》中文网编辑,解放报业集团新闻晚报科教卫部实习记者,上海市传赢文化传播有限公司实习编辑,上海文化广播影视局科技处实习策划选秀经过。

23. 刘思文 学术类图书选题策划中的 SWOT 意识,成都纺织高等专科学校学报 2010 年 2 期

【摘要】学术类图书选题策划的好坏,直接关系到学术图书的市场效益。针对学术类图书目前的发展现状,应从夯实优势、优化劣势、发掘机会、正视威胁等四个方面提高选题策划的 SWOT 意识,从而实现有针对性的高效益出版,进而拓宽学术类图书出版业的发展空间。

24. 专家点评,中国广告,2010 年 1 期

【摘要】郑香霖，实力传播大中华区首席执行官。实力传播从一开始的时候就已经跟 Touchmedia 合作。因为从户外广告来说，Touchmedia 提供了一个互动的可能。其次，它的受众目标比较明确。

25. 涂慷 浅谈县级台生存与发展之路，现代经济信息，2010 年 4 期

【摘要】县级电视台要发展，必须在特色上做文章，创办自己的名牌栏目，走自己的路，办自己的电视台。同时，要牢固树立节目经营理念，把自办节目当做一种品牌、一项产业来策划、组织和经营，从而来提高其社会效益和经济效益。

26. 地方电视台以文化节目树立品牌形象策略研究，广西大学学报（哲学社会科学版）2010 年 2 期

【摘要】文化节目对地方电视台提高核心竞争力，塑造品牌形象具有重要作用。然而，文化节目的制作与经营存在一定的困难和风险，主要是较大的资金投入、节目的差异性的形成以及节目的专业化制作等问题。要解决此一系列问题，充分发挥文化节目的价值，可以通过以下几个途径：1. 内容采编方面发挥地区差异性优势；2. 在节目策划、制作方面与地方高校建立长期合作关系；3. 重视节目的社会效益，获得政府支持；4. 多种经营方式相结合使自办节目创造更多的经济价值。

27. 张旭 策划编辑的"求变"和"怎么变"：由一篇序言所联想到的，科技与出版，2010 年 5 期

【摘要】笔者聘请中国协和医科大学 ICU 主任杜斌教授翻译《麻省总医院危重病医学手册》，并请其为中文版作序，但笔者拿到序言后不禁大吃一惊。专家通常在这种专业图书的序言中畅谈对该书的读后感，而杜斌教授却不同……。

28. 张萍 策划在电视节目中的勃兴，辽宁行政学院学报，2010 年 5 期

【摘要】电视策划就是对于电视的一种行为，借助特定的电视媒体信息、素材，为实现电视行为的某种目的、目标而提供的创意、思路、方法和对策。"正确的、科学的、有序的电视策划应当是一种专业的、职业的工种与行为，它意味着电视媒体无形资产和有形资产的增长，社会效益与经济效益的提升，媒体自身地位的巩固与可持续性发展的潜力等"。电视节目的策划直接决定了最后节目的制作效果和播出效果。

29. 包新 公共洗浴建筑中策划和使用后评价的应用，吉林建筑工程学院学报，2010 年 2 期

【摘要】目前，国内公共洗浴建筑发展较快，但由于前期策划不当和使用后评价的缺乏，导致洗浴建筑设计中普遍存在问题。笔者通过对建筑策划和使用后评价理论的研讨，以及洗浴建筑设计问题的分析与梳理，旨在对今后洗浴建筑设计提供有益参考和借鉴。

30. 张剑 好莱坞大片和图书选题策划，编辑学刊 2010 年 3 期

【摘要】继 2008 年由派拉蒙影视公司出品的《功夫熊猫》热映之后，2009 年由美国哥伦比亚电影公司出品的《2012》再次掀起国人观看好莱坞大片的热潮。灾难片《2012》讲述的是，在 2012 年 12 月 21 日这个传说中的古代玛雅历法纪元终止日，太阳、地球将和银河同归于尽。

31. 施敏哲 浅谈建筑策划与建筑的可持续性，四川建筑，2010 年 2 期

【摘要】分析目前建筑设计行业忽视建筑策划过程，在一定程度上导致建筑失去可持续性。通过对建筑策划与建筑可持续性之间关系的研究以及一些实例分析，认识到了建筑策划是建筑可持续性形成的一个先决条件，呼吁建筑师应站在历史角度运用建筑策划的方法来适应时代的发展。

32. 陈晶晶 商业广告内容策划中道德缺失的批评，商场现代化 2010 年 10 期

【摘要】商业广告作为企业在促进销售中普遍重视且应用最广的促销方式，为了触及消费者的神经以获取最大的商业利益，现在许多商业广告内容忽略了受众意识，缺乏人伦道德，致使商

业广告的“引导”演变成了“误导”,因此评析和批判商业广告内容的人伦道德成了不可避免的社会问题。

33. 杨晓玲 市场营销与策划实践教学改革,现代经济信息,2010 年 5 期

【摘要】市场营销与策划是企业经营者的必备知识和技能,是工商管理类专业的必修课。本文通过对市场营销与策划实践教学中存在的问题及改革模式的探讨,旨在提高实践教学效果,促进学生专业实践能力和综合素质的提高。

34. 秋水 独创“奥斯卡婚礼”,才智小伙浪漫掘金 300 万,生意通 2010 年 5 期

【摘要】妙!他把“奥斯卡”搬到婚礼现场何海福 1981 年出生于安徽省安庆市农村。2005 年 7 月,他从安徽警官学院毕业后,应聘到合肥的一家酒店做保安。之后,由于他表现突出,被领导抽调出来负责策划工作。这份工作压力不小收入却不高,这让他十分苦恼。

35. 唐景录 党报广告经营的热点和难点探析,城市党报研究,2010 年 2 期

【摘要】近年来,我国报业广告经营正以每年一个台阶的速度快速发展,在美丽的光环下,有一个问题不得不引起重视:与晚报和都市报相比,党报的广告总量及广告市场占有率逐年下滑。如何提高占有率呢?

36. 曹志学 2010 年,关于美容行业的七大预言,生意通 2010 年 5 期

【摘要】孙中山曾说:而今世界大势,如东去江河水,浩浩荡荡,不可遏抑,顺之者昌,逆之者亡。经历了将近 20 多年的发展,美容行业已经渐趋成熟,有一定轨迹,据此,笔者大胆预言行业将在 2010 年有大的突破和变迁。

37. 许斌榕 雅昌:艺术品产业链整合者,商业文化,2010 年 4 期

【摘要】在印刷和艺术品行业,雅昌是一个不折不扣的“另类”。它的利润 80% 以上来自印刷业务,却声称不能把它当成一家印刷公司;它不参与艺术品经营和拍卖业务,但这个圈子的信息和内容资源却被它掌控在手里。从印刷拍卖图册起家,雅昌如今已拥有全球最大的中华艺术品图文数据库,通过这个核心数据库把艺术品行业最主要的参与者:拍卖行、画廊、投资者、画家、印刷出版公司联结在一个平台上,由此开展印刷、互联网、数字资产管理、摄影、出版、高仿真复制品销售以及展览策划等业务,在被称为“夕阳产业”的印刷行业中突破,创出了一种全新的“传统印刷 + IT 技术 + 文化艺术”的商业模式。

38. 陈仁志 少数民族村寨旅游规划中文脉作用初探,大众科技,2010 年 4 期

【摘要】文脉是旅游规划中开发旅游产品的依据,是旅游形象设计活的灵魂,文章以龙胜县大寨少数民族村寨旅游规划为例,用实例佐证文脉作用的重要性,藉希在旅游规划中重视文脉作用,把握好规划地的文脉。

39. 边园园 不要小看“本地和尚”,企业管理,2010 年 5 期

【摘要】王先生原是一家公司市场部的策划助理,工作两年多,他凭借自己的才能为公司创造了不少利润。不久前,市场部经理因故辞职,大家都认为王先生是市场部经理的不二人选。

40. 侍静睿 脚色制的基本意义及其现代转换 以昆剧青春版《牡丹亭》为例 长治学院学报,2010 年 1 期

【摘要】从台湾到大陆,白先勇青春版《牡丹亭》赢得了雷鸣般的掌声,有六百年历史的昆剧在 E 时代掀起了轩然大波,吸引了无数人的眼球,其中很大一部分竟然还是年轻观众,如此成就令人惊叹。白先勇青春版《牡丹亭》赢在了策划。

41. 张雪《药品营销策划》实践教学的探索,辽宁中医药大学学报,2010 年 5 期

【摘要】《药品营销策划》是一门实践性很强的边缘学科,是一门培养学生如何将药品营销知识和方法综合运用到实践活动中去的课程,它的实践教学设计,必须打破传统做法进行。试图寻

找该门课程新的实践教学途径，将大学生创业项目策划在课程实践教学中得以运用。

42. 王鹏 无锡小娄巷历史街区保护性开发的建筑策划实践，四川建筑，2010 年 2 期

【摘要】在我国城市化进程不断加快的今天，对于城市中的历史街区的保护成为迫切需要研究的课题。以无锡小娄巷历史街区保护性开发为实例，对建筑策划在历史街区保护性开发中的应用作了研究和探讨。

43. 彭忠富 好酒也怕巷子深，商业文化，2010 年 3 期

【摘要】县城里每年都要举行春季商品交易会。街上搭满了货摊，五金家电、衣帽鞋袜等商品应有尽有。商贩来自全省各地，在半个月的交易会期间，他们准备大赚一笔。商贩男女老少都有。有些人是愿者上钩，只有你走进他的商铺时，他才懒洋洋地介绍两句。

44. 许月 透过展会看品牌百态：中国服装品牌的"套餐"文化侧记，中国品牌与防伪，2010 年 5 期

【摘要】这是一次牵动行业眼球的盛会：3 月 28 日至 3 月 31 日，中国服装行业等几十位国内顶尖设计人才齐聚第十八届中国国际服装服饰博览会（CHIC2010）。这是一场精英云集、共谋发展的文化盛会：群贤毕至的智慧交锋，共同探讨文化作为一种"软实力"在服装行业发展中的独特功能，把脉中国服装业。这是一次不待东风的经典策划；文化成为一个响亮的命题，文化"软实力"成为中国服装品牌的套餐，成为中国服装品牌经济的内涵。

45. 熊梦雪 软新闻的发展趋势初探，科技资讯，2010 年 10 期

【摘要】随着新闻媒介的发展，信息传达的速度加快，特别是在以网络为载体的"第四媒体"的兴起的大环境下，软新闻不仅成为了新兴媒体的主流，更为重要的是社会化的发展，知识经济的条件下，软新闻越来越得到关注，更多的受众接受信息的渠道来自软新闻。因此针对软新闻的发展趋势研究也就具有了广泛的社会意义和价值。本文就软新闻的发展趋势做了简单的分析和论述，以期得到广大老师的指正。

46. 本刊编辑部 用工荒，转型中国的节点，南风窗，2010 年 8 期

【摘要】自 2004 年以来，用工荒成为每年开春媒体的例行报道内容。而今年的情势，似乎又显得格外严重，珠三角缺工的人数已从当年的 15 万激增到了 200 万，缺工的种类从技工蔓延到普工，缺工的区域也深入到了内地甚至边远的省份。对于长期生活在"中国最不缺的就是人"这类话语体系下的中国民众而言，这幅图景是如此的不可思议和难以接受。

47. 吴笑天 论电视选秀节目的策划，新闻爱好者，2010 年 7 期

【摘要】自 2005 年湖南卫视《超级女声》创下高收视率，受到观众热力追捧以来，电视荧屏选秀节目已经成为类型化节目被中国国内电视台广泛模仿、复制，造成电视选秀节目市场同质化现象严重。到 2009 年夏，各类选秀节目依然举办得热火朝天，东方卫视的《加油！东方天使》、湖南卫视的《快乐女声》、江苏卫视的《绝对唱响》、浙江卫视的《我爱记歌词》……众多电视选秀节目横扫荧屏。

48. 小毛 铁打的汪涵，流水的主持人新闻天地（上半月）2010 年 4 期

【摘要】明星出书不少见，少见的是出的书和娱乐圈没有关系。今年 1 月初，汪涵的第一本书《有味》面市，这本文化味十足、历数老物件故事的图书让不少人大跌眼镜：著名的快嘴策神怎么会出这样一本斯文的书

49. 张天彤 立足传统 创造未来 "2009 北京传统音乐节"总结座谈会综述中国音乐 2010 年 1 期

【摘要】2010 年 1 月 24 日，在中国音乐学院院内如期举办了一场肃穆而又生动的总结座谈会。中国音乐学院院长赵塔里木、党委书记闫拓时以及音乐节总策划、执行艺术总监、各板块和

各分场主创人员、院内外专家代表共三十余人出席了座谈会。为时半天的会议紧凑而热烈,专家们在对本次传统音乐节从策划、组织、活动宗旨、办节理念到实施过程中各板块的设计、节目内容的选定、演员的表演、活动氛围营造以及其后的深远意义、社会影响等方面进行了认真总结。

50. 2009 海外直销 1 亿美元俱乐部,知识经济(中国直销),2010 年 2 期

【摘要】本刊在 2009 年 3 期的特别策划“寻找世界直销巨头”中,编译了“直销巨头 10 亿美元俱乐部”一文,引起了业界的巨大反响,此次本刊刊发的“1 亿美元直销俱乐部”更是将全球的主要直销企业悉数纳入视野,每个企业的业绩均来源于权威机构数据。更重要的是,本刊希望通过这篇文章,让读者能够了解到更详尽的全球直销业动态和成长模式,并对中国直销业的发展有所借鉴。

51. 营销创意与营销执行关系的研究,造纸信息,2010 年 5 期

【摘要】企业如何研究开发市场已成为企业生存与发展的关键所在,市场营销已经成为企业争夺市场的有力手段。但是,营销理论在实际中的理解和运用远没有达到理想的效果,很多企业往往都出于对营销的一知半解去运作市场,经常顾此失彼。随着市场机制的不断完善、竞争的不断加剧,企业如何研究开发市场?

52. 精心策划 打造精品 开拓创新 服务社会,科技情报开发与经济,2009 年 33 期

【摘要】山西省科技情报研究所声像中心是山西省最早从事科教影视片制作的单位之一,多年来一直从事大型纪录片、科技专题片、宣传片等影视节目的策划、拍摄和制作工作。中心拥有 HD 高清前后期制作设备,拥有业内出色的艺术指导\策划人、摄影和制作工作者。

53. 启明星 装典中国:万事利丝绸 万事利集团 2002——2010 年度公关策划案,公关世界,上半月,2009 年 11 期

【摘要】万事利集团有限公司前身为杭州笕桥绸厂,创办于 1975 年。经过 30 年的发展,现已成为一家以制造业(丝绸、纺织服装,生物科技)为主业,服务业(医疗,图书、电子物流市场、南方家园物流市场)为支柱的国家大型一档企业。

54. 中国红 行天下——重庆卫视 2010 年媒体资源特别策划,广告大观:综合版,2009 年 10 期

【摘要】重庆,一座闻名中外的 3000 年历史文化名名城,中国最年轻的直辖市,长江、嘉陵江两江怀抱,是长江上游和西部地区最大的中心城市、交通枢纽、信息中心、商贸中心和工商业重镇。2009 年,是中国电视传媒界不平凡的一年,在经历了 2008 年的刺激与喧喧闹后,众多电视台将目光转向了变革与改版。

55. 周雪光 基层政府间的“共谋现象”:一个政府行为的制度逻辑开放时代,2009 年 12 期

【摘要】中国政府行为的一个突出现象是,在执行来自上级部门特别是中央政府的各种指令政策时,基层上下级政府常常共谋策划、暗渡陈仓,采取“上有政策、下有对策”的各种手段,来应付这些政策要求以及随之而来的各种检查,导致了实际执行过程偏离政策初衷的结果。本文从组织学角度,对这类现象提出一个理论解释。本文的中心命题是:在中国行政体制中,基层政府间的共谋行为已经成为一个制度化了的非正式行为;这种共谋行为是其所处制度环境的产物,有着广泛深厚的合法性基础。本文讨论政府组织制度的三个悖论,对这一现象提出理论解释:一是政策一统性与执行灵活性的悖论,二是激励强度与目标替代的悖论,三是科层制度非人格化与行政关系人缘化的悖论。本研究强调,共谋行为不能简单地归咎于政府官员或执行人员的素质或能力,其稳定存在和重复再生是政府组织结构和制度环境的产物;是现行组织制度中决策过程与执行过程分离所导致的结果;在很大程度上也是近年来政府制度设计特别是集权决策过程和激励机制强化所导致的非预期结果。而欲改变这一状况,首先需要对政府组织现象进行深入系统

的研究，提出有力的理论解释。

56. 李丽芳、崔中波、王坤平 激情重温历史 重磅启迪灵魂：大型纪念性策划《新中国从这里走来》的探索与思考，采.写.编，2009 年 6 期

【摘要】我们有幸，生活在河北；河北有幸，有个西柏坡；西柏坡有幸，新中国从这里走来。为庆祝新中国成立 60 周年，国庆节前夕，燕赵都市报与西柏坡纪念馆联合推出大型系列专题报道《新中国从这里走来》。在将近一个月的时间里，采编人员和读者一起拂去历史的尘埃，去领会那时代的变迁。

58. 蒋楠 来，一起分享公关策划的盛宴！——记"万事利杯"中国计量学院公共关系策划大赛，公关世界：上半月，2009 年 11 期

【摘要】金秋十月的最后几天，中国计量学院的校园里，弥漫着浓浓的公共关系策划氛围，近百名不同专业的学生在紧张地准备着公共关系的策划方案，"万事利杯"中国计量学院公共关系策划大赛决赛大幕徐徐拉开。

59. 谭湖 咨询策划机构服务对企业是雪中送炭还是锦上添花？——访品牌中国 10 大品牌专家许广崇今日南国 2009 年 20 期

60. 陆万东 绿城居看南宁房地产大盘社区品牌策划四大缺失今日南国 2009 年 20 期

【摘要】中国－东盟博览会的成功举办，广西参与大湄公河次区域的经济合作，南宁参与泛珠江三角区区域合作和国家西部大开发战略的构想，为南宁市房地产市场带来无限商机。南宁的房地产市场更是进入一个快速的发展轨道。

61. 商务谈判技巧之兵法，人力资源管理（学术版）2009 年 10 期

【摘要】商务谈判是市场主体之间在经济活动中，为了满足各自的需要，协调彼此的关系，通过协商而争取达到意见一致的行为和过程。在商务谈判中不乏运用到很多战略战术，计谋手段。孙子兵法是套源自战场的军事理论，在商场上，对其加以变通理解，很多思想、策略、理论都值得我们借鉴。

62. 蔡琴 浙江省博物馆武林馆区：架构全景式社会历史画卷国际博物馆（中文版），2009 年 4 期

【摘要】2009 年 12 月 20 日，在浙江省博物馆建馆 80 周年之际，杭州西湖文化广场 E 区的新馆区：武林馆区建成开放。武林馆区总建筑面积为 20,991 平方米，内容策划重点在于结合丰富的馆藏文物，突出浙江地理环境和人文环境的特定区域所反映出的历史文化特征与个性，自下而上构建社会记忆的空间，从内在视角"发现"多元文化和多元价值观，对浙江的历史和文化做出全新的诠释。

63. 刘珍 何多苓：我的艺术之路（下）大艺术，2009 年 2 期

【摘要】我又想到了吕澎策划的一个很大也很宏伟的项目：青城山美术馆群。而你是被选中的八位艺术家之一。之前还有过一个"贺兰山房"，那个建筑是完全由你自己设计的，但是比较遗憾，因为经验和资金的问题，没能继续。不过这次青城山美术馆群，请的是国内一线的建筑师和你共同协调去做的设计方案，加之经验的积累，所以应该是相对完美的。你能谈谈关于这个的相关内容吗？

64. 沈成风、仲茜《现代金报》大型体育赛事报道策划的现状与分析，南京体育学院学报（自然科学版）；2009 年 4 期

65. 李明 首届天雅时装周拉开帷幕：实用主义的时装秀体验，纺织服装周刊 2009 年 42 期

【摘要】近日，北京雅宝路天雅大厦精心策划的首届天雅时装周悄然拉开帷幕。早在一个月前的莫斯科 CPM 国际服装展上，天雅的推广团队已针对此活动进行了广泛的宣传，所以，尽管此

活动在国内媒体“事先不张扬”,却早已在来雅宝路采购的外商中传开了。一个“只针对特定人群”的目标精确的活动,使天雅时装周在整个金秋沸沸扬扬的各处流传着,吊足了人们的胃口。

66. 靳建平、唐弘 医院品牌形象传播策略分析——以复旦大学附属华山医院百年院庆为例,中国医院管理,2009 年 2 期

【摘要】2007 年,复旦大学附属华山医院迎来建院 100 周年,这是上海乃至全国医务界的盛事,不仅本院上下热切期待,社会各界也纷纷热议。因此,华山医院的百年院庆不仅成为自身发展的一个里程碑,也是在国家医疗卫生事业改革和人民健康质量提高的大背景下,整个上海地区关注的新闻热点。

67. 曾晓泉、陈建国 “设计陈述”也要设计——2010 年上海世博会广西馆概念性策划方案的“设计陈述”剖析,企业科技与发展,2009 年 20 期

【摘要】工程项目设计不但要设计图纸,而且要设计“设计陈述”。以参加“2010 年上海世博会广西馆概念性策划方案”的“设计陈述”为例,剖析如何通过设计演讲、标书、展板、光碟等多种“设计陈述”方式,积极促进工程项目业主及相关各方时项目方案设计图纸的理解与认可。“设计陈述”是完成设计工作不可或缺的一个重要组成部分,对进行设计沟通及实现设计价值影响颇深。

68. 金融海啸下的半导体分销:“危”“机”互搏——专访飞捷电子营销策划总监杨宝林,电子元器件资讯,2009 年 1 期

69. 王慧 论广告策划程序在广告创意中的作用,深圳信息职业技术学院学报,2009 年 3 期

【摘要】广告创意是广告的精神和生命力所在,而广告策划程序可以防止广告的随意性和无目的性表现,保证各子系统围绕一个明确的目标协调与统一,促使整个广告活动取得最佳效果,在广告创意中发挥着不可忽视的重要作用。本文对广告策划程序最为重要的四个步骤——广告市场与产品分析、广告定位、广告创意方向与策略、广告创意表现在广告创意中的作用进行分析。

70. 李世泽、李焕 面向东盟的广西农业跨国经营研究,广西经济管理干部学院学报 ,2009 年 4 期

【摘要】随着 2010 年中国—东盟自由贸易区的全面建成,广西同东盟农业合作的机遇和优势进一步凸显,推动面向东盟的农业跨国经营的时机和条件日益成熟。文章提出了开展东盟农业投资环境状况的专项调研、在东盟国家策划建设广西农产品基地、加强融入东盟的农产品市场体系建设、积极培育面向东盟的农业跨国经营企业、培养善于从事农业跨国经营的人才队伍和建立完善扶持农业跨国经营的政策体系等 6 个方面,面向东盟的广西农业跨国经营的对策建议。

71. 雷永军 谁主沉浮:国产奶粉企业 2010 年预测,中国乳业,2009 年 12 期

【摘要】伊利销售额稳健增长,圣元的预警全面解除,雅士利的资金链充裕了,这 3 个曾经(2007 年)排名中国国产奶粉行业前 3 名的企业在经营层面的改变,无疑对 2009 年增幅明显的贝因美、飞鹤、摇篮等企业构成了威胁。

72. 刘丽娜 中国创意产业融资探讨,内蒙古科技与经济,2009 年 20 期

【摘要】文章探讨了中国创意产业融资问题,分析了融资难的原因,提出了解决我国文化创意产业融资问题的办法及建议。

73. 精彩只因全心投入:访中国维生素产业发展高层论坛主策划人之一王希军,中国畜牧杂志记者李雪,中国畜牧杂志,45 卷 22 期 2009 年

74. 刘继岩 策划出的新闻价值:谈“阜蒙县·黑土地优质农产品招商会”的成功经验,记者摇篮,2009 年 12 期

75. 罗明 精心策划 追求特色:浅谈媒体“规定动作”的创新,声屏世界,2009 年 12 期

76. 易新 税收分析培训项目策划研究。湖南税务高等专科学校学报,22 卷 6 期(总第 109 期)2009 年 12 月

77. 张立伟 发展报道的宏观策划,中国记者·论坛·学者园地,2009 年 12 期

78. 程松林 对医院良好公众形象宣传策划的探讨,新疆医学,2009 年 39 卷

79. 肖敏 浅析营销策划的主要误区 企业家天地(下旬刊),2009 年 11 期(下旬刊)

80. 王兆宇 城市品牌形象的概念策划:以西安市为例,生产力研究。决策参考,2009 年 21 期

【摘要】城市品牌形象属于城市经营中的重要研究领域。在区域发展中,西安依靠自身深厚的历史文化底蕴,完全可以走出一条可持续的发展道路,这其中城市品牌形象的营建至关重要。可分层次地将"世界文明古都"、"中国科技创新之都"和"中国西部核心、关中大西安" 作为西安的城市形象,以"和谐古都,活力新城"作为集成形象,将"汉唐盛世,周秦雄风"作为西安的城市核心品牌,打造与核心品牌相协调的"历史地段"及相关的"景观文化丛",从而提升西安的城市竞争力。

81. 白竹林 成败因何所致:谈《停尸房的哭声》策划得失,出版广角。俱乐部,2009 年 12 期

【摘要】出版事业是一个遗憾的产业,每本书从最初的宏伟设想到最后出书,总会留有一些遗憾。好在出版工作又是一个可以弥补遗憾的工作,上一本书的遗憾可以在以后的工作中得以校正。

82. 宋金萍 策划让新闻"重"起来. 案例与方法,中国记者,2 0 0 9 年 12 期

83. 花婧婧、孙晓红 从道光廿五探事件营销策划的精髓,现代商业. 市场营销,2009 年 36 期

【摘要】本文从道光廿五的新闻事件营销活动中探索事件营销策划成功的精髓所在。

84. 周成福 我的项目营销策划. 市场营销案例,2009 年 12 期

85. 刘寒娥 数字出版背景下图书选题策划的立体化方略. 编辑之友,2009 年 11 期

86. 物美策划组 下沙物美,我们与您一起成长:物美杭州下沙店五周年庆系列活动策划,公关世界,2009 年 11 期(上半月)

87. 美兰德 媒介策划:电视媒体举足轻重,广告主市场观察,2009 年 12 期

【摘要】42 家省、副省、市级卫视中,浙江卫视、安徽卫视等 7 家卫视频道的全国覆盖人口均已超过 8 亿;东方卫视、深圳卫视等 1 0 家卫视频道的全国覆盖人口增长量均在 1 亿以上。

88. 赵楠 论鬼谷子"转圆"观的计谋思想,五邑大学学报(社会科学版)第 11 卷 1 期,2009 年 2 月

89. 汤继强 梯形融资模式的理论与实践. 西部广播电视,2009 年 9 期

90. 吉益民 论广告策划中的品名凸显传播策略,东南传播,2009 年 12 期(总 64 期)

91. 孙莉莉 图书选题策划中的文化传播因素,东南传播,2009 年 12 期(总 64 期)

92. 印兴娣 论新闻策划,新闻传播,2009 年 12 期

【摘要】新闻策划能够增强新闻宣传的效果,满足现代人对于信息的需求. 充分发挥媒体的舆论导向作用和舆论监督作用. 提高媒体的经济效益。新闻策化之所以能产生如此效果,从传播学的理论来分析,它遵循了大众传播学的议程设置功能和受众的选择性接触学说理论。

93. 沙彦飞、谷玉琳 李宁公司运动产品广告策划研究,经济研究导刊,2009 年 3 3 期总第 71 期

【摘要】广告策划是决定广告活动成败的关键,在广告活动中具有重要的地位和特殊的意义。以策划为主体,以创意为中心进行科学管理,是现代广告的一个重要特征。运用广告策划相关理论,具体分析李宁公司运动产品广告策划活动,以及针对其具体广告案例分析了其广告主

题、广告创意等问题,并对研究的问题作出结论。

94. 周国清 栏目策划是期刊编辑主体思维决策的外化:以《新湘评论》为例,湖南城市学院学报,30卷6期,2009年11月

【摘要】栏目策划是期刊编辑主体思维决策的外化。《新湘评论》整体取向上贴近时代,内容制胜;栏目设置上精心构建,特色鲜明;选题策划上坚持导向,坚守阵地;表现形式上注重创新,开放办刊,是编辑主体成功决策的典型个案。

95. 孙海东 电视媒体如何策划大型活动. 记者摇篮. 广电纵横,2009年12期

96. 李桢青 浅析河南专题策划类电视节目. 新闻爱好者,2009年12期(下半月)

97. 吴敏 从活动到论坛:意策划带来双丰收,中国记者. 案例与方法,2009年12期

98. B面:关于策划的数个反向思考,大众电视. 理论,2009. no. 22

温州煤老板不敢回家过年:《强买强卖 民企受伤有多重》特别策划后续报道,《浙商》记者何晓春,浙商,2010. 1

【摘要】"往年投资回报是投资本金的30%,但是现在不仅拿不到分红,甚至连本钱都赔进去了,还怎么回去见父老乡亲?"很多在山西投资煤矿如今血本无归的浙商眼下都苦不堪言。

99.《人与自然》杂志百期特别策划100期10张脸——美将拯救世界,人与自然,2009

100. 郭桂萍《企业形象策划》实践教学内容的设计与教学,新闻爱好者,2009. 12(下半月)

【摘要】《企业形象策划》教学课程具有理论辐射面广、实践性强的特点。实践环节的设计与实施坚持实验教学是对理论教学的补充和延展的原则,设计系列的综合性、设计性实验题目,移用情景模拟的方法,通过设定具体可感的企业情景,指导学生应用所学的知识对现实商业和企业中复杂的信息流和市场变化进行模拟,做出相应形象定位及形象塑造决策,以达到理论联系实际、培养学生动手能力的目的,收到了良好效果。

101. 袁秋乡 新闻需要文化大视野的观照和策划:读邢小俊《大策划》的几点想法,新闻知识. 书讯与书评,2009. 12

102. 金磊 创建研究型建筑传媒机构的思路——《建筑创作》杂志社策划新中国建筑六十年系列出版活动简评,《建筑创作》2010

103. 李晓庆、刘斌、程海涛 旅游项目策划中的比较优势和竞争优势,决策 & 信息(下旬刊)2009年第10期总第58期

104. 朱铁军 企业文化中的环境设计与策划,当代视觉艺术研究:新视觉艺术,2009. 5

105. 王志忠 教育电视台访谈类节目的策划,新闻窗. 广电传媒,2009年6期

106. 见证民企突围:本刊2009年度"特别策划"盘点,《浙商》记者朱健,浙商. 特别策划,2010年1期

107. 刘力 品牌节目的策划意识,记者摇篮,2009年12期

108. 李而亮、陈安钰 选题策划. 喝彩,公元2009年"年度中华儿女"专题策划与执行的启示,中华儿女,2009年12期

109. 吴军、倪宁 独特的祝福:武汉晚报"我的娱乐记忆"策划解,新闻前哨2009年第12期

110. 张敬智 前期策划是电视作品成功的关键,记者摇篮,2009年12期

策 划 网 站

1. 中华策划网 cehua. com. cn
2. 中国营销传播网 emkt. com. cn
3. 创意天下网 cytxw. com. cn
4. 北京创意村营销策划公司 plan – china. com
5. 全球品牌网 globrand. com
6. 中国品牌网 chinabrand. net. cn
7. 中华品牌管理网 cnbm. net. cn
8. 中国营销咨询网 51cmc. com
9. 中国策划师在线 http://bbs. imcko. com
10. 创意策划网 cn – 99. com
11. 中国泛地产策划网 bbbest. com
12. 中国策划人才网 chinacehua. com
13. 中国策划专家网 666 – 666. net
14. 中国餐饮投资策划网 jrchtz. com
15. 中国商业地产策划网 sydcch. com
16. 中国企业策划网 qqhh. com
17. 中国策划总网 ceehee. com
18. 中国活动策划网 www3. upweb. net
19. 中国策划网 chinachw. cn
20. 中国策划创新网 cbsa. com. cn
21. 湖南北纬九零娱乐传媒有限公司 bw90. cn
22. 策划科学研究传播中心 chinacbsa. com
23. 安徽四维天成培训中心 chehua. net. cn
24. 中国策划研究院 ciod. cn
25. 中国策划研究院江南分院 jnchw. com
26. 中国策划论坛简介 http://bbs. cehuaba. com
27. 中国咨询策划网 www. d1588. com
28. 中国策划设计网 china – chsj. com
29. 中国策划师网 sunsky. org. cn
30. 上海崛起网 shjqw. com

部分策划家分类索引

教育培训:

周培玉 林力源 余明阳 范 智 董瑞祥 余高红 李传国 郭明全 张国银 许云斐 余润德 李德深

秘书长：

马志骞　张合军　孙德禄　谭新政　廖　灿　张　良　杨　兵　欧永坚　李易洲　王京忠
黄仍晨　肖　天　刘金彪　李春林　谢　运　白　帆　黄伟平

老　总：

王志纲　叶茂中　温元凯　何　阳　陈　放　陈纪平　何学林　贾云峰　张海军　缪　南
北　冰　苏　彤　李伟林　何才庆　欧阳国忠　曹晓峰　路　野　曹家庚　李德深　熊大寻
孔繁任　周贵玉　殷海雄　许喜林　陈荣彪　韩颐和　沈　青　邓炜霖　傲　兰　赵有才
刘宗明　晏　滔　大　林

文化人：

万　钧　李伯淳　王世铭　陈汉东

跋

年度华文与神州智业

李　旭

综观历史，任何一个时代、任何一个行业，都会涌现和拥有属于自己的这个时代或这个行业的风云人物，创造属于这个时代或这个行业的丰业伟绩。当今中国策划时代和策划行业也不例外。

代表当今中国策划行业的标志是什么？是人物。

代表这个领域对于社会的贡献是什么？是被委托客户事业的增进和财富的递加。

在策划这个行业，最有影响力的，无愧是那些能为客户带来巨大事业或商业成功的策划、咨询和创意人物。

有鉴于此，《中国策划家年鉴（2009—2010）》总编大林先生及其北京策划俱乐部机构，经过三年紧密跟踪，隆重推出了这部以100个中国实力派策划家和策划家排行榜榜单1000人为主题内容的《中国策划家年鉴（2009—2010）》。

关于100个中国实力派策划家名单，据《中国策划家年鉴（2009—2010）》总编大林先生透露，这100个中国实力派策划家的名单是根据以下五个流程进入候选和终选的：一是广泛征稿：自上一卷《中国策划年鉴（2008）》出版以来，年鉴编辑部一直广泛向策划各业态征集策划学术论文、文案、案例，并将之运用于策划教学出版案例库归集。二是三年跟踪：三年来，年鉴编辑部对入选的百名中国实力派策划家人物进行跟踪，密切关注他们的策划言语、举动、事件，及时给于总体评分。三是学生评价：进入视线的百名中国实力派策划家人物，先后被邀请到北京人文大学策划学院、北京民族学院、北京科技管理学院做讲座、上课堂，担任客座教授，数千名学生对每一位策划家都给于客观评价。四是网络公示：年鉴编辑部与《人民日报》、人民网等媒体将百名中国实力派策划家人物进行公示，获得策划界业内外广大网民的投票支持。五是专家评审：《中国策划家年鉴（2009—2010）》拥有中国策划六大体系的领袖人物作为专家团，在本年鉴出版前就入选的百名人选进行过反复讨论，综合平衡。总体下来，与年鉴编辑部进行过友好合作的全国有关高校、策划院所、咨询机构、文化公司、广告公司的负责人、业务总监、策划总监，凡符合本年鉴条件者，大都成为100个中国实力派策划家的候选人。

关于策划家排行榜榜单1000人，据《中国策划家年鉴（2009—2010）》出版总监韩玉明先生透露，面对中国的策划事业大潮，这次上榜1000人只是沧海一粟，他们是根据下列流程进入候选和终选的：能进入排行榜的1000人的，一是他们长期以来与以年鉴编辑部有着密切的接触，他们关注关心策划年鉴的成长，对策划年鉴的工作给于过不少的支持；二是他们大多都是参与过各种策划大会、协会、商会的策划家，每逢全国策划大会召开，年鉴编辑部都会派出记者深入各个会场，日常也经常会走访策划协会、商会、研究会，及时把握策划家们的最新动态。三是他们出版过策划著作或发表文章与讲话，这三年来出版过策划书籍的作者、在中外报刊官方网站发表过策划文章的作者、在各种会议发表过策划讲话的嘉宾，都进入了策划家年鉴的视线。

《中国策划家年鉴(2009—2010)》是《中国策划年鉴(2008)》的延续延伸，也是创新拓深，是从行业全景式扫描向人物全景式扫描的创新拓深。她的编辑出版，是对世纪前后10年中国策划事业的一大贡献，是中国策划史上关于20年来中国策划事业的一部难得的综述性集大成的重要文献。虽然有的策划家人物由于种种原因这次尚未收录进来，但通览全书，中国近年间的策划风云人物、经典策划案例和杰出策划事件已基本收录进来，是目前为止国内最全面、最权威也是最简洁的中国策划家业态概貌全书。她见证着中国策划事业的辉煌历程。谨愿她日后每年都能出版一卷，记录中国策划经典，演义中国财富故事，卷卷精彩，篇篇出新，使该年鉴及其编辑部真正成为中国的财富智慧萃集中心。

我作为一位多年来深度青睐策划、曾从事策划并仍在第一线实际操作着出版策划的职业出版人，愿能为大林先生及其机构所倡行的“中国策划(家)年鉴”事业，乃至为全国各路的策划家精英们，在出版传播事务上多尽一点绵薄之力。我和大林先生合作推出的“中国策划家思想文库”已开了个好头。

2010年7月1日于上海大学

后　记

立功　立言　立德

万人瞩目的《中国策划家年鉴》终于在国家规定的出版日内准时完成了，这一天是 2010 年 6 月 15 日。

经过三年的积淀，《中国策划家年鉴》在《中国策划年鉴》的基础上诞生了。

自 2009 年 11 月 1 日以来，足有半年多的时间，北京编辑部、天津编辑部以及全国各地的记者站、工作站共同努力，对 1200 多名策划家进行了各种评审、排序，把他们的事迹分门别类的进行整理，形成了我们看到的大事记、人物传、排行榜。

大事记、人物传、排行榜是年鉴的“老三篇”，而《中国策划家年鉴》是一本创新的刊物，因此不能总是“老三篇”。我们对大事记、人物传、排行榜组成了三个独立运行、横向合作的编辑小组，用纵横对比、拾遗补缺的方式将 1200 多名策划家放到了合适的栏目中给于了恰当的评价。尽管这样还是有诸多不足和很多遗憾。

大事记编辑小组的工作报告指出目前收集到的大事记缺乏商务方面的大事，缺乏企业方面的策划大事，缺乏北京以外的地区大事。我们希望，各位策划人从现在起能每天记录自己的策划大事，并及时传递给我们，让明年的《中国策划家年鉴》的大事记中不再遗漏策划大事。

人物传又叫 100 个中国实力派策划家 100 人，这个人物传是中国策划家思想库的预备榜，也就是说，凡是进入到人物传这个栏目的入选者都可以入选中国策划家思想文库，独立出版个人著作。有很多人未能入选到本年鉴的 100 人当中是有很多原因的，我们清楚未能入选的还有很多是更优秀的。我们需要提醒大家的是，我们对一个策划家的评价是遵照中国名人评价的三点要求进行的，这就是要立功（大事记）立言（有思想）立德（做有影响的事）。凡是在这三方面有所关注并努力践行的人是可以在下一年度的年鉴中进入到我们的人物传中。据“中国网络名人榜”组委会的介绍，进入名人排行榜还需要注意在日常事务工作中要专一或是多元，既要风云又要江湖，这条有着自相矛盾的告诫，策划家们可以各自去琢磨。

排行榜影响第一，名次第二。如何进入中国策划家排行榜也是颇有讲究的；怎样防止被疏漏是完全可以做到的。8 个月来，我们多少次地宣布截稿日，然而稿件就是不齐。很多的人总以工作太忙作为借口，未能及时交稿；也有的人不大重视，还有的人过度谦虚，总之常常不尽人意，自己把自己搁到了排行榜以外，非常遗憾的是 6 月 15 日截稿之日之后，我们才收到的匆匆交来的稿件，就无法刊出了。

《中国策划家年鉴》作为中国策划家们的话语平台见证纪录，在我们的年鉴中你可以看到各家策划协会、学会、研究会等各个流派的年度走向。你可以看到学院派和实战派的交锋，看到北派和南派的交融，还可以看到策划界的江湖习气与短视行为。通过策划年鉴我们可以看到全国营销与策划教材的编撰状况，各种策划学术交流的境况，更可以看到“中国策划家思想文库”第一辑十名大家的出版前言；《中国策划家年鉴》还展示了策划界评奖、人物地位、俱乐部运营的喜悦情况。

感谢全国的策划家对本年鉴的关爱与支持!
感谢天津创意策划研究会秘书长张合军为本鉴天津卷组稿、组织所付出的努力!
感谢策划家韩颐和先生对本年鉴的深层合作!
感谢本编辑部所有同仁长期以来的艰苦工作!
感谢上海大学出版社及本书责任编辑李旭副总编对本书出版给予的大力支持!

大　林
2010 年 6 月 15 日

CEHUAJIA

2009-2010

中国策划家

CHINA

总编 大林

华红兵

中国策划家年鉴

ZHONGGUOCEHUAJIANIANJIAN

中国智库
首都谋士

北京策划俱乐部

「
- 2008年北京奥运开幕式与票务
- 2009年北京俱乐部百脑会聚集
- 2010年《百万富翁俱乐部》出版
- 2011年您所主持的俱乐部开张

」

俱乐部 天天 月月 年年

dalinlaoshi@yahoo.com.cn

大林·豫人策划

中国策划家思想文库

《中国策划家年鉴》

编辑部 年年 月月 天天

『中国策划家年鉴』

中心集散　各取所需

征稿启示

因《中国策划家年鉴》组委会信息来源有限，难以全息分析系统庞杂的策划行业。所以我年鉴开通《中国策划家年鉴》征稿热线，望策划界同仁不吝赐稿。策划人可以自荐，也可以推荐他人的策划思想、文章、事迹、案例。

具体栏目如下：

大事记　策划人本年度的活动、案例，分析收录

人物传　策划人策划中的事迹、功绩，综合评定

排行榜　策划人历年来的成绩、贡献，精心排行

dalinlaoshi@yahoo.com.cn

2009-2010
中国策划家年鉴
陈荣彪
中国策划家
CHINA
总编大林

实战操盘手 陈荣彪

陈荣彪，“敦煌文化产业机构”的灵魂人物、中国策划研究院执行院长、中国策划高级研究员和经济学副研究员，荣获中国十大策划领军人物奖、中国体育文化策划杰出成就奖、改革开放30年中国策划标志人物奖、中国营销策划改革30年领军人物奖等多项殊荣。从事职业策划20年，是区域经济、区域形象、商业创新、文化产业、体育产业、品牌推广等领域里的实战型代表人物之一。

2009年，陈荣彪先生策划的以“优粤诚－广东名优产品（重庆）直营中心”为载体的创新商业模式在“保增长、促就业、拉内需”中所发挥的作用，以及将广东提出的“广东产品中国行”战略通过这一创新商业模式得以落地生根，为广东商品开拓内销提供了新的平台，同时也配合重庆市打造“西部商贸高地”战略的需要，其在“粤渝经贸合作”中所起到的作用，得到两地领导的充分肯定。

陈荣彪先生将“佛山陶瓷”整体性推向国际市场；将“中国针织名镇”张槎、“中国饮料名镇”三水西南、“始王郡、隋帝县、当今南海市”（现佛山市南海区）、“中国花山”贵州省大方县等地进行创新的商业策划;文化策划推广包括：全国龙舟之乡争霸赛、广东省第十二届运动会、佛山粤剧文化、佛山武术文化、“南番顺”旅游联盟、珠江时报、广佛都市网、全国首家数字广播的佛山电台、九江吴家大院文化创意产业特区等；企业品牌策划包括：“给你一个五星级的家”碧桂园、“缔造灵性空间”东鹏陶瓷、“金舵陶瓷”等。

1991年，陈荣彪先生积极引入台湾及国外的CIS理念。他强调任何策略、策划必须要具有一种适应市场的竞争能力。中国企业要真正创立中国名牌乃至世界名牌，需求的不仅是外在的包装，更重要的是要让企业的内在健康，让企业实行 “先健康，后包装”的操作法则。致力于区域经济、区域品牌形象、文化产业、企业竞争力、企业形象、产品品牌策略与市场推广等现状的研究与实践。

【陈荣彪语录】

一个好的、与时俱进的策略与策划，是可以用极短的时间来完成庞大的系统构建的，是可以影响和改变政府的经济决策的。

【年鉴点评】

陈荣彪先生具有策划敏感与市场洞察力、实用与“快半步”的策略思想、超强的实效性营销策划能力。他因地制宜打通了“广货西进”的通路，坐地行商为佛山创立国际品牌起到了楷模作用。